Constituição, Lei e Regulação dos *Media*

Constituição, Lei e Regulação dos *Media*

2016

Raquel Alexandra de Jesus Gil Martins Brízida Castro
Professora da Faculdade de Direito da Universidade de Lisboa

ALMEDINA

CONSTITUIÇÃO, LEI E REGULAÇÃO DOS *MEDIA*

AUTORA

Raquel Alexandra de Jesus Gil Martins Brízida Castro

EDITOR

EDIÇÕES ALMEDINA, S.A.

Rua Fernandes Tomás, nºs 76-80

3000-167 Coimbra

Tel.: 239 851 904 · Fax: 239 851 901

www.almedina.net · editora@almedina.net

DESIGN DE CAPA

FBA.

PRÉ-IMPRESSÃO

João Jegundo

IMPRESSÃO E ACABAMENTO

PAPELMUNDE

Setembro, 2016

DEPÓSITO LEGAL

414756/16

ALMEDINA | GRUPOALMEDINA

BIBLIOTECA NACIONAL DE PORTUGAL – CATALOGAÇÃO NA PUBLICAÇÃO

CASTRO, Raquel Alexandra Brízida, 1968-

Constituição, lei e regulação dos
media.- (Teses de doutoramento)
ISBN 978-972-40-6609-7

CDU 342

Para os meus pais, para o Nuno e o Nuninho

ABREVIATURAS

AAVV – Autores vários
AAFDL – Associação Académica da Faculdade de Direito de Lisboa
Ac. – Acórdão
AdC – Autoridade da Concorrência
ANACOM – Autoridade Nacional de Comunicações
AR – Assembleia da República
BFDUC – Boletim da Faculdade de Direito da Universidade de Coimbra
CC – Código Civil
CEDH – Convenção Europeia dos Direitos do Homem
CNE – Comissão Nacional de Eleições
CPA – Código de Procedimento Administrativo
CP – Código Penal
CPP – Código de Processo Penal
CPTA – Código de Processo dos Tribunais Administrativos
CRP – Constituição da República Portuguesa
DAR – Diário da Assembleia da República
DR – Diário da República
EJ – Estatuto do Jornalista (Lei nº 1/99 de 13 de janeiro, alterada pela Lei nº 64/2007, de 6 de novembro)
Estatutos da RTP – Lei nº 8/2007, de 14 de fevereiro, que procede à reestruturação da concessionária do serviço público de rádio e televisão, bem como os novos estatutos da Rádio e Televisão de Portugal, S. A
ETAF – Estatuto dos Tribunais Administrativos e Fiscais
ERC – Entidade Reguladora para a Comunicação Social
Estatutos da ERC – Lei nº 53/2005 de 8 de novembro que Cria a ERC — Entidade Reguladora para a Comunicação Social, extinguindo a Alta Autoridade para a Comunicação Social
FCC – *Federal Communications Commission*
HD – *High-Definition* Television

LEO – Lei de Enquadramento Orçamental
LQER – Lei-quadro das Entidades Reguladoras (Lei nº 67/2013 de 28 de agosto - Lei quadro das entidades administrativas independentes com funções de regulação da atividade económica dos setores privado, público e cooperativo)
LI – Lei de Imprensa (Lei n.º 2/99, de 13 de janeiro)
LPTA – Lei de Processo nos Tribunais Administrativos (DL nº 267/85, de 6 de julho, revogado pelo novo CPTA)
LTC – Lei Orgânica do Tribunal Constitucional (Lei nº 28/82, de 15 de novembro, com as alterações introduzidas pelos seguintes diplomas: Lei nº 143/85, de 26 de novembro; Lei nº 85/89, de 7 de setembro; Lei nº 88/95, de 1 de setembro; Lei nº 13-A/98, de 26 de fevereiro (Declaração de Retificação nº 10/98, de 23 de maio), e Lei Orgânica nº 1/2011, de 30 de novembro)
LR – Lei da Rádio (Lei nº 54/2010 de 24 de dezembro, alterada pela Lei 38/2014, de 9 de julho)
LTV – Lei da Televisão e dos Serviços Audiovisuais a Pedido – (Lei nº 27/2007, de 30 de julho alterada pelas Leis nº 8/2011 de 11 de abril, nº 40/2014 de 9 de julho e nº 78/2015, de 29 de Julho
OFCOM – *Office of Communications*
RFDUL – Revista da Faculdade de Direito da Universidade de Lisboa
TCRS – Tribunal da Concorrência, Supervisão e Regulação
TDT – Televisão Digital Terrestre
TEDH – Tribunal Europeu dos Direitos do Homem
TFUE – Tratado sobre o Funcionamento da União Europeia

NOTA PRÉVIA

A presente obra corresponde, no essencial, à nossa Dissertação de Doutoramento em Direito, especialidade de Ciências Jurídico-políticas, apresentada à Faculdade de Direito da Universidade de Lisboa, em 27 de julho de 2014, e defendida em 2 de novembro de 2015, perante um júri composto pelos Senhores Professores Doutores Pedro Paes de Vasconcelos, Jónatas Machado, Manuel Afonso Vaz, Marcelo Rebelo de Sousa, Paulo Otero, Carlos Blanco de Morais, José Melo Alexandrino e Luís Silva Morais. Dedico uma palavra de agradecimento aos membros do júri, e em especial aos arguentes, Senhores Professores Doutores Jónatas Machado e José Melo Alexandrino, cujas críticas e comentários formulados, durante a Prova, estão na base de algumas das alterações e aditamentos introduzidos no presente texto. Acresce o facto de, no período que decorreu entre a entrega da Dissertação e a sua Defesa (julho 2014 a novembro de 2015), se terem verificado elementos relevantes que, na minha perspetiva, justificaram algumas atualizações e desenvolvimentos, não obstante revestirem natureza meramente confirmativa das teses sustentadas no texto inicial. Neste conspecto, algumas dessas atualizações aconselharam a uma reformulação sistemática, por forma a condensar, num Capítulo novo (Cap. VI), o nosso argumentário com vista a um modelo regulatório integrado, anteriormente disperso pela obra.

Um agradecimento especial ao meu Orientador (Mestrado e Doutoramento), Senhor Professor Doutor Marcelo Rebelo de Sousa, pela amizade, estímulo, paciência e a honestidade que sempre nos dedicou. Uma palavra ainda de enorme gratidão é igualmente devida ao Senhor Professor Doutor Carlos Blanco de Morais, com quem tenho a honra e o privilégio de trabalhar na docência de Direito Constitucional, desde o ano letivo de 2008/2009: pela amizade e por tudo o que me tem ensinado, nesta missão no Direito Constitucional, que abraçei com toda a paixão e devoção.

Uma palavra muito especial para o meu pai. Partiu tão depressa e há tão pouco tempo, tão perto de conhecer o seu querido neto e de ficar repleto de orgulho da sua filha. À minha mãe, pelo amor incondicional. Uma palavra de agradecimento eterno ao meu marido, Nuno Teixeira Castro, pois, sem ele, sem o seu amor e dedicação, este Doutoramento não teria sido possível. Por último, ao Nuninho que, quando nasceu há três anos, nos fez a todos renascer.

Lisboa, Maio de 2016

RAQUEL ALEXANDRA DE JESUS GIL
MARTINS BRÍZIDA CASTRO

ROTEIRO DA INVESTIGAÇÃO

São várias as disciplinas que dogmatizam o conceito de regulação, tornando-o uma *"slang word"* e um conceito juridicamente confuso, revestindo a delimitação do objeto da presente investigação, a precisão do seu método e metodologia, exigências fundamentais. Uma Teoria Constitucional da Regulação dos *Media* deve ser distinta das abordagens económicas, politológicas, filosóficas ou sociológicas e devendo concentrar-se, apenas, nas questões jurídicas implicadas na regulação da comunicação social e, entre estas, as que têm relevância constitucional. Essa relevância constitucional do tratamento jurídico-dogmático da regulação da comunicação social afigura-se, para nós, uma missão incontornável e de dignidade científica inimpugnável, especialmente perante a respetiva configuração constitucional portuguesa, o que facilita e quase dispensaria a elaboração de uma justificação da escolha deste tema para a nossa Dissertação.

A opção, sublinhada expressamente no Capítulo I, pela rejeição de uma *Teoria Aconstitucional da Regulação* constitui um corolário óbvio da delimitação do objeto da nossa investigação, com projeção no plano metódico e metodológico. A sobredita opção pressupõe o recurso ao método jurídico-dogmático, através de um caminho metodológico de aprofundamento do material estritamente jurídico, para nos fornecer os instrumentos necessários a uma leitura ajustada das questões jurídico-constitucionalmente relevantes. Sem prejuízo da exigência, igualmente incontornável, da relevância de alguma abertura disciplinar, pela especificidade do tema.

a) Delimitação do Objeto

Tal como o título principal da Dissertação sugere – "Constituição, Lei e Regulação dos Media" -, o seu contributo não se circunscreve à densificação e concretização interpretativa dos direitos fundamentais decantados desta subparcela da Constituição. Mais do que contribuir, na área estritamente jurídica, para uma dogmática dos Direitos Fundamentais da Comunicação ou para o Direito da Comunicação[1], *tout court*, pretende-se, sobretudo, carrear elementos relevantes para o aprofundamento de aspetos estruturantes do Direito Constitucional, através da identificação e confronto das especificidades do Direito Constitucional da Comunicação com os temas mais nobres do Direito Constitucional, propriamente dito.

Em conformidade, salvo em alguns casos especiais considerados pertinentes para a exposição, este trabalho não se dedica à identificação, especificação e sistematização do conjunto de posições jurídicas subjetivas alojadas numa identidade assimilável ao conceito genérico de direitos, liberdades e garantias comunicativas[2], desígnio que, por si, justificaria uma investigação autónoma. Como escreveremos oportunamente, assumimos, como premissa pragmática, a inclusão de todas as dimensões deste feixe complexo no capítulo dos direitos, liberdades e garantias, o que lhes garante a aplicabilidade do seu regime de proteção, sob pena de dispersão e exaustividade, desnecessárias e contraproducentes.

Note-se que essa opção, quanto ao objeto, em termos lógico-sistemáticos, revela-se inofensiva no plano dogmático, perante a defesa de conceções amplas e alargadas do âmbito de proteção normativo e do conceito de restrição dos direitos fundamentais, bem como a constatação da inevitabilidade do método ponderativo. Pareceu-nos mais estimulante e, eventualmente, mais inovador, do ponto de vista dogmático-científico, a relevância constitucional específica da regulação deste domínio normativo, fatalmente sublinhada na identificação das especificidades que o tema convoca em áreas nobres do Direito Constitucional. Um diagnóstico que, conforme exporemos, contrasta com a atual anemia constitucional instalada na prática regulatória e regulamentadora do setor, sujeito a uma espécie de quarentena compulsiva do Direito Constitucional da Comunicação, não obstante as obras relevantíssimas sobre esta matéria, de notável *fôlego dogmático,* ainda que refletoras de abordagens

[1] Uma vez que, indiretamente, esse poderá ser, em alguns casos, o resultado.

[2] Pelo contrário, Alexandrino, ao invés de aprofundar "*a individualização e a descoberta do funcionamento de cada uma das partes*", optou pelo "*(re)conhecimento da organização, dos atributos, das qualidades e dos limites do conjunto*", tendo assumido como desafio a "*descoberta do sentido, e das relações essenciais que conferem uma identidade própria, uma unidade, à estrutura formada pelos direitos, liberdades e garantias*". – Alexandrino, José de Melo (2006). *A Estruturação do Sistema de Direitos, Liberdades e Garantias na Constituição Portuguesa*, Volume I, Raízes e Contexto, Almedina: Coimbra; p. 38.

diversas do Direito Constitucional da Comunicação e da dogmática dos Direitos Fundamentais.

Uma nota final, neste contexto, para realçar a relevância jusfundamental que a atividade de radiotelevisão assume no nosso ordenamento jurídico-constitucional, pelo que, em consequência, os restantes tipos de meios de comunicação social sofrerão uma secundarização pragmática no nosso estudo.

b) Observações Metódicas e Metodológicas

Em termos metódicos e metodológicos, o nosso desiderato de contribuir para uma Teoria Constitucional de Regulação dos *media,* focada apenas nas questões jurídico-constitucionais relevantes, implica que estas sejam reveladas através do aprofundamento do material jurídico pertinente, investigado num ambiente constitucional concreto e delimitado: o ordenamento jurídico-constitucional vigente. Impõe-se o recurso ao método dogmático e técnico-jurídico, não obstante a carência de alguma abertura interdisciplinar, determinada pelo especial peso do domínio normativo na dogmática do Direito Constitucional dos *Media.* Na senda do raciocínio que expressaremos ao longo da obra, a compreensão da diversidade de elementos que integram o atual ambiente mediático, bem como da real capacidade de expansão dos novos meios de comunicação, revelam-se cruciais para um diagnóstico honesto e pragmático das interrogações jurídico-constitucionalmente relevantes, presentes e futuras.

Esse caminho metodológico de aprofundamento do material estritamente jurídico[3] faz-se através da dogmática jurídica, na sua tripla dimensão, analítica, empírica e normativa[4], fiel à ciência do direito, em sentido rigoroso e estrito, extravasando a mera constatação empírica do direito que é válido, mediante a análise da orientação e crítica da *praxis jurídica* e jurisdicional. Trata-se de procurar, no caso concreto, tendo como base o direito positivo (válido), a decisão adequada, após a sua sujeição a uma análise conceptual e sistemática[5]. Uma teoria jurídico-constitucional de regulação dos *media* convoca, a nosso ver, a necessidade de interpretação das normas constitucionais, correspetivos princípios e regras, consciente das especificidades do setor e

[3] Alexandrino, José de Melo (2006). *A Estruturação do Sistema de Direitos, Liberdades e Garantias na Constituição Portuguesa*, Volume I, Raízes e Contexto, Almedina: Coimbra; p. 87.

[4] Alexy, Robert (1985). *Teoria de los Derechos Fundamentales*, Trad. Esp. Centro de Estudios Constitucionales: Madrid; pp. 31 e segs.

[5] Alexandrino, José de Melo (2006). *A Estruturação do Sistema de Direitos, Liberdades e Garantias na Constituição Portuguesa*, Volume I, Raízes e Contexto, Almedina: Coimbra; p. 86.

recetiva aos factos próprios do presente domínio material normativo, no limite do direito positivo. Tal como alertamos, exaustiva e expressamente, ao longo da obra, esta é uma matéria que, por excelência, postula este elenco de diretivas metodológicas, perante a intrusividade das novas tecnologias nas possibilidades comunicativas e consequente desestabilização regulatória, a qual, por sua vez, recomenda a identificação de pontos seguros no direito positivo e nos critérios de solução, por ele oferecidos. Acresce, em conformidade com os argumentos que sumariamente esgrimimos, a necessária consciência das limitações heteroregulatórias, pela relevância das questões deontológicas e atinentes à liberdade editorial, perante os novos influxos do direito reflexivo, elemento reformista da *autopoiesis*. Estas formas de regulação, alternativas, podem fornecer-nos materiais regulatórios alternativos.

Neste *iter* metodológico, enfrentamos, porém, algumas questões adicionais, no que concerne ao material objeto da reflexão:

1. O primeiro diz respeito ao texto constitucional, especificamente, às inúmeras, detalhadas e nem sempre felizes, alterações introduzidas pelo legislador de revisão aos artigos referentes à designada Constituição da Comunicação. São fatores, metodologicamente, relevantes que conduzem a uma natural desvalorização dos argumentos históricos, fundamento da nossa opção pela dispersão dos seus elementos mais mais significativos, em função da oportunidade e pertinência da narrativa, ao invés de um tratamento autónomo;
2. As especificidades do presente domínio normativo, aliadas a uma especialmente prolixa produção normativa – constitucional, legislativa e administrativa -, são responsáveis pela sua vertiginosa degradação normativa;
3. O estatuto constitucional de certas posições jurídicas, como a liberdade editorial, e a indefinição jurídica gerada pelo impacto tecnológico, acaba por acentuar, inevitavelmente, o protagonismo dos tribunais na concretização, *in casu*, dos direitos e liberdades da comunicação, mais das vezes por remissão expressa do legislador democrático;
4. Um outro aspeto que assume relevo especial na presente ponderação decorre da própria configuração constitucional e organizativa do modelo regulatório dos *media*, a qual, salvo alguns casos excecionais, enfraquece o peso dos argumentos comparativos[6]:

[6] Alexy, Robert (2001). *Teoria da Argumentação Jurídica: a Teoria do Discurso Racional como Teoria da Justificação Jurídica*, Landy: São Paulo; p. 230.

a) Não só os *media* assumem um destaque na nossa Constituição vigente que é raro no direito comparado, como a sua regulação encontra-se conferida, em termos inéditos, à única autoridade administrativa independente que, no ordenamento jurídico português, goza de estatuto constitucional;

b) Em contrapartida, os mandatos constitucionais expressos conferidos ao regulador dos *media*, configuradores, como sustentaremos, de uma reserva de administração independente de ato administrativo e do poder regulamentar que lhe é reconhecido, convertem as suas decisões e atos normativos em material normativo de importância decisiva;

c) Acresce o facto, nada despiciendo, de a própria regulação estar sujeita, como veremos, a uma dispersão obsoleta, esquizofrénica e de duvidosa eficácia[7] por várias entidades administrativas, geradora de instrumentos de estudo de difícil sistematização, ou mesmo conciliação.

Neste excurso introdutório, cumpre realçar a rejeição de uma teoria unipolar, que resultaria da adesão ou refutação de certas teorias jurídicas de direitos fundamentais[8] que sobrelevem certas pré-compreensões. Sendo esta, não obstante, uma decisão metodológica, optámos por tratá-la e inseri-la no âmbito da interpretação constitucional, em virtude da conexão substantiva entre estas pré-compreensões e certas conceções suprapositivas de Constituição e de ordenamento jurídico, cuja crítica reveste natureza substancial na economia dogmática da presente investigação. Note-se que o principal argumento favorável ao afastamento destas conceções suprapositivas revela-se, precisamente, na dinâmica da interpretação constitucional, na excessiva relevância que conferem às pré-compreensões do intérprete. Pareceu-nos que esta opção metodológica, impregnada de consequências jurídicas, seria

[7] Pelo contrário, no Reino Unido, o *OFCOM (Independent regulator and competition authority for the UK communications industries)* acumula as competências da regulação de conteúdos – salvo os da imprensa – com aquelas que, no ordenamento jurídico português, a ERC partilha com a Autoridade da Concorrência, numa articulação nebulosa e ainda pouco definida. Ao invés, nos EUA, a *Federal Communications Commission* (FCC), para além dos conteúdos, regula as telecomunicações, as quais, no caso português, estão a cargo da ANACOM. Em Espanha, realça-se o recém-criado superregulador espanhol que agrupa todas essas competências: a *Comisión Nacional de Los Mercados y la Competencia* (CNMC).

[8] Miranda, Jorge (2012). *Manual de Direito Constitucional,* TOMO IV, Coimbra Editora: Coimbra; p. 69.

melhor compreendida no âmbito da interpretação constitucional, em especial num domínio normativo tão apetecível à hipertrofia político-ideológica. Desde logo, esvaem-se as expetativas vãs numa interpretação constitucional *"in a nutshell"*, produto rápido da opção por um aspeto determinante, em detrimento de outros igualmente valiosos, porquanto é no domínio em que mais se esperaria dessas teorias, o da interpretação constitucional, que as mesmas se têm revelado inservíveis[9].

A opção metodológica pela rejeição de uma teoria unipolar, sem aprofundar eventuais objeções a uma teoria combinada[10] é, como veremos, consentânea com uma conceção multifuncional e multissistémica das liberdades de comunicação, no que concerne à análise das correspetivas finalidades substantivas, conceção que não impugnaremos. Neste conspecto, cabe lembrar que, como veremos, uma interpretação das liberdades com base na autodeterminação democrática ou na livre expressão individual "seria sempre redutora"[11/12]. Na senda de MACHADO, o imenso espaço interpretativo esboçado pelas diferentes doutrinas justificativas é coerente com uma interpretação teleológica das liberdades de comunicação, compatível com uma conceção alargada do *Tatbestand*, atenuando os riscos de funcionalização[13], e/ou de estímulo de um perigoso círculo vicioso, em que "colhe-se algo da norma, para formular a teoria, depois imputa-se a teoria à norma e confirma-se o resultado que já foi encontrado"[14].

Por último, a nossa Teoria Constitucional de Regulação dos *Media* não pode deixar de basear-se na primazia da Constituição, enquanto fonte de

[9] ALEXANDRINO, José de Melo (2006). *A Estruturação do Sistema de Direitos, Liberdades e Garantias na Constituição Portuguesa*, Volume I, Raízes e Contexto, Almedina: Coimbra; pp. 49 e segs.

[10] ALEXY alerta para as insuficiências da teoria combinada, perante o desiderato de construção de uma teoria integrativa. – ALEXY, Robert ((1985). *Teoria de los Derechos Fundamentales*, Trad. Esp. Centro de Estudios Constitucionales: Madrid; .p. 38.

[11] MACHADO, Jónatas E. M. (2002). *Liberdade de Expressão, Dimensões Constitucionais da Esfera Pública no Sistema Social*, Coimbra Editora: Coimbra; p. 289.

[12] Cabe notar que, apesar desta referência expressa, MACHADO não deixa de aderir a uma conceção da liberdade de expressão, enquanto direito fundamental, que "tem um relevo básico e uma posição preferencial na ordem constitucional, na medida em que constitui um pressuposto para a própria construção e manutenção discursiva dos seus princípios estruturantes e dos direitos fundamentais em geral". – MACHADO, Jónatas E. M. (2002). *Liberdade de Expressão, Dimensões Constitucionais da Esfera Pública no Sistema Social*, Coimbra Editora: Coimbra; p. 9.

[13] MACHADO, Jónatas E. M. (2002). *Liberdade de Expressão, Dimensões Constitucionais da Esfera Pública no Sistema Social*, Coimbra Editora: Coimbra; p. 291.

[14] ALEXANDRINO, José de Melo (2006). *A Estruturação do Sistema de Direitos, Liberdades e Garantias na Constituição Portuguesa*, Volume I, Raízes e Contexto, Almedina: Coimbra; p. 51.

ideias jurídicas diretivas, princípios ou pautas gerais de valoração[15] do ordenamento. Esta premissa reflete-se:

a) Na afirmação da plena vigência, efetividade e positividade da Constituição, em todas as suas dimensões, em contraposição a alegados estados de necessidade ou de exceção constitucional, fundados em argumentos transcendentes ou de mera urgência tecnológica; O primado da Constituição é incompatível com soluções jurídicas *"ad hoc"*, desprovidas de base juridico-positiva, determinadas pela indefinição de certas migrações tecnológicas[16];

b) Na elaboração de argumentos favoráveis a uma relação tranquila entre o ordenamento jurídico-constitucional português e o ordenamento da União Europeia. Neste contexto, todavia, a partir do material jurídico disponível, surgido em 2015, é possível registar a ocorrência de alguns episódios que, pela sua discrepância ou erraticidade, concorrem para a desestabilização do atual ambiente regulatório[17], hipostasiando as dúvidas suscitadas pelo modelo vigente, tal como se encontra desenhado. Não obstante o próprio direito da União Europeia salvaguarde os bens constitucionais eventualmente protegidos pelos Estados Membros, através de uma articulação cuidada com os respetivos ordenamentos constitucionais. O que só reforça o nosso ensejo de aprofundamento do Direito Constitucional da Comunicação.

Nos temas mais problemáticos e controvertidos do Direito Constitucional constituído, o papel do intérprete – e a relevância da clareza das suas opções metodológicas – não pode redundar na substituição de um direito em crise por outro direito que, na sua pré-compreensão, deve ser. Uma premissa que se torna ainda mais pertinente, na eventualidade de os argumentos exibidos através da sua narrativa esgotarem as fronteiras da interpretação, rompendo os limites textuais do direito positivo constitucional, augurando eventos disruptivos para a ordem constitucional. Pelo exposto, optámos por, em algu-

[15] Larenz, Karl (1997). *Metodologia da Ciência do Direito,* Tradução de José Lamego, 3ª Edição, Fundação Calouste Gulbenkian: Lisboa; p. 621.

[16] As bases do nosso conceito de "Direito Constitucional do Inimigo" foram lançadas no nosso artigo: "Constituição e Ciberespaço: Argumentos para um "Direito Constitucional do Inimigo"?", in Cyberlaw By CIJIC – Centro de Investigação Jurídica do Ciberespaço da Faculdade de Direito da Universidade de Lisboa, 2016, 1.ª Edição; Disponível em: http://www.cijic.org/wp-content/uploads/2016/01/CONSTITUI----O-E-CIBERESPA--O_ARGUMENTOS-PARA-UM----DIREITO--CONSTITUCIONAL-DO-INIMIGO---.pdf

[17] Provavelmente, em atenção a argumentos extrajurídicos.

mas questões fundamentais analisadas da Dissertação, nos limitar a sugerir ou a alertar o legislador para a necessidade de intervir e rever algumas das soluções vigentes, que não cabem na Constituição Tecnológica e cuja manutenção pode causar danos consideráveis à Constituição dos Direitos e Liberdades Fundamentais.

c) Da Relevância da Dogmática Constitucional para a Regulação dos *Media*: Argumentos para uma Contextualização Jurídico-constitucional Abrangente dos Limites Regulatórios

A relevância da dogmática jurídico-constitucional e dos seus instrumentos mais nobres para a regulação dos *media*, no contexto especial do Direito Constitucional da Comunicação, constitui argumento, a nosso ver, determinante para justificar uma feição abrangente da nossa investigação. De resto, essa é uma consequência inelutável da opção por uma Teoria Constitucional de Regulação dos *Media*, focada, única e exclusivamente, nas questões jurídico-constitucionalmente relevantes. Pareceu-nos fundamental empreender uma contextualização compreensiva da atividade regulatória, conferindo-lhe um enquadramento científico rigoroso, próprio da dogmática jurídica. Convém lembrar que, através da remissão de questões substantivas relevantes do Direito Constitucional da Comunicação para argumentários alheios, encobre-se, mais das vezes, tentativas de legitimação de amplas e inconstitucionais liberdades decisórias, através da atribuição de relevância jurídica a certas pré-compreensões do intérprete e/ou aplicador do direito, intoleradas pelo direito.

A reflexão, que só a dogmática jurídica pode proporcionar, sobre os vínculos constitucionais e limites regulatórios, constitui uma questão específica do Direito Constitucional da Comunicação, de natureza substancial e não meramente metodológica, tendo sido, em coerência, excluída deste âmbito introdutório. Note-se a relevância, neste contexto, da análise da evolução da temática da interpretação constitucional, em geral, ou, mais especificamente, das normas atinentes aos direitos fundamentais. A problematização das bases de um modelo que, no plano constitucional, suporte a pressão dos factos e dados reais, trazidos pelas novas tecnologias, e que, através de uma interpretação tecnologicamente neutra, atualize e salve os respectivos programas normativos, mantendo a concretização das normas constitucionais no limite do texto constitucional positivo, obsta à divagação de construções baseadas nas pré-compreensões e paixões ideológicas do intérprete.

Reitere-se a mesma observação no que concerne à clarificação: *i)* das linhas vinculantes do legislador ordinário, através do estudo da reserva de lei, vertical e horizontal, coincidente com uma reserva de parlamento (em algumas matérias), integrada numa conceção tendencialmente expansiva da reserva; *ii)* dos limites materiais de atuação do legislador, perante as especificidades do presente domínio normativo, no que concerne à densidade normativa, aconselhada ou refutada. No âmbito especificamente administrativo, urge aclarar: *i)* a efetiva margem de liberdade de decisão administrativa, atento o estatuto constitucional do Regulador dos *Media*; *ii)* a natureza jurídica das respetivas deliberações; *iii)* o fundamento e limites do seu poder regulamentar; *iv)* bem como a reserva constitucional de administração independente que a Constituição acolhe neste domínio material. Acresce a secular tentação dos Governos de controlarem e condicionarem a comunicação social, em seu benefício, o que postula o desenho claro dos seus limites de intervenção, legislativa ou administrativa, normativa ou individual e concreta.

No que se refere ao poder jurisdicional, cabe refletir, neste contexto, sobretudo sobre a natureza e limites das suas intervenções cautelares e respetiva legitimidade, num ordenamento jurídico-constitucional que: *i)* acolhe um conceito amplo que censura todas as intervenções sobre os direitos e liberdades comunicativos com impacto restritivo, prévio ou posterior; *ii)* veda o controlo direto, pela Justiça Constitucional, de certas intervenções desvantajosas da Administração e dos Tribunais junto dos direitos fundamentais.

Por último, cabe ainda antecipar, em termos aparentemente paradoxais, as questões substanciais que remontam à ossatura da dogmática do Direito Constitucional, cujo elenco contribui decisivamente para uma feição abrangente da nossa dissertação, sem que a torne compósita. Por um lado, diz-se que o exercício de liberdades constitucionais como as liberdades comunicativas é, por excelência, avesso ao direito, o que contrasta com o especial detalhe normativo-constitucional neste domínio, excluindo a liberdade do legislador perante um conjunto de matérias relevantes. Porém, o paradoxo agrava-se perante a inevitabilidade das ponderações, sendo difícil ou mesmo impossível, em alguns casos, uma regulamentação geral e abstrata, prévia, perante situações insuscetíveis de categorização legislativa e fundamentadoras de alguma discricionariedade técnica na aplicação dos conceitos indeterminados. O que parece colidir com as especiais garantias de previsibilidade e de determinabilidade das restrições aos direitos e liberdades expressivas, exigidas constitucionalmente.

d) Plano do Trabalho

A afirmação do nosso projeto como uma Teoria Jurídico-Constitucional da Regulação dos *Media* não preclude um excurso prévio, no Cap. I, pelas doutrinas que refletem, no domínio material em causa, sobre o papel do Mercado e do Estado na Regulação e o correspetivo impacto na delimitação do quadro jurídico regulatório, adequado ao nosso ordenamento jurídico-constitucional. Não embarcaremos numa pretensa visão romântica da Constituição, mas é efetivamente nela, nas suas disposições constitucionais e no produto da sua interpretação que poderemos encontrar alguns pontos relativamente firmes de interpretação.

As interrogações do novo mundo digital e do Direito Constitucional do Ciberespaço não podem demover-nos do nosso propósito. Como veremos, é tentador aproveitar o receio dos novos perigos e dos constantes apelos a uma flexibilização dos instrumentos jurídicos tradicionais para nos lançarmos, desenfreadamente, num mundo interminável de autojustificações, de decisões subjetivas e casuísticas, fundadas na pré-compreensão de um qualquer intérprete, constitucional ou administrativo. Esse não será, porém, a nossa escolha dogmática. Pretendemos contribuir para uma teoria normativo-constitucional que se baseie numa Constituição precisa, localizada no tempo e no espaço, confrontando-a com problemas concretos e atuais, por forma a desencadear os seus típicos instrumentos jurídico-normativos regulatórios. Por conseguinte, cabe ainda, no mesmo Capítulo, estabelecer um método de interpretação constitucional depurador de leituras falsamente hiperintegradoras e ditadas por conceções suprapositivas do ordenamento, onde prevalecem e reinam as pré-compreensões do intérprete, morais, filosóficas ou política. Apesar de se poder sustentar a existência de uma presunção em favor do mercado, serão sempre os valores constitucionais, expressamente positivados numa determinada Constituição, que deverão presidir à disciplina jurídica das estruturas e procedimentos comunicativos. A densificação do conceito de interesse público mediático de uma sociedade há-de resultar da interpretação dos instrumentos constitucionais vigentes, os únicos aptos a fornecer pistas sobre a relevância dos bens constitucionais envolvidos nas liberdades comunicativas e os direitos nelas implicados.

Perante as novas tecnologias, apenas uma Interpretação Tecnologicamente Neutra garante que as regras e os princípios estruturantes, os valores vertidos nas disposições constitucionais, as categorias e institutos jurídico-constitucionais aplicáveis, mantêm toda a sua operatividade. Neste contexto, acentuaremos a relevância dos factos das inovações tecnológicas e dos seus problemas concretos a solucionar na interpretação constitucional. A afirmação das especiais dificuldades regulatórias da *internet,* em especial da elaboração de regras categóricas que garantam os mesmos resultados que os testes constitucionais de ponderação, acentua a relevância do meio tecnológico específico e do circunstancialismo que rodeia o problema controvertido, no *iter* interpretativo do aplicador do direito. Todas as questões enunciadas realçam o papel insubstituível da Justiça Constitucional na garantia da segurança jurídica e do controlo da conformidade constitucional da normatividade vigente e efetivamente aplicada, cumprindo sublinhar evoluções recentes da jurisprudência constitucional portuguesa, num sentido subjetivizante dos pressupostos dos recursos de constitucionalidade, anestesiantes dos constrangimentos jurídico-processuais do nosso sistema de fiscalização de constitucionalidade

Efetivamente, apenas uma Interpretação Constitucional Tecnologicamente Neutra pode garantir que, apesar dos desenvolvimentos tecnológicos, a lei e os seus conteúdos continuam a ser configurados pela Constituição, não podendo ser absorvidos por pretextos conjunturais, ao abrigo de um inexistente e não declarado estado de exceção constitucional que, supostamente, legitimasse o atropelo das regras constitucionais mais firmes. Perante os desenvolvimentos da tecnologia, a Constituição deve manter a repartição das tarefas de legislar, administrar e julgar ou de competências entre a Assembleia da República, o Governo legislador, a Administração (neste caso, independente) e os tribunais. Em especial, na regulação de um setor tão sensível, também para a sociedade democrática, que envolve vários princípios antagónicos, cuja resolução encontra na Constituição critérios expressos de ponderação. Independentemente dos avanços tecnológicos, as regras jurídico-constitucionais, nas suas dimensões orgânica, formal e material, de proteção dos direitos, liberdade e garantias comunicativas continuam a vincular entidades públicas e privadas e as correspetivas disposições constitucionais são diretamente aplicáveis, independentemente ou em vez do legislador.

Encontrando-se as liberdades de imprensa e de informação, bem como a quase totalidade dos direitos e liberdades comunicativas, inseridas no capítulo dos direitos, liberdades e garantias, devem sujeitar-se ao respetivo regime de proteção constitucional. No Capítulo II, procederemos a algumas demonstrações da Constituição da Comunicação em ação, realçando algumas ponderações insuscetíveis de categorização legislativa. Na Secção III, problematizaremos as várias teorias de direitos fundamentais que nos sugerem conceitos amplos e restritos de direitos e restrições fundamentais, teorias externas e internas do âmbito de previsão normativa. Neste ponto, insistiremos na rejeição de qualquer teoria ou método hermenêutico ou interpretativo/concretizativo que implique a limitação de um direito que é garantido *prima facie* por uma norma constitucional, sem que essa limitação ou compressão de faculdades seja testada à luz dos limites aos limites dos direitos fundamentais. Não deixaremos de notar que grande parte das insuficiências apontadas aos princípios *alexyanos,* baseadas no seu suposto falhanço enquanto teoria de vocação universal, constitui, a nosso ver, a sua maior virtude, porquanto estrutura a decisão mas não é ela que diz qual é a decisão. Fundamental é, a nosso ver, que o modelo de princípios não prescinda de conferir a primazia da Constituição, através da adesão a uma conceção ampla da previsão normativa dos direitos fundamentais, que contribua para a solução do problema dos direitos fundamentais alegadamente insuscetíveis de restrição, a partir do sistema constitucional positivo e expresso de direitos fundamentais de uma determinada Constituição. Na última secção do Capítulo II, a Secção IV, testaremos as opções realizadas e procederemos a algumas ponderações entre direitos e bens constitucionalmente protegidos que surgem frequentemente em termos colidentes, designadamente o direito à informação e os segredos de Justiça e de Estado, bem como os contratos de direitos exclusivos atinentes a eventos de interesse noticioso.

No Capítulo III, analisaremos as eventuais especificidades jurídico-constitucionais que a Regulação dos *Media* suscita, designadamente a conciliação do princípio constitucional da determinabilidade das leis com a especial sensibilidade gerada pelo tema das intervenções prévias nas liberdades comunicativas – legislativa, administrativa ou judicial. Na repartição constitucional de tarefas e competências regulatórias na matéria em estudo, escrutinada no Capítulo III, não basta estabelecer o domínio material de legalidade necessária a ser garantido através de reserva de lei, coincidindo neste caso a reserva de lei com a reserva de Parlamento. Assente uma reserva expansiva horizontal, cabe compatibilizar, em termos verticais, uma reserva intensiva de densificação total exigível nas matérias atinentes a direitos, liberdades e garantias, consentânea com a densidade constitucionalmente exigível na presente matéria. Acresce a necessária limitação do legislador em criar normas que impliquem incursões ilegítimas na liberdade editorial ou mesmo na reserva da administração independente, o que acaba por ser fator de multiplicação dos conceitos indeterminados, dispersos pelas leis reguladoras dos *media.* Sustentaremos que o legislador encontra-se limitado, *a montante,* pela exigência constitucional de determinabilidade das leis restritivas e pela reserva de lei e, *a jusante,* por uma reserva de administração independente e por espaços, imbricados com questões deontológicas ou atinentes à liberdade editorial, que, em alguns casos, podem reclamar mesmo autonomia e liberdade. Na Secção VI, do mesmo Capítulo III, constituindo o acesso à atividade de televisão e a configuração da oferta televisiva dimensões essenciais da liberdade de comunicação social, confrontaremos as conclusões obtidas na Secção anterior com a tendência administrativizadora, portuguesa e europeia, e consequente desgraduação ou mera remissão normativa para o plano infralegislativo dessa regulação, em colisão com o princípio constitucional da tipicidade da lei.

No Capítulo IV, depois de refletirmos sobre os principais problemas suscitados pelo fenómeno, ainda pouco tranquilo, das Autoridades Administrativas Independentes, delimitaremos o Fundamento, os Poderes e os Limites da Regulação dos *Media*, na esteira da especial configuração constitucional portuguesa da Entidade Reguladora para a Comunicação Social (ERC) como Regulador constitucionalmente reforçado, que se move no âmbito de uma reserva de administração independente. Dedicaremos, posteriormente, o nosso estudo ao Âmbito e Extensão de um dos Poderes mais singulares atribuídos a estas Entidades, designadamente à ERC, como seja o Poder Regulamentar. Uma vez assente o seu Fundamento, cabe definir os contornos de um eventual Dever de Regulamentar do Regulador da Comunicação Social.

No Capítulo V, refletiremos sobre as dimensões constitucionais do princípio do pluralismo mediático, em especial, a sua ponderação constitucional com as liberdades económicas de iniciativa privada e de empresa dos *media* e a liberdade editorial, constitucionalmente reconhecidas e protegidas. Na Secção IX, constataremos a dimensão garantística que a propriedade dos *media* assume no nosso ordenamento jurídico-constitucional, remetendo-a para uma regulação específica, distinta das análises de eficiência próprias das regras da concorrência. Estudaremos algumas das restrições expressamente autorizadas pela Constituição às liberdades de iniciativa económica das empresas de *media*, traduzidas em imposições dirigidas expressa e especificamente ao legislador em matéria de transparência e anticoncentração da propriedade dos *media*, a partir do conceito de pluralismo constitucionalmente acolhido. Na Secção X, cumpre delinear o conflito constitucional entre o princípio do pluralismo e a liberdade editorial, e as tentativas cíclicas e recorrentes do Estado de regular intensivamente os conteúdos dos meios de comunicação mais importantes, razão pela qual a extensão do conceito de *media* e consequente extensão regulatória estatal no mundo digital devem obedecer ao princípio da prudência.

Por último, no Capítulo VI, a partir do diagnóstico no sentido de uma dispersão regulatória incoerente e obsoleta, enunciaremos argumentos que, na nossa perspetiva, corroboram a defesa de um modelo regulatório integrado, ajustado aos novos desafios tecnológicos do mundo digital.

ABSTRACT

The statement of our project as a legal and constitutional theory of *Media* Regulation does not preclude a previous excursion, in Chapter I, through doctrines that take into account the role of the market and the state over regulation and its corresponding impact on the delimitation of the legal regulatory framework, suitable to the Portuguese constitutional framework. We shall not board on an alleged romantic vision of the Constitution, yet it is effectively over constitutional provisions and through the result of its interpretation that we may find some firm points towards a constitutional theory of regulation.

Questions raised by the *new* digital world and by the *Constitutional Law of cyberspace* can not dissuade us from our main purpose. As we intend to prove it, even it may sound tempting to take advantage of the fear of new dangers and of the constant appeals to an loosening of the traditional legal instruments, we should not throw us wildly into an endless world of pharisaic, subjective and case by case decisions, grounded in any constitutional or administrative interpreters precomprehension. This shall not be our dogmatic choice. We intend to contribute to a legal-constitutional theory which is based on an accurate, located in time and space, Constitution, comparing it with concrete and current issues in order to trigger its typical normative regulatory instruments. On the same chapter, we will set a method of constitutional interpretation, a debugger over falsely hyper-integrated readings and over dictated positive conceptions, where moral, philosophical or political preconceptions of the interpreter prevail. Although one may support the existence of a certain *in-favor-of-market presumption*, we find in favor that there shall always be the constitutional values, expressly provided at a certain Constitution that should rule the discipline of legal structures and communicative procedures. The densification of society's concept of *media* public interest should result from the interpretation of existing constitutional instruments, the only ones able to provide clues about the relevance of constitutional goods involved in communicative freedoms and the rights implied therein. Faced with new technologies, only a technologically neutral interpretation ensures that the rules and the structuring principles, the values outspreaded into the constitutional provisions, the categories and applicable constitutional institutes will keep all its operability. In this context, we underline the significance of technological innovation and its concrete problems to be solved by constitutional interpretation. The statement of Internet's special regulatory difficulties, particularly the development of categorical rules that guarantee the same results as the constitutional weighting tests, stresses the importance of the specific technological environment and the circumstances surrounding the disputed issue in the interpretive *iter* by the enforcer of law. All those questions highlight the irreplaceable role of the Constitutional Justice, to ensure legal certainty and control over the constitutional conformity of the existing and applied normativity. We will emphasize the recent developments of the Portuguese constitutional jurisprudence on the assumptions of constitutional resources, which in a subjective sense, may anesthetize the legal and procedural constraints of our constitutional system of supervision. Effectively just one technologically neutral constitutional interpretation can ensure that despite technological developments, the law and its contents continue to be set by the Constitution and shall not be absorbed by circumstantial excuses, under a non-existent and undeclared constitutional state of exception, that supposedly legitimize the outrage of firmer constitutional rules. Given the developments in technology, the Constitution must maintain its distribution of tasks: legislate, administer and judge; or, of powers: Parliament, Government, Administration (in this case independent) and Courts. Especially when it comes to regulate such a sensitive sector – also important for the health of a democratic society – involving various antagonistic principles which find constitutional resolution through explicit criteria weighting. Regardless of technological advancements, legal and constitutional rules – either in its organic, formal and material dimensions or in protection of rights, freedoms and communicative guarantees – will continue to bind public and private entities, as well as their corresponding constitutional provisions will be directly applicable, by itself or instead of legislator.

Lying freedom of press and information, as well as almost all the rights and communicative freedoms, within the rights, freedoms and guarantees Chapter, these shall be subject to the respective constitutional protection regime.

In Chapter II we will make some demonstrations of the Constitution of communication *in action*, highlighting some insusceptible by legislation weights categorization. In Section III we will discuss the various fundamental rights theories that suggest the broad and narrow concepts of rights and fundamental constraints and external and internal normative theories. At this point, we will insist on rejecting any theory or hermeneutical or interpreting/concretizing method that explains the limitation of a right that is guaranteed by a *prima facie* constitutional rule, unless that limitation or compression is tested in light of the limits to the limits of fundamental rights. We shall not fail to notice that most of the weaknesses pointed to Alexy's principles – based on its alleged failure as a universal vocation theory – provide in our view its greatest virtue, since it structures the decision yet it says not what the decision really is. The key is that the model of principles do not neglect to check Constitution's primacy. The solution of the purportedly unsusceptible of restriction fundamental rights problem, should be built by adhering to a broad conception of the normative forecast of fundamental rights from the positive and express constitutional system of fundamental rights of a given constitution. In the last section of Chapter II, Section IV, we shall test the choices made and proceed to some weights between constitutionally protected rights and goods that often arise in conflicting terms, in particular the right to information and the justice and State secrets, as well as contracts for exclusive rights pertaining to newsworthy events of interest.

In Chapter III we will analyze any specificities that the regulation of *Media* raises in legal and constitutional terms, particularly the reconciliation of the constitutional principle of ascertainability of the laws with specific sensitivities generated by previous interventions – legislative, administrative or judicial – over communicative freedoms theme. All along this Constitutional division of responsibilities and regulatory powers, scrutinized in Chapter III, establishing the legal material field required to be guaranteed by rule of law, matched in this case with the law under Parliament empowered, will not suffice. Settling one expansive horizontal rule of law, it is then up to harmonize in vertical terms, its intensive full densification demanded over issues related to rights, freedoms and guarantees – consistent with the constitutional density required in this subject. Furthermore, it is necessary to limit the action of the legislator on certain issues involving unlawful incursions over editorial freedom, which turns out to be the multiplication factor of the scattered indeterminate concepts amongst *Media* regulation laws. We will hold that the legislator is *upstream* limited by the constitutional demand of ascertainability of restrictive laws and by the rule of law and *downstream* by a pool of independent administrative entities and spaces overlapped with related ethical issues or editorial freedom, which in some cases may even complain autonomy and freedom. Thereof Chapter III, in Section VI, forming access to the TV activity and the configuration of the television offer core dimensions of freedom of *media sector*, we will confront what was concluded in the previous section with the portuguese and european administrative trend, and its subsequent de-graduation or mere normative remission to the lower legislative level of that regulation colliding with the typicity principle of law.

In Chapter IV after reflecting on the key issues raised by the uneasy phenomenon of independent administrative authorities, we shall define the grounds, powers and limits of *Media* regulation, rendered by ERC (*Portuguese media regulator*) special constitutional configuration as a constitutionally strengthened regulator, which moves itself also within as independent empowered administrative entity. After, we shall walk amongst the scope and extension of one of the most unique powers of such administrative entities, namely through ERC, such as the power of regulation, which, once laid its elements, shall define the outlines of – a possible – duty to regulate by ERC.

In Chapter V, we will reflect upon the constitutional dimensions of the principle of *media* pluralism, namely its constitutional weighting with economic freedoms – as private economic initiative and *media* ownership and editorial freedom – recognized and ensured by portuguese constitution. In Section IX, we shall note the guaranteed dimension assumed by *media* ownership in our constitutional and legal system, forwarding it to a specific regulation, distinct itself from efficiency analyzes by competition rules. Starting from the constitutionally upheld concept of pluralism, we shall debunk some of the expressly authorized restrictions to economic initiative freedom of *media* ownership by the Constitution, expressly and particularly addressed to legislator, on transparency and antitrust *media* ownership. In Section X we will outline the constitutional conflict between the principle of pluralism and editorial freedom and the cyclical and recurring attempts of the state to regulate extensively the contents of the most significant *media* contents. Besides, the extension of the standard *media* concept and its consequent state regulatory extension – through the digital world – must conform to one principle of prudence.

Finally in Chapter VI, starting from the diagnosis of an incoherent and obsolete regulatory dispersion, we will set out the arguments that support the vindication of an integrated regulatory model tuned into the new technological challenges of the digital world.

CAPÍTULO I
REJEIÇÃO DE UMA TEORIA "ACONSTITUCIONAL" DE REGULAÇÃO DOS *MEDIA*

Capítulo I
Rejeição de uma Teoria "*Aconstitucional*" da Regulação dos *Media*

Na doutrina anglo-saxónica, economistas, politólogos e sociólogos consideram que o conceito de regulação inclui toda a atividade do Estado que pressupõe intervenção na atividade económica, independentemente da natureza dos instrumentos utilizados. Relevante seria o facto de o Estado interferir com as forças do mercado e que, de algum modo, corrija as "falhas de mercado"[18]. Neste sentido, amplo e impróprio, a assumpção pelo Estado do papel de produtor direto de bens e serviços, assumindo a propriedade pública de ativos empresariais, constituiu a principal forma de regulação económica na Europa, no período posterior à segunda Guerra Mundial. Pelo contrário, nos EUA, a opção foi a de privilegiar a atuação de entes públicos para assegurar certos comportamentos por parte dos privados. Uma interpretação mais restrita sustenta, por sua vez, que a regulação é, especificamente a intervenção na atividade económica por parte de uma agência ou entidade administrativa[19].

Numa abordagem mais atenta aos efeitos da atividade regulatória, mesmo num sentido mais amplo de regulação, os autores identificam-na como uma atividade que restringe comportamentos, ou que previne a ocorrência de atividades indesejáveis *(red light concept)*. Em aspetos fundamentais do domínio material da presente investigação, é possível atestar igualmente uma influência regulatória facilitadora *(green light concept)*, no que se refere, por exemplo,

[18] FERREIRA/Eduardo Paz/MORAIS, Luís (2009). *Regulação em Portugal: Novos Tempos, Novo Modelo?* Almedina: Coimbra; p. 13.

[19] BETANCOR, Andrés (2010). *Regulación: Mito y Derecho*, Civitas: Pamplona; p. 32.

ao espectro radioelétrico[20], fundamento tradicional da regulação jurídica dos *Media*. Noutra perspetiva, fundada na natureza dos instrumentos regulatórios, a doutrina especializada[21] enumera, por sua vez, três significados do conceito de regulação:

i) Um conjunto específico de comandos, entre os quais a lei, cujo cumprimento obrigatório deve ser garantido por uma entidade administrativa;
ii) Uma deliberada influência pública sobre certas atividades, o que compreende todas as formas de ação pública que visam influenciar as atividades industriais e sociais, através de medidas imperativas ou não imperativas;
iii) Todas as formas de controlo ou de influência social, através de meios privados ou públicos, intencionais ou não.

Note-se que a própria trilogia *regulação, direito e mercado*, bem como os graus de intervenção regulatória através de instrumentos jurídicos, é deveras controvertida. Para alguns autores, a arquitetura básica da defesa de uma regulação focada nos aspetos jus concorrenciais basear-se-ia mesmo em dois pressupostos:

a) A regulação é uma técnica que não é Direito, embora se baseie nele;
b) A regulação, enquanto técnica, visa favorecer o mercado e a concorrência, devendo fazê-lo de forma neutral e técnica, servindo o mercado sem o perturbar, eliminando tudo o que obste ao desenvolvimento das suas potencialidades[22].

Para este modelo, o direito serve apenas o que os economistas designam por metamercado[23], designadamente, fornecendo os institutos que tornam possíveis as transações, como sejam o direito de propriedade e obrigação de cumprimento dos contratos. O direito praticamente desaparece. O segundo pilar desta teoria[24] reside na ideia de que uma regulação que sirva o mercado postula, necessariamente, a marginalização da Constituição, uma vez que qualquer intervenção regulatória seria considerada inconstitucional, no contexto do Estado Social e democrático de direito.

[20] BALDWIN, Robert/CAVE, Martin/LODGE, Martin (2012). *Understanding Regulation*, Oxford; p. 3.
[21] BALDWIN, Robert/CAVE, Martins/LODGE, Martin (2012). *Understanding Regulation*, Oxford; p. 2.
[22] BETANCOR, Andrés (2010). *Regulación: Mito y Derecho*, Civitas: Pamplona; p. 116.
[23] BETANCOR, Andrés (2010). *Regulación: Mito y Derecho*, Civitas: Pamplona; p. 119.
[24] BETANCOR, Andrés (2010). *Regulación: Mito y Derecho*, Civitas: Pamplona; p. 121.

Pela nossa parte, reiteramos o propósito de delimitação do objeto da presente investigação e de precisão metódica e metodológica, através da exclusão de todas as abordagens económicas, politológicas ou sociológicas do fenómeno regulatório, sob pena de nos desviarmos do verdadeiro escopo do trabalho: a análise das questões jurídicas implicadas na regulação da comunicação social e entre estas, em particular, as questões que têm relevo jusfundamental. Para nós, a regulação mediante instrumentos jurídicos é uma questão jurídico-constitucional e é, precisamente, neste contexto normativo das liberdades comunicativas que a regulação ganha especial relevância constitucional. A natureza e o alcance da intervenção do Estado, mesmo através de meios jurídicos, não suscitam, no entanto, unanimidade no elenco dos modelos teóricos regulativos.

Secção I
Mercado *Versus* Democracia

Em tese, a opção por um modelo regulatório pressupõe uma escolha, em termos puros, entre uma estratégia em que o mercado assume um papel exclusivo da regulação dos *media*[25] e outra baseada num modelo democrático, ligado a uma teoria da regulação, fundada no interesse público.

O conceito de mercado não é, porém, unívoco. Para alguns, o mercado é ele próprio um instrumento regulatório, objeto de criação política e jurídica dos poderes públicos, e não uma realidade natural a ser regulada pelo Estado. O mercado seria algo que se obtem após a regulação, entendida como um controlo sustentado e direcionado pelos poderes públicos, que inclui a emanação de normas, respetiva fiscalização e controlo judicial[26]. Podemos ainda realçar o entendimento do mercado como algo que repousa em valores e princípios ligados ao sentido normativo originário das liberdades de comunicação, como sejam, a autonomia individual, a voluntariedade da interação comunicativa e a descentralização da autoridade. Pese embora a polissemia dos conceitos, diga-se que nem mesmo as teses conferem relevância exclusiva do mercado são coerentes com a defesa da ausência total de regulação da comunicação

[25] HOFFMANN-RIEN, Wolfgang (2001). "Libertad de Comunicación y de Medios", i*n Manual de Derecho Constitucional, Benda/Maihofer/Vogel/Hesse/Heyde,* 2ª Ed., Marcial Pons: Madrid; p. 176.

[26] MACHADO, Jónatas E. M. (2002*). Liberdade de Expressão: Dimensões Constitucionais da Esfera Pública no Sistema Social*, Coimbra Editora: Coimbra; p. 871.

social, mesmo jurídica, uma vez que acabam por reconhecer, em maior ou menor medida, a necessidade e utilidade da intervenção estadual. A medida mínima de intervenção regulatória do Estado identificar-se-ia com a aplicação das regras da concorrência, o que fundamentaria, por conseguinte, a natureza de uma regulação exclusivamente orientada para a defesa da concorrência. A tese que confere ao mercado um papel relevante na regulação dos *media* reconhece que o mercado não é um dado natural anterior ao Estado, sublinha a íntima ligação entre o mercado livre das ideias e o mercado da comunicação social, deixa ao mercado o controlo da programação e reserva ao direito da concorrência a garantia do pluralismo de expressão.

No nosso ordenamento jurídico-constitucional, é possível sustentar-se que a previsão constitucional de um catálogo de direitos, liberdades e garantias da comunicação, de natureza negativa, constitui uma forte premissa de preclusão de intervenção estatal decisiva nesta matéria[27]. Não obstante, o reconhecimento de uma dimensão positiva não legitima o entendimento que o Estado tenha, por exemplo, o dever de promover o pluralismo, "independentemente da vontade efetiva de participação e de expressão dos diferentes grupos sociais, à revelia do seu próprio desejo de abstinência expressiva"[28]. O que não obsta à afirmação do dever de respeitar a livre circulação de ideias e opiniões[29].

Por sua vez, a tese que reconhece preponderância ao modelo democrático liga-se, preferencialmente, a uma teoria da regulação baseada no interesse público, entendido como valor cívico e político de uma ordem constitucional que impede a prevalência do mercado. Neste contexto, afirma-se que os meios de comunicação social devem ser considerados como *public trustes,* "ao serviço da preservação e consolidação da ordem constitucional livre e democrática"[30]. Em termos puros, é também um modelo de integração, no qual prevalece o pluralismo interno, o que reclama uma vigilância regulatória mais intensiva[31]. É ainda possível descobrir uma tese mista, defensora do modelo democrá-

[27] MACHADO, Jónatas E. M. (2002). *Liberdade de Expressão: Dimensões Constitucionais da Esfera Pública no Sistema Social,* Coimbra Editora: Coimbra; p. 872, nota 13.

[28] MACHADO, Jónatas E. M. (2002). *Liberdade de Expressão: Dimensões Constitucionais da Esfera Pública no Sistema Social,* Coimbra Editora: Coimbra; p. 872.

[29] MACHADO, Jónatas E. M. (2002). *Liberdade de Expressão: Dimensões Constitucionais da Esfera Pública no Sistema Social,* Coimbra Editora: Coimbra; p. 872.

[30] MACHADO, Jónatas/BRITO, Iolanda Rodrigues de (2013), *Curso de Direito da Comunicação Social*, Wolters Kluver: Lisboa; p. 162-163.

[31] HOFFMANN-RIEN, Wolfgang (2001). "Libertad de Comunicación y de Medios", in *Manual de Derecho Constitucional, Benda/Maihofer/Vogel/Hesse/Heyde,* 2ª Ed., Marcial Pons: Madrid; p. 176.

tico atenuado, posição "não necessariamente extremada"[32], na qual se afirma a existência de valores e princípios comuns ao mercado e às liberdades de comunicação, fundamentando uma íntima relação entre a concorrência económica e a concorrência publicística e rejeitando-se qualquer contraposição entre bens económicos e culturais[33]. Segundo esta tese, essa relação entre a concorrência económica e a concorrência publicística subsiste no Estado Social, "na medida em que este não pretenda funcionar como uma rede social para a incompetência económica"[34], devendo produzir "um quadro normativo orientado para o mercado, abstendo-se de impor condições administrativas, técnicas e financeiras que comprometam a sua viabilidade"[35].

1. O Mercado e as Teorias (Des) Regulatórias

1.1. As teorias de regulação que têm sido objeto de maior reflexão doutrinária constituem uma consequência da tradicional teoria pluralista, baseada num acordo ideal teórico entre a sociedade e o governo representativo, nos termos do qual inúmeros diferentes grupos com interesses conflituantes usam os seus mais variados recursos para modelarem os desfechos eleitorais e as políticas públicas. Para a teoria tradicional, são os privados que nos ajudam a compreender as atitudes dos decisores públicos, formando grupos de interesses, de natureza exclusivamente privada, alheios a quaisquer interesses públicos ou gerais, para pressionarem os dirigentes públicos e outros responsáveis governamentais com vista à obtenção de medidas ou políticas que os beneficie. Em reação a estas pressões, e na medida em que carecem dos apoios políticos que estes grupos de interesses podem dar, os decisores públicos estabelecem acordos e compromissos entre diferentes grupos, refletindo as decisões legislativas e administrativas o balanço dessa competição[36]. Para os adeptos

[32] Machado, Jónatas/Brito, Iolanda Rodrigues de (2013). *Curso de Direito da Comunicação Social*, Volters Kluver; Lisboa, p. 162.

[33] *"O objetivo económico de maximização do lucro através da ampliação de consumidores associa-se ao propósito de exprimir ideias e opiniões junto do maior número possível de recetores, independentemente de qualquer forma centralizada de censura publicística ou de planificação económica"* – Machado, Jónatas E. M. (2002), *Liberdade de Expressão: Dimensões Constitucionais da Esfera Pública no Sistema Social*, Coimbra Editora: Coimbra; p. 873 e 874.

[34] Machado, Jónatas E. M. (2002). *Liberdade de Expressão: Dimensões Constitucionais da Esfera Pública no Sistema Social*, Coimbra Editora: Coimbra; p. 874.

[35] Machado, Jónatas E. M. (2002). *Liberdade de Expressão: Dimensões Constitucionais da Esfera Pública no Sistema Social*, Coimbra Editora: Coimbra; p. 874.

[36] Croley, Steven (1996). "Theories of Regulation: Incorporating the Administrative Process", *Columbia Law Review*, nº 98, nº 1; pp. 31 e ss.

desta tese, a sua principal virtude reside no facto de as políticas adotadas não beneficiarem nenhum interesse, em particular. Esta visão, cínica e cética, da regulação, em sentido amplo, conduz, na sua essência, a teses tendentes à desregulação e que conferem maior preponderância ao mercado, ainda que com intensidades distintas.

1.2. A tese que confere, genericamente, relevância exclusiva ao mercado é, previsivelmente, uma teoria da desregulação, porquanto desconfia das estruturas regulatórias, denuncia as falhas do Estado e, consequentemente, propõe o mercado como alternativa institucional[37]. Inspirada no teorema de COASE, esta tese sustenta que a melhor regulação consiste numa redução dos custos de transação propiciadora de maior eficiência[38]. Neste contexto, chega mesmo a sugerir a possibilidade de recurso à propriedade privada e a um sistema de preços na atribuição de frequências[39], em leilão, de acordo com a licitação mais alta[40]. Esta tese advoga que a atribuição de licenças de televisão deve ser, unicamente, determinada pelas forças do mercado, em detrimento de decisões estatais.

Para os seus seguidores, a atribuição dessa tarefa a uma entidade administrativa é problemática pois: *i)* desconhece a medida precisa dos benefícios e custos resultantes do mercado e *ii)* pela natureza das coisas, não pode aceder a toda a informação relevante que está na posse dos empresários (candidatos a essas frequências), ou mesmo sobre as preferências dos consumidores[41]. Não

[37] MACHADO, Jónatas/BRITO, Iolanda Rodrigues (2013). *Curso de Direito da Comunicação Social*, Wolters Kluver: Lisboa; p. 157.

[38] MACHADO, Jónatas/BRITO, Iolanda Rodrigues (2013). Curso *de Direito da Comunicação Social*, Wolters Kluver: Lisboa; p. 157.

[39] COASE, Ronald (1954), (1959). "The Federal Communications Commission", in *Journal of Law and Economics*, Vol. 2; p. 17.

[40] COASE reproduz um diálogo entre *Frank Stanton*, presidente da CBS e o congressista *Rogers*, numa comissão de inquérito, em que este colocou a hipótese de atribuição de frequências de televisão, através de um leilão:
"Mr. Rogers: Doctor, what do you think about a proposition of the Government taking all of these channels and opening them to competitive bidding, and let the highest bidder take them at the best price the taxpayers could get out of it? (...); if the government owns a tract of land on wich you raise cattle, they charge a man for the use of the land. Why would it not be just as reasonable to charge a man to use the avenues of the air as it would be to use that pasture? Why should the people be giving one group something free and charging another group for something that is comparable?" – COASE, Ronald (1954), (1959) "The Federal Communications Commission", in *Journal of Law and Economics*, Vol. 2; p. 17.

[41] COASE, Ronald (1954), (1959). "The Federal Communications Commission", in *Journal of Law and Economics*, Vol. 2; p. 18.

obstante, Coase acaba por reconhecer que uma atribuição administrativa de frequências pode não ser, necessariamente, mais problemática do que a que resulta do mero funcionamento do mecanismo de preços. Nos casos em que o custo da operação do mercado for substancialmente maior, o autor prefere mesmo uma solução associada a *uma má distribuição de recursos*, resultante da alegada falta de conhecimento técnico, inflexibilidade e exposição às pressões políticas a que, supostamente, uma entidade reguladora administrativa se encontra sujeita.

O autor, no que se refere ao grau de intervenção do Estado nas liberdades comunicativas, acabou por clarificar reflexamente a sua posição, quando tentou estabelecer um paralelo entre o mercado de bens e serviços e o mercado de ideias. Sugestivamente, na reflexão do autor, ficam expostas as alegadas contradições da jurisprudência norte-americana sobre esta matéria, porquanto ao mesmo tempo que o Supremo Tribunal dos EUA sufraga a impossibilidade de utilização do *supra* descrito mecanismo dos preços, acaba por rejeitar a regulação estatal do mercado de ideias, no que se refere à imprensa. Desde logo, o economista lembra que, apesar da quantidade de um certo recurso ser limitada, em geral, a quantidade que pode ser disponibilizada para um uso, em particular, é variável[42], o que enfraqueceria o argumento do Supremo, fundado na escassez do recurso.

Coase realça a dualidade argumentativa, segundo a qual a regulação estatal seria desejável no mercado de bens e serviços, mas não no "mercado de ideias" e das atividades protegidas pela *Primeira Emenda*[43]. Dc acordo com estas teses, o mercado e os consumidores não são capazes de fazer as escolhas corretas, em prol do interesse público, sem um estímulo estatal. Pelo contrário, no mercado de ideias, uma eventual regulação estatal seria ineficiente, quase sempre motivada por más razões, uma vez que os seus operadores, independentemente do seu poder económico, agem no interesse público. Uma ambivalência baseada numa exaltação da relevância do mercado de ideias que Coase põe em causa, questionando se, para a maioria das pessoas na maioria dos países, não será mais importante o fornecimento de comida, roupa ou conforto[44]...

[42] Produtores de uma indústria, em particular, podem obter maior quantidade de um determinado recurso, comprando-o no Mercado e aumentando o preço, induzindo as empresas de outras indústrias a reduzirem o seu uso. – Coase, Ronald (1954), (1959). "The Federal Communications Commission", in *Journal of Law and Economics*, Vol. 2; p. 20.

[43] Coase, Ronald (1974). "The Market for Goods and the Market for Ideas", in *American Economics Review*, Vol. 64; p. 384.

[44] Coase, Ronald (1974). "The Market for Goods and the Market for Ideas", in *American Economics Review*, Vol. 64; p. 386.

O autor ironiza, aliás, a adesão da imprensa americana e britânica a este entendimento, a qual, não obstante a salvo de regulação, não questiona a utilidade da regulação governamental televisiva[45]...

Não obstante, é o próprio autor que acaba por reconhecer a utilidade da intervenção governamental em certas áreas, protegidas pela Primeira Emenda: *"we have to decide whether government is as incompetent as is generally assumed in the market for ideas, in wich case we would want to decrease government intervention in the market of goods, or whether is it as efficient as it is generally assumed to be in the market for goods, in wich case we would want to increase government regulation in the market of ideas"*[46]. Uma regulação orientada para o mercado é vista como a melhor forma de promover o livre mercado de ideias e o desenvolvimento de um pluralismo político e ideológico, livre de interferências estatais, permitindo uma melhor satisfação dos interesses das maiorias e das minorias[47].

1.3. A *Public Choice* ou *Escolha Pública*, por sua vez, também concebe o espaço regulatório como um mercado[48]. A regulação deve ser, realisticamente, entendida como um esquema de composição de interesses particulares, em que se procede à alocação dos bens regulatórios (leis, licenças, autorizações, normas sobre programação e publicidade) com base na melhor oferta que os regulados fazem aos reguladores[49]. O interesse público é apenas uma entre várias motivações possíveis. A regulação move-se numa relação viciada entre o legislador e os grupos de interesses, através da qual estes procuram a regulação que lhes é favorável. Tais interesses acabam por ser satisfeitos pelo legislador, cuja única preocupação é, alegadamente, a de ser eleito[50]. Neste quadro, sugestivo e não romântico da *Primeira Emenda*, questiona-se porque é que, em vez de se invocar a natureza de bem público da informação contra a regulação

[45] COASE, Ronald (1974). "The Market for Goods and the Market for Ideas", in *American Economics Review*, Vol. 64; p. 387.

[46] COASE, Ronald (1974). "The Market for Goods and the Market for Ideas", in *American Economics Review*, Vol. 64; p. 390.

[47] MACHADO, Jónatas/BRITO, Iolanda Rodrigues (2013). *Curso de Direito da Comunicação Social*, Wolters Kluver, Lisboa; p. 157.

[48] BALDWIN, Robert/CAVE, Martin/LODGE, Martin (2012). *Understanding Regulation*; pp. 43 e segs.

[49] BUCHANAN, James M., (1954). "Social Choice, Democracy and Free Markets", *Journal of Political Economy*, Vol. 62, pp. 114 e ss.; FARBER, Daniel (1991). "Free Speech Without Romance: «*Public Choice* and First Amendment", *Harvard Law Review*, Vol. 105, nº 2; pp. 554 e ss.; MACHADO, Jónatas/BRITO, Iolanda Rodrigues (2013). *Curso de Direito da Comunicação Social*, Wolters Kluver, Lisboa; p. 155.

[50] CROLEY, Steven, (1996). "Theories of Regulation: Incorporating the Administrative Process", *Columbia Law Review*, nº 98, nº 1; p. 50.

da liberdade de expressão, não se defende o seu reforço constitucional, em detrimento do legislador ordinário[51].

Acresce a esta duvidosa motivação regulatória a constatação de que o mercado produz pouca informação, precisamente porque se trata de um bem público. Os seus benefícios não se restringem aos consumidores diretos, alargando-se, inevitavelmente, a outros grupos maiores: as designadas externalidades positivas (ou benefícios para terceiras partes) constituem uma das particularidades da informação, traduzida no facto de ser reprodutível de forma única. Muitos consomem a mesma informação, sem que o produtor original seja compensado[52]. Pelo facto de facto de estes benefícios não serem por ele considerados, acaba por ser produzida menos informação do que aquela que seria, socialmente, exigível ou desejável. Apesar de ser possível identificar um maior número de pessoas dispostas a pagar mais, por informação adicional, ela não é produzida, porque o mercado não consegue converter essas preferências em incentivos diretos ao produtor.

Neste contexto, qualquer intervenção governamental só pode ser no sentido de subsidiar a livre expressão e não de introduzir limitações, realçando estes autores que as restrições legais sobre a informação são nocivas. A livre expressão não seria, em absoluto, um valor mais importante, apenas realçaria a relevância da distinção entre bens privados e bens de interesse social. Para esta teoria, não interessa a importância da expressão para o indivíduo ou para a sociedade, em relação a outros bens de consumo como a comida: relevante é sublinhar que grande parte do valor desses bens de consumo esgota-se no consumidor direto. Adicionalmente, como o mercado produz menos informação, o sistema político tende a regulamentar excessivamente a informação, o que reclama, por sua vez, maior proteção constitucional da liberdade de expressão. Não se pretende dizer que a informação só produz benefícios e que por isso deva ser imune à regulação. A informação pode impor custos a terceiras partes e, quando estas externalidades excedam o total do valor social da expressão, deve haver regulação – ainda que cautelosa – uma vez que a produção de informação já é inferior ao desejável. O que quer dizer que a regulação da expressão deve ser mais restrita do que a das outras atividades[53].

[51] FARBER, Daniel (1991). "Free Speech without Romance: *Public Choice* and First Amendment", *Harvard Law Review*, Vol 105, nº 2; p. 556.

[52] FARBER, Daniel (1991). "Free Speech without Romance: *Public Choice* and First Amendment", *Harvard Law Review*, Vol 105, nº 2; p. 559.

[53] FARBER, Daniel (1991). "Free Speech without Romance: *Public Choice* and First Amendment", *Harvard Law Review*, Vol. 105, nº 2; p. 562.

Apesar da teoria económica da liberdade de expressão não reconhecer nenhum valor intrínseco à expressão, é esclarecedora no que se refere à utilidade do seu valor social: uma sociedade que valorize (irracionalmente) a liberdade de expressão produz resultados mais racionais de um ponto de vista económico, uma vez que os indivíduos tenderão a querer exprimir-se, ainda que o mercado não lhes confira adequada compensação. A teoria sugere que a especial qualidade da expressão reside na sua relação com o bem-estar da comunidade[54] e daí a falta de romantismo: a *Escolha Pública* encara a liberdade de expressão, não como algo particularmente desejável em si, mas antes como algo socialmente útil, dado que motiva os indivíduos a exercerem uma conduta socialmente útil, como é a produção de informação.

1.4. Esta tese comporta inúmeras consequências com relevo jurídico-constitucional, atinentes à interpretação e aplicação das normas que regulam juridicamente os *media*, atento o seu pressuposto de que a intervenção do Estado, estruturada por normas aprovadas por maioria pelo legislador democraticamente eleito, acaba sempre por funcionar em favor de minorias altamente motivadas, organizadas e mobilizadas, em detrimento da maioria ou do interesse público. No prisma da interpretação jurídica, por exemplo, para alguns, esta tese veio por termo a uma visão romântica da política e das motivações do legislador que remonta a MADISON. As tradicionais teorias de interpretação jurídica são associadas a uma *"archeological approach"*[55], na qual o juiz procura desvendar o espírito, intenção e expectativa do legislador, identificando-se essa vontade com a boa política, dando preponderância a uma legitimidade formal[56]. Para BUCHANAN, está em causa *Politics Without Romance*, uma teoria que se tornou *uma avenida através da qual um conjunto de noções ilusórias e românticas sobre o trabalho dos governos tem sido substituído por noções mais realistas*[57].

[54] FARBER, Daniel (1991). "Free Speech without Romance: *Public Choice* and First Amendment", *Harvard Law Review*, Vol. 105, nº 2; pp. 582 e 583.

[55] ESKRIDGE, William Jr. (1998). "Politics without Romance: Implications of *Public Choice* Theory for Statutory Interpretation", in *Yale Law School Faculty Scholarship Series*, Paper 3824; p. 275.

[56] ESKRIDGE distingue entre esta *"archeological approach"* e a *"free inquiry approach"*. Nesta última, o papel do tribunal é o de encontrar o melhor resultado, formalmente liberto do texto legal e da história legislativa. Esta *"free inquiry approach"* apela a uma legitimidade funcional – justiça ou bom resultado." – ESKRIDGE Jr., William N. (1988). "Politics without Romance: Implications of *Public Choice* Theory for Statutory Interpretation", in *Yale Law School Faculty Scholarship Series*, Paper 3824; p. 275.

[57] *Apud* ESKRIDGE Jr., William N. (1988). "Politics without Romance: Implications of *Public Choice* Theory for Statutory Interpretation", in *Yale Law School Faculty Scholarship Series*, Paper 3824; p. 276.

ESKRIDGE sustenta mesmo que a visão romântica de MADISON transformou-se, com a Escolha Pública, num *Madisonian nightmare*[58], ainda que implique, no saber de BUCHANAN, apenas uma redescoberta da sabedoria do século XVIII, a de SMITH, a de MADISON e dos *"Founding Fathers"*, tal como na fábula do *Rei vai Nu*[59].

No que se refere ao poder jurisdicional, sustenta-se que esta visão deverá constituir um alerta para o juiz, naquelas situações em que o mais provável é que tenha havido um desvio de poder. O desvio será menos provável, quando uma lei estabelece obrigações e benefícios "simétricos", aplicáveis a operadores de igual dimensão e suscetíveis de exercerem uma influência política comparável àqueles a quem a lei impõe custos[60]. Nesse caso, os tribunais devem considerar-se autorizados a fazer interpretação extensiva destas normas simétricas, inclusive, atualizando-as ao longo do tempo, de forma a adequá-las à mudança. Pelo contrário, nos casos em que essas obrigações e benefícios são "assimétricos", existe um perigo claro de disfunção legislativa ou administrativa, devendo os tribunais fazer interpretação restritiva das normas que produzem benefícios concentrados para grupos de interesses minoritários[61].

Mais de cinco décadas depois do seu primeiro escrito, BUCHANAN reconhece que a sua principal preocupação sempre foi a da discriminação das minorias, em detrimento da estabilidade de certos desfechos políticos. Para defender reformas no sentido da alteração das maiorias simples para qualificadas ou para supermaiorias, WICKSEL questionou mesmo, numa perspetiva económica, *"if majority rule produces unjust and inefficient outcomes, and if political stability is secured only by discrimination against minorities"*, como pode a democracia, como princípio organizativo da estrutura política, reclamar legitimidade normativa?"[62]. E é nesse sentido que o próprio BUCHANAN vem clarificar a distinção entre "políticas ordinárias", que consistem em decisões adotadas em assembleias legislativas, e "políticas constitucionais", que consistem nas decisões sobre as regras a adotar nas "políticas ordinárias"[63]. Numa perspetiva de justiça e eficiência, a regra da maioria pode operar num quadro de

[58] ESKRIDGE Jr., William N. (1988). "Politics without Romance: Implications of *Public Choice* Theory for Statutory Interpretation", in *Yale Law School Faculty Scholarship Series*, Paper 3824; p. 277.
[59] BUCHANAN, James M. (2003). *"Public Choice:* Politics without Romance", *Policy*, Vol 19, nº 3; p. 18.
[60] ESKRIDGE Jr., William N. (1988). "Politics without Romance: Implications of *Public Choice* Theory for Statutory Interpretation", in *Yale Law School Faculty Scholarship Series*, Paper 3824; p. 279.
[61] ESKRIDGE Jr., William N. (1988). "Politics without Romance: Implications of *Public Choice* Theory for Statutory Interpretation", in *Yale Law School Faculty Scholarship Series*, Paper 3824; p. 279.
[62] BUCHANAN, James M. (2003). *"Public Choice*: Politics without Romance", *Policy*, Vol 19, nº 3; p. 14.
[63] BUCHANAN, James M. (2003). *"Public Choice*: Politics without Romance", *Policy*, Vol 19, nº 3; p. 15.

política ordinária, desde que exista um consenso generalizado na Constituição em relação às regras que definem ou limitam o que pode ser feito através das políticas ordinárias.

A *Escolha Pública* pode, efetivamente, ser vista como uma teoria da desregulação[64], um desafio para aqueles que pretendem preservar um regime regulatório[65], uma vez que corporiza uma visão cínica e negativa da regulação, conducente à desregulação e/ou autorregulação, tendências supostamente mais autênticas e menos hipócritas[66]. Os seus defensores fornecem uma série de exemplos em alguns setores regulatórios, entre os quais a televisão, em que os grupos de interesses obtêm regulamentação que os favorece, em detrimento do consumidor[67]. Não obstante, alguma doutrina contrapõe que, pelo menos em momentos importantes, os interesses de grupos poderosos organizados foram derrotados por interesses difusos dos mais desorganizados dos cidadãos[68]. Alguns dos argumentos usados pela *Escolha Pública* acabam por ser, curiosamente, convergentes com aqueles que são invocados pela sua rival teoria do interesse público.

1.5. A *Public Choice* conduz-nos a um beco sem saída[69], atenta a inquestionável necessidade de intervenção estadual, mesmo para garantir a abertura das estruturas do mercado, em última análise através da atividade corretora do juiz dos alegados desvios do legislador. Esta tese acaba por advogar um discutível[70] incremento do ativismo judicial, substituindo a regulação legislativa

[64] Machado, Jónatas E. M. (2002). *Liberdade de Expressão: Dimensões Constitucionais da Esfera Pública no Sistema Social,* Coimbra Editora: Coimbra; p. 879.

[65] Croley, Steven (1996). "Theories of Regulation: Incorporating the Administrative Process", *Columbia Law Review,* nº 98, nº 1; p. 41.

[66] Machado/Jónatas/Brito, Iolanda Rodrigues (2013). *Curso de Direito da Comunicação Social,* Wolters Kluver, Lisboa; p. 156.

[67] *"What does the consumer owe to the regulation of the television? Mainly such things as an extraordinary campaign to prevent and hamper pay television – although the main channel of this obstructive influencehas been trough the Congress, acting upon the Federal Communications Commission (FCC)"* – Stigler, *Apud* Croley, Steven (1996). "Theories of Regulation: Incorporating the Administrative Process", *Columbia Law Review,* nº 98, nº 1; p. 53.

[68] Croley, Steven (1996). "Theories of Regulation: Incorporating the Administrative Process", *Columbia Law Review,* nº 98, nº 1; p. 54.

[69] Machado, Jónatas E. M. (2002). *Liberdade de Expressão: Dimensões Constitucionais da Esfera Pública no Sistema Social,* Coimbra Editora: Coimbra; p. 879.

[70] Eskridge ensina-nos que, precisamente, uma das mais importantes lições a retirar da teoria da interpretação da tese da *Escolha Pública* é a do aprofundamento do entendimento sobre o diálogo entre o legislador e o juiz. Para o autor, o juiz deve ser mais seletivo quando remete certas decisões para a liberdade do legislador ou das agências reguladoras.

ou administrativa pela regulação pelo juiz, a partir de uma espécie de presunção em desfavor do legislador. Como comprovar que o juiz não está sujeito às mesmas pressões do legislador? Acresce, porventura, um argumento igualmente impressivo, que reside no facto de as teses tributárias desta conceção acabarem por sustentar uma inaceitável teoria *"aconstitucional"* da regulação[71], em que o direito apenas resiste na base – no metamercado – negligenciando a relevância constitucional da relação Estado-Direito e Mercado. Esta não é uma relação que exista à margem do sistema jurídico: antes pelo contrário, ela existe dentro desse mesmo sistema e tem de ser conforme aos parâmetros por ele definidos. O ceticismo democrático da *Public Choice*, baseado na ideia de que a regulação e a intervenção pública visam satisfazer os interesses de certos grupos conduz a uma abordagem redutora e hiperbolizadora da captura, convertendo-a numa espécie de fenómeno incontornável. Não só não deve ser assim, como os parâmetros da sobredita relação configuram uma questão jurídico-constitucional e, como tal, terão de resultar da interpretação da Constituição[72].

Os defensores da *Public Choice* contrapõem que a teoria não tem uma agenda neoliberal, na medida em que a não interferência direta do Estado não implica que a lei se limite a manter *o status quo*. Pelo contrário, pretende-se, através do direito reflexivo, alterar ordens sociais existentes ao ponto de assegurar que cada sistema é coerente com as racionalidades de outros sistemas autorregulatórios. O Direito reflexivo não nega a necessidade da intervenção do estado, apenas sustenta que essa forma deve ser alterada[73], sendo essa uma das principais qualidades da *Public Choice*. Efetivamente, a teoria da *Escolha Pública* aponta globalmente no mesmo sentido de uma teoria da regulação, construída a partir de uma conceção do sistema social como um conjunto de subsistemas sociais, relativamente autónomos e autorreferenciais. A maior preocupação, neste contexto, é a de garantir a abertura comunicativa entre os subsistemas sociais e, dentro de cada um deles, salvaguardar a sua autonomia perante tentativas de colonização extrassistémicas, limitando a intervenção de uns sobre os outros à correção de disfunções sistémicas conjunturais, suscetíveis de se repercutirem negativamente em cada um deles e no mundo ambiente. Uma perspetiva, logicamente, hostil a uma regulação intensiva desses diferentes subsistemas sociais pelos sistemas político e jurídico (politização, juridificação), adscrevendo-lhes, quando muito, uma função

[71] BETANCOR, Andrés (2010). *Regulación: Mito y Derecho*; pp. 116 e ss.
[72] BETANCOR, Andrés (2010). *Regulación: Mito y Derecho*; p. 120, nota 59.
[73] BLACK, Julia (1996). "Constitutionalising Self-Regulation", *in The Modern Law Review*; p. 47.

diretiva concebida em termos genéricos e compatíveis com níveis elevados de autorregulação e corregulação, juntamente com funções de supervisão e de correção. Tudo o que vá para além disso irá, inevitavelmente, gerar não apenas falhas de regulação, trilemas e paradoxos regulatórios, no sentido tradicional, mas também verdadeiras disfunções sistémicas, estruturais, nocivas para o sistema social[74]. São questões que poderão ter aplicação específica no âmbito da regulação da comunicação social, às quais voltaremos, a propósito do poder regulamentar conferido à Entidade Reguladora para a Comunicação Social (ERC)[75].

1.6. Tal como a tradicional teoria pluralista, o Neopluralismo realça a importância dos grupos de interesses na determinação dos desfechos regulatórios. Porém, apesar de partilhar essa abordagem metodológica com a *Escolha Pública*, esta teoria refuta as suas conclusões. Os neopluralistas criticam a *Escolha Pública* da mesma forma que esta critica a sua anterior teoria pluralista tradicional. Tal como a *Escolha Pública*, os neopluralistas partem do pressuposto de que os grupos de interesses organizados competem uns com os outros – usando os votos e outros apoios políticos –, para obter do Estado legislação favorável[76]: as leis são vistas como negócios que formalizam acordos mediados pelo legislador[77]. Ao contrário da *Escolha Pública*, todavia, esta teoria não conclui que a regulação governamental conduz, inevitavelmente, *ao domínio dos muitos que passam despercebidos pelos poucos organizados*[78] e permite uma visão positiva da regulação, ainda que conduza, necessariamente, ao triunfo dos grupos de interesse e das políticas mais eficientes e mais aptas[79].

[74] *"A regulação estadual deixa de ser desejável quando conduza à cooptação estadual da sociedade civil, coloque a imprensa e os audiovisuais sob um controlo excessivo por parte do estado, comprometa a estruturação policêntrica dos meios de comunicação social, bloqueie os canais de comunicação num conjunto significativo de subsistemas sociais, favoreça as posições de grupos de interesses cultural, económico e socialmente poderoso em detrimento dos direitos e interesses da generalidade dos cidadãos ou de grupos minoritários."* – MACHADO, Jónatas E. M. (2002). *Liberdade de Expressão: Dimensões Constitucionais da Esfera Pública no Sistema Social*, Coimbra Editora: Coimbra; p. 890.

[75] Capítulo IV, Secção VII, p. 23.

[76] CROLEY, Steven (1996). "Theories of Regulation: Incorporating the Administrative Process", *Columbia Law Review*, nº 98, nº 1; p. 57.

[77] MACHADO, Jónatas/BRITO, Iolanda (2013). *Curso de Direito da Comunicação Social*, Wolters Kluver, Lisboa; p. 156.

[78] CROLEY, Steven (1996). "Theories of Regulation: Incorporating the Administrative Process", *Columbia Law Review*, nº 98, nº 1; p. 59.

[79] MACHADO, Jónatas/BRITO, Iolanda Rodrigues (2013). *Curso de Direito da Comunicação Social*, Wolters Kluver, Lisboa; p. 156.

Os neopluralistas acreditam que é possível introduzir revisões no processo regulatório que atenuem a influência excessiva dos grupos de interesse, nomeadamente através da introdução de novos métodos de interpretação jurídica que procurem proteger os interesses sub-representados e que dificultem uma procura desenfreada do lucro. Estas alterações pretendem também reforçar a participação no processo de tomada de decisões regulatórias e o reforço da confiança em entidades administrativas independentes.

Mesmo num contexto de primazia do mercado e de presunção em favor dos acordos voluntários ente particulares, uma leitura neopluralista da regulação aponta para uma intervenção regulatória do Estado, entendida como instrumento adequado para a garantia de equilíbrio de diferentes grupos sociais, minoritários e maioritários. As leis são negócios e o legislador um corretor ao serviço do interesse público e de interesses próprios. Em todo o caso, como observa MACHADO, os valores e princípios constitucionais "são demasiado importantes para serem colocados na disponibilidade de uma maioria politica conjuntural"[80] e para serem confiados "ao livre jogo das forças sociais, ainda que mediado pelo processo regulatório"[81].

2. O Estado e os Ideais Regulatórios

2.1. No caso da teoria do interesse público, pretende-se demonstrar que o legislador pode prosseguir o interesse público e, nessa medida, tal como os neopluralistas, esta tese contesta a *Escolha Pública*[82], sem prejuízo das motivações egoístas que lhe possam estar subjacentes, dado que as instâncias regulatórias dependem do apoio da maioria dos cidadãos para continuarem em funções[83]. CROLEY alerta, porém, que o conceito de regulação deve ser entendido como o produto do trabalho de entidades administrativas, uma vez que a adoção de decisões regulatórias refere-se, quase sempre, à implementação administrativa de diretivas gerais e vagas do legislador[84].

Ao contrário da tese do serviço público, a doutrina do interesse público preocupa-se apenas em definir o fim, deixando o meio em aberto, e tanto pode

[80] MACHADO, Jónatas E. M. (2002). *Liberdade de Expressão: Dimensões Constitucionais da Esfera Pública no Sistema Social*, Coimbra Editora: Coimbra; p. 892.

[81] MACHADO, Jónatas E. M. (2002). *Liberdade de Expressão: Dimensões Constitucionais da Esfera Pública no Sistema Social*, Coimbra Editora: Coimbra; p. 892.

[82] CROLEY, Steven (1996). "Theories of Regulation: Incorporating the Administrative Process", *Columbia Law Review*, nº 98, nº 1; p. 65.

[83] MACHADO, Jónatas E. M. (2002). *Liberdade de Expressão: Dimensões Constitucionais da Esfera Pública no Sistema Social*, Coimbra Editora: Coimbra; p. 893.

[84] CROLEY, Steven P. (2000). "Public Interested Regulation", *Fla. St. U. L. Rev.* 28, no. 1; p. 11.

ser uma teoria de regulação como de desregulação[85]. SUNSTEIN baseia a sua posição em dois pressupostos, relativos aos fins e meios: *i)* qualquer sistema de regulação audiovisual deve ser avaliado em termos democráticos e económicos; *ii)* o governo deve reduzir os instrumentos tradicionais de regulação (*"command-and-control regulation"*) e introduzir instrumentos mais flexíveis e menos intrusivos, que sejam adaptáveis às rápidas mudanças tecnológicas[86]. No que concerne aos fins, o autor sustenta que o ideal económico da soberania do consumidor é ajustado ao mercado da comunicação, o que, em seu entender, justifica que as mudanças introduzidas pelo sistema emergente não deverão afastar a ideia de que os operadores televisivos devem prosseguir fins de interesse público: programas educativos e sobre questões cívicas podem promover as aspirações a uma democracia deliberativa.

Para os autores, o principal propósito da *Primeira Emenda* é o de garantir o bom funcionamento da ordem democrática[87], devendo o sistema da livre expressão submeter-se à proteção de condições de soberania, ajustadas à garantia de um autogoverno genuíno, e não *"whatever happens to come out of the mouths, or pens, or word-processors of those who are attempting to speak."*[88]. Esta perspetiva da *Primeira Emenda* ofereceria a vantagem da ausência de tensão entre democracia e constitucionalismo, entre direitos individuais e a regra da maioria: direitos robustos de livre expressão são uma condição prévia da democracia e da regra da maioria e a autonomia privada não só não se encontra em conflito com a noção de soberania popular como faz parte dela[89]. Contrasta o otimismo e a fé nos governos e no legislador, coerentes com a ideia de que a democracia só pode produzir desfechos consentâneos com o interesse público: se o interesse público é a soma de todos e de cada um dos interesses privados, havendo sufrágio universal e partindo do pressuposto que todos e cada um agem de acordo com os seus interesses, então é lógico esperar boa

[85] CROLEY, Steven (1996). "Theories of Regulation: Incorporating the Administrative Process", *Columbia Law Review*, nº 98, nº 1; p. 74; MACHADO, Jónatas E. M. (2002), *Liberdade de Expressão: Dimensões Constitucionais da Esfera Pública no Sistema Social*, Coimbra Editora: Coimbra; p. 893.

[86] SUNSTEIN, Cass (2000). "Television and Public Interest", *California Law Review*, Vol., 88, Issue 2, Article 9; pp. 503 e 504.

[87] SUNSTEIN, Cass (2000). "Television and Public Interest", *California Law Review*, Vol., 88, Issue 2, Article 9; p. 524.

[88] SUNSTEIN, Cass (2000). "Television and Public Interest", *California Law Review*, Vol., 88, Issue 2, Article 9; p. 524.

[89] SUNSTEIN, Cass (2000). "Television and Public Interest", *California Law Review*, Vol., 88, Issue 2, Article 9; p. 524.

legislação[90]. No que se refere aos fins, SUNSTEIN propõe os seguintes instrumentos: *i)* divulgação imperativa de informação sobre televisão de interesse público; *ii)* incentivos económicos; *iii)* autorregulação voluntária, como por exemplo códigos de boa conduta criados pela própria indústria[91]. CROLEY destaca que a vantagem desta teoria é a de reconhecer que os reguladores atuam, por vezes, em nome de interesses gerais, um fenómeno que seria inexplicável à luz das suas teorias rivais[92].

Entre as críticas apontadas a esta teoria, destacam-se a alegada falta de suporte empírico das suas premissas[93] e a dificuldade de definição da própria noção de interesse público[94]. Esta tese propugna uma visão altamente benevolente dos processos político e do interesse público, *"a world in wich bureaucracies do not protect or expand their turf, in wich politicians do not seek to enhance their electoral or other career prospects, in wich decision-making rules do not determine decisions, and a world in wich business and other interest groups do not seek special exemptions or privileges"*[95]. Uma conceção acusada de ter uma visão distorcida[96] do Estado, das suas funções e da Administração do século XXI, na medida em que sustenta que a regulação tem por finalidade satisfazer o interesse público que, especificamente, se concretiza na correção das falhas do mercado. Segundo BETANCOR, esta finalidade, paradoxalmente, neutraliza o interesse público ao mesmo tempo que o mercantiliza. São ainda apontados problemas no plano normativo (dever ser) e no plano positivo (o ser): a Administração baseia-se num sistema jurídico e institucional que condiciona o exercício dos seus poderes, não podendo considerar-se que, no plano positivo, satisfaça sempre "interesses espúrios (como os dos regulados) ou os interesses puros dos cidadãos, nem o interesse do mercado, como seu único objetivo"[97].

[90] SHAVIRO, David (1990). "Beyond *Public Choice* a Public Interest: a study of the Legislative Process as Illustrated by Tax Legislation in the 1980s", in TUSHNET, Mark. V/HEINZERLING, Lisa (2006), *The Regulatory and Administrative State,* Oxford University Press, New York.

[91] SUNSTEIN, Cass (2000). "Television and Public Interest", *California Law Review,* Vol., 88, Issue 2, Article 9; p. 504.

[92] CROLEY, Steven (1996). "Theories of Regulation: Incorporating the Administrative Process", *Columbia Law Review,* nº 98, nº 1; p. 76.

[93] CROLEY, Steven, (1996). "Theories of Regulation: Incorporating the Administrative Process", *Columbia Law Review,* nº 98, nº 1; p. 75.

[94] BALDWIN, Robert/CAVE, Martin/LODGE, Martin (2012). *Understanding Regulation,* Oxford University Press; p. 49.

[95] BALDWIN, Robert/CAVE, Martin/LODGE, Martin (2012). *Understanding Regulation,* Oxford University Press; p. 41.

[96] BETANCOR, Andrés (2010). *Regulación: Mito y Derecho,* Civitas: Pamplona; p. 51.

[97] BETANCOR, Andrés (2010). *Regulación: Mito y Derecho,* Civitas: Pamplona; p. 51.

2.2. Rejeitamos qualquer tipo de funcionalização dos direitos fundamentais a uma alegada ordem democrática, que se afirmaria *a priori*, traduzida na leitura que SUNSTEIN nos oferece da *Primeira Emenda*. A liberdade de comunicação social não serve exclusivamente o pluralismo democrático, pelo menos, no nosso ordenamento jurídico-constitucional. Rejeitamos a invocação, em abstrato, de certos valores e a sua prévia hierarquização, subjetiva, paternalista e elitista, por entidades regulatórias, no quadro de um discutível cabaz de ideais regulatórios. No nosso entendimento, numa perspetiva jusfundamental, o que SUNSTEIN faz questão de distinguir conduz exactamente ao mesmo resultado: autorizar um governo a substituir-se ou a impor-se aos julgamentos dos cidadãos, estando estes munidos de informação adequada é, ou pode vir a ser, exatamente o mesmo que autorizar o governo a adotar pequenos passos no sentido de promover uma ordem democrática, como por exemplo, garantindo tempos de antena a candidatos eleitorais ou subsidiando e promovendo certas discussões substantivas de questões substantivas[98]. Este maior envolvimento do poder público, alegadamente constitucionalmente justificado à luz da *Primeira Emenda*, traduzir-se-ia num *"paternalismo soft"*, que atuaria através de uma estrutura de incentivos e pequenos toques *(nudges)*[99].

MACHADO aponta, a nosso ver bem, que o padrão de correção de falhas de mercados deve ser dado, não pelo funcionamento ótimo do mercado, mas pela realização de valores e princípios constitucionais fundamentais, ainda que muitos deles apontem para resultados tipicamente *market based*. Consideramos que a opção por uma atitude regulatória, que não seja nociva para o setor, pressupõe o conhecimento das especificidades e sensibilidades do setor, o peso específico da relevância constitucional dos bens regulados[100], bem como a definição dos respetivos âmbitos de proteção. Dissertar sobre a importância da comunicação social para a ordem democrática, num contexto de regulação, é e será sempre um exercício importante e difícil, atendendo à sua extrema ligação com a liberdade. Na verdade, a democracia depende tanto da comunicação social como esta depende daquela, atenta a extrema

[98] SUNSTEIN, Cass (2000). "Television and Public Interest", *California Law Review*, Vol., 88, Issue 2, Article 9; pp. 522 e 523.

[99] MACHADO, Jónatas/BRITO, Iolanda Rodrigues (2013). *Curso de Direito da Comunicação Social,Wolters Kluver*, Lisboa; p. 159.

[100] CASTRO, Raquel A. Brízida (2013). "A Regulação da Comunicação Social numa Democracia Segura", *in 1º Congresso Internacional de Segurança Pública e Privada*, Faculdade de Direito de Lisboa e CJLP, Coimbra Editora: Coimbra; pp.

subtileza do Quarto Poder[101], qualificado como uma verdadeira manifestação de um "poder político informal"[102], que não é criado pelo Direito. Qualquer tentativa de intervenção, normativa ou material, para além do que é exigível e razoável suscita reações imprevisíveis, bem como, realce-se, qualquer omissão de intervenção nos casos em que ela é realmente exigida, para restabelecer o almejado equilíbrio[103].

Por último, para o Neo-Republicanismo Cívico, as decisões regulatórias constituem o produto de uma deliberação coletiva sobre os valores e os objetivos regulatórios, que não são recondutíveis aos interesses privados ou preferências dos participantes, no processo de tomada de decisões[104]. A regulação pode e deve implicar a identificação de valores regulatórios comuns, sendo que esses julgamentos coletivos sobre as prioridades e objetivos das políticas regulatórias são identificáveis, através de um processo de diálogo e de deliberação entre todas as partes interessadas[105].

2.3. A teoria do Serviço Público, por sua vez, aponta para a existência de uma estrutura organizatória e funcional de direito público, tendencialmente monopolista, em ordem à prossecução do interesse público, embora sem excluir uma ordem dual, pública e privada[106]. Para esta tese, consistindo os princípios fundamentais do serviço público na universalidade e igualdade, eles podem ser mobilizados "para combater os excessos do mercado"[107]. Cabe observar que, pelo menos no nosso ordenamento jurídico-constitucional, não é possível sustentar a conformidade com a Constituição de um entendimento que conduza ao empobrecimento de uma ordem dual, pública e privada, do setor[108]

[101] No sentido da ambiguidade da expressão de Quarto Poder – MACHADO, Jónatas E,M,; *Liberdade de Expressão: Dimensões Constitucionais da Esfera Pública no Sistema Social*, Coimbra Editora, 2002; p. 267.

[102] OTERO, Paulo (2010). *Direito Constitucional Português: A Organização do Poder Político*, Vol. II, Almedina: Coimbra; p. 151.

[103] BRÍZIDA CASTRO, Raquel Alexandra (2012). *As Omissões Normativas Inconstitucionais no Direito Constitucional Português*, Almedina, Coimbra; pp. 133 e segs.

[104] CROLEY, Steven (1996). "Theories of Regulation: Incorporating the Administrative Process", *Columbia Law Review*, nº 98, nº 1; p. 76.

[105] CROLEY, Steven, (1996). "Theories of Regulation: Incorporating the Administrative Process", *Columbia Law Review*, nº 98, nº 1; p. 77.

[106] MACHADO, Jónatas E. M. (2002). *Liberdade de Expressão: Dimensões Constitucionais da Esfera Pública no Sistema no Sistema Social*, Coimbra Editora: Coimbra; p. 894.

[107] MACHADO, Jónatas E. M. (2002). *Liberdade de Expressão: Dimensões Constitucionais da Esfera Pública no Sistema no Sistema Social*, Coimbra Editora: Coimbra; p. 894.

[108] Conforme sustentámos, aliás, em comentário a iniciativas legislativas, apresentadas em 2016, conducentes à ocupação do atual espaço remanescente não utilizado da TDT apenas por canais

da Comunicação. Mesmo naquelas matérias mais sensíveis, designadamente no que se refere à oferta televisiva, ainda que se possa sustentar que as regras que visam impedir a concentração da propriedade dos meios de comunicação previstas na LTV[109], de acordo com uma interpretação literal, não são aplicáveis ao serviço público de televisão, não é possível defender uma alegada capacidade potencial inesgotável de expansão do serviço público, num sentido tendencialmente monopolista, como veremos.

Qualquer reflexão sobre esta matéria não prescinde de uma análise prévia do perfil constitucional do serviço público de televisão, o qual terá de ter acolhimento na sua configuração infraconstitucional. Em especial, afigura-se como uma vinculação fundamental do legislador, a exigência constitucional expressa de verdadeiras garantias de independência do serviço público, perante todos os poderes do Estado. Efetivamente, mesmo aqueles que, perante a versão originária da Constituição[110], sustentavam a compatibilidade, a nosso ver atualmente impensável, entre o princípio do monopólio estatal[111] e a liberdade de expressão e de informação[112], ela só seria possível com a existência de verdadeiras garantias de independência face ao poder político. Estas garantias são indissociáveis das formas de designação e de regulação dos responsáveis pelo serviço público, uma necessidade acrescida nos casos, como o nosso, em que esse serviço é prestado por uma empresa de capitais públicos. Efetivamente, a escolha do modelo de governação das empresas prestadoras do serviço público de televisão e rádio deve ter como especial preocupação a previsão de garantias suficientes de independência face a todo o poder político, e não apenas perante o executivo governamental.

Um dos princípios fundamentais que deve presidir ao exercício do serviço público de televisão é o da liberdade perante o Estado. Trata-se de impedir o

do serviço público de televisão – http://www.parlamento.pt/ActividadeParlamentar/Paginas/DetalheIniciativa.aspx?BID=39966.

[109] LTV – Lei da Televisão e dos Serviços Audiovisuais a Pedido – Lei nº 27/2007, de 30 de julho alterada pela Lei nº 8/2011 de 11 de abril e pela Lei nº 40/2014 de 9 de julho.

[110] O artigo 38º, nº 6, da versão originária da Constituição portuguesa de 1976 estabelecia que a televisão não podia ser objeto de propriedade privada.

[111] A proibição constitucional motivou, direta e expressamente, a formulação de uma reserva por Portugal à ratificação da Convenção Europeia dos Direitos do Homem (CEDH). De acordo com o artigo 2º, alínea *c)*, da Lei 65/78, de 13 de outubro, *"o artigo 10º da CEDH não impedirá que, por força do disposto no nº 6 do artigo 38º da Constituição, a televisão não possa ser objeto de propriedade privada"* – RABAÇA, Clara Elete Gomes (2002). *O Regime Jurídico-administrativo da Concentração dos Meios de Comunicação Social em Portugal*, Almedina: Coimbra; p. 100.

[112] CANOTILHO, Gomes/MOREIRA, Vital (1978). *Constituição da República Portuguesa Anotada*, Coimbra Editora: Coimbra; p. 114.

controlo direto do serviço público pelos atores sociais mais interessados nos resultados políticos[113] do seu funcionamento. Este princípio recomenda que o serviço público seja afastado da dependência direta dos poderes legislativo e executivo, em cumprimento da exigência constitucional expressa de independência perante o Governo, a Administração e os demais poderes públicos, nos termos do artigo 38º, nº 6, da CRP. Esta é, a nosso ver, a única limitação constitucional ao modelo de governação do serviço público, sendo a margem de conformação do legislador, no restante, necessariamente ampla, tendo as suas escolhas políticas vertidas em lei como único parâmetro de validade, os critérios expressos na Constituição[114]. Em nosso entendimento, a única imposição constitucional é a da escolha do modelo ter que ser norteada pela busca de uma solução, cuja independência possa ser aferida por critérios específicos, universalmente reconhecidos, como é o caso do seu estatuto de inamovibilidade[115].

[113] MACHADO, Jónatas E, M. (2002). *Liberdade de Expressão: Dimensões Constitucionais da Esfera Pública no Sistema Social,* Coimbra Editora: Coimbra; p. 1063.

[114] Em nosso entendimento, não compete sequer à Entidade Reguladora dos *media* opinar sobre o maior ou menor acerto das opções políticas que constituem a vontade normativa do legislador democráticos. Foi a posição que sustentámos, a propósito do pedido de parecer de alteração à lei que procede à reestruturação da concessionária do serviço público de televisão e rádio e à alteração dos Estatutos da Rádio Televisão de Portugal, S. A. em dezembro de 2013. – *Deliberação 3/2014 (Parecer), Proc. ERC/12/2013/1068.* Compete à ERC, numa perspetiva estritamente jurídica, analisar a conformidade das alterações propostas com os ditames constitucionais, legais e supranacionais aplicáveis, bem como detetar falhas de técnica legislativa, vulgo mau direito. A primeira versão do parecer da ERC afirmava que o modo de designação dos membros do Conselho Geral Independente (CGI) punha em causa a sua independência face ao Governo e considerava preferível que tal coubesse à Assembleia da República, por maioria qualificada de 2/3. Cumpre-nos, contudo, lembrar que o artigo 38º, número 6, da Constituição preocupa-se em garantir a independência dos meios de comunicação social do serviço público não só do Governo, mas também da Administração e dos demais poderes públicos. O que quer dizer que, a ser válido este argumento, ele seria igualmente aplicável ao modelo proposto inicialmente pela ERC. Consideramos que a adoção de um modelo com base política terá de ser coerente com a natureza semipresidencialista do sistema de governo português. A importação de um modelo organizativo, próximo do previsto para a BBC, ajustado a um sistema de governo parlamentar, pode ser pouco adequado, atento o relevo político-constitucional do Presidente da República. Todavia, esta tese só poderá ser consequente, numa perspetiva *de jure constituendo,* dado que a atribuição de um papel ao Presidente da República no modo de designação dos membros do recém-criado CGI briga com o princípio constitucional segundo o qual as suas competências integram uma "reserva de Constituição", apenas suscetíveis de serem alteradas por revisão constitucional – artigo 110º, número 2, da CRP.

[115] Na nossa opinião, no caso do mais recente modelo organizacional da RTP, decorrente da entrada em vigor da nova versão dos Estatutos da RTP, aprovada pela Lei nº 39/2014, de 9 de julho, este critério por excelência de aferição da independência, não foi objeto de suficiente clarificação.

2.4. A mesma liberdade de conformação do legislador é conferida, a nosso ver, à opção por um modelo público ou privado da propriedade ou da gestão, não existindo sequer, atualmente, um consenso na Europa democrática quanto ao modelo mais conveniente. Não só existem sistemas constitucionais onde não há um setor público de televisão em sentido estrito, como na prática, observa a doutrina, "a presença do setor público tem sido maior obstáculo à independência e ao pluralismo do que a inversa"[116]. O Direito Comparado, na Europa e fora da Europa, mostra que um serviço público de rádio e de televisão não constitui um necessário exclusivo do Estado[117], uma vez que a atividade

O estatuto de inamovibilidade dos membros do recém-criado Conselho Geral Independente (CGI) poderá ser posto em causa:
i) Pela instabilidade que decorre da falta de previsibilidade da duração dos respetivos mandatos, atento o regime de sorteio;
ii) Pela possibilidade de destituição, por deliberação adotada pelos restantes membros do CGI, com os fundamentos previstos no artigo 16º, número 1, alínea *a)*, da mesma proposta de lei, tendo em consideração as naturais tensões que resultam de um órgão plural composto por membros com proveniências variadas e opiniões nem sempre convergentes. No entanto, na versão definitiva acolhida pela Lei nº 39/2014, de 9 de julho, esta possibilidade de destituição dos membros do CGI tornou-se mais restritiva. Nos termos do artigo 16º, nº 2, a deliberação de destituição não só carece de unanimidade, como apenas pode ter como causa a comissão de falta grave, comprovada, no desempenho das suas funções ou relativamente ao qual se verifique incapacidade permanente ou incompatibilidade superveniente.
iii) Pela ausência de intervenção na destituição, através de parecer consultivo ou mesmo vinculativo, de uma autoridade externa independente;
Acresce que o estatuto de inamovibilidade dos membros do CGI assume ainda maior relevância, perante as novas causas de destituição do Conselho de Administração. As alterações são coerentes com o desígnio de criar mecanismos efetivos de responsabilização do Conselho de Administração (CA) da RTP, mas têm o preço da sua atual inamovibilidade: compete ao CGI propor a destituição dos membros do CA da RTP à Assembleia Geral, verificado o incumprimento do projeto estratégico de gestão e administração que assumiram perante o CGI. A eliminação da exigência de parecer vinculativo da ERC sobre a verificação do incumprimento do contrato de concessão, fundamento de destituição do CA que, todavia, se manteve no artigo 24º, número 1, alínea *b)* – apesar de já não ter de ser "grave e reiterado" – é mais um elemento que ajuda ao enfraquecimento das garantias de independência.

[116] ALEXANDRINO, José Melo (1998). *A Atividade Constitucional da Televisão,* Coimbra Editora: Coimbra; p. 207.

[117] MIRANDA, Jorge/MEDEIROS, Rui (2010). *Constituição Portuguesa Anotada, Tomo I*; p. 869; Contudo, mais recentemente, MIRANDA veio rever a sua posição para sustentar que normas constitucionais expressas corroboram a necessidade de o Serviço Público se integrar no âmbito próprio do Estado, em consonância com a posição sustentada por CANOTILHO e MOREIRA, esgrimindo argumentos pouco convincentes, a nosso ver. – MIRANDA, Jorge (2014). "Liberdade de comunicação social e serviço público de rádio e de televisão", in *Media, Direito e Democracia*, org. Carlos Blanco de Morais, Maria Luísa Duarte e Raquel Alexandra Brízida Castro, Almedina: Coimbra; pp. 31 e 32.

de serviço público de radiodifusão não se afigura incompatível, à partida, com toda e qualquer forma de titularidade, controlo ou gestão privada[118]. Trata-se de uma escolha em que é reconhecida ao Estado "uma margem apreciável de conformação"[119] e a Constituição "não inibe o legislador de, se o entender, concessionar o serviço público a uma ou várias entidades do setor público, privado ou cooperativo"[120]. Efetivamente, a Constituição apenas exige que o Estado assegure a existência e o funcionamento de um serviço público de rádio e de televisão e não a respetiva estrutura, deixando em aberto a opção por um modelo de propriedade ou de gestão pública.

Em primeiro lugar, procede, em nosso entendimento, um argumento histórico e lógico-sistemático: se atentarmos na evolução histórica desta norma constitucional, vemos que a atual versão foi introduzida pela Lei Constitucional de 1989[121], tendo o legislador constituinte separado, claramente, a imposição de um serviço público, no nº 5, das regras relativas à estrutura e ao funcionamento dos meios de comunicação social do Estado, constantes do nº 6. A diminuição da importância conferida, expressamente, pela Constituição aos meios de Comunicação Social do Estado é, aliás, bem visível nessa mesma revisão constitucional, por contraposição à versão originária e mesmo à lei constitucional anterior[122], ainda dominada por um contexto de comunicação estatizada[123]. Note-se, porém, que nessa mesma segunda revisão constitucional, que veio permitir a iniciativa privada na atividade de televisão[124],

118 Machado, Jónatas E. M. (2002). *Liberdade de Expressão: Dimensões Constitucionais da Esfera Pública no Sistema Social*, Coimbra Editora: Coimbra; pp. 1064 e segs.

119 Machado, Jónatas E, M. (2002). *Liberdade de Expressão: Dimensões Constitucionais da Esfera Pública no Sistema Social*, Coimbra Editora: Coimbra; p. 1065.

120 Alexandrino, José Melo (1998). *A Atividade Constitucional da Televisão*, Coimbra Editora: Coimbra; p. 207, nota 501.

121 A versão resultante da Lei Constitucional de 1982, do artigo 38º, nº 7, foi substituída, na revisão constitucional de 1989, pelos atuais números 5 e 6 do artigo 38º.

122 Alexandrino alerta para *"o interminável debate travado, em 1982, em torno da regulação dos meios de comunicação social, (sobretudo dos estatizados)"*, o que, para o constitucionalista, é *"sintomático indicador do estádio em que se encontrava a conceção das relações entre o Estado e os meios de comunicação social, estrutura fundamental de uma sociedade democrática"*. – Alexandrino, José Melo (2006). *A Estruturação do Sistema de Direitos, Liberdades e Garantias na Constituição Portuguesa. Raízes e Contexto*, Vol. I, Almedina: Coimbra; p. 653.

123 Alexandrino alerta, pertinentemente, que muitos dos enunciados da Constituição da Comunicação foram elaborados num contexto de comunicação social estatizada. – Alexandrino, José Melo (2006). *A Estruturação do Sistema de Direitos, Liberdades e Garantias na Constituição Portuguesa. Raízes e Contexto*, Vol. I, Almedina: Coimbra; p. 653, nota 809.

124 Apesar de não ter vingado uma proposta do CDS que visava consagrar a liberdade de comunicação social. Contudo, o PS defendeu a liberalização da comunicação social, daí que *"não*

através da eliminação do então artigo 39º[125], inteiramente dedicado aos órgãos de comunicação social pertencentes a entidades públicas ou delas dependentes[126], foi constitucionalizado o serviço público de televisão. Se o objetivo do legislador constituinte era o de reservar o serviço público à propriedade e gestão pública, porque optou pela decomposição do regime em duas disposições constitucionais? Se esse era o seu desígnio, não faria mais sentido manter um único artigo dedicado aos meios públicos, como constava das anteriores versões constitucionais? Ou, pura e simplesmente, condensar num único número todo o regime aplicável ao serviço público de rádio e televisão, a cargo dos órgãos do setor público?

Dir-se-á que a exigência expressa de pluralismo interno, vertida no nº 6 da sobredita disposição constitucional, poderia estabelecer, em termos sistemáticos, a relação de significado entre os meios públicos previstos no mesmo número e o serviço público, a que alude o número imediatamente anterior[127]. Pela nossa parte, contrapomos um argumento de natureza tele-

tenha ficado sem reparo nesta revisão constitucional de 1989 essa anomalia da permanência nas mãos do Estado dos mais importantes meios de comunicação social". – ALEXANDRINO, José Melo (2006). *A Estruturação do Sistema de Direitos, Liberdades e Garantias na Constituição Portuguesa. Raízes e Contexto,* Vol. I, Almedina: Coimbra; pp. 726 e 727.

[125] Segundo o artigo 39º do Decreto que Aprovou a Constituição, de 10 de abril de 1976:
1. Os meios de comunicação social pertencentes ao Estado, ou a entidades direta ou indiretamente sujeitas ao seu controlo económico, serão utilizados de modo a salvaguardar a sua independência perante o Governo e a Administração Pública.
2. Será assegurada a possibilidade de expressão e confronto das diversas correntes de opinião nos meios de comunicação social referidos no número anterior.
3. Nos meios de comunicação social previstos neste artigo serão criados conselhos de informação, a integrar, proporcionalmente, por representantes indicados pelos partidos políticos com assento na Assembleia da República.
4. Aos conselhos de informação serão conferidos poderes para assegurar uma orientação geral que respeite o pluralismo ideológico.

[126] Na versão originária da CRP de 1976, o artigo 39º era dedicado aos meios de Comunicação Social do Estado. Efetivamente, após a revolução do 25 de Abril de 1974, a maior parte dos meios de comunicação social foram nacionalizados. – RABAÇA, Clara Elete Gomes (2002). *O Regime Jurídico-administrativo da Concentração dos Meios de Comunicação Social em Portugal,* Almedina: Coimbra; p. 103.

[127] Segundo MIRANDA, "o nº 6 do art. 38º, subsequente ao nº 5, fala em "meios de comunicação social do setor público", pelo que *"ainda que se aceite ou aceitasse a subsistência de publicações jornalísticas de entidades públicas, as estações de serviço público entram aí de pleno. As obrigações fixadas a esses meios de comunicação social, de assegurar a possibilidade de expressão e confronto das diversas correntes, coincidem com a primeira razão de ser do serviço público".* – MIRANDA, Jorge (2014). "Liberdade de comunicação social e serviço público de rádio e de televisão", in *Media, Direito e Democracia,* org. Carlos Blanco de Morais, Maria Luísa Duarte e Raquel Alexandra Brízida Castro, Almedina: Coimbra; p. 35.

ológica, porquanto consideramos que, mais do que um corolário do serviço público, o facto de a imposição constitucional de assegurar a possibilidade de expressão e confronto das diversas correntes de opinião, fora do regime específico do direito de antena, de resposta e de réplica política, estar associada aos meios do setor público, visa antes sublinhar uma diferença de regimes e de exigências de pluralismo, relativamente aos operadores privados, como veremos. Ou seja, mais do que uma decorrência do regime do serviço público, as especiais exigências de pluralismo correspondem, em termos razoáveis, ao que se espera de órgãos de comunicação social, direta ou indiretamente, ligados ao Estado. O que, a nosso ver, dilui a relevância que se pretende atribuir a este argumento, para fundar no direito positivo uma suposta exigência expressa quanto ao modelo de gestão do serviço público de rádio e televisão. Pelo contrário, uma vez que se trata de uma ingerência estatal na liberdade de conformação da programação, parece-nos que o regime do direito de antena, do qual decorrem especiais imposições de conteúdos, constitui um corolário do serviço público de televisão, atenta a extrema ligação entre a existência de um serviço público e o princípio democrático. Em, em nenhum momento do artigo 40º da CRP[128], se sugere que essas obrigações não possam ser adjudicadas a empresas privadas, proprietárias ou gestoras, do serviço público de televisão.

Por último, avulta um argumento literal, uma vez que também nos parece pouco convincente a tese, segundo a qual, "*assim como no âmbito de uma economia mista*[129] *se recortam três setores de propriedade de meios de produção*[130], *bem como para efetivação dos direitos económicos, sociais e culturais se faz apelo tanto ao Estado como a iniciativas vindas da sociedade civil*[131], *assim como há escolas públicas, privadas e cooperativas*[132], *também tem de haver rádio e televisão privadas e rádio e*

[128] Este seria o segundo argumento de MIRANDA, nos termos do qual, "*no art. 40º, distinguem-se, no direito de antena, o exercício fora dos períodos eleitorais e o exercício dentro dos períodos eleitorais. No primeiro caso, ele concretiza-se no serviço público de rádio e de televisão, ao passo que, no segundo caso, atinge quaisquer estações emissoras de âmbito nacional e regional, nos termos da lei (nºs 1 e 3). Assim como os direitos de resposta e de réplica política dos partidos políticos representados na Assembleia da República ou nas Assembleias Legislativas Regionais às declarações políticas do Governo ou dos Governos Regionais só se exercem no serviço público (nº 2)*". – MIRANDA, Jorge (2014). "Liberdade de comunicação social e serviço público de rádio e de televisão", in *Media, Direito e Democracia*, org. Carlos Blanco de Morais, Maria Luísa Duarte e Raquel Alexandra Brízida Castro, Almedina: Coimbra; pp. 35 e 36.

[129] Cfr. Artigo 288º, alínea *g*), 2ª parte da CRP.

[130] Cfr. Artigos 80º e 82º da CRP

[131] Cfr. Artigos 59º, nº 2, alínea *d*), 63º, nº 3, 64º, nº 3, 65º, nº 2, 66º, nº 2, 67º, nº 2, 70º, nº 2, 71º, nº 3, e 79º, nº 2 da CRP.

[132] Cfr. Artigos 43º, nº 4, e 75º da CRP.

televisão públicas[133]"[134]. Uma conclusão, a nosso ver, desprovida de fundamento constitucional, porquanto a única exigência constitucional é a da existência de um serviço público de rádio e de televisão e não de uma rádio ou televisão pública. Não pode o intérprete estabelecer como imposição constitucional o que a Constituição, ela própria, não impõe. Por muito que se desejasse que a Constituição dissesse algo que não diz, fosse algo que não é....

O atual modelo português constitui uma das opções possíveis dentro de um amplo espectro regulatório[135]. Um modelo que integra ainda um contrato de concessão *sui generis* que, em termos dogmáticos, "traduz um afastamento do modelo típico do contrato de concessão enquanto mecanismo de cooperação entre a Administração e os particulares"[136], sustentando a doutrina que a designação correta para este contrato deveria ser a de convenção, bases da concessão ou caderno de encargos[137]. Trata-se de um contrato cuja natureza não obsta a que a entidade concessionária seja uma entidade privada, desde que submetida a um procedimento concursal público que garanta a igualdade e a concorrência no acesso ao serviço público. Nos termos do artigo 38º, nº 5, a Constituição confere expressamente ao Estado, um dever de assegurar a existência e o funcionamento de um serviço público de rádio e de televisão,

[133] MIRANDA, Jorge (2014). "Liberdade de comunicação social e serviço público de rádio e de televisão", in *Media, Direito e Democracia*, org. Carlos Blanco de Morais, Maria Luísa Duarte e Raquel Alexandra Brízida Castro, Almedina: Coimbra; pp. 31 e 32.

[134] MIRANDA, Jorge (2014). "Liberdade de comunicação social e serviço público de rádio e de televisão", in *Media, Direito e Democracia*, org. Carlos Blanco de Morais, Maria Luísa Duarte e Raquel Alexandra Brízida Castro, Almedina: Coimbra; p. 36.

[135] Conforme nos relata ALEXANDRINO, no debate da revisão constitucional de 1989, que constitucionalizou o serviço público, as várias intervenções deixaram claro que se estava perante *"uma verdadeira e própria norma de garantia institucional, garantia cujo conteúdo e extensão integravam a liberdade de conformação do legislador."* – ALEXANDRINO, José de Melo (2006) *A Estruturação do Sistema de Direitos, Liberdades e Garantias na Constituição Portuguesa. Raízes e Contexto*, Vol. I, Almedina: Coimbra; p. 727.

[136] MACHADO, Jónatas E, M, (2002). *Liberdade de Expressão: Dimensões Constitucionais da Esfera Pública no Sistema Social*, Coimbra Editora: Coimbra; p. 1065.

[137] ALEXANDRINO comenta que, no caso português, o contrato de concessão poderá subsumir-se no género de contrato de direito público, ao invés de contrato administrativo ou o de contrato de colaboração subordinada. Aduz o constitucionalista que a sua função *"não é a de promover o envolvimento dos particulares, mas antes uma inusitada forma de regulamentação de um regime legal, a aproximar-se perigosamente da linha de fronteira traçada pelo artigo 112º, número 6 (hoje número 5), por se revelar uma forma de reenvio para um ato subnormativo, mas com força e operatividade de criação jurídica de prescrições, dispondo materialmente sobre uma garantia institucional: o serviço público de televisão"*. – ALEXANDRINO, José Melo (1998). *A Atividade Constitucional da Televisão*, Coimbra Editora: Coimbra; p. 208, nota 505.

não especificando a natureza da propriedade ou da gestão das empresas que o exerçam. E até mesmo o velho argumento da questão do financiamento público de órgãos de comunicação social privados, à luz dos princípios da liberdade e da igualdade, converte-se facilmente, para a doutrina, num falso problema, que o admite naquelas situações em que, "com base numa disposição legal, seja cometida a um operador privado a realização de uma missão de interesse público"[138].

2.5. Não obstante qualquer presunção em favor do mercado[139], "serão sempre os valores constitucionais que deverão presidir à disciplina jurídica das estruturas e procedimentos comunicativos, num sistema social democrático e aberto"[140], podendo o próprio interesse público ser desenvolvido "a partir da ideia da maximização do bem-estar social através da correção de falhas de mercado"[141]. Contudo, a densificação do conceito de interesse público de uma sociedade há-de resultar da interpretação dos instrumentos constitucionais vigentes, uma vez que são eles, enquanto expressão direta do legislador constituinte e enformadores de toda a ordem jurídica, através dos comandos dirigidos ao legislador ordinário, que nos poderão fornecer pistas sobre a relevância dos bens constitucionais envolvidos nas liberdades comunicativas e os direitos nelas implicados. Esta reflexão pretende contribuir para uma teoria constitucional adequada da Regulação dos *Media*, cuja dogmatização será naturalmente condicionada pelas opções que adotarmos, em sede de interpretação constitucional, em conformidade com as escolhas metodológicas *supra descritas*.

[138] MACHADO, Jónatas E, M. (2002). *Liberdade de Expressão: Dimensões Constitucionais da Esfera Pública no Sistema Social,* Coimbra Editora: Coimbra; p. 1037.

[139] MACHADO, Jónatas E, M. (2002). *Liberdade de Expressão: Dimensões Constitucionais da Esfera Pública no Sistema Social,* Coimbra Editora: Coimbra; p. 883.

[140] MACHADO, Jónatas E, M. (2002). *Liberdade de Expressão: Dimensões Constitucionais da Esfera Pública no Sistema Social,* Coimbra Editora: Coimbra; p. 883.

[141] MACHADO, Jónatas E, M. (2002). *Liberdade de Expressão: Dimensões Constitucionais da Esfera Pública no Sistema Social,* Coimbra Editora: Coimbra; p. 883.

Secção II
A Interpretação da Constituição da Comunicação

A Regulação da Comunicação Social é, para nós, uma questão jurídico--constitucional. Por isso, cumpre-nos optar, em primeiro lugar, pelo método de interpretação constitucional mais adequado à descoberta/concretização da Constituição da Comunicação. A teoria tradicional de interpretação, assente no dogma da vontade, procuraria identificar uma vontade (objetiva ou subjetiva) da norma, mediante a análise do texto, do seu processo de criação, das suas conexões sistemáticas, dos seus antecedentes assim como o sentido e finalidade – *ratio* ou *telos* – da norma: o conteúdo da norma, assim obtido, seria subsumido em forma de conclusão silogística[142]. Porém, a ideia subjetiva dos órgãos que participam no processo legislativo, ou dos seus membros, apenas adquire relevância interpretativa, na medida em que venha a confirmar o resultado interpretativo, de acordo com os outros elementos[143], ou seja a interpretação que se obtém a partir do texto da norma – gramatical – das suas conexões – sistemática – da sua finalidade – teleológica – e do seu processo de criação – histórica[144]. No ordenamento juridico-constitucional português, aliás, a insistência na descoberta da vontade histórica do poder constituinte poderia conduzir-nos a resultados interpretativos verdadeiramente obsoletos e desajustados. O excesso de regulamentação e as inúmeras alterações, introduzidas durante as revisões constitucionais[145], tornam as disposições constitucionais, indevidamente vulneráveis a problemas conjunturais. Rejeita-se, por

[142] O Tribunal Constitucional Federal alemão também adotou, expressamente, esta doutrina da teoria objetiva da interpretação, considerando que o que é "*fundamental para interpretar um preceito legal é a vontade objetiva do legislador, manifestada através do dito preceito e tal como se deduz do texto e do conteúdo da disposição legal*" – *BVerf*GE 1, 299 (312).

[143] *BVerf*GE 1, 299 (312).

[144] Hesse, Konrad (1991). "Concepto y Cualidad de la Constitución", *Escritos de Derecho Constitucional*, Fundación Coloquio Juridico Europeo, Centro de Estudios Politicos y Constitucionales: Madrid; p. 60.

[145] A Constituição portuguesa de 1976 exibe uma regulamentação exaustiva da disciplina da comunicação social, o que terá determinado a instabilidade dos seus enunciados: nos artigos 38º, 39º e 40º já foram introduzidas mais de 50 alterações – Alexandrino, José de Melo (2009) – "Problemas Jusfundamentais Emergentes da Regulação da Rádio e da Televisão em Portugal" *Comunicação ao Congresso Luso-Italiano de Direito Constitucional* promovido pelo ICJP da FDUL; (2006) – *A Estruturação do Sistema de Direitos, Liberdades e Garantias na Constituição Portuguesa, Vol. I – Raízes e Contexto*, Coimbra Editora: Coimbra.

conseguinte, essa busca[146], porquanto por muito importante que tenha sido a vontade "ou a intenção originária de autores do articulado (...), importa conferir às expressões verbais, à luz de uma adequada interpretação evolutiva, o significado normativo que igualmente possuam, no momento e no contexto da aplicação"[147], não podendo "contrariar um sentido indiscutível próprio do Direito positivo de que se trata"[148].

Revelou-se, deveras, paradigmática a proposta de metódica de HESSE, assente na distinção entre interpretação constitucional e mera subsunção da norma, concretização constitucional e mera revelação de uma norma pré-existente pronta a ser desvelada. Neste contexto, a atividade jurídica de criação concreta do direito afirma-se de índole hermenêutica, só podendo ser dessa índole[149]. HESSE sustenta a interpretação constitucional como concretização[150], tendo, nesse sentido, caráter criativo: o conteúdo da norma interpretada só fica completo com a sua interpretação, ainda que a atividade interpretativa continue vinculada à norma. A concretização pressupõe a compreensão do conteúdo da norma[151], pelo que não pode desligar-se nem da pré-compreensão do intérprete (no sentido *gadameriano*)[152], em função da sua localização singular, nem do problema concreto a resolver[153], enquanto condições

[146] " *(...) once we take into account the elaborate and thick evolution of constitutional doctrine and precedent, we cannot avoid seeing the original document and its history recede as a smaller and smaller object into a distant past. (...) It's rather like having a remote ancestor who came over on the Mayflower*" – TRIBE, Lawrence H. (1986). "On Reading the Constitution", *The Tanner Lectures on Human Values,* Delivered at the University of Utah, November 17 and 18; p. 9.

[147] MIRANDA, Jorge (2007). *Manual de Direito Constitucional, Tomo II,* 6ª Edição, Coimbra Editora: Coimbra; p. 307.

[148] MIRANDA, Jorge (2007). *Manual de Direito Constitucional, Tomo II,* 6ª Edição, Coimbra Editora: Coimbra; p. 306.

[149] CUNHA, Paulo Ferreira da (2009). "Hermenêutica Constitucional entre Savigny e o Neoconstitucionalismo" *Neoconstitucionalismo.* Ed. Gen – Forense. Rio de Janeiro: Regina Quaresma, Maria Lúcia de Paula Oliveira, Farlei Martins Riccio de Oliveira; p.5.

[150] HESSE, Konrad (1991). "Concepto y Cualidad de la Constitución", *Escritos de Derecho Constitucional,* Fundación Coloquio Juridico Europeo, Centro de Estudios Politicos y Constitucionales: Madrid; p. 63.

[151] HESSE, Konrad (1991) "Concepto y Cualidad de la Constitución", *Escritos de Derecho Constitucional,* Fundación Coloquio Juridico Europeo, Centro de Estudios Politicos y Constitucionales: Madrid; pp. 33-57.

[152] Partindo de GADAMER, HESSE mostra como o momento da pré-compreensão determina o processo de concretização: a concretização pressupõe a compreensão do conteúdo do texto jurídico a concretizar, a qual não cabe desvincular nem da pré-compreensão do intérprete nem do problema concreto a solucionar – STRECK, Lenio Luiz (1999). *Hermenêutica Jurídica e (m) Crise: Uma exploração Hermenêutica da construção do direito*; Livraria do Advogado: Porto Alegre; p. 234.

[153] Não podendo o conteúdo de uma norma constitucional realizar-se, apenas, com base nas pretensões contidas na norma (sobretudo expressas na forma de um texto linguístico), a sua

da interpretação[154]. Neste contexto, imputa-se à hermenêutica filosófica a chave do problema da interpretação: sendo a interpretação da Constituição concretização, o que não é unívoco deve ser determinado mediante a inclusão da realidade a regular[155]. No pressuposto de que a Constituição não contem um sistema fechado e unitário – lógico-axiomático ou de hierarquia de valores – e que a interpretação das normas não pode ser simples execução de algo pré-existente.

Trata-se, não obstante, de um modelo teórico hermenêutico que evidencia a existência de diferentes graus interpretativos, a que correspondem distintos níveis de complexidade, jurídica e fáctica, suscetível de propiciar excessos de interpretativismo. Tais excessos podem resultar de uma exacerbação das condições de concretização, através da sobrevalorização da precompreensão do intérprete, dissociada da norma e dos seus enunciados linguísticos, ou de um impacto excessivo dos dados reais e do problema concreto a resolver. Note-se o especial peso do domínio normativo na interpretação constitucional, incontornável perante a voracidade dos factos da técnica e das novas tecnologias e a autonomia inerente aos juízos editoriais e deontológicos, constitucionalmente protegidos.

3. A Pre-compreensão do Intérprete Entre o Texto e a Subversão do Programa Normativo-Constitucional

3.1. No que concerne ao processo de concretização, ou vertente dinâmica da interpretação, ele torna-se mais claro através da explicitação das premissas básicas da metódica estruturante que Hesse nos propõe[156], enquanto modelo teórico interpretativo da Constituição. Em primeiro lugar, cumpre distinguir norma de enunciado (disposição), pois enquanto este é uma formulação tex-

concretização só é possível quando se toma em consideração, para além do contexto normativo, as singularidades das relações concretas sobre as quais a norma pretende incidir.

[154] Hesse, Konrad (1991). "Concepto y Cualidad de la Constitución", *Escritos de Derecho Constitucional*, Fundación Coloquio Juridico Europeo, Centro de Estudios Politicos y Constitucionales: Madrid; p. 65.

[155] Alexandrino, José Melo (2011). "Hermenêutica dos Direitos Humanos", *Texto revisto da conferência proferida no Curso "tutela de Direitos Humanos e Fundamentais"*, organizado pela FDL. Disponível em: http://www.fd.ulisboa.pt/wp-content/uploads/2014/12/Alexandrino-Jose-de-Melo-Hermeneutica-dos-Direitos-Humanos.pdf; p. 9.

[156] Canotilho, J.J. Gomes (2003). Direito Constitucional e Teoria da Constituição, 6ª Edição, p. 1202; Alexandrino, José de Melo (2011). "Como ler a Constituição: algumas coordenadas", *in* José Melo Alexandrino, *Elementos de Direito Público Lusófono*, Coimbra Editora: Coimbra; p. 3.

tual, a norma é o sentido adscrito a qualquer disposição. Por seu turno, norma constitucional é um modelo de ordenação juridicamente vinculante, positivado na Constituição, orientado para uma concretização material e constituído por: *i)* programa normativo *(Normprogramm)* – medida de ordenação expressa através de enunciados linguísticos; *ii)* domínio normativo *(Normbereich)* – constelação de dados reais. Estando o programa normativo. Essencialmente, contido no texto da norma, relevam os critérios de interpretação tradicionais para a sua compreensão. Caso se revelem insuficientes, cumpre indagar os *topoi* fornecidos pelo domínio normativo, ou seja, pela realidade da vida, objeto de ordenação. Desse procedimento resultará a coordenação material entre os *topoi* que resultam do texto e programa normativo e os que derivam da observação dos âmbitos da realidade, tornando possível a concretização normativa.

Por conseguinte, assim como o conteúdo e alcance da proteção jurídico-constitucional da propriedade dos meios de comunicação social só podem ser determinados em conjugação com as exigências de pluralismo e diversidade, igualmente contidas nos respetivos programas normativos constitucionais, também a regulação constitucional e correspetiva compreensão normativa da liberdade de expressão, por meio da radiodifusão, ou liberdade de comunicação, não pode ignorar as mudanças tecnológicas que brotam do domínio normativo, Neste *item*, cabe realçar as diferentes possibilidades e apetrechos técnicos, razão pela qual a conformação e garantia desta liberdade têm de ser distintas das atinentes à liberdade de expressão por meio da imprensa, onde os condicionalismos técnicos e económicos são diferentes[157]. Porém, o ponto de partida da interpretação não pode deixar de ser as regras de interpretação tradicionais, uma vez que a apreensão da vontade constituinte não pode senão ser "sujeita a uma objetivação, na base do seu teor literal e do seu contexto histórico, sistemático e teleológico"[158]. Nem o resultado pode, nos casos mais problemáticos, deixar de ser modelado por uma interpretação constitucional tecnologicamente neutra, mediante a atribuição da devida relevância ao domínio normativo e aos factos das novas tecnologias, garantindo a respetiva integração no ambiente constitucional do intérprete. Aten-

[157] Hesse, Konrad (1991). "Concepto y Cualidad de la Constitución", *Escritos de Derecho Constitucional*, Fundación Coloquio Juridico Europeo, Centro de Estudios Politicos y Constitucionales: Madrid; p. 54.

[158] Morais, Carlos Blanco de (1998). *As Leis Reforçadas. As Leis Reforçadas pelo Procedimento no Âmbito dos Critérios Estruturantes das Relações entre Atos Legislativos*, Coimbra Editora: Coimbra; p. 596.

temos mais tarde nestes tópicos interpretativos, especialmente valiosos para o nosso domínio material.

3.2. Uma das dificuldades da teoria tradicional da interpretação revela-se, precisamente, nos casos em que a Constituição não contem um critério inequívoco. O que equivale a dizer, para HESSE, em todas as situações que pressupõem interpretação constitucional. Em acréscimo, mesmo os métodos de interpretação podem não ser orientação suficiente: a descoberta do significado das palavras deve ser feita com recurso à linguagem jurídica especializada ou à linguagem comum? Ou de acordo com a função que o conceito assume em cada caso? A própria interpretação sistemática depende se tem em conta o lugar da lei ou conexões de natureza material e a interpretação teleológica pode considerada praticamente como uma indesejável carta-branca[159].

O processo de relação, coordenação e valoração dos pontos de vista e considerações conducentes à solução do problema[160] cabe aos princípios da interpretação constitucional: os princípios da unidade da Constituição e da concordância prática e os critérios da correção funcional e da eficácia integradora. A busca da unidade da Constituição, mesmo em Constituições compromissórias[161], postula a superação das chamadas "contradições de princípios", nuns casos, mediante a redução adequada de âmbito e de alcance e de cedências de parte a parte e, noutros casos, mediante a preferência ou a

[159] Os conceitos indeterminados constituem um exemplo paradigmático dessa dificuldade. Tal como sugere MIRANDA, *"a sua determinação ou densificação tem de ser pautada pela perspetiva dos princípios, bens e interesses constitucionalmente relevantes."* Não obstante a margem de conformação legislativa, o legislador *"não pode, contudo, transfigurar o conceito"* e, por maioria de razão, também o intérprete. O mesmo se aplica, segundo MIRANDA, a *"conceitos pré ou extraconstitucionais ou conceitos vindos de outros setores e ramos do direito, ou extrajurídicos, vindos de outras ciências."*. Uma vez constitucionalizados, prossegue, *"têm de ser entendidos em conexão com os demais e analisados tendo em conta quer o seu sentido originário (...) quer o que lhe advém da sua colocação sistemática."* – MIRANDA, Jorge (2007). *Manual de Direito Constitucional*, Tomo II, 6ª Edição, Coimbra Editora: Coimbra; pp. 309 e 310.

[160] HESSE, Konrad (1991). "Concepto y Cualidad de la Constitución", *Escritos de Derecho Constitucional*, Fundación Coloquio Juridico Europeo, Centro de Estudios Politicos y Constitucionales; Madrid; p. 67.

[161] Como observa STERN, uma Constituição cumpre também uma função importante para efeitos de reconciliação das forças políticas e sociais, sobretudo para garantir a paz no seu interior. – STERN, Klaus (2008). "Desarrollo Constitucional Universal y Nuevas Constituciones", in *Dignidad de La Persona, Derechos Fundamentales, Justicia Constitucional*, Coord. Francisco Fernández Segado, Dykinson-Constitucional; p. 79.

prioridade de algum ou de alguns dos princípios em face dos restantes[162]. É, efetivamente, sugestiva a lição norte-americana[163] sobre *"ways not to read the Constitution"*[164] e a identificação de dois tipos de resultados interpretativos indesejáveis, como sejam a *"desintegração"* e a *"hiperintegração"*. A *"desintegração"* constitui uma forma de interpretação que ignora o facto de as suas partes se encontrarem integradas num todo, tratando-se efetivamente de uma Constituição e não de simples conjuntos de cláusulas e preceitos separados, com histórias distintas. Por sua vez, a *"hiperintegração"*[165] consiste numa abordagem que ignora que o todo integra partes distintas, parcelas que foram introduzidas em momentos distintos da história constitucional (norte-americana), apoiadas e refutadas por diferentes grupos ou que refletem posições completamente diferentes e, nalguns casos, mesmo opostas[166]. É ilegítima uma interpretação constitucional que ignore as suas contradições e incoerências, ou que se baseie na pretensão de que os valores constitucionais possam estar imunes à contingência histórica[167].

3.3. Reconhecendo, implicitamente, a dificuldade suscitada pelo relevo permitido à pré-compreensão do intérprete, pressuposto numa metódica estruturante baseada na ponderação, ou pelo incontornável peso específico do domínio normativo na obtenção de soluções constitucionais interpretativas, ajustadas aos problemas gerados pelas novas tecnologias, apela-se aos limites interpretativos. Com efeito, concretização "não é uma apreensão pragmática de vários sentidos possíveis"[168], seguida da seleção positiva do que for politicamente mais conveniente ou consensual, mas sim "o trânsito do abs-

162 MIRANDA, Jorge (2007). *Manual de Direito Constitucional*, Tomo II, 6ª Edição, Coimbra Editora: Coimbra; p. 304.

163 ALEXANDRINO, José de Melo (2011). "Como ler a Constituição: algumas coordenadas", *in* José Melo Alexandrino, *Elementos de Direito Público Lusófono*, Coimbra Editora, Coimbra; p. 6.

164 TRIBE/Lawrence H./DORF/ Michael C. (1991). *On Reading The Constitution*, Harvard University Press, p. 20; TRIBE, Lawrence H. (1986). "On Reading the Constitution", *The Tanner Lectures on Human Values,* Delivered at the University of Utah, November 17 and 18; pp. 19 e segs.

165 "(...) *the fallacy of treating the Constitution as a kind of seamless web, a "brooding omnipresence" that speaks to us with a single, simple, sacred voice expressing a unitary vision of an ideal political society*". – TRIBE/ Lawrence H./DORF/ Michael C. (1991). *On Reading The Constitution*, Harvard University Press; p. 24.

166 TRIBE, Lawrence H. (1986). "On Reading the Constitution", *The Tanner Lectures on Human Values,* Delivered at the University of Utah, November 17 and 18; p. 20.

167 ALEXANDRINO, José de Melo (2011). "Como ler a Constituição: algumas coordenadas", *in* José Melo Alexandrino, *Elementos de Direito Público Lusófono*, Coimbra Editora, Coimbra; p. 7.

168 MORAIS, Carlos Blanco de (1998). *As Leis Reforçadas. As Leis Reforçadas pelo Procedimento no Âmbito dos Critérios Estruturantes das Relações entre Atos Legislativos*, Coimbra Editora: Coimbra; p. 596.

trato para o concreto"[169]. Entre um objetivismo histórico, que conduza a uma absoluta rigidificação do texto constitucional, e um objetivismo atualista extremo, legitimador de uma estratégia política de subversão ou de transformação constitucional, Canotilho insiste que a interpretação deve permitir o desenvolvimento (atualização, evolução) do "programa constitucional", sem ultrapassar os limites de uma tarefa interpretativa[170]. O constitucionalista alerta que "a influência dos valores políticos na tarefa de interpretação legitima o recurso aos princípios políticos constitucionalmente estruturantes"[171], mas não pode conduzir a uma conceção baseada numa qualquer hierarquia de princípios, nem em qualquer ideia de "antinomia legitimadora da preferência de uns sobre outros"[172].

3.4. Cabe realçar que o principal risco de conceções suprapositivas do ordenamento jurídico[173], jusnaturalistas, integrantes do designado constitucionalismo moralmente reflexivo ou da "nova hermenêutica", reside precisamente na sobredita sobrevalorização da pré-compreensão do intérprete[174], designadamente no contexto de uma leitura *hiperintegrada* da Constituição. O intérprete impõe um determinado valor, eleito na sua pré-compreensão ou anteprojeto interpretativo, em detrimento dos demais que gozam de igual dignidade constitucional, dando razão à crítica de que*"they are not reading the*

[169] Morais, Carlos Blanco de (1998). *As Leis Reforçadas. As Leis Reforçadas pelo Procedimento no Âmbito dos Critérios Estruturantes das Relações entre Atos Legislativos*, Coimbra Editora: Coimbra; p. 597.

[170] O que implica proibição de ruturas, mutações constitucionais silenciosas e de revisões apócrifas. – Canotilho, J.J. Gomes (2003). *Direito Constitucional e Teoria da Constituição*, 6ª Edição; pp. 1196. Sobre o tema das mutações – Morais, Carlos Blanco de (2013). "As Mutações Constitucionais implícitas e os seus limites jurídicos: autópsia de um Acórdão controverso", *Jurismat*; Jellinek, Georg (1906). "Constitutional Amendment and Constitutional Transformation", *in Weimar: a Jurisprudence of Crisis,* coord. Arthur Jacobson and Bernard Schlink, translated by Belinda Cooperwith Peter C. Caldwell, Stephen Cloyd, David Dyzenhaus, Stephan Hemetsberger, Arthur J. Jacobson, and Bernhard Schlink, University of California Press, (2000); pp. 54 e segs.

[171] Canotilho, J.J. Gomes (2003). *Direito Constitucional e Teoria da Constituição*, 6ª Edição; p. 1207.

[172] Canotilho, J.J. Gomes (2003). *Direito Constitucional e Teoria da Constituição*, 6ª Edição; p. 1207.

[173] Morais, Carlos Blanco de (2012). *Curso de Direito Constitucional, Tomo I, 2ª Ed.*, Coimbra Editora: Coimbra; pp. 143 a 149 e 172 a 182.

[174] Essa sobrevalorização equivale à superlativização dos fatores principológicos e axiológicos que são, na opinião de Blanco de Morais,*"fator de inversão do sentido normativo, de fratura do império da lei, de depreciação do modelo democrático e do seu modelo representativo, bem como de insegurança jurídica"*. – Morais, Carlos Blanco de (1998). *As Leis Reforçadas. As Leis Reforçadas pelo Procedimento no Âmbito dos Critérios Estruturantes das Relações entre Atos Legislativos*, Coimbra Editora: Coimbra; p. 595.

Constitution we have, but a hyper-integrated one for wich they yearn"[175]. A Constituição sai debilitada por uma leitura que a reduz, artificialmente, a uma única voz, à revelia das suas contradições, cruzando a fronteira entre *"reading the document and writing one of your own"*[176]. Perante constituições compromissórias, como a dos EUA e a Portuguesa, de 1976, seria constitucionalmente inadmissível uma leitura da Constituição, *"to lift one provision out, hold it up to the light, see how far you can run with it, and forget that it is immersed in a larger whole"*[177]. É elucidativo o debate no Direito Constitucional norte-americano em torno do *living constitutionalism*[178], cuja crítica feroz aos originalistas fez emergir, por contraposição, o *living originalism*[179]. Note-se que, à semelhança da aproximação que o positivismo inclusivo empreendeu relativamente a certas leituras

[175] TRIBE, Lawrence H. (1986). "On Reading the Constitution", *The Tanner Lectures on Human Values,* Delivered at the University of Utah, November 17 and 18; p. 20.

[176] TRIBE/Lawrence H./DORF/ Michael C. (1991). *On Reading The Constitution,* Harvard University Press; p. 26.

[177] TRIBE, Lawrence H. (1986). "On Reading the Constitution", *The Tanner Lectures on Human Values,* Delivered at the University of Utah, November 17 and 18; p. 22.

[178] Segundo STRAUSS, uma Constituição baseada na *common law* é uma *"Living Constitution"*, mas que também pode proteger princípios fundamentais, apesar da transitoriedade da opinião pública, não sendo, ao mesmo tempo, suscetivel de simples manipulação pelos juízes. - STRAUSS, David (2010). "The *Living Constitution*", *in Oxford University Press*; p. 3. A *Living Constitution* é uma Constituição que evolui, muda com o tempo, adapta-se a novas circunstâncias, sem ser alterada formalmente. Como observa BALKIN, a formulação do problema e a sua solução atribui aos juízes e ao poder judicial o papel central nessa Constituição viva. – BALKIN, Jack M. (2012). "Roots of the Living Constitution", *in Boston University Law Review,* Vol. 92:1129; p. 1130. Para BALKIN, por sua vez, a fidelidade ao sentido original requer fidelidade ao sentido semântico das palavras do texto, no momento da sua adoção. A interpretação constitucional requereria duas funções: a determinação do sentido do texto e a implementação do texto através de doutrinas, práticas, leis e instituições. – BALKIN, Jack M. (2012). "Nine Perspetives on Living Originalism", *in University of Illinois Law Review,* Vol.: 2012; p. 102.

[179] Vejam-se as críticas aos originalistas, mesmo aos moderados – STRAUSS, David (2010). "The *Living Constitution*", *in Oxford University Press*; pp. 19 e segs. É sugestiva, porém, a comparação que FLEMING faz entre as teses da *"Living Originalism"*, de BALKIN, e a *"Living Constitution"*, de STRAUSS. Segundo o autor, os dois livros complementam-se e, em certa medida, compensam as fraquezas de cada um, podendo os dois juntos fornecer o ponto de partida para uma abordagem mais completa e ecuménica da interpretação constitucional. Ambos: *i)* criticam com assertividade o originalismo convencional; *ii)* concebem a Constituição como portadora de princípios abstratos e morais e não, ao invés, de regras ou práticas concretamente positivadas; *iii)* consideram a interpretação constitucional como um projeto de elaboração e de realização dos melhores entendimentos sobre os compromissos constitucionais. No mesmo sentido, DORF nota que ambos oferecem uma visão mais realista do Direito Constitucional norte-americano, com STRAUSS a concentrar-se sobretudo no que acontece dentro dos tribunais e BALKIN fora deles. – FLEMING, James E. (2012). *"Living Originalism* and *Living Constitutionalism* as Moral Readings of the American Constitution", *in Boston*

suprapositivistas da Constituição[180], apesar das semelhanças elencadas pela doutrina no sentido de ambas constituírem leituras morais da Constituição[181], os constitucionalistas reivindicam as suas diferenças dogmáticas[182].

Pela nossa parte, parece-nos, efetivamente, que não existe nenhum dilema absoluto entre um alegado vanguardismo moral[183], amigo de um ilusório e tentador constitucionalismo universal[184], integrador de jurisprudências num quadro de um nascente e crescente "cosmopolitismo judicial"[185], e uma receita interpretativa pronta a ser extraída dos trabalhos preparatórios constituintes.

University Law Review, Vol. 92:1171; pp. 1171 e segs; DORF, Michael (2012). "The *Undead Constitution*", *in Harvard Law Review*, Vol. 125:2011; p. 2055.

180 Tal como STRAUSS reconhece e BALKIN critica, a *common law* é uma ideologia, uma convicção, uma forma de pensar e, como todas as ideologias, é enganadora. – BALKIN, Jack M. (2012). "Roots of the Living Constitution", *in Boston University Law Review*, Vol. 92:1129; pp. 1138 e 1160.

181 FLEMING sustenta que BALKIN e DWORKIN oferecem ambos uma leitura moral da Constituição, embora distintas. – FLEMING, James E. (2012). "*Living Originalism* and *Living Constitutionalism* as Moral Readings of the American Constitution", *in Boston University Law Review*, Vol. 92: 1171; pp. 1171 e segs.

182 Como o próprio BALKIN escreve, enquanto DWORKIN é um crítico do positivismo, BALKIN é positivista; DWORKIN rejeita o originalismo, porque é inconsistente com a sua teoria de interpretação construtivista; BALKIN sustenta que os intérpretes devem ser sempre fiéis ao significado original do texto; DWORKIN vê os tribunais como fóruns de princípios e encara a política corrente como uma casa de emoções, que os prudentes tribunais devem corrigir e restringir; BALKIN defende que os princípios constitucionais emergem das políticas constitucionais e que os tribunais devem legitimar o trabalho da política, da mesma forma que o devem restringir. – BALKIN, Jack M. (2012). "Nine Perspetives on Living Originalism", *in University of Illinois Law Review*, Vol.: 2012; p. 137

183 POSNER, Richard A. (2005). "The Supreme Court, 2004 Term – Foreword: A Political Court", *in Harvard Law Review*, Vol. 119; p. 81.

184 O pressuposto não é necessariamente o direito natural nem a ilusão do progresso. – ZAGREBELSKY, Gustavo (2008). "Jueces Constitucionais", *in Dignidad de La Persona, Derechos Fundamentales, Justicia Constitucional*, Coord. Francisco Fernández Segado, Dykinson-Constitucional; p. 750.

185 ZAGREBELSKY nota que a polémica atinente a um "nascente cosmopolitismo judicial" é considerável, porquanto para além da decisão dos meios de interpretação constitucional, está em causa a legitimidade da participação das jurisdições constitucionais nacionais, na construção de perspetivas jurídicas de orientação comum, tendencialmente universais. Numa iniciativa legislativa, apresentada ao Congresso dos EUA – *Constitution Restauration Act* –, proíbem-se os juízes de interpretarem a Constituição, com base em documentos jurídicos distintos dos nacionais, incluindo as decisões dos Tribunais Constitucionais ou Supremos de outros países ou de Tribunais Internacionais de Direitos Humanos. Repara o autor que *"a recusa de comparação constitucional – que noutros contextos como o europeu é considerada o "quinto método" de interpretação constitucional, junto aos quatro de Savigny – é considerada uma medida de defesa da identidade constitucional nacional."* – ZAGREBELSKY, Gustavo (2008). "Jueces Constitucionais", *in Dignidad de La Persona, Derechos Fundamentales, Justicia Constitucional*, Coord. Francisco Fernández Segado, Dykinson-Constitucional; p. 749.

É falso que a alternativa a uma Constituição, que perde a sua efetividade, seja outra que espelhe uma valorização extrema das pré-conceções do intérprete (morais, políticas, filosóficas, religiosas). Os preconceitos do intérprete contaminam o produto da interpretação constitucional, inflacionando as objeções conducentes à fragilização do papel do juiz constitucional[186]. Daí a importância de condicionar a atuação do intérprete, através do espartilho propiciado pela vinculação ao programa normativo, aliado à privação de relevância jurídica dos seus anteprojetos interpretativos, eventualmente arbitrários, sobretudo quando desprovidos de base normativa.

No ordenamento jurídico-constitucional português, seria o caso de lermos a Constituição da Comunicação apenas a partir das correspetivas disposições constitucionais específicas, hiperbolizando o valor do pluralismo e diversidade, sem atentar aos demais direitos e bens protegidos, positivados na mesma Constituição e que reclamam a afirmação e proteção da propriedade e das liberdades de empresa e de iniciativa económica privada na comunicação social[187]. Estaríamos a render-nos ao mais recente hábito de certos constitucionalistas no sentido da valorização de uma visão preferencial de certas liberdades ou *preferred position*[188], ao arrepio do seu texto, história e estrutura[189]. Como já aflorámos, a propósito do debate sobre os modelos

[186] SANCHIS, Luis Prieto (2000). "Tribunal Constitucional y Positivismo Jurídico", *in DOXA*, nº 23; p. 162.

[187] *"It has been urged by some, including Mark Tushnet of Georgetown University, that we ought to read the Constitution as requiring socialism – as obliterating the institution of private property. How else, he asks, can we make sense of the ideal of equality which underlies the constitutional mandate of the equal protection of the laws? If all the Constitution contained was an equal protection clause, I suppose something might be said for that view. But the view becomes untenable if we also remember that, in various of its parts, the Constitution expressly affirms, sanctifies and protects the institution of private property".* – TRIBE, Lawrence H. (1986). "On Reading the Constitution", *The Tanner Lectures on Human Values,* Delivered at the University of Utah, November 17 and 18; pp. 21 e 22.

[188] Não nos revemos, por conseguinte, em teorias que sofreram grande difusão como a das liberdades preferentes – *preferred position* – segundo a qual, deve outorgar-se caráter preferente às liberdades de expressão e de informação, em resultado da sua contribuição para a formação de uma opinião pública livre. Em consequência, os eventuais conflitos das liberdades comunicativas com outros direitos ou bens constitucionalmente protegidos deveriam ser sempre resolvidos em favor das primeiras. Trata-se de uma tese que contraria a necessária proteção de todos os direitos fundamentais, decorrente da eficácia normativa e do princípio da unidade da Constituição, a que já aludimos. No mesmo sentido, à luz da Constituição espanhola – ALEGRIA, Antonio Magdaleno (2006). *Los Limites de las Libertades de expresión e información en el Estado Social y Democrático de Derecho,* Congreso de Los Diputados: Madrid; pp. 284 e 285.

[189] TRIBE/Lawrence H. /DORF/ Michael C. (1991). *On Reading The Constitution,* Harvard University Press; p. 25.

teóricos de regulação, rejeitamos expressões artificiais *hiperintegradoras,* por exemplo, como a proposta[190] por HÄBERLE. Num domínio material como o nosso, onde se impõe o relevo interpretativo dos factos das novas tecnologias e do domínio normativo, torna-se ainda mais importante a sobriedade desta viagem concretizativa.

3.1. Da Rejeição de Propostas Interpretativas Hiperintegradoras da Constituição: Da Hiperbolização Pluralista *Häberliana* à Diluição Moral *Dworkiniana*

3.1.1. Para HÄBERLE[191], a interpretação constitucional deve ser um processo público. Enquanto fundamento do pluralismo a nível jurídico, exige uma constante atualização do público[192], sendo o destinatário da norma um participante ativo no processo hermenêutico[193], não havendo *numerus clausus* de intérpretes constitucionais[194]. O conceito de Constituição *häberliana* engloba o ordenamento básico do Estado e da Sociedade e projeta-se sobre todas as estruturas básicas de qualquer sociedade pluralista, designadamente nas relações entre os grupos sociais entre si e perante os cidadãos, estabelecidas sobre a base da tolerância. Esta conceção deveria, na proposta *häberliana,* impregnar os conceitos de eficácia dos direitos fundamentais frente a terceiros, os princípios gerais do ordenamento jurídico, as instituições existentes para controlar

[190] Ou as propostas por TUSHNET (igualdade) e ELY (o aperfeiçoamento da democracia) – TRIBE/ Lawrence H./DORF/ Michael C. (1991). *On Reading The Constitution,* Harvard University Press; p. 22; TRIBE, Lawrence H. (1986). "On Reading the Constitution", *The Tanner Lectures on Human Values,* Delivered at the University of Utah, November 17 and 18; p. 21; Por exemplo, ELY sustenta que, diferentemente de uma abordagem que defende uma imposição judicial de valores fundamentais, a sua tese, baseada numa orientação participativa, não é inconsistente com o sistema norte-americano de democracia representativa. Para ELY, é inaceitável defender-se que juízes nomeados vitaliciamente sejam melhores intérpretes dos valores convencionais do que os representantes eleitos. O autor recomenda uma abordagem da justiça constitucional, em termos análogos à regulação económica, num sentido mais de defesa da concorrência (*antitrust*) do que da regulação económica, propriamente dita – ELY, John Hart (1978). "Toward a Representation-reinforcing Mode of Judicial Review", *Maryland Law Review,* Volume 37, Issue 3; pp. 485 e 486; (1978). "Constitutional Interpretativism: Its Allure and Impossibility", *Indiana Law Journal,* Vol. 53, Issue 3.

[191] HABERLE, Peter (2002). *Pluralismo y Constitución,* Tecnos: Madrid; pp. 149 e segs.

[192] HABERLE, Peter (2002). *Pluralismo y Constitución,* Tecnos: Madrid; p. 87.

[193] MIRANDA, Jorge (2007). *Manual de Direito Constitucional, Tomo II,* 6ª Edição; Coimbra Editora: Coimbra; p. 301.

[194] Nos processos de interpretação constitucional, inserem-se potencialmente todos os órgãos do Estado, todas as potências públicas, todos os cidadãos e grupos. – HABERLE, Peter (2008). "La sociedade aberta de los intérpretes constitucionales: una contribuición para la interpretación pluralista y "procesal" de la Constitución", *Academia, Año 6,* número 11, ISSN, 1667-4154; p. 31.

abusos de poder e as normas relativas à concorrência, ou que visam impedir monopólios. Todas estas estruturas constituintes seriam adquiridas previamente e impor-se-iam ao legislador constituinte originário.

O projeto *häberliano* de interpretação ou de exegese constitucional é um processo público, que pretende ser entendido da forma mais ampla possível. Por um lado, abarca todos os processos jurídicos que envolvem os cidadãos, ativa ou passivamente, em especial no que concerne aos atos da comunidade política, sendo todos contribuintes para a revitalização da Constituição – *constitucional law in public action*. A exegese pluralista pretende, por outro lado, estabelecer pontes entre os cidadãos e os juristas, pressupondo-se que a compreensão que os cidadãos e as associações obtenham de todos os seus elementos constitutivos é que constituirá a verdadeira Constituição do país[195]. Esta ideia de uma democracia de todos os cidadãos[196] constitui o seu principal ponto de equilíbrio, mas é, simultaneamente, um dos seus principais perigos, fato admitido pelo próprio, na medida em que postula uma visão fortemente dinâmica do direito positivo escrito.

HÄBERLE adverte que a exegese constitucional, como processo público[197], não deve diluir-se nas decisões políticas urgentes ou quotidianas, nem ceder à pressão de uma opinião pública pré-configurada e preestabelecida, ou de associações ou agrupamentos de cidadãos. O que poderia ser evitado, no seu entendimento, através da criação de instrumentos racionais de interpretação pluralista e de métodos coerentes, favorecidos por uma organização ou estruturação de âmbito público de cunho pluralista. Neste contexto, desempenhariam um papel crucial eventuais leis propiciadoras de uma participação plural de todos os cidadãos na televisão, impedindo grandes fusões económico-financeiras dos *media*. O mesmo desígnio poderia ser obtido através do direito processual constitucional ou dos procedimentos administrativos *(status activis processualis)*. Ainda que a última palavra caiba à justiça constitucional, a interpretação constitucional não deveria ser algo exclusivamente estatal, sendo necessário garantir a atualidade dos intérpretes constitucionais de toda a sociedade aberta.

Promete-se uma ampla reestruturação das leis em prol do pluralismo, o designado pluralismo positivado[198], surgido no seio de uma doutrina constitucionalista pluralista e que se projeta sobre as normas fundamentais, sua

[195] HABERLE, Peter (2002). *Pluralismo y Constitución*, Tecnos: Madrid; p. 90.
[196] HABERLE, Peter (2002). *Pluralismo y Constitución*, Tecnos: Madrid; p. 99.
[197] HABERLE, Peter (2002). *Pluralismo y Constitución*, Tecnos: Madrid; p. 102.
[198] HABERLE, Peter (2002). *Pluralismo y Constitución*, Tecnos: Madrid; p.107.

interpretação, exegese e políticas constitucionais. A questão da interpretação constitucional da liberdade de imprensa, no que concerne à propriedade, é considerada, precisamente, um dos aspetos problemáticos da função pública em democracia[199], uma vez que a concentração dos *media*[200] no poder de poucas mãos pode, segundo o autor, reduzir o âmbito do público e produzir *deficit democrático.* A chave reside na definição do peso que os interesses privados ou públicos podem ter sobre a liberdade de imprensa e de opinião.

3.1.2. É, efetivamente, aliciante este "jusnaturalismo moderno"[201] de uma *sociedade aberta de intérpretes,* mas indubitavelmente perigoso, uma vez que sugere uma constante indeterminação e provisoriedade[202] da Constituição, podendo conduzir a "conflitos interpretativos insanáveis"[203]. A hermenêutica constitucional, ou a atividade jurídica de criação concreta do direito, não pode (nem deve) ser tarefa de todo o cidadão[204], pelo menos com relevância jurídica. Só os tribunais, como órgãos com competência para administrar a justiça em nome do povo (artigo 202º CRP), fazem interpretação jurídico-constitucional vinculativa. A última palavra é a do intérprete jurisdicional, "vinculado a circunscrever as relações de hierarquia, ou a maior rigidez de certas normas constitucionais, aos domínios em que essa supremacia decorra de uma opção objetiva do constituinte"[205].

Em acréscimo, se a exegese constitucional como processo público exige uma constante atualização dos cidadãos e a mais ampla participação possível, o pluralismo converte-se em um meio e um fim em si mesmo. Em rigor, tornando-se no único meio de garantir uma sociedade aberta de intérpretes, a qual assume, por sua vez, o estatuto de condição indispensável do mesmo pluralismo, estabelece-se uma perigosa relação circular, propiciadora de

[199] HABERLE, Peter (2002). *Pluralismo y Constitución,* Tecnos: Madrid; pp. 149 e segs.

[200] HABERLE, Peter (2002). *Pluralismo y Constitución,* Tecnos: Madrid; pp. 156 e 157.

[201] MORAIS, Carlos Blanco de (2012). *Curso de Direito Constitucional,* Tomo I; Coimbra Editora: Coimbra; p. 175.

[202] MORAIS, Carlos Blanco de (2012). *Curso de Direito Constitucional,* Tomo I; Coimbra Editora: Coimbra; p. 182.

[203] MIRANDA, Jorge (2007). *Manual de Direito Constitucional, Tomo II,* 6ª Edição; Coimbra Editora: Coimbra; p. 303.

[204] CUNHA, Paulo Ferreira da (2009). "Hermenêutica Constitucional entre Savigny e o Neoconstitucionalismo" *Neoconstitucionalismo.* Ed. Gen – Forense. Rio de Janeiro: Regina Quaresma, Maria Lúcia de Paula Oliveira, Farlei Martins Riccio de Oliveira; p.5.

[205] MORAIS, Carlos Blanco de (2012). *Curso de Direito Constitucional,* Tomo I; Coimbra Editora: Coimbra; p. 176.

uma duvidosa funcionalização do ordenamento jurídico e mesmo dos direitos e liberdades fundamentais a esse mesmo princípio pluralista. Trata-se de ler uma Constituição *hiperintegrada* pelo princípio do pluralismo e de projetar essa exigência, enquanto missão constitucional única, na adequação do ordenamento a esse valor hiperbolizado. Uma suspeita que, não obstante, não preclude a relevância específica que o princípio do pluralismo assume na conformação da generalidade dos regimes juridico-constitucionais dos *media*, entre os quais o nosso. Apenas alerta para o facto de as Constituições também reclamarem a proteção de outros valores e direitos fundamentais. Insistimos: não só não é possível estabelecer uma hierarquia material entre os princípios em presença, como o facto de o direito positivo, constitucional ou infraconstitucional, nem sempre estabelecer soluções prévias para os conflitos, não legitima que seja o intérprete a definir prevalências preferenciais entre princípios em abstrato.

3.1.3. As teses de Dworkin constituem, na nossa opinião, o exemplo que melhor ilustra os riscos interpretativos inerentes a conceções *supra*positivistas da Constituição, aliadas de um designado constitucionalismo moralmente reflexivo, tributário de um "jusnaturalismo sem direito natural"[206]. Tal como escreve Tribe, a adoção de uma perspetiva tão aberta como a de Dworkin, a linha de demarcação entre *"what, perhaps to your dismay, you think the Constitution says and what you wish it would say, becomes so tenuous that it is extraordinarily difficult, try as you might, to maintain that line at all"*[207]. A Constituição pode ser misteriosa, como escreveu o juiz Stevens, mas não mística, *"not even lost in the midst of the ideal"*[208]. E um tema como o nosso, pelas paixões que suscita, reclama uma precisa delimitação dos limites interpretativos ou hermenêuticos.

A nosso ver, as teses de Dworkin são perigosas, uma vez que a leitura moral da Constituição: *i)* dilui o direito e a interpretação jurisdicional na moral, na política e nas convicções subjetivas dos juízes; *ii)* estabelece uma falsa identificação entre as visões individuais dos juízes e o direito constitu-

[206] Morais, Carlos Blanco de (2012). *Curso de Direito Constitucional*, Tomo I, 2ª Ed.; Coimbra Editora: Coimbra; p. 178.

[207] Tribe/Lawrence H./Dorf/ Michael C. (1991). *On Reading The Constitution*, Harvard University Press, L P. 17.; Tribe, Lawrence H. (1986). "On Reading the Constitution", *The Tanner Lectures on Human Values,* Delivered at the University of Utah, November 17 and 18; p. 15.

[208] Tribe, Lawrence H. (1986). "On Reading the Constitution", *The Tanner Lectures on Human Values,* Delivered at the University of Utah, November 17 and 18; p. 16.

cional; *iii)* à hierarquia abstrata de princípios, defendida pelo autor, em que a igualdade prevalece sobre os demais, cabe somar as próprias tabelas valorativas dos juízes.

Não podendo aprofundar a questão, cumpre observar que nem tudo o que pode ser considerado moralmente errado é inconstitucional e ilícito[209], uma vez que a atribuição de relevância a certos juízos morais não implica, necessariamente, o acolhimento da respetiva juridicidade[210]. O inverso favorece e alimenta, precisamente, a conceptualização de uma indesejável Constituição não escrita, não oficial, que vai, paulatinamente, silenciando a efetividade e normatividade da Constituição escrita e oficial[211]. Não se trata de uma opção comodista[212], porquanto, a nosso ver, a ideia de uma Constituição não oficial que vai gerando a sua própria normatividade informal, a par da Constituição escrita oficial, não é suficiente para gerar um novo parâmetro de invalidade

[209] Esse foi, alias, um dos principais problemas apontados a TRIBE por SEGALL, a propósito da sua *"Invisible Constitution"*. SEGALL atribui as perplexidades expressas por TRIBE, sobre o Direito Constitucional norte-americano, à constante subjetividade e incoerência das decisões jurisprudenciais do Supremo Tribunal – " *The differences between the results in Bowers and Lawrence, Usery and Garcia, Garcia and Printz, and Roe, Casey, Stenberg, and Gonzales v. Carhart have little to do with texto, history and structure, or precedent, and everything to do with Justice Blackmun changing his mind in Garcia, Justice Kennedy's personal agenda to overturn Bowers, and the substitution on the Court of Justice Alito for Justice O'Connor."* – SEGALL, Eric. J. (2009). "Lost in Space: Lawrence Tribe's *Invisible Constitution*", *Northwestern University Law Review*, Vol. 103; p. 447.

[210] Em sentido diverso, OTERO sustenta que se verifica a *"subordinação de uma normatividade constitucional escrita a uma ordem de valores suprapositiva, baseada numa "consciência jurídica geral" e traduzida em princípios jurídicos fundamentais"*. Esses princípios *"consubstanciam decorrências normativas da ideia de Direito, firmados na centralidade da pessoa humana viva e concreta como razão de ser da sociedade, do Direito e de todas as instituições públicas, e traduzem o cerne de uma ordem axiológica"*. – OTERO, Paulo (2007) *Instituições Políticas e Constitucionais, Volume I,* Almedina: Coimbra; OTERO, Paulo (2010). *Direito Constitucional Português: Organização do Poder Político,* Vol. II, Almedina: Coimbra; pp. 157 e segs.

[211] OTERO, Paulo (2010). *Direito Constitucional Português: Organização do Poder Político,* Vol. II, Almedina: Coimbra; pp. 135 e segs; PETTYS, Todd E. (2009). "The Myth of the Written Constitution", *Notre Dame Law Review,* Vol. 84; pp. 991 e segs.

[212] PETTYS sustenta que *"the myth's claims are far too tightly interwoven with American's fundamental commitments to be easily discarded. By serving their insistence upon endorsing popular sovereignity, acknowledging human beings' moral fallibility, embracing judicial supremacy, and preserving a sense of nationhood, the myth of the written constitution goes a long way toward legitimating and stabilizing the legal regime that many Americans desire. Those who argue that the myth's claims should be openly rejected are, thus, doomed for disappointment unless they carry either of two weighty burdens: they must demonstrate either that the objetives at wich the myth's claims are aimed are not sufficiently important to warrant indulging those fictions, or that there are more desirable means by wich those objetives may be achieved."*- PETTYS, Todd E. (2009). "The Myth of the Written Constitution", *Notre Dame Law Review,* Vol. 84; pp. 1049 e 1050.

que possa fundar um juízo de inconstitucionalidade[213], enquanto expressão de uma desconformidade face à normatividade integrante da Constituição não-oficial[214]. O entendimento inverso, propiciado pela adoção de uma conceção suprapositiva axiológica de Constituição, implicaria que a formulação, hoje, de um juízo de inconstitucionalidade envolvesse uma prévia indagação sobre a normatividade constitucional vigente, envolvendo dois tipos de normatividade potencialmente aplicáveis, e, consequentemente, dois tipos de normatividade potencialmente inválida, com graves danos para a segurança e certeza jurídica. A uma *Invisible Living Constitution*, contendo alegados novos parâmetros de invalidade constitucional, somar-se-ia uma *Invisible Dead Constitution*, traduzida num aglomerado apócrifo de enunciados linguísticos constitucionais moribundos, produto da ação dessa ordem suprapositiva sobre as normas da Constituição escrita, oficial.

Por outro lado, é o próprio DWORKIN que defende que, em caso de conflito entre a liberdade de expressão – tal como tem sido entendida tradicionalmente a partir da proteção da *Primeira Emenda* – e o princípio da igualdade, este último deverá prevalecer, por ser mais urgente a sua garantia[215]. Na sua lógica, a Constituição deveria ser reinterpretada de modo a não permitir, pelo menos, certas formas de pornografia ou qualquer forma de expressão contra certas raças ou grupos minoritários. Cabe observar que, perante eventuais conflitos, o legislador pode estabelecer ponderações prévias e optar pela positivação da prevalência de um princípio, em abstrato, nos limites constitucionais. Na ausência dessa definição prévia legislativa, não é admissível a consideração de uma hierarquia prévia e abstrata solucionadora de eventuais antinomias normativas. Acresce que, em ordenamentos jurídico-constitucionais como o português, apenas a ponderação efetuada pelo legislador reveste natureza vinculativa e produz efeitos *"erga omnes"*.

DWORKIN não tem, aiás, dúvidas em afirmar que as opiniões constitucionais são sensíveis às convicções políticas[216], reconhecendo mesmo, com um pragmatismo que impressiona, que uma leitura moral da constituição enco-

[213] Obviamente, alerta STERN, a Constituição só pode ser a lei fundamental do Estado constitucional, se aquelas expressões da autoridade governamental que a contrariam, não adquiram efetividade. Mas *Quis custodiet ipsos custodes?*- STERN, Klaus (2008). "El Constitucionalismo. Génesis, Evolución y Universalidad", in *Dignidad de La Persona, Derechos Fundamentales, Justicia Constitucional*, Coord. Francisco Fernández Segado, Dykinson-Constitucional; p. 65.

[214] OTERO, Paulo (2010). *Direito Constitucional Português: Organização do Poder Político*, Vol. II, Almedina: Coimbra; p. 142.

[215] DWORKIN, Ronald (1996). *Freedom's Law*, Oxford University Press; p. 265.

[216] DWORKIN, Ronald (1996). *Freedom's Law*, Oxford University Press; p. 37.

raja juristas e juízes a interpretarem uma Constituição abstrata, à luz das respetivas conceções políticas de justiça. *"De que outro modo poderiam responder às perguntas morais que essa constituição abstrata lhes dirige?"*, questiona. Por conseguinte, perante a *Primeira Emenda* da Constituição norte-americana, a qual, à semelhança da maioria das constituições contemporâneas, consagra os direitos do indivíduo através de uma linguagem ampla e abstrata[217], Dworkin propõe-nos uma leitura moral da Constituição, ou seja a interpretação e aplicação desses dispositivos abstratos por referência a princípios morais de deferência e de justiça. Por exemplo, a *Primeira Emenda* reconhece o princípio moral de que é errada a censura governamental das expressões e opiniões dos cidadãos individuais, sendo esse princípio incorporado no direito norte-americano. Assim, perante cada nova questão constitucional (como por exemplo a de saber se a *Primeira Emenda* autoriza que se façam leis que proíbam a pornografia), cumpre decidir a melhor interpretação para aquele princípio moral abstrato.

A leitura moral, em si mesma, não seria um programa ou estratégia intrinsecamente liberal ou conservador[218], ou sequer revolucionária, pois, na lógica *dworkiniana,* todos os intérpretes e aplicadores do direito consideram que a Constituição expressa exigências morais abstratas, cuja aplicabilidade aos casos concretos carece da mediação de juízos morais específicos. A única diferença, notória, a realçar reside na desconformidade entre o papel efetivo que as leituras morais assumem na vida constitucional norte-americana e a sua reputação: se um juiz reconhecesse abertamente que procede a leituras morais ou admitisse que essa é a sua estratégia de interpretação constitucional, esse sim seria um facto revolucionário. Para o autor, só uma forma inacreditavelmente tosca de positivismo jurídico, repudiada pelo próprio Hart, poderia produzir um alheamento moral, conducente ao isolamento jurídico.

Uma leitura moral da Constituição implica a eliminação da distinção entre direito e moral, e a submissão do direito à dependência dos princípios morais, adotados por certos juízes, numa determinada época. Para Dworkin, esta leitura não é antidemocrática, antes pelo contrário, é indispensável à democracia[219], pois a democracia não insiste que os juízes tenham a ultima palavra, mas também não insiste que a não tenham... Acresce que estaria sujeita

[217] Dworkin, Ronald (1996). *Freedom's Law*, Oxford University Press; p. 2.
[218] Dworkin, Ronald (1996). *Freedom's Law*, Oxford University Press; p. 3.
[219] Dworkin, Ronald (1996). *Freedom's Law*, Oxford University Press; p. 3.

a limitações[220], atinentes ao texto[221] e à exigência de integridade constitucional[222] dos juízes[223]. Contudo, é o próprio que admite que, embora importantes, essas restrições não eliminam os efeitos de uma mais que provável contaminação política e moral[224].

No entendimento *dworkiniano*, a ideia de que o controlo judicial de normas compromete a democracia, uma opinião *filha da conceção maioritária da democracia e neta da premissa maioritária*, é que motiva a busca de uma estratégia intermediária entre a leitura moral e o originalismo[225]. O autor contrapõe uma conceção constitucional de democracia à premissa maioritária[226/227], baseada no pressuposto de que a democracia é um governo sujeito às condições – condições democráticas – de igualdade de *status* para todos os cidadãos. Quando as instituições maioritárias garantem e respeitam as condições democráticas, os seus veredictos devem ser aceites por todos; pelo contrário, em caso de incumprimento ou de cumprimento deficiente, não são legítimas as objeções proferidas em nome da democracia, em relação a outros procedimentos substitutivos, suscetíveis de assegurar as condições democráticas[228].

[220] DWORKIN, Ronald (1996). *Freedom's Law*, Oxford University Press; p. 10.

[221] Para o autor, a história constitui um fator pertinente, mas apenas num sentido particular: a história é consultada para saber o que eles pretendiam dizer, não quais as outras intenções que eles tinham, nem como teriam interpretado esses princípios ou como os teriam aplicado aos casos concretos.

[222] Os juízes não podem dizer que a Constituição expressa as suas próprias convicções pessoais, na medida em que os seus dispositivos morais abstratos não podem expressar um juízo moral particular – DWORKIN, Ronald (1996). *Freedom's Law*, Oxford University Press; p. 15.

[223] Mesmo que um juiz acredite que a igualdade económica é uma exigência da justiça abstrata, não pode concluir que o dispositivo de igualdade de proteção significa que a igualdade de riqueza e a propriedade coletiva dos meios de produção são exigências da Constituição, pois essa interpretação não é compatível com a história dos EUA, com a prática norte-americana nem com a Constituição.

[224] Essa influência não é para o autor maléfica, na medida em que é, abertamente, reconhecida e as mesmas convicções são identificadas e defendidas honestamente, ou seja em argumentos baseados em princípios e não em *slogans* superficiais ou metáforas estafadas. – DWORKIN, Ronald (1996). *Freedom's Law*, Oxford University Press; p. 37.

[225] DWORKIN, Ronald (1996). *Freedom's Law*, Oxford University Press; p.18.

[226] DWORKIN, Ronald (1996). *Freedom's Law*, Oxford University Press; p.17.

[227] DWORKIN, Ronald (1996). *Freedom's Law*, Oxford University Press; p.17.

[228] Um dos argumentos mais expendidos em favor da premissa maioritária constitui, na sua opinião, uma forma vanguardista de ceticismo moral, segundo o qual os valores e princípios morais não podem ser, objetivamente, verdadeiros, uma vez que se limitam a representar poderosas concatenações de gosto ou interesse próprios, ou dos interesses de uma classe, raça ou sexo. Nesse caso, segundo o mesmo argumento, os juízes que afirmam ter descoberto uma verdade moral estariam mergulhados na ilusão, sendo o único processo político justo aquele que entrega todo o poder nas mãos do povo. O autor considera que este é um argumento falacioso, uma vez que a sua

3.1.4. Aderimos à tese que sustenta que uma eventual importação das propostas *dworkinianas* atentaria contra o princípio da separação de poderes e constituiria uma entorse ao princípio democrático, uma vez que a abertura e indeterminação próprias das normas constitucionais *"não constituem uma delegação implícita aos tribunais para operarem como legislador constitucional supletivo"*[229], mediante *"critérios extraídos das suas próprias pré-compreensões políticas e filosóficas, através de métodos interpretativos carentes de racionalidade científica e jurídica"*[230]. Acresce o subjetivismo implicado na sobredita contaminação política e moral do direito, a qual legitima, nos casos mais importantes e controversos, a constatação de que a Constituição norte-americana é atualmente, para alguns autores *"mais o balanço dos julgamentos subjetivos dos valores dos juízes do que uma questão política (republicanos versus democratas ou liberais versus conservadores)"*[231]. Efetivamente, cabe questionar: "se os juízes são vocacionados para raciocinar em termos de filosofia política e de moral, porquê não colocar em vez deles, filósofos, novelistas, clérigos ou historiadores?"[232].

Afiguram-se-nos deveras estimulantes os caminhos percorridos, entretanto, por HART, no sentido de admitir a juridicidade dos princípios constitucionais que incorporam valores éticos[233], bem como quanto à margem de discricionariedade dos juízes, admitida na criação do direito. Uma juridicidade condicionada à positivação, explícita ou implícita, desses valores éticos, constituindo *"os enunciados semânticos das normas o limite à descodificação de valores implícitos"*[234], sendo *"inaceitável uma relação de significado que não tenha no texto um mínimo de correspondência"*[235]. Pese a existência de relações importan-

conclusão, favorável à premissa maioritária, é, em si mesma, uma afirmação moral, um argumento baseado numa moralidade politica. – DWORKIN, Ronald (1996). *Freedom's Law,* Oxford University Press; p.17.

229 MORAIS, Carlos (2012). *Curso de Direito Constitucional,* Tomo I, 2ª Ed. ; Coimbra Editora: Coimbra; p. 182.

230 MORAIS, Carlos (2012). *Curso de Direito Constitucional,* Tomo I, 2ª Ed. ; Coimbra Editora: Coimbra; p. 182.

231 SEGALL, Eric. J. (2009). "Lost in Space: Lawrence Tribe's Invisible Constitution", *Northwestern University Law Review,* Vol. 103; p. 446.

232 MORAIS, Carlos Blanco de (1998). *As Leis Reforçadas. As Leis Reforçadas pelo Procedimento no Âmbito dos Critérios Estruturantes das Relações entre Atos Legislativos,* Coimbra Editora: Coimbra; p. 595.

233 HART, Herbert L.A.(1997). "Post Scriptum El Concepto de Derecho", *Estudios Públicos,* 65; (1958), "Positivism and the Separation of Law and Morals", *Harvard Law Review, Vol. 71,* nº 4; pp. 593-629.

234 MORAIS, Carlos Blanco de (2012). *Curso de Direito Constitucional, Tomo I, 2ª Ed.,* Coimbra Editora: Coimbra; p. 210.

235 MORAIS, Carlos Blanco de (2012). *Curso de Direito Constitucional, Tomo I, 2ª Ed.,* Coimbra Editora: Coimbra; p. 210.

tes entre o Direito e a Moral, HART realça a falta de identidade conceptual, porquanto uma disposição, moralmente inócua, pode ser válida como regra ou princípio jurídico[236]. Mesmo assim, reconhece, ao contrário dos positivistas, *"whose day is now over"*[237], um ponto de interseção e que *"what is and what ought to be are somehow indissolubly fused or inseparable"*[238/239]. Mesmo assim[240], HART mantém-se distante do ambiente *dworkiniano*.

3.2. Rematerialização e Revolução Constitucional ou Novos Argumentos Para o Excesso de Interpretativismo?

3.2.1. Perante estes avanços do designado positivismo inclusivo *hartiano*, STRECK insurge-se contra o que designa por simplificação do positivismo[241], porquanto insistir nessa "descoberta da pólvora"[242] é, na sua opinião, gastar energia numa conceção já considerada superada pelo positivismo, pós-exegético[243]. Por conseguinte, o autor prefere apontar baterias contra aquela

[236] HART, Herbert L.A. (1997). "*Post Scriptum* El Concepto de Derecho", *Estudios Públicos*, 65; p. 255.

[237] HART refere-se a BENTHAM e AUSTIN como estando na vanguarda de um movimento que trabalha com toda a intensidade e paixão, com vista a uma melhor sociedade, que tenha melhores leis, e que não podem ser vistos como analistas que se entretém com distinções verbais, *"while cities burned"*. – HART, Herbert L.A. (1958). "Positivism and the Separation of Law and Morals", *Harvard Law Review, Vol. 71*, nº 4; p. 596.

[238] AUSTIN considerava que a existência de uma lei é algo distinto do seu mérito, ou falta dele, pois uma lei que exista é uma lei, mesmo que não gostemos dela. Constitui, desde logo, uma vantagem da insistência na aparente simplicidade desta tese, a de realçar dois perigos das doutrinas opostas: *i)* que a lei e a sua autoridade possam dissolver-se na conceção humana do que a lei deveria ser; *ii)* que a lei existente seja substituída pela moralidade como teste final de conduta. – HART, Herbert L.A. (1958). "Positivism and the Separation of Law and Morals", *Harvard Law Review, Vol. 71*, nº 4; p. 595.

[239] No seguimento das críticas formuladas pelos realistas norte-americanos dos anos 30, a existência de "casos de penumbra", que suscitam problemas na interpretação da lei ou da Constituição, implica que a sua aplicação, a esses casos específicos, não pode ser uma questão de dedução lógica – HART, Herbert L.A. (1958). "Positivism and the Separation of Law and Morals", *Harvard Law Review, Vol. 71*, nº 4; p. 598.

[240] COLMAN, Jules C.(1982). "Negative and Positive Positivism", *University of Arizona*; disponível:http://webcache.googleusercontent.com/search?q=cache:1pFNET1Q8ucJ:faculty.tcu.edu/rgalvin/readings/Jules%2520Coleman-Negative%2520and%2520Positive%2520Postivism.doc+&cd=23&hl=ptPT&ct=clnk&gl=pt

[241] STRECK, Lenio Luiz (2010a). "O (Pós) Positivismo e os Propalados Modelos de Juiz (Hércules, Júpiter e Hermes) – Dois Decálogos Necessários", *Revista de Direitos e Garantias Fundamentais*, Vitória, nº 7, Jan-Jun.; p. 17.

[242] STRECK, Lenio Luiz (2010 a). "O (Pós) Positivismo e os Propalados Modelos de Juiz (Hércules, Júpiter e Hermes) – Dois Decálogos Necessários", *Revista de Direitos e Garantias Fundamentais*, Vitória, nº 7, Jan-Jun.; p. 19.

[243] Aquele que teria superado o positivismo das três vertentes – exegese francesa, pandectística alemã e jurisprudência analítica da *common law*.

que considera ser a principal característica do novo positivismo pós-exegético[244], como seja, a margem de discricionariedade permitida aos juízes. Para o autor, alguns setores do neo-constitucionalismo[245] nem sequer são originais na entrega de todo o poder ao intérprete e, em especial, aos juízes, a partir de fórmulas do tipo "menos regras, mais princípios, menos subsunção, mais ponderação...", uma vez que essa delegação já estava presente no velho Movimento do Direito Livre, na jurisprudência dos interesses e aprimorou-se na jurisprudência dos valores. STRECK é muito crítico de teses que considera solipsistas, *"das quais são exemplos as posturas caudatárias da jurisprudência dos valores (importadas equivocamente da Alemanha por setores do neo-constitucionalismo), os diversos axiologismos, o realismo jurídico (que não passa de um positivismo fáctico)"*. Atribui mesmo a ponderação de valores, defendida especialmente no Brasil, a uma leitura superficial da obra de Alexy, segundo a qual, o juiz, literalmente, escolhe um dos princípios que ele mesmo elege, *prima facie.*

Partindo do pressuposto de uma redução da liberdade de conformação legislativa em favor da jurisdição constitucional[246], considera que devem ser criadas as condições para evitar a discricionariedade, arbitrariedade e decisionismo, através de um novo paradigma linguístico-filosófico[247], que supere modelos interpretativos, sustentados no esquema sujeito-objeto[248]. Para o

[244] SAMPAIO nota a formação de duas tendências contrapostas do neo-constitucionalismo, mais próximas ou mais distantes do juspositivismo teórico, atenta a transformação do objeto de investigação e consequente necessidade de alteração da metodologia. – SAMPAIO, Jorge Silva (2013). "Neoconstitucionalismo?", *Direito & Política*, Julho-Outubro; p. 44.

[245] STRECK refere-se aos "juristas brasileiros e aos neoconstitucionalistas da Península Ibérica, que não abrem mão da discricionariedade judicial".

[246] STRECK, Lenio Luiz (2010 a). "O (Pós) Positivismo e os Propalados Modelos de Juiz (Hércules, Júpiter e Hermes) – Dois Decálogos Necessários", *Revista de Direitos e Garantias Fundamentais,* Vitória, nº 7, Jan-Jun; p. 26.

[247] Para STRECK, a viragem hermenêutica-ontológica, provocada pela publicação de *Sein und Zeit* por *Heidegger,* em 1927 e, anos depois, de *Wahrheit und Methode,* por *Gadamer,* em 1960, foram fundamentais para a nova hermenêutica jurídica: *"a partir dessa ontologische Wendung (giro ontológico), inicia-se o processo de superação dos paradigmas metafísicos objetivista aristotélico-tomista e subjetivista (filosofia da consciência), os quais, de um modo ou de outro, até hoje têm sustentado as teses exegético-dedutivistas-subsuntivas dominantes naquilo que vem sendo denominado de hermenêutica jurídica"*. – STRECK, Lenio Luiz (2008). "Hermenêutica e Posibilidades Críticas do Direito: Ensaio sobre a Cegueira Positivista"; *Revista da Faculdade de Direito* UFMG, Belo Horizonte, nº 52; p. 129.

[248] Na hermenêutica filosófica professada pelo autor, o *"círculo hermenêutico atravessa a compreensão antes que o sujeito pense que se assenhora da interpretação dos sentidos"*. Por isso, segundo o autor, a resposta correta não reside no juiz/intérprete enquanto sujeito do "esquema sujeito-objeto", mas sim, no juiz/intérprete da relação de compreensão baseada na intersubjetividade (sujeito-sujeito). – STRECK, Lenio Luiz (2010a). "O (Pós) Positivismo e os Propalados Modelos de Juiz (Hércules,

autor, o ponto fulcral não é quem dá a resposta correta, mas como esta se dá. Streck propõe que a resposta correta, a partir de uma simbiose entre a teoria integrativa de Dworkin e a fenomenologia hermenêutica (que abarca a hermenêutica filosófica), seja entendida como uma metáfora[249], que será a explicitação de que é possível enfrentar o "estado de natureza hermenêutica" instalado no direito, gerado pela liberdade de interpretação jurídica defendida por certas correntes. Esse estado de natureza interpretativo seria representado por uma guerra de todos os intérpretes contra todos os intérpretes, cada um partindo de um grau zero de sentido, com os seus próprios métodos e metáforas. Para o autor, é aqui que reside a morte do sistema jurídico, na ideologia do caso concreto[250]. Para Streck, só a tese da resposta correta como metáfora permite reconstruir a integridade e a coerência interpretativa do direito.

3.2.2. Não nos deixaremos inebriar pelas sensações e emoções descritas a propósito da "revolução constitucional"[251] em curso, suposto reencontro da Constituição consigo mesma, numa perspetiva arrebatadora de triunfo do Direito Constitucional. Não ignoramos a necessidade de realçar a constatação de uma consciência cada vez mais robusta da normatividade constitucional, designadamente em matéria de proteção de direitos fundamentais, desde que essa *"rematerialização constitucional"* não seja feita à custa da liberdade de conformação do legislador[252]. Efetivamente, essa necessidade não legitima, para

Júpiter e Hermes) – Dois Decálogos Necessários", *Revista de Direitos e Garantias Fundamentais*, Vitória, nº 7, Jan-Jun; p. 26.

[249] Streck, Lenio Luiz (2010a). "O (Pós) Positivismo e os Propalados Modelos de Juiz (Hércules, Júpiter e Hermes) – Dois Decálogos Necessários", *Revista de Direitos e Garantias Fundamentais*, Vitória, nº 7, Jan-Jun; p. 27.

[250] A superação do esquema sujeito-objeto é feita, para o autor, a partir de duas teorias fundamentais da hermenêutica: o círculo hermenêutico e a diferença ontológica: "*Se texto e sentido do texto não são a mesma coisa, tal circunstância não implica a afirmação de que estejam separados ou que o texto contenha a própria norma, mas sim, que apenas há uma diferença ontológica entre ambos: é preciso compreender que a norma é o texto em forma de enunciados, em que o conteúdo veritativo não é nada mais do que a dimensão predicativa, isto é, aquilo que se diz sobre ele.*" – Streck, Lenio Luiz (2010a). "O (Pós) Positivismo e os Propalados Modelos de Juiz (Hércules, Júpiter e Hermes) – Dois Decálogos Necessários", *Revista de Direitos e Garantias Fundamentais*, Vitória, nº 7, Jan-Jun.; p. 35.

[251] Cunha, Paulo Ferreira da (2009). "Hermenêutica Constitucional. Entre Savigny e o Neoconstitucionalismo", in *Neoconstitucionalismo*. Ed. Gen – Forense. Rio de Janeiro: Regina Quaresma, Maria Lúcia de Paula Oliveira, Farlei Martins Riccio de Oliveira; p. 1.

[252] Para alguma doutrina, a *rematerialização* da Constituição através dos princípios pressupõe uma transferência da discricionariedade da esfera legislativa para a jurisdicional. Não obstante, sustenta-se que a diferença seria essencial, pois enquanto a liberdade do legislador teria sido sempre

além da criação da norma de decisão do caso concreto, constitucionalmente devida, a defesa de um ativismo judicial, o Estado judiciário *schmittiano*[253], em que o juiz se substitui ao legislador em todas as opções primárias e inovatórias, inerentes ao exercício da subfunção legislativa do Estado[254]. Ainda que essa solução possa ser tentadora, atenta a inércia do legislador ou mesmo a opção cobarde por soluções vagas e ambíguas.... A escolha entre modelos de Constituição, procedimental ou substancial[255], descritiva ou prescritiva[256], axiológico ou ideológico[257], prescritivo ou constitutivo[258], não cabe ao juiz. A Constituição é o que é e o que permite que venha a ser, mesmo apesar de fatores externos pertubadores, como sejam as novas tecnologias. Também não nos parece que o desvio dessa solução possa ser compensado pelo reconhecimento de uma alegada inevitabilidade de introdução de argumentos de política na decisão jurídica, sustentado por Dworkin[259]. Uma proposta que Streck elogia, numa espécie de aplauso ao pragmatismo apregoado pelo Direito Constitucional norte-americano, perante o subjetivismo das decisões do Supremo Tribunal.

A adesão a uma leitura moral da Constituição, propugnada por Dwokkin, mesmo com as limitações expostas, implica a atribuição de maior discricionariedade do que as teses do positivismo inclusivo de Hart, contribuindo para o tal estado de natureza hermenêutica que Streck tanto quer eliminar.

injustificada, a do juiz seria dominada por uma depurada argumentação racional. – Sanchis, Luís Prieto (2000). "Tribunal Constitucional y Positivismo Juridico", *Doxa*. N. 23, Universidad de Alicante; p. 173.

253 Morais considera que também o decisionismo judicial, criticado mas identificado por Schmitt, "*vive hoje em certos tribunais ativistas que escrutinam as políticas públicas na base de critérios não jurídicos, intrometem-se no processo legislativo e substituem-se ao legislador com sentenças normativas*". – Morais, Carlos Blanco de (2014). "Decisão, Decisores e Decisionismo", *in Carl Schmitt Revisitado*, Org. Carlos Morais, Carlos Blanco e Luís Pereira Coutinho, E-book Instituto de Ciências Jurídico-políticas da Faculdade de Direito da Universidade de Lisboa; Lisboa; p. 36.

254 Morais, Carlos Blanco de (2012). *Curso de Direito Constitucional, Tomo I, 2ª Ed.*, Coimbra Editora: Coimbra; pp. 32-44.

255 Pozolo, Susanna/Duarte, Écio Oto Ramos (2006). *Neoconstitucionalismo e Positivismo Jurídico*, São Paulo: Landy Editora; pp. 88 e 89.

256 Pozolo, Susanna/Duarte, Écio Oto Ramos (2006). *Neoconstitucionalismo e Positivismo Jurídico*, São Paulo: Landy Editor; p. 89.

257 Sampaio, Jorge Silva (2013). "Neoconstitucionalismo?", *Direito & Política*, Julho-Outubro; pp. 44 e segs.

258 Coutinho, Luís Pereira (2014). "Formular e Prescrever: a Constituição do Tribunal Constitucional", *in O Tribunal Constitucional e a Crise*, Almedina: Coimbra.

259 Streck, Lenio Luiz (2010 a). "O (Pós) Positivismo e os Propalados Modelos de Juiz (Hércules, Júpiter e Hermes) – Dois Decálogos Necessários", *Revista de Direitos e Garantias Fundamentais*, Vitória, nº 7, Jan-Jun.; p. 36.

Defender-se que as decisões judiciais possam basear-se nas pré-compreensões morais e políticas dos juízes, mesmo identificadas com as respetivas doutrinas morais e filosóficas abrangentes, conduz-nos sempre ao mesmo elenco de críticas atinentes ao perigo de excesso de interpretativismo, que sufragámos a propósito das conceções suprapositivas do direito constitucional. Acresce que, ainda que a interpretação constitucional apresente especificidades, *"a Constituição é um estatuto de regulação do poder e uma carta de direitos fundamentais e não um catecismo ideológico, filosófico ou religioso, tal como por vezes nos é apresentada por certas correntes da Filosofia do Direito"*[260], devendo ser interpretada por juízes, de acordo com métodos jurídicos, racionais e científicos, e *"não por filósofos ou teólogos"*[261], independentemente da relevância fundamental que certas conceções[262] possam assumir no desenho do núcleo identitário constitucional[263]. Uma conclusão reforçada, na presente investigação, atentos os valores implicados da regulação jurídica dos *media* e a respetiva suscetibilidade e tentação de apropriação ideológica, em sede constitucional, com efeitos manipulativos especialmente indesejáveis.

3.2.3. Cumpre reforçar que as conceções suprapositivistas do ordenamento jurídico-constitucional nem sequer são coerentes com a afirmação da sua validade jurídica, o que pode ser testado através da resposta a questões fundamentais relacionadas com os limites do poder constituinte originário. Reiteramos o nosso entendimento, segundo o qual, não são admissíveis normas da Constituição originárias inconstitucionais[264] e que não é imputável

[260] Morais, Carlos Blanco de (2012). *Curso de Direito Constitucional, Tomo I, 2ª Ed.*, Coimbra Editora: Coimbra; p. 186.

[261] Morais, Carlos Blanco de (2012). *Curso de Direito Constitucional, Tomo I, 2ª Ed.*, Coimbra Editora: Coimbra; p. 186.

[262] A liberdade do homem como conceito central da teologia cristã é, desde a Idade Média, liberdade individual. A Liberdade é teologia bíblica também como condição prévia para a culpa e o pecado. Objeto de secularização, este núcleo teológico bíblico implícito na conceção de liberdade torna compreensível porque outras culturas, de tradição não judaico-cristã, ou pelo menos não monoteístas, não produziram uma ideia de liberdade do homem como limite perante o poder estatal. Nem na China nem no Japão se chegou a desenvolver essa ideia. – Starck, Christian (2008). "Los Fundamentos Filosóficos de Los Derechos Humanos", in *Dignidad de La Persona, Derechos Fundamentales, Justicia Constitucional*, Coord. Francisco Fernández Segado, Dykinson-Constitucional; pp. 408 e 409.

[263] Morais, Carlos Blanco (2006). *Justiça Constitucional*, Tomo I, 2ª Edição, Coimbra Editora: Coimbra; pp. 69 e segs.

[264] No sentido de uma aceitação mitigada da teoria das normas constitucionais inconstitucionais – Gouveia, Jorge Bacelar (2009). *Manual de Direito Constitucional, Volume I*, 3ª Edição, Almedina: Coimbra; pp. 773 e segs.

ao poder constituinte originário uma omissão inconstitucional, pela ausência de positivação de qualquer direito supralegal[265]. A omissão do legislador constitucional originário na previsão expressa das liberdades comunicativas não determina a sua inconstitucionalidade, uma vez que a natureza dos limites ao poder constituinte originário não é, nem pode ser, jurídica. Aliás, nem todos os que subscrevem um determinado conteúdo axiológico suprapositivo admitem a inconstitucionalidade de uma norma constitucional, originária por contradição com o direito supralegal positivado[266]. Tem pois razão MORAIS, quando afirma que essa poderá ser *"a maior fragilidade da teoria dos limites transcendentes do poder constituinte, sintoma da sua inaptidão como fundamento objetivo de limitação jurídica ao poder constituinte"*, enfim a prova real de que tal conceção *"se mostra inservível como parâmetro referencial objetivo da validade jurídica do produto normativo da decisão constituinte"*[267]. O autor acusa os adeptos da teoria dos limites transcendentes de não extraírem dela[268] as devidas consequências, *"as quais seriam a admissibilidade da inconstitucionalidade de normas constitucionais originárias"*.

Com efeito, a tese que confere relevância jurídica plena às vinculações do poder constituinte originário, admitindo porquanto a possibilidade de "normas constitucionais inconstitucionais"[269] e, eventualmente, de "omissões constitucionais inconstitucionais", apresenta várias consequências, em nosso entender, indesejáveis. Por um lado, esta "reserva do direito" seria dotada de plena autonomia ontológica e jurídica face ao direito positivo, revestindo a positivação caráter declarativo e não constitutivo[270], ao ponto de ser supérflua[271], consubstanciando uma amarra flagrante e irreversível ao poder cons-

[265] CASTRO, Raquel Alexandra Brízida (2012). *As Omissões Normativas Inconstitucionais no Direito Constitucional Português*, Almedina: Coimbra; pp. 27 e segs.

[266] O que para VAZ constitui uma dificuldade de compatibilização em relação à posição adotada por Jorge Miranda. – VAZ, Manuel Afonso (1996). *Lei e Reserva de Lei – A Causa da Lei na Constituição Portuguesa de 1976*, Porto; p. 229.

[267] MORAIS, Carlos Blanco (2006). *Justiça Constitucional, Garantia da Constituição e Controlo da Constitucionalidade*, Tomo I, 2ª Edição, Coimbra Editora: Coimbra; p.32.

[268] MORAIS, Carlos Blanco de (2006). *Justiça Constitucional, Garantia da Constituição e Controlo da Constitucionalidade*, Tomo I, 2ª Edição, Coimbra Editora: Coimbra; p.32.

[269] Segundo VAZ, perfilham esta posição na doutrina alemã GREWE, BACHOF, MALMANN, FRIESENHAHN, entre outros. – VAZ, Manuel Afonso (1996) *Lei e Reserva de Lei – A Causa da Lei na Constituição Portuguesa de 1976*, Porto; p. 218.

[270] VAZ, Manuel Afonso (1996). *Lei e Reserva de Lei – A Causa da Lei na Constituição Portuguesa de 1976*, Porto; p. 240.

[271] *"Se uma norma jurídica se encontra dotada de validade em sentido ético, isso significa que a mesma contém uma razão completa para agir e implica o recurso a princípios morais que estabelecem a obrigação ou a*

tituinte originário[272], *ad aeternum* vinculado à "reserva de direito". Por outro lado, conduziria à existência de uma hierarquia das normas constitucionais, assente na sua diferente origem: umas têm origem no ato volitivo e autónomo do legislador constituinte, enquanto outras terão origem numa ordem constitucional preexistente.

A busca de uma resposta material e racionalmente fundada em valores suprapositivos e não metajurídicos não atenua o perigo da opção por uma ordem objetiva de valores, válida para todo o ordenamento infraconstitucional como "opção jurídico-constitucional fundamental"[273]. Essa "ideia de ordem de valores" suscita mais interrogações do que aquelas que responde (HESSE), as quais podem traduzir-se, nomeadamente em objeções filosóficas, metodológicas e dogmáticas[274],

i) No que se refere às objeções filosóficas, elas são sobretudo atinentes ao conceito de objetividade da ordem dos valores. Uma vez que o acesso a essa ordem de valores seria realizado através de um "pretenso método científico-espiritual", que revelaria a respetiva ordem e hierarquia[275], a dificuldade *"de determinar com precisão os valores materiais a que estas teses objetivistas se reportam, leva a que o apriorismo ideal de valores possa cair num "intuicionismo abstrato", que conduz a uma posição subjetivista"*[276];

permissão de a ela se obedecer; mas por outro lado, esses princípios indicam eles próprios o modo como devemos agir, tornando supérfluas as normas jurídicas". – BRITO, Miguel Nogueira de (2000). *A Constituição Constituinte – Ensaio sobre o Poder de Revisão da Constituição*, Coimbra; p. 341.

[272] Perante esta tese, será porventura legítima a necessidade de conceber uma "reserva de poder constituinte", em termos análogos à "reserva de Parlamento".

[273] Segundo ALEXY, as teorias axiológicas dos direitos fundamentais remontam ao período de vigência da Constituição de *Weimar*. SMEND foi um dos autores mais influentes, tendo sido o autor de uma famosa afirmação: *"el sentido concreto de un catálogo de derechos fundamentales reside en que pretende normar una serie concreta, de una cierta unidad cerrada, es decir, in sistema de valores o bienes, un sistema cultural"* – ALEXY, Robert (1985). *Teoria de los Derechos Fundamentales*, Trad. Esp. Centro de Estudios Constitucionales: Madrid; p. 148.

[274] ALEXY, Robert (1985). *Teoria de los Derechos Fundamentales*, Trad. Esp. Centro de Estudios Constitucionales: Madrid; pp. 149 e segs.

[275] CANOTILHO, Gomes (1993). *Direito Constitucional e Teoria da Constituição;* p. 1303. Segundo ALEXY, o argumento mais forte contra o intuicionismo afirma que, tendo em conta o facto de que diferentes pessoas, perante condições ótimas para as vivências da evidência (falta de emoção e clareza intelectual) percebem como evidentes diferentes valorações, não permite nenhum critério definitivo para evidências corretas e falsas, autênticas e inautênticas. – ALEXY, Robert (1985). *Teoria de los Derechos Fundamentales*, Trad. Esp. Centro de Estudios Constitucionales: Madrid; p. 151.

[276] ALEXY, Robert (1985). *Teoria de los Derechos Fundamentales*, Trad. Esp. Centro de Estudios Constitucionales: Madrid; p. 151.

ii) Acresce, neste contexto, o perigo do subjetivismo, *"tendo em conta a provável substituição do sistema de valores constitucionais pelo sistema de valores próprios dos juízes"*[277]. O poder constituinte passará a ter limites, externamente, sujeitos a um controlo jurisdicional e serão passíveis de uma declaração de nulidade;

iii) Em termos metodológicos, a adesão a um conceito de ordem hierárquica de valores traz sempre a possibilidade de vir a degradar-se numa "tirania dos valores", estática e decisionista[278];

iv) Em termos dogmáticos, esta teoria conduz à destruição do direito fundamental de liberdade, no sentido liberal[279].

Mas é na análise da sua dimensão positiva que esta "reserva de direito" nos suscita as maiores reservas. Reiteramos as nossas críticas ao conceito de omissões inconstitucionais do poder constituinte originário, o qual implicaria uma "reserva de direito" capaz de sustentar diretamente deveres jurídicos de legislar – do poder constituinte ou dos poderes constituídos –, que prescindam de qualquer referência ao Direito Constitucional positivo, à Constituição histórica. Não concordar com a visão atrás exposta, contudo, não significa negligenciar limites morais, religiosos, políticos, axiológicos ou de boa razão, mas a sua preterição não acarreta, *"à luz das regras de Justiça Constitucional, a invalidade das normas que com eles colidam, mas sim provavelmente uma sanção política que é a deslegitimação"*[280]. São limites que podem assemelhar-se, para alguma doutrina, como vimos, a facetas obscuras e sem base textual de uma Constituição invisível.

Como vimos, por exemplo[281], a condição *Dworkiniana* reside na prevalência de um princípio da igualdade sobre todos os demais. Que outras condições poderão ser escolhidas por outros intérpretes? Para conceções como esta, o critério primordial da lei justa ou injusta, assim como de qualquer ato do poder, tem de buscar-se num princípio de valor. Esse princípio de valor seria a igualdade material, enquanto exigência fundamental de proibição do

[277] PINTO, Luzia Marques da Silva Cabral (1994). *Os Limites do Poder Constituinte e a Legitimidade Material da Constituição,* Coimbra; p. 76.

[278] ALEXY, Robert (1985). *Teoria de los Derechos Fundamentales,* Trad. Esp. Centro de Estudios Constitucionales: Madrid; p. 151.

[279] ALEXY, Robert (1985). *Teoria de los Derechos Fundamentales,* Trad. Esp. Centro de Estudios Constitucionales: Madrid; p. 151.

[280] MORAIS, Carlos Blanco de (2012). *Curso de Direito Constitucional, Tomo I,* 2º Ed., Coimbra Editora: Coimbra; p. 174.

[281] DWORKIN, Ronald (1996). *Freedom's Law,* Oxford University Press; p.17.

arbítrio e de discriminação e, em último termo, de realização da intenção de justiça[282]. Não obstante, fica por demonstrar que é possível e necessário afirmar este princípio, *"através da remissão para uma pauta que, sendo embora de "valores e credos positivos", nem por isso obriga a que se "teçam armas em favor do direito natural". Quem define tal pauta? Qual a autoridade de que promana? Quem a pode aplicar? E sobretudo: que função deve ela preencher que não possa vir a ser cumprida por via da interpretação do próprio direito positivo (artigo 2º, princípio do Estado de Direito Democrático, artigo 13º, número 2, princípio da proibição do arbítrio)?"*[283]. Estas mesmas questões, a nosso ver, são aplicáveis perante qualquer pretensa pauta valorativa ou alegados superprincípios[284], dotados de um alegado primado sobre os restantes. E, neste caso, *"o jusnaturalismo usa os mesmos critérios neoconstitucionalistas para identificar uma hierarquia de princípios constitucionais, não credenciada pela Constituição"*[285].

Ao contrário do que reclamam os pós-positivistas[286], acreditamos que a controvérsia juspositivismo/jusnaturalismo foi resolvida pelo Direito Constitucional positivo[287], porquanto *""Constitutio regola est justorum et injustorum": no nosso tempo, os textos constitucionais são a pauta jurídica pela qual se distingue o direito legislado justo e o direito legislado injusto"*[288], ou a falta justa ou injusta de direito legislado. SEGALL questiona, assertivamente, TRIBE sobre o que é ou não inconstitucional na sua Constituição invisível: *"if the answer is not derived*

282 VAZ, Manuel Afonso (1996). *Lei e Reserva de Lei – A Causa da Lei na Constituição Portuguesa de 1976*, Porto; p. 205.

283 AMARAL, M. Lúcia (1998). *Responsabilidade do Estado e dever de indemnizar do legislador*; p. 343, nota 103.

284 STRECK contesta a proliferação de decisões que transformam o princípio da dignidade da pessoa humana num superprincípio. – STRECK, Lenio Luiz 2010b). "O direito de Obter Respostas Constitucionalmente Adequadas em Tempos de Crise do Direito: A necessária Concretização de Direitos Humanos"; *Hendu* 1 (1): julho; p. 101.

285 MORAIS, Carlos Blanco de (2012). *Curso de Direito Constitucional*, Tomo I, 2ª Ed., Coimbra Editora: Coimbra; p. 177.

286 Segundo BARROSO, o pós-positivismo é a "*designação provisória e genérica de um ideário difuso, no qual se incluem a definição das relações entre valores, princípios e regras, aspetos da chamada nova hermenêutica constitucional e a teoria dos direitos fundamentais edificada sobre o fundamento da dignidade humana e que pretende reaproximar o direito e a ética (...) ao qual, no Brasil, se deve agregar o da transformação social e da emancipação*" – BARROSO, Luís Roberto/BARCELOS, Ana Paula de (2003). "O Começo da História: A Nova Interpretação Constitucional e o Papel dos Princípios no Direito Brasileiro", *in Interpretação Constitucional*, org. Virgílio Afonso da Silva, Malheiro Editores: Brasil; pp. 278 e 279.

287 AMARAL, M. Lúcia (1998). *Responsabilidade do Estado e Dever de Indemnizar do Legislador*, Coimbra; p. 342, nota 103.

288 AMARAL, M. Lúcia (1998). *Responsabilidade do Estado e Dever de Indemnizar do Legislador*, Coimbra; p. 342.

from texto, history, structure or precedent, how do we as a society try to draw the line between the unthinkable and the unconstitucional?"[289]. É verdade que as atuais Constituições principialistas já não configuram as relações entre o legislador e o juiz apenas em termos hierárquicos, no sentido de as decisões do legislador continuarem a vincular o juiz, através da interpretação que este faz dos princípios constitucionais[290]. Na senda de SANCHIS, constate-se que a jurisprudência já não acede à Constituição através da Lei, fazendo-o diretamente, em especial no que se refere às normas constitucionais de direitos fundamentais[291], o que não obsta a que o legislador possa ser o primeiro destinatário das ponderações exigidas pela Constituição, quando o seja.

3.2.4. Prosseguindo, suscitando a mesma problematização dos limites da justiça constitucional e de eventuais incursões ilegítimas nos domínios da liberdade de conformação do legislador, um certo neo-constitucionalismo[292], em especial o neo-constitucionalismo avançado, estabelece consequências jurídicas, a cargo sobretudo da Justiça Constitucional, a partir de uma pretensa relação de causa-efeito entre conceitos como Estado Social, Estado de Direito e Estado Democrático. É mais uma conceção suprapositiva[293] do ordenamento jurídico-constitucional, a qual, tal como todas as outras da mesma natureza, indica não como o direito é, mas sim como o direito deve ser[294], ou seja uma ideologia[295]. Os seus seguidores problematizam uma histórica

[289] SEGALL, Eric. J. (2009). "Lost in Space: Lawrence Tribe's Invisible Constitution", *Northwestern University Law Review*, Vol. 103; p. 437.

[290] Em sentido distinto – SANCHIS, Luís Prieto (2000). "Tribunal Constitucional y Positivismo Juridico", *Doxa*. N. 23, Universidad de Alicante; p. 174.

[291] SANCHIS, Luís Prieto (2000). "Tribunal Constitucional y Positivismo Juridico", *Doxa*. N. 23, Universidad de Alicante; p. 174.

[292] SAMPAIO, Jorge Silva (2013). "Os novos ventos do Constitucionalismo: o Neoconstitucionalismo", *in Revista Direito&Política*, nº 4, Julho-Outubro; pp. 28-64.

[293] *"Tanto para o neoconstitucionalista como para o jusnaturalista, o direito vale se é justo, ou seja, é obrigatório se é moralmente correto. O juízo sobre a retidão para o jusnaturalismo é dado com base em uma norma de valor que vale independentemente do direito e do ordenamento jurídico e guia a ação, independentemente dos conteúdos contingentes às normas jurídicas".* – POZOLO, Susanna/DUARTE, Écio Oto Ramos (2006). *Neoconstitucionalismo e Positivismo Jurídico*, São Paulo: Landy Editora; p. 92.

[294] POZOLO, Susanna/DUARTE, Écio Oto Ramos (2006). O *Neoconstitucionalismo e Positivismo Jurídica*, São Paulo: Landy Editora; p. 78.

[295] SANCHIS reconhece que, para além do modelo institucional de uma certa forma de organização política e uma teoria do direito, o neoconstitucionalismo é também uma ideologia. Como ideologia, identifica-se com a filosofia política que considera que o Estado Constitucional de Direito representa a melhor e a mais justa forma de organização política: *"Em ternos metodológicos, se é assim, onde ele existe terá de sustentar uma vinculação necessária entre a moral e o direito e postular alguma forma de obrigação*

falta de efetividade da Constituição, responsabilizando a falta de reconhecimento da sua força normativa e de vontade política de lhe dar aplicabilidade direta e imediata[296]. Em especial, a relação entre Estado Democrático de Direito e a constitucionalização dos direitos sociais seria, porventura, uma das mais relevantes. O Estado Democrático de Direito representaria a vontade constitucional de realização do Estado Social, sendo, nesse sentido, um *plus* normativo em relação ao direito-promovedor-intervencionista próprio do Estado Social de Direito[297], uma situação agravada no caso brasileiro, em que o Estado Social não existiu[298], atenta a influência da tradição europeia da primeira metade do século da insinceridade e frustração[299], existindo o risco de uma "constitucionalização simbólica"[300]. Nesse sentido, para STRECK, se a Constituição Federal estabelece que o Brasil é um Estado de Direito Democrático, colocando ao dispor dos juristas os instrumentos para a sua implementação (o mesmo é dizer a função social do Estado) e se ela, a Constituição federal, não é aplicada, então *"não há "Dasein""*[301]. Uma afirmação da máxima relevância para o autor, para quem não há mundo sem *Dasein*, só existindo

de obediência ao direito." – SANCHIS, Luis Prieto (2001). "Neoconstitucionalismo e Ponderación Judicial", *AFDUAM*, 5; pp. 201 e 202.

296 BARROSO, Luís Roberto/BARCELOS, Ana Paula de (2003). "O Começo da História: A Nova Interpretação Constitucional e o Papel dos Princípios no Direito Brasileiro", *in Interpretação Constitucional*, org. Virgílio Afonso da Silva, Malheiro Editores: Brasil; pp. 271 e segs.

297 STRECK, Lenio Luiz (1999). *Hermenêutica Jurídica e (m) Crise: Uma exploração Hermenêutica da construção do direito*; Livraria do Advogado: Porto Alegre; p. 37.

298 STRECK, Lenio Luiz (1999). *Hermenêutica Jurídica e (m) Crise: Uma exploração Hermenêutica da construção do direito*; Livraria do Advogado: Porto Alegre; p. 25; BARROSO, Luís Roberto/BARCELOS, Ana Paula de (2003). "O Começo da História: A Nova Interpretação Constitucional e o Papel dos Princípios no Direito Brasileiro", *in Interpretação Constitucional*, org. Virgílio Afonso da Silva, Malheiro Editores: Brasil; p. 273.

299 Imputam-se, neste ponto, responsabilidades à tradição europeia, atentas as Cartas brasileiras, que se teriam *"deixado inflacionar por promessas de atuação e pretensos direitos que jamais se consumaram na prática"*. – BARROSO, Luís Roberto/BARCELOS, Ana Paula de (2003). "O Começo da História: A Nova Interpretação Constitucional e o Papel dos Princípios no Direito Brasileiro", *in Interpretação Constitucional*, org. Virgílio Afonso da Silva, Malheiro Editores: Brasil; p. 272.

300 Para NEVES, fala-se de constitucionalização simbólica *"quando o problema do funcionamento hipertroficamente político-ideológico da atividade e textos constitucionais afeta os alicerces do sistema jurídico-constitucional. Isso ocorre quando as instituições constitucionais básicas – os direitos fundamentais (civis, sociais e políticos), a separação de poderes e a eleição democrática – não encontra ressonância generalizada na praxis dos órgãos estatais nem na conduta e expectativas da população."* – NEVES, Marcelo (2007). A Constitucionalização Simbólica; 2ª Ed., São Paulo: WMF Martins Fones; p. 100.

301 STRECK, Lenio Luiz (1999). *Hermenêutica Jurídica e (m) Crise: Uma exploração Hermenêutica da construção do direito*; Livraria do Advogado: Porto Alegre; p. 245.

mundo se compreendido/interpretado[302], através de um modelo *herculeano* de juiz[303].

Pelo exposto, cabe-nos formular as seguintes observações:

1. Parece-nos, em primeito lugar, que ao perigo do entendimento do caráter aberto das normas constitucionais *"como um mandato, em nome do dinamismo constitucional, para uma interpretação constantemente renovada, substitutiva do processo formal de revisão constitucional"*[304], acresce o reconhecimento de uma generosa e subjetiva liberdade ao intérprete[305]. Uma crítica compatível com a nossa adesão à teoria dos princípios, como veremos, uma vez que ela não implica a procura de um qualquer *álibi* de "abertura interpretativa", na qual não haveria limites para a criatividade a ponto de, por vezes, soçobrar o texto constitucional[306];

[302] Para o autor, *"se há uma inefectividade dos dispositivos da Constituição e se os operadores jurídicos continuam a negar a função social do Direito (...) é de perguntar, por exemplo, onde está o ser da autoaplicabilidade dos dispositivos definidores dos direitos e garantias fundamentais (artigo 5º, par. 1), da função social da propriedade (art. 5º, XXIII), do mandado de injunção como instrumento de dar eficácia às normas do sistema, da saúde como direito de todos e dever do Estado, e de tantos outros direitos não cumpridos?"* – Streck, Lenio Luiz (1999). *Hermenêutica Jurídica e (m) Crise: Uma exploração Hermenêutica da construção do direito*; Livraria do Advogado: Porto Alegre; p. 245.

[303] François Ost (1993) institucionalizou os modelos de Juiz como sendo Júpiter, Hércules e Hermes, em que Hermes seria uma espécie de juiz pós-moderno sistémico, que atuaria em rede e superaria os modelos anteriores. Júpiter simbolizaria o modelo liberal-legal, de feição piramidal--dedutivo. O modelo Hércules, estaria sustentado na figura do juiz que seria a única fonte de direito válida. Embora diga que não queira equiparar a tese de Dworkin aos realistas ou pragmatistas, Ost termina por atribuir ao Hércules *dworkiniano* os defeitos que caracterizam o juiz "monopolizador da jurisdição", no modelo de direito do Estado Social, propício a decisionismos, a partir da proliferação das decisões particulares. Streck critica sobretudo as objeções ao modelo *herculeano*, que estaria enquadrado no modelo de Estado de Direito social, colocando-o como uma antítese do juiz que caracterizaria o modelo *jupiteriano* de Estado liberal. Como se o modelo de juiz do Estado liberal fosse o juiz do positivismo primitivo (fase exegética do positivismo) e o segundo fosse o juiz que supera esse modelo – Streck, Lenio Luiz (2010a). "O (Pós) Positivismo e os Propalados Modelos de Juiz (Hércules, Júpiter e Hermes) – Dois Decálogos Necessários", *Revista de Direitos e Garantias Fundamentais*, Vitória, nº 7, p. 15-35, Jan-Jun; pp. 21 a 23.

[304] Meyer-Plufg, Samantha Ribeiro. "A interpretação constitucional, suas especificidades e seus intérpretes", em *Homenagem ao Prof. Dr. Celso Ribeiro Bastos*; p. 4.

[305] *"O intérprete não pode ser considerado elemento neutro, uma vez que traz consigo todos os seus valores, conhecimentos, conceção política e ideológica, e fará, indubitavelmente, uso delas para alcançar a interpretação da norma, que é nesse sentido dotado de uma grade carga de subjetividade."* – Meyer-Plufg, Samantha Ribeiro. "A interpretação constitucional, suas especificidades e seus intérpretes", em *Homenagem ao Prof. Dr. Celso Ribeiro Bastos;* p. 13.

[306] Ao mesmo tempo que reconhece que a ponderação ainda não atingiu o padrão razoável de objetividade, dando lugar a ampla discricionariedade judicial, Barroso afirma que, nos casos

2. Em segundo lugar, não existe uma relação determinista entre a noção de Estado Social, como modelo de organização constitucional comprometido com a concretização prestacional de direitos sociais, com a noção de Estado Democrático de Direito. Existem Estados Sociais autoritários bem como Estados Democráticos cujas Constituições não incluem uma dimensão social, bem como é possível que uma democracia política que não constitucionalize uma democracia social seja, indubitavelmente, uma democracia no sentido material e formal[307]. Na verdade, nem sequer o detalhe constitucional pode ser encarado um pressuposto essencial do grau e intensidade de concretização dos direitos sociais[308], pois a positivação jurídica dos direitos sociais não é sequer um dado definitivo para analisar a proteção e a eficácia que estes direitos alcançam nos distintos ordenamentos. O exemplo alemão mostra como, a partir de uma base positiva certamente reduzida, se conseguem obter amplos resultados[309];

Não obstante, não aderimos ao argumento, desenvolvido a propósito da regulação económica, sobre a alegada incompatibilidade da atividade regulatória do Estado com a Constituição, fundado num suposto desajustamento entre o Estado de Direito e o Estado Social e na alegada incapacidade do Estado de Direito para conformar o Estado Social. De acordo com um alegado dilema constitucional, supostamente insuperável, o Estado de Direito diria respeito aos direitos fundamentais e liberdades, à submissão plena da administração à lei, ao ordenamento jurídico e controlo judicial. O Estado Social, por sua vez significaria a assumpção pelo estado de uma série de fins e funções de assistência vital aos cidadãos, que integrariam os princípios orientadores da política social e económica, o que geraria um protagonismo estatal na economia e prestação

em que o ordenamento não seja capaz de fornecer uma solução, cabe ao poder judicial eleger um valor ou interesse que deva prevalecer. – BARROSO, Luís Roberto/BARCELOS, Ana Paula de (2003). "O Começo da História: A Nova Interpretação Constitucional e o Papel dos Princípios no Direito Brasileiro", *in Interpretação Constitucional,* org. Virgílio Afonso da Silva, Malheiro Editores: Brasil; p. 291.

[307] MORAIS, Carlos Blanco de (2012). *Curso de Direito Constitucional, Tomo I, 2ª Ed.* Coimbra Editora: Coimbra; p. 184.

[308] VIANA (CASTRO), Raquel Alexandra Brízida "(2003). *Contributo para o Estudo das Omissões Normativas Inconstitucionais,* Dissertação de Mestrado (Inédita – Policopiada), Faculdade de Direito da Universidade de Lisboa.

[309] SEGADO, Francisco Fernández (1997). "La Inconstitucionalidad por omisión: Cauce de Tutela de Los Derechos de Naturaleza SocioEconómica*?", in Inconstitucionalidad Por Omisión,* Victor Bazán, Coordinador, Santa Fe de Bogotá, Colombia; p. 9.

de serviços sociais, desconforme com a Constituição. Uma incompatibilidade que só poderia ser resolvida, para estas teses, através da degradação da cláusula constitucional de Estado Social e das consequências jurídico-constitucionais desses mesmps princípios. De acordo com uma certa interpretação principialista: *i)* as referências constitucionais aos interesses gerais em relação às liberdades económicas são consideradas excecionais à regra geral da liberdade e devem ser sujeitas a interpretação restritiva, e *ii)* os princípios orientadores da política social e económica são orientações sem valor jurídico[310].

Pela nossa parte, cumpre notar que:

1. Esta tese revela padecer de um vício lógico, tendo como pressuposto, precisamente, o que pretende demonstrar, a propósito de uma regulação jurídica dos *media*:
   i) Que deve limitar-se a garantir a concorrência, no quadro de um metamercado;
   ii) Que qualquer intervenção jurídica no setor, para além desse metamercado, seria inconstitucional à luz do Estado de Direito;
   iii) Que essa regulação constitui uma exigência específica da cláusula do Estado Social, contraditória com o Estado de Direito;
   iv) Que esse é um pressuposto dogmático, de vocação universal;
2. Não nos parece que, pelo menos no nosso ordenamento juridico-constitucional, a intervenção regulatória do Estado nos meios de comunicação social possa constituir um indício de prevalência absoluta de interesses gerais, ou que o Direito Constitucional e as constituições contemporâneas não sejam compatíveis com uma teoria que acomode valores conflituantes, como a liberdade de empresa e o princípio constitucional de pluralismo, na sua vertente expressiva específica, sem degradar nenhum enunciado constitucional – contendo regras ou princípios –, ou reclamar a adesão a uma qualquer hierarquia prévia de valores, constitucionalmente inadmissível.
3. Betancor[311] alerta, pertinentemente, para a necessidade de refutar uma teoria *"aconstitucional"* da regulação, que traria consequências jurídico-constitucionais inadmissíveis. Os constitucionalistas são, praticamente, unânimes em rejeitar a tese tradicional, segundo a qual, perante uma colisão entre a cláusula do Estado Social e do Estado de Direito, apenas a cláusula do Estado de Direito teria conteúdo jurí-

[310] Betancor, Andrés (2010). *Regulación: Mito y Derecho*, Civitas: Pamplona; p. 122.
[311] Betancor, Andrés (2010). *Regulación: Mito y Derecho*, Civitas: Pamplona; p. 124.

dico-constitucional e que a cláusula do Estado Social e seus princípios orientadores são preceitos constitucionais de natureza «política, em relação aos quais o legislador desfruta de total liberdade de conformação.

4. Não só não existe uma hierarquia de princípios constitucionais, como nenhum princípio, em especial, prevalece necessaria, absoluta e incondicionalmente sobre outro, em abstrato, como todas as normas candidatas à positividade constitucional, pela sua consagração expressa, são normas formalmente constitucionais e, consequentemente, dotadas de eficácia jurídica normativa, ainda que, eventualmente, distinta em função do disposto na própria Constituição.

Na senda de Betancor, tal como o Estado espanhol, Portugal é um Estado Social e de Direito, pelo que todas as disposições constitucionais que reconhecem o mercado e as suas instituições centrais (propriedade e liberdade de empresa) incluem uma referência ao interesse geral, mesmo na Constituição da Comunicação. A constatação da necessidade dessa harmonização deve ser o ponto de partida de uma teoria constitucional da regulação, mesmo à luz de uma interpretação tecnologicamente neutra.

4. Constituição e Ciberespaço: Reflexões para uma Interpretação Constitucional Tecnologicamente Neutra

4.1. Uma interpretação tecnologicamente neutra da Constituição da Comunicação requer ajustamentos às novas questões suscitadas pelas novas tecnologias e, concomitantemente, pelos *novos media*, integrantes do ciberespaço e a *internet*[312]. Apesar de alguma doutrina questionar, genericamente, as estruturas tradicionais do direito público[313], uma análise perfunctória do Direito Constitucional do ciberespaço[314], a única possível no presente contexto, leva-

[312] Sobre o direito de acesso *à internet* como um direito fundamental, mesmo oponível ao Estado – Segura-Serrano, Antonio (2006). "*Internet* Regulation and the role of International Law", *in Max Planck UNYB*, 10; p. 265. Na senda do conceito de serviço universal, este direito incluiria não apenas o acesso à *internet,* como também o fornecimento, pelos Estados, de computadores a famílias desfavorecidas, tal como os telefones no quadro do serviço básico.

[313] Para Trachtman, o ciberespaço não vai destruir o Estado, podendo tanto fortalecê-lo como enfraquece-lo. Exige, porém, uma revisão dos conceitos de jurisdição e de soberania. – Trachtman, Joel (1998). "Cyberspace, Sovereignity, Jurisdiction and Modernism", *in Indiana Journal of Global Legal Studies:* Vol. 5, Issue 2, Article 10; pp. 561 e segs.

[314] Conforme nota Würtenberger, as duas últimas décadas estão marcadas por duas revoluções silenciosas: a revolução técnica da *internet* e a revolução do conhecimento na sociedade de

-nos a sufragar as teses, segundo as quais, a sua constitucionalização é não apenas uma possibilidade mas desde logo uma necessidade[315], porquanto não pode ser um espaço livre de direito, integrado numa sociedade da informação, global ou transnacional[316], não obstante a consciência de que a sua constitucionalização[317] é uma tarefa do futuro[318]. A Constituição não deve ser acolhida apenas como ditadora de limites, numa dimensão puramente negativa, mas também deve ver reforçada a sua vertente positiva, esperando-se que ela participe no desenho de uma opção de fundo da ordem normativa, expressa no catálogo dos direitos fundamentais. Daí a necessidade de elaboração de uma Carta de Direitos para a Internet *("Bill of Rights")*.

Problemático é, não obstante, o conceito de Constituição para a doutrina constitucional do ciberespaço, teoricamente mais próximo de um sistema de *common law*[319/320], baseado em precedentes e no costume, do que de um ordena-

informação. – WÜRTENBERGER, Thomas (2008). "La Transformación del Derecho en la Sociedade de la Información", *in Dignidad de La Persona, Derechos Fundamentales, Justicia Constitucional*, Coord. Francisco Fernández Segado, Dykinson-Constitucional; p. 1041.

315 PEREIRA, Alexandre Libório Dias (2012). "Direito Ciberespacial: "*soft law*" ou "*hard law*"? *in Estudos em Homenagem ao Professor Doutor José Joaquim Gomes Canotilho,* BFDC, Coimbra Editora: Coimbra, p. 695.

316 WÜRTENBERGER, Thomas (2008). "La Transformatióm del Derecho en la Sociedade de la Información", *in Dignidad de La Persona, Derechos Fundamentales, Justicia Constitucional,* Coord. Francisco Fernández Segado, Dykinson-Constitucional; p. 1060.

317 Sobre o Transconstitucionalismo nas suas múltiplas vertentes. – NEVES, Marcelo (2012). "Transconstitucionalismo: breves considerações com especial referência à experiência latino-americana", *in Estudos em Homenagem ao Professor Doutor José Joaquim Gomes Canotilho, Vol. III,* Coimbra Editora: Coimbra; pp.615-652.

318 WÜRTENBERGER, Thomas (2008). "La Transformatióm del Derecho en la Sociedade de la Información", *in Dignidad de La Persona, Derechos Fundamentales, Justicia Constitucional,* Coord. Francisco Fernández Segado, Dykinson-Constitucional; p. 1059.

319 LESSIG sustenta que: "*if we understand a Constitution as a set of relatively unplastic constraints – understandings or ways of living, practices or inbuilt institutions – then cyberspace has a Constitution*". Trata-se, para o autor de uma espécie de Constituição não escrita, uma *"architecture"* e uma *"architecture that regulates"*. – LESSIG, Lawrence (2000). "Cyberspace's Constitution, Draft 1.1.", *Lecture given at the American Academy,* Berlin: Germany; pp. 1-3; No mesmo sentido, PERRIT Jr. sustenta que a Constituição da *internet* não existe de um ponto de vista instrumental, como a Constituição britânica: "*It is not expressed in a single document. Instead, it comprises the open architecture inherent in the Internet's technological protocols together with a collection of government policies, legislative enactments, and judicial decisions that seek to protect the basic architectural philosophy, ensure space for entrepreneurial freedom, and guard against the abuse of economic or political power.*" – PERRIT Jr., Henri H. (2012). "The *Internet* at 20: Evolution of a Constitution for Cyberspace", *in William &Mary Bill of Rights Journal,* Vol. 20:000; p.2.; Sobre se a *Constituição não escrita* é uma questão de interpretação constitucional ou se, na senda de uma perspetiva suplementar, a maioria das decisões jurisdicionais implica a interpretação de

mento jurídico-constitucional como o português, com uma Lei Fundamental hiper-rígida[321], dotada de limites formais, temporais, circunstanciais e materiais de revisão constitucional. Note-se que, mesmo no contexto da própria Constituição dos EUA[322], que aceita a relevância do costume e da jurisprudência, é seguro que as grandes opções da organização do Estado encontram-se refletidas ao nível de um texto constitucional escrito[323]. Embora assuma uma natureza *"subsidiariamente consuetudinária e predominantemente instrumental"*[324], os princípios e regras costumeiras, nela integrados, *"não têm o mesmo peso dos costumes constitucionais britânicos, convertidos em "Common Law" mediante decisão dos tribunais superiores"*[325]. Será então o conceito de Constituição rígida, em sentido instrumental, compatível com o ciberespaço? Ou terá de render-se à provisoriedade do *living Constitutionalism*[326]? São questões que não podemos aprofundar, mas a melhor forma de apreender a lucidez comunicacional,

uma *"unwritten and essencially common law constitution"* que complementa a Constituição escrita e instrumental. – GREY, Thomas C. (1988). "The Uses of a Unwritten Constitution", *Chicago – Kent Law Review;* Vol 64; Issue 1, Article 11.

320 WALUCHOW propõe uma teoria judicial do controlo da constitucionalidade baseada na *Common law*, partindo da refutação das Declarações de Direitos como estabelecendo paradigmas ilusórios fixos de acordos e pré-compromissos. O autor contrapõe que elas devem ser vistas como uma "árvore viva" cujas raízes são regadas por fatores como o precedente, os juízos morais da comunidade alcançados em equilíbrio reflexivo. Os ramos desta árvore devem, contudo, poder crescer ao longo do tempo através do desenvolvimento de uma jurisprudência baseada na *Common law* de uma ética constitucional comunitária. Desta opção, para o autor resultam vantagens como a de restringir o poder do Estado mas evitando que uma mão morta restrinja desnecessariamente as opções hodiernas da sociedade ou que bloqueie um eventual projeto de autogoverno flexível ainda que disciplinado. – WALUCHOW, Wilfrid J. (2009). *Una Teoria del Control Judicial de Constitucionalidad baseada en el Common Law*, Marcial Pons: Madrid. pp. 376 e 377.

321 MORAIS, Carlos Blanco (2006). Justiça Constitucional, Tomo I, 2ª Edição, Coimbra Editora: Coimbra; pp. 59 e segs.; GOUVEIA, Jorge Bacelar (2009). *Manual de Direito Constitucional, Volume I*, 3º Edição, Almedina: Coimbra; p. 662.

322 Sobre o Constitucionalismo dos Estados Unidos – MIRANDA, Jorge (2009). *Manual de Direito Constitucional, Tomo I*, 8ª Edição, Coimbra Editora: Coimbra; pp. 132 e segs.

323 GOUVEIA, Jorge Bacelar (2009). *Manual de Direito Constitucional, Volume I*, 3º Edição, Almedina: Coimbra; p. 289.

324 MORAIS, Carlos (2014). *Curso de Direito Constitucional, Tomo II*, Coimbra Editora: Coimbra; p. 46.

325 Como ensina Blanco de MORAIS, *"a "Common Law" norte-americana é distinta da britânica e não se afirma como uma fonte própria de Direito Constitucional, pois os tribunais só podem criar direito, por via interpretativa, a partir da Constituição escrita"*. – MORAIS, Carlos (2014). *Curso de Direito Constitucional, Tomo II*, Coimbra Editora: Coimbra; p. 93.

326 Conforme já vimos, segundo STRAUSS, uma Constituição baseada na *"common law"* é um *"Living Constitution"*, mas que também que pode proteger princípios fundamentais, apesar da transitoriedade da opinião pública. – STRAUSS, David (2010). "The *Living Constitution*", *in Oxford University Press*; p. 3.

comunicativa e constitucional, não pode deixar de ser, entre a angústia e o espanto com abertura, na formulação de CANOTILHO, a de entrar na rede dos "brancosos" e analisar o seu "programa de partido sem partido" e de Constituição sem Constituição[327]...

Acresce a afirmação dogmática da existência de uma relação determinista entre os conceitos de Constituição e de Estado: *"onde houver Constituição existirá Estado"*, ou, menos restritivamente, *"onde houver Estado de Direito haverá Constituição"*[328]. O que nos remete para o problema das mutações impuras inconstitucionais, suscitando preocupações atinentes à própria sobrevivência dos conceitos de Estado e de Constituição, pelo menos tal como os conhecemos. Aparenta ser uma questão de poder constituinte, nas suas *"intermitentes revelações atípicas e difusas, sem povo e sem vontade democrática legitimadora"*[329]. Cabe, todavia, notar que se as questões do ciberespaço integram hoje a rotina dos cidadãos, os valores a proteger deverão ser decantados do núcleo identitário constitucional. O problema reside na eventual impraticabilidade de alguns conceitos tradicionais, tidos como basilares, e correspetiva suscetibilidade para servir de instrumento de proteção desses valores.

4.2. A erosão dos conceitos tradicionais do Direito Público, em especial o de Constituição, pelas questões emergentes do ciberespaço, é uma questão recorrente, embora se situe ainda na pré-história da sua dogmatização científica. Sem prescindir da dogmatização exigível, não pretendemos, porém, trilhar um caminho sem saída. O mais provável é que o conceito de Constituição, tal como o conhecemos, seja mesmo incompatível com o ciberespaço, porquanto o mesmo pressupõe a existência de um Estado, conforme a doutrina do direito público sempre vaticinou. E, logicamente, nenhum Estado pode reclamar a sua soberania perante um recurso global que é a *internet* ou o espaço comum do ciberespaço. O reconhecimento da dificuldade ou mesmo impossibilidade do sonho de um Tratado global não é, todavia, o fim do mundo nem da Constituição.

Numa perspetiva internacionalista, alguns autores propõem o que consideram ser uma alternativa mais realista, como seja a da elaboração de um con-

[327] CANOTILHO, Gomes (2008a). "Em defesa do Partido dos "Brancosos": Republica.com e os Desafios do Constitucionalismo Eletrónico", in *Brancosos" e Interconstitucionalidade: Itinerários dos Discursos sobre a Historicidade Constitucional,* Almedina: Coimbra; pp. 335 e segs.

[328] MORAIS, Carlos (2014). *Curso de Direito Constitucional, Tomo II,* Coimbra Editora: Coimbra; p. 303.

[329] MORAIS, Carlos (2014). *Curso de Direito Constitucional, Tomo II,* Coimbra Editora: Coimbra; p. 266.

junto de "*cyber-confidence measures*"[330], baseadas na proteção da confiança de que os Estados irão agir e adotar normas num determinado sentido[331]. Entre outros, cabe destacar que é com base, precisamente, no princípio da soberania territorial que um Estado pode regular, para o seu território, as suas próprias atividades da *internet* ou aquelas que os estrangeiros possam desenvolver nos seus países, mas que tenham efeitos no seu território[332/333]. Efetivamente, como alguns autores já notaram, a soberania é nuclear no conceito de Estado e, concomitantemente, um princípio axiomático onde se baseia o direito internacional. É então possível fazer derivar do princípio da igualdade dos Estados um conjunto de direitos e obrigações, bem como de princípios aplicáveis aos conflitos entre direitos soberanos na comunidade internacional[334]. Não pode ser esta uma das alternativas pragmáticas ao caos? Da intimidade dos conceitos de Estado e Constituição resulta que as doutrinas conducentes ao fortalecimento dos Estados neste domínio normativo, podem acarretar, lateralmente, a revivescência da pujança constitucional na regulação das questões especialíssimas do ciberespaço, cada vez mais intrigantes.

4.3. Não podemos é cair no erro de tudo querer regular, pois a incerteza inerente ao risco tecnológico torna, nalguns casos, impossível a densificação de uma posição jurídica de vantagem, suscetível de tutela regulatória ou judi-

[330] *Confidence Building Measures for Cyberspace – Legal Implications* (2013), CCDCOE – NATO Cooperative Cyber Defence Centre of Excelence, Tallinn.

[331] *Cyber-security: The Vexed Question for Global Rules. An Independent Report on Cyber-Preparedness around the World*, (2012) – SDA, Security And Defence Agenda. p.27.

[332] Do mesmo princípio decorre, nos termos do Direito Internacional, o dever de não causar danos aos direitos dos outros Estados. Acrescem o princípio da boa vizinhança e o princípio *sic utere tuo principle*, dos quais decorre que um Estado não pode danificar os componentes técnicos da *Internet*, localizados no território de outos estados, ou causar outros efeitos danosos à segurança nacional desses mesmos Estados. – *Confidence Building Measures for Cyberspace – Legal Implications* (2013), CCDCOE – NATO Cooperative Cyber Defence Centre of Excelence, Tallinn; p. 90.

[333] Com base nos princípios de não-agressão, boa vizinhança e *sic utere tuo principle*, os Estados têm a obrigação de prevenir ciberatividades maliciosas que possam afetar os direitos dos outros estados. Nesse sentido, devem garantir:
i. A instalação de sensores nos ISPs nacionais que recolham informação no "*net flow*" (permitindo detetar ciberataques);
ii. A instalação de sistemas de deteção e prevenção de intrusão nas suas portas de transmissão de dados internacionais, através de um filtro *deep package* (que permita o reconhecimento de *software* malicioso);
iii. Um sistema de reporte a uma entidade governamental – CERT nacional ou governamental;

[334] *Confidence Building Measures for Cyberspace – Legal Implications* (2013), CCDCOE – NATO Cooperative Cyber Defence Centre of Excelence, Tallinn; p. 90.

cialmente sindicável[335]. E também não podemos ceder perante tendências abstratas de deferência regulatória, em geral, ou judicial, sobretudo, perante tentativas de intrusão estatal nos direitos fundamentais, alimentadas pelo medo e pelo desconhecimento[336]. Não obstante o conforto da constatação de uma *"coincidência histórica entre o desenvolvimento da tecnologia nas sociedades modernas e o enraizamento nessas mesmas sociedades do princípio democrático"*[337], nunca é demais alertar para a ameaça da recorrente encruzilhada do alegado dever constitucional do Estado de proteção do indivíduo, contra si próprio. Não quer dizer que, em alguns casos difíceis, não devam proceder deveres de proteção do Estado[338], o que não obsta à necessidade de, constantemente, reavivar consciências perante eventuais atropelos à liberdade, postulados por essa dimensão positiva dos direitos fundamentais, em versão extremada. A emergência de novos desafios pode, efetivamente, gerar a configuração de novos direitos; todavia, alguns deles sob reserva do tecnologicamente possível[339]. Não se trata de desistir da sua densificação, apenas se reclama a consciencialização de que nem sempre a regulação deve ser intensificada de forma proporcional à emergência de novos problemas. Só uma interpretação constitucional tecnologicamente neutra pode ajudar a fornecer a medida entre liberdade e regulação.

335 Gomes, Carla Amado (2011). "Estado Social de Direito e concretização de direitos fundamentais na era tecnológica: algumas verdades inconvenientes", *Textos Dispersos de Direito Constitucional*, AAFDL: Lisboa; pp. 75 e segs.

336 Lessig, Lawrence, (1996). "Reading the Constitution in Cyberspace", *45 Emory*, L. J., number 3: p. 6.

337 Brito, Miguel Nogueira de (2014). "Média e Democracia", *in Media, Direito e Democracia*, coord. Carlos Blanco de Morais, Maria Luísa Duarte e Raquel Alexandra Brízida Castro, Almedina: Coimbra; pp. 99 e 100.

338 Trata-se de reconhecer a necessidade de proteção estatal perante danos e ameaças às liberdades por poderes alheios ao Estado. O ponto de partida desta tese foi precisamente a teoria dos direitos fundamentais como princípios objetivos que obrigam o Estado a usar os meios necessários para os tornar efetivos. Por conseguinte, pode resultar diretamente dos direitos fundamentais uma obrigação estatal de preservação de um bem jurídico protegido contra lesões de terceiros, em especial de caráter privado. – Hesse, Conrado (2001). "Significado de los Derechos Fundamentales", *in Manual de Derecho Constitucional – Benda, Maihofer, Vogel, Hesse, Heyde*, 2ª Ed., Madrid, 2001; p. 104; Sobre a questão, em especial, a propósito das omissões normativas inconstitucionais e ilícitas e o eventual correspondente direito à norma ou, pelo menos, a uma reparação em caso de omissões lesivas de direitos, liberdades e garantias. – Castro, Raquel Alexandra Brízida (2012). *As Omissões Normativas Inconstitucionais no Direito Constitucional Português*, Almedina: Coimbra; pp. 214 e segs.

339 Gomes, Carla Amado (2011). "Estado Social de Direito e concretização de direitos fundamentais na era tecnológica: algumas verdades inconvenientes", *Textos Dispersos de Direito Constitucional*, AAFDL: Lisboa; pp. 75 e segs.

5. Da Relevância Específica do Domínio Normativo e dos Factos Tecnológicos na Interpretação e Justiça Constitucional

5.1. Cumpre concretizar a nossa reflexão sobre a relevância dos factos das inovações tecnológicas e dos problemas concretos na interpretação constitucional, através da tentativa de esboço de uma imagem viva de uma interpretação constitucional tecnologicamente neutra. O que nos obriga a elucidar: *i)* o que distingue os factos gerados pelas novas tecnologias e a diferença do seu impacto, através do domínio normativo, na concretização constitucional; *ii)* a relevância particular de uma interpretação tecnologicamente neutra e a forma como se exprime, no processo dinâmico interpretativo.

Cumpre antecipar que, no plano de um quotidiano cada mais impregnado de *internet*, a garantia da normatividade da Constituição e da efetividade do correspetivo programa normativo depende, precisamente, de uma interpretação constitucional tecnologicamente neutra, ciente dos seus precisos limites e potencialidades, que não confunda preconceitos/tabus com princípios, ignorância com impossibilidade de categorização legislativa e saiba revelar o equilíbrio entre liberdade e regulação. Uma interpretação prudente e vigilante, capaz de restabelecer o equilíbrio jusfundamental, fatalmente atingido por uma qualquer inovação tecnológica emergente, envolta num imenso buraco negro jurídico. Quase sempre, a mera subsunção mostra-se inservível. Em termos análogos à perspetiva de uma Constituição no tempo, ela só pode cumprir as suas tarefas se conseguir preservar a sua força normativa, apesar das constantes mudanças, assegurando a sua continuidade, sem prejuízo das transformações históricas, no pressuposto da conservação da sua identidade. Nem a Constituição, nem as suas normas concretas podem ser concebidas como letra morta ou algo estático e rígido[340]. *Mutatis Mutandis*, o desígnio da interpretação constitucional, perante as mudanças tecnológicas não pode ser outro, não obstante as particularidades dos factos tecnológicos.

Efetivamente, quando se atende ao domínio normativo e aos dados reais, relevantes para a vertente dinâmica da interpretação, constata-se que, empiricamente, os factos suscetíveis de influenciar a interpretação constitucional podem, para além de revestir diversas naturezas, ter diferentes incidências na norma constitucional e gerar, ou mesmo justificar, operações interpretativas de recorte e intensidade diversa. Os factos, com impacto na interpretação constitucional, podem assumir natureza social, política ou ideológica,

[340] Hesse, Conrado (2001). "Constitución y Derecho Constitucional", *in Manual de Derecho Constitucional – Benda, Maihofer, Vogel, Hesse, Heyde*, 2. ª Ed., Madrid; p. 9.

sendo responsáveis pela configuração de alterações quase impercetíveis no programa constitucional, as quais, todavia, não podem ser negligenciadas, sob pena de legitimarem o desenvolvimento de mutações constitucionais impuras, inconstitucionais e indesejáveis. Uma mutação pura, enquanto ainda produto genuíno de uma operação interpretativa, postula que esta não se separe da norma interpretada, devendo fidelidade ao seu programa normativo, compreendido através do método jurídico[341]. Regra geral, porém, tais mudanças reclamam largos períodos de tempo[342] para se manifestarem e ganharem raízes no *acquis* constitucional, até o correspetivo resultado normativo se encontrar pronto a ser desvelado em sede de interpretação. Neste contexto, as mudanças interpretativas diluem-se no tempo e raramente suscitam choques jurídico-constitucionalmente relevantes. Pelo contrário, os factos gerados pela evolução da técnica e das tecnologias são muito rápidos, mesmo mais velozes do que a mais tecnológica comunidade jurídica, imbuídos de um tempo diferente do tempo do legislador constituinte. Se a densidade do legislador ordinário já é um problema, dogmatizado à luz do ciberespaço[343], a obsessão pelo detalhe, revelada pelo nosso legislador constituinte da Comunicação, é ainda mais gravosa. Perante Constituições tecnicamente detalhadas, como a nossa, a evolução tecnológica revela-se, particularmente, rápida e proporcional ao risco de nominalização constitucional, sendo o grau de erosão do programa normativo, contido na disposição constitucional, especialmente voraz, até pela desintegração do enunciado textual.

Nesta senda, cumpre questionar se a interpretação da Constituição perante as novas tecnologias assume um caráter de especialidade ou se nos deve *levar a olhar mais de perto os valores que procura preservar*[344]. O medo do desconhecido, facilmente, nos pode leva a descurar a guarda constitucional[345]. Como ponto

[341] Como nota Blanco de Morais, *"como é enfatizado por Bockenförd, por Hesse e pelo próprio Müller"*. – Blanco de Morais, Carlos (2013). "As Mutações Constitucionais implícitas e os seus limites jurídicos: autópsia de um Acórdão controverso", *Jurismat*; Portimão, nº 3, pp. 55-90. ISSN: 2182-6900; p. 83.

[342] Excluindo, naturalmente, os casos de rutura constitucional gerados, designadamente, por eventos revolucionários.

[343] Reed, Chris (2010). "How to make Bad Law: Lessons from Cyberspace", *in The Modern Law Review, Vol 73;* p. 912; Fuller, Lon L. (2000). "Eight Ways to Fail do Make Law", *in Philosophy of Law*, Feinberg &Coleman, eds. USA, pp. 91 e segs.

[344] Tribe, Lawrence H. (1991). "The Constitution in Cyberspace: Law and Liberty beyond The Electronic Frontier", *The Humanist,* Set-Oct; p. 1.

[345] Recorrendo à sugestiva comparação de Carla Gomes, *"a gestão do risco tecnológico e do risco social revelam algumas afinidades: têm ambas vocação universal, como ideias puras geram um capital político que se alimenta dos temores mais básicos dos cidadãos; em versão extremada promovem dinâmicas de alienação da*

de partida, porém, adotamos dois dos impressivos axiomas formulados, precocemente, por TRIBE, há mais de duas décadas, a propósito da Constituição no Ciberespaço e respectiva interpretação: apesar das novas tecnologias: *i)* o governo não pode controlar o conteúdo da informação, e *ii)* os princípios constitucionais mantêm-se[346]. Referindo-se à Constituição dos EUA, o constitucionalista norte-americano alerta que os juízes, ao interpretarem uma Constituição do final do século XVIII, tendem a esquecer que, se as disposições constitucionais não forem lidas numa perspetiva atualista e dinâmica, os seus valores arriscam-se a perder a proteção de que já beneficiaram[347]. O mesmo acontece, a nosso ver, com a pré-história da Sociedade da Informação, não sendo necessário retroceder três séculos.

Não é, efetivamente, admissível que as mudanças tecnológicas impliquem alterações da Constituição[348], à margem do processo formal de revisão, e esse é um limite claro interpretativo. Cabe impedir a existência de um desenvolvimento informal e factual de uma *"normatividade constitucional não escrita ou não oficial que, podendo assumir uma natureza "contra constitutionem", determina a transfiguração da Constituição oficial"*[349], gerando a inaplicabilidade *"de certas normas escritas do texto constitucional formal ou, nos casos de compatibilidade de conteúdos, um complementar das normas "oficiais""*[350]. Uma espécie de confronto da

liberdade". – GOMES, Carla Amado (2011). "Estado Social de Direito e concretização de direitos fundamentais na era tecnológica: algumas verdades inconvenientes", *Textos Dispersos de Direito Constitucional*, AAFDL: Lisboa; pp. 75 e segs.

346 TRIBE, Lawrence H. (1991). "The Constitution in Cyberspace: Law and Liberty beyond The Electronic Frontier", *The Humanist*, Set-Oct; p. 11 e p. 13.

347 No caso *Olmstead v. United States*, a questão era a de saber se as escutas telefónicas eram proibidas pela Quarta Emenda. O Tribunal sustentou que não, uma vez que, quando a Constituição foi promulgada *(Chief Justice Taft)* a Quarta Emenda pretendia evitar a invasão de propriedade, no sentido físico. Contudo o Juiz BRANDEIS sustentou uma posição diferente, considerando que a invasão de propriedade era a única forma do Estado invadir interesses pessoais e privados, não devendo a Constituição deixar os cidadãos desprotegidos perante as mudanças de tecnologias de vigilância e de comunicação. O que a Constituição protegia, deve continuar a proteger após as mudanças tecnológicas. – LESSIG, Lawrence, (1996). "Reading the Constitution in Cyberspace", *45 Emory*, L. J., number 3: p. 4.

348 LESSIG considera que esta posição do juiz BRANDEIS merece o aplauso e o reconhecimento do mundo cibernético, "*devendo tornar-se num modelo dos ativistas do ciberespaço e o primeiro capítulo na luta pela proteção do ciberespaço*". – LESSIG, Lawrence, (1996). "Reading the Constitution in Cyberspace", *45 Emory*, L. J., number 3: p. 4.

349 OTERO, Paulo (2010). *Direito Constitucional Português: Organização do Poder Político*, Vol. II, Almedina: Coimbra; p. 140.

350 OTERO, Paulo (2010). *Direito Constitucional Português: Organização do Poder Político*, Vol. II, Almedina: Coimbra; p. 142.

Constituição formal pela Constituição informal, que abala a tradicional lógica jurídica formal/material e que, para muitos, estaria condenada ao terreno do não-direito, um quase-purgatório que não asseguraria, por si só, *"a passagem à beatitude legislativo-constitucional"*[351].

Cumpre notar que uma tese que não ofereça devida resistência à enorme pressão interpretativa, exercida pelo problema concreto, no contexto do domínio normativo, obstando à tradução de contextos, partilha afinidades com as conceções que conferem demasiada relevância à pre-compreensão do intérprete, em detrimento do direito positivo, quanto ao risco de excessos de interpretativismo, conducentes a normatividades apócrifas, paralelas ou sobrepostas à Constituição oficial: *i)* ambas resultam da hipervalorização de algumas das *supra* referidas condições básicas de concretização constitucional, inerentes à opção por uma metódica estruturante enquanto modelo interpretativo; *ii)* ambas reclamam a necessidade de estabelecer limites interpretativos. Substituir o peso específico de certos problemas concretos, excluindo-os de uma tradução dos valores constitucionais para o atual contexto tecnológico, pelos preconceitos filosóficos, políticos ou morais do intérprete, carreados livremente, para certas conceções, para a interpretação constitucional, conduz-nos exatamente ao mesmo resultado. Não obstante, enquanto no caso das aceções suprapositivas, será, porventura, uma atuação mais construtivista do intérprete susceptível de gerar interrogações, no sentido de aceder a uma ordem suprapositiva que satisfaça aos seus preconceitos; uma interpretação tecnologicamente neutra sugere precisamente o juízo inverso, porquanto será a inércia do intérprete, rendida à voracidade destruidora das novas tecnologias, que obstaculizará uma interpretação restituidora da efetividade das normas constitucionais.

Nesta senda, o desiderato particular de uma interpretação constitucional tecnologicamente neutra é o de salvar a identidade constitucional, perante as mudanças tecnológicas, garantindo que o limite interpretativo seja, efetivamente, o texto constitucional[352]. O que reclama flexibilidade na interpretação textual ou literal[353], uma tradução fiel dos valores constitucionais para a

[351] LOUREIRO, João (2001). "Da Sociedade Técnica de Massas á Sociedade de Risco: Prevenção, Precaução e Tecnociência", *in Estudos em Homenagem ao Prof. Doutor Rogério Soares*, Coimbra Editora: Coimbra; p. 823.

[352] A propósito da influencia do tempo na Constituição – HESSE, Konrad (2001). "Constitución y Derecho Constitucional", *in Manual de Derecho Constitucional – Benda, Maihofer, Vogel, Hesse, Heyde*, 2.ª Ed., Madrid; p. 10.

[353] TRIBE, Lawrence H. (1991). "The Constitution in Cyberspace: Law and Liberty beyond The Electronic Frontier", *The Humanist*, Set-Oct; p. 15.

realidade do ciberespaço[354], paralela a uma incontornável interpretação atualista e evolutiva[355], sob pena de certas normas ou princípios constitucionais perderem a sua efetividade:

1. É efetivamente impossível, *"constituindo mesmo um puro autismo, conceber o ordenamento clausurado nos contrafortes delineados pela autopoiesis"*[356] e ignorar essa dimensão factual, informal, que integra as normas jurídicas num dado contexto social, porquanto *"as normas são veículos de comunicação entre o hemisfério da realidade factual existente na sociedade e o hemisfério formal do sistema jurídico-positivo"*[357]. A estabilidade constitucional não pode ser totalmente inflexível, pois uma Constituição também deve ser idónea para o futuro e modificada, caso se distancie da vontade geral[358]. Uma interpretação constitucional tecnologicamente neutra, baseada numa revolução do processo comunicativo, que vem questionar, diariamente, a legitimidade dos institutos jurídicos tradicionais[359], *"não pode prescindir da consciência dessa comunicabilidade entre hemisférios, atento o facto de a positividade do direito ser determinada pela sua ligação ao mundo dos factos sociais e atos humanos"*[360]. Acresce o risco da ambiguidade e da incerteza do cidadão, pois uma Constituição só é autêntica e completa se define com clareza a posição do indivíduo

[354] Ao contrário dos originalistas, que acreditavam que a fidelidade à Constituição requeria fazer o que os constituintes teriam feito *(one-step originalism)*, a tradução implica o entendimento de que para *"to preserve meaning across contexts, one must change readings across contexts" (two-steps originalism)*. – Lessig, Lawrence, (1996). "Reading the Constitution in Cyberspace", *45 Emory*, L. J., number 3: p. 5. Contudo, LESSIG é considerado por alguma doutrina como um *broad originalist*.

[355] Otero, Paulo (2010). *Direito Constitucional Português: Organização do Poder Político*, Vol. II, Almedina: Coimbra; p. 159.

[356] Morais, Carlos Blanco (2012). *Curso de Direito Constitucional, Tomo I, 2ª Ed.*, Coimbra Editora: Coimbra; pp. 212 e 213.

[357] Otero, Paulo (2010). *Direito Constitucional Português: Organização do Poder Político*, Vol II, Almedina: Coimbra; p. 159.

[358] Stern, Klaus (2008). "Desarrollo Constitucional Universal y Nuevas Constituciones", in *Dignidad de La Persona, Derechos Fundamentales, Justicia Constitucional*, Coord. Francisco Fernández Segado, Dykinson-Constitucional; p. 78.

[359] Como descreve Morais, *"as variantes mais destacadas de inputs oriundos do sistema social manifestam-se através de exigências e apoios; enquanto as primeiras se concretizam em "cargas", "problemas" e "dilemas" carecidos de solução, as segundas consistem em manifestações de suporte ao sistema em geral, às suas autoridades e às decisões por estas tomadas"*. – Morais, Carlos Blanco (2012). *Curso de Direito Constitucional, Tomo I, 2ª Ed.*, Coimbra Editora: Coimbra; p. 212.

[360] Morais, Carlos Blanco (2012). *Curso de Direito Constitucional, Tomo I, 2ª Ed.*, Coimbra Editora: Coimbra; p. 213.

face ao Estado[361]. Se as questões fundamentais para os cidadãos deixam de ser tratadas no contexto constitucional, então a Constituição perde a sua força normativa;

2. Não obstante, o incontornável peso do domínio normativo e dos factos das novas tecnologias na interpretação constitucional, e as inerentes limitações do legislador, a afirmação de que a regulação da *internet* pode ou deve assumir uma intensidade *sui generis*, diretamente proporcional à gravidade, extensão e indeterminação de eventuais danos, não pode nem deve impressionar[362]. Impõe-se a definição de limites da interpretação constitucional, que obstem à legitimação de um ativismo judicial ou regulatório, desenfreado ou indesejado[363] ou, pelo contrário, a um suspeito amorfismo regulatório, ambos fundados em atitudes temerárias[364]. LESSIG advertia que uma cultura constitucional pouco ativista dificulta a dogmatização das questões do ciberes-

[361] STERN, Klaus (2008). "Desarrollo Constitucional Universal y Nuevas Constituciones", in *Dignidad de La Persona, Derechos Fundamentales, Justicia Constitucional*, Coord. Francisco Fernández Segado, Dykinson-Constitucional; p. 74.

[362] LESSIG, por exemplo, alerta que a obsessão pela pornografia na *internet* está a provocar mudanças importantes na arquitetura fundamental da *internet*: "*America gave the world the internet, and thereby, the world an extraordinary significant free speech context. We are now changing that architecture. My concern is that our change not takes away what the internet originally gave*". – LESSIG, Lawrence (1998). "What things Regulate Speech: CDA 2.0 vs. Filtering", *in The Berkman Center for Internet & Society*, Harvard Law School, Research Publication nº 1998-01; p. 54.

[363] POPPER e COUNDRY apontavam como remédios para o poder da televisão, educação e controlo. É este juízo atual? Aplica-se também à *internet*? BRITO conclui que POPPER tinha razão, pois exige regulação e competência. – BRITO, Miguel Nogueira de (2014) "Média e Democracia", *in Media, Direito e Democracia*, coord. Carlos Blanco de Morais, Maria Luísa Duarte e Raquel Alexandra Brízida Castro, Almedina: Coimbra; p. 129.

[364] O *Communications Decency Act (CDA)* foi rejeitado por três tribunais norte-americanos, com o fundamento de não poder abranger a maioria dos conteúdos da *internet*, nos termos constitucionais. Não sendo efetivo, cumpre questionar se ele é conforme ao estrito escrutínio constitucional da Primeira Emenda, ou se configura uma restrição substantiva inconstitucional da liberdade de expressão, não sendo uma medida idónea para a prossecução do fim invocado pelo Estado. – BOYLE, James (1997). "Foucault in Cyberspace: Surveillance, Sovereignity, and Hardwired Censors", *in Corporate Law Symposium, University of Cincinnati Law Review*, Vol 66; pp. 189 e 190. O CDA é usado por LESSIG como um exemplo de regulação indireta governamental/estatal da *internet*, ou seja, através da exigência de alteração do *Code* para alcançar um "*preferred primary behavior*". Ele envolve duas proibições paralelas: *i)* a erradicação da pornografia na *internet*; *ii)* a autorização de pornografia nos casos em que seja possível implementar uma tecnologia de filtro razoável. – LESSIG, Lawrence (1997). "The Constitution of Code", *in Common Law Conspectus*, Vol. 5; pp.181 e segs. O *Code* é o *software* que torna a *internet* tal como é, integrando uma série de constrangimentos sobre as formas de conduta na *internet*. Segundo LESSIG, o Code é uma das três formas de regulação do ciberespaço, tal como a lei e o mercado. – LESSIG, Lawrence (1998). *The Laws of Cyberspace: Draft 3*; pp. 2 e 3.

paço[365]. Mas a ideia de que, no mínimo, os novos problemas requerem uma interpretação constitucional mais criativa e intensa, para que os valores constitucionais possam ser objeto de uma adequada tradução para o atual contexto tecnológico, não implica a exacerbação da dimensão factual, integrante do hemisfério da realidade, em detrimento do sistema juridico positivo, ou do programa normativo;

3. Uma interpretação tecnologicamente neutra, baseada na consideração dos *topoi* fornecidos pelo texto e programa normativo, cuja vontade constituinte é objetivada na base do seu teor literal e no seu contexto sistemático, teleológico e histórico, pode garantir, a nosso ver, esse resultado mínimo. Porém, caso se revele insuficiente, obstando a uma tradução de contextos, cabe indagar os *inputs* do hemisfério factual, e garantir a coordenação material entre os *topoi* desvelados, podendo, eventual e excecionalmente, conduzir o intérprete à legitimação de alguma deferência judicial[366] e mesmo regulatória, *in casu*, pelo menos em ordenamentos como o nosso, que consagra uma reserva constitucional de administração independente.

O importante é garantir que o que a Constituição protegia continuará a proteger, apesar das mudanças[367] geradas pelas novas tecnologias, salvo se o fundamento da proteção tiver deixado de fazer sentido. Neste caso, em conformidade com uma leitura constitucional tecnologicamente neutra, a manutenção ou depreciação de uma determinada posição jurídica ou regulação só é justificável caso, perante uma mudança tecnológica, exista fundamento para uma atualização/manutenção do regime aplicável ao bem protegido, em conformidade com essa precisa evolução[368]. Note-se, por exemplo que mui-

[365] Lessig, Lawrence, (1996). "Reading the Constitution in Cyberspace", *45 Emory*, L. J., number 3: p. 2.

[366] Lessig sustenta que *"to earn this right to be passive, to compensate for allowing rights claims to fail, judges should not be deferential in word. They should raise before the legal culture the conflict that these new cases present. Hard cases need not make bad law; but neither should they be treated as they were easy"*. – Lessig, Lawrence, (1996). "Reading the Constitution in Cyberspace", *45 Emory*, L. J., number 3: p. 7.

[367] Como lembra Hesse, na perspetiva de uma Constituição no tempo, a Constituição só pode cumprir as suas tarefas se conseguir preservar a sua força normativa, apesar das constantes mudanças, ou seja, onde assegurar a sua continuidade, sem prejuízo das transformações históricas, o que pressupõe a conservação da sua identidade. Nem a Constituição, nem as suas normas concretas podem ser concebidas como letra morta, como algo estático e rígido. – Hesse, Conrado (2001). "Constitución y Derecho Constitucional", *in Manual de Derecho Constitucional – Benda, Maihofer, Vogel, Hesse, Heyde*, 2. ª Ed., Madrid; p. 9.

[368] Como veremos, a *Fairness Doctrine* e o não abandono da lição do caso *Red Lion* suscitam, precisamente, problemas de interpretação neste contexto, pois o Supremo Tribunal dos Estados

tos vaticinaram que a interpretação constitucional da liberdade de televisão deveria sofrer alterações, uma vez resolvida a escassez do espectro, através de tecnologias alternativas de transmissão como o cabo, IPTV, televisão via satélite e um uso mais eficiente do espectro existente[369]. Não obstante, em termos análogos à tendência portuguesa, o Tribunal Constitucional Federal alemão não só não tem aliviado a regulação televisiva, como tem defendido a sua expansão às novas tecnologias, invocando o seu caráter especialmente intrusivo e persuasivo[370]. Estes são, não obstante, fundamentos desajustados à *internet.*

No ordenamento jurídico português, uma vez que a transição tecnológica, designadamente da televisão analógica para a digital, não alterou a realidade espectral, a doutrina não tem questionado a aplicabilidade dos atuais instrumentos regulatórios aos *media* tradicionais. Limita-se a advogar, consensualmente, a aplicação dos princípios e regras do artigo 38º da CRP, com as necessárias adaptações[371] aos novos *media,* na senda das posições que têm sido assumidas pela jurisprudência norte-americana e europeia mais significativa[372]. Note-se, porém, que essa extensão de regime só deve ser aplicada

Unidos, na prática, continua a sufragar um controlo intensivo estatal/governamental dos conteúdos da rádio e televisão, com base na justificação da escassez do espectro, a qual, pelo menos no contexto norte-americano, perdeu terreno. Em sentido diverso, não obstante a identidade de resultados, o Tribunal Constitucional alemão optou por mudar a sua argumentação para garantir o mesmo desfecho hermenêutico: *i)* a manutenção da mesma regulação intensiva de conteúdos televisivos *ii)* a extensão dos atuais remédios regulatórios aos *novos media,* e *iii)* nalguns casos, mesmo à *internet.* – FETZER, Thomas/YOO, Christopher S. (2012). "The New Technologies and Constitutional Law", in *Faculty Scholarship,* Paper 545; p. 10.

369 FETZER, Thomas/YOO, Christopher S. (2012). "The New Technologies and Constitutional Law", in *Faculty Scholarship,* Paper 545; p. 9.

370 Desde 2006, que o Tribunal Constitucional Federal alemão interpreta a Constituição no sentido de a escassez do espectro não ser a única justificação para a existência de regulação governamental ou estatal. – FETZER, Thomas/YOO, Christopher S. (2012). "The New Technologies and Constitutional Law", in *Faculty Scholarship,* Paper 545; p. 9.

371 MIRANDA/Jorge/MEDEIROS/Rui (2010). *Constituição Portuguesa Anotada,* Tomo I, 2ª Edição, Coimbra Editora: Coimbra p. 874.

372 No que concerne à *internet,* segundo ROSA, há uma década, o sentido interpretativo maioritário já era o de que o regime de prestação de serviços da Sociedade de Informação, enquanto meio de comunicação de conteúdos informativos acessíveis ao público, ainda que mediante solicitação individual, deveria ser delineado a partir das disposições aplicáveis ao direito fundamental de liberdade de expressão e do artigo 10º da Convenção Europeia dos Direitos do Homem (CEDH). Segundo o autor, existem princípios constitucionais comuns ao Setor do Audiovisual e à *internet,* tais como *"o respeito pelos direitos fundamentais à identidade pessoal, ao desenvolvimento da personalidade, ao bom nome e à reputação, à imagem, à palavra, à reserva da intimidade da vida privada ou familiar, à proteção legal contra quaisquer formas de discriminação e contra a utilização abusiva de informação relativa às*

aos meios de comunicação social e aos seus principais operadores, os jornalistas, conceito cuja densificação é controvertida, como veremos.

5.2. Em conformidade, o papel da Justiça Constitucional no controlo da constitucionalidade da normatividade vigente e efetivamente aplicada na regulação das questões do ciberespaço, reclamante de cuidados especiais atinentes à segurança jurídica, assume neste contexto, relevância especial na salvaguarda da identidade constitucional. O impacto dos factos das novas tecnologias no direito positivo suscita problemas sérios de interpretação e integração, podendo, nalguns casos, como vimos, justificar uma atividade judicial mais criativa, como forma de evitar a perda de efetividade ou mesmo deturpação do conteúdo normativo das normas aplicáveis e dos princípios constitucionais, nelas contidos. É, neste conspecto, particularmente problemático e impressivo o impacto das novas tecnologias, por exemplo, sobre os axiomas fundamentais da Legalidade Penal e na forma como a própria jurisprudência vai lidando com as incertezas geradas pelas questões especialíssimas do ciberespaço, não contempladas pelo legislador. Não obstante, se atentarmos na jurisprudência constitucional portuguesa sobre esta matéria, podemos verificar que o sentido interpretativo que os juízes constitucionais têm conferido às garantias inerentes ao direito sancionatório público continua a ser relativamente exigente no seu escrutínio e generoso na sua abrangência e apresentação genérica[373], em plena conformidade com uma interpretação constitucional tecnologicamente neutra. Apenas quando o processo hermenêutico gera uma norma não reconduzível *"à moldura semântica do texto"*[374], um sentido que, não tendo na letra da lei *"um mínimo de correspondência verbal"*, extravasava o domínio da mera interpretação jurídica, é que somos reconduzidos ao domínio da analogia e – *in casu* – da analogia (constitucionalmente) proibida nos domínios penal e processual penal[375].

pessoas e famílias, particularmente através de meios informáticos e, por outro lado, a liberdade de expressão e as suas limitações particulares". – ROSA, Vítor Castro (2004). "O audiovisual e a *internet*", *in Sociedade de Informação,* Volume V, Coimbra Editora: Coimbra; p. 371.

[373] CASTRO, Nuno Teixeira (2015). *Reflexões Quanto ao Impacto das Novas Tecnologias sobre a Legalidade Penal,* Relatório de Mestrado da disciplina de Cibercrime (inédito), do Mestrado em Segurança da Informação e Direito do Ciberespaço, numa organização conjunta entre o IST, FDUL e Escola Naval; pp. 18 e segs.

[374] Cfr. Acórdão nº 186/2013 do TC.

[375] CASTRO, Nuno Teixeira (2015). *Reflexões Quanto ao Impacto das Novas Tecnologias sobre a Legalidade Penal,* Relatório de Mestrado da disciplina de Cibercrime (inédito), do Mestrado em Segurança

Não obstante os constrangimentos jurídico-processuais inerentes ao nosso sistema de fiscalização concreta da constitucionalidade, restrito ao controlo de normas, não poderem deixar de inquinar o nosso otimismo, atente-se nas vantagens do recente alargamento funcional do conceito de norma pela jurisprudência constitucional portuguesa. Cumpre antecipar que é, atualmente, consensual que o objeto dos processos de fiscalização pode incluir atos normativos, desprovidos da forma de lei, que contenham comandos jurídicos gerais e abstratos[376], incluindo certas interpretações normativas ou o seu critério normativo de decisão, autonomizável da atividade judicial subsuntiva que o origina[377]. Entre estas interpretações normativas, suscetíveis de integrarem o objeto do recurso de fiscalização concreta da constitucionalidade, incluem-se precisamente as normas extraídas da integração de lacunas[378], pelo recurso à analogia.

Perante a positivação constitucional expressa do princípio da legalidade criminal, e atendendo à correspetiva proibição de aplicação analógica de normas incriminadoras, os juízes constitucionais advogam que "uma interpretação sistemática do texto constitucional aconselha a que esse momento hermenêutico "se converta num "pedaço" de normatividade integrante do *objeto de controlo*"[379]. Não se trata de legitimar o escrutínio de um qualquer processo hermenêutico, mas antes de verificar se foram ultrapassados os limites constitucionais a que esse *iter* está sujeito em matéria penal, concretamente, a proibição da analogia *in malam partem*. O entendimento contrário implicaria que um importante e sensível "pedaço de normatividade" vigente ficasse à margem da Justiça Constitucional[380]. Perante um domínio normativo, onde o ritmo de intervenção legislativa e correspetiva densidade são particularmente problemáticos, torna-se crucial garantir que o expetável incremento

da Informação e Direito do Ciberespaço, numa organização conjunta entre o IST, FDUL e Escola Naval; pp. 18 e segs.

376 MORAIS, Carlos Blanco (2012). *Curso de Direito Constitucional, Tomo I, 2ª Ed.* Coimbra Editora: Coimbra; pp. 93 e 94.

377 REGO, Carlos Lopes do (2004). "As interpretações normativas sindicáveis pelo TC", in *Jurisprudência Constitucional*, Nº 3, AATRIC: Lisboa; p. 7.

378 MORAIS, Carlos Blanco de (2012). *Curso de Direito Constitucional, Tomo I, 2ª Ed.*, Coimbra Editora: Coimbra; p. 94.

379 Cfr. Acórdão nº 79/2015 do TC.

380 CASTRO, Nuno Teixeira (2015). *Reflexões Quanto ao Impacto das Novas Tecnologias sobre a Legalidade Penal,* Relatório de Mestrado da disciplina de Cibercrime (inédito), do Mestrado em Segurança da Informação e Direito do Ciberespaço, numa organização conjunta entre o IST, FDUL e Escola Naval; p. 25.

de ativismo judicial, designadamente através da criação de normas *"ad casum"*, possa ser sujeito ao escrutínio da justiça constitucional.

5.3. Acresce que essa evolução subjectivizante do conceito de norma, para efeitos do objeto dos recursos de constitucionalidade, revela-se especialmente inspiradora nos casos de discordância entre o tempo dos factos gerados pelas novas tecnologias e o tempo do legislador, daí resultando uma omissão normativa lesiva de direitos, liberdades e garantias[381], reclamante da atividade criadora jurisdicional *in casu*. Nesse contexto, se o titular de um direito, liberdade ou garantia ou direito constitucionalmente análogo, lesado por uma omissão normativa inconstitucional goza de uma posição jurídica de vantagem, digna de tutela jurídico-constitucional, então a esse direito há de corresponder o reconhecimento de um meio processual adequado em sede de justiça constitucional, com vista à obtenção da norma *"ad casum"* constitucionalmente devida. Não podem os espartilhos processuais, meramente conjunturais, obstaculizar a plena eficácia das normas constitucionais de direitos fundamentais, enfraquecendo a sua posição jusfundamental. Antes pelo contrário, o direito adjetivo não pode deixar de ser lido em conformidade com a Constituição.

Em termos análogos ao problema da quadratura do círculo, propusemos a difícil tarefa de configuração de um controlo concreto das omissões normativas inconstitucionais, a partir de um sistema concebido para a fiscalização da inconstitucionalidade por ação, numa perspetiva *de jure condito* [382], problema que, neste contexto normativo, reveste particular importância. Partindo da admissibilidade do conceito de normas implícitas inconstitucionais, como ficção jurídica constitucionalmente devida para efeitos processuais, no contexto da fiscalização concreta de omissões inconstitucionais, acreditamos que é pos-

[381] CASTRO, Raquel Alexandra Brízida (2015). "Normas implícitas e Normas Constitucionalmente Devidas *"ad casum"* e a Pretensa Quadratura do Círculo Processual Constitucional: Recapitulação, Desmistificação e Tentativa de Reconstrução", in *Anuario Iberoamericano de Justicia Constitucional,* (no prelo) e *Obra de Homenagem a Rui Machete,* Almedina: Coimbra; pp. 851-881.

[382] Conforme tentámos demonstrar, mesmo no plano *de jure condito*:

a) A autoria da norma – pelo legislador ou pelo juiz – não é fator decisivo para a definição da idoneidade do objeto do recurso de constitucionalidade;

b) A distinção entre inconstitucionalidade por ação ou por omissão, para efeitos de suscitação da questão de inconstitucionalidade, no quadro dos recursos de decisões negativas de inconstitucionalidade, em sede de fiscalização concreta, pode ser considerada irrelevante. – CASTRO, Raquel Alexandra Brízida (2015). "Normas implícitas e Normas Constitucionalmente Devidas *"ad casum"* e a Pretensa Quadratura do Círculo Processual Constitucional: Recapitulação, Desmistificação e Tentativa de Reconstrução", in *Anuario Iberoamericano de Justicia Constitucional,* (no prelo) e *Obra de Homenagem a Rui Machete,* Almedina: Coimbra; p. 867.

sível descobrir normas implícitas geradas por silêncios normativos lesivos, cuja invalidação, para efeitos de acesso ao Tribunal Constitucional, abre caminho ao controlo concreto e respetiva reparação jurisdicional, pelo menos, das omissões normativas lesivas de direitos, liberdades e garantias ou direitos análogos. A norma implícita apresenta-se como uma ficção jurídica, sindicável pela Justiça Constitucional na medida da sua normatividade imaterial ou virtual, devendo a sua rejeição jurisdicional ou dos correspetivos efeitos jurídicos dar lugar à criação de uma norma constitucionalmente devida *"ad casum"*, no quadro de uma sentença constitucionalmente obrigatória[383].

5.4. Em suma, na senda de TRIBE, os princípios constitucionais mantêm-se, apesar das novas tecnologias, deslegitimando qualquer tentativa de mutação informal da Constituição, gerada pelo medo ou mera conveniência da indefinição, encorajadora de interpretações arrojadas ou, simetricamente, demasiado contidas. Os Princípios fundamentais estruturantes de um Estado de Direito Democrático não podem ser desprezados na voragem de uma qualquer pretensão regulatória ou de reparação judicial. O que deve reforçar a atitude de vigilância do legislador, mesmo penal, perante as novas realidades, de forma a tornar claras as condutas que são realmente proibidas e as que são permitidas[384], na medida do possível, como veremos.

O próprio regime constitucional de proteção dos direitos fundamentais e, em última instância, da própria Constituição, não pode deixar de ser aplicável, nas suas dimensões orgânico-formais e materiais, em benefício de ale-

[383] CASTRO, Raquel Alexandra Brízida (2015). "Normas implícitas e Normas Constitucionalmente Devidas *"ad casum"* e a Pretensa Quadratura do Círculo Processual Constitucional: Recapitulação, Desmistificação e Tentativa de Reconstrução", in *Anuario Iberoamericano de Justicia Constitucional,* (no prelo) e *Obra de Homenagem a Rui Machete,* Almedina; Coimbra; pp. 872 e segs.

[384] Veja-se o caso da diferença da discrepância no tratamento jurídico do "meio", na agravação prevista pelo artigo 183º do Código Penal para o crime de difamação, que conduz à interpretação de que o agravamento da ofensa, quando praticada pelos tradicionais meios de comunicação social (183º, nº 1º, alínea *b)* do CP), é maior do que quando o crime é perpetrado através da *internet* (183º, n.1, alínea *a)* CP). As principais diferenças traduzem-se não apenas nas penas, mas também nos prazos de prescrição. Decorre da interpretação das sobreditas normas do CP que se alguém difamar alguém, através por exemplo de um jornal local, ficará sujeito a uma pena de prisão até 2 anos, ou pena de multa não inferior a 120 dias, enquanto, se o mesmo texto ou vídeo for publicado num *blog*, no Facebook, no Twitter ou no Youtube, e tornar-se viral, a pena abstratamente aplicável será apenas de 10 meses. – SERRANO, Martim Bouza (2014) "A discrepância no tratamento jurídico do "meio" na agravação prevista pelo artigo 183º do Código Penal, para o crime de difamação", *in Media, Direito e Democracia,* coord. Carlos Blanco de Morais, Maria Luísa Duarte e Raquel Alexandra Brízida Castro, Almedina: Coimbra; pp. 363 e segs.

gados estados de exceção legal ou constitucional, fundados na complexidade das migrações e inovações tecnológicas. Como veremos, tal como a rigidez[385] constitucional[386], o imperativo de proteção dos direitos, liberdades e garantias da Comunicação mantém-se, através da aplicabilidade direta, a reserva de lei ou a reserva de densificação total, assim como as novas tecnologias não os isenta de ponderações para resolver limitações e restrições, como todos os outros. Esse deve ser o princípio.

[385] A propósito da rigidez da Constituição dos EUA, relata-nos FERNÁNDEZ que, na América colonial, os americanos tinham desenvolvido instituições de autogoverno que não contemplavam processos de revisão. A Constituição de 1787 teve, porém, maiores ambições, desde logo a de travar as assembleias representativas, através de um ambicioso programa de estruturação federal que impedisse eventuais confrontos violentos. A supremacia constitucional visava a superação dos governos estaduais de forma a configurar instituições de caráter nacional que prevalecessem sobre aqueles. Daí um sistema de revisão constitucional que combinasse forças centrifugas – através do processo de revisão constitucional – e centrípetas – mediante a rigidez constitucional. – FERNANDEZ, Ricardo Cueva (2011). *De los niveladores a Marbury vs. Madison: la génesis de la democracia constitucional*, Centro de Estudios Políticos y Constitucionales: Madrid; p. 408.

[386] Ao invés do que sustenta ZAGREBLESKY, não consideramos que a tese da defesa da rigidez constitucional se funde numa pretensa salvaguarda das origens ou da "fidelidade a uma Constituição inerte", ou que o objetivo da jurisprudência e da revisão constitucional seja convergente. No ordenamento jurídico-constitucional português, no que concerne ao núcleo identitário constitucional, a rigidez prossegue, pelo contrário, fins de ordem garantística, como sejam a estabilização da Constituição, a sua função integradora e compromissória e a garantia da hierarquia da mesma Constituição. – ZAGREBELSKY, Gustavo (2008). "Jueces Constitucionais", *in Dignidad de La Persona, Derechos Fundamentales, Justicia Constitucional*, Coord. Francisco Fernández Segado, Dykinson-Constitucional; pp. 754 e 755; MORAIS, Carlos Blanco de (2006). *Justiça Constitucional, Garantia da Constituição e Controlo da Constitucionalidade*, Tomo I, 2ª Edição, Coimbra Editora: Coimbra; pp. 59 e segs.

CAPÍTULO II
CONSTITUIÇÃO DA COMUNICAÇÃO EM AÇÃO

Capítulo II
Constituição da Comunicação em Ação

Seguindo a leitura, praticamente, unânime que a doutrina faz da Constituição portuguesa da Comunicação, o artigo 37º reconhece e garante a liberdade de expressão, em geral, e o direito da informação e liberdade de imprensa, ocupando-se o artigo 38º da dimensão instrumental dessas liberdades (assegurada pela proteção da liberdade de imprensa e pelo regime dos demais meios de comunicação social). Oartigo 39º, por sua vez, prevê uma estrutura organizativa de garantia desses vários direitos e do regime constitucional dos meios de comunicação social – a ERC.

Sem pretender aprofundar a questão, mais apropriada a um tratamento dogmático de direitos fundamentais do que num excurso focado na regulação constitucional, diremos que, em última instância, confessando o recurso a um instrumento pragmático[387], o direito de informação e a liberdade de

[387] Segundo MACHADO, o conceito da liberdade de expressão, em sentido amplo, *"abrange a liberdade de expressão, em sentido estrito, por vezes designada por liberdade de opinião, a liberdade de informação, a liberdade de imprensa, os direitos dos jornalistas e a Liberdade de radiodifusão, reconduzíveis ao conceito genérico de liberdade de comunicação social"*. – MACHADO, Jónatas E. M. (2002). *Dimensões Constitucionais da Esfera Pública no Sistema Social*, Coimbra Editora: Coimbra; p. 371. Pelo contrário, ALEXANDRINO opta pela total autonomização dos dois conceitos, sustentando que *"nem pelo seu fundamento, nem pelo seu objeto, nem pelo seu conteúdo, nem pelos seus limites, nem pelos seus titulares, o direito de informação ou a liberdade de imprensa se podem entender como um caso especial da liberdade de expressão. Por essa razão, a construção e utilização de um conceito abrangente de liberdades da comunicação, ainda que possa admitir-se como utensílio pragmático, não se mostra capaz de desenvolver efeitos normativos próprios, para lá dos que resultam de cada um dos direitos fundamentais"*.-ALEXANDRINO, José Melo (2014). "O âmbito constitucionalmente protegido da Liberdade de Expressão", *in Media, Direito e Democracia*, coord. Carlos Blanco de Morais, Maria Luísa Duarte e Raquel Alexandra Brízida Castro, Almedina: Coimbra; p. 43; ALEXANDRINO, José Melo (1998). *Estatuto Constitucional da Atividade da Televisão*, Coimbra Editora: Coimbra; p. 82.

imprensa e de radiodifusão são um caso especial da liberdade de expressão, em sentido amplo[388], uma vez que se referem, necessariamente, à liberdade de comunicação social/liberdade de expressão através da comunicação social, em sentido amplo, a qual engloba ainda a liberdade de expressão através da comunicação social, em sentido estrito (ou liberdade de opinião, na senda de MACHADO). O contrário importaria a admissão acritica da extensão da proteção constitucional inerente a estes direitos a outros meios de comunicação, que não são órgãos de comunicação social, o que, em nosso entendimento, deve ser rejeitado por uma interpretação constitucional tecnologicamente neutra. Questão diversa reside no problemático conceito de órgão de comunicação social, uma vez que o direito de informação e a liberdade de imprensa são direitos dos jornalistas, e são protegidos na medida em que sejam exercidos através de meios de comunicação social. Bem como, por sua vez, a liberdade de comunicação social adquire especial configuração constitucional, apenas na medida em que é instrumental para o exercício desses direitos e liberdades, o que, por sua vez, reforça a fundamentalidade consttitucional da sua vertente institucional, enquanto empresa que age num setor sujeito a regras constitucionais específicas.

A liberdade de comunicação social, em sentido amplo, revela, na sua decomposição, aspetos distintos: a liberdade de expressão e os direitos de se informar e de ser informado são individuais, enquanto o direito de informar tanto pode ser individual como institucional[389]. A liberdade de comunica-

[388] A Constituição espanhola de 1978 foi a primeira, da história constitucional espanhola, a reconhecer, em separado, a liberdade de expressão e a liberdade de imprensa, a par da Constituição portuguesa de 1976. No Direito Constitucional comparado, ambas as liberdades são reconhecidas em separado. Para o Tribunal Constitucional espanhol, a necessidade de diferenciação justifica-se porque a liberdade de informação tem o limite interno da veracidade, tendo por objeto a transmissão de factos que, pela sua qualidade, são suscetíveis de demonstração, enquanto as opiniões e os juízos de valor são, por natureza abstratos e insuscetíveis de verificação (STC 78/1995, de 22 de maio). Sobre o debate doutrinário acerca das teses dualistas e unitária e sobre a tese do elemento predominante, como critério jurisprudencial de distinção – ALEGRIA, Antonio Magdaleno (2006). *Los Limites de las Libertades de expresión e información en el Estado Social y Democrático de Derecho*, Congreso de Los Diputados: Madrid; p. 96. O artigo 5º, nº 1, 1ª frase da Constituição alemã aponta no mesmo sentido, porquanto encontra-se cingido à liberdade de expressão de opiniões, ainda que o Tribunal Constitucional Federal aceite um conceito amplo de opinião, por forma a abranger também as afirmações sobre factos, a menos que as mesmas se encontrem desprovidas de todo caráter valorativo. –ALEXANDRINO, José Melo (2014). "O âmbito constitucionalmente protegido da Liberdade de Expressão", *in Media, Direito e Democracia*, coord. Carlos Blanco de Morais, Maria Luísa Duarte e Raquel Alexandra Brízida Castro, Almedina: Coimbra; p. 41.

[389] Para Alexandre PINHEIRO e Mário FERNANDES, embora estreitamente imbricadas, as liberdades de expressão e de informação e liberdade de comunicação social também não se confundem.

ção social apresenta-se, necessariamente, institucional, porquanto pressupõe organização (e organização de empresa), ainda que dependa sempre da atividade de pessoas individualmente consideradas[390]. Acresce que a liberdade de expressão e a liberdade de informação, na sua tríplice face de liberdade de informar, de se informar e de ser informado[391], situam-se de pleno no campo dos direitos fundamentais, enquanto a liberdade de comunicação social é ambivalente, uma vez que envolve um feixe de direitos e é, ao mesmo tempo, um fenómeno de poder de facto[392].

Da análise da Constituição resulta que:

i) A Constituição adota um conceito formal amplo, querendo abranger todos os meios de comunicação social, independentemente da natureza e do conteúdo da comunicação;

ii) Como vimos, a liberdade de imprensa[393] e/ou liberdade de comunicação podem ser vistas "como um modo de ser qualificado das liber-

Para os autores, "*a liberdade de expressão (de expressão do pensamento) decorre da liberdade do pensamento; é uma sua manifestação e é uma sua garantia; Diverso é o alcance da liberdade de comunicação social: sendo em si mesma liberdade de expressão e de informação pelos meios específicos de comunicação social, liga-se também a outros direitos como a liberdade de religião, a liberdade política, a liberdade de associação e a liberdade de iniciativa económica*". – PINHEIRO, Alexandre Sousa/FERNANDES, Mário João de Brito (1999). *Comentário à IV Revisão Constitucional*, AAFDL: Lisboa; p. 140.

[390] MIRANDA, Jorge (2014). "Liberdade de comunicação social e serviço público de rádio e de televisão", in *Media, Direito e Democracia*, Almedina: Coimbra; pp. 25 e segs.

[391] Em termos análogos, a doutrina espanhola reconhece que a Constituição não protege apenas a faculdade de emitir livremente informações perante os poderes públicos e terceiros, mas também reconhece o direito da sociedade a receber informação. Trata-se do reconhecimento da vertente passiva da liberdade de informação, considerado pela doutrina um avanço notável relativamente ao modelo liberal de comunicação pública, na medida em que se protege a liberdade dos recetores da informação, perante os poderes públicos e terceiros. – ALEGRIA, Antonio Magdaleno (2006). *Los Limites de las Libertades de expresión e información en el Estado Social y Democrático de Derecho*, Congreso de Los Diputados: Madrid; pp. 127 e 128.

[392] MIRANDA, Jorge (2014). "Liberdade de comunicação social e serviço público de rádio e de televisão", in *Media, Direito e Democracia*, Almedina: Coimbra; p.26.

[393] Gilmar MENDES lembra-nos uma formulação de TOQUEVILLE sobre a liberdade de imprensa, digna de destaque: "*Confesso que não professo pela liberdade de imprensa esse amor completo e instantâneo que se outorga às coisas soberanamente boas por sua natureza. Se alguém me mostrasse, entre a independência completa e a servidão inteira do pensamento, uma posição intermediária onde eu pudesse permanecer, talvez me estabelecesse nela, mas quem descobrirá essa posição intermediária? (...) Em matéria de liberdade de imprensa, não há realmente meio-termo entre a servidão e a liberdade completa. Para recorrer aos bens inestimáveis assegurados pela liberdade de imprensa, é preciso saber se submeter aos males inevitáveis que provoca. Querer obter uns, escapando-se dos outros, é entregar-se a uma dessas ilusões que acariciam de ordinário as nações enfermas, no momento em que fatigadas de luta e esgotadas pelo esforço, buscam meios de fazer coexistir, no mesmo solo, opiniões inimigas e princípios contrários.*" (*TOQUEVILLE, Alexis de (1996). La democracia en*

dades de expressão e de informação", consistindo no exercício destas através de meios de comunicação de massas, independentemente da sua forma – impressos radiofónicos ou audiovisuais"[394];

iii) Os meios de comunicação social gozam dessa proteção constitucional, apenas como veículos da liberdade de expressão e de informação e não quando estão em causa atividades publicitárias ou de entretenimento

É hoje consensual, na doutrina e na jurisprudência, o reconhecimento de uma dupla dimensão das liberdades comunicativas: à dimensão subjetiva de direitos subjetivos públicos das liberdades de expressão e de informação, de cunho liberal[395], a doutrina e a jurisprudência, por influência do Tribunal Constitucional alemão[396], acrescentaram uma dimensão institucional, objetiva, enquanto direitos que garantem uma ordem de valores próprios do sistema democrático[397]. Neste sentido, a comunicação (também) se protege pela sua função social, ou pela importância que tem para o Estado e para a Sociedade, integrando ambas as dimensões o direito fundamental[398]. Por sua vez, a função social da Comunicação pode traduzir-se em deveres normativos[399], os quais, no caso do ordenamento jurídico-constitucional português, são expressos e se reconduzem, em termos genéricos, à garantia da independência dos meios de comunicação social perante o poder político e o poder

America. México: Fundo de Cultura Económica, pp. 198 a 201); – MENDES, Gilmar (2012). "O significado da liberdade de imprensa no estado democrático de Direito e seu desenvolvimento jurisprudencial pelas Cortes Constitucionais: breves considerações", *in Estudos em Homenagem ao Prof. Doutor José Joaquim Gomes Canotilho, Vol. III,* Coimbra Editora: Coimbra; pp. 545-577, em especial 546.

394 CANOTILHO, Gomes/MOREIRA, Vital (2007). *Constituição da República Portuguesa Anotada,* Volume I, 4ª Edição. Coimbra Editora: Coimbra; p. 581.

395 Sobre a evolução histórica e doutrinária das liberdades de expressão e de informação, desde o Estado Liberal ao Estado Social e Democrático de Direito – ALEGRIA, Antonio Magdaleno (2006). *Los Limites de las Libertades de expresión e información en el Estado Social y Democrático de Derecho,* Congreso de Los Diputados: Madrid; pp. 25-69;

396 ALEGRIA, Antonio Magdaleno (2006). *Los Limites de las Libertades de expresión e información en el Estado Social y Democrático de Derecho,* Congreso de Los Diputados: Madrid; p. 77.

397 A dimensão institucional é a que melhor explica e fundamenta a função democrática das liberdades comunicativas. – ALEGRIA, Antonio Magdaleno (2006). *Los Limites de las Libertades de expresión e información en el Estado Social y Democrático de Derecho,* Congreso de Los Diputados: Madrid; p. 87.

398 HOFFMANN-RIEN, Wolfgang (2001). "Libertad de Comunicación y de Medios", i*n Manual de Derecho Constitucional, Benda/Maihofer/Vogel/Hesse/Heyde,* 2ª Ed., Marcial Pons: Madrid; p. 148.

399 HOFFMANN-RIEN, Wolfgang (2001). "Libertad de Comunicación y de Medios", i*n Manual de Derecho Constitucional, Benda/Maihofer/Vogel/Hesse/Heyde,* 2ª Ed., Marcial Pons: Madrid; p. 152.

económico aos princípios da transparência, não concentração da propriedade dos *media* e do pluralismo.

As liberdades de imprensa e de informação, bem como quase todos os direitos e liberdades comunicativas, encontram-se inseridas no capítulo dos direitos, liberdades e garantias[400], devendo sujeitar-se ao respetivo regime de proteção constitucional. Note-se que, apesar das sucessivas tentativas de atenuação do excesso de regulação da Constituição da Comunicação[401], inauguradas na primeira revisão constitucional, a ideia não vingou nas seis revisões posteriores. Pelo contrário, algumas das suas dimensões foram mesmo reforçadas[402]. Em termos constitucionais positivos, integram o sistema de direitos, liberdades e garantias da Constituição da Comunicação, além das normas de direitos, liberdades e garantias, em sentido próprio:

i) Todas as normas constitucionais referentes aqueles complexos de posições jurídicas, bem como,
ii) As demais normas constitucionais suscetíveis de afetarem o espectro de aplicação potencial desses princípios/complexos de posições[403].

Destaque-se ainda o contraste entre os artigos 37º e 38º da CRP, prevalecendo, no primeiro, uma postura liberal clássica e, no segundo – em especial na rádio e na televisão –, formas de controlo interno e mandatos legislativos, com vista à garantia do pluralismo democrático[404].

[400] No relato de ALEXANDRINO, na revisão constitucional de 1982, não obstante a insistência da AD na falta de dignidade constitucional de algumas das disposições da Constituição da Comunicação, o excesso de regulamentação da Constituição da Comunicação não foi atenuado. O constitucionalista nota ainda *"a péssima tradição de fazer desta matéria um terreno propício a longos e pesados debates em sede de exercício do poder de revisão, com resultados contraproducentes"*. – ALEXANDRINO, José Melo (2006). *A Estruturação do Sistema de Direitos, Liberdades e Garantias na Constituição Portuguesa. Raízes e Contexto,* Vol. I, Almedina: Coimbra; p. 666, nota 686.

[401] ALEXANDRINO, José Melo (2006). *A Estruturação do Sistema de Direitos, Liberdades e Garantias na Constituição Portuguesa. Raízes e Contexto,* Vol. I, Almedina: Coimbra; p. 666, nota 686.

[402] Nas revisões constitucionais de 1989 e de 1997, os direitos, liberdades e garantias enunciados na alínea *a)* do número 2 do artigo 38º foram objeto de ampliação ou reforço. – ALEXANDRINO, José Melo (2006). *A Estruturação do Sistema de Direitos, Liberdades e Garantias na Constituição Portuguesa. Raízes e Contexto,* Vol. I, Almedina: Coimbra; pp. 736 e 781.

[403] ALEXANDRINO, José de Melo (2006). *A Estruturação do Sistema de Direitos, Liberdades e Garantias na Constituição Portuguesa: A Construção Dogmática*, Vol. II, Almedina: Coimbra; p. 166.

[404] MIRANDA, Jorge (2014). "Liberdade de comunicação social e serviço público de rádio e de televisão", in *Media, Direito e Democracia,* Almedina: Coimbra; pp. 26 e 27.

Secção III
Direitos Fundamentais da Comunicação

Os direitos consideram-se, de acordo com os ensinamentos de Alexy, direitos *prima facie* e não direitos definitivos, dependendo a sua radicação subjetiva definitiva da ponderação e da concordância prática, *in casu*, ou feita pelo legislador. O *Tatbestand* (domínio normativo) de um direito é sempre, em primeiro lugar, um domínio potencial, só se tornando um domínio atual, depois da averiguação das condições concretas. Essa conversão em direito definitivo pode ser objeto de uma lei restritiva, inserida numa tríplice função adequadora, dirimente e comunitária[405], a qual constitui um primeiro instrumento de solução de conflitos, mesmo na presença de direitos cuja restrição a Constituição alegadamente veda expressamente. O facto de o conflito também poder envolver direitos fundamentais, sem autorização expressa constitucional de restrição, não os converte em direitos ou liberdades absolutas, ilimitáveis ou totalmente imunes perante tentativas de restrição de direitos sujeitos a restrição, nos termos constitucionais. Não só estaríamos a legitimar uma hierarquia de direitos formalmente constitucionais, como o próprio conceito de restrição tornar-se-ia problemático, caso prevalecesse o entendimento de que o número 2 do artigo 18º da Constituição portuguesa apenas autoriza restrições expressamente autorizadas pela Constituição. Esta aparente dificuldade não pode, todavia, servir de pretexto de legitimação das teses de limites imanentes, propiciadas pela adesão a uma teoria interna dos direitos fundamentais[406/407], na qual o conceito de restrição é substituído pelo

[405] Gouveia, Jorge Bacelar (2009). *Manual de Direito Constitucional, Volume II*, 3ª Edição, Almedina: Coimbra; p. 1128.

[406] Alexandrino, José de Melo (2006). *A Estruturação do Sistema de Direitos, Liberdades e Garantias na Constituição Portuguesa: A Construção Dogmática*, Vol. II, Almedina: Coimbra; pp. 435 e segs.

[407] De acordo com a teoria externa, o conceito de restrição de um direito sugere que existem duas coisas – o direito e as suas restrições -, entre as quais se dá uma relação especial que é a de restrição. Assim, existe primeiro o direito em si que não está restringido, e depois o direito restringido, não existindo nenhuma relação necessária entre o conceito de direito e o de restrição. A relação seria criada apenas através de uma necessidade externa ao direito de compatibilizar os direitos dos diferentes indivíduos bem como os direitos individuais com os bens coletivos. Ao invés, para a teoria interna não existem duas coisas,o direito e as suas restrições, mas apenas uma: o direito com um determinado conteúdo. – Canotilho, Gomes (1998). *Direito Constitucional e Teoria da Constituição*, Coimbra; pp. 268 e 269.

de limite – restrições imanentes. A esta tese correspondem as conceções restritivas do *Tatbestand*[408].

6. Das Proteções e Restrições *Prima Facie*

6.1. Na senda de ALEXY, partindo-se de um modelo de princípios, não se restringe um bem protegido na norma, mas sim um direito *prima facie* garantido por normas, sendo esta a consequência direta da adoção da teoria externa. Pelo contrário, no contexto da teoria interna, certo tipo de valores morais ou objetivos podem determinar, *a priori*, a ausência de certas dimensões dos direitos, restringindo, à margem da Constituição, direitos constitucionalmente protegidos. A possibilidade de delimitação prévia e definitiva do conteúdo de um direito fundamental pelo intérprete, a partir da sua definição constitucional e interação com os restantes direitos e bens constitucionais, inerente à teoria interna, afigura-se-nos uma tarefa excessivamente complicada e perigosa, atentas as importantes doses de subjetivismo implicadas e os correspetivos danos para a segurança jurídica[409]. Acresce, no nosso ordenamento jurídico-constitucional, a insuperabilidade da configuração constitucional exclusiva da competência do legislador para proceder a ponderações prévias conducentes a uma delimitação com eficácia geral do conteúdo de um direito, nos termos constitucionalmente vinculados.

Em conformidade, rejeitamos a teoria dos limites imanentes, no sentido de limites não escritos, imunes à ponderação constitucional[410], alegadamente indiferentes a uma situação de conflito de direitos, porque "o direito invocado não existe"[411]. Para além do problema dos limites dos

[408] A conceção ampliativa é incompatível com a figura dos limites ao exercício. – ALEXANDRINO, José de Melo (2006). *A Estruturação do Sistema de Direitos, Liberdades e Garantias na Constituição Portuguesa: A Construção Dogmática*, Vol. II, Almedina: Coimbra; p. 478, nota 205

[409] No mesmo sentido – ALEGRIA, Antonio Magdaleno (2006). *Los Limites de las Libertades de expresión e información en el Estado Social y Democrático de Derecho*, Congreso de Los Diputados: Madrid; p. 256.

[410] ANDRADE distingue limites imanentes e colisão de direitos. Fala-se de limites imanentes *"quando a limitação do direito atinge o seu próprio âmbito de proteção constitucional, de tal maneira que exclui em termos absolutos certas formas ou modos do seu exercício"*. Para o autor, são as fronteiras definidas pela própria Constituição "que os cria e recebe", constituindo-se como um problema de interpretação das normas constitucionais. O que se pergunta, em cada caso concreto, é se a esfera normativa do preceito em causa inclui ou não uma certa situação ou modo de exercício. No entendimento do autor, *"se, num caso concreto, se põe em causa o conteúdo essencial de outro direito, ou se atingem intoleravelmente a moral social ou valores e princípios fundamentais da ordem constitucional, deverá resultar, para o intérprete, a convicção de que a proteção constitucional do direito não quer ir tão longe."* – ANDRADE, Vieira de (2009a). *Os Direitos Fundamentais na Constituição Portuguesa de 1976*, 4ª Ed., Almedina: Coimbra; pp. 214- 219.

[411] No entender do autor, esta conceção, *"além de teoricamente justificada, parece útil no plano dogmático. E não significa aceitar a funcionalização dos direitos fundamentais: a) não está implicada a referência dos*

direitos fundamentais ser *"irresolúvel através de delimitações casuísticas prévias, livres de qualquer ponderação"*[412], orientada pela Constituição, eles só podem ser, a nosso ver, o resultado da ponderação de regras e princípios jurídico-constitucionais, expressamente consagrados na Constituição. O que, a nosso ver, dispensa o recurso ao número 2 do artigo 29º da Declaração Universal dos Direitos do Homem (DUDH), em nome *"das justas exigências da moral, ordem pública e bem-estar de uma sociedade democrática"*[413/414]. O artigo 18º, nº 2, da CRP, e a preocupação do legislador constituinte em estabelecer requisitos exigentes de restrição de direitos revelar-se-iam inúteis, pois o conceito de limite imanente poderia hipoteticamente esvaziar, *ad absurdo* e *prima facie,* o âmbito de aplicação desses testes constitucionais. Em coerência com a adopção da teoria externa, é a mesma prudência que nos conduz à rejeição da teoria restrita, mesmo ampliativa, aliada às especificidades do nosso domínio material normativo. Como ilustra, sugestivamente, ALEXY[415], a teoria ampla não conduz necessariamente a uma maior proteção definitiva relativamente à teoria restrita, porquanto, num primeiro momento, o que a teoria restrita exclui do seu âmbito normativo poderá ser abrangido pela teoria ampla. Terá, não obstante de ser submetido à lei da ponderação, o

direitos a um só valor comunitário supremo; b) a dimensão objetiva não pode nunca afetar o núcleo essencial constituído pelas situações típicas primárias de exercício do direito." – ANDRADE, Vieira de (2009a). *Os Direitos Fundamentais na Constituição Portuguesa de 1976*, 4ª Ed., Almedina: Coimbra; p. 219.

[412] CANOTILHO, Gomes (2003). *Teoria da Constituição e Direito Constitucional*, 7ª Edição, Almedina: Coimbra; p. 1282.

[413] O artigo 29º da DUDH declara que: *i)* o indivíduo tem deveres para com a comunidade, "fora da qual, não é possível o livre e pleno desenvolvimento da personalidade"; *ii)* no gozo dos direitos e das liberdades, ninguém está sujeito senão às limitações estabelecidas pela lei com vista a promover exclusivamente: *iia)* os direitos e as liberdades dos outros; e *iib)* a fim de satisfazer as justas exigências da moral, da ordem pública e do bem-estar numa sociedade democrática.

[414] Por um lado, a Constituição não tem nenhuma cláusula geral sobre o exercício dos direitos, mas, por outro lado, o artigo 18º, nº 2 veda restrições aos direitos fundamentais, não autorizadas pela Constituição. A estas objeções, MIRANDA contrapõe que o artigo 16º, nº 2 não se refere, necessariamente, a preceitos atributivos de direitos, pelo que a falta de regulamentação justificaria a sua integração de acordo com a DUDH. Na perspetiva do constitucionalista, acresce que: *i)* os receios de uma interpretação distorcida não fazem sentido face a "um documento como a Declaração"; *ii)* o artigo 18º/2 refere-se a restrições, enquanto o artigo 29º da DUDH refere-se a limites ou condições gerais, que incidem sobre todos os direitos e que têm de ver com o seu exercício, situando-se ao mesmo nível da regulamentação. MIRANDA, Jorge, (2012). *Manual de Direito Constitucional,* Vol. IV, 5º Ed., Coimbra Editora: Coimbra; pp. 189-192.

[415] Quando o autor refuta os argumentos dos autores que criticam esta conceção ampla, alegadamente porque ela conferiria "demasiada proteção constitucional".

que quer dizer que a teoria ampla não pressupõe necessariamente o alargamento da proteção definitiva mas sim da proteção *prima facie*[416].

6.2. Não obstante o esforço doutrinário, *"in claris fit interpretativo"*, de clarificação dos conceitos[417] de "justas exigências da moral[418], ordem pública e bem-estar de uma sociedade democrática", parece-nos que a consideração dos critérios *supra* referidos implicaria, em última instância, a funcionalização dos direitos e liberdades fundamentais a nebulosos deveres da Comunidade. Acresce que o recurso a teorias de "limites", associadas a uma conceção restritiva do *Tatbestand*, parece-nos igualmente perigoso. Pela nossa parte:

a) Rejeitamos qualquer teoria ou método hermenêutico ou interpretativo/concretizativo que implique a limitação de um direito que é garantido *prima facie* por uma norma constitucional, sem que essa limitação ou compressão de faculdades seja sujeita aos limites constitucionais dos limites dos direitos fundamentais. Aliás, a Constituição não distingue entre restrições e limites, sendo desnecessário, como veremos, recorrer a construções sobre limites imanentes antepostos aos direitos para uma interpretação jurídico-constitucionalmente coerente do artigo 18º, nº 2, da CRP conforme ao sistema de direitos fundamentais. *In extremis,*

416 ALEXY, Robert, (1985). *Teoria de los Derechos Fundamentales,* Trad. Esp. Centro de Estudios Constitucionales: Madrid; p. 316.

417 MIRANDA, Jorge, (2012). *Manual de Direito Constitucional,* Vol. IV, 5º Ed., Coimbra Editora: Coimbra; p. 191 e 192.

418 *i)* Justas exigências – apelam a um conceito de justiça ou a uma ponderação ética avaliadora dos preceitos de direito positivo; nessa alusão, transparece a ideia de proporcionalidade nas suas três vertentes de necessidade, adequação ou correspondência de meios e fins e de racionalidade – só são admissíveis os limites que sejam necessários, adequados e proporcionais face aos princípios enunciados na DUDH;
ii) Moral – moral social, moral pública, para usar o termo do artigo 209º da CRP: não se identifica com uma certa moral religiosa, embora, pelo facto de se tratar de uma moral social, não possa desprender-se por completo da influência da religião sociologicamente dominante; é nesta perspetiva que cabem limites ao exercício dos direitos por causa do respeito pela integridade moral das pessoas, ou da boa-fé nas relações jurídicas privadas ou públicas;
iii) Ordem pública – conjunto de condições externas necessárias ao regular funcionamento das instituições e ao pleno exercício dos direitos; tem caráter instrumental, não se justifica de *per se,* só vale na medida em que propicia a realização da ordem constitucional democrática;
iv) Sociedade democrática – tem a ver com a unidade sistemática da Declaração. Não são quaisquer exigências da moral que contam, mas apenas aquelas que sejam peculiares numa sociedade democrática. Os limites encontram-se assim funcionalizados em relação ao funcionamento da sociedade democrática. Os limites, não os direitos. MIRANDA, Jorge, (2012). *Manual de Direito Constitucional,* Vol. IV, 5º Ed., Coimbra Editora: Coimbra; p. 192.

o acolhimento da teoria dos limites imanentes seria mais gravosa para o princípio da unidade da Constituição – através dela sacrificar-se-ia o regime de proteção dos direitos, liberdades e garantias -, do que uma interpretação, mesmo alegadamente à revelia da letra do artigo 18º, nº 2, que considerasse que a autorização constitucional não tem de ser expressa, podendo basear-se no "sistema de direitos";

b) No que concerne ao caráter ampliador ou redutor do artigo 16º, nº 2, da CRP do nosso catálogo de direitos fundamentais, julgamos que a localização sistemática do reenvio constitucional para a DUDH, no mesmo artigo em que se inclui uma cláusula aberta ou de não tipicidade de direitos fundamentais, sugere um exclusivo sentido ampliativo. Não faria, aliás, sentido constatar um regime excecional de restrições aos direitos, liberdades e garantias e depois defender que todos os direitos fundamentais podem ser limitados por cláusulas vagas e indeterminadas como as constantes do artigo 29º, nº 2, da DUDH;

c) Mesmo se atentarmos na tentativa de objetivização dessas cláusulas, levada a cabo por MIRANDA, cabe questionar a respetiva utilidade, se os critérios nelas supostamente contidos se identificam, afinal, com os princípios constitucionais vigentes, com a exceção da moral. Não nos parece, não obstante, que faça sentido sustentar uma diferenciação de regimes, fundada numa distinção desnecessária entre limites e restrições, se os limites são exatamente os mesmos das restrições. Pese embora essa diferenciação de regimes aparente ser constitucionalmente inócua, na realidade, o desiderato de inclusão da moral na teoria dos direitos fundamentais não pode deixar de suscitar resistências e de nos levar a reiterar todas as críticas e perigos de subjetivismo que, historicamente, são atribuídas à tese dos limites imanentes ou da teoria interna das restrições;

d) Em acréscimo, o elemento histórico ajuda a recusar uma interpretação assim tão ampla de limites: a preocupação do legislador constituinte em afastar o "fantasma" do artigo 8º, §1 da Constituição de 1933[419]. Quais as faculdades dos direitos e liberdades comunicativas que deveriam ficar previamente excluídas de qualquer ponderação constitucional, porque seriam atentatórias da moral?

[419] Mesmo que se admitisse o recurso, por exemplo, às justas exigências da moral ou à ordem pública para limitar (ou restringir) os direitos fundamentais, tal como MIRANDA adverte, tal não dispensa um juízo de ponderação: "só são admissíveis os limites que sejam necessários, adequados e proporcionados". – MIRANDA, Jorge (2012). *Manual de Direito Constitucional,* Tomo IV, 5ª ed., Coimbra Editora: Coimbra; p. 267.

Em suma, os direitos, liberdades e garantias devem ser entendidos como princípios ou mandatos de otimização[420], que consagram posições jurídicas *prima facie,* inseridas numa conceção alargada do *Tatbestand,* cuja posição jurídica definitiva ou efetivo âmbito de proteção há-de resultar da ponderação com outros direitos ou interesses constitucionalmente protegidos[421]. Esta conceção principialista constitui o núcleo da teoria dos direitos fundamentais *alexyana*[422]. A ela contrapomos, igualmente, um conceito amplo de restrição, que inclua todos os casos de compressão do conteúdo de um direito ou de redução de faculdades ou âmbitos de proteção que, em abstrato, nele estariam compreendidos[423]. Desse conceito amplo resulta que o regime constitucional de proteção dos direitos fundamentais deve ser aplicável, na sua totalidade, quer a intervenções restritivas[424], quer a todos os casos de desenvolvimento legislativo do conteúdo dos direitos ou à regulação primária das condições de exercício dos direitos: enfim a todas as intervenções legislativas[425] no domínio das restrições dos direitos, liberdades e garantias, restritivas, concretizadoras, ampliadoras ou regulamentadoras"[426].

[420] Sobre a diferença entre os princípios enquanto mandatos de otimização e mandatos que se otimizam ou mandatos a otimizar – ALEXY, Robert (2003). *Tres escritos sobre los derechos fundamentales y la teoría de los principios.* Bogotá: Universidad Externado de Colombia; pp. 108 e 109.

[421] VIANA (CASTRO), Raquel Alexandra Brízida (2000). *Contributo para o Estudo da Eutanásia no Direito Constitucional Português,* Relatório de Mestrado (inédito), Faculdade de Direito da Universidade de Lisboa: Lisboa; pp. 103 e segs p. 106.

[422] JAN-SIECKMANN, R. (2011) *La Teoria Principialista de los Derechos Fundamentales,* Marcial Pons: Madrid; p.18.

[423] SOUSA, Marcelo Rebelo de/ALEXANDRINO, José de Melo (2000). *Constituição da República Portuguesa Comentada, Lisboa,* Anotação ao artigo 18º; p. 98.

[424] Na intervenção restritiva, conceito introduzido na doutrina portuguesa por NOVAIS, afeta-se negativamente o conteúdo da posição individual que resulta da titularidade de um direito fundamental, permanecendo todavia, em princípio, inalterada a norma de direito fundamental e o correspondente conteúdo objetivo do direito. – NOVAIS, Jorge Reis (2003). *As Restrições aos Direitos Fundamentais Não Expressamente Autorizadas Pela Constituição,* Coimbra Editora: Coimbra; p. 194.

[425] Em sentido contrário, recuperando a clássica distinção de STERN, ALEXANDRINO defende a distinção entre configuração e restrição, enquanto "concretização particular na figura da regulamentação do exercício". ALEXANDRINO considera *"obrigatória a distinção entre as situações de restrição legislativa e as de solução, abstrata ou concreta, de colisões ou conflitos que envolvam direitos fundamentais; tal como se justifica a distinção categorial das leis conformadoras".* Trata-se, pelo exposto, de uma posição na qual não nos revemos.- ALEXANDRINO, José de Melo (2006). *A Estruturação do Sistema de Direitos. Liberdades e Garantias na Constituição Portuguesa: A Construção Dogmática,* Vol. II, Coimbra Editora: Coimbra; pp. 476 e 477

[426] SOUSA, Marcelo Rebelo de/ALEXANDRINO, José de Melo (2000). *Constituição da República Portuguesa Comentada, Lisboa,* Anotação ao artigo 18º; p. 98.

6.1. Princípios, Proporcionalidade e Ponderação: Objeções e Virtudes

6.1.1. Não existe uma relação determinista entre princípios e valores metafísicos ou suprapositivos, bem como entre princípios e ausência de normas. Todas as normas constitucionais podem conter regras e princípios, sendo esta uma distinção qualitativa e não apenas de grau, para além de controvertida. As regras são mandatos definitivos[427], proposições normativas aplicáveis sob a forma de tudo ou nada, ao contrário dos princípios. Se os factos nelas previstos ocorrerem, a regra deve incidir de modo direto e automático. O inverso só acontece se a regra for inválida, não houver outra mais específica, ou não estiver em vigor[428]. Os princípios são razões para juízos de ponderação, no sentido *dworkiniano*, argumentos em favor de juízos normativos e não normas que guiem diretamente as condutas[429], normas de *dever ser* ideal, suscetíveis e carentes de ponderação[430], com um mínimo de correspondência no plano do ser. Comum às colisões entre princípios ou entre regras é a existência de duas normas cuja aplicabilidade simultânea levaria a resultados incompatíveis, a dois juízos jurídicos concretos contraditórios. A diferença torna-se evidente na forma de solução do conflito: um conflito entre regras só pode ser resolvido através da introdução de uma cláusula de exceção numa delas, ou então da invalidação de outra.

A ponderação consiste numa técnica de decisão jurídica aplicável aos casos mais difíceis, em relação aos quais a subsunção se mostrou insuficiente[431]. Perante antinomias normativas que envolvam princípios, a lei da colisão[432] determina que as condições perante as quais um principio deve ter prioridade perante outro constituem o pressuposto *de facto* de uma regra que expressa a consequência jurídica do princípio que tem prioridade, de acordo com uma relação de precedência condicionada. O estabelecimento dessa relação condi-

[427] ALEXY, Robert (2003a). *Tres escritos sobre los derechos fundamentales y la teoría de los principios*. Bogotá: Universidad Externado de Colombia; p. 96.

[428] BARROSO, Luís Roberto/BARCELOS, Ana Paula de (2003). "O Começo da História: A Nova Interpretação Constitucional e o Papel dos Princípios no Direito Brasileiro", *in Interpretação Constitucional*, org. Virgílio Afonso da Silva, Malheiro Editores: Brasil; p. 284.

[429] JAN-SIECKMANN, R. (2011). "Los Derechos Fundamentales como Principios", *in La Teoria Principialista de los Derechos Fundamentales*, Marcial Pons: Madrid; p.28.

[430] JANSEN, Nils (2011). "Los Fundamentos Normativos de la Ponderación Racional en el Derecho", *in La Teoria Principialista de los Derechos Fundamentales*, Marcial Pons: Madrid; p. 58.

[431] BARROSO, Luís Roberto/BARCELOS, Ana Paula de (2003). "O Começo da História: A Nova Interpretação Constitucional e o Papel dos Princípios no Direito Brasileiro", *in Interpretação Constitucional*, org. Virgílio Afonso da Silva, Malheiro Editores: Brasil; p. 287.

[432] ALEXY, Robert (2003a). *Tres escritos sobre los derechos fundamentales y la teoría de los principios*. Bogotá: Universidad Externado de Colombia; p. 96

cionada ocorre através da definição de uma regra, cuja construção foi motivada pelo caso concreto. E os princípios, neste caso, são razões necessárias para as regras, pois as regras que são criadas têm por base os princípios opostos. Fundamental para a teoria dos princípios é o princípio da proporcionalidade[433], assim como o inverso também é verdadeiro: os princípios, enquanto mandatos de otimização, exigem a sua máxima realização possível, em função das possibilidades fácticas e jurídicas[434]. Quanto maior seja o grau de não cumprimento ou de afetação de um princípio, tanto maior deve ser a importância do cumprimento de outro – lei da ponderação. Note-se, contudo, que da afirmação da importância deste princípio não decorre, para todos os autores, que todos os princípios jurídicos que não possam ser aplicados por subsunção têm a estrutura de mandatos de otimização, podendo ser entendidos como garantia de uma posição mínima ou quadro, ou como proibição de uma desproporção manifesta ou extrema[435].

Não obstante o presente estudo não pretender contribuir para uma uma dogmática dos direitos fundamentais, cabe analisar algumas das principais objeções recentemente dirigidas à teoria dos princípios e ao seu procedimento de ponderação. Para além das críticas sobre a alegada irracionalidade e ilegitimidade dos tribunais para procederem a ponderações, cabe ainda destacar as que se referem a uma alegada incompatibilidade substantiva com uma conceção liberal de direitos fundamentais ou à respetiva falta de utilidade para a construção de uma dogmática universal dos direitos fundamentais. Quanto ao modelo ponderativo, algumas teses sustentam que a decisão seria, em si mesma, um juízo de valor, perdendo-se a categoria do correto e quebrando-se o caráter deôntico dos princípios. Acresce ainda a alegada incapacidade para explicar a função dos princípios como razões de ponderação.

433 BOROVWSKI, por exemplo, observa que algumas dogmáticas que inicialmente foram entendidas como conceções independentes acabaram por ser aglutinadas no princípio da proporcionalidade: a teoria dos três níveis do Tribunal Constitucional federal alemão, referente ao artigo 12º, parágrafo 1, da Constituição; a garantia do conteúdo essencial do artigo 19º, parágrafo 2, numa perspetiva subjetiva-relativa. – BOROVWSKI, Martin (2011). "Derechos de defensa como princípios fundamentales", *in La Teoria Principialista de los Derechos Fundamentales*, Marcial Pons: Madrid; p. 105.

434 ALEXY, Robert (2003a). *Tres escritos sobre los derechos fundamentales y la teoría de los principios*. Bogotá: Universidad Externado de Colombia; p. 103.

435 O que quer dizer que, por exemplo para POSCHER, entre a ponderação optimizadora e os princípios jurídicos não existe nenhuma conexão conceptual. – POSCHER, Ralf (2011). "Aciertos, Erros y Falso Autoconcepto de la Teoria de los Princípios", *in La Teoria Principialista de los Derechos Fundamentales*, Marcial Pons: Madrid; p. 87.

6.1.2. Uma das dúvidas lançadas para a reflexão, pressuposta na objeção substancial suscitada por Habermas, encontra-se presente na crítica material-filosófica que duvida que uma teoria de direitos fundamentais, baseada no princípio da proporcionalidade, seja compatível com os elementos básicos das teorias liberais da justiça[436]. Os direitos fundamentais positivariam postulados jusracionalistas aos quais, dentro da tradição do liberalismo político, se concedeu um peso especial perante bens coletivos, o que excluiria, por natureza a ponderação[437]. Efetivamente, esta tese apenas autoriza o estabelecimento de relações de prevalência condicionada e *in casu*. A concessão de primazia a um princípio, relativamente a outros, tem sido apontada[438], precisamente, como uma forma clássica alternativa de decidir entre pretensões normativas opostas[439]. A ponderação, pelo contrário, implica que quem pondera reconheça as pretensões e os argumentos em colisão como igualmente legítimos, em princípio, e não disponha, *a priori*, de nenhum critério substantivo de decisão[440]. Nesta senda, devem ser tidas em conta todas as pretensões

[436] Jan-Sieckmann, R. (2011). *La Teoria Principialista de los Derechos Fundamentales*, Marcial Pons: Madrid; p.25.

[437] Segundo Jan-Sieckmann, uma conceção liberal de direitos fundamentais exclui, em princípio, a ponderação dos direitos de liberdade com bens coletivos e aplica a reserva de ponderação unicamente à delimitação das esferas de liberdade. – Jan-Sieckmann, R. (2011). "Los Derechos Fundamentales como Principios", *in La Teoria Principialista de los Derechos Fundamentales*, Marcial Pons: Madrid; p.48, nota 64.

[438] Nesse sentido – Alexandrino, José de Melo (2006). *A Estruturação do Sistema de Direitos. Liberdades e Garantias na Constituição Portuguesa: A Construção Dogmática*, Vol. II, Coimbra Editora: Coimbra; pp. 419 e segs. Mesmo assim, sustenta que se trata de *"uma prevalência sempre e apenas relativa: i) por ser abstrata (não-definitiva), sendo uma prevalência histórica e positivamente concretizada e por isso suscetível de assumir várias configurações;ii) trata-se de uma prevalência não das partes isoladamente consideradas mas de grandes conjuntos, ou seja, de agregados de estruturas constitucionais (como o conjunto de normas de direitos insuscetíveis de suspensão ou o conjunto de normas de direitos, liberdades e garantias pessoais e o próprio conjunto das normas de direitos, liberdades e garantias), que não exonera o intérprete da necessidade de, dentro deles, proceder a ulteriores distinções e categorizações."*

[439] Para Jansen, essa solução estaria presente em Rawls, no que concerne às liberdades políticas perante as vantagens económicas, ainda que o seu primeiro princípio de justiça tenha sido reformulado mais restritivamente: *i)* "Cada pessoa deve ter um direito igual ao esquema mais extenso de liberdades básicas iguais que seja compatível com um esquema semelhante de liberdade para os demais"; *ii)* "todas as pessoas são iguais ao ponto de exigir um esquema adequado de direitos e liberdades básicas iguais, esquema que é compatível com o mesmo esquema para todos; e nesse esquema o seu valor equitativo a liberdades políticas iguais, e só a essas liberdades". – Jansen, Nils (2011). "Los Fundamentos Normativos de la Ponderación Racional en el Derecho", *in La Teoria Principialista de los Derechos Fundamentales*, Marcial Pons: Madrid; p. 60, nota 48.

[440] Jansen, Nils (2011). "Los Fundamentos Normativos de la Ponderación Racional en el Derecho", *in La Teoria Principialista de los Derechos Fundamentales*, Marcial Pons: Madrid; p. 66.

normativas relevantes e, na sua conciliação, apenas podem ser usados como argumentos os princípios aplicáveis, de acordo com o direito positivo.

Para Alexy, os direitos devem ceder perante bens coletivos, na medida em que a precedência de um bem coletivo possa ser fundamentada à luz dos princípios. Não é admissível que apenas se possam considerar justificadas as restrições daqueles bens coletivos reconduzíveis a bens individuais[441], nem a qualificação como configurações/regulações e não como restrições das afetações desvantajosas efetuadas, em razão de bens coletivos. Apenas poderá revelar-se, não obstante, uma relação de prevalência condicionada e não absoluta, apurada no processo ponderativo. Por conseguinte, são constitucionalmente admissíveis intervenções desvantajosas em faculdades do direito de um proprietário de *media*, justificadas à luz do pluralismo democrático ou da diversidade, sendo entendidas como expressão de uma obrigação social *ab initio* incluída na propriedade, afetada por uma intervenção carente de justificação constitucional. E essa intervenção não pode deixar de ser qualificada uma restrição, em sentido amplo, para efeitos de convocação do regime de proteção dos direitos fundamentais. No sentido *alexyano*, é a própria teoria dos princípios que atribui força vinculante aos direitos fundamentais, uma vez que a capacidade de resistência passiva dos direitos que têm a estrutura de princípios cresce em intensidade proporcional à intensidade da restrição, fortalecendo-os[442].

6.1.3. Habermas assinala que só num modelo de decisão jurídica, livre de ponderações e otimizações, é que ela pode catalogar-se como correta ou falsa, uma vez que num modelo baseado na otimização e ponderação, a decisão seria, em si mesma, um juízo de valor. O preço seria, portanto, a perda da categoria do correto. O argumento *habermasiano* baseia-se no pressuposto, alegadamente ausente da ponderação, de que na decisão apenas relevam normas, no sentido deontológico. Ao invés, na ponderação, apenas atuariam princípios ou valores, alegadamente desprovidos de normas, revelando-se insuscetíveis de fundamentar qualquer juízo, sendo, pelo contrário, os juízos o resultado desse procedimento. Parece-nos frágil o argumento de que a ponderação envolve normas no sentido deontológico e que, por essa razão, não pode ser

[441] Alexy, Robert (2003a). *Tres escritos sobre los derechos fundamentales y la teoría de los principios.* Bogotá: Universidad Externado de Colombia; p. 135.

[442] Alexy, Robert (2003a). *Tres escritos sobre los derechos fundamentales y la teoría de los principios.* Bogotá: Universidad Externado de Colombia; p. 130.

um procedimento para a fundamentação ou justificação[443], especialmente após a introdução posterior da fórmula do peso[444].

HABERMAS baseia-se precisamente no pressuposto inverso, na formulação da objeção teleológica[445], segundo a qual, a definição dos princípios, enquanto mandatos de otimização, conduz à perda do seu caráter deontológico, porquanto seriam tratados como valores e, nessa medida, assumiriam sentido teleológico. Uma crítica que ALEXY refuta, imputando a HABERMAS

[443] Exemplo: decisão do Tribunal Constitucional Federal sobre a revista satírica Titanic, que apelidou de "*assassino nato*" e, numa edição posterior, de "aleijado", um oficial da reserva paraplégico, chamado para prestar serviço militar. O Tribunal procedeu à ponderação entre os direitos colidentes – a liberdade de expressão da revista e o direito à honra do oficial –, determinou a intensidade das respetivas afetações e relacionou-os. A condenação ao pagamento de uma indemnização foi considerada demasiado dura, mesmo uma intervenção grave na liberdade de expressão, atento os efeitos futuros que ela poderia vir a produzir na edição da revista. Paralelamente, o apelido de "*assassino nato*" foi interpretado no contexto de muitas sátiras publicadas habitualmente pela revista, o que excluiu o entendimento dessa afetação como não permitida, grave e ilegítima do direito à honra, tendo-lhe sido atribuída uma intensidade média e mesmo leve. De acordo com a lei da ponderação e com a teoria dos princípios, através da fórmula do peso, para que haja condenação ao pagamento de uma indemnização, em virtude de uma intervenção grave no direito à liberdade de expressão, a afetação do direito à honra terá de ser, pelo menos, grave. Ou seja, a determinação dos graus de afetação dos direitos é decisiva: a lei da ponderação exige que as razões que justifiquem a intervenção sejam proporcionais à intensidade da intervenção. De acordo com as catalogações do tribunal, concluiu-se que, no caso exposto, a liberdade de expressão – por causa da sua afetação grave que por sua vez enfrenta uma afetação leve no direito à honra – fundamenta o juízo de que é inadmissível impor uma sanção por causa do apelido "*assassino nato*", prevalecendo, nestas condições, a liberdade de expressão sobre o direito à honra. Pelo contrário, uma muito grave afetação do direito à honra fundamenta a imposição de uma sanção perante o apelido "*aleijado*". De acordo com estas condições, o direito à honra prevalece sobre a liberdade de expressão. Para ALEXY estas são fundamentações e, independentemente de serem ou não corretas, a decisão pode implicar uma pretensão de correção. São, ao mesmo tempo, ponderações, uma vez que consistem em relacionar, mediante catalogações e gradações, princípios que jogam em sentido contrário e isso representa a essência da ponderação. – ALEXY, Robert (2003a). *Tres escritos sobre los derechos fundamentales y la teoría de los principios.* Bogotá: Universidad Externado de Colombia; p. 129.

[444] A fórmula do peso foi introduzida por ALEXY, no epílogo da Teoria dos Direitos Fundamentais, e pretende representar a estrutura da ponderação com a ajuda de um modelo matemático. É um instrumento formal, tal como a lógica proporciona os meios formais para representar a estrutura inferencial da subsunção das regras. Sobre as várias formulações da fórmula do peso que o autor foi simplificando – ALEXY, Robert (2011). "Sobre a estrutura de los derechos fundamentales de protección", *in La Teoria Principialista de los Derechos Fundamentales,* Marcial Pons: Madrid; pp. 126 a 128.

[445] ALEXY, Robert (2003a). *Tres escritos sobre los derechos fundamentales y la teoría de los principios.* Bogotá: Universidad Externado de Colombia; p. 122.

um conceito muito (demasiado) forte do significado do caráter deôntico [446], que presspõe uma estrutura obrigatória estrita das normas associada a uma codificação binária de pretensão de efetividade[447] e, por último, de caráter absoluto, baseado na pretensão de um dever ser bom para todos, em igual medida, expressando uma obrigação universal (ao contrário dos valores que teriam uma vinculatividade relativa). Este último aspeto revela-se particularmente problemático, no que concerne a normas jurídicas, dado que, ao contrário das normas morais, as normas jurídicas não estabelecem em geral o que é bom para todos, limitando-se a regular a vida em comum, numa comunidade jurídica em concreto[448].

6.1.4. Um dos problemas imputados à conceção dos princípios como normas que devem ser otimizadas, é o da sua incapacidade para explicar a função dos princípios como razões de ponderação: os princípios colidentes são considerados, não apenas objeto de ponderação, mas também argumentos em favor dos resultados de ponderações determinadas, embora, mutuamente, incompatíveis[449]. No conflito entre a liberdade de expressão e a proteção da honra, aquela serve como argumento legitimador de certas manifestações lesivas da honra, enquanto o princípio da proteção da honra é, por sua vez, um argumento favorável à não admissibilidade dessas mesmas manifestações.

Por conseguinte, para certos autores, faltaria uma definição de otimização, uma vez que a lei da ponderação – quanto mais intensa for a afetação do direito fundamental, tanto mais importantes devem ser as razões que a justificam – seria um mero parâmetro comparativo e não um critério para escolher as melhores soluções[450]. É por isso que alguns constitucionalistas acabam por recorrer ao que consideram ser uma definição de resultados ótimos de ponderação, através do critério *paretiano* de eficiência, que se relaciona com o princípio constitucional da necessidade: os resultados ótimos definem-se pelo ponto no qual, a curva de *soluções ótimas paretianas* se cruza com a curva

[446] Segundo este conceito, as normas têm uma estrutura obrigatória estrita, obrigam os seus destinatários sem exceções nem condições – correlativo a um caráter restrito de regras.

[447] Neste contexto, as normas ou têm efetividade ou não, não sendo graduável, como acontece com os princípios.

[448] ALEXY, Robert (2003a). *Tres escritos sobre los derechos fundamentales y la teoría de los principios.* Bogotá: Universidad Externado de Colombia; p. 125.

[449] JAN-SIECKMANN, R. (2011). "Los Derechos Fundamentales como Principios", *in La Teoria Principialista de los Derechos Fundamentales,* Marcial Pons: Madrid; p.30.

[450] JAN-SIECKMANN, R. (2011). "Los Derechos Fundamentales como Principios", *in La Teoria Principialista de los Derechos Fundamentales,* Marcial Pons: Madrid; p.30.

da indiferença, situada no ponto mais alto[451]. As alternativas à definição de princípios, consideradas por estes autores, também não conduzem a resultados satisfatórios, designadamente as conceções dos princípios como norma *prima facie*[452], norma *pro tanto*[453], ou como normas dotadas de pressupostos *de facto* incompletos e abertos que contêm, unicamente, condições de aplicação necessárias mas insuficientes[454].

6.1.5. Um outro ponto controvertido na teoria dos princípios prende-se com a relação entre regras/princípios e subsunção/ponderação: as regras aplicar-se-iam mediante subsunção e a aplicação dos princípios exigiria sempre ponderação. O silogismo jurídico da subsunção[455] poderia ser reconstruído, de acordo com um processo puramente lógico, sendo os argumentos normativos e práticos apenas necessários para a justificação externa das premissas relevantes. Os autores defendem que a aplicação de uma norma jurídica a uma grande quantidade de estados de coisas, relevantes para ela, não se limita, em princípio, à alternativa entre a subsunção, mediante um *"mero seguir as regras"*, nos casos fáceis, ou a ponderação, no sentido de um mandato de otimização,

[451] Jan-Sieckmann, R. (2011). "Los Derechos Fundamentales como Principios", *in La Teoria Principialista de los Derechos Fundamentales,* Marcial Pons: Madrid; p.30 e 31.

[452] *Conforme ao princípio da liberdade de expressão, as manifestações de opinião lesivas da honra estão permitidas.*

[453] *Em casos normais, também as manifestações de opinião que lesem a honra estão permitidas-* – Esta formulação atende ao traço *prima facie* no caráter incompleto, ou na incompletude da justificação que, todavia, não tomou em consideração todos os pontos de vista relevantes. – Jan-Sieckmann, R. (2011). "Los Derechos Fundamentales como Principios", *inLa Teoria Principialista de los Derechos Fundamentales,* Marcial Pons: Madrid; p.32, nota 26.

[454] *Segundo os argumentos disponíveis até agora, também as manifestações de opinião que lesam a honra são permitidas* ou então *As manifestações de opinião são permitidas.* Para Jan-Sieckmann, as normas que se limitam a referir os casos normais (norma *prima facie*), ou o estado atual da argumentação, não fornecem nenhuma proposição sobre como decidir, no caso de colisão, entre princípios opostos. – Jan-Sieckmann, R. (2011). "Los Derechos Fundamentales como Principios", *inLa Teoria Principialista de los Derechos Fundamentales,* Marcial Pons: Madrid; p.32.

[455] Note-se que, mesmo para o neo-constitucionalismo, quando se fala numa "nova interpretação constitucional", não se está renegar o conhecimento convencional, a importância das regras ou o valor das soluções substantivas. Segundo Barroso, a nova interpretação constitucional é fruto de evolução seletiva, que conserva muitos dos conceitos tradicionais, aos quais, todavia, agrega ideias novas que visam responder a desafios diferentes. – Barroso, Luís Roberto/Barcelos, Ana Paula de (2003). "O Começo da História: A Nova Interpretação Constitucional e o Papel dos Princípios no Direito Brasileiro", *in Interpretação Constitucional,* org. Virgílio Afonso da Silva, Malheiro Editores: Brasil; p. 275.

nos restantes casos[456]. Perante certas normas, ou estados de coisas complexas, que requerem outras técnicas analíticas, na lógica da teoria principialista, ter-se-ia que reclamar um terceiro tipo, próprio e específico de norma[457]. Para Poscher, uma dogmática que se limite à ponderação de princípios não é dogmática, uma vez que ela surge através da formação de estruturas normativas, mediante a argumentação jurídica, na qual – ao lado dos precedentes, das tradições, da *génesis,* das necessidades e circunstâncias objetivas, as considerações sistemáticas e analíticas – podem caber também as ponderações optimizadoras.

Efetivamente, tudo parece indicar que a ponderação não é uma alternativa à subsunção, operando em fases distintas da aplicação do Direito. Pode o juiz limitar-se à subsunção do caso, nos pressupostos ou condições de aplicação de uma lei, em que esteja em causa um problema que envolve princípios[458]. Mas antes de ponderar, é preciso subsumir[459].

6.1.6. Pela nossa parte, parece-nos que uma importante parcela do elenco de insuficiências, imputadas à tese principialista *alexyana,* relaciona-se com a sua alegada desadequação para contribuir para a construção de uma teoria hipoteticamente ideal, integrativa de jurisprudências, de vocação universal[460]. O objetivo seria, ou deveria ser, o de conceptualizar uma teoria geral dos direitos fundamentais, seletiva e tendenciosa[461], aplicável ao conjunto dos

[456] Poscher, Ralf (2011). "Aciertos, Erros y Falso Autoconcepto de la Teoria de los Princípios", *in La Teoria Principialista de los Derechos Fundamentales,* Marcial Pons: Madrid; p. 83.

[457] Para o autor, o erro categorial da teoria dos princípios, é *ontologizar* as diferentes técnicas de aplicação de normas e concebê-las como tipos de normas diferentes. – Poscher, Ralf (2011) "Aciertos, Erros y Falso Autoconcepto de la Teoria de los Princípios", *in La Teoria Principialista de los Derechos Fundamentales,* Marcial Pons: Madrid; p. 85.

[458] Sanchis, Luis Prieto (2001). "Neoconstitucionalismo e Ponderación Judicial", *AFDUAM, 5*; p. 217.

[459] Sanchis, Luis Prieto (2001). "Neoconstitucionalismo e Ponderación Judicial", *AFDUAM, 5*; p. 217.

[460] *"Uma reflexão hermenêutica (...) acerca do ponto de partida de um discurso sobre os direitos humanos entre participantes com diferentes origens culturais revela os conteúdos normativos que estão presentes nos pressupostos tácitos de qualquer discurso orientado para o entendimento. Independentemente das culturas particulares, todos os participantes de um discurso bem sabem, de forma intuitiva, que não pode haver consenso baseado no convencimento enquanto não existam relações simétricas entre os participantes da comunicação, isto é, relações de reconhecimento mútuo, de admissão da perspetiva do outro (...)".* – Häbermas, Jürgen (2013). "Sobre a legitimação baseada nos Direitos Humanos", *in Civilistica.com,* nº1; pp. 17.

[461] (...) *A partir desta base é possível criticar não apenas as leituras seletivas, as interpretações tendenciosas ou as torpes aplicações dos direitos humanos, mas também as suas desavergonhadas instrumentalizações que visam mascarar como universal interesses que são particulares, de forma que induzam à falsa suposição de que o*

Estados constitucionais democráticos[462], apta a responder à questão de saber se e quais os princípios jusfundamentais[463] que devem estar, necessariamente, incluídos numa Constituição[464].

Não resistimos em constatar que a principal virtualidade da teoria dos princípios e da técnica de ponderação reside, precisamente, na decepção dessas expectativas, no estímulo de uma interpretação em que não se define uma hierarquia de certas normas constitucionais ou princípios, mas antes uma relação de continuidade e de efeitos recíprocos[465]. Na verdade, o modelo principialista não é compatível, *a priori*, com nenhuma conceção de direitos fundamentais, liberal ou qualquer outra, porquanto não é possível estabelecer nenhuma relação de prevalência absoluta de princípios ou de direitos fundamentais. Pelo contrário, a ponderação, técnica jurídica intimamente associada ao modelo de princípios, implica que, como já vimos, quem pondera parta de uma posição neutral e imparcial e reconheça todos os argumentos conflituantes como igualmente legítimos, em princípio, e que, na solução, não sobreponha um critério substantivo de decisão, fundado nos seus preconceitos ou precompreensões filosóficas, políticas ou morais. JANSEN[466] lembra, assertivamente, que o princípio da proporcionalidade começou por ser uma barreira liberal frente às restrições estatais da liberdade, querendo depois impedir que o Estado prosseguisse objetivos ideológicos intolerantes, traduzindo-se no reconhecimento da autonomia individual e, por isso, da tolerância perante argumentos e projetos de vida divergentes. Em conformidade, a procedência da objeção substancial de HABERMAS conduzir-nos-ia a uma superação ilegí-

sentido dos direitos humanos esgota-se em seu abuso." – HÄBERMAS, Jürgen (2013). "Sobre a legitimação baseada nos Direitos Humanos", *in Civilistica.com*, nº1; pp. 17.

462 JAN-SIECKMANN, R. (2011). "*La Teoria Principialista de los Derechos Fundamentales,* Marcial Pons: Madrid; p.18.

463 JANSEN discute, por exemplo, se o conceito de ponderação é geral ou universalmente válido, para concluir que só o será, caso constitua uma expressão de leis gerais de raciocínio ou parâmetros de racionalidade universais e não jurídicos, que sejam vinculantes em qualquer argumentação normativa. A sua tese central é a de que o conceito de ponderação, como expressão de valores europeus comuns, tem eficácia geral na Europa, ainda que não constitua um parâmetro universal de racionalidade. – JANSEN, Nils (2011). "Los Fundamentos Normativos de la Ponderación Racional en el Derecho", *in La Teoria Principialista de los Derechos Fundamentales,* Marcial Pons: Madrid; pp. 51-70.

464 JAN-SIECKMANN, R. (2011). "Los Derechos Fundamentales como Principios", *in La Teoria Principialista de los Derechos Fundamentales,* Marcial Pons: Madrid; p. 37.

465 SANCHIS, Luis Prieto (2001). "Neoconstitucionalismo e Ponderación Judicial", *AFDUAM, 5*; p. 216.

466 JANSEN, Nils (2011). "Los Fundamentos Normativos de la Ponderación Racional en el Derecho", *in La Teoria Principialista de los Derechos Fundamentales,* Marcial Pons: Madrid; p. 66.

tima e inconstitucional das premissas da teoria dos princípios, mais ajustadas a um ordenamento juridico-constitucional compromissório, como o nosso.

Neste sentido, o facto de a teoria dos princípios *alexyana* ter ficado aquém das ambições de uma teoria integrativa[467] poderá conferir-lhe a isenção e imparcialidade necessárias à técnica da ponderação, aperfeiçoada pela fórmula do peso. Assume, neste conspecto, especial relevância que o intérprete não transforme a decisão, ela própria, num juízo de valor, introduzindo parâmetros de correção fundados no seu sistema de valores preferido. Os princípios são objeto de ponderação e, ao mesmo tempo, argumentos em favor de juízos normativos, mas só são suscetíveis de garantir a racionalidade e cientificidade do modelo se tiverem base constitucional. As normas de dever ser ideal aplicadas têm de ter existência no plano do ser, constituindo os respetivos enunciados semânticos, como vimos, o limite da descodificação dos valores implícitos nos princípios constitucionais, cuja juridicidade e credencial de inclusão na ponderação lhes são garantidas pelo respetiva positivação constitucional.

Desta forma, refutando a ontologização dos princípios através da sua consideração autónoma como valores, à luz das objeções *habermasianas,* garante-se que os princípios salvem o seu caráter deôntico porquanto partilham da mesma legitimidade constitucional onde, concomitantemente, se fundam positivamente os argumentos e *topoi* tidos em conta na busca de uma decisão, juridicamente correta. Pelo exposto, é juridico-constitucionalmente irrelevante se o desfecho de uma ponderação entre princípios é ou não correto à luz de conceções abstratas e abrangentes, políticas, filosóficas ou morais. O que verdadeiramente importa, em termos jurídicos, é a fundamentação de uma decisão obtida através da ponderação de princípios, integrados numa mesma Constituição, localizada no espaço e no tempo. Não há um pressuposto liberal e a única estratégia de indiferenciação, suspeita e susceptivel de interrogações, será aquela que não atenda às *boas razões para proceder a uma delimitação substancial do âmbito normativo dos direitos ao nível constitucional, por interpretação*[468]. O que só reforça as objeções que dirigimos aquelas aceções de Constituição que conduzem à sobrevalorização das precompreensões do

[467] ALEXY, Robert (1985). *Teoria de los Derechos Fundamentales,* Trad. Esp. Centro de Estudios Constitucionales: Madrid; pp. 35 e segs.

[468] Para ALEXANDRINO, estes mesmos argumentos servem para sustentar o resultado inverso, como seja o de que não colhe a teoria dos princípios, perante o sistema normativo português. – ALEXANDRINO, José de Melo (2006). *A Estruturação do Sistema de Direitos. Liberdades e Garantias na Constituição Portuguesa: A Construção Dogmática,* Vol. II, Coimbra Editora: Coimbra; p. 476.

intérprete, as quais procuram numa ordem supraprositiva os fundamentos da ponderação.

Em conformidade, poder-se-á, então, questionar a adequação da opção pela tese principialista, atenta a sua suposta e contraditória tendência supraprositiva, suscetível de ser integrada em certas conceções do ordenamento jurídico-constitucional, mais especificamente no designado constitucionalismo moralmente reflexivo. Efetivamente, na génese da teoria dos princípios, pelo menos na sua variante anglo-saxónica, encontra-se a necessidade de recorrer, no processo de aplicação do direito, a princípios que, pelo menos em parte, não estão expressamente codificados. Esta ideia serviu, aliás, de baluarte para DWORKIN contra as teses de separação, contestatárias de eventuais conexões entre o direito e a moral, como vimos[469]. Alguma doutrina, não obstante, não hesita em sustentar que as teses *alexyanas* permanecem tributárias de alguns dos pressupostos centrais de um *positivismo jurídico livre de caricaturas*[470]. O seu conceito de norma está praticamente reduzido ao texto do direito positivo, pois defende que os direitos fundamentais devem ser considerados nas normas que são expressas por disposições de direitos fundamentais, as quais, por sua vez, são enunciados presentes no texto da constituição alemã e, somente, nesses enunciados[471].

ALEXY não deixa, porém, de reconhecer que um dos argumentos sobre a natureza do direito gira em torno da questão da legitimidade ou da correção do direito, convocando a essencialidade da relação entre o direito e a moral, no quadro de uma dimensão ideal ou crítica do direito[472]. Esta afirmação, a propósito do seu modelo triádico[473], parece ser, contudo, neutral[474]. O problema

[469] POSCHER, Ralf (2011). "Aciertos, Erros y Falso Autoconcepto de la Teoria de los Princípios", *in La Teoria Principialista de los Derechos Fundamentales,* Marcial Pons: Madrid; p. 74.

[470] FONTOURA, João Sábio Silva (2010). "Hermenêutica Constitucional e Pós-Positivismo: Notas sobre a Metódica Estruturante e sobre a Técnica da Ponderação", *10 Anos da Academia Brasileira de Direito Constitucional*; pp. 311 e segs.

[471] FONTOURA, João Sábio Silva (2010). "Hermenêutica Constitucional e Pós-Positivismo: Notas sobre a Metódica Estruturante e sobre a Técnica da Ponderação", *10 Anos da Academia Brasileira de Direito Constitucional*; p. 350.

[472] ALEXY, Robert (2003c). "La naturaleza de la Filosofia del Derecho", *Associations* 7; p. 151.

[473] O autor sustenta que, para além do referido (que seria o terceiro), os argumentos sobre a natureza do direito giram em torno de três problemas: *i)* o conceito de norma e de sistema normativo; *ii)* o segundo e o terceiro problemas relacionam-se com a validade do direito, sendo que o segundo prende-se com a sua dimensão real e fáctica, constituindo a área do positivismo jurídico. – ALEXY, Robert (2003c). "La naturaleza de la Filosofia del Derecho", *Associations* 7; p. 152

[474] Na opinião de ALEXY, as opções a tomar podem obedecer a quatro teses: *i)* Tese geral – todos os problemas filosóficos podem ser suscitados na filosofia do direito; *ii)* A segunda tese considera que há problemas específicos da filosofia do direito que resultam do facto de o direito ser, neces-

reside, precisamente, na possibilidade de, nessa abertura principial ou mesmo na fórmula do peso, o intérprete introduzir valores ou pesos específicos na ponderação, repristinando todos os elementos de irracionalidade e de subjetivismo que metodologicamente pretendeu afastar pelo recurso à ponderação. Em nosso entendimento, esse perigo será atenuado se, na senda do exposto: *i)* o parâmetro de verificação da correção do direito residir na Constituição escrita, partilhando da sua legitimidade; *ii)* os valores que sejam introduzidos na ponderação se encontrem, expressa ou implicitamente, positivados, privando-se de relevância jurídica os anteprojetos interpretativos, desprovidos de base constitucional.

6.1.7. À boleia de uma alegada visão frágil da tese dos princípios, certa doutrina apressou-se a extrair conclusões duvidosas respeitantes à competência para proceder a essas ponderações. Não sendo os resultados dessas ponderações objetivamente justificáveis, por pertencerem, alegadamente, à liberdade de conformação do legislador, não seria possível obter da ponderação de princípios constitucionais normas em relação às quais fosse oponível o primado da Constituição, uma vez que elas se estabeleceriam apenas através do juízo de quem as pondera[475]. Nos antípodas desta teoria, a tese inversa também se revela igualmente desajustada, porquanto atribui a competência ponderativa exclusiva ao Tribunal Constitucional. Esta tese encara os direitos fundamentais como: *i)* simples princípios que exigem a realização de liberdades ou de outros interesses individuais – enquanto mandatos de ponderação e *ii)* princípios que excluem a competência do legislador para ponderar os direitos fundamentais com outros interesses, conducentes a *proibições principiais*

sariamente, autoritário ou institucional, assim como crítico ou ideal; *iii)* A terceira tese refere a existência de uma relação especial entre a filosofia do direito e outras áreas da filosofia prática, especialmente a filosofia da moral e política – Tese da relação especial; *iv)* A quarta tese engloba as outras e reflete um ideal compreensivo.
Para o autor, a relevância desta afirmação torna-se evidente nas escolhas que possam ser feitas entre o ideal compreensivo e o máximo restritivo, as quais convertem-se numa teoria judicial do direito, separada da filosofia geral, da moral e da política. Esta escolha é, por isso, uma decisão fundamental, sendo o caráter da filosofia do direito determinado por esta decisão, mais do que pela escolha entre o positivismo e o não positivismo, uma escolha que ocorre na própria filosofia do direito. Para o autor, além da coercibilidade e da força, a segunda propriedade central do direito é precisamente a sua pretensão de correção, encontrando-se esta necessidade baseada numa necessidade prática, definida por uma relação entre meio e fim e, nesse sentido, tem um caráter teleológico. – ALEXY, Robert (2003c). "La naturaleza de la Filosofia del Derecho", *Associations* 7; p. 156.

[475] JAN-SIECKMANN, R. (2011). "Los Derechos Fundamentales como Principios", *in La Teoria Principialista de los Derechos Fundamentales,* Marcial Pons: Madrid; p.45.

de ponderação e a *exclusões principiais de competência* do legislador para submeter os direitos fundamentais a ponderação[476]. Os direitos fundamentais seriam entendidos como direitos, em princípio, imunes às competências ponderativas do legislador, o que implicaria atribuir aos tribunais constitucionais a última palavra sobre todas as questões envolvidas nessas proibições.

Numa tentativa de articulação desta conceção com a Constituição, JAN-SIECKMANN logo reconhece as dificuldades suscitadas pelos direitos fundamentais garantidos, sem reserva, em disposições constitucionais que não habilitam, expressamente, o legislador a proceder a ponderações. A sua interpretação como proibições principais de ponderação seria problemática nos casos em que o respetivo exercício pode conduzir, regularmente, a conflitos com outros direitos[477]. Pela nossa parte:

a) Por um lado, sem antecipar argumentos de direito positivo, essa solução baseia-se na presunção de que um entendimento que sufrague a primazia da Constituição é incompatível com a teoria dos princípios. Na verdade, ela pressupõe uma certa visão débil da teoria dos princípios, por ser alegadamente incapaz de fornecer critérios normativos para uma ponderação ou otimização racional, conducente a um juízo científico-jurídico inatacável e, materialmente, correto. Para compensar essa dimensão alegadamente fraca da teoria principialista, bem como para evitar a valorização da decisão do legislador constitucional na definição de critérios argumentativos num determinado ordenamento jurídico-constitucional, o autor resume a questão a uma falsa decisão, ensombrada pelo princípio democrático e divisão de poderes,

[476] JAN-SIECKMANN, R. (2011). "Los Derechos Fundamentales como Principios", *in La Teoria Principialista de los Derechos Fundamentales,* Marcial Pons: Madrid; pp. 46 e 47.

[477] Para o autor, haveria que distinguir três grupos de disposições jusfundamentais:
i) Direitos fundamentais com reserva de lei – o exercício destes direitos comporta, tipicamente, conflitos com outros interesses, pelo que habilita-se o legislador a limitar os direitos fundamentais afetados e, com este fim, ponderar outros interesses em colisão;
ii) Direitos fundamentais garantidos sem reserva – são *proibições principiais de ponderação;*
iii) Direitos fundamentais garantidos, explicitamente, mediante uma reserva de lei – disposições que estabelecem que só por lei, ou em virtude de uma lei, é admissível a limitação de um direito fundamental. Estas disposições excluem ingerências sem lei parlamentar, mas não autorizam a limitação do direito fundamental, nem para efetuar ponderações e devem ser interpretados como *proibições principiais de ponderação.* Essa ponderação não está autorizada pela Constituição, a não ser em casos excecionais que exigem justificação especial – JAN-SIECKMANN, R. (2011). "Los Derechos Fundamentales como Principios", in *La Teoria Principialista de los Derechos Fundamentales,* Marcial Pons: Madrid; pp. 47 e 48.

sobre quem se encontra melhor habilitado para efetuar os necessários juízos de ponderação: o legislador ou os tribunais constitucionais[478];

b) Por outro lado, pelo menos no ordenamento jurídico-constitucional português, os direitos, liberdades e garantias, mesmo os atinentes ao presente domínio normativo, encontram-se sujeitos a reserva de lei[479], sendo esta uma exigência reforçada pelo regime específico de proteção desses direitos, designadamente no que concerne às regras de natureza orgânica, contidas no artigo 18º, aplicáveis a todas as intervenções legislativas, independentemente da sua natureza[480]. O que implica que o legislador é o primeiro destinatário das carências ponderativas dos direitos fundamentais;

c) O que não obsta a que, em alguns casos que estudaremos, seja o próprio legislador, no âmbito da sua liberdade de conformação, a remeter para o juiz o poder de proceder a ponderações *in casu*. Acresce, naturalmente, a competência de todos os tribunais, no âmbito de um sistema de fiscalização difusa da constitucionalidade, para desaplicar as normas que julguem inconstitucionais[481], ou para aplicarem diretamente os direitos, liberdades e garantias, nos casos de omissão lesiva do legislador, porquanto as reservas de lei e de administração não são oponíveis ao poder jurisdicional. Cabe ainda referir o papel do Tribunal Constitucional, que é o tribunal ao qual compete especificamente administrar a justiça em matérias de natureza jurídico-constitucional, sendo-lhe cometido o controlo concreto e abstrato da constitucionalidade de normas. Os tribunais e o poder jurisdicional exercem o controlo da constitucionalidade, que consiste numa atividade repressiva e corretiva da lei que derroga uma estrita submissão dos tribunais à

[478] Jan-Sieckmann, R. (2011). "Los Derechos Fundamentales como Principios", *in La Teoria Principialista de los Derechos Fundamentales,* Marcial Pons: Madrid; p.46.

[479] Cfr. Artigo 165º, nº 1, alínea *b)* da CRP.

[480] Canotilho e Vital Moreira consideram que *"essa reserva de competência legislativa parlamentar – e implicitamente reserva material de lei – estende-se a todos os aspetos do regime dos direitos, liberdades e garantias e não apenas no caso das restrições, pois a alínea b) do artº 168º, número 1 (atual 165º/nº 1, alínea b) não discrimina"*. – Canotilho, Gomes/Moreira, Vital, *Constituição da República Portuguesa Anotada,* Anotação ao artigo 18º, p. 154; No mesmo sentido, Miranda defende que *"a reserva abrange os direitos na sua integridade – e não somente as restrições que eles sofram – por não fazer sentido que respeitasse ao acessório ou ao excecional (restrição) e não à substância ou ao conteúdo essencial de cada direito"*. Por outro lado, *"abrange quer um regime eventualmente mais restritivo do que o preexistente quer um regime eventualmente ampliativo; não é o alcance da lei, mas a matéria sobre a qual incide que a define"*. – Miranda, Jorge (2010). *Manual de Direito Constitucional, Volume V,* Coimbra Editora: Coimbra; p. 378.

[481] Cfr. Artigo 204º da CRP.

legalidade, em nome do primado do princípio da constitucionalidade, o que configura uma dimensão atenuada ou relativa da função jurisdicional enquanto atividade secundária, dominada ou subordinada do Estado[482]. Refira-se ainda o poder do tribunal constitucional impor uma interpretação conforme à Constituição[483], exceção ao princípio da tipicidade de lei enquanto expressão da força geral de lei, traduzindo-se na proibição de a lei ser objeto de interpretação, com eficácia externa, por atos não legislativos.[484]

6.1.8. Em suma, algumas das críticas fundamentais imputadas à teoria principialista dos direitos fundamentais parecem constituir uma virtude, enquanto teoria teorético-jurídica analítica[485]. Da sua formulação essencial, não só não é possível delimitar previamente quais os direitos e os bens que devem ser ponderados, bem como os respetivos pesos específicos nessa ponderação. A teoria estrutura a decisão, mas não diz qual é a decisão. Como observa Borovwski, impressivamente, pode uma teoria da precedência *prima facie* da liberdade individual frente a bens coletivos ser reconstruída, sem dificuldade, a partir da teoria dos princípios, mas de nenhuma forma ela resulta dela[486]. Ainda que a teoria dos princípios, como tal, tenha sido desenvolvida por referência aos direitos fundamentais, na verdade eles são apenas um dos objetos da sua aplicação, entre muitos possíveis: a partir dela podemos obter a teoria dos princípios do direito administrativo ou da justificação penal. No esteio de Poscher, a ponderação de princípios não constitui dogmática, apenas oferece uma estrutura argumentativa, entre outras, através da qual se pode argumentar em favor de uma determinada dogmática de direitos fundamentais[487]. Efetivamente, a ponderação não fornece referências jurídicas materiais ou axiológicas para a valoração a ser feita, a não ser,

[482] Morais, Carlos Blanco de (2012). *Curso de Direito Constitucional, Tomo I,* 2ª Edição, Coimbra Editora: Coimbra; p. 31.

[483] Cfr. Artigos 280º da CRP e 80º da LTC.

[484] Morais, Carlos Blanco de (2012). *Curso de Direito Constitucional, Tomo I,* 2ª Edição, Coimbra Editora: Coimbra; pp. 247 e 248.

[485] Borovwski, Martin (2011). "Derechos de defensa como princípios fundamentales", *in La Teoria Principialista de los Derechos Fundamentales,* Marcial Pons: Madrid; p. 95.

[486] Borovwski, Martin (2011). "Derechos de defensa como princípios fundamentales", in *La Teoria Principialista de los Derechos Fundamentales,* Marcial Pons: Madrid; p. 95.

[487] Poscher, Ralf (2011). "Aciertos, Erros y Falso Autoconcepto de la Teoria de los Princípios", *in La Teoria Principialista de los Derechos Fundamentales,* Marcial Pons: Madrid; p.91.

nos termos sustentados, aquelas que resultam dos principios constitucionais positivados.

Claro que pode sujeitar-se a mau uso e, no seu limite máximo, presta-se ao papel de oferecer um rótulo para voluntarismos e soluções *ad-hoc*, tanto as bem inspiradas como as que nem tanto...[488]. Tal risco, porém, não a desmerece como técnica de decisão, nem priva a doutrina da possibilidade de buscar parâmetros melhor definidos para a sua aplicação[489], conformes a cada ordenamento juridico-constitucional. O facto de não fornecer apenas uma resposta possível para todos os casos práticos, não torna a ponderação um método irracional vazio, pois indica o que é preciso fundamentar para resolver um conflito constitucional: a justificação de enunciado de preferência (em favor de um princípio ou de outro, de um direito ou de sua limitação) em função do grau de sacrifício ou de afetação de um bem e o grau de satisfação do bem em causa[490]. Fundamental é, a nosso ver, que o modelo de princípios não prescinda, sobretudo nos casos difíceis, de reforçar a primazia da Constituição, através da adesão a uma conceção ampla da previsão normativa dos direitos fundamentais, que contribua para a solução do problema dos direitos fundamentais insuscetíveis de restrição, a partir do sistema constitucional positivo e expresso de direitos fundamentais de uma determinada Constituição.

7. Da Conveniência do Modelo Principiológico e da Conceção Ampla dos Direitos, Liberdades e Garantias Comunicativas

7.1. Alguns autores consideram a conceção ampla da previsão normativa dos direitos fundamentais, aliada à teoria dos princípios, insustentável e inconveniente[491], porque "*a mera representação de um direito fundamental a matar, a roubar ou a torturar (...) é tão grotesca e tão contrária à racionalidade da tradição dos direitos do homem e à consciência jurídica que, mesmo que não tivesse consequências práticas, seria, por tão absurda, insuscetível de fundar uma teoria constitucionalmente*

488 Barroso, Luís Roberto/Barcelos, Ana Paula de (2003). "O Começo da História: A Nova Interpretação Constitucional e o Papel dos Princípios no Direito Brasileiro", *in Interpretação Constitucional*, org. Virgílio Afonso da Silva, Malheiro Editores: Brasil; p. 291.

489 Barroso, Luís Roberto/Barcelos, Ana Paula de (2003). "O Começo da História: A Nova Interpretação Constitucional e o Papel dos Princípios no Direito Brasileiro", *in Interpretação Constitucional*, org. Virgílio Afonso da Silva, Malheiro Editores: Brasil; p. 291.

490 Sanchis reconhece que as críticas ao subjetivismo não podem ser eliminadas, mas sim matizadas. – Sanchis, Luis Prieto (2001). "Neoconstitucionalismo e Ponderação Judicial", *in AFDUAM* 5; pp. 201-228, em especial 223.

491 Novais, Jorge Reis (2003). *As Restrições aos Direitos Fundamentais não autorizadas expressamente pela Constituição*, Coimbra Editora: Coimbra; p. 409.

adequada de delimitação do âmbito de proteção dos direitos fundamentais"[492]. Diferentemente da conceção restritiva, que procede a exclusões da previsão normativa *a priori*, para a conceção ampliativa elas são, *prima facie*, consideradas, para efeitos de ponderação, ainda que, legitimamente, sujeitas a restrições ou exclusões posteriores. Não só as construções jurídicas não têm que ficar limitadas pelas construções intuitivas, como contrapõe ALEXY, como as vantagens desta conceção ampliativa superam, claramente, as suas desvantagens. Acresce que, pelas razões que estudaremos, esta é a conceção que melhor se coaduna com a adoção de um conceito amplo de censura, que proporemos de seguida, não obstante não podermos aprofundar todos os problemas que as linhas que se seguem suscitariam, no quadro de uma dogmática de direitos fundamentais, desde logo o alcance do reconhecimento constitucional do direito ao desenvolvimento da personalidade[493].

Em primeiro lugar, não nos parece que, no plano dogmático, proceda a crítica de uma alegada insuficiente distinção metodológica entre os planos da delimitação normativa do direito fundamental e dos limites aos direitos fundamentais, objeção, a nosso ver, coerente com a adoção de uma conceção restritiva. Essa clarificação constitui um corolário necessário da conceção ampliativa, embora num sentido inverso, porquanto a sobredita distinção implicaria, em última instância, o reconhecimento de limites sem base constitucional ou que ficariam arredados da dialética constitucional, e que não contribuíram para o desenho do respetivo âmbito normativo: estando todas as faculdades incluídas, *prima facie*, na previsão normativa de um direito fundamental, só através das tentativas limitadoras do Estado, é que é possível delimitar o âmbito de proteção desse mesmo direito, efetivamente garantido, até mesmo pela impossibilidade prática ou jurídica de prever todos os conflitos possíveis, em abstrato ou em concreto. Parece-nos coerente, numa perspetiva metodológica, sustentar que certas faculdades de um direito só adquirem recorte jurídico relevante na presença de uma intervenção desvantajosa e por causa dela, afirmando nesta relação de opostos toda a sua potência jusfundamental. É no momento de controlo das restrições que os direitos e as liberdades ganham todo o seu poder jusfundamental. Naturalmente que a liberdade constitucionalmente garantida é sempre só a liberdade juridicamente protegida, mas o que é a liberdade juridicamente protegida, no quadro

[492] NOVAIS, Jorge Reis (2003). *As Restrições aos Direitos Fundamentais não autorizadas expressamente pela Constituição*, Coimbra Editora: Coimbra; p. 409.

[493] Cfr. Artigo 26º, nº da CRP, após a Revisão Constitucional de 1997.

de uma teoria constitucionalmente adequada, não pode deixar de se fundar numa constituição concreta *em ação* e de se referir, no caso da intervenção legislativa, ao resultado de um juízo de prognose que envolva todos os conflitos potenciais entre os direitos fundamentais previstos nas suas disposições, resolvidos de acordo com os princípios e testes que essa específica Constituição prevê e reclama. Se a lei penal criminaliza determinadas condutas, a sua ilicitude decorre dos parâmetros constitucionais que modelaram a liberdade de conformação do legislador penal, quando optou por essa ponderação prévia, com esse preciso resultado.

O peso que, por exemplo, a autonomia privada assume em cada ordenamento não pode deixar de resultar de uma específica interpretação constitucional. Cada liberdade específica goza de autonomia face a essa liberdade geral, definida pelo surgimento de um conflito concreto. De tal forma que *"pode um ato estatal constituir uma restrição de um direito fundamental e, concomitantemente, implicar um alargamento da liberdade geral, tal como, inversamente, uma restrição ou privação de liberdade pode representar ou ser exigida pela proteção de direitos fundamentais"*[494]. Novais enuncia, precisamente o exemplo de uma lei que proíbe a concentração monopolista de empresas de comunicação social, na medida em que *"constitui uma restrição do direito de propriedade ou da liberdade de iniciativa económica privada, mas que tem como fim a garantia da liberdade de imprensa"*[495]. Cada um dos direitos e das liberdades, implicados nesta ponderação, devem ser objeto de otimização na respetiva conformação em concreto, porquanto na presença de princípios antagónicos, a antinomia não pode ser resolvida através da invalidação de um deles, ou concebendo um deles como uma exceção permanente do outro. Quando, na prática, se produz a contradição, a solução pode ser ou o triunfo de um deles ou a busca de uma solução que satisfaça ambos[496]. É por isso que, num sistema normativo, podem conviver perfeitamente a liberdade de expressão e o direito à honra, o direito à informação e o segredo de Justiça, o princípio do pluralismo e as liberdades económicas de iniciativa privada e de empresa privada dos *media*.

Para nós, a proibição de matar, de violar, de mutilar, de torturar ou de emitir pornografia constituem restrições à liberdade geral de atuação e representam

494 Novais, Jorge Reis (2003). *As Restrições aos Direitos Fundamentais não autorizadas expressamente pela Constituição*, Coimbra Editora: Coimbra; p. 412.

495 Novais, Jorge Reis (2003). *As Restrições aos Direitos Fundamentais não autorizadas expressamente pela Constituição*, Coimbra Editora: Coimbra; p. 412.

496 Sanchis, Luis Prieto (2001). "Neoconstitucionalismo e Ponderación Judicial", *AFDUAM*, 5; p. 214.

a ponderação (ou ausência dela) que cada legislador efetua, no quadro do respetivo ordenamento jurídico-constitucional[497]. Numa referência meramente perfunctória, parece-nos que o alegado preço da jusfundamentalização da liberdade geral de acção constitui uma falsa questão, é juridico-constitucionalmente desnecessário e inconsequente: o reconhecimento de *"limites naturais que lhe são próprios, os direitos dos outros, a lei moral e a ordem constitucional"*[498]. Em rigor, dizer-se que se trata de um constrangimento a uma liberdade jurídica protegida consubstancia, em nosso entendimento, uma contradição lógica, pois uma liberdade juridicamente protegida deve ser, precisamente, uma liberdade jurídica protegida. Se tais condutas são consideradas ilícitas num determinado ordenamento, então o âmbito da liberdade jurídica protegida só pode ser identificado, com relevância jurídica, após a ocorrência de todos os confrontos constitucionais necessários. No nosso entendimento, o pressuposto do princípio de repartição *schmittiano*, segundo o qual a liberdade em Estado de Direito é, em princípio, limitada, pressupõe claramente que qualquer afetação desvantajosa dessa liberdade seja considerada, no mínimo, numa perspetiva puramente intuitiva e testada à luz de cada teoria constitucional adequada. O que quer dizer que, em termos genéricos e abstratos, a medida da liberdade jurídica garantida pela Constituição só pode ser determinada a partir da ponderação entre as duas variantes: um âmbito de previsão normativa, mais alargado possível, contraposto a um conceito, necessária e igualmente amplo, de limite ou restrição a um direito fundamental, cabendo ao Estado o ónus da justificação e da argumentação, e não ao indivíduo[499]. De acordo com o princípio da distribuição, a esfera de liberdade de um indivíduo é um dado anterior ao Estado, sendo ilimitada em princípio, enquanto a faculdade do Estado de a invadir é, em princípio, limitada[500].

[497] Conforme já referimos, não nos revemos na conceção de SANCHIS, segundo a qual, a ponderação é uma tarefa exclusivamente judicial, não podendo o legislador eliminar o conflito entre princípios mediante uma norma geral. No ordenamento jurídico-constitucional português, pelo menos, as leis restritivas de direitos, liberdades e garantias carecem da intervenção do legislador, independentemente de, na sua omissão, as normas constitucionais poderem ser aplicadas diretamente às situações da vida, pela Administração e pelo juiz. – SANCHIS, Luis Prieto (2001). "Neoconstitucionalismo e Ponderación Judicial", *AFDUAM, 5*; p. 218.

[498] NOVAIS, Jorge Reis (2003). *As Restrições aos Direitos Fundamentais não autorizadas expressamente pela Constituição,* Coimbra Editora: Coimbra; p. 413.

[499] SCHMITT, Carl (1982) 2011. *Teoria de la Constitution,* Alianza Editorial; pp. 181 e segs.; SCHLINK, Bernhard (1990), "Por qué Carl Schmitt?", Universidad Icesi, disponível em http://www.icesi.edu.co/precedente/ediciones/2005/02_Hh_Bernhard_Schlink.pdf.

[500] SCHMITT, Carl (1982) 2011. *Teoria de la Constitution,* Alianza Editorial; p. 183.

Em acréscimo, a convocação desses "limites naturais", como a lei moral[501], poderia implicar uma recuperação enviesada da teoria dos limites imanentes. Note-se que o conceito de liberdade jurídica protegida *alexyana* não implica o reconhecimento de um direito a cada um poder fazer o que quiser[502], estando sujeita a diferentes intensidades de proteção[503]. A liberdade jurídica protegida *alexyana* não implica um direito a ações positivas, mas apenas um direito de não interferência. É um conceito que convoca, por excelência, a questão da "intersubjetividade e exterioridade" como características do direito, "sendo questionável[504], perante certas "situações controvertidas"[505], que seja admissível para além de situações excecionais[506] que o Direito se ocupe de condutas sem qualquer projeção intersubjetiva ou praticadas solitariamente". Como sugere OTERO, o problema deve ser analisado tendo em conta dois grupos de princípios nucleares[507] como sejam: *i)* a reserva da intimidade da vida privada e a inerente esfera de liberdade individual, enquanto princípios decorrentes da dignidade da pessoa humana, objeto hoje de consagração expressa como

[501] NOVAIS, Jorge Reis (2003). *As Restrições aos Direitos Fundamentais não autorizadas expressamente pela Constituição*, Coimbra Editora: Coimbra; p. 413.

[502] NOVAIS, Jorge Reis (2003). *As Restrições aos Direitos Fundamentais não autorizadas expressamente pela Constituição*, Coimbra Editora: Coimbra; p. 413.

[503] De acordo com a teoria das esferas, a cargo do labor da jurisprudência constitucional alemã, a garantia da liberdade geral de ação estende-se para além de um "âmbito último intangível da liberdade humana", sendo possível distinguir esferas de diferente intensidade de proteção no livre desenvolvimento da personalidade:
a) A esfera mais interna, âmbito último intangível da liberdade humana, âmbito mais interno, íntimo, esfera íntima intangível, âmbito absolutamente protegido da organização da vida privada;
b) A esfera privada ampla – abarca o âmbito privado que não pertença à esfera mais interna;
c) A esfera social – que abarca tudo o que não é incluído na esfera privada ampla.
De acordo com *Alexy*, ela expressa que a proteção da liberdade é tanto mais forte quanto mais forte se apresenta o princípio da liberdade negativa, conjuntamente com outros princípios, em especial, o princípio da dignidade da pessoa humana – ALEXY, Robert (1985). *Teoria de los Derechos Fundamentales*, Trad. Esp. Centro de Estudios Constitucionales: Madrid; pp. 349 e segs.

[504] OTERO, Paulo *(1999). Lições de Introdução ao Estudo do Direito*, Vol. I, Tomo 2º, Lisboa; pp. 117 e segs.

[505] OTERO, Paulo (1999). *Lições de Introdução ao Estudo do Direito*, Vol. I, Tomo 2º, Lisboa; p. 119.

[506] Segundo OTERO, as situações excecionais seriam as seguintes: *a) Tratarem-se de condutas individuais passíveis de assumir repercussão social negativa; b) Existir uma necessidade objetiva que justifique a intervenção do direito sobre a conduta humana sem intersubjetividade direta, subordinando-se tal intervenção, também ela, a um princípio da proibição do excesso.* Para o constitucionalista, *"a regra deve ser, portanto, a da não intervenção, e a da garantia dessa não intervenção, até por parte de terceiros, perante um núcleo essencial de condutas humanas tuteladas pela garantia constitucional da reserva da intimidade da vida privada individual e da liberdade natural de cada pessoa."* – OTERO, Paulo (1999). *Lições de Introdução ao Estudo do Direito*, Vol. I, Tomo 2º, Lisboa; p. 122.

[507] OTERO, Paulo (1999*). Lições de Introdução ao Estudo do Direito*, Vol. I, Tomo 2º, Lisboa; p. 120.

direitos fundamentais e; *ii)* a necessidade de preservação da sociedade, designadamente através da prevenção ou repressão de comportamentos que, por efeito demonstrativo, sejam passíveis de provocar o arrastamento imitativo de outros membros da sociedade[508].

Parece-nos, claramente, que existem razões de peso para constatar que os princípios que, em tese, se podem degladiar em sede de desenvolvimento da personalidade, têm de estar positivados na Constituição, explicita ou implicitamente, podem ser sujeitos a ponderação e esse conflito poderá ser resolvido no âmbito próprio constitucional, por interpretação jurídica. Faria sentido uma lei restritiva da liberdade de expressão que criminalizasse, por exemplo, uma conduta expressiva atentatória da honra de outrem, praticada de forma solitária ou isolada? No caso dos direitos e liberdades da comunicação social, a especial proteção constitucional e seus correspetivos limites encontram fundamento precisamente na sua intensa projeção intersubjetiva, devendo o seu âmbito de proteção e correspondentes limites serem diretamente proporcionais ao seu impacto e difusão pública. Trata-se, aliás, do principal fundamento para o agravamento das penas dos crimes contra a honra[509], ou contra a reserva da vida privada[510], quando praticados por meio de comunicação social[511].

7.2. Questão diferente e de natureza distinta, concernente a um diferente plano metodológico, parece ser a maior ou menor dificuldade de apuramento dos contornos dos direitos, concreta e especificadamente protegido. Com efeito, um dos alegados aliciantes da teoria interna dos limites é a sua utilização, como crítica ALEXY, como uma forma de o legislador ou o aplicador do Direito se furtarem a fundamentações de decisões, eventualmente, desvantajosas para os direitos fundamentais, bastando-se com a mera invocação da

[508] ALEXY, Robert (1985). *Teoria de los Derechos Fundamentales*, Trad. Esp. Centro de Estudios Constitucionales: Madrid. p. 353.

[509] Segundo o artigo 183º, nº 2, do Código Penal, referente aos crimes contra a honra, se o crime for cometido através de meio de comunicação social, o agente é punido com pena de prisão até 2 anos ou com pena de multa não inferior a 120 dias.

[510] Segundo o artigo 197º, alínea *b)* do Código Penal (CP), referente à agravação dos crimes contra a reserva da vida privada, as penas são elevadas de um terço nos seus limites mínimo e máximo se o facto for praticado: "(...) *b)* Através de meio de comunicação social".

[511] Note-se que *"o interesse público, aqui assumindo o corpo do direito à informação, não justifica, automaticamente, restrições da reserva da vida privada, sem ponderações específicas de valores em confronto, ou sem juízos de adequação e necessidade."* – PALMA, Maria Fernanda (2008) "Tutela da Vida Privada e Processo Penal. (Soluções para o Conflito de valores na Jurisprudência Penal", in (2008) *Dignidad de La Persona, Derechos Fundamentales, Justicia Constitucional*, Coord. Francisco Fernández Segado, Dykinson-Constitucional; p. 742.

existência de pretensos limites naturais, originários ou imanentes. Não obstante, a complexidade e dificuldade de delimitação do âmbito de proteção de um direito fundamental difere, em nosso entendimento, consoante ela seja reclamada em sede de controlo concreto de constitucionalidade, cujo recorte não poderá deixar de refletir o limite que surge em oposição, ou abstrato[512], o qual, mesmo assim, será gerado por uma determinada medida restritiva, com um certo alcance desvantajoso para o direito fundamental.

Refira-se, aliás, que não nos parece que seja, minimamente, comparável o regime da regulamentação dos direitos, implicado no artigo 8º da Constituição de 1933, que consagrava, em termos nominais, um generoso e vasto elenco de direitos fundamentais[513], com o regime de proteção dos direitos fundamentais da Constituição portuguesa democrática de 1976. Durante a vigência da Constituição do regime autoritário de direita do Estado Novo[514], cumpre-nos destacar a funcionalização da liberdade de expressão[515] a fins transcendentes como os descritos no artigo 20º, preceito onde se incumbia expressamente o Estado do dever de defender a opinião pública, enquanto elemento fundamental da política e administração do país, *"de todos os fatores que a desorientem contra a verdade, a justiça, a boa administração e o bem comum"*. Efetivamente, parece-nos seguro que a lição mais valiosa a extrair do regime anterior é a de, que mais importante que qualquer ato estatal ficar situado no domínio dos direitos fundamentais, é a garantia de qualquer afetação desvantajosa ser considerada uma restrição, ainda que legítima, de um direito fundamental *prima facie*, para efeitos de controlo constitucional, uma conclusão de valor reforçado no âmbito normativo da presente investigação. Multi-

[512] Daí a afirmação de que *"é mais fácil concluir-se que a morte em palco está proibida porque o direito à vida deve ali prevalecer sobre a liberdade de arte, do que apurar o que se deve ou não considerar protegido por este direito fundamental."* – NOVAIS, Jorge Reis (2003). *As Restrições aos Direitos Fundamentais não autorizadas expressamente pela Constituição*, Coimbra Editora: Coimbra; p. 414, nota 730.

[513] A única Constituição portuguesa que continha um preceito geral sobre limites ao exercício dos direitos é a de 1933. No seu artigo 8º, Parágrafo 1º, segunda parte, estipula-se que os cidadãos deverão sempre fazer *"uso deles sem ofensa dos direitos de terceiros, nem lesão dos interesses da sociedade ou dos princípios da moral"*. Trata-se de uma cláusula, *"necessariamente, funcionalizadora dos direitos a fins transcendentes, atenta a conjugação com outras disposições constitucionais: com o parágrafo 2º do mesmo artigo 8º, cominando a existência de "leis especiais" reguladoras do exercício das liberdades de expressão do pensamento, de ensino, de reunião, de associação, para além do artigo 20º"*. – MIRANDA, Jorge (2012). *Manual de Direito Constitucional*, Tomo IV, 5ª Edição, Coimbra Editora: Coimbra; p. 152.

[514] MIRANDA, Jorge (2009). *Manual de Direito Constitucional*, Tomo I, 8ª Edição, Coimbra Editora: Coimbra; p. 317.

[515] Cfr. Artigo 8º, nº 4 da Constituição Portuguesa de 1933.

plicando até ao limite o número de ocorrências teoricamente configuráveis como intervenções desvantajosas, esta conceção implica que todos os atos de todos os poderes públicos sobre os direitos e liberdades de comunicação social estejam sujeitos às exigências do Estado de Direito, traduzidas nos limites aos limites dos direitos fundamentais[516].

7.3. Um dos argumentos aduzidos para contrariar a conceção ampliativa, referente ao ordenamento positivo, prende-se com o consequente alargamento dos requisitos formais e orgânicos a todos esses atos restritivos *prima facie*, designadamente, no nosso caso, a exigência de reserva de lei[517] parlamentar[518]. Esse alargamento paralisaria, alegadamente, por falta de habilitação legal, grande parte da atividade administrativa e o Governo perderia uma grande parte da sua competência legislativa. Acresce, no plano jurisdicional, a perspetiva de uma eventual inflação de potenciais ameaças ou violações de direitos fundamentais, o que levaria ao bloqueamento dos procedimentos judiciais, previstos para essa garantia jurisdicional[519]. Alguma doutrina sustenta mesmo que o regime das restrições previsto no artigo 18º da CRP se encontra desfasado da realidade, pois uma das consequências da compreensão das normas de direitos, liberdades e garantias como princípios seria a impraticabilidade das restrições por ato legislativo[520]. As restrições são resultados ponderatórios de normas contrárias, cujo primeiro e principal destinatário é o legislador que, na sua tarefa ponderativa, deve limitar a sua intervenção restritiva ao estritamente necessário para salvaguarda de outros direitos e bens constitucionalmente protegidos, sujeitando-se às várias ver-

[516] NOVAIS, Jorge Reis (2003). *As Restrições aos Direitos Fundamentais não autorizadas expressamente pela Constituição*, Coimbra Editora: Coimbra; p. 415.

[517] Na formulação sugestiva de STERN, a independência, constituída através da soberania do povo, depende também da liberdade e do império da lei, como ingredientes elementares de democracia. – STERN, Klaus (2008). "El Constitucionalismo. Génesis, Evolución y Universalidad", in *Dignidad de La Persona, Derechos Fundamentales, Justicia Constitucional*, Coord. Francisco Fernández Segado, Dykinson-Constitucional; p. 59.

[518] Os direitos, liberdades e garantias integram a reserva relativa da competência legislativa da Assembleia da República, nos termos do artigo 165º, nº 1, alínea *b)* da CRP.

[519] NOVAIS, Jorge Reis (2003). *As Restrições aos Direitos Fundamentais não autorizadas expressamente pela Constituição*, Coimbra Editora: Coimbra; p. 415.

[520] DUARTE, David (2011). "A Constituição dos Princípios Fundamentais e dos Direitos, Liberdades e Garantias: Atualizar e Reduzir a Complexidade", *in A Constituição Revista, e-book da Fundação Francisco Manuel dos Santos;* pp. 13-21.

tentes do princípio da proporcionalidade, expressamente sedeado no número 2 do artigo 18º da CRP[521].

Não obstante a respetiva indiscutível relevância prática e pragmática, estes argumentos não são suficientes para atenuar as virtualidades da conceção ampliativa da previsão normativa do direito fundamental, aliada a um correspetivo conceito amplo de restrição. São vulgares e frequentes, perante propostas dogmáticas ou de controlos jurídicos que suscitem acréscimos garantísticos[522]. O que nos garante que o não reconhecimento desta conceção não possa implicar a ablação de relevantes dimensões da reserva da competência legislativa parlamentar? Em nosso entendimento, a conceção ampliativa impõe-se e revela-se claramente preferível à conceção restritiva, sobretudo nos casos difíceis, na medida em que garante a transparência total dos procedimentos de ponderação que fundamentam o resultado final, obrigando a revelar os interesses que fundam a decisão e a justificar a sua prevalência no caso concreto. Essas vantagens revelam-se especialmente claras perante os direitos fundamentais, alegadamente, insuscetíveis de restrições e, especificamente, os referentes ao nosso domínio material.

7.4. Para a conceção restritiva de MÜLLER, a não previsão de limites expressos pelo legislador constitucional deve ser interpretada como proibição absoluta de restrições. Não obstante, atenta a inevitabilidade da existência de limites, esta tese acaba por enveredar pela criação de critérios classificatórios estritos, subjetivos, arbitrários e sem respaldo constitucional, para dispensar juízos de ponderação. A natureza infraconstitucional das restrições pressupõe, porém, como condição da respetiva legitimidade, a pré-existência de um limite constitucional correspondente[523] e não limites imanentes ou intrínsecos, sem base constitucional, para legitimar intervenções restritivas[524]. Esta é a principal dificuldade da conceção restritiva, mesmo numa formulação moderada. Tais intervenções apenas podem ter como fundamento

[521] Em sentido contrário – DUARTE, David (2011). "A Constituição dos Princípios Fundamentais e dos Direitos, Liberdades e Garantias: Atualizar e Reduzir a Complexidade", *in A Constituição Revista, e-book da Fundação Francisco Manuel dos Santos;* p 15.

[522] Atente-se nos argumentos dos custos em eficiência, habitualmente aduzidos em contrário da adoção do recurso de amparo ou ação constitucional de defesa.

[523] NOVAIS, Jorge Reis (2003). *As Restrições aos Direitos Fundamentais não autorizadas expressamente pela Constituição*, Coimbra Editora: Coimbra; p. 422.

[524] Para NOVAIS, nos casos em que a Constituição confere ao legislador a possibilidade de escolher entre colocar ou não novos limites a um direito fundamental, a diferença entre as figuras da revelação de limites pré-existentes e da criação de novos limites são vagas.

a proteção de direitos ou bens constitucionalmente protegidos, o que seria mais facilmente detetável através da identificação de elementos de exclusão, dependendo o alcance da proteção jurídica, sobretudo das ações desvantajosas desse bem (aquilo contra o que se protege) e não da delimitação do bem que se protege[525].

Perante uma norma de direito fundamental como a liberdade de expressão e de imprensa, o que é que pode ser pacificamente incluído na proteção garantida pelos direitos fundamentais? E o que é que, dispensando juízos de valoração ou ponderação, dela deve ser excluído, com toda a evidência, para além do que as normas constitucionais já excluíram expressamente[526]? No âmbito de uma conceção restritiva mitigada, a resposta à primeira questão conduziria ao *estruturalmente necessário e essencial* somado às *modalidades de exercício "substituível"*. No que concerne à segunda questão, Novais defende que seriam excluídos todos os comportamentos ou ações que, independentemente da sua associação ocasional ou aparente a exercícios típicos de direito fundamental, *constituam ilícito penal em sentido jurídico-material ou, mesmo que não sejam objeto de sanção penal, apresentem evidente e intolerável danosidade social ou sejam radicalmente incompatíveis com os requisitos mínimos de vida em comunidade e por esse facto, uns e outros, suscitem uma reprovação social e jurídica consensual.*

Para nós, esta conceção mitigada não só não mitiga os efeitos nocivos da conceção restritiva, como padece exatamente dos mesmos vícios que ela própria imputa à conceção restritiva. Trata-se de uma alternativa metodológica que, a nosso ver, não supera as vantagens da preocupação *alexyana* de submeter todas as ações restritivas *prima facie* a ponderação constitucional. Ainda que a intenção expressa seja a de ampliar o âmbito de proteção, a referência a um conceito de ilícito penal em sentido jurídico-material carece de clarificação. Trata-se de excluir previamente, à margem do direito positivo, constitucional e infraconstitucional, condutas que são proibidas pela moral ou ordem pública? Quer isso dizer que existem faculdades das liberdades de expressão e da informação que são, *a priori*, eliminadas de uma ponderação com outros bens constitucionalmente protegidos, uma vez que são consideradas ilícitas pelo intérprete, mesmo não havendo previsão expressa de sanção penal ou contraordenacional?

525 Em sentido contrário – Novais, Jorge Reis (2003). *As Restrições aos Direitos Fundamentais não autorizadas expressamente pela Constituição*, Coimbra Editora: Coimbra; p. 422.

526 São os resultados que Novais, a partir de uma conceção restritiva, pretende obter, por opção metodológica, num primeiro momento de concretização de direitos fundamentais.

O recurso a este conceito legitimaria, em última instância, uma conceção inaceitável de "omissões constitucionais inconstitucionais"[527], baseada numa problemática dimensão positiva da "reserva do direito", já aflorada. Esta tese baseia-se[528] na premissa de que a antijuridicidade é um valor autónomo da ordem jurídica e por isso detém prioridade lógica, ôntico-social e normativa sobre o tipo, configurando-se nesta medida como uma antijuridicidade material. De tal forma que o tipo-de-ilícito constitui a concretização de uma antijuridicidade que o precede. Da mesma forma, o facto de, numa ordem jurídica, tais comportamentos não serem ilícitos nem penalizáveis não lhes retira a ilicitude intrínseca, nem faz o infrator imune à pena pois aí o tipo de ilícito não era constitutivo da ilicitude[529]. É aqui que entra em cena a já aludida dimensão positiva da "reserva do direito", que justificaria uma "injusta falta de lei", em relação à qual não seriam procedentes objeções fundadas na ideia da segurança ou certeza jurídica: não é uma qualquer falta de lei que determina o rigoroso sentido do recurso ao direito, mas só aquela que envolva a negação da própria ideia de direito". E é neste contexto que AFONSO VAZ considera discutível[530], quanto à juridicidade, o atual artigo 294º da CRP[531], que aceita a criminalização retroativa de condutas[532]. Para o autor, a dúvida

527 CASTRO, Raquel Alexandra Brízida (2012). *As Omissões Normativas Inconstitucionais no Direito Constitucional Português*, Almedina: Coimbra; pp. 33-79.

528 VAZ, Manuel Afonso, (1996). *Lei e Reserva de Lei – A Causa da Lei na Constituição Portuguesa de 1976*, Porto; p. 233.

529 VAZ, Manuel Afonso, (1996). *Lei e Reserva de Lei – A Causa da Lei na Constituição Portuguesa de 1976*, Porto; p. 235.

530 Para VAZ, *"a questão não está em saber se dada norma constitucional (excecional ou não) viola, porque arbitrária, um princípio jurídico fundamental organizado (positivado) na Constituição, mas cuja validade transcende a própria constituição. Quer normas-exceção quer normas-regras haveriam de ter-se por inconstitucionais, não, porém, por uma relação entre si, mas pela relação de umas ou doutras com "princípios jurídicos fundamentais" (por exemplo, a proibição do arbítrio) positivados ou não na Constituição"*. – VAZ, Manuel Afonso (1996). *Lei e Reserva de Lei – A Causa da Lei na Constituição Portuguesa de 1976*, Porto; p. 232. Na sua opinião, *"não colhe – pelo sentido de limite jurídico que atribui aos "princípios jurídicos fundamentais" – a argumentação de Marcelo Rebelo de Sousa de que estaríamos perante "princípios e não normas" de Direito Constitucional que o legislador constituinte "pode repudiar, desde que recuse, total ou parcialmente, aberta ou veladamente, a Revelação que o incorpora"* – VAZ, Manuel Afonso, (1996). *Lei e Reserva de Lei – A Causa da Lei na Constituição Portuguesa de 1976*, Porto; p. 233, nota 207.

531 A numeração atual decorre da Revisão Constitucional de 1989, depois de ter sido o artigo 298º, de acordo com a Revisão Constitucional de 1982, que, por sua vez já alterou a numeração primitiva, que era o artigo 309º. O atual artigo 294º da Constituição da República portuguesa autoriza, em autorutura material, a incriminação retroativa e respetivo julgamento dos agentes e responsáveis da PIDE/DGS.

532 No sentido de que o artigo 294º da Constituição é uma norma constitucional inconstitucional, por violação dos princípios jurídicos fundamentais do *nullum crimen sine lege* e do *nulla poena sine*

dependerá do juízo que se faça da gravidade das condutas retroagidas: se se entende que elas teriam ferido grosseiramente o direito, enquanto em si mesmas representam uma ilicitude reconhecível independentemente de qualquer posição legal – mas atenta a determinação objetiva da antijuridicidade no contexto-histórico-comunitário e a imputação ética da culpa no quadro situacionalmente concreto da ação pessoal – a criminalização retroativa é perfeitamente legítima, porque verdadeiramente não se trata de uma constitutiva criminalização, mas de "criminalizar" algo que já o era; se se entende que tais condutas ofereciam dúvidas de ilicitude perante as exigências do direito, enquanto tal ilicitude não era clara na ausência de "ilícito penal legal", então a criminalização retroativa de tais condutas é ilegítima, por violação do princípio do *nullum crimen sine lege*, num plano em que ele é verdadeiramente constitutivo da ilicitude"[533/534].

Julgamos que a dúvida de Vaz expõe as fragilidades da sua "reserva de direito", desde logo enquanto alegado absoluto intransponível, uma vez que não só não é absoluta como os valores que ela exprime podem entrar em conflito, ao ponto de um deles ter de ceder. Por outro lado, se a "reserva de direito"

lege, consagrados no artigo 29º da CRP – Queiró, Afonso (1976). *Lições de Direito Administrativo*, I, Coimbra; p. 299 e segs; Neves, Castanheira, *A Revolução e o Direito*, p. 79. Miranda, embora reconheça a contradição, recusa a inconstitucionalidade, *"pois tais contradições não permitem senão qualificar tais normas como excecionais, como normas que subtraem certas pessoas ou certas situações ao regime decorrente dos princípios, e não como normas inconstitucionais que a Constituição repudie do seu seio e elimine do sistema jurídico positivo vigente"* – Miranda, Jorge (1991). *Manual de Direito Constitucional, Tomo II*; p. 322. Refira-se que o autor considera a não retroatividade da lei criminal um limite transcendente ao poder constituinte. – *Ibidem*, p. 203.

533 Vaz, Manuel Afonso (1996). *Lei e Reserva de Lei – A Causa da Lei na Constituição Portuguesa de 1976*, Porto; pp. 237 e 238.

534 A ideia de "falta injusta de lei" que tenha por referência essa "reserva do direito" coloca, a nosso ver, ainda outras dúvidas. No extremo, a dimensão positiva da "reserva do direito" permitiria sustentar diretamente deveres de legislar dos poderes constituídos, independentemente da Constituição. Na medida em que tais princípios se impõem e valem por si, esta tese teria de admitir tais deveres, mesmo ao arrepio da Constituição escrita. Por exemplo: no caso de autorrutura ou derrogação constitucional, em última análise, poderíamos ter de enfrentar um paradoxo: a lei devida, uma vez elaborada, correria o risco de ser considerada inconstitucional face à Constituição positiva e ao mesmo tempo devida à luz do direito suprapositivo, propiciando uma indesejável insegurança jurídica. Seria possível ainda a hipótese inversa, para aqueles que sustentam a inconstitucionalidade do artigo 294º: a lei para que o preceito constitucional remete seria devida face à Constituição e absolutamente inaceitável à luz da ideia de direito, ponderada pelo poder constituinte. Dir-se-á que, nesse caso, a própria norma constitucional seria inválida, deixando de ser o parâmetro de validade das normas inferiores. Mas como vimos, no caso do artigo 294º da Constituição portuguesa, nem sequer é possível chegar a um consenso, nem sobre o valor que ela alegadamente contraria, nem mesmo sobre a validade da norma *sub judice*.

prescinde do poder constituinte e se impõe *a se*, quem faz a ponderação? Não nos parece também que, ao contrário do que o autor defende, os autores que sustentam a ilegitimidade da incriminação retroativa dessas condutas possam entender que tais condutas não feriram "grosseiramente o direito", ou que, em si mesmas, não "representam uma ilicitude reconhecível independentemente de qualquer posição legal"; a questão é que o princípio *nullum crimen sine lege* constitui para estes autores, igualmente, um valor transcendente[535] que integra a "reserva do direito" e que deve por isso ser respeitado. Reiteramos as críticas à teoria da ordem dos valores, pela dificuldade de determinar com precisão não só os valores a que esta tese se reporta, como o estabelecimento de uma hierarquia abstrata desses mesmos valores, quando em nenhuma destas matérias é possível o consenso. Cabe ainda observar que o subjetivismo e o intuicionismo subjacente a esta conceção podem conduzir a resultados perversos: e se as condutas retroagidas se referissem a um regime democrático e estivéssemos a analisar uma norma análoga a esta, em pleno regime ditatorial, que incriminasse retroactivamente tais condutas com o argumento de que, de acordo com o novo entendimento constitucional, a criminalização já então era devida? A invocação da "falta injusta de lei", ao abrigo de uma ideia de direito diferente daquela que é a nossa, não poderá conduzir sempre a resultados injustos Acresce o subjetivismo implicado na determinação de uma evidente e *intolerável danosidade social*[536]. Quem a define e qual é o parâmetro? Quais são os requisitos mínimos de vida em comunidade? Quem os estabelece? Como medir reprovações sociais e jurídicas consensuais?

A aplicação destes critérios ao nosso âmbito normativo resultaria na exclusão, *a priori*, constitucionalmente inadmissível de inúmeras faculdades, por exemplo, do direito fundamental à informação, traduzidas na emissão de informações suscetíveis de gerar evidente e intolerável danosidade social. Não se trata de defender uma leitura da Constituição da Comunicação à luz de uma missão unitária prévia de liberdade, porquanto não restam dúvidas de que este princípio – tal como todos os outros que com ele possam colidir

[535] A garantia da não retroatividade das leis de incriminação e de punição e a segurança jurídica em relação às manifestações de força do Estado integram o elenco de Afonso Queiró de princípios fundamentais do "*Rechtsstaatslichkeit*", que constituem "conotações essenciais do Estado-de-Direito (...) qualquer que seja o grau de conformidade da nossa atual constituição escrita a tais princípios. (...) Trata-se de valores intangíveis e inconfiscáveis por qualquer legislador, incluindo – repete-se – o legislador constituinte" – Queiró, Afonso (1976). *Lições de Direito Administrativo*, I, Coimbra; p. 294. No mesmo sentido, Neves, Castanheira, *A Revolução e o Direito*, p. 79.

[536] Novais, Jorge Reis (2003). *As Restrições aos Direitos Fundamentais não autorizadas expressamente pela Constituição*, Coimbra Editora: Coimbra; p. 430, nota 756.

– deve ser otimizado. Não é, efetivamente, legítimo condicionar certos conteúdos expressivos e informativos a cláusulas como as citadas, uma vez que essa ingerência constituiria, a nosso ver, uma forma de censura, ilegítima e inconstitucional. O direito à informação pode ser sujeito a restrições ou afetações desvantajosas – de resto, no caso português elas são autorizadas expressamente pela Constituição – e a ponderações. O que não autoriza a introdução de uma espécie de cláusula de ordem pública como a proposta, sujeitando um direito constitucionalmente protegido a restrições fundadas na salvaguarda um interesse alheio à nossa ordem jurídico-constitucional vigente.

7.5. Acreditamos que é possível elencar um conjunto de importantes vantagens metodológicas, com reflexos significativos no plano dogmático-substancial, da adesão a uma conceção ampliativa da previsão normativa e de limite ou restrição[537], entre as quais:

i) Prescinde de uma problemática reconstrução da doutrina dos limites imanentes[538] para resolver a questão das restrições não autorizadas expressamente pela Constituição[539];

[537] Note-se que, ao contrário da Constituição portuguesa, a grande maioria dos textos constitucionais, desde as primeiras declarações de direitos, proclamam expressamente a liberdade de imprensa como um valor absoluto, não passível de restrições por parte do governo ou mesmo do parlamento, por meio de lei. – Mendes, Gilmar (2012). "O significado da liberdade de imprensa no estado democrático de Direito e seu desenvolvimento jurisprudencial pelas Cortes Constitucionais: breves considerações", *in Estudos em Homenagem ao Prof. Doutor José Joaquim Gomes Canotilho, Vol. III,* Coimbra Editora: Coimbra; p. 546.

[538] Segundo Novais, "a doutrina e a jurisprudência alemãs propuseram vários possíveis limites imanentes: "a*) conceção restritiva do Tatbestand; b) cláusula da comunidade; c)os direitos dos outros; d) a lei moral; e) a ordem constitucional; f) as leis gerais; g) os limites de não perturbação ou de ordem pública; h) o abuso de direito; i) os estatutos ou relações especiais de poder; j) os deveres fundamentais; l) salvaguarda de interesses ou de direitos do próprio titular.* " – Novais, Jorge Reis (2003) *As Restrições aos Direitos Fundamentais não autorizadas expressamente pela Constituição*, Coimbra Editora: Coimbra; pp. 444 e segs; Sobre o problema – Böckenförde, Ernst-Wolfgang (2008). "Cómo se Interpretan en el Derecho Constitucional Alemán los Derechos Fundamentales?", in *Dignidad de La Persona, Derechos Fundamentales, Justicia Constitucional*, Coord. Francisco Fernández Segado, Dykinson-Constitucional; pp. 425 e segs.

[539] Para Alexandrino, numa conceção distinta da nossa, o facto de a Constituição de 1976 ter afastado, deliberadamente, a previsão de quaisquer limites diretos a esse direito fundamental *"demonstra a importância da liberdade de expressão, designadamente, a sua maior proximidade do bem domínio existencial, protegido pela norma, ao núcleo fundante do sistema de direitos fundamentais."* – Alexandrino, José Melo (2014). "O âmbito constitucionalmente protegido da Liberdade de Expressão", *in Media, Direito e Democracia*, coord. Carlos Blanco de Morais, Maria Luísa Duarte e Raquel Alexandra Brízida Castro, Almedina: Coimbra; p. 45.

ii) Constitui garantia de total transparência nos processos de ponderação e de que uma alegada restrição não é, indevidamente, identificada como limite imanente.

A melhor solução para os direitos que, alegadamente, são insuscetíveis de restrição, numa perspetiva de Direito Constitucional positivo, não parece ser a do recurso à diferença entre limites e restrições (se o que está em causa é um limite imanente, a sua consideração não equivale a uma restrição não constitucionalmente autorizada, uma vez que o regime das restrições não lhe seria aplicável), conforme vimos. O mesmo se aplica, *mutatis mutandis*, em nosso entendimento, aquelas teses que reconduzem à revivescência, disfarçada, da superada doutrina dos "limites imanentes", travestindo-os de restrições[540] integradas em ambiente constitucional, distinto, supostamente menos apócrifo. Estas teorias encontram no artigo 29º, nº 2, da DUDH um parâmetro constitucional para a relevância de "bens não articulados", suscetíveis de justificar restrições[541], fundadas na apregoada relevância integradora da normatividade constitucional portuguesa desse preceito. Pela nossa parte, respigando algumas objeções formuladas no contexto dos limites imanentes, cabe tecer as seguintes observações:

A) Não obstante o seu intuito aparentemente compromissório, afigura-se-nos irrelevante a distinção doutrinária fundada na premissa de que o artigo *sub judicio* da DUDH seria uma cláusula de "limites aos limites"[542] e não uma cláusula de "limites"[543]:

[540] NOVAIS sustenta que a referência no artigo 18º, nº 2, segunda parte, a direitos ou interesses constitucionalmente protegidos, *"na sua abrangência e indeterminação, aponta para a possibilidade de cobrir, com a capa da Constituição, qualquer bem ou interesse infraconstitucional, que surja como candidato à justificação da restrição. Nos termos ainda do artigo 16º, nº 2 da CRP, esses direitos ou interesses, constitucionalmente protegidos, decorrem das exigências de proteção dos direitos e liberdades dos outros, da moral, da ordem pública e do bem-estar numa sociedade democrática."* – NOVAIS, Jorge Reis (2003). *As Restrições aos Direitos Fundamentais não autorizadas expressamente pela Constituição*, Coimbra Editora: Coimbra; p. 620; (2012). *Direitos Fundamentais e Justiça Constitucional em Estado de Direito Democrático*, Coimbra Editora: Coimbra; p. 121, em especial nota 126. No mesmo sentido, não obstante a polémica – COUTINHO, Luís Pereira (2010). "Sobre a Justificação das Restrições aos Direitos Fundamentais"; *in Estudos em Homenagem ao Professor Doutor Sérvulo Correia*, Coimbra Editora: Coimbra; pp. 557-575.

[541] COUTINHO, Luís Pereira (2010). "Sobre a Justificação das Restrições aos Direitos Fundamentais"; *in Estudos em Homenagem ao Professor Doutor Sérvulo Correia*, Coimbra Editora: Coimbra; p. 564.

[542] ALEXANDRINO, José de Melo (1998). *Estatuto Constitucional da Atividade de Televisão*, Coimbra Editora: Coimbra; p. 99.

[543] MIRANDA, Jorge () *Manual de Direito Constitucional*, IV, Coimbra Editora: Coimbra; p. 170.

i) Um limite aos limites pode converter-se em justificação para novos limites. A identificação dos critérios, contidos no sobredito artigo, como limites aos direitos fundamentais parece ser exatamente o mesmo que sustentar que são limites aos limites aos direitos fundamentais, uma vez que os bens, nele previstos, não podem deixar de ser, ao mesmo tempo, como todos os outros, bens que justificam proteções e bens que justificam restrições. Só um bem suscetível de fundamentar proteções é que pode justificar restrições ou limites dessas mesmas restrições. O alargamento do elenco de bens a proteger importa, em consequência, o alargamento dos bens suscetíveis de justificar restrições;

ii) Sem prescindir, note-se que, a ser uma cláusula de limites aos limites, o importante seria garantir que a interpretação das normas constitucionais respeitassem, o caráter, exclusivamente, ampliador da remissão contida no número 2 do artigo 16º da CRP, atenta a respetiva localização sistemática junto de uma cláusula aberta ou de não tipicidade de direitos fundamentais. O que seria, flagrantemente, contraditório com uma tese que fundasse nesse mesmo reenvio constitucional, alegadamente com intuitos ampliativos, o alargamento do âmbito de possíveis restrições aos direitos fundamentais, para além do elenco formal da Constituição positiva.

B) As interrogações e dúvidas suscitadas pela doutrina dos limites imanentes do artigo 29º da DUDH, no contexto de direitos formalmente constitucionais, mantêm-se perante conceções que lhes conferem relevância justificativa de restrições não previstas formalmente na Constituição. Se os sobreditos critérios são demasiado vagos e indeterminados para serem limites aos direitos fundamentais previstos na Constituição, essa ambiguidade nociva não se extingue com o reconhecimento desses critérios como legitimadores da identificação de novos "bens não articulados", suscetíveis de justificar restrições, independemente da ausência de um limite constitucional correspondente. Se não servem para justificar restrições legitimadas pela Constituição, também não poderão servir de fundamento a restrições criadas à margem da Constituição positiva.

C) Por último, o argumento para nós mais significativo resulta da importação das nossas observações em sede de limites imanentes: qual a utilidade de tal investimento dogmático-científico? Na verdade, mesmo que admitíssemos a necessidade/possibilidade de recorrer a bens não previstos na Constituição para justificar restrições, sempre caberia aquilatar da necessidade do recurso aos critérios do artigo da DUDH, para estabelecer limites à relevância desses "bens não articulados". Se os bens oferecidos pela DUDH, como limites à identificação de "bens não articulados", suscetíveis de justificar restrições, já se encontram previstos no elenco constitucional positivo, qual o desiderato possível desse reenvio constitucional? Atendendo ao *supra* referido esforço de determinação dos conceitos integrantes do artigo 29º da DUDH, facilmente concluímos que os piores receios doutrinários se concretizam, no recurso à moral, pelas razões que exporemos de seguida. Não obstante, se a doutrina rejeitou a possibilidade de os direitos formalmente constitucionais serem restringidos, a título de limites imanentes ou implícitos, pela moral, previamente, deverá recusar uma conceção que reconheça a possibilidade de identificação de bens, fora do catálogo constitucional, suscetiveis de justificar restrições fundadas e/ou limitadas pela moral.

D) Que moral é essa? Mesmo que se rejeite a sua identificação como "moral dos costumes", relevante da paternalística imposição a cada um do seu próprio bem[544], quem a define? A moral de que sociedade, de que religião, tributária de que conceção ética? Que faculdades do direito à informação podem ser objeto de restrições, autorizadas pela moral? Note-se que qualquer tentativa de objectivização da "moral" acaba por conduzir o intérprete para bens constitucionais protegidos, implícita ou diretamente, o que torna, mais uma vez, o reenvio constitucional absolutamente desnecessário, para além de escancarar uma porta que o sistema normativo de direitos fundamentais reclama que permaneça fechada.

Julgamos que o artigo 18º, número 2, da Constituição, *"uma das maiores singularidades da Constituição portuguesa"*[545], deve ser lido no sentido de as leis só podem restringir direitos fundamentais nos casos expressamente previstos na Constituição, como sejam aqueles em que as restrições podem ser motivadas por conflitos entre direitos com fundamento expresso constitucional,

[544] Coutinho, Luís P. (2010). "Sobre a Justificação das Restrições aos Direitos Fundamentais"; *in Estudos em Homenagem ao Professor Doutor Sérvulo Correia*, Coimbra Editora: Coimbra; p. 566.
[545] Alexandrino, José de Melo (2006). *A Estruturação do Sistema de Direitos, Liberdades e Garantias na Constituição Portuguesa. A Construção Dogmática*, Vol. II, Almedina: Coimbra; p. 424.

formalmente constitucionais[546]. Os direitos estão sujeitos a uma reserva geral de ponderação[547], atenta a remissão implícita para a sua compatibilização com outros direitos expressamente previstos na Constituição, através de ponderações de bens[548]. As tarefas constitucionais de determinação e de aplicação dos direitos fundamentais garantidos sem reserva constituem uma questão de interpretação constitucional, de mediação com o Direito Constitucional em colisão[549]. O importante é que todos esses bens e direitos sejam formalmente constitucionais, se encontrem positivados, implícita ou explicitamente, nas disposições constitucionais, no limite dos respetivos enunciados semânticos, configurando uma "reserva constitucional de bem" [550].

7.6. Não obstante, a rejeição de uma interpretação literal que resultaria numa pretensa proibição não autoriza diferentes níveis de vinculatividade dos poderes constituídos, baseada no facto de certas normas preverem expressamente restrições ao contrário de outras. De acordo com esta tese, haveria que distinguir entre reservas simples e as qualificadas[551]. Nas reservas simples, a Constituição limitar-se-ia a remeter expressamente para o legislador, ficando os poderes constituídos habilitados a escolher os bens, interesses e fins aptos a fundamentar a limitação. Nas situações de reserva qualificada, o legislador constitucional enumeraria os bens suscetíveis de justificar a restrição, os critérios e soluções a ter em conta na ponderação. Nos casos de direitos fundamentais consagrados sem reservas, isso quer dizer que a Constituição não fez qualquer valoração nem identificou os interesses suscetíveis

[546] NOVAIS invoca os princípios da força normativa e da unidade da Constituição, com os seus corolários da conformidade sistemática e da ausência de contradições entre as normas constitucionais, para sustentar o abandono da interpretação da norma proibitiva do artigo 18º, nº 2 da CRP, como regra jurídica com um caráter vinculativo absoluto. – NOVAIS, Jorge Reis (2003). *As Restrições aos Direitos Fundamentais não autorizadas expressamente pela Constituição*, Coimbra Editora: Coimbra; p. 588.

[547] Optamos, propositadamente, por retirar a locução "imanente", usada por NOVAIS, para clarificar a diferença entre a conceção ampliativa a que aderimos e uma conceção restritiva moderada.

[548] NOVAIS, Jorge Reis (2003). *As Restrições aos Direitos Fundamentais não autorizadas expressamente pela Constituição*, Coimbra Editora: Coimbra; p. 571.

[549] BÖCKENFÖRDE, Ernst-Wolfgang (2008). "Cómo se Interpretan en el Derecho Constitucional Alemán los Derechos Fundamentales?", in *Dignidad de La Persona, Derechos Fundamentales, Justicia Constitucional*, Coord. Francisco Fernández Segado, Dykinson-Constitucional; p. 426.

[550] CANOTILHO, Gomes/MOREIRA, Vital (2007). *Constituição da República Portuguesa Anotada*, I, 4ª Ed., Coimbra Editora: Coimbra; p. 393.

[551] NOVAIS, Jorge Reis (2003). *As Restrições aos Direitos Fundamentais não autorizadas expressamente pela Constituição*, Coimbra Editora: Coimbra; pp. 599 e segs.

de justificarem a cedência. Ora, neste sentido, na ausência de reservas, o juiz, funcionalmente habituado a defender a natureza de trunfos dos direitos fundamentais contra as decisões da maioria[552], teria uma competência de controlo total sobre as ponderações efetuadas pelos poderes constituídos no sentido da justificação da restrição. Pelo contrário, nos casos em que há uma habilitação expressa, os controlos apenas poderiam incidir sobre a utilização que os poderes constituídos fazem dessa autorização (sobre a medida escolhida e o alcance dos efeitos)[553].

No quadro de uma teoria adequada ao nosso ordenamento jurídico-constitucional, atente-se no exemplo do direito de acesso às fontes de informação, em que o legislador constitucional se limita a remeter genericamente para a lei. Pode essa reserva ser entendida no sentido de ser conferida ao legislador a liberdade de escolher os bens, interesses e fins aptos a fundamentar a limitação, como sustenta Novais? A nossa resposta não pode deixar de ser negativa. Ora, como veremos, este direito formalmente constitucional pode ser restringido para salvaguardar outros interesses constitucionalmente previstos, como sejam o segredo de justiça ou a segurança do Estado, sem que estes fins constem expressamente da norma específica constitucional, consagradora do direito fundamental. E a mera previsão destes bens, formalmente na Constituição, constitui credencial constitucional suficiente para restringir direitos fundamentais que com eles possam colidir. Admitir restrições fundadas em bens que não são formalmente constitucionais seria colocar na disponibilidade do legislador e da Administração esses mesmos direitos fundamentais, contrariando toda a evolução da proteção constitucional dos direitos fundamentais e da afirmação da força normativa da Constituição. Rejeitar a ideia de uma hierarquia formal, entre bens formalmente constitucionais e os outros[554], é degradar a força normativa dos direitos e liberdades fundamentais, formalmente constitucionais, resultado da opção do legislador constituinte. Sem defender uma regulação constitucional integral e exaustiva, cabe, todavia realçar que uma teoria constitucional adequada não deve prescindir dessa hierarquia formal definida pelo próprio legislador constituinte, quando conferiu dignidade constitucional a certos direitos e liberda-

552 Novais, Jorge Reis (2003). *As Restrições aos Direitos Fundamentais não autorizadas expressamente pela Constituição*, Coimbra Editora: Coimbra; p 602.

553 Novais, Jorge Reis (2003). *As Restrições aos Direitos Fundamentais não autorizadas expressamente pela Constituição*, Coimbra Editora: Coimbra; p. 601.

554 Em sentido contrário, como vimos – Novais, Jorge Reis (2003). *As Restrições aos Direitos Fundamentais não autorizadas expressamente pela Constituição*, Coimbra Editora: Coimbra; p. 620.

des. O entendimento inverso propiciaria, aliás, um eventual regresso à teoria da regulamentação das liberdades. Parece-nos que essa exigência é o maior trunfo contra as acusações de alegada irracionalidade, manipulabilidade e arbitrariedade do método ponderativo, evitando que os juízes contraponham as suas hierarquias e valorações pessoais e subjetivas às escolhas do legislador, constituinte ou ordinário.

Tratando-se de um conflito entre bens constitucionalmente protegidos, essas restrições implícitas, tais como as explícitas, devem limitar-se ao necessário para salvaguardar outros bens constitucionalmente protegidos, conforme reclama o artigo 18º, nº 2[555], segunda parte. Esta exigência constitucional de sujeição de todas as intervenções desvantajosas sobre direitos fundamentais aos limites expressos dos limites dos direitos fundamentais, designadamente a aplicação do princípio da proporcionalidade na solução de conflitos de direitos, não distingue entre normas que autorizam expressamente restrições aos direitos e as que não o permitem expressamente. Assim como nos parece que, numa perspetiva dogmática, a consideração de cada previsão normativa, em particular, é irrelevante para a determinação da liberdade de conformação dos poderes constituídos[556]: pode uma norma, que autoriza expressamente restrições e até designa alguns bens suscetíveis de justificar as restrições, ser mais fechada do que uma outra norma que não consagra expressamente a possibilidade de restrições, mas que deve ser sujeita a uma ponderação com outros bens constantes de outras normas integrantes da mesma Constituição. Se a distinção que alegadamente resulta de uma interpretação literal da norma constitucional é considerada irrelevante em termos dogmáticos, há que considerar, em coerência, esse fator impeditivo da admissibilidade de proceder a uma distinção de graus diferentes de competências de controlo das medidas restritivas pelo juiz. Os direitos e as liberdades comunicativas

[555] Alexandrino propõe como solução, para salvar a função e o sentido normativo essencial do artigo 18º, nº 2, a interpretação ampliativa das hipóteses de autorização expressa ou a recondução das restantes situações de afetação legislativa do conteúdo ideal de uma norma jusfundamental a restrições implicitamente autorizadas, deixando claro que se trata de um recurso duplamente excecional, que de modo algum poderia dispensar o cumprimento dos requisitos do Estado de Direito. – Alexandrino, José de Melo (2006). *A Estruturação do Sistema de Direitos. Liberdades e Garantias na Constituição Portuguesa: A Construção Dogmática*, Vol. II, Coimbra Editora: Coimbra; p. 481.

[556] O Acórdão do TC nº 254/99, de 4 de maio rejeitou o entendimento de que uma "restrição" só é admissível nos casos em que o legislador constituinte tenha expressamente identificado os bens especificamente suscetíveis de fundamentar uma específica compreensão ou que consubstanciam a compressão.

podem ser sujeitas a restrições, mas tais afetações desvantajosas devem ser fundadas em outros direitos ou valores expressamente previstos na Constituição, como veremos de seguida, e não apenas na norma de direitos fundamentais que estiver em causa. O sentido desta reserva geral de ponderação nada tem que ver, contudo, com as teorias dos limites imanentes.

7.7. Note-se que o primeiro nível de ponderação a ter em conta é, precisamente, o constitucional, uma vez que muitas normas de direitos fundamentais já são o resultado de ponderações efetuadas pelo legislador constitucional, ainda que com indicações diferentes para os poderes constituídos. No quadro da Constituição da Comunicação, cumpre-nos constatar a ausência de regras de aplicabilidade imediata, em termos de tudo ou nada. Em todas as normas de direitos e liberdades fundamentais envolvidas na nossa investigação, é possível detetar uma certa margem de interpretação conferida aos poderes constituídos, ainda que variável em termos de intensidade, em função da estrutura dos direitos, liberdades e garantias implicados. Mesmo a proibição de qualquer tipo de censura, contida no número 2 do artigo 37º da CRP, como veremos, na eventualidade da adesão a um conceito amplo, revela-se um princípio que carece de ponderações e que não beneficia de uma relação de prevalência absoluta e incondicionada que dispense avaliações concretas. Quando o artigo 38º, nº 7, da CRP estipula que as estações emissoras de radiodifusão só podem funcionar mediante licença, a conferir por concurso, remetendo para lei, o legislador constituinte parece conferir alguma livre margem de ponderação aos poderes constituídos sobre o tipo de atividade de radiodifusão que carece de licença, obtida por concurso público[557]. Quando a Constituição confere ao Estado o dever de impedir a concentração das empresas de *media*, designadamente através das suas participações múltiplas ou cruzadas, atribui aos poderes constituídos alguma liberdade conformadora na densificação do conceito de concentração nocivo para a Constituição, bem como na determinação dos meios para a obtenção desses fins. Mas os fins e

[557] Porém, na revisão constitucional de 1989, que abriu caminho ao exercício da atividade radiotelevisiva por privados, obteve acordo, entre as forças políticas, a interpretação autêntica do texto constitucional que prevê que os requisitos do licenciamento – atual artigo 38º, nº 7 – têm de constar da lei, deixando assim à pouca margem de manobra à Administração.. Acresce a garantia de isenção atribuída a uma entidade independente. – Rabaça, Clara Elete Gomes (2002). *O Regime Jurídico-administrativo da Concentração dos Meios de Comunicação Social em Portugal*, Almedina: Coimbra; p. 122.

os bens ou direitos que, legitimamente, poderão ajudar a justificar eventuais restrições terão de ser extraídos da Constituição formal.

Esta reserva geral de ponderação não implica uma degradação da liberdade ou dos direitos fundamentais, ou a sua dissolução através da incorporação social do seu exercício. E se, em abstrato, é possível afirmar no plano dogmático como corolário do Estado de Direito, que a reserva de autonomia e liberdade individuais devem prevalecer sobre bens coletivos, a relevância do princípio democrático afirma-se, em primeiro lugar, a partir das opções de política constitucional, assumidas pelo legislador constituinte. Os direitos e liberdades referentes à comunicação social podem ser restringidos para salvaguardar bens coletivos, desde que tenham assento constitucional e essa restrição possa ser fundamentada nos termos descritos. No caso específico do ordenamento jurídico-constitucional português, note-se que as liberdades de comunicação social, de iniciativa económica privada e o direito de propriedade dos *media* poderão ser limitados, por exemplo, pelo princípio do pluralismo, fundado, por sua vez, no princípio democrático, e essa é uma opção expressa do legislador constitucional, o mesmo que conferiu a relevância jurídica dos direitos e liberdades fundamentais.

À luz de uma teoria constitucionalmente adequada, nem a Constituição legitima, nem em abstrato pode ser considerado admissível, a funcionalização dos direitos e liberdades comunicativas, através da adoção de uma conceção instrumental como fundamento dessas liberdades[558], baseada, por exemplo, no recorrente critério de valorização do direito à autodeterminação democrática de um povo. Já Dworkin alertava que o uso exclusivo da justificação instrumental é perigoso para a liberdade de expressão. Se é verdade que a tese de Madison – segundo a qual a liberdade de expressão é necessária para que o povo se governe a si mesmo – explica porque não se deve permitir que o Estado exerça uma censura clandestina que o povo rejeitaria se dela tivesse consciência, o mesmo argumento não explica, porém, a proibição dessa mesma censura, na eventualidade de a maioria dos cidadãos a pretender impor. Observa Dworkin que, num eventual referendo, seria mais do que provável que a maioria dos norte-americanos se exprimisse no sentido de preferir que o Estado censure as informações, por ele consideradas político-diplomaticamente delicadas.

Acresce que o recurso ao conceito de limites imanentes, desviando-os da órbita do regime formal das leis restritivas, legitimaria uma intervenção

[558] Dworkin, Ronald (1996). *Freedom's Law*, Oxford University Press; pp. 318 e 319.

mais intensiva e livre da Administração, com o argumento de que não estaria a regular diretamente o conteúdo desses direitos fundamentais mas sim a proceder à sua delimitação[559]. Tal assumpção fica reforçada perante uma perspetiva mais atualista do Estado Social, cujos novos fins e funções são dirigidos à satisfação do bem-estar da comunidade, alargando o âmbito potencial de atuação administrativa no sentido da afetação desvantajosa de direitos fundamentais, fundamentada na mera concretização de limites imanentes. Voltaremos a esta questão. Pela nossa parte, reiteramos a necessidade de um conceito amplo de restrição, especificamente no âmbito normativo da nossa investigação, até por expressa indicação constitucional, na proibição de qualquer tipo de censura.

O que não pode, todavia, impedir o reconhecimento da necessidade, em muitas situações, do acesso direto da Administração e tribunais à possibilidade de limitação dos direitos fundamentais. São precisamente situações em que, por definição, o legislador ou não pode ir além da mera definição de orientações e fórmulas gerais[560] – os casos que suscitam específicas questões deontológicas ou editoriais através do recurso a conceitos técnicos ou extrajurídicos, as situações geradas pelos factos das novas tecnologias – ou em que só pode desenvolver, em detalhe, uma solução relativamente a tipos de casos previsíveis. Existirão sempre situações tão carentes de solução como as expressamente reguladas, perante as quais, mesmo sem intervenção do legislador, deve ser admissível o acesso direto da Administração e dos Tribunais aos direitos fundamentais, mesmo com vista à sua limitação[561]. Veja-se, mais uma vez, o caso das atribuições expressas pela Constituição atinentes à defesa dos direitos, liberdades e garantias, a uma entidade reguladora, com a natureza de autoridade administrativa independente. Uma entidade administrativa cujas competências não são comparáveis às das restantes administrações públicas, como estudaremos.

São, para nós, razões acrescidas para aderir a uma conceção forte do papel do legislador, no quadro da reserva de lei[562], atentas as especificidades do nosso

[559] Veja-se a referência à atividade de polícia da administração. – Novais, Jorge Reis (2003) *As Restrições aos Direitos Fundamentais não autorizadas expressamente pela Constituição*, Coimbra Editora: Coimbra; p. 478.

[560] Novais, Jorge Reis (2003). *As Restrições aos Direitos Fundamentais não autorizadas expressamente pela Constituição*, Coimbra Editora: Coimbra; p. 546.

[561] Novais, Jorge Reis (2003). *As Restrições aos Direitos Fundamentais não autorizadas expressamente pela Constituição*, Coimbra Editora: Coimbra; p. 546.

[562] Na senda de Coutinho, *"sempre que seja possível um prévio tratamento legislativo, que contemple uma solução padronizada de uma situação de colisão de direitos, pode/deve ser emitida norma restritiva que conforme*

âmbito normativo, especialmente suscetível à falta de segurança e de certeza jurídicas. O mesmo raciocínio é, para nós, aplicável ao poder regulamentar atribuído à Administração, devendo, por exemplo, um Regulador dos *media* esforçar-se no sentido da autovinculação normativa[563], mesmo que tal implique uma limitação da sua livre margem de atuação. Esta ideia é consentânea com uma repartição de tarefas conforme a um Estado de Direito Democrático, no quadro de uma conceção ampla do *Tatbestand* e do conceito de restrição, que intensifica o controlo constitucional dos direitos fundamentais.

8. Mandatos de Otimização e Aplicabilidade Direta

8.1. A teoria dos princípios, aliada às máximas da ponderação e otimização, permitiu a expansão[564] dos direitos fundamentais[565], não apenas no que concerne à dimensão do seu conteúdo, mas também quanto à questão da sua realização judicial. O objeto de otimização do princípio jusfundamental não é apenas a liberdade ótima substantiva *(optimale inhaltliche Freiheit),* de acordo com as possibilidades jurídicas e fácticas, mas também a liberdade efetiva, na medida em que a primeira pode perder o seu valor por falta de proteção jurídica[566]. Essa expansão teve como marco fundamental, na sua génese, uma decisão do Tribunal Constitucional alemão, sobre a liberdade de expressão[567],

materialmente a atividade judicial e administrativa, sem prejuízo, naturalmente das competências dos tribunais para o controlo da constitucionalidade." – Coutinho, Luís Pereira (2010) "Sobre a Justificação das Restrições aos Direitos Fundamentais"; *in Estudos em Homenagem ao Professor Doutor Sérvulo Correia,* Coimbra Editora: Coimbra; p. 567.

563 Segundo Canotilho, é no contexto do princípio da igualdade que se fala hoje do princípio da autovinculação da administração. Mesmo nos espaços de exercício discricionário, *"o princípio da igualdade constitucional impõe que, se a administração tem repetidamente ligado certos efeitos jurídicos a certas situações de facto, o mesmo comportamento deverá ser adotado em casos futuros semelhantes."* – Canotilho, Gomes (2003). *Direito Constitucional e Teoria da Constituição,* 7ª Edição, Coimbra Editora: Coimbra; p. 735.

564 Para certos autores, essa expansão foi artificial. – Novais, Jorge Reis (2003) *As Restrições aos Direitos Fundamentais não autorizadas expressamente pela Constituição,* Coimbra Editora: Coimbra; p. 416.

565 Alexy, Robert (2011). "Sobre a estrutura de los derechos fundamentales de protección", *in La Teoria Principialista de los Derechos Fundamentales,* Marcial Pons: Madrid; p.119.

566 Borovwski, Martin (2011). "Derechos de defensa como princípios fundamentales", *in La Teoria Principialista de los Derechos Fundamentales,* Marcial Pons: Madrid; p. 108.

567 Trata-se da decisão *Luth,* proferida pelo Tribunal Constitucional Federal alemão, em 1958. Luth apelou ao público alemão e aos proprietários dos cinemas e aos distribuidores de filmes para boicotarem os filmes produzidos depois de 1945 por *Veit Harlan,* que tinha sido o mais proeminente realizador nazi. O tribunal de Justiça de Hamburgo decidiu que *Luth* deveria abster-se de fazer qualquer apelo ao boicote, atenta a violação da secção 826 do Código Civil alemão, por

a qual sublinha a inevitabilidade da ponderação, para além de outros aspetos como a afirmação da dupla dimensão da liberdade de expressão[568/569] e do

ser contrário ao interesse público. Luth recorreu para o Constitucional e o Tribunal considerou que o apelo ao boicote era *prima facie* protegido pela liberdade de expressão garantida no artigo 5º (1) da Constituição. Este artigo continha duas cláusulas limitativas da liberdade de expressão, sendo a primeira uma cláusula genérica de remissão para as leis gerais. O Tribunal Constitucional considerou que a norma legal em causa, aplicada pelo Tribunal de Hamburgo, era uma lei geral no sentido da primeira limitação. E é precisamente neste ponto que a diferença entre as duas conceções se verifica:
a) Se se adota o sistema de regras, então a tarefa é apenas a de responder a duas questões: a primeira é se o apelo ao boicote se subsume na liberdade de expressão, tendo o Tribunal respondido positivamente. A segunda questão é a de saber se a secção 826 do Código Civil é aqui aplicável. O Tribunal de Hamburgo também respondeu positivamente, na medida em que considerou o apelo ao boicote contrário ao interesse público. Uma vez que o realizador não tinha sido sequer condenado por crimes nazis, o apelo ao boicote foi considerado atentatório das convicções democráticas da lei e da moral do povo alemão;
b) Para o Tribunal Constitucional, estas duas subsunções isoladas são insuficientes, sendo necessário proceder a uma ponderação entre os princípios constitucionais colidentes, quando da aplicação das regras do direito civil possa resultar uma limitação de um direito fundamental consagrado constitucionalmente. O resultado desta ponderação foi a de que a liberdade de expressão deveria prevalecer, neste caso, sobre considerações constitucionais opostas e que a cláusula de interesse público deve ser interpretada de acordo com esta prioridade
c) Na definição do que seriam leis gerais, o tribunal sintetiza: são aquelas que não proíbem uma opinião enquanto tal, mas antes servem a proteção de um bem jurídico que tenha precedência sobre a liberdade de expressão, o que exige um procedimento de ponderação de bens.
Esta decisão, segundo ALEXY, está na base de três aspetos fundamentais da expansão dos direitos fundamentais: *i) que a garantia constitucional dos direitos individuais não é sempre a garantia da defesa clássica dos cidadãos face ao estado; os direitos constitucionais comportam, ao mesmo tempo, uma ordem objetiva de valores (os princípios que são expressos pelos direitos constitucionais); ii) o efeito irradiante dos direitos fundamentais; iii) Os valores e os princípios tendem a colidir e essa colisão apenas pode ser resolvida pela ponderação.* – ALEXY, Robert (2003b). "Constitutional Rights, Balancing and Rationality", *Ratio Juris;* Vol. 16, nº2, June; p. 131; NOVAIS, Jorge Reis (2003) *As Restrições aos Direitos Fundamentais não autorizadas expressamente pela Constituição,* Coimbra Editora: Coimbra; p. 467; *BVERFGE 7, 198* (LÜTH-URTEIL), *Cinquenta Anos de Jurisprudência do Tribunal Constitucional Federal Alemão,* (2005) Coletânea Original: Jürgen SCHWABE, Org. e Introd. Leonardo MARTINS; Tradução: Beatriz Hennig, Leonardo Martins, Mariana Bigelli de Carvalho, Tereza Maria de Castro, Viviane Geraldes Ferreira; *Konrad – Adenauer- Stiftung E.V.,* Montevideo: Uruguay; pp. 381 e segs.

[568] Na Alemanha do segundo pós-guerra, tal como os demais direitos fundamentais, desde sempre a liberdade de expressão tem sido concebida com uma *dupla dimensão*: *"uma dimensão subjetiva (de direito subjetivo que assegura uma parcela de liberdade perante o poder público) e uma dimensão objetiva (de valor e princípio objetivo da ordem constitucional e democrática). Esta seria uma das três tradições, conjuntamente com a anglo-americana e a francesa. Na conceção anglo-americana, liberal e republicana, a liberdade de expressão oscila entre o absoluto ou o quase-absoluto e um dos mais valiosos direitos constitucionais. Já na tradição francesa, das "liberdades públicas", a liberdade de expressão continua a estar essencialmente submetida ao tradicional império da lei (enquanto expressão da vontade geral), com as inerentes consequências ao nível da*

seu efeito de irradiação[570]. Ou seja, os direitos fundamentais servem de parâmetro para o legislador e para todos os aplicadores do direito, os quais, quando estabelecem, interpretam ou põem em práticas normas jurídicas, devem ter em conta os efeitos dos direitos fundamentais[571]. A conceção dos direitos fundamentais como normas objetivas supremas do ordenamento jurídico reveste uma importância capital: estando os poderes legislativo, administrativo e judicial a eles vinculados, surge não só uma proibição de ingerência do Estado no âmbito por eles protegido, como também uma obrigação positiva

correspondente representação política e social dominante e da praxis jurisprudencial." – ALEXANDRINO, José Melo (2014), "O âmbito constitucionalmente protegido da Liberdade de Expressão", *in Media, Direito e Democracia*; p.45; MENDES, Gilmar (2012). "O significado da liberdade de imprensa no estado democrático de Direito e seu desenvolvimento jurisprudencial pelas Cortes Constitucionais: breves considerações", *in Estudos em Homenagem ao Prof. Doutor José Joaquim Gomes Canotilho, Vol. III,* Coimbra Editora: Coimbra; pp. 556 e 557.

569 A dimensão objetiva dos direitos fundamentais torna desnecessária a teoria *schmittiana* das garantias institucionais. – CASTILLO, Luis (2003). "Principales Consecuencias de La Aplicación del Principio de La Doble Dimensión de los Derechos Fundamentales", *Anuario da Facultade de Dereito*; pp.184-195, em especial p. 188.

570 Na medida em que os direitos fundamentais, no seu conjunto, representam uma ordem de valores que se irradia por todo o Direito, também se pode violar os direitos fundamentais na sua aplicação, designadamente, das normas de Direito Civil. – BÖCKENFÖRDE, Ernst-Wolfgang (2008) "Cómo se Interpretan en el Derecho Constitucional Alemán los Derechos Fundamentales?", in *Dignidad de La Persona, Derechos Fundamentales, Justicia Constitucional,* Coord. Francisco Fernández Segado, Dykinson-Constitucional; p. 428; De acordo com a teoria do efeito recíproco, as leis gerais têm a virtualidade de limitar os direitos fundamentais, devendo ser interpretadas à luz do significado que o direito fundamental restringido assume no Estado democrático, pelo que o efeito restritivo deve ele próprio sofrer a limitação correspondente a esse valor. – NOVAIS, Jorge Reis (2003). *As Restrições aos Direitos Fundamentais não autorizadas expressamente pela Constituição,* Coimbra Editora: Coimbra; p. 467; Ou seja, para alguma doutrina, leis gerais que restrinjam a liberdade de expressão devem ser interpretadas restritivamente. – KARPEN, Ulrich/MÖLLE, Nils/SCHWARZ, Simon (2008). "Freedom of Expression and the Administration of Justice in Germany", in *Dignidad de La Persona, Derechos Fundamentales, Justicia Constitucional,* Coord. Francisco Fernández Segado, Dykinson-Constitucional; p. 605; CANARIS, Claus-Wilhem (2012), *Direitos Fundamentais e Direito Privado,* 3ª Reimpressão da Edição de julho 2003, Almedina: Coimbra.

571 HESSE chama a atenção para o perigo desta jurisprudência pois, atenta a colocação dos direitos fundamentais no cerne do ordenamento jurídico, qualquer questão jurídica pode tornar-se uma questão de direitos fundamentais. O constitucionalista nota que, *quanto mais amplo seja o âmbito de vigência e de aplicação dos direitos fundamentais, maior será o perigo de sobrecarga da Constituição.* No seguimento, aliás, do argumento dirigido por BÖCKENDORFE a ALEXY, referente a uma eventual sobreconstitucionalização, que analisaremos de seguida a propósito da nossa conceptualização das omissões normativas inconstitucionais. – HESSE, Conrado (2001). "Significado de los Derechos Fundamentales", *in Manual de Derecho Constitucional – Benda, Maihofer, Vogel, Hesse, Heyde,* 2ª Ed., Madrid; p. 93, nota 27.

de concretizar tudo o que sirva a realização desses direitos fundamentais[572], mesmo quando seja difícil configurar pretensões subjetivas dos cidadãos[573].

8.2. Conforme já foi referido, a uma conceção ampla do âmbito de proteção, contrapomos um conceito amplo de limite ou restrição, que torna indiferentes quaisquer classificações de intervenção restritiva, desenvolvimento ou restrição, configuração ou materialização de um direito fundamental. O que é relevante é estarmos na presença de elementos restritivos, ou seja de uma "afetação desvantajosa"[574] do conteúdo do direito fundamental e que essa intervenção seja, expressa ou implicitamente, autorizada pela Constituição. Nesse caso, ganham obrigatoriamente relevância os limites aos limites dos direitos fundamentais, que combinam requisitos formais, orgânicos e materiais[575], o que inclui a observância de princípios como os da reserva de lei parlamentar, proporcionalidade ou da proibição do excesso, da proteção da confiança, da garantia do conteúdo essencial até à natureza necessariamente geral e abstrata das leis restritivas. Estes requisitos implicam a combinação entre métodos de aplicação subsuntiva e a metodologias baseadas na ponderação de bens[576].

Precisamente, um dos aspetos fundamentais do regime das liberdades comunicativas e dos direitos nelas implicados é também o da sua aplicabilidade direta, conforme determina o artigo 18º, nº 1, da CRP, sendo o juiz, precisamente, em nosso entendimento, o destinatário principal deste comando constitucional, na omissão do legislador. Concorde-se ou não com o detalhe da Constituição da Comunicação, rara no direito comparado, o artigo 18º e, noutra perspetiva, o artigo 288º, obrigam a que os direitos, liberdades e

572 HESSE, Conrado (2001). "Significado de los Derechos Fundamentales", *in Manual de Derecho Constitucional – Benda, Maihofer, Vogel, Hesse, Heyde*, 2ª Ed., Madrid; p. 94.

573 Não sendo necessário, a nosso ver, um tratamento dogmático autónomo da questão da regulação do espectro, PINHEIRO disserta sobre as consequências da aplicação de uma análise neoconstitucionalista à regulação do espectro. Em causa, na sua reflexão, os efeitos alegadamente decorrentes dessa análise em três espécies de direitos fundamentais, e nas correspetivas garantias jurídicas, como sejam o direito à informação, direito à educação e a vedação ao monopólio e oligopólio dos meios de comunicação. – PINHEIRO, Guilherme Pereira (2013). "Uma perspetiva neoconstitucional da Regulação do espectro", in *Revista Direitos Humanos e Democracia*, Unijuí, Ano 1º, nº 2, Jul-Dez.

574 NOVAIS, Jorge Reis (2003). *As Restrições aos Direitos Fundamentais Não Expressamente Autorizadas Pela Constituição*, Coimbra Editora: Coimbra; pp. 189 e segs.

575 Por conjugação dos artigos 18º, números 2 e 3 e 165º, nº 1, alínea *b)*, da CRP.

576 NOVAIS, Jorge Reis (2003). *As Restrições aos Direitos Fundamentais Não Expressamente Autorizadas Pela Constituição*, Coimbra Editora: Coimbra; p. 635.

garantias da comunicação sejam levados a sério em qualquer conflito constitucional com outros direitos ou interesses constitucionalmente protegidos.

Em nosso entender, o princípio da aplicabilidade direta dos direitos, liberdades e garantias, consagrado no referido preceito constitucional, não se esgota na aplicação direta apenas das normas constitucionais que já são exequíveis por si mesmas e, por isso, suscetíveis de regular diretamente as situações da vida subsumíveis ao seu *Tatbestand*. Tornar-se-ia redundante[577] a sua afirmação no referido preceito constitucional, sendo essa uma consequência lógica do princípio da constitucionalidade e do valor normativo de todas as normas constitucionais e não apenas das normas que consagram os direitos, liberdades e garantias. Com efeito, não são as únicas, pois em Constituição normativa, é postulado geral que as suas normas são aplicáveis, ou suscetíveis de ser aplicáveis, diretamente nas situações da vida[578]. Não se trata de desvalorizar a necessidade de o legislador desenvolver os preceitos constitucionais em matéria de direitos fundamentais, até porque essa necessidade far-se-á sentir quase sempre. Trata-se de uma *"descarga constitucional"*[579], que se faz no próprio benefício da exequibilidade do direito fundamental. Perante omissões inconstitucionais lesivas de direitos, liberdades ou garantias e daquele núcleo restrito de direitos sociais fundamentais de prestação, como a saúde e a segurança social, radicados no princípio da dignidade da pessoa humana, defendemos a afirmação de princípio de que é perante normas constitucionais não exequíveis por si mesmas que o princípio da aplicabilidade direta revela grande parte da sua utilidade – não exclusiva –, sobretudo, nos casos – que mais diretamente nos interessam – em que não exista legislação sobre a matéria ou quando esta for deficitária: em situações, portanto, de falta ou insuficiência de lei[580].

Aí, o princípio valerá como "indicador da exequibilidade potencial das normas constitucionais, presumindo-se a sua "perfeição", isto é, a sua autossuficiência baseada no caráter determinável do respetivo conteúdo de sentido"[581],

[577] Castro, Raquel Alexandra Brízida Castro (2012). *As Omissões Normativas Inconstitucionais no Direito Constitucional Português,* Almedina: Coimbra, pp. 133 e segs; (2002). "Contributo para o Estudo das Omissões Normativas Inconstitucionais", *Tese de Mestrado em Direito, Ciências Jurídico-Políticas Faculdade de Direito da Universidade de Lisboa:* Lisboa.

[578] Miranda, Jorge (2000). *Manual de Direito Constitucional, Tomo IV,* Coimbra Editora: Coimbra; p. 311.

[579] Morais, Carlos Blanco de (2011). *Justiça Constitucional, Tomo II,* Coimbra Editora: Coimbra; p. 528.

[580] Andrade, Vieira de (2001). *Os Direitos Fundamentais na Constituição Portuguesa de 1976,* 2ª Edição, Coimbra; p. 201.

[581] Andrade, Vieira de (2001). *Os Direitos Fundamentais na Constituição Portuguesa de 1976,* 2ª Edição, Coimbra; pp. 201 e 202.

sendo possível afirmar o dever dos juízes e dos demais operadores jurídicos de aplicarem as normas constitucionais e a autorização para com esse fim os concretizarem por via interpretativa[582]. A Constituição presume que, no momento da aplicação das normas de direitos, liberdades e garantias, elas estarão aptas a regular as situações jurídico-materiais que cabem nos respetivos âmbitos normativos. Ou porque são capazes de exibir a suficiente determinabilidade ao nível constitucional ou, então, porque o legislador lhes conferiu a exequibilidade necessária. Neste caso, sustentamos que pode falar-se, pois, de uma sobreposição dos conceitos de omissão normativa inconstitucional e de lacuna normativo-constitucional: estar-se-á perante uma lacuna constitucional inconstitucional.

Perante a impossibilidade de aplicação direta de uma norma constitucional consagradora de um direito, liberdade ou garantia e de um direito fundamental de natureza análoga, o intérprete ou o órgão aplicador do Direito deve, pois, entender que se trata de uma lacuna. Perante uma lacuna, o juiz deve integrá-la[583], não podendo invocar o falso pretexto de não dispor de norma aplicável, sob pena de denegação de justiça[584], que o ordenamento jurídico proíbe e sanciona. Claro que tal princípio não é "varinha de condão passível de transformar as normas não exequíveis que declaram esses direitos em normas exequíveis por si próprias"[585]. A solução de recurso à técnica da lacuna é, precisamente, uma reação perante as omissões normativas, que se insere no domínio da "patologia constitucional"[586], justificável perante um sistema de "omissões normativas persistentes que não permitem qualquer gozo do direito consagrado constitucionalmente". Permite interpretar o princípio da

582 ANDRADE, Vieira de (2001). *Os Direitos Fundamentais na Constituição Portuguesa de 1976*, 2ª Edição, Coimbra; p. 202.

583 CASTRO, Raquel Alexandra Brízida (2012). "Por Uma Fiscalização Concreta e Difusa das Omissões Legislativas Inconstitucionais que Violam Direitos, Liberdades e Garantias", in *Estudos de Homenagem ao Professor Doutor Jorge Miranda*, Coimbra Editora: Coimbra; pp. 413 e segs.

584 A proibição da denegação de justiça teve a sua formulação clássica no artigo 4 do Code Civil francês: *"Lejuge qui refusera de jugersousprétextedusilence, de l'obscurité ou de l'insuffisance de la loipourraêtrepoursuivicommecoupable de déni de justice"*. Segundo ENGISCH, "esta proibição obriga o juiz a dar a toda a questão jurídica uma resposta" mas "não é válida *a priori*: seria na verdade concebível que o juiz tivesse o poder de, em casos de lacuna, recusar a resposta." – ENGISCH, Karl, (1996). *Introdução ao Pensamento Jurídico;* p. 308.

585 MORAIS, Carlos Blanco de (2011). *Justiça Constitucional, Tomo II,* Coimbra Editora: Coimbra; p. 881.

586 CASTRO, Raquel Alexandra Brízida (2012), *As Omissões Normativas Inconstitucionais...*, p. 150. No mesmo sentido – "BOSELLI DE SOUSA, Luíz H. (2010). *A correlação da efetividade das Normas Constitucionais com o suprimento das Omissões Normativas*", Tese de Doutorado (Inédita – Policopiada), São Paulo; pp. 113 e 114.

aplicabilidade direta como uma "vocação" ou uma autorização ao juiz de usar todos os meios interpretativos e integrativos de que dispõe, até mesmo para elaborar uma norma de decisão para aquele caso concreto, perante determinadas condições, com o objetivo de permitir a eficácia de um direito fundamental. Mesmo assim, nem sempre isso será possível.

Pela nossa parte, cabe realçar que:

A) Não se trata de atribuir um poder discricionário aos aplicadores do direito, alegadamente justificativo de um ativismo judicial ilegítimo[587], preconizador da substituição do legislador pelo juiz. Havendo, em qualquer sistema jurídico, casos não regulamentados pela lei, ou nos quais a lei não imponha uma determinada decisão, tornando o direito parcialmente indeterminado e incompleto neste sentido, HART reconhece que o juiz está obrigado a julgar e não pode declarar-se incompetente ou remeter os aspetos não previstos na lei para o legislador, devendo o juiz exercer a sua discricionariedade e criar direito para o caso concreto[588]. Esta é uma faculdade de natureza distinta da conferida ao legislador[589], uma vez que está sujeita a inúmeras restrições que limitam as suas opções e resume-se à resolução de casos concretos, não podendo usá-la para introduzir reformas ou criar códigos novos;
B) Não procede, para nós, o argumento de que esta seria uma tese antidemocrática e injusta[590], uma vez que os juízes não são eleitos, condição para que lhes pudesse ser conferida a faculdade de criar direito. Aos juízes encontra-se vedada a possibilidade de criarem leis, tendo apenas a faculdade de estabelecer regras para resolver questões concretas dos casos particulares, sem força obrigatória geral. Acresce que se a delegação de uma margem limitada de faculdades legislativas no

[587] HART, Herbert L.A. (1997). "*Post Scriptum* El Concepto de Derecho", *Estudios Públicos*, 65; p. 259.

[588] HART respondia assim a DWORKIN, que considera que esta tese se baseia numa visão errónea do direito e do judicial, na medida em que defende que *o incompleto não é o direito mas sim a imagem que os positivistas têm dele.*

[589] Mesmo assim, HART admite casos em que o direito não imponha nenhuma decisão considerada como a correta e para julgar o juiz deverá criar direito: não pode fazê-lo arbitrariamente, deve ter sempre razões gerais que justifiquem a sua decisão e atuar como um legislador responsável, decidindo de acordo com as suas convicções e valores. Se cumprir estes requisitos, poderá julgar aplicando critérios ou fundamentos não impostos pelo direito, que poderiam ser distintos dos que aplicam outros juízes que têm de decidir casos difíceis semelhantes. DWORKIN considera que esta é uma descrição errada do que fazem os tribunais, nos casos difíceis. – HART, Herbert L.A. (1997). "*Post Scriptum* El Concepto de Derecho", *Estudios Públicos*, 65; p. 262.

[590] HART, Herbert L.A. (1997). "*Post Scriptum* El Concepto de Derecho", *Estudios Públicos*, 65; p. 263.

poder executivo é uma característica das democracias modernas, a sua delegação no poder judicial não parece constituir uma ameaça maior à democracia. Em ambas as formas de delegação, o legislador democraticamente eleito exercerá, no âmbito das suas competências constitucionais, o seu poder de controlo democrático e poderá derrogar ou alterar qualquer regulação que considere inaceitável;

C) Em igual medida, não se trata de afirmar um conceito de "sobreconstitucionalização"[591], segundo o qual, a alegadamente propulsionador de uma mudança brutal e dramática do caráter da Constituição, transitando de uma *ordem marco* do processo democrático de formação da vontade política para uma *ordem fundamental da comunidade*, que conteria em si todo o sistema jurídico. Caberia ao processo democrático apenas a execução do que já estava resolvido na Constituição e ao tribunal constitucional a vigilância e controlo desta tarefa, transitando-se de um Estado legislativo parlamentar para um Estado jurisdicional de justiça constitucional[592];

D) Não podendo aprofundar o tema, cumpre esclarecer que o nosso conceito de omissão lesiva de direitos fundamentais é somente aplicável aos direitos de defesa e aos direitos sociais que beneficiam da mesma estrutura dos direitos de defesa. Os direitos de defesa exibem uma estrutura conjuntiva, na medida em que uma ação (positiva) inconstitucional do Estado tem um contrário definitivo que consiste em omitir exatamente essa ação inconstitucional[593] ou, acrescentamos nós, uma omissão inconstitucional tem um contrário definitivo que consiste em praticar exatamente essa ação constitucionalmente devida. Pelo contrário, os direitos de proteção têm uma estrutura alternativa ou disjuntiva, o que quer dizer que a omissão inconstitucional não tem um contrário definitivo, mas sim tantos contrários possíveis quantas alternativas existem[594].

Como veremos mais à frente, na interpretação e aplicação do direito regulatório da comunicação social, é o próprio legislador que confere, em muitos

[591] Segundo a objeção de Böckenforde refutada por Alexy.

[592] Alexy, Robert (2011). "Sobre a estrutura de los derechos fundamentales de protección", *in La Teoria Principialista de los Derechos Fundamentales,* Marcial Pons: Madrid; p.120.

[593] Alexy, Robert (2011). "Sobre a estrutura de los derechos fundamentales de protección", in *La Teoria Principialista de los Derechos Fundamentales,* Marcial Pons: Madrid; p.123.

[594] Alexy, Robert (2011). "Sobre a estrutura de los derechos fundamentales de protección", *in La Teoria Principialista de los Derechos Fundamentales,* Marcial Pons: Madrid; p.123.

casos, ao juiz o poder de efetivar, no caso concreto, esses direitos fundamentais. Mas será esse argumento suficiente para se sustentar um peso específico dos direitos e liberdades expressivas na ponderação com valores colidentes, ou mesmo estabelecer a sua prevalência absoluta sobre outros princípios, com base numa alegada prioridade dogmática? Como é fácil antever, pelo exposto, a nossa resposta não pode deixar de ser negativa. O problema adquire, aliás, relevância acrescida num ordenamento jurídico como o português, onde a garantia de certos direitos fundamentais não prescinde da realização de ponderações em concreto e é partilhada, em doses substanciais, pelo legislador, pelo juiz e pela Administração reguladora.

Secção IV
Algumas Ponderações Constitucionais

Uma das notas mais originais da Constituição portuguesa, a somar à *"larga e profusa atenção dedicada ao regime dos meios de comunicação social, "quase inédita em Direito Comparado"*[595], é a relevância conferida aos direitos dos jornalistas, não como direitos corporativos, mas como direitos instrumentais da liberdade de imprensa. O que reforça a nitidez da diferença de posição dos cidadãos em geral e dos jornalistas em particular[596]. Desde logo, se o que releva para o cidadão comum é o direito de se informar e o de ser informado, surgindo, em especial, como direitos negativos, para o jornalista não é possível dissociar esses direitos do direito de informar[597], revestindo a dupla natureza de um

[595] MIRANDA, Jorge (2014). "Liberdade de comunicação social e serviço público de rádio e de televisão", *in Media, Direito e Democracia*, Almedina: Coimbra; p.26.

[596] Também no Direito Constitucional espanhol, o Tribunal Constitucional reconhece a titularidade da liberdade de informação a todos os cidadãos, mas, ao mesmo tempo, estabelece diferenças importantes no seu exercício por profissionais da informação, em especial no que concerne ao acesso á informação. Por exemplo, na STC 6/1981, de 16 de março, o Tribunal considerou que *"a preservação de uma comunicação pública livre, sem a qual não há sociedade livre nem soberania popular exige a garantia de certos direitos fundamentais comuns a todos os cidadãos (...) mas também uma especial consideração aos meios que asseguram a comunicação social e, em razão disso, a quem profissionalmente os sirva."* – ALEGRIA, Antonio Magdaleno (2006). *Los Limites de las Libertades de expresión e información en el Estado Social y Democrático de Derecho*, Congreso de Los Diputados: Madrid; pp. 149 e 150.

[597] MIRANDA, Jorge (2014). "Liberdade de comunicação social e serviço público de rádio e de televisão", *in Media, Direito e Democracia*, Almedina: Coimbra; p.27.

direito positivo e negativo, oponível ao Estado e não só[598]: o direito de acesso às fontes de informação, como direito de expressão e de criação.

Não obstante, à semelhança de todos os outros direitos fundamentais, os direitos fundamentais dos jornalistas de acesso às fontes de informação tem limites, pode ser sujeito a restrições e deve ser submetido a ponderações[599]. Aliás, a própria Constituição portuguesa remete genericamente para a lei[600]. Em contrapartida, é consensual afirmar-se que o direito de acesso às fontes de informação diz respeito às atividades dos órgãos políticos, salvo, nos termos da lei, o segredo de Estado[601] ou segurança interna ou externa[602/603]; quaisquer órgãos e serviços da Administração Pública, em todos os níveis e ramos [604] e ao poder jurisdicional, salvo o segredo de justiça[605]. O que quer dizer que o

[598] MIRANDA, Jorge/MEDEIROS, Rui (2010). *Constituição Portuguesa Anotada, Tomo I,* 2ª Edição, Coimbra Editora: Coimbra; p. 865.

[599] Note-se que, pelo contrário, em muitos casos, o TEDH sustenta que *"as exceções à liberdade de expressão, fundadas na proteção do bom nome e reputação, devem ser objeto de interpretação restritiva"*, se a pessoa visada *"tiver entrado na arena do debate público"*. Nestes casos, o TEDH *"atribui aplicação preferente ao direito à liberdade de expressão em relação ao direito ao bom nome e à reputação, rejeitando adotar a técnica jurídica da "concordância prática", que exigiria uma aplicação compromissória de direitos fundamentais valorativamente equivalentes, de acordo com o princípio da proporcionalidade"*. Tal como alerta COUTINHO, *"o problema desta jurisprudência está em saber se não reduz, na maioria dos casos, a uma natureza quase retórica a proteção do bom nome e da reputação na CEDH."* – COUTINHO, Francisco Pereira (2014). "O Tribunal Europeu dos Direitos do Homem e a Liberdade de Imprensa: os casos portugueses", *in Media, Direito e Democracia*, coord. Carlos Blanco de Morais, Maria Luísa Duarte e Raquel Alexandra Brízida Castro, Almedina: Coimbra; pp. 348 e 349; MONTALVO, Rafael Fernández (2002). "Las Libertades de información y expresión en el âmbito administrativo", *in La Libertad de Información y de Expresión, Atas de las VII Jornadas de la Asociación de Letrados del Tribunal Constitucional,* Tribunal Constitucional, Centro de Estudios Políticos y Constitucionales, Marcial Pons: Madrid; pp. 121-138.

[600] Cfr. Arttigo 38º, nº2, alínea *b)*, da CRP.

[601] Cfr. Artigo 64º, alínea *q)*, 2ª Parte da CRP.

[602] Cfr. Artigo 268º, nº 2 da CRP.

[603] MIRANDA, Jorge/MEDEIROS, Rui (2010). Constituição Portuguesa Anotada, Tomo I, 2ª Edição, Coimbra Editora: Coimbra; p. 866.

[604] No direito de acesso às fontes de informação dos jornalistas, é dispensada a demonstração da existência de interesse legítimo na informação a que pretendam aceder, equiparando-os, para este efeito, às partes intervenientes no procedimento, de acordo com os artigos 61º a 63º do Código de Procedimento Administrativo (CPA). A recusa do acesso às fontes de informação implica o dever de fundamentação, nos termos do artigo 125º do CPA e, contra ela, podem ser usados os meios administrativos ou contenciosos que no caso couberem. Acresce que as reclamações apresentadas por jornalistas à Comissão de Acesso aos Documentos Administrativos contra decisões administrativas que recusem o acesso de jornalistas a documentos públicos, gozam do regime de urgência. – Artigo 8º Estatuto do Jornalista (EJ).

[605] Não abrange os particulares, salvo se estes derem autorização. – MIRANDA, Jorge/MEDEIROS, Rui (2010). *Constituição Portuguesa Anotada, Tomo I,* 2ª Edição, Coimbra Editora: Coimbra; p. 867.

seu concreto âmbito de proteção constitucional há-de resultar, igualmente, de uma ponderação com outros bens constitucionalmente protegidos. O direito à informação pode ainda ser limitado por contratos de exclusividade para a aquisição de direitos de emissão de determinados eventos com interesse noticioso, designadamente referentes a transmissões desportivas, como veremos.

Nalguns casos, a ponderação com vista à solução de conflitos é feita previamente pelo legislador. Como veremos, é o caso do direito a breves extratos informativos, previsto na LTV. Por outro lado, atente-se que, em consonância com o relevo conferido pelo ordenamento jurídico-constitucional ao direito à informação, o legislador penal optou por criminalizar determinadas condutas atentatórias da liberdade de informação[606]. O direito que se pretende proteger é o direito de acesso a locais públicos, para fins de cobertura informativa, extensível a locais que, embora não acessíveis ao público, sejam abertos à generalidade da comunicação social[607]. A lei prevê ainda sistemas de credenciação para jornalistas, nos casos de espetáculos ou outros eventos com entradas pagas, em que o afluxo previsível de espectadores justifique a imposição de condicionamentos de acesso, em condições de igualdade[608]. Este direito de acesso encontra-se regulado no artigo 10º do Estatuto do Jornalista (EJ), prevendo-se inclusivamente, no número 4, a intervenção da ERC, em caso de desacordo entre os órgãos de comunicação social e os organizadores dos eventos, atribuindo expressamente a lei natureza vinculativa à Deliberação que vier a ser adotada – para além de criminalizar o seu não acatamento[609]

[606] Artigo 19º Estatuto do Jornalista (EJ): 1 – Quem, com o intuito de atentar contra a liberdade de informação, apreender ou danificar quaisquer materiais necessários ao exercício da atividade jornalística pelos possuidores dos títulos previstos no presente diploma ou impedir a entrada ou permanência em locais públicos para fins de cobertura informativa nos termos do artigo 9º e dos nºs 1, 2 e 3 do artigo 10º, é punido com prisão até 1 ano ou com multa até 120 dias. 2. – Se o infrator for agente ou funcionário do Estado ou de pessoa coletiva pública e agir nessa qualidade, é punido com prisão até 2 anos ou com multa até 240 dias, se pena mais grave lhe não couber nos termos da lei penal.

[607] Cfr. Artigo 9º, números 1 e 2 do EJ.

[608] Cfr. Artigo 9º, número 3 e 4 do EJ.

[609] Artigo 10º: Exercício do Direito de Acesso:

1 – Os jornalistas não podem ser impedidos de entrar ou permanecer nos locais referidos no artigo anterior quando a sua presença for exigida pelo exercício da respetiva atividade profissional, sem outras limitações além das decorrentes da lei.

2 – Para a efetivação do exercício do direito previsto no número anterior, os órgãos de comunicação social têm direito a utilizar os meios técnicos e humanos necessários ao desempenho da sua atividade.

3 – Nos espetáculos com entradas pagas, em que os locais destinados à comunicação social sejam insuficientes, será dada *priori*dade aos órgãos de comunicação de âmbito nacional e aos de âmbito local do concelho onde se realiza o evento.

– e urgente, no caso da Rádio[610]. Releva, neste ponto, o dever do Regulador dos *Media*, correspetivo da atribuição constitucional expressa da competência para assegurar o livre exercício do direito à informação e à liberdade de imprensa e de garantir o respeito pelos direitos, liberdades e garantias [611]. Os casos que envolvem a cobertura de jogos de futebol e os clubes desportivos são os mais graves e os mais frequentes[612]. Mas, nos casos mais polémicos[613],

4 – *Em caso de desacordo entre os organizadores do espetáculo e os órgãos de comunicação social, na efetivação dos direitos previstos nos números anteriores, qualquer dos interessados pode requerer a intervenção da ERC, tendo a Deliberação deste órgão natureza vinculativa e incorrendo em crime de desobediência quem não a acatar.*
5 – Os jornalistas têm direito a um regime especial que permita a circulação e estacionamento de viaturas utilizadas no exercício das respetivas funções, nos termos a estabelecer por portaria conjunta dos membros do Governo responsáveis pelas áreas da administração interna e da comunicação social.

610 Na Deliberação 127/2013/DJ, a propósito de um conflito entre a Rádio Clube de Chaves contra o Futebol Clube do Porto, SAD, a rádio formulou um pedido de intervenção urgente ao abrigo do artigo 31º, número 6 da Lei da Rádio. A Rádio queixava-se de não lhe ter sido concedida credenciação para cobertura informativa do jogo Porto-Benfica no Estádio do Dragão. Atenta a distribuição desproporcional de credenciais, a ERC determinou à FCP-SAD que assegurasse o direito de acesso da queixosa, através da emissão das credenciais necessárias e adequadas ao exercício do direito à informação. Note-se que esta decisão tem natureza vinculativa, incorrendo em crime de desobediência quem não a acatar.

611 Deliberação ERC 12/DJ/2012 de 19 dezembro 2012, emitida na sequência de uma queixa de jornalistas de ABOLA TV, por terem sido impedidos pela organização do jogo de futebol entre o Futebol Clube do Porto e o Dínamo de Kiev, de fazerem cobertura jornalística do evento. A ERC deliberou, nos termos dos artigos 8º, alíneas *a)* e *d)* e 67º, nº 3 dos seus Estatutos: *"participar os factos ao Ministério Público para efeito de apuramento da eventual responsabilidade penal dos agentes envolvidos, "dada a gravidade que revestem e os valores a merecer proteção"*.

612 Na Deliberação 2/DJ/2009, de 3 junho 2009, estavam, alegadamente, em causa agressões a jornalistas, para além do impedimento do exercício do direito de acesso. Tratava-se de uma participação do Sindicato dos Jornalistas, a propósito de uma conferência de imprensa no Estádio do Dragão, em 9 maio de 2008. Perante a existência de indícios que apontavam no sentido de que: *i)* vários jornalistas de vários órgãos de comunicação social viram-se impedidos de assistir e de acompanhar a conferência de imprensa, tendo sido usadas várias formas de coação incluindo a violência; e que *ii)* não foram tomadas as medidas adequadas a prevenir a segurança dos jornalistas pelo FCP, a ERC participou os factos ao MP para efeito de apuramento de responsabilidade penal dos agentes envolvidos, atenta a relevância jurídico-penal dos factos participados, nos termos do artigo 19º, nº 1 do Estatuto do Jornalista.

613 A controversa Deliberação 142/2013 (DJ), de 23 de maio, foi motivada por uma participação do Sindicato dos Jornalistas, relativa à tentativa de impedimento de recolha de imagens contra um repórter de imagem ao serviço da TVI, por parte de um elemento da segurança pessoal do Primeiro-ministro.
Votámos contra a Deliberação adotada, porque considerámos que não se estava "*perante uma restrição do direito à informação, uma vez que o repórter de imagem pôde captar todas as imagens que entendeu jornalisticamente relevantes, relacionadas com o evento. O repórter apenas não conseguiu captar a imagem*

a ponderação em concreto dos direitos ou interesses envolvidos revela-se fundamental[614].

9. Em Especial: Dos Limites Constitucionais do Direito à Informação

Mesmo nos casos de intervenção legislativa prévia, existem dimensões do conflito potencial impossíveis de solucionar em abstrato, *a priori*, pelo legislador. No que concerne à presente investigação, avultam as ponderações em concreto entre o direito de acesso às fontes de informação e os designados *segredos oficiais*[615] (segredo de Estado e segredo de Justiça). Na verdade, o controlo da atividade governativa e do exercício do poder costuma ser apontado como um dos fundamentos substantivos mais relevantes da liberdade de expressão e do direito da informação, referindo-se, a este propósito, o Quarto Poder, apostado no controlo e responsabilização pública dos poderes legislativo, executivo e

da cara do Chefe da Segurança do Primeiro-ministro, porque este, no desempenho de um dever, no contexto do exercício de um ato policial, exprimiu a sua intenção legítima de não ser filmado. Convém sublinhar que, na nossa opinião, não compete à ERC avaliar eventuais excessos comportamentais resultantes do diferendo, até porque eles poderão ser enquadráveis à luz da insistência do repórter face à recusa do Segurança, para além de a tensão entre ambos já ter sido superada no plano pessoal, conforme foi relatado na audição. Em última instância, mesmo que fosse possível sustentar estarmos perante uma restrição do direito à informação, ela nunca poderia ser considerada ilegítima sem ter em consideração o resultado da ponderação de bens de igual dignidade constitucional, á luz do princípio da proibição do excesso. Com efeito (...) o exercício do direito à informação pode ser condicionado por questões de segurança, na medida do que for estritamente necessário para salvaguardar outros bens constitucionalmente protegidos."

614 A, igualmente, controversa Deliberação 154/2013 (DJ), de 29 de maio, versou sobre uma outra participação do Sindicato dos Jornalistas contra «um conjunto de restrições» à atuação dos jornalistas na cobertura noticiosa da conferência «2013 Pensar o futuro – Um Estado para a Sociedade». Também votámos contra esta Deliberação, uma vez que, conforme justificámos na nossa declaração de voto, foi nosso o entendimento de que, "*tendo em consideração as circunstâncias da organização e a natureza do evento, o Direito Constitucional à informação não foi posto em causa, na medida em que foram garantidas as seguintes regras: a) Permitir a gravação de som e imagem nas sessões em que intervieram membros do Governo, sem qualquer limitação às transmissões diretas; b) Criar um "press-point" no local da Conferência, suscetível de permitir a prestação de declarações à comunicação social por parte dos presentes, Conferencistas ou público. Com efeito, pensamos que as limitações aplicadas ao direito de acesso às fontes de informação foram as estritamente necessárias à salvaguarda da liberdade de expressão e de opinião dos conferencistas, nos termos exigidos pelo artigo 18º, número 2 da Constituição. São, aliás, condicionamentos geralmente admitidos na cobertura jornalística de grandes eventos, nomeadamente de todos os Congressos Partidários, onde o acesso dos jornalistas aos conferencistas e aos espaços onde decorrem os trabalhos é limitado, existindo mesmo, em alguns casos, reuniões completamente vedadas à comunicação social.*"

615 Esta designação, no nosso ordenamento jurídico-constitucional, não é rigorosa, quando aplicada ao segredo de justiça. Como veremos, os interesses que a ordem jurídica protege, no âmbito do segredo de Justiça, não se resumem ao interesse do Estado atinente ao exercício da ação penal.

judicial[616]. Os *media* são pois os "cães de guarda" dos valores democráticos[617], mas esse poder não resulta de um estatuto institucional criado intencionalmente pela ordem jurídica, mas antes de "uma realidade fáctica decorrente de uma estruturação policêntrica e competitiva dos meios de comunicação, que ela reconhece e utiliza"[618]. Da afirmação de que a liberdade de expressão é ainda hoje o que distingue uma democracia de uma ditadura, não se pode, porém, deduzir o princípio de que só com uma política de informação totalmente transparente e pública, acessível a todos os cidadãos através dos *media*, é possível conceber uma sociedade verdadeiramente democrática. Desde logo porque só em tese conseguimos idealizar uma sociedade assim, capaz de lidar com uma cultura pública de informações. E, mesmo que o conseguíssemos fazer, ficaria sempre por demonstrar que a disponibilização universal de tais informações serviria apenas aos cidadãos que querem realizar a cidadania, através do acesso a toda a verdade sobre as atuações dos poderes públicos. Em última instância, o mesmo princípio democrático que reforça a exigência constitucional de publicidade da atuação dos poderes públicos pode fundamentar, em circunstâncias excecionais, a exigência contraposta, debilitando a posição jurídico-subjetiva dos jornalistas.

Não desconhecemos o alerta do Tribunal Europeu dos Direitos do Homem[619], no sentido de que as liberdades de comunicação compreendem não só informações inofensivas e indiferentes ou aquelas que sejam favoráveis; também incluem aquelas que possam inquietar o Estado ou uma parte da população, já que isso resulta do pluralismo, da tolerância e do espírito aberto, fatores sem os quais não existe uma sociedade democrática. No entanto, pode mesmo ser de interesse público que nem tudo o que verdadeiramente inte-

[616] Machado, Jónatas E. M. (2002). *Dimensões Constitucionais da Esfera Pública no Sistema Social*, Coimbra Editora: Coimbra; p. 267.

[617] *"A linguagem metafórica pertence ao Tribunal Europeu dos Direitos do Homem (TEDH) e tem subjacente uma das justificações filosóficas para a proteção da liberdade de expressão: se não conhecerem as questões politicamente relevantes para a polis, os cidadãos não podem participar no respetivo processo político."* – Coutinho, Francisco Pereira (2014). "O Tribunal Europeu dos Direitos do Homem e a Liberdade de Imprensa: os casos portugueses", *in Media, Direito e Democracia*, coord. Carlos Blanco de Morais, Maria Luísa Duarte e Raquel Alexandra Brízida Castro, Almedina: Coimbra; pp. 321 e 322; Montalvo, Rafael Fernández (2002). "Las Libertades de información y expresión en el âmbito administrativo", *in La Libertad de Información y de Expresión, Atas de las VII Jornadas de la Asociación de Letrados del Tribunal Constitucional,* Tribunal Constitucional, Centro de Estudios Políticos y Constitucionales, Marcial Pons: Madrid; pp. 121-138.

[618] Machado, Jónatas E. M. (2002). *Dimensões Constitucionais da Esfera Pública no Sistema Social*, Coimbra Editora: Coimbra, p. 267.

[619] *Sentença TEDH*, de 8 julho de 1986, *caso Lingens.*

ressa ao público seja revelado. E, em penúltima instância, é cometida à comunicação social essa tarefa de julgar, em concreto, o que deve o cidadão saber sobre os poderes públicos, para que exerça de forma livre e séria o seu direito à autodeterminação democrática e política. Ou seja, mais das vezes, a realização plena dos direitos de cidadania depende da forma como a Comunicação Social realiza os seus escrutínios sobre a informação a que tem acesso, no sentido de ser ou não publicada. Sob pena de a questão ser julgada numa perspetiva meramente parcial, é legítimo que a ordem jurídica pretenda que, em alguns casos, excecionalmente, essa ponderação caiba aos poderes do Estado, pelo menos em princípio, mais aptos a ter em consideração todos os interesses relevantes.

A representação política, elemento essencial da democracia, só pode ter lugar na esfera da publicidade e não há representação, como tal, em segredo ou entre poucos. Mas por vezes a manutenção da ordem constitucional, tal como a representação política a desenhou, exige uma visão próxima de uma democracia militante[620] e musculada, que dote os organismos competentes de todos os meios necessários para lutar contra aqueles que a querem destruir. Assim como a quebra do segredo da investigação criminal pode por em causa o exercício da ação penal e impedir, definitiva e irreversivelmente, a descoberta da verdade material. Em nome da defesa da verdade daquele momento processual. hipoteca-se a procura da verdade material[621]. Esses são alguns dos dilemas com respaldo constitucional, pressupostos na presente reflexão.

[620] Denninger, Erardo (2001). "Democracia Militante y Defensa de la Constitución", *in Manual de Derecho Constitucional*, Benda/Mahiofer, Vogel, Hesse, Heyde, Marcial Pons: Madrid; pp. 445 e segs.

[621] Note-se a sugestiva descrição de processo e da ideia de que há sempre um obstáculo entre a realidade e a perceção dela: "*A utopia é a imediação entre objeto e sujeito; o possível é o intervalo sempre existente entre sujeito e objeto; e, portanto, a necessidade de identificar e encontrar mediadores entre a realidade e o sujeito. E para isso há regras; o processo é isso. O processo, seja civil, penal, administrativo, fiscal, o que quer que seja, é exatamente o conjunto de regras que estão instituídas para disciplinar e permitir o conhecimento das questões que são apresentadas ao Juiz. Vale a pena perceber que a perceção da comunidade, por via de regra, não é essa. Há uma perceção da realidade que faz com que as questões da justiça sejam apreendidas não enquanto equilíbrio de direitos e enquanto virtude – dar a cada um o que de direito lhe pertence – mas como formas de justiceirismo, que é aquilo que caracteriza, habitualmente, as comunidades com menor desenvolvimento cultural e cívico, como é a nossa.*" – Silva, Manuel Magalhães e (2014). "Os Jornalistas e o Segredo de Justiça", *in Media, Direito e Democracia*, org. Carlos Blanco de Morais, Maria Luísa Duarte e Raquel Alexandra Brízida Castro, Almedina: Coimbra; pp. 96.

9.1. Informação *Versus* Segredo de Justiça

9.1.1. A proteção constitucional do segredo de justiça não tem apenas em vista o processo penal e, nele, a proteção da eficácia da investigação e da honra do arguido[622], visando tutelar outros direitos ou interesses constitucionalmente protegidos, como sejam a reserva da intimidade da vida privada ou familiar. Apesar de não se poder fundamentar um direito ao segredo de justiça[623], o artigo que constitucionaliza o segredo de justiça é considerado credencial constitucional suficiente para a introdução de limitações ou restrições a outros direitos ou interesses constitucionalmente protegidos, como sejam as investigações jornalísticas de crimes, a publicidade do processo ou o direito ao conhecimento do processo por parte dos interessados. A Constituição remete para a lei a sua "adequada proteção", o que significa que a concretização do âmbito constitucionalmente garantido do segredo de justiça há-de resultar, também, de uma tarefa de ponderação, na qual o legislador não pode ignorar as garantias de defesa do arguido, a efetividade do direito de recurso de medidas privativas da liberdade e ainda, reforçamos, o interesse legítimo dos jornalistas, fundado no direito de acesso às fontes de informação[624].

Na versão inicial do Código de Processo Penal, de 1987, o segredo de justiça constituía o regime legal das fases preliminares do processo[625] – inquérito e instrução –, considerando-se que assim se garantia que o significado jurídico de certas decisões processuais não seria adulterado, à luz do alcance

[622] MIRANDA, Jorge/MEDEIROS, Rui (2010). *Constituição Portuguesa Anotada*, Tomo I, 2ª Ed., Coimbra Editora: Coimbra; pp. 455 e 456.

[623] CANOTILHO, Gomes/MOREIRA, Vital, (2007). *Constituição da República Portuguesa Anotada*, Volume I, 4ª Edição. Coimbra Editora: Coimbra; pp. 413 e 414.

[624] Para CUNHA RODRIGUES, contudo, existe uma certa autonomia entre o segredo de justiça e a defesa de valores como a presunção de inocência, o direito ao bom-nome e à imagem. – CUNHA RODRIGUES, José Narciso (1997). *O Processo Penal em Revisão – Comunicações*, UAL: Lisboa; p. 112.

[625] Segundo COUTINHO, *"o TEDH considerou ser inconciliável com a liberdade de imprensa as regras então vigentes em Portugal sobre o segredo de justiça. Este regime levava os tribunais portugueses a aplicarem automaticamente uma punição criminal, sem ter em consideração os factos do caso concreto e a necessária harmonização dos interesses protegidos pelo art. 10º da CEDH, designadamente o interesse na divulgação de informação para o público e o eventual prejuízo para a investigação criminal, que a publicação da notícia poderia envolver. Esta ponderação é, desde a reforma do Código Penal e do Código de Processo de Penal de 2007, obrigatoriamente realizada pelo juiz de instrução, que apenas pode determinar a sujeição a segredo de justiça do processo, durante a fase de inquérito, com fundamento nos interesses da investigação ou os direitos dos sujeitos processuais (art. 86º, nº 1 a 3, do Código de Processo Penal)."* – COUTINHO, Francisco Pereira (2014). "O Tribunal Europeu dos Direitos do Homem e a Liberdade de Imprensa: os casos portugueses", *in Media, Direito e Democracia*, coord. Carlos Blanco de Morais, Maria Luísa Duarte e Raquel Alexandra Brízida Castro, Almedina: Coimbra; p. 358.

que agora, social ou politicamente, se lhes dá[626/627]. Pese a situação patológica, gerada pelas constantes violações do segredo de justiça, a configuração anterior do Código revelava, a nosso ver, alguma prudência na forma como tentava "garantir o sucesso da investigação e permitia o controlo público da atuação da polícia e dos magistrados"[628]. Uma afirmação, plenamente, compatível com o reconhecimento de que são valiosos os argumentos em favor da publicidade[629], de resto, também ela com dignidade constitucional[630]. Somos sensíveis, porém, ao entendimento de que só faz sentido numa fase final decisória, em que vigore o pleno contraditório, perante um tribunal independente e não para fases preliminares de investigação, destinadas a averiguar os factos e a recolher os factos. A publicidade na fase de investigação *"é um problema prático, estratégico e jurídico e não um valor a tutelar juridicamente"*[631].

A mais recente alteração legislativa legitima, pois, o diagnóstico do enfraquecimento da própria dignidade normativa reconhecida ao segredo de justiça, *"tanto na existência como na essência, quer no se, quer no "quando" ou "quanto""*[632], estando, agora, inteiramente dependente da iniciativa e da intervenção dos sujeitos processuais. Na prática, cumpre notar que o espaço para o segredo de justiça é, atualmente, exíguo e a possibilidade de não subsistir qualquer área de tutela para o segredo de justiça é, no mínimo, incoerente, atenta a sua constitucionalização, o que leva alguns magistrados a sufragarem mesmo a tese da inconstitucionalidade da alteração sub judice, por violação do programa político-criminal da Constituição[633].

626 PINTO, Frederico de Lacerda Costa (2008). "Publicidade e Segredo na Última Revisão do Código de Processo Penal", *Separata da obra Estudos Comemorativos dos 10 Anos da Faculdade de Direito da Universidade Nova de Lisboa*, Volume II, Almedina: Coimbra; pp. 633 e segs.

627 CASTRO, Raquel Alexandra (2013). "Justiça *versus* Comunicação Social ou *vice-versa*?", *in Comunicar a Justiça, Retórica e Argumentação*, E-book CEJ, novembro 2013; p. 52.

628 MACHADO, Jónatas E. M. (2002). *Liberdade de Expressão: Dimensões Constitucionais da Esfera Pública no Sistema Social*, Coimbra Editora: Coimbra; p. 567.

629 A falta de transparência e publicidade podem favorecer violações dos direitos dos arguidos ou da boa administração da justiça, dar cobertura a motivações menos claras das autoridades policiais; a transparência ajuda a submeter ao escrutínio público e democrático as regras penais e processuais penais.

630 Cfr. Artigo 26.º da CRP.

631 PINTO, Frederico de Lacerda Costa (2008). "Publicidade e Segredo na Última Revisão do Código de Processo Penal", *Separata da obra Estudos Comemorativos dos 10 Anos da Faculdade de Direito da Universidade Nova de Lisboa*, Volume II, Almedina: Coimbra; pp. 635 e 636.

632 CABRAL, José António Henriques Santos (2013). "Tribunais e Comunicação Social", *in Comunicar a Justiça, Retórica e Argumentação*, E-book CEJ, novembro 2013; p. 30.

633 CABRAL, José António Henriques Santos 2013). "Tribunais e Comunicação Social", *in Comunicar a Justiça, Retórica e Argumentação*, E-book CEJ, novembro 2013; p. 30.

Por outro lado, alguns autores sempre consideraram injustificada uma alegada indefinição jurídica sobre os sujeitos do crime de violação do segredo de justiça, à luz da versão anterior do tipo legal do artigo 271º do Código Penal, sustentando que a liberdade de imprensa tem como limite constitucional direto a relevância criminal dos factos, e os jornalistas, podendo invocar segredo das fontes, não podem, contudo, divulgar informação processual sujeita a segredo de justiça[634]. Cumpre observar, porém, que, atenta a especificidade da liberdade de informar e o facto de terem sido alimentadas dúvidas sobre a definição das condutas proibidas, só podemos considerar positiva a clarificação jurídica operada pelo legislador penal em 2007, mesmo quanto ao sentido dessa alteração. Hoje pode-se afirmar, sem quaisquer dúvidas, que o segredo de justiça[635] obriga todos os sujeitos e participantes processuais, bem como as pessoas *"que, por qualquer título, tiverem tomado contacto com o processo ou tiverem conhecimento de elementos a ele pertencentes"*[636]. A norma parece ser agora mais abrangente, uma vez que vincula todas as pessoas que, por qualquer forma direta ou indireta, tiverem acesso a elementos do processo[637].

Afigura-se, sem dúvida, impressivo o argumento, segundo o qual o segredo de justiça não impede a liberdade de imprensa, *"pois a comunicação social é livre de investigar e divulgar o facto histórico com relevância noticiosa, o que não pode é usar*

[634] Para COSTA PINTO, este era já o regime em vigor antes da reforma penal de 2007, razão pela qual a sua explicitação não se traduziu em encontrar uma incriminação nova. – PINTO, Frederico de Lacerda Costa (2014). "A atividade jornalística à luz da jurisprudência penal", *in Media Direito e Democracia*, coordenação Carlos Blanco de Morais, Maria Luísa Duarte e Raquel Alexandra Brízida Castro, Almedina: Coimbra; p. 262.

[635] O conteúdo do segredo de justiça envolve a proibição de assistir ou de tomar conhecimento – por via direta, indireta, ou através de mediação da informação – do conteúdo de ato processual a que não haja o direito ou dever de assistência e a proibição de divulgação da ocorrência de ato processual ou dos termos de ato processual que tenha sido realizado – artigo 86º/8/alíneas *a)* e *b)*. – CPP.

[636] CABRAL, José António Henriques Santos (2013). "Tribunais e Comunicação Social", *in Comunicar a Justiça, Retórica e Argumentação*, E-book CEJ, novembro 2013; p. 33.

[637] MAGALHÃES E SILVA tem defendido que a violação do segredo de justiça, atentos os assassínios de caráter, dela resultantes, exige uma medida drástica: que a violação do segredo de justiça seja punida, sempre, com pena de prisão, insuscetível de ser suspensa. A partir daí, segundo o autor, *"não haverá jornalista que, salvo justificação bastante, se interesse pelo segredo de justiça"*. E, acrescenta, *"nem se diga que se fecha a porta ao controlo da função jurisdicional, exatamente na fase em que maiores abusos poderão ser cometidos a coberto do segredo de justiça. Seria assim, se não houvesse, no nosso sistema penal, causas de justificação que afastam a ilicitude da violação do segredo de justiça."* – SILVA, Manuel Magalhães e (2014). "Os Jornalistas e o Segredo de Justiça",*in Media, Direito e Democracia*, coord. Carlos Blanco de Morais, Maria Luísa Duarte e Raquel Alexandra Brízida Castro, Almedina: Coimbra; p. 106.

o processo penal sujeito a segredo de justiça como fonte de informação para o efeito"[638]. Embora concordemos, em princípio, com o desfecho interpretativo, discordamos da sua formulação, numa perspetiva jurídico-constitucional, na medida em que ela implique a exclusão de faculdades *a priori* do direito à informação, sem que essa restrição seja objeto de ponderação e respetiva fundamentação. Note-se que o que está em causa é o conhecimento do conteúdo dos atos ou dos termos de um ato praticado em inquérito, que decorra com exclusão de publicidade, tornando legítima a divulgação de um facto obtido fora do contacto direto ou indireto com o processo, embora com ele relacionado[639].

Por último, a exceção do artigo 86º, número 9, do CPP poderá ser importante, uma vez que permite que a autoridade judiciária dê, ou permita que seja dado, conhecimento do conteúdo de ato ou de documento do processo, se considerar que tal é conveniente para o esclarecimento da verdade, ou se for indispensável ao exercício de direitos pelos interessados[640]. Precisamente, a divulgação pública de alguns factos relativos ao processo pode ser considerada oportuna e razoável, quando o regime de segredo tiver consequências graves para os direitos pessoais do atingido, ou quando o seu conhecimento seja indispensável ao exercício de algum direito processual, como a impugnação da aplicação de medidas de coação[641].

9.1.2. Já no julgamento, o princípio da publicidade revela-se um princípio constitucional e um princípio jurídico[642], desempenhando os jornalistas uma importância fundamental. Admitindo, naturalmente, restrições, elas devem

[638] Pinto, Frederico de Lacerda Costa (2014). "A atividade jornalística à luz da jurisprudência penal", *in Media, Direito e Democracia*, coord Carlos Blanco de Morais, Maria Luísa Duarte e Raquel Alexandra Brízida Castro, Almedina: Coimbra; p. 262.

[639] Cabral, José António Henriques Santos (2013), "Tribunais e Comunicação Social", *in Comunicar a Justiça, Retórica e Argumentação*, E-book CEJ, novembro 2013; pp. 33 e 34.

[640] Magalhães e Silva sugere a possibilidade de se reduzir a continuada violação do segredo de justiça por via de ações positivas, por exemplo, através da criação de gabinetes institucionais, de relação com a imprensa, junto dos tribunais da relação, junto das procuradorias distritais do MP, dos DIAPS de Lisboa e Porto, e também, no STJ e no STA (Essa experiência tem sido tentada noutros países, em Espanha por exemplo). Outra hipótese seria a criação de um gabinete itinerante, em cada distrito judicial. A ideia seria a de evitar informação proveniente de fonte anónima ou enviesada. – Silva, Manuel Magalhães e (2014). "Os Jornalistas e o Segredo de Justiça", *in Media, Direito e Democracia*, coord. Carlos Blanco de Morais, Maria Luísa Duarte e Raquel Alexandra Brízida Castro, Almedina: Coimbra; p. 103.

[641] Cabral, José António Henriques Santos (2013). "Tribunais e Comunicação Social", *in Comunicar a Justiça, Retórica e Argumentação*, E-book CEJ, novembro 2013; p. 34.

[642] Esteves, Maria da Assunção (1997). "A Jurisprudência do Tribunal Constitucional relativa ao Segredo de Justiça", in *O Processo Penal em Revisão: Comunicações*. UAL: Lisboa; p.124.

ser encaradas como excecionais. Mais especificamente, há que distinguir a possibilidade de cobertura em direto ou da presença continuada de câmaras de televisão nas audiências de julgamento da simples captação de imagens e de som, sem esse caráter de presença permanente. A doutrina considera que o princípio da publicidade não tem esse alcance. Pela nossa parte, parece-nos que o propalado perigo de descontextualização é francamente menor quando o julgamento é transmitido em direto, do que quando essas imagens e sons são usados numa peça jornalística, emitida e elaborada, posteriormente, na redação. Numa perspetiva *de jure constituendo*, consideramos razoável a proposta da admissão, em princípio, da tomada de som e de imagens na sala de audiências, em termos devidamente regulados, a não ser que o juiz ou o arguido demonstrem que a presença dessas câmaras de televisão pode afetar a capacidade para o tribunal proferir uma decisão juridicamente correta – ou seja, uma *autorização sob reserva de proibição judicial*[643]. Atualmente, a solução é a inversa, ou seja a possibilidade de captação de imagens e de som encontra-se *sob reserva de autorização judicial*[644]. Também aqui existem argumentos contra e a favor, mais ou menos impressivos, mas que *"não afastam a existência prima facie de um direito de acesso às audiências judiciais por parte dos meios de comunicação"*[645/646].

[643] Em sentido contrário, Assunção ESTEVES defendia em 1997 a inconstitucionalidade da solução do legislador processual penal, contido no artigo 88º, número 2. Para a autora, a transmissão de certos atos do processo pela comunicação social *"não serve os fins de um controlo racional e público da Justiça: antepõe, antes, à Justiça o julgamento do irracional do público"*. – ESTEVES, Maria da Assunção (1997). "A Jurisprudência do Tribunal Constitucional relativa ao Segredo de Justiça", *in O Processo Penal em Revisão: Comunicações*. UAL: Lisboa; p. 131.

[644] Artigo 88º Meios de comunicação social:

2 – Não é, porém, autorizada, sob pena de desobediência simples:

a) A reprodução de peças processuais ou de documentos incorporados em processos pendentes, salvo se tiverem sido obtidos mediante certidão solicitada com menção do fim a que se destina, ou se para tal tiver havido autorização expressa da autoridade judiciária que presidir à fase em que se encontra o processo no momento da publicação;

b) A transmissão de imagens ou de tomadas de som relativas à prática de qualquer ato processual, nomeadamente da audiência, salvo se a autoridade judiciária referida na alínea anterior, por despacho, a autorizar;

c) A publicação, por qualquer meio, da identidade de vítimas de crimes sexuais, contra a honra ou contra a reserva da vida privada, antes da audiência, ou mesmo depois, se o ofendido for menor de dezasseis anos.

[645] MACHADO, Jónatas (2002). *Liberdade de Expressão: Dimensões Constitucionais da Esfera Pública no Sistema Social*, Coimbra Editora: Coimbra; p. 574.

[646] O que não invalida, a nosso ver, a legitimidade da exigência de prévia autorização administrativa para a entrada nas instalações de um tribunal. Na *Deliberação 4/DAC/2007*, o Conselho Regulador da ERC pronunciou-se sobre uma queixa do diretor do Jornal "Alto Minho" contra o Tribunal Judicial de Ponte de Lima, pelo facto de um jornalista ter sido impedido de fotografar um pinheiro

Reiteramos a nossa posição: o seu relevo constitucional garante-lhe presença obrigatória no processo de ponderação.

9.1.3. Atenta a fundamentalidade das decisões jurisdicionais na garantia em concreto do direito de acesso às fontes de informação, cumpre realçar, para além da necessidade de afirmação do próprio dever de resposta do juiz aos requerimentos dos jornalistas, a importância de garantir a publicidade do requerimento e do controlo do despacho judicial de exclusão da publicidade[647], bem a proibição absoluta de invocação de uma presunção de ilegitimidade de acesso de jornalistas a processos judiciais[648]. Numa perspetiva jurídico-constitucional, revela-se imprescindível a consagração legal da recorribilidade de todos os atos jurisdicionais que venham restringir o exercício da atividade informativa, constitucionalmente protegida[649]. O relevo constitucional dos direitos implicados é, para nós, incompatível com o entendimento de que o despacho do juiz possa ser considerado como proferido no uso de um poder discricionário. A questão da constitucionalidade deste entendimento normativo já foi formulada perante o Tribunal Constitucional, mas a preterição do ónus da sua suscitação prévia nos termos processualmente adequados, determinou a sua ilegitimidade e consequente não conhecimento do objeto do recurso[650].

de natal – decorado com as alegadas dívidas aos advogados da comarca – pelo Secretário Judicial do Tribunal, por entender que os jornalistas não podiam entrar na sala dos advogados, onde tinha sido colocada a árvore.

647 Machado, Jónatas (2002). *Liberdade de Expressão: Dimensões Constitucionais da Esfera Pública no Sistema Social*, Coimbra Editora: Coimbra, p. 571.

648 A *Deliberação ERC 2/DJ/2011* versou sobre um requerimento do jornalista António Palmeiro, relativo a um despacho judicial de indeferimento da consulta de um processo cível, que envolvia uma empresa construtora e um município. No despacho, o juiz indefere o pedido de consulta do processo, por concordar, na íntegra, com a posição assumida pelo réu município, que veio defender que "*a publicação de uma notícia não é de per se motivo suficiente para que se considere atendível o pedido de consulta dos autos*", que "*o acesso aos autos pelo Ilustre jornalista poderá revelar-se prejudicial para o normal desenrolar da lide*" – *sobretudo por se estar em período eleitoral* – *e que* "*o acesso dos meios de comunicação social aos processos judiciais não raras vezes conduz à deturpação da factualidade em discussão e a erradas e descontextualizadas interpretações de factos alegados*". Ora, o processo civil é público, salvas as restrições da lei. Em acréscimo, o artigo 8º/3 do Estatuto do Jornalista determina que, no que concerne ao acesso aos documentos administrativos, "*o interesse dos jornalistas no acesso às fontes de informação é sempre considerado legítimo*". Seria, no mínimo, estranho formar-se uma presunção oposta no acesso a documentos judiciais.

649 Cfr. Artigos 399º e 401º, número 1, alínea *d)*, do CPP.

650 Atente-se na questão formulada no processo que deu origem ao Acórdão nº 158/2011 do Tribunal Constitucional. O objeto do recurso de constitucionalidade era o da apreciação da "*(i) nconstitucionalidade material do entendimento normativo dado à norma vertida na alínea b) (...) do número 1*

Note-se que mesmo a Regulação administrativa nesta matéria pode ser sensível. No caso da ordem jurídica portuguesa[651], a Entidade Reguladora para a Comunicação Social (ERC) recebeu algumas participações de jornalistas, alegando restrições injustificadas e ilegítimas na consulta de documentos constantes de processos judiciais. O Conselho não se pronunciou sobre o teor das decisões judiciais em causa, determinando o arquivamento desses mesmos processos, o que não impediu, porém, no âmbito das suas competências constitucionais e legais, o envio de um ofício formal ao Conselho Superior da Magistratura para o sensibilizar para a questão das restrições no acesso a fontes oficiais de informação e para a necessidade de criar mecanismos de sensibilização dos juízes para a relevância do direito de acesso às fontes oficiais de informação, ainda que, naturalmente, enquadrado, em matéria de acesso à consulta de processos judiciais, pelas regras previstas nos códigos processuais respetivos[652].

Questão diferente é, a nosso ver, as situações de violação do segredo de justiça por jornalistas, nas quais o Regulador tem o dever, nos termos dos seus Estatutos, de participar ao Ministério Público, o teor de procedimentos para efeitos de investigação dos indícios de eventual prática de conduta criminosa[653]. Cumpre-nos realçar que muitas vezes a violação do segredo de justiça pode indiciar outras condutas atentatórias de deveres legais e deon-

(...) do artigo 400º do Código de Processo Penal, quando interpretada no sentido de que o disposto no artigo 88º., número 2, alínea b) do Código de Processo Penal, prevê situação de uso de um poder discricionário por parte do juiz e, portanto, de caráter irrecorrível", por violação do direito de informação dos jornalistas, vertidos nos artigos 37º e 38º da CRP e, ainda, dos artigos 18º, nº2, 20º, 205º, nº1, e 206º da Lei Fundamental. No Acórdão *supra* citado, o tribunal recorrido concluiu que não se encontravam violados os artigos 37º e 38º da CRP, "*dado que não se mostra denegado o direito à liberdade de expressão e à informação, antes se deu prevalência a outros valores e princípios já salientados – serenidade, ponderação e não distração dos atores judiciários com fatores externos ao julgamento, tendo em vista uma melhor realização da justiça"*.

651 Mesmo após a revisão de 2007 do Código de Processo Penal, que estabeleceu o princípio geral da publicidade.

652 Este ofício foi decidido na sequência do tratamento do Processo ERC/07/2012/675.

653 Foi o que a ERC fez: *na Deliberação 6/CONT-I/2012, Queixa contra a revista FOCUS por alegada violação do segredo de justiça.* O título da notícia impugnada era: "Toda a Acusação do MP aos Agentes de Cascais." O queixoso alegava que a acusação tinha sido divulgada, antes de terem sido notificados os intervenientes com direito a contraditório no processo ou os respetivos mandatários, estando o processo submetido a publicidade interna e segredo de justiça externo. O DIAP esclareceu, em ofício, que *"à data da publicação do artigo na revista FOCUS ainda não tinha sido deduzida acusação; aliás, porque o processo foi declarado de especial complexidade, até à presente data – fevereiro de 2012 – ainda não foi deduzida acusação"* Esta resposta indicia a prática do crime de violação do segredo de justiça, cuja investigação a ERC considerou prejudicial à apreciação da queixa e para a qual se declarou imediatamente incompetente. Assim, deliberou participar ao MP o teor do presente procedimento,

tológicos dos jornalistas e dos órgãos de comunicação social. Esse dever de notificação não só não vincula o Ministério Público, como não pode legitimar a usurpação pelo Regulador da competência exclusiva dos tribunais para decidir sobre alegadas violações do segredo de justiça[654].

9.2. Informação *Versus* Segredo de Estado

9.2.1. Tal como o segredo de justiça, também o segredo de estado tem dignidade formal na Constituição portuguesa de 1976, e pode fundamentar afetações desvantajosas do direito à informação[655]. Ganhou relevo constitucional expresso, na segunda revisão constitucional, a propósito da limitação do direito de acesso dos cidadãos aos dados informáticos[656] e sofreu um alargamento na revisão constitucional de 1997. Por outro lado, também o direito de acesso aos arquivos e registos administrativos pode entrar em conflito com bens constitucionalmente protegidos. É o próprio artigo 268º, nº 2 da CRP que prevê, expressamente, certas categorias de restrições ao direito de acesso aos arquivos e registos administrativos, a introduzir por lei, indicando valores a ter em conta pelo legislador: "segurança interna e externa", "investigação criminal" e "intimidade das pessoas".

para efeitos de investigação dos indícios de eventual prática de conduta criminosa e suspender o procedimento até à resolução definitiva da questão prejudicial.

[654] A *Deliberação ERC 27/CONT-I/2012, Queixa de Paulo Almeida contra o JN, relativa ao tratamento jornalístico do designado caso da Máfia das Farmácias*, suscita-nos as maiores dúvidas, porquanto estavam em causa atos ainda em investigação e não tinha sido produzida uma acusação pelo Ministério Público ou qualquer sentença judicial. Em acréscimo, estava em causa a revelação do nome do queixoso. Por um lado, a ERC fez a ponderação entre o interesse público da notícia e a eventual violação do segredo de justiça, uma decisão da competência exclusiva dos tribunais. Por outro lado, ao nosso juízo de censura, acresce a contradição exposta no ponto 62, onde se pode ler que "*apesar de a ERC reconhecer que se trata de um crime público e que "não tem quaisquer dados que lhe permitam aquilatar se, com a publicação da notícia, foram divulgados dados que estariam sob segredo de justiça"*, conclui que não lhe cabe, contrariamente ao pretendido pelo queixoso, *"participar ao Ministério Público a suspeita de crime de violação do segredo de justiça"*. Cabe lembrar que, nos termos dos estatutos da ERC, designadamente no seu artigo 24º, nº 3, alínea *a): "compete, designadamente, ao conselho regulador no exercício de funções de regulação e supervisão: a) Fazer respeitar os princípios e limites legais aos conteúdos difundidos pelas entidades que prosseguem atividades de comunicação social, designadamente em matéria de rigor informativo e de proteção dos direitos, liberdades e garantias pessoais."*

[655] Tal como o direito de informação política, previsto no artigo 48º, nº 2. – Miranda, Jorge (2008) "Os Direitos Políticos dos Cidadãos na Constituição Portuguesa", *in Dignidad de La Persona, Derechos Fundamentales, Justicia Constitucional,* Coord. Francisco Fernández Segado, Dykinson-Constitucional; p. 717.

[656] Faria, Maria Paula Ribeiro de (2010). Anotação do Artigo 35º da CRP, in Miranda, Jorge/ Medeiros, Rui, *Constituição Portuguesa Anotada, Tomo 1,* Coimbra Editora: Coimbra; p. 780.

Deste enquadramento constitucional resulta o princípio de que a restrição constitucionalmente autorizada não dispensa a lei da observância dos princípios jurídico-constitucionais, materialmente, aplicáveis a atividade administrativa (necessidade, adequação e proporcionalidade)[657]. Os documentos a considerar como secretos só poderão ser aqueles que, no âmbito de um quadro legislativo global coerentemente estruturado, possam, formal e expressamente, ser classificados como tais, devendo a imposição do segredo ser justificada, para cada categoria de documentos, em termos que permitam o controlo da razoabilidade de tal imposição e durante apenas o período de tempo, estritamente, necessário[658].

Os segredos de Estado constituem uma clara restrição da liberdade de informação, uma vez que implicam a subtração de certas questões da comunicação pública. Constituem, a par do segredo de Justiça, exceção ao princípio da publicidade da atuação dos poderes públicos[659], sendo indubitável que assumem *"um particular vigor no seu caráter odioso"*, por normalmente imporem uma regulamentação jurídica *"mais duramente limitadora das liberdades fundamentais"*[660]. É evidente a importância do conhecimento dos assuntos de interesse público para a formação da opinião pública e, por essa via, para o autogoverno dos cidadãos, o que acentua a exigência de publicidade e transparência na atuação dos poderes públicos. Estando, todavia, em jogo a unidade e a independência do Estado, percebe-se que possa haver segredos públicos e o bom senso aconselha, neste domínio sensível, uma *"cultura democrática de confidencialidade"*[661]. Mas apenas nesses casos e nunca *"para esconder aspetos inconstitucionais, ilegais ou danosos para o interesse público da atuação*

[657] CANOTILHO, J.J./MOREIRA, Vital (2010). *Constituição da República Portuguesa Anotada, Vol. II*, Coimbra Editora: Coimbra; p. 824;

[658] Como está em causa um direito de natureza análogo aos direitos, liberdades e garantias, a imposição legal de restrições deve respeitar as exigências impostas pelo artigo 18º. – MIRANDA, Jorge/MEDEIROS, Rui (2007). *Constituição Portuguesa Anotada*, Tomo II, Coimbra Editora: Coimbra; pp. 603 e 604.

[659] CASTRO, Raquel Alexandra Brízida (2014). "Estatuto Constitucional dos *Media* e Exceções ao Princípio da Publicidade da Atuação dos Poderes Públicos", *in Media, Direito e Democracia*, coord. Carlos Blanco de Morais, Maria Luísa Duarte, Raquel Alexandra Brízida Castro; Almedina: Coimbra; pp. 67-91.

[660] GOUVEIA, Jorge Bacelar (1996). "Segredo de Estado", *in Dicionário Jurídico da Administração Pública*, VII, Lisboa; pp. 365 e segs.

[661] ANDRADE, Vieira (2009b). "Publicidade e Segredo no Conselho de Estado", *in Revista de Direito Público e Regulação*, nº 1, Centro de Estudos de Direito Público e Regulação, Faculdade de Direito da Universidade de Coimbra: Coimbra; p. 82.

dos poderes públicos, próprios de um "Estado de Segurança Nacional", propenso ao secretismo"[662].

A preferência da doutrina e jurisprudência constitucionais por um conceito material de segredo de estado é consentânea com a relevância de uma ponderação em concreto: são *"informações cuja revelação poderia provocar danos diretos, imediatos e irreparáveis ao Estado e à comunidade política globalmente considerados"*. Este conceito pretende evitar a alegação de danos, meramente, conjeturais (semelhante ao critério do perigo claro e iminente – *clear and present danger* do direito norte-americano) e exclui as informações suscetíveis apenas de causar embaraços aos poderes públicos. Mais uma vez, é o recurso ao princípio da proporcionalidade que nos permite evitar a sobreclassificação de documentos como confidenciais, num Estado constitucional, o que, por sua vez, remete para ponderações com vista à precisão legal, na medida do possível, pelo menos dos seguintes elementos essenciais:

i) Limitação, quantitativa e qualitativa, do âmbito material suscetível de qualificação como segredo de estado;
ii) Limitação do número de autoridades com poder para proceder à qualificação e do tempo de duração do segredo;
iii) A existência de mecanismos de controlo adequados[663]: o segredo deve ser materialmente fundamentado e procedimentalmente controlável[664];
iv) Enfim, sendo o princípio da publicidade, a regra, e o segredo da sua atuação, a exceção deve ser objeto de interpretação restritiva;

Nesse sentido, note-se a discrição com que a Constituição portuguesa trata o segredo de Estado, da qual resultam consequências jurídico-constitucionais relevantes. O legislador constituinte optou por referir-se apenas, direta e expressamente, ao Segredo de Estado, numa norma atributiva de competência legislativa. Em todos os outros casos, o seu relevo constitucional depende da prossecução de certos bens, esses sim protegidos constitucionalmente: segurança do Estado, segurança interna ou externa, independência e unidade do Estado. Ou seja, o segredo de Estado e as suas regras só poderão

[662] MACHADO, Jónatas E. M. (2002). *Liberdade de Expressão: Dimensões Constitucionais da Esfera Pública no Sistema Social*, BFDUC, Coimbra Editora: Universidade de Coimbra; pp. 862.

[663] MACHADO, Jónatas E. M. (2002). *Liberdade de Expressão: Dimensões Constitucionais da Esfera Pública no Sistema Social*, BFDUC, Coimbra Editora: Universidade de Coimbra; p. 863.

[664] ANDRADE, Vieira (2009b). "Publicidade e Segredo no Conselho de Estado", *in Revista de Direito Público e Regulação*, nº 1, Centro de Estudos de Direito Público e Regulação, Faculdade de Direito da Universidade de Coimbra: Coimbra; p.83.

merecer respaldo constitucional se servirem estes fins, sendo juridicamente irrelevante a sua mera invocação formal, ou a correspetiva classificação de uma matéria como Segredo de Estado.

Pelo exposto, o Segredo de Estado não pode nunca ficar completamente à margem das ponderações de interesses que os indivíduos, a comunicação social e, em última instância, os tribunais entendam levar a cabo, sempre que considerem ter sido abusivamente usado. A opção por um conceito material, feita pela doutrina e a jurisprudência constitucional, é relevante mas, concomitantemente, problemática. A atual configuração do crime de violação do segredo de Estado pode justificar eventuais dúvidas interpretativas da incriminação da violação do segredo de Estado[665], atenta a dificuldade de determinar, com segurança, o tipo de informações que prejudicam os interesses referidos na norma. Essa indeterminação, aliada a uma sanção penal pesada, pode ser considerada um risco potencial para a atividade jornalística[666]. Julgamos, porém, pelo contrário, que a irrelevância jurídico-penal de uma mera classificação formal de segredo pode contribuir para a otimização do Direito Constitucional à informação[667], na medida em que reclama uma ponderação, em concreto, entre os bens constitucionalmente protegidos.

9.2.2. Da análise do Direito Constitucional positivo, resulta que, neste caso, o legislador constituinte deixou um rasto claro de ponderações prévias do conflito constitucional em análise:

A) Em primeiro lugar, o segredo de Estado constitui um limite às perguntas dos deputados ao Governo, nos termos do atual artigo 156º, alínea *d)*, da CRP, o que consubstancia, a nosso ver, um rude golpe para um entendimento determinista de que não há democracia sem total publicidade ou contraditório público sobre todas as atuações do Estado.

[665] Cfr. Artigo 316º, nº 1, do Código Penal (CP):1 – Quem, pondo em perigo interesses do Estado Português relativos à independência nacional, à unidade e à integridade do Estado ou à sua segurança interna e externa, transmitir, tornar acessível a pessoa não autorizada, ou tornar público facto ou documento, plano ou objeto que devem, em nome daqueles interesses, manter-se secretos é punido com pena de prisão de dois a oito anos.

[666] CARVALHO/CARDOSO/FIGUEIREDO (2012). *Direito da Comunicação Social*, Texto Editores: Alfragide; p. 368.

[667] Os mesmos autores sustentam que as limitações postas por esta norma penal colocam difíceis problemas de compatibilização com o direito à informação, devendo ser resolvidos de acordo com o princípio da concordância prática. – CARVALHO/CARDOSO/FIGUEIREDO (2012). *Direito da Comunicação Social*, Texto Editores: Alfragide; p. 368.

B) Em segundo lugar, cabe observar que, depois de ter integrado o elenco da reserva relativa da competência legislativa da Assembleia da República[668], na atual versão constitucional, os regimes do sistema de informações da República e do Segredo de Estado são agora matéria indelegável ao Governo, constando da lista de assuntos que a Constituição quis reservar em exclusivo ao órgão parlamentar[669], em especial entre as matérias político-institucionais de âmbito nacional[670]. Com efeito, o sistema de informações da República destina-se a assegurar, no respeito pela Constituição e da lei, a produção de informações necessárias à salvaguarda da independência nacional e à garantia da segurança interna. O segredo de Estado, por sua vez, *"abrange os documentos e informações, cujo conhecimento por pessoas não autorizadas é suscetível de pôr em risco ou de causar dano à independência nacional, à unidade e integridade do Estado e à sua segurança interna e externa"*[671]. São institutos sensíveis, quer do prisma dos interesses do Estado, quer do prisma dos direitos, liberdades e garantias e, por isso, compreende-se a sua inserção na reserva absoluta[672].

Pela nossa parte, esta localização constitucional tem as seguintes consequências:

i) Numa perspetiva substancial, são matérias que se encontram subtraídas à regulação de outros órgãos que não o Parlamento, integrando uma reserva de densificação total, *"que abrangem toda a extensão da matéria listada a qual é consumida, horizontal e verticalmente, em termos de disciplina jurídica primária, por um ato legislativo aprovado pela AR"*[673];

ii) Num prisma estritamente formal, estes regimes devem revestir a forma de lei orgânica[674] – são leis orgânicas atinentes à segurança nacional – ou seja, uma lei de valor reforçado pelo procedimento, ou em sentido impróprio, atentas as especialidades inerentes ao seu processo

668 Cfr. Antiga alínea r, do artigo 168º, da CRP.

669 Cfr. Artigo 164º, alínea *q)*.

670 Morais, Carlos Blanco de (2012). *Curso de Direito Constitucional*, Tomo I; Coimbra Editora: Coimbra; p. 327.

671 Cfr. Artigo 2º, número 1, da Lei nº 6/94, de 7 de abril.

672 Miranda, Jorge/Medeiros, Rui (2006). *Constituição Portuguesa Anotada*, Tomo II, Coimbra Editora: Coimbra; p. 521.

673 Morais, Carlos Blanco (2012) *Curso de Direito Constitucional*, Tomo I; Coimbra Editora: Coimbra; p. 247.

674 Cfr. Artigo 166º, número 2.

produtivo. E sendo leis orgânicas elas carecem de aprovação por uma maioria agravada, pelo menos na votação final global[675].

iii) Esta qualificação tem consequências jurídico-políticas relevantes: as leis de valor reforçado, agravadas na sua fase de aprovação, acabam por refletir a incidência do chamado princípio da minoria ou da regra minoritária, excecional fase ao critério geral de deliberação dos órgãos colegiais, sediado no artigo 116º, número 3 da CRP. Ora, *"esta admissão de um poder de bloqueio da referida lei orgânica implica que elas não estão na disponibilidade do decisor maioritário, exigindo a procura de consensos mais alargados, acentuando a componente parlamentar do nosso sistema de governo"*[676].

9.2.3. Em conformidade, a definição legal de Segredo de Estado não se encontra na livre disposição do legislador. Na verdade, também aqui é difícil determinar-se o grau de "intensidade regulativa", que deve caracterizar uma lei do segredo de Estado, embora, neste caso, por motivos distintos. Discute-se, a este propósito, uma tensão entre uma regulação detalhada e generalizante, podendo ambos casos importar consequências nocivas para o Segredo, seja por omissão ou por excesso de discricionariedade na seleção das informações a ele sujeito[677]. Estamos perante o paradoxo gerado pela defesa de um princípio constitucional geral da determinabilidade das leis restritivas de condutas expressivas, ou pelo menos comparável com o que vigora perante normas penais incriminadoras ou normas fiscais de incidência. Apesar disso, não podemos deixar de ser sensíveis ao argumento da impossibilidade prática de tipificar os documentos e informações suscetíveis de segredo de Estado, dada a sua variedade e constante mutação dos condicionalismos da política

[675] Cfr. Artigo 168º, número 5.

[676] Morais, Carlos Blanco (2012). *Curso de Direito Constitucional*, Tomo I; Coimbra Editora: Coimbra; p. 326.

[677] Essa foi aliás uma das questões suscitadas pelo Presidente da República, em sede de fiscalização preventiva da atual lei do segredo de estado, que data de 1994: a natureza excecional do segredo de Estado impede que *"pelo que o âmbito desse mesmo segredo não poder ser tão amplo ou baseado em fórmulas tão vagas que legitimem uma "arcana praxis" que permita sonegar aos cidadãos o acesso à informação"*. Contudo, o Tribunal Constitucional concluiu que *"não se afigura exigível, num domínio plurifacetado como é o do Segredo de Estado, que o legislador não possa recorrer a cláusulas gerais, com exemplificações, contendo conceitos com relativa indeterminação"*. De acordo ainda com o Acórdão *sub judice*, os juízes consideram que o legislador cumpriu de *"forma constitucionalmente admissível"* os imperativos decorrentes do princípio da precisão ou da determinabilidade das leis, à semelhança de ordenamentos jurídicos próximos do português, como sejam o italiano e o espanhol. – Acórdão do Tribunal Constitucional, nº 458/93, pedido de fiscalização preventiva formulado pelo PR, relativo a um conjunto de normas do Decreto nº129/VI relativo a "Segredo de Estado".

interna e de defesa, sob pena da ineficiência de todo o sistema. O princípio controvertido deve pois ser entendido como um mandato de otimização dos direitos e liberdades expressivas, nos termos *supra* expostos.

9.2.4. Note-se, ainda, que as categorias de restrições coincidem com as usadas no Direito Constitucional espanhol. Também na Constituição espanhola, o segredo de Estado tem assento jusfundamental numa norma que afirma o princípio da publicidade dos registos e arquivos administrativos e respetivo direito de acesso por parte dos cidadãos, salvo o que afete a segurança e a defesa do Estado, a investigação criminal e a intimidade das pessoas[678]. A doutrina encontra-se, contudo, dividida quanto à delimitação do bem constitucionalmente protegido[679]. Enquanto parte da doutrina sufraga uma interpretação restritiva, entendendo que o segredo de Estado apenas pode ter por objeto informação relativa ao âmbito militar e de defesa, excluindo a segurança interna; a outra parte considera que a segurança do Estado também pode ser comprometida internamente, conforme se pode constatar nos atentados de 11 de março, em Madrid. Estes autores defendem um conceito mais amplo de segredo, que inclua o que possa pôr em perigo o funcionamento do Estado Democrático, identificando-se os conceitos de defesa e segurança do Estado com a própria manutenção da ordem constitucional. Esta é, aliás, a orientação da jurisprudência espanhola, que inclui nestes conceitos *"o conjunto de estudos, informações, medidas, decisões ou ações que o Estado adote para enfrentar uma ameaça terrorista cuja finalidade seja a de alterar a ordem constitucional, através da violência contra a vida e a integridade física das pessoas (...)"*[680].

9.3. Informação *Versus* Contratos de Exclusividade sobre Direitos de Transmissão Audiovisual

9.3.1. Para além do Segredo de Justiça e do Segredo de Estado, podem constituir fundamento de restrição ao direito à informação, os contratos de exclusividade sobre direitos de transmissão audiovisual, celebrados entre organizadores de certos eventos, de relevante interesse informativo, e empresas de comunicação social. Estão em causa direitos cuja natureza jurídica é controvertida, havendo quem sustente que são meras posições contratuais,

678 Cfr. Artigo 105º, alínea *b)*, da Constituição espanhola.

679 ALEGRIA, Antonio Magdaleno, (2006). *Los Limites de las Libertades de Expresión e Información en el* Estado Social *y Democrático de Derecho*, Congreso de Los Deputados: Madrid; pp. 367 e segs.

680 ALEGRIA, Antonio Magdaleno, (2006), *Los Limites de las Libertades de Expresión e Información en el* Estado Social *y Democrático de Derecho*, Congreso de Los Deputados: Madrid; p. 368.

com efeitos *inter partes*[681], aparentemente sem dignidade constitucional e, por isso, insuscetíveis de justificar restrições e de beneficiar do regime constitucional de proteção dos direitos, liberdades e garantias, mesmo a título de direitos de natureza análoga[682]. Note-se que, mesmo que a sua dignidade constitucional fosse incontroversa, no mínimo, eles estão sempre sujeitos a ponderação, nos termos constitucionais. Não sendo este, a nosso ver, o *locus* adequado para o aprofundamento da respetiva natureza jurídica, vamos partir do princípio pragmático que são subsumíveis no direito de propriedade e liberdade de empresa e iniciativa privada.

O direito da União Europeia[683] reconhece a necessidade da aplicação de regras específicas aos serviços de comunicação audiovisual, atenta a sua dupla natureza cultural e económica. Na sua jurisprudência mais recente, o Tribunal de Justiça (TJ) da União Europeia reforçou esse sentido jurisprudencial, em matéria de direitos exclusivos de acontecimentos de grande interesse para o público[684]. Estava em causa a interpretação da Diretiva, a propósito das eventuais compensações financeiras da utilização por operadores televisivos de curtos extratos, para efeitos de curtos resumos noticiosos, a partir do sinal do operador televisivo que assegure a difusão dos acontecimentos de grande interesse público, cujos direitos de retransmissão foram adquiridos com caráter de exclusividade. O Tribunal de Justiça (TJ) considerou que a eventual compensação financeira não pode exceder os custos adicionais que resultem diretamente do fornecimento do acesso, ponderando, por um lado, a importância que reveste a salvaguarda da liberdade fundamental de receber informações, a liberdade e o pluralismo dos meios de comunicação social garantidos pela Carta[685] e, por outro lado, a proteção da liberdade de empresa. Concluiu que o legislador da União *"podia legitimamente impor"* os limites que o número 6 do artigo 15º da Diretiva, implica para os titulares dos direitos exclusivos de radiodifusão televisiva, *"uma vez que os inconvenientes não são desproporcionados, atendendo aos objetivos que prossegue, sendo suscetíveis de criar um*

681 Essa foi, aliás, a argumentação expendida pela Vicra Comunicações, titular do canal "ABOLA TV", no documento em que requereu à ERC emissão de parecer sobre o conceito de *"programas de informação geral"*, a que alude o artigo 33º da Lei da Televisão, sobre a emissão de breves extratos informativos de espetáculos desportivos.

682 Cfr. Artigo 17º da CRP.

683 Cfr. Diretiva 2010/13/EU, considerando número 5. Esta Diretiva veio revogar a Diretiva 89/552/CEE, com as alterações que lhe tinham sido introduzidas pelas Diretivas 97/36/LE e 2007/65/CE.

684 Cfr. Acórdão do TJ, Processo número C-283/11, de 22 de janeiro de 2013: http://curia.europa.eu/juris/documents.jsf?num=C-283/11

685 Cfr. Artigo 11º da Carta de Direitos Fundamentais da EU.

equilíbrio justo entre os diferentes direitos e liberdades fundamentais em causa no caso concreto".

Relevante é também, em nosso entendimento, o facto de o Tribunal de Justiça ter clarificado o sentido da restrição do uso desses extratos informativos, em *"programas de informação geral"*, excluindo a sua utilização em programas de diversão[686] e não em programas de informação especializada (exemplo: desportiva)[687]. Essa foi a tese que sustentámos, desde o início[688], na interpretação da Lei da Televisão[689] e que a ERC acabou por sufragar, numa diretiva recentemente adotada, ainda que restritivamente. Julgamos que este é o único entendimento admissível perante o relevo juridico-constitucional atribuido ao direito à informação, devendo ser excluída qualquer interpretação que exclua do conceito controvertido programas de informação, sejam eles de emissão esporádica – não regular –, tenham ou não por objeto, exclusivo ou especial, "não geral", um evento objeto dos direitos exclusivos de transmissão.

A interpretação contrária permitiria, sem qualquer sentido, que os canais temáticos, particularmente os desportivos, pudessem transmitir os breves extratos em programas informativos regulares e os canais generalistas ficassem impedidos de difundir esses mesmos extratos, em blocos informativos

[686] No ponto 62 do Acórdão *sub judice*, pode ler-se: *"Com efeito, o artigo 15.° da Diretiva 2010/13 prevê, no seu nº 5, que os curtos resumos noticiosos sobre o acontecimento que seja objeto de uma retransmissão exclusiva não possam ser emitidos em qualquer tipo de programas de televisão, mas apenas em programas de informação geral. Assim, é excluída uma utilização dos extratos do sinal em programas de diversão, que têm um impacto económico mais importante do que os programas de informação geral, em conformidade com o considerando 55 da Diretiva 2010/13"*.

[687] A mesma posição foi sustentada pelo Advogado Geral, no processo em análise. Pode ler-se, no ponto 65: *"Além disso, os extratos facultados podem ser utilizados exclusivamente em «programas de informação geral», nos termos do artigo 15.°, Nº 5, da diretiva, e unicamente para a realização de «curtos resumos noticiosos», como dispõe o artigo 15.°, Nº 1, da diretiva.* Segundo o quinquagésimo quinto considerando desta, *«o conceito de programas de informação geral não deverá abranger a compilação de curtos extratos em programas com fins de entretenimento»*. Resulta destas disposições que existe uma diferença, determinante, entre a difusão televisiva de um acontecimento, com fins de entretenimento, e para fins de informação. O operador televisivo mantém todo o controlo da exploração comercial dos seus direitos exclusivos, para fins de entretenimento. Nesta medida, a diminuição do valor comercial destes direitos deve, pois, ser muito relativizada.: http://curia.europa.eu/juris/document/document.jsf?docid=123723&mode=req&pageIndex=1&dir=&occ=first&part=1&text=&doclang=PT&cid=1194168

[688] A ERC fez, até há bem pouco tempo, uma interpretação claramente restritiva do direito à informação, neste domínio normativo, considerando que *programas de informação geral* é um conceito que não inclui, por exemplo, programas de informação especializada, como a informação desportiva. Sendo a informação desportiva também jornalismo, não encontramos razões para a excluirmos do âmbito constitucionalmente protegido do direito de acesso às fontes de informação.

[689] Cfr. Artigo 33º, nº3, alínea *b)*, da LTV.

regulares de desporto, quando os mesmos eram transmitidos nos noticiários de índole geral. Embora a Diretiva não defina o que são *"programas de informação geral"*, em que os extratos podem ser usados, o seu Considerando 55 parece esclarecer que esses curtos extratos podem ser usados, para emissões à escala da União Europeia, por qualquer canal, *"incluindo os canais temáticos desportivos"*, e não deverão exceder 90 segundos. Adianta, ainda, que o conceito de programas de informação geral não deverá abranger a compilação de curtos extratos em programas com fins de entretenimento.

Pela nossa parte, cumpre salientar que, estando em causa um direito formalmente constitucional, o conceito de programas regulares de informação geral, a que alude a Lei[690], nunca poderá ser interpretado de forma a precludir ou afetar gravosamente o exercício do direito aos breves extratos informativos, no que concerne a programas de informação. Acresce a evolução verificada, nos últimos cinco anos, no Direito da União Europeia, no sentido da concretização dos conceitos gerais, escolhidos pelo legislador nacional na configuração do direito aos breves extratos informativos. Em especial:

i) A revisão, em 2010, da Diretiva 2010/13/EU do PE e do Conselho, relativa à coordenação de certas disposições legislativas, regulamentares e administrativas dos Estados Membros, respeitantes à oferta de serviços de comunicação social audiovisual, a qual versou sobre a questão do direito a breves extratos informativos;

ii) A evolução da interpretação que o Tribunal de Justiça tem feito a partir dos artigos pertinentes da Carta Europeia dos Direitos Fundamentais, em especial em recentes Acórdãos proferidos[691], em janeiro e julho de 2013[692].

9.3.2. No plano jurídico-constitucional, ninguém questiona o facto de o o direito à informação poder ser objeto de restrições, mas essas compressões devem limitar-se ao estritamente necessário para assegurar outros bens constitucionalmente protegidos[693]. Constituindo o direito de acesso a breves

[690] Cfr. Artigo 33º, número 4, alínea *b)*, da LTV.

[691] Cfr. Acórdão proferido em 22 de janeiro no âmbito do Proc. C-283/2011, disponível em http://curia.europa.eu/juris/documents.jsf?num=C-283/11; Acórdãos nos processos C-201/11 P, C-204/11 P e C-205/11 P UEFA e FIFA / Comissão.

[692] No ponto 62 do Acórdão do Tribunal de Justiça de 22 de janeiro de 2013, pode ler-se que, à luz do artigo 15º, da Diretiva, número 5, *"é excluída a utilização dos extratos do sinal em programas de diversão que têm um impacto económico mais importante do que os programas de informação geral, em conformidade com o considerando 55 da Diretiva 2010/13"*;

[693] Cfr. Artigo 18º, nº 2, segunda parte da CRP.

extratos informativos o resultado dessa ponderação, o regime de acesso aos mesmos terá de proteger o critério da liberdade editorial na escolha das imagens, como única forma de garantia desse direito à informação, residindo aí o seu núcleo essencial.

Aliás, uma interpretação da LTV no sentido de admitir a ingerência do Regulador na formulação de juízos de adequação, quanto às opções editoriais dos operadores, suscita dúvidas de constitucionalidade por excessiva. A inclusão dos breves extratos informativos em relatos de acontecimentos de atualidade, justificada pelo fim de informação prosseguido, para além das 36 horas subsequentes à cessação do evento, nos termos da lei[694], terá de ter por fundamento a liberdade editorial. A dignidade constitucional atribuída ao direito à informação e à liberdade editorial, atento o regime das restrições, postula que *essa cláusula seja interpretada no sentido de ser um critério restritivo que não comprometa de forma irremediável o direito à informação.* Acresce, na nossa opinião, a irrazoabilidade da exigência da ocorrência de um facto superveniente – condição não prevista na lei –, cuja verificação caberia ao Regulador[695], que assim imporia aos operadores o seu mais do que discutível entendimento editorial sobre o que possa ser a legitimidade para a difusão posterior às 36 horas[696]. Cumpre-nos ainda salientar que, estando o direito de mera orde-

[694] Cfr. Artigo 33º, nº 3, alínea *c)*, da LTV.

[695] Pode ler-se, por exemplo, na Deliberação ERC/02/2013/155 que *"Mais substancial se afigura já a queixa mencionada nas alíneas j) e k), do ponto 2, da presente Deliberação, relativa à violação da obrigação de não difundir as imagens relativas a evento sobre o qual incidam direitos exclusivos, decorridas que sejam mais de 36 horas após a cessação daquele. É certo que aquela obrigação comporta a exceção prevista na parte final do artigo 33º, nº 4, alínea c), da Lei da Televisão: a difusão posterior às 36 horas subsequentes à cessação do evento é legítima, desde que incluída «em relatos de outros acontecimentos de atualidade e «justificada pelo fim de informação prosseguido». Ora, sem prejuízo do poder e da liberdade editoriais que ao órgão de comunicação assistam na definição dos acontecimentos de atualidade relevantes, o critério densificador da cláusula geral em que se consubstancia a exceção justificadora, do artigo 33º, nº 4, alínea c), da Lei da Televisão, deve ser um critério restritivo que não comprometa de forma irremediável o direito real do titular das imagens exclusivas. Assim, não parece ser a mera circunstância de os incidentes de determinada partida de futebol continuarem a ser pública e vivamente discutidos após as 36 horas, ou o facto ocasional de as mesmas equipas se voltarem a encontrar num jogo próximo que pode constituir justificação bastante para as imagens objeto de direitos exclusivos poderem ser difundidas em contravenção à regra geral da limitação das 36 horas. Para tanto, é necessário um facto superveniente que reponha na agenda noticiosa as imagens passadas, fazendo-as reganhar, não mera relevância histórica, mas relevância noticiosa efetiva e atual. É o caso, por exemplo, da reposição das imagens relativas à primeira mão de determinada eliminatória, aquando da realização da segunda mão, oito ou quinze dias depois. Patentemente, as imagens objeto da participação da Queixosa e referidas na alínea k), do ponto 2, não cumprem este critério justificativo. Violam a proibição contida no artigo 33º, nº 4, alínea c), da lei da Televisão."*

[696] Será, no mínimo, discutível que *"a mera circunstância de os incidentes de determinada partida de futebol continuarem a ser pública e vivamente discutidos após as 36 horas"*, ou *"o facto ocasional de as mesmas*

nação social sujeito a interpretação restritiva, sofrendo o poder punitivo do Estado uma forte restrição carente de justificação precisa, em especial à luz do subprincípio da necessidade, sendo os princípios gerais de direito penal igualmente aplicáveis ao direito contraordenacional[697], não cabe à entidade administrativa enunciar exigências que não constam dos pressupostos de facto e de direito da aplicação da contraordenação, indo para além da lei[698].

Há ainda que alertar para o facto de o regime do acesso aos extratos informativos ser aplicável aos eventos públicos que decorram fora do território da União Europeia, apesar de uma interpretação literal da lei sugerir a solução oposta[699]. Com efeito, o artigo 33º, nº 3, da Lei da TV constitui uma transposição deficiente da Diretiva, uma vez que esta não circunscreve o local onde os eventos ocorrem. Nos termos do artigo 15º, nº 1 da Diretiva, o critério é o do sujeito: se há um operador da EU com direitos exclusivos de transmissão de um evento, os operadores secundários dos Estados membros da EU têm direito aos extratos informativos. Por um lado, esta alegada delimitação expressa do âmbito de aplicação da LTV, para efeitos de *news access*, para além de ser desconforme com a Diretiva e com a Carta Europeia de Direitos Fundamentais, viola o direito à informação, concedendo uma total prevalência dos direitos exclusivos nos casos em que os jogos ocorrem fora da UE, constitucionalmente inadmissível. Uma interpretação da LTV em sentido contrário[700] constituiria uma restrição inconstitucional, desnecessária, desadequada e excessiva. Outra possibilidade interpretativa, menos lesiva para o ordena-

equipas se voltarem a encontrar num jogo próximo", não constituam justificação bastantes para a emissão dessas imagens após as 36 horas.

[697] Cfr. Artigo 29º da CRP.

[698] Foi o que aconteceu, na nossa opinião, nos processos que deram origem às Deliberações ERC/12/2009/743, ERC/02/2013/154, ERC/12/2012/1164 e ERC/02/2013/155, todos envolvendo queixas da SPORT TV contra a RTP, SIC, TVI e ABOLATV. Em causa, entre outras questões, estava a exigência legal de identificação da fonte das imagens – artigo 33º, nº 3, alínea *d)*. Parece-nos que se o operador de televisão identificou a fonte, o dever encontra-se objetivamente cumprido. A norma sancionatória não exige uma identificação conveniente ou adequada, nem fornece elementos concretos que possam orientar as condutas dos operadores de televisão, para além da simples e objetiva identificação da fonte.

[699] Nas Deliberações ERC 133/2014 e 143/2014, originadas por exposições da SIC, TVI e ABOLA TV, a ERC reconheceu a todos os operadores televisivos, sob jurisdição portuguesa, o direito à utilização de extratos informativos, relativos às imagens dos jogos do Campeonato do Mundo de Futebol – FIFA 2014 –, de cujos direitos exclusivos era titular a RTP, em termos idênticos aos previstos no artigo 33º da Lei da Televisão e dos Serviços Audiovisuais a Pedido.

[700] Sustentada pela RTP, enquanto titular dos direitos exclusivos de transmissão dos jogos do Mundial de Futebol de 2014, no Brasil.

mento, embora tecnicamente menos rigorosa, atenta a delimitação expressa, residiria na defesa da existência de uma lacuna na LTV, na medida em que não previu os jogos que ocorram fora do território da União Europeia, a qual careceria de integração, nos termos gerais.

Pelo exposto e considerando que:

a) A primeira interpretação da LTV, baseada na sua inconstitucionalidade material, reclama, pelo menos, uma interpretação conforme à Constituição, instituto que se encontra à disposição da Administração, na medida em que confira a uma dada disposição legislativa um sentido normativo conforme à Constituição ou que não lhe atribua pelo menos um sentido divergente com a Lei Fundamental;

b) No que concerne à segunda perspetiva, os preceitos constitucionais respeitantes aos direitos, liberdades e garantias são diretamente aplicáveis e vinculam entidades públicas e privadas – ou seja a RTP. Perante a impossibilidade de aplicação direta de uma norma constitucional consagradora de um direito, liberdade ou garantia, estaremos perante uma omissão do legislador, que autoriza o intérprete, ou o órgão aplicador do Direito, a entender que se trata de uma lacuna, que deve ser integrada nos termos gerais: a analogia *(legis ou iuris)* ou o recurso aos princípios gerais", ou então, como o diz o artigo 10º, nº 3, do Código Civil, "proceder como se houvesse de legislar dentro do espírito do sistema";

c) Sustentámos que competia à ERC:

  i) Interpretar a LTV num sentido que não conduza à exclusão do direito a breves extratos informativos de todos os operadores televisivos, pelo menos portugueses, ou

  ii) Reconhecer a aplicabilidade da LTV ao caso vertente e aplicar, por analogia, o direito aos breves extratos informativos, nos termos regulados pela LTV, aos casos omissos em que os jogos ocorram fora de território da EU;

  iii) Em alternativa, caso se insistisse na inaplicabilidade da LTV, aplicar diretamente a norma constitucional do direito à informação, de forma a conferir eficácia, pelo menos, ao direito de acesso a breves extratos informativos.

9.3.3. Por último, a lei[701] limita o acesso aos extratos informativos, aos operadores de televisão, excluindo o acesso a todos os outros órgãos de comuni-

[701] Cfr. Lei da Televisão (LTV), no seu artigo 33º, nº1.

cação social, incluindo os de difusão eletrónica. Trata-se de uma solução que, pela sua alegada simplicidade, se revela claramente desajustada no tempo, obrigando a uma interpretação atualista, conforme à Constituição[702]. Não obstante, cabe notar um eventual diagnóstico interpretativo no sentido da inconstitucionalidade por ação implicaria a sua erradicação do ordenamento jurídico, pelos órgãos competentes. Esse seria um caminho indesejável, uma vez que levaria a questionar a concretização do direito, já realizada pelo legislador ordinário, em relação aos operadores de televisão. Por isso, a solução menos danosa para o ordenamento jurídico seria, a nosso ver, a da identificação de uma omissão normativa, parcial inconstitucional, que justificaria a aplicação analógica do mesmo preceito legal, de modo a permitir a inserção de extratos de espetáculos, ou outros eventos públicos, sobre os quais incidam direitos exclusivos de transmissão, nomeadamente jogos de futebol, nos *sites* de natureza informativam, ainda que sujeito a ajustamentos. Mesmo assim, cabe realçar as dificuldades advenientes desta solução, atenta a proibição de aplicação analógica das sanções, pelo incumprimento das regras previstas na LTV. Não nos parece, porém, que essa seja uma razão justificativa para recusar a aplicação de um direito constitucional. Apenas reforça a necessidade de o legislador ajustar as suas ponderações aos desenvolvimentos tecnológicos, na senda do princípio da neutralidade tecnológica.

No plano jurídico-constitucional, note-se que, tal como resulta, expressamente, da Constituição[703], comando concretizado pelo legislador ordinário nos Estatutos da ERC, compete à entidade reguladora assegurar o direito fundamental à informação nos meios de comunicação social. Trata-se, a nosso ver, de um reforço constitucional do entendimento que atribui às entidades administrativas independentes a possibilidade sufragada pela mais recente doutrina maioritária[704], constitucional e administrativista, de que as entida-

[702] A questão já foi colocada ao Conselho Regulador da ERC pela Sociedade Vicra Desportiva, SA, proprietária do jornal A Bola, tendo dirigido à ERC um pedido de pronúncia sobre a problemática da inserção de extratos de eventos desportivos nas páginas das publicações periódicas na *Internet*, designadamente no *site* daquele jornal (ABola.pt). Já aí sustentámos (com voto de vencida) que o Conselho Regulador, no exercício das atribuições e competências de regulação constantes dos artigos 7º, alínea *b)*, 8º, alínea *a)*, e 24º, nº 3, alínea t), dos Estatutos anexos à Lei nº 53/2005, de 8 de novembro, *"deveria aplicar analogicamente o artigo 33º da Lei da Televisão, de modo a permitir a inserção de extratos de espetáculos ou outros eventos públicos sobre os quais incidam direitos exclusivos de transmissão, nomeadamente jogos de futebol, no site do jornal ABola e em outros de natureza semelhante"*.

[703] Cfr. Artigo 39º, número 1, alínea *a)*, da CRP.

[704] Morais, Carlos Blanco de (2011). *Justiça Constitucional, Tomo II,* Coimbra Editora: Coimbra, p. 379.

des administrativas independentes, bem como qualquer operador administrativo, têm à sua disposição o instituto jurídico da interpretação conforme à Constituição, em sentido lato, como "*manifestação indireta da normatividade constitucional e uma forma de reduzir a litigiosidade no ordenamento*"[705]. Uma das vantagens apontada por essa doutrina é a eventualidade da aplicação administrativa, com uniformidade, no marco de um sentido conforme à Constituição, poder reduzir as probabilidades de ser sindicada em controlo concreto, ainda que subsista o interesse na sua fiscalização abstrata. Acolhemos este argumento, apenas quanto aos casos em que a invalidação da norma controvertida (pelo tribunal) implica a produção de resultados flagrantemente indesejáveis no ordenamento jurídico, nos quais devem prevalecer, claramente, argumentos justificativos de uma interpretação conforme à Constituição, no quadro de uma decisão negativa de inconstitucionalidade, em sede de fiscalização concreta[706]. Nos casos, porém, em que se imponha um juízo de inconstitucionalidade, deverá o Regulador aplicar a norma, apesar da sua inconstitucionalidade, de forma a criar as condições jurídicas para a respetiva suscitação jurisdicional da sua inconstitucionalidade.

[705] Morais, Carlos Blanco de (2011), *Justiça Constitucional, Tomo II,* Coimbra Editora: Coimbra, p. 379.

[706] O artigo 80º, nº 3, da Lei Orgânica do Tribunal Constitucional (LTC) prescreve a vinculatividade da interpretação feita pelo Tribunal Constitucional em favor da não invalidade da norma, em sede de fiscalização concreta da constitucionalidade. Os princípios, geralmente, aduzidos para justificar este instituto prendem-se com "a *salvaguarda de um acervo de princípios constitucionais implícitos e princípios relativos à lógica e sistemática processual, como sejam o princípio da presunção da não inconstitucionalidade das normas legislativas; o princípio do aproveitamento do ato jurídico-público; princípio da vocação do ordenamento para a completude; princípio da proporcionalidade e o princípio da unidade de interpretação do ordenamento jurídico.*" – Morais, Carlos Blanco (2011) *Justiça Constitucional, Tomo II,* Coimbra Editora: Coimbra; p. 916.

CAPÍTULO III
CONSTITUIÇÃO, LEI E REGULAÇÃO

Capítulo III
Constituição, Lei e Regulação

O reconhecimento de especificidades interpretativas, em sentido amplo, aplicativas do Direito Constitucional da Comunicação não torna inevitável o reconhecimento de uma prioridade absoluta da liberdade de expressão, nem legitima uma leitura híper-integrada da Constituição. Os direitos e liberdades que integram a Constituição da Comunicação não prescindem de ponderação, sendo este anúncio neutral face à problemática dos limites do ativismo judicial. Não obstante, esta ideia de uma reserva geral de ponderação, aliada a uma conceção ampliativa do âmbito de proteção, leva a que o recurso ao método da ponderação possa, em tese, ser responsabilizado pela alegada produção de efeitos objetivamente redutores da proteção constitucional, especialmente no âmbito dos direitos e liberdades expressivas.

O nosso problema envolve, efetivamente, alguns aparentes paradoxos:

1. Por um lado, é tentador ceder à simplicidade da afirmação de que o exercício de liberdades constitucionais como as liberdades comunicativas não carece, em geral, de intervenção legislativa, dado que se refere a domínios materiais, por excelência, avessos à regulamentação jurídica e, por vezes, até tendencialmente exógenos ao direito[707]. Todavia, no plano jurídico-constitucional, exige-se reserva de lei acrescida de especial densidade regulatória, nos termos que proporemos;
2. O paradoxo agrava-se se tivermos em consideração a necessidade de, em alguns casos já estudados, algumas ponderações terem de ser reme-

[707] Andrade, Vieira de (2009). *Os Direitos Fundamentais na Constituição Portuguesa de 1976*, 4ª Ed., Almedina: Coimbra; p. 196.

tidas para os casos concretos, nos casos em que é difícil, ou mesmo impossível, uma regulamentação geral e abstrata, prévia. Neste ponto particular, concorrem as dificuldades técnicas geradas:

a. Pelos factos das novas tecnologias, nos termos *supra* descritos;
b. Imprescindíveis juízos deontológicos ou editoriais, insuscetíveis de categorização legislativa, fundamentadores de discricionariedade técnica na aplicação dos conceitos indeterminados, em alguns casos, reclamantes mesmo de total liberdade.

Todos estes problemas, aliados à inevitabilidade das ponderações, parecem colidir com as especiais garantias de previsibilidade e determinabilidade das restrições de direitos e liberdades expressivas.

Secção V
O Problema Constitucional da Intervenção Prévia sobre as Liberdades Comunicativas

A problemática da densidade normativa exigível na determinação prévia dos direitos e liberdades assume contornos específicos neste domínio material. A lei tem de ser clara e precisa – sob pena de *void for vagueness* – e não deve ser demasiado abrangente – *overbroad* – porquanto, em ambos os casos, pode gerar efeitos inibitórios ou intimidatórios junto dos seus destinatários – *chilling effect.*

10. Determinabilidade, *Chilling Effect* e Censura

10.1. A doutrina alerta para o perigo de que a simples ameaça de sanção não suficientemente determinada, quanto ao sentido e alcance da atividade proibida, *"inibe excessivamente e, por isso, inconstitucionalmente, o exercício das liberdades, o que equivale a uma autocensura inadmissível em democracia"*[708]. É possível sustentar que este efeito pode ser potenciado através do recurso à ponderação, em especial, o *ad hoc balancing.* A ausência de qualquer regra firme sobre o que, por exemplo, no domínio da *Primeira Emenda*, é ou não admitido, aliado a uma ideia de reserva geral de ponderação, acaba por desenvolver um efeito

[708] Novais, Jorge Reis (2004), *Os Princípios Constitucionais Estruturantes da República Portuguesa*, Coimbra Editora: Coimbra; p. 194.

inibitório ou dissuasor[709]. Só que, sustenta-se, é o recurso à ponderação que vai permitir que o juiz não se circunscreva ao escrutínio do excesso ou indeterminação da lei, tendo igualmente de avaliar se essa amplitude normativa é necessária para a prossecução dos fins estatais[710].

Com efeito:

i) Uma lei pode ser clara e precisa, mas demasiado ampla, abrangendo comportamentos ilegítimos e, concomitantemente, outros protegidos constitucionalmente, implicando restrições desnecessárias e inconstitucionais por *overbreadth*;

ii) Pelo contrário, uma lei vaga não permite determinar, com certeza, a conduta efetivamente proscrita, não podendo os destinatários da regulação prever, com a probabilidade desejável, que condutas restritivas ou sancionatórias podem ser adotadas pelo Regulador;

iii) Em ambos os casos, a indeterminabilidade inibe, excessivamente, o exercício dos direitos e liberdades, sendo por isso ilegítima. Não obstante, nem todo o efeito inibitório é inconstitucional, mas apenas aquele que possa impedir alguém de se envolver em atividades constitucionalmente protegidas, em virtude do caráter vago ou excessivamente amplo de regulações restritivas.

Acrescem as situações em que essa indeterminabilidade legitima interpretações contraditórias e incoerentes por parte da Administração e dos tribunais. No ordenamento jurídico-constitucional português, atente-se, por exemplo, na decisão dos operadores televisivos portugueses generalistas de não desenvolverem nenhuma atividade jornalística de cobertura da campanha das eleições autárquicas de 2013, uma decisão fundada na indeterminabilidade do sentido e alcance da atividade efetivamente proibida. Estavam em causa as várias interpretações efetuadas pela Administração eleitoral, no passado recente e, em especial, na livre margem de decisão administrativa que julga dispor sobre os direitos e liberdades comunicativas[711], susci-

709 Novais, Jorge Reis (2003). *As Restrições aos Direitos Fundamentais Não Expressamente Autorizadas Pela Constituição,* Coimbra Editora: Coimbra; p. 660.

710 Novais, Jorge Reis (2003). *As Restrições aos Direitos Fundamentais Não Expressamente Autorizadas Pela Constituição,* Coimbra Editora: Coimbra; p. 777.

711 Um dos argumentos aduzidos pelos operadores de rádio e televisão dos EUA, no sentido de a *fairness doctrine* constituir uma ablação dos seus próprios direitos expressivos, residia, perante o caso *Red Lion,* nas sanções severas e vagas que eram aplicadas, em caso de incumprimento, o que constituía um potencial de abuso discricionário da FCC. Com efeito, o *chilling effect* tornou-se

tando perplexidades análogas ao da problemática *fairness doctrine*, abandonada há três décadas pelo Regulador norte-americano. As constantes alterações ao sentido da jurisprudência produzida concorreram, adicionalmente, para um problema agravado pela sua localização no direito sancionatório público. Os limites interpretativos aliados ao princípio da proibição do excesso e ao regime da reserva de lei, na vertente de reserva de densificação total, reclamam, indubitavelmente, um acréscimo de exigência de densidade normativa e de certeza jurídica, sob pena de inconstitucionalidade material[712]. Estão em causa leis que afetam as liberdades, muito para além do que seria uma restrição justificada, sendo inconstitucionais por excessivas, por razões de *overbreadth* ou de *vagueness*.

A Administração eleitoral portuguesa – e mesmo alguns tribunais – fundaram, erradamente, a nosso ver, os seus vereditos em dispositivos legais dispersos pelas várias leis eleitorais que versam sobre propaganda eleitoral, cuja relevância jusfundamental para a garantia da igualdade de tratamento de todas as candidaturas, em matéria puramente eleitoral, é crucial. Sem prescindir da sua proteção constitucional inequívoca, trata-se, não obstante, de um conceito distinto, mesmo inimigo do jornalístico, que, com ele, tem vindo a ser indevidamente identificado: traduz-se no direito de as candidaturas exercerem todas as atividades que visem, direta ou indiretamente, a sua promoção. A falta de rigor aplicativo e consequente confusão conceptual importavam consequências relevantes em sede de justiça constitucional, porquanto a incidência de um eventual juízo de inconstitucionalidade, abstrato, sobre estas normas, que foram objeto de uma interpretação excessiva pela administração eleitoral e mesmo por alguns juízes, conduziria à respetiva erradicação

inevitável (como aliás se provou), desde logo pela falta de clareza das regras, através das quais, poderia o Regulador renovar ou revogar as licenças conferidas, como sanção pelo incumprimento da doutrina. Acresce a discricionariedade com que a FCC poderia considerar um assunto controverso ou de pública importância, suscetível de convocar a aplicabilidade das regras da *fairness doctrine*. – Barret, John C./ Frampton, Mary Louise (1970). "From The FCC's *Fairness doctrine* to the Red Lion's Fiduciary Principle", *5 Harv. C.R.-C.L. L. Rev; p. 93*

712 A proteção constitucional dos conteúdos expressivos implica a inconstitucionalidade material da ausência de determinabilidade das normas legais, por violação do princípio da proibição do excesso (art. 18º/2 da CRP), em conjugação com os princípios da segurança jurídica e da proteção da confiança (artº. 2º CRP). Com efeito, o princípio da proibição do excesso ou princípio da proporcionalidade em sentido lato pressupõe, ao lado da aptidão, indispensabilidade, proporcionalidade *stricto sensu* e razoabilidade, a exigência de determinabilidade das restrições e intervenções restritivas da liberdade.

do ordenamento jurídico[713][714], fulminando de invalidade, indesejavelmente, mesmo os segmentos normativos protetores da propaganda eleitoral. O que tornava inevitável a busca de outras vias contenciosas, como a invalidação parcial da lei ou a interpretação conforme à Constituição. Após um processo moroso, o legislador democrático acabou por alterar as sobreditas leis, uma hipótese que vingou, muito recentemente, num sentido, porém, igualmente criticável.

Realce-se que este perigo parece ser, não obstante, exponenciado pelo contexto constitucional norte-americano, atentas a abstração e indeterminação com que são formuladas as liberdades da *Primeira Emenda*. No ordenamento jurídico-constitucional português, os direitos e as liberdades da Constituição da Comunicação exibem um relevo e detalhe constitucional, claramente atenuadores dos riscos imputados ao método ponderativo, para além da exigência de consideração dos bens formalmente constitucionais, fornecedores de critérios expressos de resolução. Cabe, por conseguinte, deduzir da Constituição critérios e parâmetros de valoração objetivos que, vinculando os resultados da ponderação, a tornem verificável, previsível e escrutinável e impeçam que esse procedimento se converta em decisão valorativa, subjetiva e irrefutável, do legislador[715], da administração ou do juiz. O que não invalida a constatação de que a complexidade estrutural dos direitos é variável, podendo o trabalho de construção de um direito refletir-se no texto constitucional, sendo considerada particularmente expressiva, a este nível, precisamente, a formulação constitucional da liberdade de imprensa[716].

[713] O regime regra da declaração de inconstitucionalidade com força obrigatória geral, proferida em fiscalização sucessiva abstrata da constitucionalidade, encontra-se previsto no artigo 282º, nº 1 da CRP. Os efeitos típicos das decisões de acolhimento, referentes à inconstitucionalidade originária, consistem na retroatividade dos efeitos sancionatórios *"ex tunc"* e a repristinação do direito revogado pela norma inconstitucional.

[714] NOVAIS, Jorge Reis (2003). *As Restrições aos Direitos Fundamentais Não Expressamente Autorizadas Pela Constituição*, Coimbra Editora: Coimbra; p. 774, nota 1394.

[715] NOVAIS, Jorge Reis (2003). *As Restrições aos Direitos Fundamentais Não Expressamente Autorizadas Pela Constituição*, Coimbra Editora: Coimbra; p. 698.

[716] A formulação constitucional da liberdade de imprensa foi objeto de cuidados especiais no artigo 38º da CRP: *"aí se pode ver que a liberdade de imprensa implica direitos de todos, direitos de jornalistas e direitos dos empresários jornalísticos; que os direitos dos jornalistas não valem apenas perante o Estado, incluem "faculdades internas", cujos titulares passivos são a administração da empresa; que há direitos a abstenção do Estado (e de outros grupos de trabalhadores), direitos a prestações jurídicas, direitos a prestações materiais e direitos de participação"*. – ANDRADE, Vieira de (2009). *Os Direitos Fundamentais na Constituição Portuguesa de 1976*, 4ª Ed., Almedina: Coimbra; p. 164.

10.2. Pese o risco descrito de o método ponderativo poder, eventualmente, potenciar resultados interpretativos indeterminados numa matéria particularmente sensível, pensamos que é absolutamente decisiva a vantagem da sua utilização, aliado a conceções amplas do âmbito de proteção dos direitos e das suas restrições ou intervenções desvantajosas, atenta a renovação do debate sobre o conceito jurídico de censura, num sentido ampliativo. Este novo conceito amplo – plenamente coerente com o conceito amplo de restrição adotado – obriga o intérprete e aplicador do direito a verificar a conformidade constitucional de todos os tipos de afetação negativa ou desvantajosa dos direitos e liberdades integrantes da Constituição da Comunicação. A proibição constitucional de censura, consagrada no número 2 do artigo 37.º da CRP, já não pode ser considerada uma regra definitiva, pois encontramo-nos perante um princípio[717], mesmo no que se refere à proibição de censura prévia, de natureza político-administrativa[718], limite absoluto propugnado pela doutrina tradicional. A própria disposição constitucional sugere, de acordo com um elemento literal e histórico[719], esse conceito amplo, quando se refere a *"qualquer tipo ou forma de censura"*, não sendo essa interpretação infirmada por qualquer outro elemento interpretativo. Os novos problemas jurídico-constitucionais suscitados pelas características específicas do ciberespaço e pelos impacto dos factos das novas tecnologias confirmam a necessidade de adesão a esse conceito amplo de censura, como veremos.

Em termos jurídico-constitucionais, é possível distinguir duas possibilidades de conceptualização do princípio da proibição da censura. Por um lado, podemos sufragar um conceito restrito de censura, que se identifica com um controlo prévio por uma autoridade pública, geralmente de caráter político-administrativo, dos conteúdos expressivos: neste caso, a censura é uma

[717] Não obstante a dificuldade de decidir, em alguns casos, se se trata de uma norma com uma regra ou com um princípio, reconhecida pelo próprio ALEXY – ALEXY, Robert (2003). *Tres escritos sobre los derechos fundamentales y la teoría de los principios*. Bogotá: Universidad Externado de Colombia; p. 107

[718] MACHADO, Jónatas E. M. (2002). *Liberdade de Expressão: Dimensões Constitucionais da Esfera Pública no Sistema Social*, Coimbra Editora: Coimbra; p. 378.

[719] Foi um tema caro ao legislador constituinte, atendendo à necessidade de rotura com o sistema vigente antes da revolução de 1974: *"o debate que está aqui hoje aberto perante a Assembleia, é nós definirmos claramente que impediremos qualquer tipo de censura: de tipo estatal, político, económico, de tipo moral e, ao mesmo tempo, evidentemente as diversas formas por que qualquer uma destas censuras, destes tipos de censura, pode exercer-se por formas diferenciadas. No regime salazarista, para a imprensa, existia o regime da censura prévia. Para as outras publicações, para os livros, por exemplo, a censura não era prévia, mas havia uma sanção a posteriori, que podia ir desde a retirada de livros do mercado à imposição de multas e outras sanções graves, e mesmo por vezes, até à repressão do próprio autor.* (José Augusto Seabra, deputado do PSD – DAC, nº 39, de 29 de agosto de 1975)". – PINHEIRO, Alexandre Sousa/FERNANDES, Mário João de Brito (1999). *Comentário à IV Revisão Constitucional*, AAFDL: Lisboa; p. 141.

categoria jurídica autónoma, do ponto de vista formal, de outras limitações à liberdade de expressão em sentido amplo. Nestes termos, apenas as condenações *ex post facto* a uma sanção penal, civil ou de mera ordenação social estariam sujeitas ao regime constitucional das restrições, porquanto todas as intervenções prévias seriam inconstitucionais. Por outro lado, poderíamos reconduzir a censura prévia e as demais restrições a um conceito amplo e material de censura, inclusivo de todas as violações à liberdade de expressão que não tenham por fundamento uma ponderação de bens constitucionalmente saudável. O que implica a consideração, *prima facie*, como censura, em sentido amplo, de todas as afetações desvantajosas dos direitos e liberdades comunicativas atentatórias dos direitos fundamentais.

Para a doutrina clássica, também denominada "doutrina das restrições prévias – *prior restraint doctrine*", exigia-se uma claríssima distinção constitucional entre restrições prévias e responsabilidades posteriores – *prior restraints and subsquent punishments*[720] – postulando-se uma absoluta proibição de medidas prévias sobre a liberdade de expressão[721]: fundamental seria, pois, a distinção entre Censura prévia e Censura *ex post facto*. O conceito de restrições prévias englobaria todas as medidas impostas, oficialmente, antes da sua emissão, publicação e difusão, enquanto o segundo pressuporia todas as reações jurídicas posteriores. Esta distinção esteve na base de uma das teorias mais difundidas sobre o fundamento da liberdade de expressão, que é o da descoberta da verdade no mercado de ideias, a metáfora criada por Mill quase um século depois de Blackstone. O mercado de ideias é um lugar onde se põe à prova uma afirmação, através da sua competição com ideias contrárias[722], devendo procurar-

[720] A distinção teve a sua origem, em concreto, no mundo anglo-saxónico, na segunda metade do Século XVIII, quando Blackstone a expôs nos seus *Commentaries on the Laws of England*, publicados entre 1765 e 1769, que integram as suas aulas em Oxford. Aí, inclui-se um parágrafo de aproximadamente uma página, onde se fundou a liberdade de imprensa, tendo ainda dado origem ao que, durante muitos séculos, foi considerado o seu núcleo, estendendo-se também à liberdade de expressão: a proibição da censura prévia ou de restrições prévias.

[721] Toller, Fernando M. (2011). *El formalism en la libertad de expresión: Critica de la distinción absoluta entre restricciones previas y responsabilidades ulteriores*, Marcial Pons: Buenos Aires, p.19.

[722] *"Se todos os seres humanos, menos um, tivessem uma opinião, e apenas uma pessoa tivesse a opinião contrária, os restantes seres humanos teriam tanta justificação para silenciar essa pessoa como essa pessoa teria justificação para silenciar os restantes seres humanos, se tivesse poder para tal. (...) Mas o mal particular em silenciar a expressão de uma opinião é que constitui um roubo à humanidade, à posteridade bem como a geração atual; àqueles que discordam da opinião, mais ainda do que àqueles que a sustentam. Se a opinião for correta, ficarão privados da oportunidade de trocar erro por verdade; se estiver errada, perdem uma impressão mais clara e viva da verdade, produzida pela sua confrontação com o erro – o que constitui um benefício quase igualmente grande."* – MILL, John Stuart, *Sobre a Liberdade*, Edições 70: Lisboa; p. 51.

-se que todas as opiniões cheguem a esse mercado de ideias, garantindo-se que elas são expressas livremente, pelo menos uma vez[723].

A renovação do debate fornece, porém, pistas para a consolidação de um conceito amplo de censura, que tem o mérito de realçar importantes restrições à liberdade de expressão, em sentido amplo, que nem sempre assumem essa natureza, embora sejam *"funcionalmente equivalentes"* à censura prévia tradicional[724]. Em consequência, todas as restrições, em sentido amplo, serão obrigatoriamente confrontadas com os pertinentes requisitos formais e materiais, fundados na Constituição, tornando irrelevante a diferente natureza de meios e agentes ou no que concerne ao momento da intervenção desvantajosa:

I. No Direito Constitucional alemão, por exemplo, o conceito de censura abrange, para além das intervenções tradicionais, medidas de facto similares a essas intervenções: por exemplo, um mecanismo fáctico de controlo é considerado um equivalente funcional à censura formal[725];

II. A proibição de censura dirigia-se, tradicionalmente, ao Estado, mas a essência programática da liberdade de comunicação obriga o legislador a estender essa proibição a outras instâncias de controlo, designadamente, a outros *"potenciais controladores privados"* poderosos, na medida em que se aproveitem do seu poder social ou económico para controlar os *media*[726];

III. É possível considerar materialmente censórias muitas das restrições *ex post facto* à liberdade de expressão e, em contrapartida, admitir em abstrato que uma determinação prévia[727], de natureza administrativa ou judicial[728],

[723] TOLLER, Fernando M. (2011). *El formalism en la libertad de expresión: Critica de la distinción absoluta entre restricciones previas y responsabilidades ulteriores*, Marcial Pons: Buenos Aires; p.22.

[724] MACHADO, Jónatas E. M. (2002). *Liberdade de Expressão: Dimensões Constitucionais da Esfera Pública Social no Sistema Social*, Coimbra Editora: Coimbra; pp. 486 e segs.

[725] Veja-se, por exemplo, o caso de um controlo de facto, estabelecido em função de uma perspetiva de benefício patrimonial, com a difusão de certos conteúdos. – HOFFMANN-RIEN, Wolfgang (2001) "Libertad de Comunicación y de Medios", i*n Manual de Derecho Constitucional, Benda/Maihofer/Vogel/Hesse/Heyde*, 2ª Ed., Marcial Pons: Madrid; p. 175.

[726] HOFFMANN-RIEN, Wolfgang (2001). "Libertad de Comunicación y de Medios", i*n Manual de Derecho Constitucional, Benda/Maihofer/Vogel/Hesse/Heyde*, 2ª Ed., Marcial Pons: Madrid; p. 175.

[727] No que concerne ao seu impacto nas liberdades de expressão e de imprensa, as diferenças entre medidas judiciais prévias e sentenças judiciais condenatórias, civis ou penais, não são substanciais. – TOLLER, Fernando M. (2011). *El formalism en la libertad de expresión: Critica de la distinción absoluta entre restricciones previas y responsabilidades ulteriores*, Marcial Pons: Buenos Aires; pp. 47 e segs.

[728] A exceção seria a *collateral bar rule*, especialidade do Direito Constitucional norte-americano. De acordo com esta regra, perante uma ordem judicial (*injunction*), alegadamente inconstitucional,

possa vir a ser menos gravosa para o direito ou liberdade, do que um processo de condenação posterior à publicação[729/730];

IV. Pelo exposto, independentemente da sua forma, o que importa é o impacto efetivo dessa intervenção restritiva[731]. A própria doutrina das restrições prévias, tal como é atualmente interpretada e aplicada no Direito Constitucional norte-americano, admite que, em algumas circunstâncias, uma restrição prévia, administrativa ou judicial, possa ser constitucionalmente adequada[732]. O inverso seria admitir-se um direito absoluto e incondicionado a publicar algo, pelo menos, uma vez. A doutrina *blackstoniana* pura é tão criticada por não constituir

ela terá sempre de ser cumprida até ser revogada. Note-se que se trata de uma proibição jurídica, incorrendo o autor em desobediência, caso a incumpra. Poder-se-ia sustentar que, caso se esteja convencido da importância da informação e que isso justifica transgredir o direito, uma eventual violação dessa restrição judicial prévia seria equivalente à violação de uma eventual responsabilidade penal subsequente. Na verdade, tal como o autor ressalva, permitir a violação de uma ordem judicial inconstitucional não põe em risco a autoridade dos tribunais, do mesmo modo que, quando se impugna uma norma penal, não se está a desrespeitar o Congresso os juízes. Trata-se de um instituto desconhecido do direito inglês, bem como dos ordenamentos continentais alemão, italiano, espanhol e argentino, onde o crime de desobediência só se verifica, quando a ordem judicial é legítima. – TOLLER, Fernando M. (2011). *El formalism en la libertad de expresión: Crítica de la distinción absoluta entre restricciones previas y responsabilidades ulteriores*, Marcial Pons: Buenos Aires; pp. 77 e segs e p. 95. Para LABUNSKY, *"collateral bar rule is essential if courts are to function as a viable third branch of government. To proponents of the First Amendment, the rule allows courts to use the awesome power of contempt to punish disobedience of orders that the judge knew or should have known were unconstitutional when issued."* – LABUNSKY, Richard (1995). "A First Amendment Exception to the "Collateral Bar" Rule: Protecting Freedom of Expression and the Legitimacy of Courts", *in Pepperdine Law Review*, Vol. 22, *Issue* 2; pp. 405 e 406.

729 Em *Alexander v. United States*, 509 US 544 (1993), o Supremo Tribunal alertou que o conceito de restrição prévia não podia expandir-se ilimitadamente, sendo necessária uma delimitação precisa das suas fronteiras. – TOLLER, Fernando M. (2011). *El formalism en la libertad de expresión: Critica de la distinción absoluta entre restricciones previas y responsabilidades ulteriores*, Marcial Pons: Buenos Aires; pp. 40 e 41.

730 A propósito da dificuldade de, por vezes, distinguir o que é uma restrição prévia ou responsabilidade posterior, veja-se o seguinte exemplo: em Cincinnati, o *city Council*, cansado do comportamento de um determinado indivíduo que, invariavelmente, causava distúrbios nas audiências públicas, aprovou um regulamento que excluía a assistência a essas audiências, durante um período de 60 dias, de todos aqueles que se comportassem de forma a afetar a ordem das sessões. – TOLLER, Fernando M. (2011). *El formalism en la libertad de expresión: Critica de la distinción absoluta entre restricciones previas y responsabilidades ulteriores*, Marcial Pons: Buenos Aires; p. 41.

731 MACHADO, Jónatas E. M. (2002). *Liberdade de Expressão: Dimensões Constitucionais da Esfera Pública no Sistema Social*, Coimbra Editora: Coimbra; pp. 486 e segs.

732 TOLLER, Fernando M. (2011). *El formalism en la libertad de expresión: Critica de la distinción absoluta entre restricciones previas y responsabilidades ulteriores*, Marcial Pons: Buenos Aires; p.27.

uma garantia contra a aplicação de sanções à imprensa *ex post facto* arbitrárias ou desrazoáveis, como por ir demasiado longe ao denegar ao Direito todo o poder de restringir previamente uma publicação[733].

10.3. Em conformidade, assume relevância significativa uma conceptualização juridico-constitucional abrangente dos limites das intervenções regulatórias, bem como o seu enquadramento numa dogmática constitucional de regulação dos *media*. Essa importância tem sido agravada pela indefinição jurisdicional acerca da natureza jurídica das decisões da Autoridade Administrativa Independente a quem a Constituição portuguesa confere a regulação da Comunicação Social, cujo impacto sobre as liberdades de expressão e de imprensa é significativo. Atente-se, por exemplo, na competência atribuída ao Regulador dos *Media* para a aprovação de diretivas e recomendações, oficiosamente ou a requerimento de interessado[734]. Embora não revistam caráter vinculativo[735], as recomendações concretas dirigidas a um órgão de comunicação social individualizado são, obrigatória e gratuitamente, divulgadas nos órgãos de comunicação social a que digam respeito, com expressa identificação da sua origem[736]. Poderemos estar perante um ato censório, ainda

[733] TOLLER, Fernando M. (2011). *El formalism en la libertad de expresión: Critica de la distinción absoluta entre restricciones previas y responsabilidades ulteriores*, Marcial Pons: Buenos Aires; p.28.

[734] Artigo 63º dos Estatutos da ERC:

1 – O conselho Regulador, oficiosamente ou a requerimento de um interessado, pode adotar diretivas genéricas destinadas a incentivar padrões de boas práticas no setor da comunicação social.

2 – O conselho Regulador, oficiosamente ou mediante requerimento de um interessado, pode dirigir recomendações concretas a um meio de comunicação social individualizado.

3 – As diretivas e as recomendações não têm caráter vinculativo.

[735] Apenas as Decisões revestem caráter vinculativo, conforme estipula o artigo 64º dos Estatutos da ERC:

1. O conselho Regulador, oficiosamente ou *media*nte queixa de um interessado, pode adotar decisões em relação a uma entidade individualizada que prossiga atividades de comunicação social.

2. As decisões têm caráter vinculativo e são notificadas aos respetivos destinatários, entrando em vigor no prazo por elas fixado ou, na sua ausência, no prazo de cinco dias após a sua notificação.

3. Os membros dos órgãos executivos das entidades que prosseguem atividades de comunicação social bem como os diretores de publicações e diretores de programação e informação dos operadores de rádio e de televisão serão pessoalmente responsáveis pelo cumprimento da decisão proferida.

[736] Artigo 65º, nº 2, dos Estatutos da ERC,

2- As recomendações e decisões da ERC são obrigatória e gratuitamente divulgadas nos órgãos de comunicação social a que digam respeito, com expressa identificação da sua origem, não podendo exceder:

a) 500 Palavras para a informação escrita;

b) 300 Palavras para a informação sonora e televisiva.

3 – As recomendações e decisões da ERC são divulgadas:

que produzido *ex post?* Instado a pronunciar-se sobre este poder, já então conferido à Alta Autoridade para a Comunicação Social (AACS)[737], o Tribunal Constitucional optou por uma decisão negativa de inconstitucionalidade, por configurar *um mero juízo opinativo de natureza deontológica, relativo ao exercício de uma profissão jornalística, a propósito de uma notícia concreta*[738]. A argumentação expendida carece, porém, de maior reflexão, especialmente no contexto do novo contencioso administrativo, pois o argumento de que uma *Deliberação* da ERC, no sentido de dar por verificado o incumprimento das regras ético-jurídicas exigíveis em sede de rigor informativo é, efetivamente, considerada por alguma jurisprudência um ato administrativo impugnável, de natureza sancionatória[739]. O argumento de que tais atos constituíam meros juízos opi-

a) Na imprensa escrita, incluindo o seu suporte eletrónico, numa das cinco primeiras páginas dos jornais a que se reportem, se a própria recomendação não dispuser diferentemente, em corpo de fácil leitura e normalmente utilizado para textos de informação;
b) Na rádio e na televisão, no serviço noticioso de maior audiência do operador, sendo, na televisão, o respetivo texto simultaneamente exibido e lido;
c) Nos serviços editoriais disponibilizados através de redes de comunicações eletrónicas, em local que lhes assegure a necessária visibilidade.
4 – Na imprensa diária, na rádio, na televisão e nos serviços referidos na alínea *c)* do número anterior, as Recomendações e decisões da ERC são divulgadas nas quarenta e oito horas seguintes à sua receção.
5 – Na imprensa não diária, as recomendações e decisões da ERC são divulgadas na primeira edição ultimada após a respetiva notificação.
6 – Os regulamentos, as diretivas, as recomendações e as decisões da ERC são obrigatoriamente divulgados no seu sítio eletrónico.

[737] Tratava-se de um processo de fiscalização concreta, motivado por uma recomendação da AACS dirigida ao Público, exigindo maior rigor informativo, na sequência de uma notícia sobre o Liceu Camões. O Acórdão versou sobre a compatibilidade do artigo 4º, alínea *a)* da Lei, que conferia o poder de emitir recomendações à AACS, com a Constituição. – Cfr. Acórdão do TC nº 505/96, de 20 de março.

[738] O Tribunal Constitucional concluiu que a publicação da recomendação no jornal destinatário visa permitir aos leitores tomarem conhecimento do teor da recomendação e que sobre o seu conteúdo formulem, eles próprios, um juízo – Cfr. Acórdão do TC nº 505/96, de 20 de março.

[739] No Acórdão nº 08345/11, de 20 de fevereiro de 2014, pode ler-se que são *"atos administrativos os praticados pela ERC no domínio das suas atribuições e competências relativas ao controle do rigor informativo e de proteção dos direitos, liberdades e garantias pessoais no âmbito da comunicação social. Os atos que, nessa matéria, exprimem um juízo de censura sobre condutas jornalísticas e ou políticas editoriais não são atos meramente opinativos mas verdadeiros atos sancionatórios, ainda que não apliquem sanções materialmente administrativas ou contraordenacionais."*. No mesmo sentido, o Acórdão do Tribunal Administrativo e Fiscal de Sintra, proferido no Processo nº 54/09.4BESNT, referente a ação administrativa especial interposta por um operador televisivo contra a Deliberação 19/CONT-TV/2008 de 8 de outubro de 2008, concluiu que não foi observado o princípio da audiência prévia – que de resto poderia estender-se à jornalista visada na decisão, a quem nem sequer foi concedido o *status*

nativos, proferidos no âmbito de um procedimento desprovido de natureza sancionatória[740], tem sido aduzido pela ERC para obstar à sindicabilidade das suas deliberações[741] e à necessidade de proceder à audiência prévia, nos termos do artigo 100º do CPA[742]. Trata-se de uma tese, para nós, absolutamente desajustada, à luz do atual ordenamento jurídico-constitucional e administrativo, refutada, recentemente, pela jurisprudência. Não nos parece, aliás, que essa evolução possa suscitar dúvidas de inconstitucionalidade, atenta a configuração constitucional expressa, que estudaremos, dos poderes do Regulador dos *media*, no ordenamento jurídico português.

Não obstante, já em janeiro de 2015, o Supremo Tribunal Administrativo, em sede de Recurso de Revista[743], precisamente do citado acórdão do TCA-Sul, confirmativo da sentença do TAF de Sintra, desferiu um golpe fatal e, a nosso ver, discutível, na evolução jurisprudencial *supra* evidenciada. Neste conspecto, o STA concluiu que:

a) A Deliberação do Conselho Regulador controvertida era um ato opinativo e inimpugnável, juridicamente qualificável como uma recomendação[744], atenta a ausência de previsão de sanção aplicável ao seu incumprimento nos Estatutos da ERC;

activus processualis – possibilitando a afirmação de procedência do vício de forma, por preterição de audiência prévia no caso concreto; Atente-se ainda no Acórdão do Tribunal Central Administrativo Sul proferido em 19.5.2011, processo nº 7286/11.

[740] O Tribunal Central Administrativo do Sul considera que basta a possibilidade de ser emitido um juízo de censura para que o procedimento tenha essa natureza e é lesivo, na medida em que veicula uma opinião negativa da recorrida, que pode, em abstrato, (e é só o que basta) causar danos na sua imagem. – Cfr. Acórdão nº 08345/11, de 20 de fevereiro de 2014; p. 49.

[741] A ERC fundamentou a sua posição arguindo que *"qualquer outra interpretação que conduza à instituição de um procedimento administrativo destinado à emissão de um juízo opinativo por parte da entidade Reguladora, com a inerente audiência prévia dos destinatários do mesmo, traduzir-se-á na aniquilação dos poderes de regulação que àquela foram conferidos, impedindo-a de cumprir a sua missão e de levar a cabo as atribuições e objetivos, consagrados na CRP e nos seus Estatutos"*. No entender da ERC, *"tal interpretação seria necessariamente inconstitucional ao pôr em causa a existência de uma entidade administrativa independente com as atribuições previstas no art. 39° da CRP."* – Cfr. Acórdão nº 08345/11, de 20 de fevereiro de 2014; p. 6.

[742] Cfr. Atual 121º e segs, do novo CPA, aprovado pelo Decreto-lei nº 4/2015, de 7 de janeiro.

[743] Trata-se da decisão proferida no âmbito do Recurso de revista nº 1003/14, Proc. Nº 8345/11 do TCA Sul, de 20 de janeiro de 2015.

[744] Segundo o STA, o teor do ato *"corresponde – ainda que imperfeitamente – a algo previsto nos Estatutos da ERC. Alude-se aí à possibilidade de a ERC emitir "recomendações" a meios de comunicação social. Ora, ao instar a SIC Notícias nos termos sobreditos, a ERC mais não fez do que recomendar-lhe a adoção ulterior de um "modos agendi", e, enquanto inscrita nesse tipo de atos, a deliberação impugmada não pode ser havida*

b) Seria, todavia, um ato administrativo impugnável, nos termos do artigo 51º, nº 1, do CPTA, caso fosse de divulgação obrigatória ou possuísse, de alguma forma, aptidão lesiva. Considerando, porém, o STA que:

a. As Recomendações, previstas no artigo 65º, nº 3, dos Estatutos da ERC, não são avisos vagos e abstratos, relacionando-se a concretude com a exigência de divulgação; por conseguinte, a sobredita Deliberação não está sujeito a divulgação obrigatória, pelo que não comporta qualquer lesividade;
b. Improcede igualmente o argumento aduzido no sentido de a deliberação prejudicar, eventualmente, a autora, designadamente afetá-la negativamente num concurso público para atribuição da licença de televisão, porquanto um ato meramente opinativo, no plano do direito, não pode produzir efeitos jurídicos; Carecendo de lesividade, é inimpugnável;
c. Pelo exposto, para o STA, a deliberação impugnada *"nunca constituirá título bastante para se avaliar do "cumprimento das normas legais (artigo 15º, nº 4, alínea d) da LTV) pela autora num futuro concurso referente a programas televisivos generalistas de âmbito nacional. E, porque do ato não resulta esse efeito lesivo nem se vislumbra qualquer outro, permanece a ideia de que ele, enquanto ato opinativo, carece de lesividade e não é contenciosamente impugnável."*
d. Conclui o Tribunal que a inimpugnabilidade do ato constitui a falta de um pressuposto processual, o que acarreta a absolvição da instância, em conformidade com o artigo 89º, nº 1, al *c)*, do CPTA;

Pela nossa parte, consideramos oportuno tecer as seguintes observações:

A) Não podemos deixar de discordar do entendimento sufragado, desde logo no que concerne à qualificação jurídica pressuposta. Na verdade, a deliberação *sub judicio*[745] não se limita a emitir recomendações vagas e abstratas relativamente à conduta do órgão em causa[746], uma vez que, no ponto 1 da Deliberação, dá-se por verificado *"o incumprimento das*

como sancionatória". Cfr. Decisão do STA, referente ao Recurso nº 1003/14, Proc. Nº 8345/11 do TCA Sul, de 20 de janeiro de 2015.

745 Cfr. *Deliberação* ERC 7/Cont-TV/2008, de 14 de maio.

746 No ponto 2 da referida Deliberação, o Conselho Regulador da ERC insta a SIC Notícias "a assegurar, doravante, a estrita observância das exigências aplicáveis em sede de rigor informativo." Todavia, a Deliberação integra dois pontos.

regras ético-jurídicas exigíveis em sede de rigor informativo e, especificamente, das constantes dos artigos 14º, nº 1º, alínea a), do Estatuto dos Jornalistas, e do ponto 1 do Código Deontológico dos Jornalistas, o que indicia desrespeito, imputável à SIC Notícias, dos deveres resultantes do artigo 34º, nº 2, alínea d), da Lei da Televisão". É verdade que, pese o caráter concreto e objetivo do ponto transposto, a ERC não decidiu, todavia, a sua divulgação obrigatória, consequência da sua qualificação como Recomendação, nos termos dos Estatutos da ERC;

B) Pelo exposto, se é verdade que, tal como resulta do entendimento sufragado pelo STA, só *imperfeitamente* é que esta deliberação pode ser qualificada como Recomendação, nem por isso, no entanto, o tribunal extrai as consequências jurídicas devidas, residindo aí a sua principal dificuldade:

a) Nessa medida, em termos simétricos, o STA padece do mesmo vício lógico que imputa à recorrida, pois força a integração do ato nos tipos previstos na Lei, tentando encaixar *"o Rossio na Rua da Betesga"*, ao invés de, pura e simplesmente, render-se à conclusão óbvia, mas nem por isso mais dramática: o ato impugnado, nos seus vários elementos, não encontra previsão na lei e por isso não lhe correspondem as consequências legalmente previstas;

b) Na verdade, afigura-se-nos duvidosa a subsunção desta decisão na categoria referida, porquanto, na sua substância, ela contém uma decisão inerente ao exercício das funções de regulação e supervisão da ERC[747], através da qual o Regulador constata que o órgão de comunicação social violou regras legais, atinentes ao rigor informativo, tendo, por conseguinte, agido ilegalmente;

c) Trata-se de um veredicto que, por si, é suficientemente lesivo para qualquer empresa que se dedique ao exercício da atividade jornalística, algo apenas compreensível em contexto mediático. Sem prejuízo dessa lesividade ser, eventualmente, agravada com a sua divulgação obrigatória no próprio meio de comunicação social, ela resulta, em termos equivalentes, da mera publicação da deliberação no *site* da ERC. Note-se que a decisão *sub judicio* constitui um forte rombo na credibilidade jornalística do meio em causa e, indiretamente, no seu núcleo identitário;

[747] Por força do disposto no artigo 93º da LTV, dos artigos 8º, alíneas *e)* e *j)*, e 24º, nº 2, alíneas *a)* e *c)*, dos Estatutos da ERC.

d) Questão distinta, de cuja análise o STA prescindiu, reside na eventual defesa de um princípio da tipicidade legal das decisões da ERC, o qual, a vingar, cominaria de invalidade a maioria esmagadora das suas decisões[748].

C) Afastada a sua natureza meramente opinativa, sobra, no entanto, a compatibilização da categoria das deliberações com a Constituição, atendendo aos argumentos aduzidos pela jurisprudência constitucional. Parece-nos que, em primeiro lugar, essa conformidade pode ser salva, precisamente pelo recurso a este *"tertium genus"*, constituído por decisões que revestem a natureza de atos administrativos, na forma de deliberações, mas que não carecem de publicação obrigatória no próprio meio de comunicação social, exigência agravadora da correspetiva lesividade. Mais importante, porém, é a inserção destes atos administrativos na reserva constitucional de administração independente, que sustentaremos;

D) As consequências gravosas do aresto em apreço não se esgotam, não obstante, nas considerações anteriores, podendo ser abordadas numa dupla perspetiva:

[748] Na verdade, na prática da ERC, nem sequer se segue, rigorosamente, a tipificação das formas das Deliberações, prevista nos Estatutos e vertidas no Regimento das reuniões do Conselho Regulador, disponível *online*:
http://www.erc.pt/download/YToyOntzOjg6ImZpY2hlaXJvIjtzOjM4OiJtZWRpYS9maWNoZWlyb3Mvb2JqZWN0b19vZmZsaW5lLzM3LnBkZiI7czo2OiJ0aXRlbG8iO3M6NDQ6InJlZ2ltZW50by1kYXMtcmV1bmlvZXMtZG8tY29uc2VsaG8tcmVndWxhZG9yIjt9/regimento-das-reunioes-do-conselho-regulador. De acordo com o seu artigo 1º, referente precisamente à Forma das Deliberações: O Conselho Regulador delibera sob a forma de decisão, parecer, regulamento, diretiva, recomendação, proposta, deliberação de serviço ou informação, nos seguintes termos:
a) "Decisão" é a deliberação, com caráter vinculativo e eficácia externa, sobre uma matéria trazida à reunião e cuja resolução compete à ERC;
b) "Parecer" é o entendimento do Conselho Regulador, com ou sem caráter vinculativo, sobre matéria que seja da sua competência;
c) "Regulamento" é o documento que desenvolve, em termos normativos, a aplicação de um conjunto de princípios previstos em diploma legal, sobre aspetos particulares da atividade de comunicação social;
d) "Diretiva" é o documento que agrega um conjunto de normas orientadoras que visam incentivar padrões de boas práticas no setor da comunicação social;
e) "Recomendação" é o incentivo às boas práticas, dirigido a um órgão de comunicação social;
f) "Proposta" é a deliberação com sugestão de medidas legislativas, dirigidas à Assembleia da República ou ao Governo;
g) "Deliberação de serviço" é a tomada de decisão, com caráter vinculativo, sobre uma matéria relacionada com a organização da ERC e o funcionamento dos serviços;
h) "Informação" é qualquer esclarecimento jurídico ou de outra natureza que o Conselho Regulador entenda prestar.

1. Por um lado, a maioria esmagadora das decisões da ERC assume, precisamente, esta forma, pelo que a sua inidentificabilidade como atos administrativos lesivos, inimpugnáveis, legitimaria a criação e consolidação de um amplo espaço jurídico-regulatório vigente, atestado de potencial lesividade, mas absolutamente arredado do controlo judicial. O que, para além de ser claramente indesejável e atentatório do direito a uma tutela jurisdicional efetiva, reforça a desconfiança e as resistentes dúvidas dogmáticas que ainda pairam sobre as autoridades regulatórias que revestem a natureza jurídica de autoridades administrativas independentes. Constitui ainda, em nosso entendimento, um argumento a adicionar ao generoso elenco de razões em favor da introdução do recurso de amparo no nosso ordenamento jurídico-constitucional;
2. Por último, cabe questionar: Como pode a ERC garantir, nos ternos constitucionais, a liberdade de imprensa e o direito à informação, se a maioria dos seus atos são meras opiniões, desprovidas de quaisquer consequências jurídicas?

10.4. As inquietações elencadas agravam-se no mundo digital. Atente-se, por exemplo, no regime português do *notice and take down*, que habilita dois órgãos administrativos Reguladores, com natureza de entidades administrativas independentes, a procederem a uma verdadeira censura material de informações difundidas por meios de comunicação social *online*, que contenham dados que estas entidades considerem sensíveis e como tal insuscetíveis de serem divulgados, por violarem ou poderem violar o direito à reserva da intimidade da vida privada[749] ou a segurança pública. Serão tais procedi-

[749] Veja-se o caso *do notice and take down* obrigatório:
a) No caso da CNPD (Comissão Nacional de Proteção de Dados), o artigo 20º, número 1, alínea *b)* do Decreto-Lei nº 67/98, o sujeito pode solicitar à CNPD que bloqueie ou mande destruir dados pessoais recolhidos ou divulgados;
b) No caso da ERC, de acordo com o artigo 24º, número 3, alínea *e)*, dos seus Estatutos, o sujeito pode solicitar a restrição da circulação de serviços da sociedade da informação que contenham conteúdos submetidos a tratamento editorial e que, "lesem ou ameacem gravemente" os valores previstos no artigo 7º, número 1, do Decreto-Lei nº 7/2004, de 7 de janeiro. O artigo 7º refere-se às medidas restritivas que podem ser adotadas contra um prestador de serviços "na medida em que possa lesar ou ameaçar gravemente: *b)* Saúde pública; *c)* A segurança pública, nomeadamente na vertente da segurança e defesa nacionais; *d)* Os consumidores, incluindo os investidores. Este Decreto-lei foi aprovado no uso da autorização legislativa concedida pela Lei nº 7/2003, de 9 de maio, e transpõe para a ordem jurídica nacional a Diretiva nº 2000/31/CE, do Parlamento Europeu

mentos subsumíveis no conceito de censura, em termos constitucionalmente *ilícitos*? Este procedimento, a cargo eventualmente de privados (operadores de infraestruturas críticas), aliado à designada norte-americana *"Good Samaritan provision"*[750], é considerado um bom exemplo de novo modelo de *governance* que caracteriza a globalização[751], e implica, no caso norte-americano, uma mudança de uma regulação, de substancial para procedimental, e de uma regulação estatal para um corregulação global. Pode, porém, adicionar aos problemas já enunciados, como o da eventual legitimação de critérios não oficiais, politica e economicamente corretos, constitutivos de um mecanismo informal, mas eficaz, de censura privada de conteúdos[752]. Em suma, este procedimento é deveras paradigmático: *i)* perante a doutrina tradicional das restrições prévias, seria reconduzido liminarmente a uma censura ilegítima, pois implica uma atuação prévia de entidade administrativa em conteúdos sujeitos a tratamento editorial; *ii)* cabe porém admiti-lo como censura *prima facie*, cuja legitimidade pode resultar da ponderação constitucional com os bens colidentes; *iii)* alarga o universo de potenciais atores censórios, a ter em consideração num conceito amplo de censura.

Nesta ponderação constitucional, no quadro da concretização de uma Constituição positiva, no contexto de uma interpretação tecnologicamente neutra, é determinante a consideração dos *topoi* fornecidos pelo domínio normativo, porquanto os critérios de interpretação tradicionais sugerem, neste caso, através de mera subsunção, que a resposta se extrai facilmente do texto, a partir do programa normativo. Não obstante, para que os direitos e liberdades envolvidos possam ser otimizados e excluídos de afetações desvantajosas inconstitucionais, a solução postula uma interpretação atualista e evolutiva da Constituição, em especial da proibição constitucional de censura, ainda que tais afetações sejam subsumíveis *prima facie* nesse conceito amplo de censura. Cumpre, em conformidade com o exposto, aquilatar se, apesar as novas

e do Conselho, de 8 de junho de 2000, relativa a certos aspetos legais dos serviços da sociedade de informação, em especial do comércio eletrónico, no mercado interno

750 *"No provider (...) of an interactive computer service shall be held liable on account of any action voluntarily taken in good faith to restrict access to or availability of material that the provider (...) considers to be obscene, lewd, lascivious, filthy, excessively violent, harassing, or otherwise objectionable, whether or not such material is constitutionally protected."*- CDA 47 U.S.C. § 230 (c) (2) (A) http://www4.law.cornell.edu/uscode/47/230. html.

751 FRYDMAN, Benoît/RORIVE, Isabelle (2002). "Regulating Internet Content through Intermediaries in Europe and the USA", in *Zeitschrift für Rechtssoziologie* 23, Heft 1, S. 41-59; p. 54.

752 FRYDMAN, Benoît/RORIVE, Isabelle (2002). "Regulating Internet Content through Intermediaries in Europe and the USA", in *Zeitschrift für Rechtssoziologie* 23, Heft 1, S. 41-59; p. 54.

tecnologias: *i)* esta é uma forma de o Estado, através dessas autoridades administrativas, interferir materialmente nos conteúdos expressivos, sujeitos a tratamento editorial, objeto de *notice and take down* e se, mesmo assim: *ii)* este procedimento constitui um meio adequado, indispensável e proporcional de garantir a proteção dos bens eventualmente colidentes, os quais beneficiam de igual respaldo constitucional, expresso ou implícito.

10.5. O pressuposto da adoção de um conceito amplo de censura, aliado a um conceito amplo de restrição e de previsão normativa, preclude, a nosso ver, o entendimento[753] segundo o qual o ponto de partida deve ser o da existência de uma "forte presunção de inconstitucionalidade" de medidas de controlo preventivo da comunicação, mesmo tratando-se de presunção ilidível num processo *ad hoc* de ponderação com outros bens constitucionalmente protegidos (direitos de personalidade, infância, juventude, segredo de estado)[754]:

A) Numa perspetiva dogmática, essa presunção de inconstitucionalidade teria de partir do pressuposto de que a afetação desvantajosa de todas as faculdades, que incluímos no direito fundamental *prima facie,* seria suscetível de gerar essa iminência de sanção. Em conformidade com a nossa adesão a uma conceção ampla da previsão normativa, os direitos e as liberdades, efetiva e constitucionalmemte protegidos, são aqueles que resultam da ponderação. Pelo que, até esse momento do *iter* interpretativo, reclama-se neutralidade e imparcialidade do intérptrete e, consequentemente, qualquer afetação desvantajosa é, em abstrato e *prima facie,* inócua;

B) Em todas as ponderações conducentes a restrições prévias, mesmo as realizadas pelo legislador nos termos constitucionais, o produto interpretativo há-de acomodar todos os bens colidentes, constitucionalmente protegidos. Em coerência com o que temos vindo a sustentar, a ponderação implica que quem pondera: *i)* reconheça as pretensões e os argumentos em colisão como igualmente legítimos, em princípio:

[753] Corrigimos a posição que tínhamos adotado anteriormente. – CASTRO, Raquel Alexandra Brízida (2013). "Justiça *VERSUS* Comunicação Social ou *vice-versa?*", (2013). "Justiça *VERSUS* Comunicação Social ou *vice-versa?*", *in Comunicar a Justiça: Retórica e Argumentação,* E-book CEJ, novembro 2013; p. 58.

[754] No mesmo sentido – TOLLER, Fernando M. (2011). *El formalism en la libertad de expresión: Crítica de la distinción absoluta entre restricciones previas y responsabilidades ulteriores,* Marcial Pons: Buenos Aires; p.105.

ii) não disponha de nenhum critério substantivo de decisão[755], que poderia manifestar-se através da sobredita presunção de inconstitucionalidade; *iii)* o que, em última instância, legitimaria antes a defesa de uma presunção de inconstitucionalidade de qualquer presunção de inconstitucionalidade...

C) A vantagem da adoção de um conceito amplo de censura seria, pura e simplesmente, preterida por esta presunção, na medida em que a mesma dificultaria ponderações *ex ante*, ao afirmar uma tendencial prevalência absoluta pela liberdade de expressão ou de informação sobre outros valores constitucionalmente protegidos. O que em, última instância, poderia conduzir, paradoxalmente, ao enfraquecimento da sua garantia jurisdicional perante os outros direitos ou valores, designadamente, o direito fundamental a uma tutela judicial efetiva, nos casos em que é exigível uma intervenção jurisdicional, necessária e proporcionada, para prevenir a produção muito provável e certa de um dano grave, sério e substancial e irreparável de outra forma[756].

D) Por último, seria, no mínimo, contraproducente aceitar a afirmação de que um órgão de comunicação social tenha direito a difundir algo que logo depois poderá acarretar sanções e *responsabilidades civis e penais, já que em rigor não se tinha direito a emitir o que se teve direito a emitir*[757].

O facto de o artigo 37º, número 2, da CRP proibir todo e qualquer tipo ou forma de censura pode levar-nos a colocar sob suspeita todas as restrições prévias à liberdade de expressão, independentemente da natureza. Esse é, de facto, o corolário da afirmação de um conceito amplo de censura, que convoca para a ponderação todas as afetações desvantajosas sobre os direitos e liberdades da comunicação. Não obstante, em conformidade com a conceção ampliativa da previsão normativa, essas atuações restritivas devem corresponder a argumentos em colisão tidos, em princípio, como igualmente legítimos, sendo, em consequência, provisoriamente inócuos:

i) Por um lado, esta afirmação não preclude a eventual necessidade de intervenção prévia legislativa, em casos de conflitos de direitos e entre

[755] Jansen, Nils (2011) "Los Fundamentos Normativos de la Ponderación Racional en el Derecho", *in La Teoria Principialista de los Derechos Fundamentales*, Marcial Pons: Madrid; p. 66.

[756] Toller, Fernando M. (2011), *El formalism en la libertad de expresión: Crítica de la distinción absoluta entre restricciones previas y responsabilidades ulteriores*, Marcial Pons: Buenos Aires; p. 33.

[757] Toller, Fernando M. (2011), *El formalism en la libertad de expresión: Crítica de la distinción absoluta entre restricciones previas y responsabilidades ulteriores*, Marcial Pons: Buenos Aires; p. 105.

direitos e valores comunitários[758], independentemente de referência expressa ao legislador[759]. Será, todavia, uma ingerência inadmissível, numa perspetiva vertical da reserva de lei, a tentativa de intromissão do legislador na liberdade editorial[760] ou na autonomia deontológica dos jornalistas. A conjugação de conclusões ou tendências, aparentemente, contraditórias de densidade regulativa, que temos vindo a expor, é que poderá ser problemática;

ii) Não podemos deixar de sustentar a mesma conclusão, no sentido da legitimidade das intervenções prévias do poder judicial, não obstante alguns autores sustentem uma forte presunção de inconstitucionalidade[761] de medidas cautelares judiciais. Pese embora a prudência da tese do caráter excecional de intervenção judicial prévia sobre os direitos e liberdades da comunicação, não nos parece avisada a sua exclusão absoluta, sem prejuízo da necessidade de alertar para as especiais consequências que a intervenção do juiz pode surtir junto dos direitos e liberdades comunicativas. A própria efetividade desses mesmos direitos e liberdades é, aliás, suscetivel de reclamar essa intervenção judicial prévia. Note-se, porém, que algumas das sobreditas consequências indesejáveis podem ser consideradas próprias de qualquer intervenção jurisdicional de natureza prévia e provisória;

iii) Acresce a suscetibilidade de muitas decisões condenatórias, emitidas posteriormente, poderem revelar-se funcionalmente equivalentes a uma intervenção prévia cautelar judicial: atente-se, quanto ao já referido caso da cobertura jornalística da campanha eleitoral, nos efei-

[758] ANDRADE, Vieira de (2009). *Os Direitos Fundamentais na Constituição Portuguesa de 1976*, 4ª Ed., Almedina: Coimbra; p. 208.

[759] Em sentido inverso, sustentando que as normas constitucionais que visam garantir a independência dos meios de comunicação devem ser interpretadas no sentido de excluírem intromissão legislativa. – ANDRADE, Vieira de (2009). *Os Direitos Fundamentais na Constituição Portuguesa de 1976*, 4ª Ed., Almedina: Coimbra; p. 208, nota 45.

[760] A liberdade editorial é compatível com um entendimento da liberdade de comunicação de massas, no que se refere à rádio e á televisão, como uma liberdade fiduciária, no sentido de um *mínimo de equilíbrio de conteúdos, objetividade e respeito mútuo*. – HOFFMANN-RIEN, Wolfgang (2001) "Libertad de Comunicación y de Medios", in *Manual de Derecho Constitucional, Benda/Maihofer/Vogel/Hesse/Heyde*, 2ª Ed., Marcial Pons: Madrid; p. 154.

[761] MACHADO, Jónatas E. M. (2002). *Liberdade de Expressão: Dimensões Constitucionais da Esfera Pública no Sistema Social*, Coimbra Editora: Coimbra; p. 773. Em seu entender, as disposições constitucionais parecem sugerir que se privilegiem mecanismos como a responsabilidade civil e penal, o direito de resposta e de retificação, a publicação das sentenças judiciais, das retratações e dos pedidos de desculpa para a repressão de ofensas.

tos que a decisão da ação principal, entretanto proferida pelo mesmo Tribunal Judicial de Oeiras, fará repercutir em coberturas eleitorais futuras, vindo *"declarar e reconhecer o direito do autor (PCTP/MRPP) de participar em igualdade de circunstâncias e em tempo útil, em quaisquer debates televisivos e/ou entrevistas e quaisquer outros programas que sejam agendados, promovidos, realizados e transmitidos pelas rés (RTP, SIC e TVI) nos períodos de pré-campanha e campanha eleitoral, independentemente do seu formato, participantes e horário"*[762].

10.6. Ainda no contexto das intervenções prévias de natureza judicial, cabe realçar os casos paradigmáticos das providências cautelares interpostas pelo MEP e PCTP/MRPP relativamente aos debates eleitorais[763] e das decisões judicias que concedem efeito suspensivo a providências cautelares sobre deliberações da ERC que reconhecem o exercício legítimo de direitos de resposta e que determinam a respetiva publicação. São casos que, embora apontando precisamente em sentidos opostos, alertam para os perigos e vantagens dessa intervenção cautelar dos tribunais, neste domínio material.

10.6.1. No primeiro caso, o Tribunal Judicial de Oeiras considerou procedente uma providência cautelar interposta pelo MEP (Movimento Esperança Portugal)[764], na sequência de uma decisão no mesmo sentido de outro processo cautelar interposto pelo PCTP-MRPP, e determinou *"a organização pela RTP, SIC e TVI de debates frente a frente, a serem emitidos nos seus canais generalistas e em sinal aberto até às 24 horas do dia 3 de junho de 2011*[765]*, visando a participação de um representante do requerente e de participantes das restantes forças e partidos políticos concorrentes às eleições de 5 de junho, na medida em que cada um destes últimos assim o deseje."*[766]. Esta decisão suscita-nos as maiores reservas, e não ape-

762 Sentença proferida no Processo nº 6798/11.3TBOER, de 18 de julho de 2014.

763 Deferidas pelo Tribunal de Oeiras, a três dias do termo da campanha eleitoral.

764 Processo nº 6084/11.9TBOER – Procedimento Cautelar, de 31 de maio de 2011.

765 A decisão tem a data de 31 de maio de 2011. Recordo que as eleições legislativas antecipadas realizaram-se em 5 de junho de 2011.

766 A juíza determina ainda *"que se dê imediato conhecimento desta decisão a cada um das forças ou partidos políticos concorrentes (...), através de fax dirigido à respetiva direção ou órgão de natureza executiva semelhante, devendo os mesmos até às 12 horas do dia de amanhã – 1/06/2011 – comunicar diretamente às requeridas da sua disponibilidade ou indisponibilidade para participação naqueles debates televisivos e ficando as Requeridas obrigadas a dar conhecimento ao tribunal dessas manifestações de vontade até 3 de junho de 2011"*. A juiza reclama a notificação das requeridas, *"com a expressa advertência de que incorrem em crime de desobediência qualificada em caso de infração à providência cautelar decretada"*.

nas de natureza jurídica. Não só não existia probabilidade séria da existência do direito invocado[767], não se encontrando preenchido um dos requisitos da providência cautelar, como temos fortes dúvidas sobre a conformidade com a Constituição do enunciado normativo em que a juíza baseia a sua decisão[768]:

i) A Lei Fundamental distingue entre partidos com e sem assento parlamentar (e que façam ou não parte do Governo), ao introduzir um critério de relevância e de representatividade para efeitos de direito de antena[769] (artigo 40º, números 1 e 2)[770], forçando uma interpretação da lei em conformidade com o conceito de igualdade constitucionalmente protegido, princípio a que o artigo 113, nº 3, da CRP necessariamente faz apelo;

ii) Tendo em conta critérios de justiça material, a representatividade deve ter, pelo menos, em conta juízos *ex ante*, dentro da medida do possível e com base em parâmetros estritamente objetivos[771];

iii) Se em sede de tempo de antena, onde a igualdade deveria atingir a sua expressão máxima, a Constituição confere relevância a critérios de representatividade para efeitos de propaganda eleitoral, por maioria de razão, esse parâmetro pode ser considerado perante a liberdade editorial e a liberdade de imprensa, constitucionalmente reconhecidas.

Sem prescindir, cabe esclarecer, porém, que, no contexto especificamente jornalístico, trata-se de um critério que pode ser o resultado legítimo de uma escolha editorial ou de uma ponderação judicial, mas que não deve ser sujeita a positivação prévia, como resultado de ponderação legislativa, a qual implicaria uma intromissão ilegítima na liberdade editorial, cons-

767 À luz do artigo 381º, nº 1, do Código de Processo Civil.

768 O Artigo 56º da Lei nº 14/79 de 16 de maio – Lei Eleitoral para a Assembleia da República.

769 O critério usado para o rateio de tempos de antena obedece a razões de justiça material e deve ter, pelo menos, em conta também o peso que os partidos ou coligações terão, previsivelmente, no próximo ato eleitoral.

770 Nesse mesmo sentido, invocando este mesmo argumento, a primeira providência cautelar interposta pelo MEP foi recusada pelo tribunal, tendo o juiz julgado extinta a instância, por inutilidade superveniente da lide – Cfr. Processo nº 3854/11.1TBOER.

771 Como observa, a nosso ver certeiramente, Ayala, "*não se pode conceder o mesmo tempo de antena a uma formação partidária que se apresenta a eleições em todos os círculos do país e a uma outra que optou por concentrar esforços em apenas três ou quatro circunscrições.* – Ayala, Bernardo Diniz de (1996), "O Direito de Antena Eleitoral", *in Perspetivas Constitucionais, Nos 20 anos da Constituição*, Coimbra Editora: Coimbra; pp. 599 e 600.

titucionalmente protegida. Para além de poder constituir uma imposição inconstitucional do legislador aos jornalistas, o próprio critério imposto, analisado *per se*, é ele próprio inválido, por ser discriminatório, irrazoável e inadequado, na sua pretensão de aplicabilidade a os outros atos eleitorais, para além das eleições legislativas. Que relevância constitucional poderá assumir a imposição de discriminação positiva dos partidos com assento parlamentar, em eleições presidenciais ou autárquicas, onde concorrem legitimamente movimentos independentes? Que fim legítimo a prosseguir poderá fundamentar a afetação desvantajosa da liberdade editorial e jornalística, nesses atos eleitorais?

10.6.2. Por outro lado, ainda que se possa sustentar que esse poder editorial ofereça menor capacidade de resistência perante os interesses contrapostos, quando se trata da informação do Serviço Público de Televisão, a lei em causa, que constitui o fundamento da sobredita decisão judicial, encontrava-se claramente desatualizada, uma vez que não fazia qualquer distinção entre serviço público de televisão e televisões privadas, fenómeno totalmente desconhecido à época:

i) Não é possível extrair da Constituição a ideia de que, nesta matéria, RTP e SIC e TVI partilham das mesmas obrigações, uma vez que o artigo 38º, nº 6, exige expressamente do serviço público de televisão que "assegure a possibilidade de expressão e confronto das diversas correntes de opinião", e não aos operadores privados;
ii) Pelo que será, porventura, legítimo questionar se a decisão *sub judice* se traduziu ou não na imposição de um encargo excessivo para as operadoras privadas, em violação do teste da proibição do excesso[772].

Por último, para além do destaque injustificável conferido pelas duas providências cautelares aos dois partidos, a imposição judicial prévia revelou, a médio prazo, que não foi sequer o meio adequado, idóneo ou apto[773] à realização da finalidade de proporcionar maior debate no espaço público, uma vez que, na sequência da decisão da providência interposta pelo PCTP-MRPP, foi anunciado o fim dos debates, frente a frente, *"porque a generalizar-se esta inter-*

[772] Sobre o princípio da proibição do excesso – NOVAIS, Jorge Reis (2011). *Os Princípios Constitucionais Estruturantes da República Portuguesa*, Coimbra Editora: Coimbra; pp. 161 e segs.
[773] NOVAIS, Jorge Reis (2011). *Os Princípios Constitucionais Estruturantes da República Portuguesa*, Coimbra Editora: Coimbra; pp. 167 e segs.

pretação tal significaria que para estas eleições, por exemplo, se realizasse um conjunto de 136 debates, em que cada partido debateria frente a frente com todos os outros partidos concorrentes"[774]. Acresce que o MEP não só não beneficiou em termos eleitorais com o debate, como requereu a sua extinção, após as eleições. Voltaremos, porém, a esta questão, em virtude das alterações legislativas ocorridas em junho de 2015.

10.7. No que concerne à concessão de efeito suspensivo a providências cautelares, interpostas contra deliberações da ERC que reconhecem o exercício legítimo de direitos de resposta e que determinam a publicação das mesmas, cabe notar que a nossa Constituição é uma das poucas em vigor que consagra expressamente o direito de resposta ou de retificação[775], embora o faça *"na linha de um persistente reconhecimento legal que remonta a 1837"*[776]. É uma forte res-

[774] Cfr. *COMUNICADO TVI / SIC / RTP: ELEIÇÕES LEGISLATIVAS 2011 – As estações de televisão TVI, SIC e RTP receberam uma decisão do Tribunal de Oeiras que determina a realização de um conjunto de 16 debates que colocarão o PCTP/MRPP frente a frente com cada um dos outros partidos. Estes debates deverão decorrer durante a campanha eleitoral, ou seja até à próxima sexta-feira. Nestes 16 debates estará sempre presente o PCTP/MRPP. Esta decisão decorre de uma providência cautelar apresentada pelo PCTP-MRPP que reivindicava o direito de estar presente nos debates frente a frente com todos os partidos concorrentes às eleições legislativas de 5 de junho. Ainda esta semana, o mesmo Tribunal rejeitou uma outra providência cautelar apresentada pelo MEP em moldes similares. De acordo com o que foi hoje decidido por este Juiz, as estações aguardam agora para que no prazo de 24 horas todos os partidos políticos concorrentes às eleições de 05 de junho comuniquem se estão ou não disponíveis para participar nesta ronda de debates. Se todos disserem que sim, é esta a lista dos debates que serão realizados no espaço de 5 ou seis dias:*
PCTP/MRPP – MEP; PCTP/MRPP – PH; PCTP/MRPP – MPT; PCTP/MRPP – PTP; PCTP/MRPP – CDS; PCTP/MRPP – PSD; PCTP/MRPP – PS; PCTP/MRPP – CDU; PCTP/MRPP – BE; PCTP/MRPP – PND; PCTP/MRPP – PNR; PCTP/MRPP – PAN; PCTP/MRPP – PPM; PCTP/MRPP – PDA; PCTP/MRPP – PPV; PCTP/MRPP – POUS
As Direções de Informação da TVI, SIC e RTP aguardam a indicação de todos estes partidos. Só então poderão ser distribuídos os debates, que deverão decorrer em simultâneo nos três canais, durante 5 ou seis dias. As Direções de Informação da TVI, SIC e RTP consideram ainda que esta decisão significa o fim dos debates frente a frente, porque a generalizar-se esta interpretação, tal significaria que para estas eleições por exemplo, se realizasse um conjunto de 136 debates, em que cada partido debateria frente a frente com todos os outros partidos concorrentes. De resto, estas estações (RTP, SIC e TVI) que organizaram os debates frente a frente entre os partidos com assento parlamentar também já realizaram debates e entrevistas com todos os líderes partidários em diversos espaços informativos das suas grelhas, cumprindo as indicações da ERC sobre cobertura informativa em período eleitoral. Direção de Informação TVI; Direção de Informação SIC; Direção de Informação RTP"

[775] Carvalho, Alberto Arons (2014). "O direito de Resposta e de Retificação", *in Media, Direito e Democracia*, coord. Carlos Blanco de Morais, Maria Luísa Duarte, Raquel Alexandra Brízida Castro, Almedina: Coimbra; pp. 193 e segs.

[776] Miranda, Jorge/Medeiros, Rui (2010). *Constituição Portuguesa Anotada*, Tomo I, 2ª Ed., Coimbra Editora: Coimbra; p. 857.

trição à liberdade editorial dos operadores de comunicação social, fundamentando-se no princípio liberal de que as lesões resultantes do discurso devem ser combatidas com mais discurso, em condições de igualdade e de eficácia.

Estes direitos regem-se pelos princípios fundamentais da imediaticidade ou da atualidade da resposta, bem como do principio da proporcionalidade, ligado às ideias de eficácia, igualdade de armas e justiça procedimental. No que toca ao princípio da imediaticidade ou da atualidade da resposta, ele obriga à publicação com a maior brevidade possível, para garantir a sua utilidade comunicativa[777]. Este aspeto reflete-se, também, na celeridade e intensidade dos mecanismos da sua efetivação compulsiva. São concebidos como direitos potestativos, *self executing*, que, no plano da lei, gozam de mecanismos de tutela (pela ERC e tribunais) particularmente céleres e efetivos, de que não dispõem a generalidade dos direitos, liberdades e garantias[778]. Tudo isto é claramente comprometido ou afetado se, no âmbito de uma providência cautelar, o juiz conceder efeito suspensivo à Deliberação da ERC que determina a publicação de um direito de resposta, na senda de alguma jurisprudência recente. Na verdade, alguns juízes administrativos têm fundamentado as suas decisões cautelares na interpretação de que a publicação do direito de resposta por determinação da ERC gera uma situação de facto consumado, que retira todo o efeito útil à ação principal, justificando-se, por isso, a suspensão da eficácia da Deliberação da ERC[779].

Trata-se de um desenvolvimento jurisprudencial que reveste crucial importância, perante a constatação, nada despicienda, de que a ERC estabelece uma discutível relação de preferência absoluta dos direitos em que se funda o direito de resposta, em detrimento do direito à informação e dos critérios editoriais e jornalísticos. Esta conclusão decorre da análise da maioria esmagadora das deliberações adotadas pela ERC nesta matéria, nas quais é possível constatar-se uma constante remissão – acrítica – para a Diretiva 2/2008 sobre a publicação de textos de resposta na imprensa. Conforme sustentámos em algumas declarações de voto[780], é questionável o entendimento sufragado pela ERC, segundo o qual *«a apreciação do que possa afetar a reputação e boa fama deve ser efetuada segundo uma perspetiva prevalecentemente subjetiva,*

[777] Machado, Jónatas E. M. (2002). *Liberdade de Expressão: Dimensões Constitucionais da Esfera Pública no Sistema Social,* Coimbra Editora: Coimbra; p. 683.

[778] Miranda, Jorge/Medeiros, Rui (2010). Constituição *Portuguesa Anotada*, Tomo I, 2ª Ed., Coimbra Editora: Coimbra; p. 859.

[779] Cfr. Deliberações ERC nºs 60/DR-I/2010 e 63/DR-I/2010.

[780] Por exemplo, nas Deliberações emitidas nos Processos 2015.435 e 2015.467.

de acordo com a ótica do visado (...)". Desta afirmação, aliás, a ERC tem extraído corolários obtusos, desenvolvidos em avulso noutras deliberações sobre o mesmo tema[781], tais como: *"o que está em causa é a possibilidade do visado, numa determinada notícia, apresentar a sua versão dos factos nas suas próprias palavras"*, sendo juridicamente irrelevante *"o cumprimento do rigor informativo"* ou *"a verdade material vertida nos factos relatados"*, mas *"apenas o direito de quem é visado num órgão de comunicação social apresentar uma contraversão sempre que os factos veiculados tenham colocado em causa a sua reputação"*.

No esteio das teses que temos vindo a expor na presente investigação, não nos parece legítima uma interpretação que legitime o estabelecimento, prévio e em abstrato, de uma relação de preferência incondicional de direitos fundamentais, neste caso, entre a liberdade editorial e o direito de informar dos jornalistas e o direito à honra e reputação. Como vimos, os princípios, enquanto mandatos de otimização, exigem a sua máxima realização possível, em função das possibilidades fácticas e jurídicas[782], sendo que quanto maior seja o grau de não cumprimento ou de afetação de um princípio, tanto maior deve ser a importância do cumprimento de outro, na senda da lei da ponderação. Nos vários casos decididos pelo Regulador, a ERC limita-se a aderir à perspetiva subjetiva do recorrente, ignorando o peso juridico-constitucional dos direitos e liberdades fundamentais *prima facie* oponíveis, no caso concreto.

Note-se, ainda, que as mesmas deliberações são omissas no que concerne a outro fator, suscetível de assumir algum peso na ponderação exigível. Trata-se de averiguar, para além da eventual afetação do bom nome e honra do recorrente pela notícia publicada, se o meio de comunicação social cumpriu, por exemplo, o seu dever de contraditório e facultou outro meio idóneo – por exemplo, uma entrevista – para o recorrente expor a sua posição, porquanto a escolha entre esses meios e o exercício do direito de resposta não se encontra na disponibilidade do recorrente, nos termos constitucionais[783]. Sendo uma forte ingerência na liberdade editorial[784], *ultima ratio* de intervenção externa no jornalismo e nos meios de comunicação social, reveste a natureza de uma afetação desvantajosa de direitos, liberdades e garantias da comunicação, sujeita aos limites constitucionais. Na presença de uma alternativa muito

781 Leiam-se estes mesmos argumentos, por exemplo, no processo ERC/05/2015/468.

782 ALEXY, Robert (2003a). *Tres escritos sobre los derechos fundamentales y la teoría de los principios.* Bogotá: Universidad Externado de Colombia; p. 103.

783 Proferida no âmbito do Processo ERC/04/2015/462.

784 *Vide* a nossa Declaração de Voto proferida no âmbito do Processo ERC/04/2015/462.

menos restritiva *"e que só implica uma diminuição pouco sensível da prossecução do fim visado, o princípio da proporcionalidade fere de inconstitucionalidade a vantagem marginal que a efetivação do direito de resposta proporciona e a enorme desvantagem em que se traduz o aumento desmesurado do sacrifício imposto"*[785].

A afirmação, contida na lei, de que o direito de resposta fica prejudicado se, com a concordância do interessado, o periódico tiver corrigido ou esclarecido o texto ou imagem em causa, ou lhe tiver facultado outro meio de expor a sua posição, não legitima o entendimento de que o direito de resposta só fica prejudicado com a concordância do interessado, mesmo na presença de uma alternativa menos restritiva. Tal entendimento:

a) Coloca na disponibilidade dos titulares do direito de resposta a escolha entre sujeitar a sua versão ao escrutínio jornalístico e o exercício do direito de resposta;
b) Tem como pressuposto a tese caduca de que os direitos que se pretende proteger com o direito de resposta são absolutos e incondicionais, prevalecendo sempre sobre a liberdade editorial e o direito de informação;

Não podemos deixar de insistir que[786], em última instância, a vingar a interpretação sufragada pelo Regulador, os meios de comunicação social arriscam-se a ter apenas notícias sem contraditório e, no que se refere aquelas que causem especial embaraço, a "travestir-se" em meros repositórios de direitos de resposta, conseguindo os visados nessas notícias, por boas ou más razões, escapar ilesos a qualquer contraditório ou escrutínio jornalístico[787].

[785] NOVAIS, Jorge Reis (2004). *Os Princípios Constitucionais Estruturantes da República Portuguesa*, Coimbra Editora: Coimbra; p. 186.

[786] Proferida no âmbito do Processo ERC/04/2015/462.

[787] Ilustrativo da incoerência do sentido interpretativo assumido pela ERC, realçada na mesma Declaração de Voto, anexa à Deliberação proferida no Processo 2015.467, é o facto de a mesma referir que *"o texto remetido à denunciada, apesar de incluir uma referência ao direito de resposta, não apresenta expressamente um pedido de transmissão do referido texto (...) Ou seja, suscita dúvidas sobre o objetivo do envio do mesmo"*. Lê-se mesmo no ponto seguinte que, apesar de o Recorrente identificar o texto como direito de resposta, *"a sua leitura não permite apreender totalmente qual o objetivo visado pelo envio do mesmo, já que não se solicita expressamente a sua transmissão, e por outro lado, o mesmo contém um pedido de esclarecimentos"*. Ora, cabe questionar se compete à ERC proferir uma decisão condenatória da TVI neste caso, enquadrando-o materialmente como um recurso, se o próprio Regulador tem dúvidas sobre se o texto enviado à TVI correspondia efetivamente a um pedido de direito de resposta.

Acresce a aplicação, indiscriminada e juridicamente abusiva[788], aos meios audiovisuais de um suposto corolário do princípio da igualdade de armas que, alegadamente, justificaria a exigência de equivalência quantitativa no que se refere à extensão da resposta, eventualmente sustentável no regime aplicável à imprensa escrita. Efetivamente, diversamente da Lei da Imprensa, a norma pertinente e congénere da Lei da Televisão[789] limita-se a fixar um limite máximo quantitativo para a resposta, determinado pelo número de palavras do texto que lhe deu origem. Do facto, porém, de a resposta não poder exceder o número de palavras do texto que lhe deu origem não decorre que a resposta terá de ter sempre o mesmo número de palavras que lhe deu origem, não podendo o Regulador estabelecer exigências que não se encontram, expressamente, previstas na lei, em especial, no domínio contraordenacional. Note-se, aliás, que a interpretação normativa no sentido de uma eventual exigência de identidade, no que concerne à extensão da resposta, remeteria a dita norma para um pântano de duvidosa constitucionalidade, pois, conforme sustentámos, nalguns casos uma resposta prolongada nos meios audiovisuais atentaria contra o princípio da proibição do excesso, negando flagrantemente o citado princípio da igualdade de armas. Na verdade, conforme temos realçado, o tempo que se conta em palavras, na televisão e na rádio, assume um peso, radicalmente, distinto do espaço que essas mesmas palavras representam na imprensa escrita. Apesar disso, a ERC apenas fundamenta tal exigência na reprodução, quase mecânica, de um argumento doutrinário que repete à exaustão em todas as outras suas deliberações, incidentes sobre a imprensa escrita.

Por último, cabe esclarecer que a lei confere apenas ao titular do direito de resposta e dos bens alegadamente lesados legitimidade para aferir o cumprimento do mesmo pelo órgão visado, e para agir processualmente em conformidade com esse juízo, como resulta expressamente do artigo 59º, nº 1, dos Estatutos da ERC. Este preceito confere, expressamente, ao interessado a faculdade de recorrer para o Conselho Regulador, em caso de denegação ou cumprimento deficiente do exercício do direito de resposta. O entendi-

[788] Conforme sustentámos em Declaração de voto, anexa à Deliberação 75/2015. Nesta decisão, a ERC determinou à *RTP 1* a transmissão gratuita de um direito de resposta *"no prazo de 24 horas a contar da receção da Deliberação no Telejornal e no programa Sexta às 9, respeitando as exigências formais do artigo 69º, da Lei da Televisão, devendo a divulgação do texto de resposta ser precedida da indicação de que se trata de um direito de resposta e acompanhada da menção de que a divulgação é efetuada por efeito de Deliberação do Conselho Regulador da ERC»*.

[789] Cfr. Artigo 67º, nº 4, da LTV.

mento contrário[790] legitimaria, em última instância, uma atuação do Conselho Regulador da ERC contrária aos próprios interesses do titular do direito de resposta, o que seria inadmissível, atenta a natureza dos bens protegidos por este instituto e a correspetiva configuração constitucional e legal.

10.8. Um dos argumentos aduzidos no sentido da defesa de uma forte presunção de inconstitucionalidade de intervenções prévias sobre os direitos, liberdades e garantias da comunicação, mesmo de natureza jurisdicional, prende-se com a ausência, no nosso sistema de fiscalização da constitucionalidade, do controlo direto do Tribunal Constitucional da constitucionalidade das sentenças judiciais ou atos administrativos lesivos de direitos fundamentais. Pode um ato administrativo, uma sentença ou decisão judicial, que imponha ou proíba a publicação de um certo conteúdo, ter um efeito restritivo definitivo sobre a liberdade de imprensa ou direito à informação, uma vez que não existe no nosso ordenamento jurídico-constitucional a ação constitucional de defesa ou recurso constitucional de amparo, para fazer frente a esses atos lesivos. O controlo de constitucionalidade cometido ao Tribunal Constitucional, no nosso ordenamento, apenas pode incidir sobre normas, critérios ou interpretações normativas, enquanto regras abstratamente enunciadas e vocacionadas para uma aplicação genérica. O Tribunal Constitucional não pode apreciar a conformidade com a Constituição das operações do julgador, do ato de julgamento, ou de atos administrativos.

Parece-nos, porém, que este argumento pode ser considerado contraditório para servir de fundamento da presunção da inconstitucionalidade das medidas cautelares judiciais neste domínio normativo, uma crítica agravada, no nosso caso, pela opção dogmática por um conceito amplo de censura. Na verdade, cabe questionar a utilidade de uma presunção de inconstitucionalidade de medidas preventivas de controlo da comunicação, mesmo jurisdicionais, sugerindo o alargamento do espectro potencial de condutas prévias lesivas, se o objetivo é o de vedar a possibilidade de uma intervenção prévia do juiz, sendo que, muitas vezes, essa ponderação prévia judicial poderá ser uma condição essencial de proteção jurídica. Acresce, no ordenamento jurídico-constitucional português, que sendo o controlo da constitucionalidade conferido pela Constituição a todos os tribunais, no quadro de um sistema de fiscalização difuso[791] e misto, sem prejuízo da última palavra caber ao Tri-

[790] Sufragado pelo Conselho Regulador, em Deliberação proferida em 1 de julho de 2015.

[791] Cfr. Artigo 204º da CRP.

bunal Constitucional, ao negar-se a possibilidade de intervenção judicial prévia, não se estará, porventura, a afastar a única forma de tutela pela justiça constitucional, nos casos em que uma intervenção posterior possa ser tardia? Não será incoerente defender o controlo da constitucionalidade das sentenças lesivas de direitos fundamentais, como solução para os efeitos específicos que uma sentença cautelar ou prévia pode vir a ter em matérias expressivas, cuja admissibilidade apenas se reconhece a título excecional?

Pela nossa parte, cumpre notar, ao invés, que pode *a ausência de uma sentença ou decisão judicial* que permita ou proíba a publicação de um certo conteúdo vir a ter um efeito restritivo definitivo sobre qualquer outro direito ou liberdade colidente (por exemplo, o direito ao bom nome e à honra), ou mesmo relativamente aos próprios direitos e liberdades da comunicação. Precisamente pela ausência do recurso de amparo. A ação constitucional de defesa não é especialmente necessária apenas para a defesa da liberdade de expressão e de informação, mas também para garantir outros direitos e liberdades, eventualmente afetados pelo exercício dos direitos e liberdades da comunicação, o que pode consubstanciar um argumento adicional ou especial em favor do recurso de amparo[792]. Em suma, precisamente por não existir uma ação direta de inconstitucionalidade é que se podem justificar medidas cautelares judiciais, para garantir que o exercício das liberdades de expressão e de informação, ou dos direitos com elas eventualmente conflituantes, não implique danos recíprocos, irreversíveis e significativos.

Apesar de não ser este o lugar adequado para aprofundar a problemática, cabe lembrar que existem outros mecanismos processuais adequados à impugnação de sentenças ou de atos administrativos inconstitucionais, lesivos de direitos fundamentais, resultantes da consagração expressa na Constituição – artigo 20º, nº 5 – de um meio processual especificamente orientado para a defesa dos direitos, liberdades e garantias pessoais[793]. As decisões jurisdicio-

[792] Em sentido algo diverso, ALEXANDRINO relaciona a necessidade de introdução do recurso de amparo com a defesa da liberdade de expressão em Portugal, contra decisões jurisdicionais violadoras de direitos e liberdades fundamentais. – ALEXANDRINO, José Melo (2014), *in Media, Direito e Democracia*, coord. Carlos Blanco de Morais, Maria Luísa Duarte e Raquel Alexandra Brízida Castro, Almedina: Coimbra; pp. 65 e 66. Sobre os casos portugueses que envolvem a Liberdade de Imprensa no Tribunal Europeu dos Direitos do Homem – COUTINHO, Francisco Pereira (2014). "O Tribunal Europeu dos Direitos do Homem e a Liberdade de Imprensa: os casos portugueses", *in Media, Direito e Democracia*, coord. Carlos Blanco de Morais, Maria Luísa Duarte e Raquel Alexandra Brízida Castro, Almedina: Coimbra; pp. 321 e segs.

[793] Como nota Carla GOMES, o legislador poderia escolher entre a via da "queixa constitucional" (recurso de amparo, para os países hispânicos; *Verfassunggsbeschwerde*, na matriz germânica),

nais, eventualmente inconstitucionais por ofensa a direitos fundamentais, não se encontram sujeitas ao sistema de fiscalização da constitucionalidade, mas são, por regra, recorríveis dentro da hierarquia dos tribunais[794] do foro competente. Com efeito, a colisão do conteúdo de uma sentença com a Constituição *"deve ser aferida no plano mais amplo da violação da legalidade superior do ordenamento e apreciada pelas instâncias jurisdicionais de recurso"*[795]. No que concerne à justiça administrativa, o CPTA prevê um sistema garantístico[796], deveras generoso[797], de proteção de direitos, liberdades e garantias, o que inclui o regime geral das providências cautelares[798/799], *conservatórias* e *antecipatórias*[800], do instituto do decretamento provisório da providência cautelar[801/802] e a intimação para a proteção de direitos, liberdades e garantias[803/804], como processo

"ou a jurisdição administrativa ou cível, sem recurso à instância constitucional, até à simples introdução de especialidades dentro dos meios existentes, em atenção à natureza do meio protegido." – Gomes, Carla Amado (2003). "Pretexto, Contexto e Texto da Intimação para Proteção dos Direitos, liberdades e Garantias", *in Estudos em Homenagem ao Professor Doutor Inocêncio Galvão Telles,* Vol. V, Almedina: Coimbra; p. 544.

794 Morais, Carlos Blanco de (2011). *Justiça Constitucional,* Tomo II, Coimbra Editora: Coimbra; p. 1049.

795 Morais, Carlos Blanco de (2006). *Justiça Constitucional,* Tomo I; Coimbra Editora: Coimbra; 2ª Edição; p. 516.

796 Roque, Miguel Prata (2005). *Reflexões sobre a Reforma da Tutela Cautelar Administrativa,* Almedina: Coimbra.

797 Morais, Carlos Blanco de (2011). *Justiça Constitucional,* Tomo II, Coimbra Editora: Coimbra; p. 1048.

798 Cfr. Artigo 112º e segs do CPTA.

799 Andrade refere, neste plano, uma plenitude de proteção, atenta a universalidade das providências admitidas: *"Em cumprimento estrito da garantia constitucional, introduzida na revisão constitucional de 1997, a lei admite todo o tipo de providências, desde que sejam adequadas a assegurar a utilidade da sentença a proferir num determinado processo, sem quaisquer limitações, para além dos que resultam dos limites funcionais da jurisdição administrativa."* – Andrade, Vieira de (2014) *A Justiça Administrativa (Lições),* 13ª Edição, Almedina: Coimbra; p. 308.

800 Incluindo, nestas todas, as providências de regulação provisória ou interina de situações. – Andrade, Vieira de (2014). *A Justiça Administrativa (Lições),* 13ª Edição, Almedina: Coimbra; pp. 308 e 309.

801 Cfr. Artigo 131º, nº 3, do CPTA.

802 Tratando-se de uma decisão cautelar provisória, Andrade nota que pode ser decretada sem contraditório e basta, para além do interesse em agir, a verificação da especial perigosidade para direitos, liberdades e garantias ou para outros bens jurídicos em situação de especial urgência. Não está sujeita a impugnação porque há-de ser sujeita a confirmação. – Andrade, Vieira de (2014). *A Justiça Administrativa (Lições),* 13ª Edição, Almedina: Coimbra; p. 330.

803 Cfr. Artigo 20º, nº 5, da CRP e artigo 109º e segs CPTA.

804 A intimação para a proteção de direitos, liberdades e garantias constitui uma concretização do artigo 20º, nº 5, da CRP, norma precetiva, diretamente aplicável nos termos do artigo 18º,

principal urgente[805], meio subsidiário de tutela[806], atinente a situações em que esteja em causa, direta e imediatamente, o exercício dos próprios direitos, liberdades e garantias previstos no Título II ou direitos análogos[807]. Em acréscimo, quando o ato administrativo tiver a natureza de ato estritamente vinculado, o tribunal, a pedido do interessado, pode mesmo emitir sentença que produza os efeitos do ato devido[808], o que pode ser considerado um *"virtual mecanismo de amparo realizado pela Justiça Administrativa"*[809]. Nos termos do

nº 1, da CRP – Botelho, Catarina Santos (2010) *A Tutela Direta dos Direitos Fundamentais: Avanços e Recuos na Dinâmica Garantística das Justiças Constitucional, Administrativa e Internacional*, Almedina: Coimbra; p. 292.

805 São processos principais *"que visam a pronúncia de sentenças de mérito, onde a cognição seja tendencialmente plena, mas com uma tramitação simplificada, atenta a natureza dos direitos ou dos bens jurídicos protegidos. A lei reclama a impossibilidade ou insuficiência do decretamento provisório de uma providência cautelar, o qual sendo também urgente pode ser conseguido em 48 horas (artigo 131º), mas não tem sentido quando a questão de fundo deva ser resolvida imediatamente, uma vez que se entende que as providências cautelares são por definição instrumentais e provisórias, não podendo ser usadas para obter decisões de mérito"*. – Andrade, Vieira de (2014). *A Justiça Administrativa (Lições)*, 13ª Edição, Almedina: Coimbra; pp. 226 e 246.

806 Trata-se de uma válvula de segurança do sistema de garantias contenciosas, aplicável apenas nas situações em que as outras formas processuais não garantam uma proteção efetiva de direitos, liberdades e garantias. Em casos de lesão ou de ameaça de lesão a direitos, liberdades e garantias, a via normal de reação é a da propositura de uma ação não urgente (ação administrativa comum ou ação administrativa especial), associada à dedução de um pedido de decretamento de providências cautelares, destinadas a assegurar a utilidade da sentença que, entretanto, vier a ser proferida. – Almeida, Mário Aroso/Cadilha, Carlos Alberto Fernandes (2010). *Comentário ao Código de Processo nos Tribunais Administrativos*, 3.ª edição revista, Coimbra; pp. 724 e 725.

807 Embora se possa admitir a ação popular. – Andrade, Vieira de (2014) *A Justiça Administrativa (Lições)*, 13ª Edição, Almedina: Coimbra; pp. 244 e 247; Almeida, Mário Aroso/Cadilha, Carlos Alberto Fernandes (2010). *Comentário ao Código de Processo nos Tribunais Administrativos*, 3.ª edição revista, Coimbra; pp. 721 e 722; Botelho, Catarina Santos (2010). *A Tutela Direta dos Direitos Fundamentais: Avanços e Recuos na Dinâmica Garantística das Justiças Constitucional, Administrativa e Internacional*, Almedina: Coimbra; p. 295.

808 Cfr. Artigo 109º, nº 3 do CPTA.

809 Morais, Carlos Blanco de (2011). *Justiça Constitucional*, Tomo II, Coimbra Editora: Coimbra; p. 1048. O constitucionalista defende uma reforma interna do sistema de fiscalização concreta da constitucionalidade, a partir da atribuição de força obrigatória geral às decisões de inconstitucionalidade, tal como sucede nos sistemas de controlo concentrado. Essa alteração poderia ainda, na sua opinião, passar pelo reconhecimento ao Ministério Público da faculdade de requerer a fiscalização abstrata sucessiva da constitucionalidade e legalidade de uma norma que já tivesse sido julgada anteriormente inconstitucional ou ilegal, num caso concreto, a par da formulação obrigatória de um pedido de fiscalização abstrata sucessiva pelo mesmo órgão, sempre que a referida norma tivesse sido julgada inconstitucional em três casos concretos, em termos análogos à solução atualmente prevista no contencioso regulamentar – artigo 73º, nº 4, do CPTA. – *Ibidem*; p. 1067.

CPTA, a intimação também pode ser dirigida contra particulares[810], designadamente concessionários, nomeadamente para suprir a omissão, por parte da Administração, das providências adequadas a prevenir ou reprimir condutas lesivas dos direitos, liberdades e garantias do interessado[811].

Volvidos apenas alguns anos após a sua entrada em vigor, a doutrina afirma que a jurisdição administrativa tem desenvolvido uma jurisprudência amiga dos direitos fundamentais[812]. Cumpre, todavia, notar que mesmo nos ordenamentos jurídico-constitucionais que acolheram o recurso de amparo, o reconhecimento do amparo constitucional constitui uma garantia acrescida de tutela de direitos fundamentais, relativamente às restantes jurisdições. O que, a nosso ver, no contexto do ordenamento jurídico-constitucional português, não enfraquece a pertinência da conceptualização de uma fiscalização concreta da constitucionalidade de omissões lesivas de direitos, liberdades e garantias[813/814/815], a par dos novos amparos administrativos, vocacionados contra ações ou omissões.

810 Se o particular a intimar não estiver investido na titularidade de poderes públicos. só pode ser demandado a partir do artigo 37º, nº 3, do CPTA. – Almeida, Mário Aroso/Cadilha, Carlos Alberto Fernandes (2010). *Comentário ao Código de Processo nos Tribunais Administrativos,* 3.ª edição revista, Coimbra; p. 733.

811 Cfr. Artigo 109º, nº 2, do CPTA.

812 Botelho, Catarina Santos (2010). *A Tutela Direta dos Direitos Fundamentais: Avanços e Recuos na Dinâmica Garantística das Justiças Constitucional, Administrativa e Internacional,* Almedina: Coimbra; p. 378.

813 Reiteramos o nosso entendimento de que o juízo de verificação de uma omissão legislativa inconstitucional depende do tipo de processo em que ele é suscitado e da matéria em causa:
1) No quadro de um controlo objetivo, abstrato, não releva a matéria a causa: "são duas as incumbências do TC:
a) Examinar se determinada norma constitucional carece de mediação legislativa para ser aplicada;
b) Verificar se essa medida legislativa existe e é suficiente, adequada e exequível. Se a resposta à primeira questão for sim e a resposta à segunda for não, o TC deve considerar verificada a existência da inconstitucionalidade por omissão".
2) No quadro de um controlo concreto, difuso ou concentrado – perante um caso concreto, avulta a necessidade da mediação legislativa, em especial, se estiver em causa uma omissão legislativa lesiva de um direito fundamental.
– Castro, Raquel Alexandra Brízida; (2012a). *As Omissões Normativas Inconstitucionais no Direito Constitucional Português,* Almedina, 2012; (2012b). "Por uma Fiscalização Concreta e Difusa das Omissões Legislativas Inconstitucionais que violam Direitos, Liberdades e Garantias", *in Obra Coletiva de Homenagem ao Professor Doutor Jorge Miranda,* Volume III, Coimbra Editora: Coimbra; pp. 497 e 498.

814 A ausência de um mecanismo processual que garanta uma proteção jurídico-subjetiva contra omissões normativas lesivas de direitos fundamentais, a cargo do Tribunal Constitucional, importa alguns inconvenientes:

Em qualquer caso, parece-nos que a exigência de certeza e de segurança jurídica aconselharia uma opção dogmática pela recolha de argumentos em defesa da introdução do recurso de amparo[816], ou, pelo menos, de alte-

i) Desde logo porque é a própria Constituição que, através do artigo 221º, considera o Tribunal Constitucional "o tribunal ao qual compete especificamente administrar a justiça em matérias de natureza jurídico-constitucional";
ii) É, assim, subtraída ao seu julgamento uma importante parcela da justiça constitucional, associada à realização e cumprimento da Constituição;
iii) Negligencia a relevância dos casos concretos no contexto das omissões normativas inconstitucionais, o que não deixa de ser contraditório com a forma como o sistema da fiscalização da inconstitucionalidade por ação se encontra organizado: sobretudo a previsão de uma forma de articulação da fiscalização sucessiva concreta com a fiscalização sucessiva abstrata;
iv) Trata-se de garantir, na medida do possível, a uniformidade da interpretação e aplicação da Constituição;
v) A fiscalização concreta da constitucionalidade constitui uma forma privilegiada de dinamização do Direito Constitucional – "o ir e vir dialético entre o Tribunal Constitucional e os outros tribunais. São argumentos que, a nosso ver, poderiam ser satisfeitos através de soluções mais ajustadas ao sistema, como seja, *de jure condendo,* "acrescentar ao artigo 283º uma segunda via de subida ao tribunal, a título de incidente". Isto é, como Miranda propôs em sede de revisão constitucional, se em qualquer feito submetido a julgamento, o tribunal não puder conferir tutela a qualquer direito fundamental, por omissão de lei que torne exequível a correspondente norma constitucional, suscitará a questão perante o Tribunal Constitucional. Não basta, a nosso ver, propor esse sistema de reenvio prejudicial, apenas tendo em vista o julgamento da omissão, como pressuposto da atribuição de indemnizações aos lesados pelo tribunal *a quo. Na* verdade, na nossa opinião, para além da previsão genérica desse reenvio prejudicial para o julgamento de todas as omissões inconstitucionais, seria necessário, em nome da coerência e da unidade do ordenamento jurídico, prever um sistema análogo de passagem da fiscalização concreta para a fiscalização abstrata por omissão, através da adaptação do instituto da repetição do julgado, previsto no artigo 82º da LTC. – Castro, Raquel Alexandra Brízida; (2012a). *As Omissões Normativas Inconstitucionais no Direito Constitucional Português,* Almedina, 2012; (2012b) "Por uma Fiscalização Concreta e Difusa das Omissões Legislativas Inconstitucionais que violam Direitos, Liberdades e Garantias", *in Obra Coletiva de Homenagem ao Professor Doutor Jorge Miranda,* Volume III, Coimbra Editora: Coimbra; p. 499; Miranda, Jorge (2008) *Manual de Direito Constitucional, Tomo VI,* Coimbra Editora: Coimbra; p. 331; Morais, Carlos Blanco de (2011). *Justiça Constitucional, Tomo II,* Coimbra Editora: Coimbra; p. 551.

[815] *Vide* o nosso esforço doutrinário, a partir de uma perspetiva de *jure condito* do atual sistema de fiscalização da constitucionalidade português – "Normas implícitas e Normas Constitucionalmente Devidas *"ad casum"* e a Pretensa Quadratura do Círculo Processual Constitucional: Recapitulação, Desmistificação e Tentativa de Reconstrução", (2015). *Obra em Homenagem a Rui Machete,* Almedina: Coimbra; pp. 851-881;

[816] Novais critica o atual sistema de fiscalização concreta da constitucionalidade, com base em argumentos de irracionalidade, insegurança jurídica, desigualdade e utilização inapropriada. O constitucionalista propõe a reforma do atual sistema, através da adoção de um modelo alternativo, vigente em vários sistemas de Tribunal Constitucional, que combina a consagração do recurso de amparo (queixa constitucional) com o chamado reenvio prejudicial. – Novais, Jorge Reis (2012).

rações legislativas com vista à clarificação do princípio da recorribilidade das decisões jurisdicionais, sentenças ou despachos, lesivas de direitos expressivos. Estas opções, a adotar numa reflexão processual, parecem-nos bem mais prudentes, não obstante a dificuldade concretizativa, do que a definição de uma presunção de inconstitucionalidade de uma qualquer intervenção prévia, mesmo judicial. Trata-se, a nosso ver, de um dos corolários de uma conceção baseada numa hierarquia valorativa abstrata, que confere um papel preferente à liberdade de expressão, dogmaticamente desajustada do ordenamento jurídico-constitucional português, positivo e concreto.

A prolação de uma decisão judicial terá sempre de basear-se na lei e na Constituição, o que significa que um eventual juízo de mérito de inconstitucionalidade, no sentido que temos vindo a analisar, não poderia deixar de incidir sobre a lei habilitadora do processo e/ou correspetiva interpretação, no sentido de permitir uma intervenção cautelar judicial, mesmo sobre os direitos fundamentais da liberdade de expressão. O que significa que, mais do que a inconstitucionalidade de uma decisão judicial concreta, o problema reside primariamente na norma habilitante de medidas preventivas judiciais, no nosso domínio material. Efetivamente, o sistema português de fiscalização concreta da constitucionalidade é restrito ao controlo de normas, mas este conceito sido alargado no sentido de uma aceção funcional de norma. A chave do acesso aos recursos de constitucionalidade reside na densificação deste conceito, o qual tem sido sujeito a intensiva pressão subjetivizante com vista à sua transformação conceptual, para estes precisos efeitos[817]. Assim, é consensual que o objeto dos processos de fiscalização pode incluir, não apenas todos os atos aprovados sob a forma de lei, como também os restantes atos normativos, desprovidos dessa forma, mas que contenham comandos jurídicos gerais e abstratos[818]. Na senda da evolução da jurisprudência constitucional portuguesa, integram o conceito de norma todos os atos do poder público que contiverem uma regra de conduta para os particulares ou para a

Direitos Fundamentais e Justiça Constitucional em Estado de Direito Democrático, Coimbra Editora: Coimbra; pp. 303 e segs, em especial p. 343.

817 Castro, Raquel Alexandra Brízida (2015). "Normas implícitas e Normas Constitucionalmente Devidas "*ad casum*" e a Pretensa Quadratura do Círculo Processual Constitucional: Recapitulação, Desmistificação e Tentativa de Reconstrução", *in Obra em Homenagem a Rui Machete*, Almedina: Coimbra; pp. 851-881.

818 Morais, Carlos Blanco (2012). *Curso de Direito Constitucional, Tomo I, 2ª Ed.*,Coimbra Editora: Coimbra; pp. 93 e 94.

Administração, um critério de decisão ou, em geral, um padrão de valoração de comportamentos[819].

O que, a nosso ver, poderia constituir fundamento bastante para o conhecimento, pelo Tribunal Constitucional, dos recursos de decisões que pressupõem a aplicação das normas que autorizam a emissão de sentenças, mesmo cautelares, ou despachos judiciais que constituam uma intervenção, designadamente uma intervenção prévia nas liberdades comunicativas, por ação ou omissão, no contexto dos recursos de decisões negativas de inconstitucionalidade[820], em sede de fiscalização concreta. Com efeito, o Tribunal Constitucional recorta um conjunto restrito de exceções[821] à regra geral da extemporaneidade da suscitação da questão da inconstitucionalidade no processo, em incidentes pós-decisórios[822]. Não sendo o elenco taxativo, parece-nos que estas decisões cautelares cabem, *de pleno*, no cenário em que o interessado não dispôs manifestamente da oportunidade para suscitar a questão da validade, antes de proferida a sentença ou despacho, nos casos em que essa impossibilidade seja verificável, em termos técnico-jurídicos. Acrescem, a nosso ver, todas as decisões judiciais que resolvam conflitos de direitos e preencham o sobredito requisito, no sentido de excecionar o entendimento comum do ónus de suscitação prévia da inconstitucionalidade, de forma adequada durante o processo. Desde que, insista-se, todos os outros pressupostos se encontrem verificados, designadamente os pressupostos concernentes ao objeto do recurso[823], sob pena de desferirmos mais um rude golpe ao já desfigurado sistema de fiscalização da constitucionalidade. Em coerência com a especificidade do objeto em estudo, esta proposta não incide sobre a idoneidade do

[819] REGO, Carlos Lopes do (2004). "As interpretações normativas sindicáveis pelo TC", in *Jurisprudência Constitucional*, Nº 3, AATRIC: Lisboa; p. 4 e segs.

[820] Designam-se por recursos de constitucionalidade de 2º tipo e encontram-se previstos no artigo 280º, nº 1, alínea *b)*, e 70º, nº 1, alíneas *b)* e *f)*, da LTC.

[821] É surpreendente o número avultadíssimo de Acórdãos do Tribunal Constitucional que concluíram pela impossibilidade do conhecimento do recurso de constitucionalidade, fundado no artigo 280º, nº 1, alínea *b)* da CRP e na alínea *b)* do nº 1, do artigo 70º da LTC, de decisões judiciais, por não se achar consagrado, no nosso ordenamento jurídico-constitucional, um recurso de amparo ou de queixa constitucional. *Vide* a jurisprudência aí citada pela autora. – BOTELHO, Catarina Santos (2010). *A Tutela Direta dos Direitos Fundamentais: Avanços e Recuos na Dinâmica Garantística das Justiças Constitucional, Administrativa e Internacional*, Almedina: Coimbra; pp. 144 e segs.

[822] MORAIS, Carlos Blanco de (2011) *Justiça Constitucional*, Tomo II; Coimbra Editora: Coimbra; p. 764; (2012). *Curso de Direito Constitucional, Tomo I*, 2ª Edição, Coimbra Editora: Coimbra; pp. 92 e segs.

[823] Sobre a aceção funcional de norma na jurisprudência constitucional – MORAIS, Carlos Blanco de (2006). *Justiça Constitucional*, Tomo I; Coimbra Editora: Coimbra; pp. 443 e segs.

objeto do recurso, concentrando-se, ao invés, em um dos pressupostos dos recursos de decisões negativas, essencial para o exercício da legitimidade *ad recursum*, cuja avaliação com vista à sua admissão, pressupõe e propicia uma análise mais detalhada do circunstancialismo do caso concreto, exigida neste caso. Trata-se, não obstante, em abstrato, de uma proposta que, em tese, deveria ser aplicável a todos os direitos, liberdades e garantias, cuja ausência de tutela constitucional possa importar danos irreversíveis.

Não obstante a eventual pertinência da solução proposta, em abstrato, que se poderia traduzir na previsão expressa, de *jure condendo*, de um processo urgente de controlo de constitucionalidade junto do Tribunal Constitucional, ela parece carecer de eficácia e utilidade imediata, pelo menos no atual enquadramento jurisdicional administrativo. Em muitos casos de decisões judiciais prévias, potencialmente nocivas para os direitos e liberdades comunicativas, a ausência de efeito suspensivo[824] da respetiva eventual impugnação, reclama uma conjugação difícil ou mesmo impossível. Em função da sensibilidade dos direitos em causa e em virtude da urgência agravada que caracteriza a intimação – e que pressupõe um grau de tutela, em via de recurso, pelo menos tão grande como o que ocorre em sede de providências cautelares – o efeito devolutivo impõe-se como única forma de salvaguardar a utilidade da decisão recorrida[825]. Pese a falta de previsão legal expressa do requerimento de efeito suspensivo, nos casos em que o recurso tem, *ope legis*, efeito devolutivo, para proteção dos direitos dos recorridos particulares ou pelo facto da ponderação de interesses já ter sido efetuada pelo tribunal[826], alguma doutrina admite essa possibilidade, atenta a garantia constitucional de tutela efetiva[827], ou mesmo a necessidade de salvaguarda de certos interesses públicos.

[824] No caso da justiça administrativa e, em especial, da intimação para defesa de direitos, liberdades e garantias, o artigo 142º, nº 1, estabelece a regra da recorribilidade das decisões de mérito, desde que o valor da causa o admita. O recurso das decisões de concessão da intimação (a interpor pela Administração) tem *efeito devolutivo*, à semelhança do que acontece com o recurso de concessão de providências cautelares (Cfr. o artigo 143º/2 do CPTA).

[825] Gomes, Carla Amado (2003). "Pretexto, Contexto e Texto da Intimação para Proteção dos Direitos, liberdades e Garantias", *in Estudos em Homenagem ao Professor Doutor Inocêncio Galvão Telles*, Vol. V, Almedina: Coimbra; pp. 543-577.

[826] São precisamente os casos das decisões de intimação para proteção de direitos, liberdades e garantias ou quaisquer decisões sobre providências cautelares.

[827] *"A garantia da tutela judicial efetiva, designadamente dos contrainteressados, ou mesmo a salvaguarda de superiores interesses públicos, poderá exigir que os números 4 e 5 do artigo 143º do CPTA se apliquem também nesses casos de efeito devolutivo por força da lei, quanto as sentenças que adotem as providências requeridas, por exemplo, vão além do necessário para proteger os interesses dos requerentes."* – Andrade, Vieira de (2014) *A Justiça Administrativa (Lições)*, 13ª Edição, Almedina: Coimbra; p. 409.

No Direito Constitucional norte-americano, defende-se que a já referida*"colateral bar rule"* não deveria ser aplicável aos *media,* uma limitação que teria fundamento na *Primeira Emenda.* Como vimos, trata-se de uma regra que impede a impugnação de uma ordem judicial prévia, sob pena de crime de desobediência ao tribunal *(contempt of court),* em virtude da sua não execução, mesmo que tal decisão lese direitos fundamentais[828].

11. Reserva de Lei Expansiva e Reserva de Densificação Total: Inimigas das Liberdades?

11.1. No plano da nossa investigação, cabe distinguir um conjunto de questões suscitadas numa sequência lógica, atinentes à separação de competências entre:

i) O legislador parlamentar e o legislador governamental com vista à deteção de uma eventual reserva de Parlamento;

ii) O legislador e a administração, numa perspetiva material da reserva vertical de lei, atentas as especiais vinculações do legislador nesta matéria: especial determinabilidade *versus* liberdade editorial e especialização técnica;

iii) No plano administrativo, a separação entre o Governo e o órgão Regulador, no quadro de uma eventual reserva de administração independente.

É consensual a afirmação de que os direitos, liberdades e garantias e a respetiva regulação[829] encontram-se sujeitos a reserva de lei[830]. Esta afirmação

[828] A questão reveste particular sensibilidade, quando tais injunções são emitidas no contexto de um julgamento sobre a liberdade de imprensa. Preocupado com a eventualidade de a publicidade negativa interferir com o direito do arguido a um julgamento justo, o poder judicial, frequentemente, proíbe a audiência de comentar o caso, ou os meios de comunicação social de publicarem informação que o possa perturbar. O Supremo Tribunal tem deixado claro, contudo, que em sede de recurso, dificilmente essa restrição prévia pode soçobrar vitória. O problema é que, uma vez emitida essa ordem, ela terá de ser acatada, proibindo a *"collateral bar rule"* a sua impugnação. – LABUNSKY, Richard (1995) "A First Amendment Exception to the "Collateral Bar Rule: Protecting Freedom of Expression and the Legitimacy of Courts", *in Pepperdine Law Review*, Vol. 22, Issue 2; p. 411; TOLLER, Fernando M (2011) *El Formalismo en La Libertad de Expressión: Crítica de La distinción absoluta entre restricciones previas y responsabilidades ulteriores*, Marcial Pons: Madrid; pp. 77 e segs.

[829] Seguimos a doutrina constitucional maioritária – CANOTILHO e Vital MOREIRA consideram que *"essa reserva de competência legislativa parlamentar – e implicitamente reserva material de lei – estende-se a todos os aspetos do regime dos direitos, liberdades e garantias e não apenas no caso das restrições, pois a alínea b), do artº 168º, número 1 (atual 165º/nº 1, alínea b) não discrimina".* – CANOTILHO, Gomes/ MOREIRA, Vital, *Constituição da República Portuguesa Anotada,* Anotação ao artigo 18º, p. 154; No

pouco esclarece, contudo, acerca do alcance desta exigência constitucional de lei ou sobre as dimensões de cada direito fundamental, por ela abrangidos. A reserva abrange todas as matérias versadas no título II da Parte I, por referência a todos os seus preceitos, independentemente da análise estrutural das situações jurídicas contempladas, mesmo que, em rigor, algumas não possam ser qualificadas como direitos fundamentais, mas apenas como garantias institucionais[831], ainda que com as necessárias adaptações[832]. Uma reserva de lei restritiva, formal e material, aplicável aos direitos, liberdades e garantias da comunicação, formalmente constitucionais.

Sem prejuízo da consideração dinâmica do sentido e alcance da reserva de lei num determinado ordenamento jurídico-constitucional, é seguro afirmar que os direitos, liberdades e garantias constituem matéria que integra a reserva relativa da competência legislativa da Assembleia da República (AR), podendo o Governo emitir decretos-lei autorizados sobre a matéria, desde que obtenha autorização legislativa do órgão titular da reserva, ou seja o Parlamento. Essa lei deverá conter os requisitos essenciais da delegação de poder legislativo, elencados no artigo 165º, nº 2, da CRP, sob pena de inconstitucionalidade material por desvio de poder e consequente inconstitucionalidade

mesmo sentido, Jorge Miranda defende que *"a reserva abrange os direitos na sua integridade – e não somente as restrições que eles sofram – por não fazer sentido que respeitasse ao acessório ou ao excecional (restrição) e não à substância ou ao conteúdo essencial de cada direito"*. Por outro lado, *"abrange quer um regime eventualmente mais restritivo do que o preexistente quer um regime eventualmente ampliativo; não é o alcance da lei, mas a matéria sobre a qual incide que a define"*. – Miranda, Jorge (2010) *Manual de Direito Constitucional, Volume V*, Coimbra Editora: Coimbra; p. 378.

[830] No Direito Constitucional espanhol, as dificuldades interpretativas decorrem do facto de o artigo 53º, nº 1, da Constituição autorizar o legislador a efetuar a "regulação" dos direitos fundamentais e o artigo 81º prescrever que deverão assumir a forma de lei orgânica aquelas que são relativas ao desenvolvimento dos direitos fundamentais e das liberdades públicas. A jurisprudência do Tribunal Constitucional espanhol delimitou, porém, as linhas que separam os limites que devem ser considerados *desenvolvimentos* e os que devem ser tratados como *regulação*. Assim, as restrições diretas de um direito fundamental devem revestir a forma de lei orgânica, enquanto aquelas que se referem ao modo, tempo e lugar de exercício de um direito fundamental cabem ao legislador ordinário. Note-se, porém, que, em ambos os casos, as decisões competem ao legislador formal. – Alegria, Antonio Magdaleno (2006) *Los Limites de las Libertades de expresión e información en el Estado Social y Democrático de Derecho*, Congreso de Los Diputados: Madrid; p. 260.

[831] Miranda, Jorge (2012) *Manual de Direito Constitucional*, Tomo IV, Coimbra Editora: Coimbra; p. 469.

[832] As adaptações explicam-se por *"não haver aí, em regra, direitos subjetivos e dizem respeito ao tipo de vinculação do legislador: as garantias institucionais visam tipicamente salvaguardar a existência e o caráter da instituição e permitem, dentro desses limites, um certo grau de conformação legislativa"* – Andrade, Vieira de (2009), *Os Direitos Fundamentais na Constituição Portuguesa de 1976*, 4ª Ed., Almedina: Coimbra; p. 185, nota 54.

orgânica do decreto-lei, eventualmente, emitido pelo Governo, ao abrigo dessa putativa autorização. Acresce a exigência de reserva formal de lei, no que concerne às leis restritivas de direitos, liberdades e garantias, nos termos do artigo 18º, nº 3. É preciso, não obstante, delimitar o âmbito material possível desta reserva de lei. Cumpre alertar que, para além das considerações genéricas referentes a *exigências de racionalidade, justificação e sindicabilidade*[833], inerentes a qualquer justificação abstrata da reserva de lei, há que ter em conta as específicas questões técnicas/tecnológicas e editoriais/deontológicas envolvidas nos direitos fundamentais da Comunicação, contribuindo ambos os fatores para a atenuação de uma tese expansiva da reserva.

Se atentarmos na argumentação considerada inerente ao Estado de Direito[834], a importância da reserva funda-se na exigência de segurança jurídica, que decorre de uma separação entre quem cria e quem aplica o direito e implica a delimitação prévia, geral e abstrata, de todas as possibilidades e modalidades de atuação concreta do Estado que possam afetar os direitos, liberdades e garantias da Constituição da Comunicação. Trata-se, por conseguinte, de uma reserva de norma jurídica, independentemente da natureza do órgão emitente. Questão distinta e posterior, exclusiva do poder jurisdicional, é a do apuramento dos limites da competência de escrutínio jurisidicional desses atos normativos, legislativos ou regulamentares, em especial perante a ausência da densidade normativa eventualmente exigida pela reserva de lei.

No ordenamento jurídico-constitucional português, a mera exigência de reserva de norma jurídica está ao alcance do legislador ou da Administração, do Parlamento, Governo e Regulador, porquanto as leis, os decretos-lei e os regulamentos contêm normas jurídicas, ainda que elaborados no exercício de diferentes atividades juridico-públicas do Estado. Cabe, por conseguinte, em tese, indagar sobre a pertinência de algum argumento que privilegie, no plano legislativo, a atribuição da reserva ao legislador parlamentar, em detrimento do governamental. Ou se os sobreditos fins garantísticos são garantidos, de igual forma, por ato legislativo, mesmo governamental (lei ou decreto-lei autorizado), ou por ato regulamentar. No que concerne ao último caso, a Constituição fez a sua opção por reserva de ato legislativo, restringindo a escolha ao universo dos atos legislativos parlamentares e governamentais.

[833] Novais, Jorge Reis (2003). *As Restrições aos Direitos Fundamentais Não Expressamente Autorizadas Pela Constituição,* Coimbra Editora: Coimbra; p. 831.

[834] Novais, Jorge Reis (2003). *As Restrições aos Direitos Fundamentais Não Expressamente Autorizadas Pela Constituição,* Coimbra Editora: Coimbra; p. 832.

Sendo o Parlamento dotado de legitimidade democrática reforçada e o órgão, por excelência, representativo do povo, detentor do primado do exercício do poder legislativo, é natural que as questões mais relevantes, *maxime* os direitos fundamentais, careçam de reserva de lei parlamentar. Acrescem a solenidade e publicidade, enquanto características específicas do procedimento produtivo das leis parlamentares, aliadas à participação democrática de toda a oposição, na expressão final de uma vontadenormativa imputável ao Estado. Expressão desse privilégio parlamentar, no exercício do poder legislativo, é o elenco generoso das matérias que a Constituição considera que não podem ser subtraídas, em caso algum, ao domínio material da reserva parlamentar, integrantes da reserva absoluta da sua competência legislativa. Mesmo naquelas matérias, não obstante o titular primário da reserva ser o Parlamento, suscetíveis de delegação legislativa ao Governo, algumas delas, como os direitos, liberdades e garantias, estão sujeitas a reserva de densificação total, garantia reforçada de que uma determinada matéria permanece arredada da competência regulamentar.

11.2. Esta exigência de densificação total "*abrange toda a extensão da matéria listada, a qual deve ser consumida, horizontal e verticalmente, em termos de disciplina jurídica primária, por um ato legislativo aprovado pelo órgão titular da reserva*"[835]. Sendo uma reclamação específica dos direitos, liberdades e garantias, entre as matérias elencadas na reserva relativa[836], a reserva de densificação total contribui para a delimitação, em termos verticais, da extensão da reserva de lei, exigível ao nosso domínio material normativo. Note-se que a "*consumpção de uma reserva de densificação total* constitui um dos *atributos do princípio da competência do subsistema legislativo português*"[837], devendo o órgão titular da reserva esgotar essa matéria, não podendo limitar-se a enunciados *incompletos, indeterminados ou imprecisos* que impliquem que um outro órgão tenha de os preencher em termos inovatórios proibida atenta a reserva de lei. Efetivamente, se, no presente contexto material, aliarmos esta reserva de densificação total à *supra* estudada exigência de especial densidade normativa, configurando uma potencial reserva de lei vertical expansiva, é possível concluir que o recurso a conceitos indeterminados, ou a quaisquer outras formas

[835] MORAIS, Carlos Blanco de (2012). *Curso de Direito Constitucional, Tomo I, 2ª Ed.*, Coimbra Editora: Coimbra; p. 266.

[836] Cfr. Artigo 165º da CRP.

[837] MORAIS, Carlos Blanco de (2012). *Curso de Direito Constitucional, Tomo I, 2ª Ed.*, Coimbra Editora: Coimbra; pp. 268 e 269.

de atribuição expressa ou implícita de poderes de livre margem de decisão administrativa, na interpretação e aplicação das normas legais deve ser excecional, reclamando redobrada vigilância em sede de controlo jurisdicional. A reserva abrange todo o domínio legislativo e não apenas as bases gerais dos regimes jurídicos, não sendo, sequer, pacífica na doutrina a admissibilidade de regulamentos de execução[838]. Mesmo fora da reserva, cabe lembrar que a Constituição exige, genericamente, no que concerne a atos materialmente inovatórios, a forma de lei e de regulamento independente, nos termos constitucionais[839], ambos sujeitos a controlo de mérito presidencial e, no primeiro caso, a apreciação preventiva da constitucionalidade. Em acréscimo, a matéria em apreço não pode ser objeto de regulamentos autónomos ou de deslegalização[840], sendo, precisamente, esta uma das situações em que a degradação para o nível regulamentar é constitucionalmente proibida, estando em causa, pelo menos, a regulação do seu conteúdo essencial[841/842]. Acresce a proibição tendencial ou, pelo menos, exigência de determinação criteriosa, do exercí-

[838] Miranda, Jorge (2012). *Manual de Direito Constitucional,* Tomo IV, Coimbra Editora: Coimbra; p. 470; Em sentido contrário – Canotilho, Gomes/Moreira, Vital (2007). *Constituição da República Portuguesa Anotada, Vol. I,* Anotação ao Artigo 18º, Coimbra Editora: Coimbra; pp. 395 e 396.

[839] Artigo 112º, números 6 e 7, da CRP.

[840] Alguma doutrina sustenta que não é rigoroso falar apenas em deslegalização, atenta a identificação, neste âmbito, de duas figuras distintas, sujeitas a regime diverso: a autodeslegalização e heterodeslegalização. No primeiro caso, um ato legislativo autoqualifica, originariamente, parte do seu conteúdo como regulamentar, permitindo que um futuro regulamento opere vicissitudes. A heterodeslegalização, por sua vez, implica que outro ato legislativo, posterior, venha introduzir alterações ao primeiro, a algumas das suas disposições: essas alterações passarão por uma desgraduação da forma (de legislativa para regulamentar) dos preceitos abrangidos, o que se pode concretizar através de derrogação expressa ou da atribuição de novo título – novação – aquelas disposições. – Freitas, Dinamene de (2012). "Obrigações Legais de Regulamentação – Algumas Reflexões Quase Avulsas", *in Estudos em Homenagem ao Prof. Doutor Jorge Miranda, Volume IV, Direito Administrativo e Justiça Administrativa*, Coimbra Editora: Coimbra; p. 267. Pela nossa parte, parece-nos que a deslegalização inclui, sucessivamente, uma autodeslegalização seguida de heterodeslegalização, fenómeno apenas autorizado fora da reserva material de lei, onde essas distinções são suscetíveis de ganhar operatividade.

[841] Morais, Carlos Blanco de (2012). *Curso de Direito Constitucional, Tomo I, 2ª Ed.,* Coimbra Editora: Coimbra; p. 248.

[842] Para Vieira de Andrade, é possível distinguir um núcleo essencial na liberdade de imprensa, constituída pelo direito a informar, e camadas intermédias, quando está em causa a crónica ou o entretenimento, ou mesmo periféricas, quanto a publicações pornográficas. A intensidade da proteção constitucional iria decrescendo do centro para o limite. – Andrade, Vieira de (2009). *Os Direitos Fundamentais na Constituição Portuguesa de 1976,* 4ª Ed., Almedina: Coimbra; p. 166.

cio de poderes discricionários pela Administração e da sua margem de livre apreciação administrativa[843].

11.3. A exigência constitucional de determinabilidade das leis restritivas de condutas expressivas tem como primeiro destinatário o legislador. Estando todos os direitos fundamentais sujeitos a restrições, orientadas constitucionalmente, eles vinculam o legislador ordinário quando efetua as ponderações prévias com vista à solução de eventuais conflitos normativos. No exercício da subfunção legislativa do Estado, "*marcada pela normatividade política, inovação e supremacia hierárquica sobre funções não políticas*"[844], os órgãos legislativos procedem a escolhas, primárias e fundamentais, tendo como único parâmetro direto de validade a Constituição. O legislador, no âmbito das suas competências, cuja definição se encontra sujeita a reserva constitucional[845], encontra-se vinculado em termos orgânicos, formais e materiais às exigências constitucionais, designadamente ao regime de proteção dos direitos, liberdade e garantias. Não obstante, atenta a especificidade técnica da matéria em investigação, desde as características das novas tecnologias à inerente liberdade editorial constitucionalmente protegida, o legislador recorre, por vezes, a conceitos indeterminados, cuja concretização carece de conhecimentos especializados. Em consequência, cabe-nos aquilatar, em conformidade com as conclusões a que chegarmos neste capítulo, quais são os poderes e correspetivos limites do Regulador nesta matéria.

No plano da interpretação da lei ordinária, suscitam-se, neste contexto, questões específicas de repartição de competências entre os Poderes do Estado e de interpretação e aplicação pela Administração/Regulador e pelos Tribunais. Desde logo, parece-nos seguro afirmar que o legislador encontra-se limitado *a montante* pela exigência constitucional de determinabilidade das leis restritivas e pela reserva de lei e, *a jusante,* pela liberdade editorial e/ou por espaços onde as especificidades técnicas e/ou tecnológicas podem mesmo reclamar liberdade. No plano, especificamente, regulatório da comunicação social, no ordenamento positivo português, o alcance jurídico-constitucional desse potencial espaço de atuação da Entidade Reguladora terá de ter em consideração a concessão direta, *ope constitutionis,* a essa autoridade regulatória,

[843] Novais, Jorge Reis (2003). *As Restrições aos Direitos Fundamentais Não Expressamente Autorizadas Pela Constituição,* Coimbra Editora: Coimbra, pp. 824 e 825, nota 1499.

[844] Morais, Carlos Blanco de (2012). *Curso de Direito Constitucional,* Tomo I; Coimbra Editora: Coimbra; p. 35.

[845] Artigo 111º, nº 2, da CRP

com a natureza de autoridade administrativa independente, de atribuições constitucionais expressas de defesa dos direitos, liberdades e garantias[846]. A este órgão compete proceder a ponderações, para além dos domínios normativos preenchidos pelo legislador e dos casos em que o legislador lhe delegue, expressamente, essa missão.

Note-se que, nas leis que regulam a comunicação social, multiplicam-se os conceitos indeterminados, atribuindo, expressa ou tacitamente, ao Regulador a tarefa da sua densificação. Acrescem os casos, já estudados, em que o legislador remete expressamente para o juiz uma determinada ponderação entre direitos e valores colidentes. Se, neste último caso de atribuição expressa de competência, a Administração fica arredada de uma eventual intervenção, nos casos de remissão, expressa ou implícita, para a Administração Reguladora, cumpre refletir sobre,

i) Os poderes do Regulador na concretização desses preceitos normativos que contêm conceitos indeterminados;
ii) As competências de controlo do juiz não só dessas normas legislativas, mas também da aplicação administrativa (ou ausência de aplicação) dessas mesmas normas.

Adicionalmente, nessa panóplia legislativa, fértil em conceitos indeterminados, multiplicam-se os casos em que o órgão legislativo, na sua atividade de produção de regras modificativas da ordem jurídica, opta pela aplicação de sanções pelo incumprimento das regras que estipula, sanções de natureza penal ou contraordenacional. Uma mera constatação *de facto*, que aduz novos argumentos ao paradoxo formulado, atenta a desconfiança que os constitucionalistas depositam no recurso a conceitos vagos que pressuponham um grau considerável de livre margem de interpretação administrativa, em matérias atinentes a direitos, liberdades e garantias, em geral, e, em especial, às condutas comunicativas e expressivas, sobretudo em contexto do direito sancionatório público.

[846] Cfr. Artigo 39º, da CRP (Regulação da comunicação social):
1. Cabe a uma entidade administrativa independente assegurar nos meios de comunicação social:
a) O direito à informação e a liberdade de imprensa;
b) A não concentração da titularidade dos meios de comunicação social;
c) A independência perante o poder político e o poder económico;
d) O respeito pelos direitos, liberdades e garantias pessoais;
e) O respeito pelas normas Reguladoras das atividades de comunicação social;
f) A possibilidade de expressão e confronto das diversas correntes de opinião;
g) O exercício dos direitos de antena, de resposta e de réplica política.

Salvo alguns casos patológicos e tentadores de inconstitucionalidade incontornável, consideramos que esta técnica é consentânea, não apenas com a forma como o legislador constitucional configurou o Regulador português dos *media*, atribuindo livre margem ao decisor legislativo ordinário para lhe conferir ou não competência regulamentar, mas também com o facto de a sua atividade interpretativa implicar aspetos técnicos ou especializados atinentes a questões editoriais, de acesso difícil, impossível ou inconveniente para o poder legislativo. O que esta ressalva não pode, de forma alguma, legitimar é a subtração de dimensões essenciais das liberdades comunicativas à lei formal. E o facto de não serem admissíveis decretos regulamentares para criar aspetos inovatórios nestas matérias não pode levar o Governo a optar por regulamentos executivos. Não obstante, foi o que aconteceu no processo de transição da televisão analógica para a televisão digital terrestre, um processo que reconfigurou toda a oferta televisiva, atividade que reveste, também no caso português, relevância constitucional. Antes, todavia, cabe refletir sobre a questão dos conceitos indeterminados.

12. Conceitos Indeterminados e Regulação

12.1. A problematização da exigência de reserva formal de lei, perante normas de decisão criadas pelos órgãos aplicadores do direito, na solução de casos concretos, consubstanciadoras de atos constitucionalmente devidos, parece-nos desprovida de utilidade, no âmbito dos direitos, liberdades e garantias: a exigência formal de lei é relevante para a criação de normas gerais e abstratas, atividade própria do legislador democrático. Reiteramos o nosso entendimento, segundo o qual, no âmbito estrito dos atos constitucionalmente devidos para o exercício de direitos, liberdades e garantias e certos direitos de natureza análoga, é possível sustentar a existência de uma reserva constitucional de direitos fundamentais, solução que se revela particularmente profícua perante omissões normativas inconstitucionais dos poderes constituídos[847]. O princípio da reserva de lei não é oponível à tarefa concretizadora dos direitos fundamentais pelos órgãos aplicadores do direito, naquele âmbito preciso de ausência de liberdade conformadora do legislador democrático e apenas nesse. Refira-se, mais uma vez, que o princípio da reserva de lei não se aplica apenas às eventuais intenções restritivas do legislador, dado que a Constituição

[847] Castro, Raquel Alexandra Brízida (2012). *As Omissões Normativas no Direito Constitucional Português*, Almedina: Coimbra; pp. 143 e segs; (2012b) – "Por uma Fiscalização Concreta e Difusa das Omissões Legislativas Inconstitucionais que violam Direitos, Liberdades e Garantias", *in Obra Coletiva de Homenagem ao Professor Doutor Jorge Miranda*, Volume III, Coimbra Editora: Coimbra.

não distingue leis restritivas de leis ampliativas, porquanto uma intervenção no âmbito normativo de um direito fundamental refletir-se-à, reflexamente, nos demais. Atenta a dificuldade de delimitar a natureza do impacto sobre as várias faculdades de um direito, liberdade ou garantia, optámos por conceitos amplos de proteção normativa e de restrição.

É verdade que não há crime nem pena sem lei e esta *"deve ser expressa e prévia, em relação aos factos que se propõe valorar"*[848]. Uma afirmação que não obsta a que as decisões dos tribunais sejam, como são, *"espaços de resolução de conflitos e de vivência da lei penal, absolutamente decisivos para a compreensão e modelação do Direito vigente"*[849]. Estas funções da jurisprudência são, particularmente, evidentes no campo do direito penal da imprensa, na resolução de conflitos entre a liberdade de informar e os limites decorrentes da tutela penal de bens jurídicos fundamentais. Em algumas matérias, os tribunais *"formulam mesmo regras de conduta que devem ser seguidas para evitar a ilegalidade da atividade jornalística"*[850/851]. As decisões dos tribunais portugueses têm contribuido para a delimitação das condutas dos jornalistas, efetivamente, proibidas e permitidas[852]. O próprio direito penal da imprensa remete expressamente a

[848] PINTO, Frederico de Lacerda Costa (2014). "A atividade jornalística à luz da jurisprudência penal", *in Media, Direito e Democracia*, Almedina: Coimbra; pp. 257 e segs, em especial, p. 257.

[849] PINTO, Frederico de Lacerda Costa (2014). "A atividade jornalística à luz da jurisprudência penal", *in Media, Direito e Democracia*, Almedina: Coimbra; pp. 257 e segs, em especial, p. 258.

[850] PINTO, Frederico de Lacerda da Costa (2014). "A atividade jornalística à luz da jurisprudência penal", *in Media, Direito e Democracia*, Almedina: Coimbra; p. 259.

[851] Pode ler-se, por exemplo, no Acórdão nº 08345/11, de 20 de fevereiro de 2014, do Tribunal Central Administrativo do Sul, que "*domina no ordenamento jurídico português um princípio aplicável a todos os jornalistas e operadores de comunicação social: o da difusão noticiosa ser feita segundo padrões previamente estabelecidos, entre os quais avulta o rigor e a isenção. O rigor significa exatidão ou precisão na descrição da realidade, garantindo que esta não é comunicada de forma vaga, falseada ou distorcida. Por seu turno, a exatidão significa informar com correção e justeza, em estrita observância a deveres de fidelidade. O rigor informativo implica um elevado grau de objetividade, isto é, de impermeabilidade do jornalista a emoções ou convicções próprias. E da isenção são inseparáveis atributos pessoais como a imparcialidade e a independência. O rigor informativo traduz-se assim numa verdadeira orientação que aponta a atividade jornalística no sentido da objetividade e credibilidade da notícia; já a isenção, requerendo afastamento psicológico dos factos a noticiar, pressupõe integridade pessoal no relato dos acontecimentos. Claro está que ambos os princípios devem procurar ser densificados na procura de variadas fontes de informação, que permitam testar a veracidade da notícia, na audição dos diferentes pontos de vista e numa descrição tendencialmente enxuta de quaisquer considerações ou convicções pessoais do jornalista. Mas serão certamente poucas as situações em que o jornalista, pressionado pelo imediatismo da notícia, pode efetivamente concretizar em simultâneo estes três vetores*".

[852] No *supra* citado Acórdão nº 08345/11, de 20 de fevereiro de 2014, do Tribunal Central Administrativo do Sul, pode ler-se ainda que *"a hierarquia de valores que domina a notícia impõe que*

solução de eventuais conflitos para um procedimento de ponderação, espelho dos conflitos constitucionais, cuja solução não pode deixar de ser baseada na Constituição[853].

Perante direitos, liberdades e garantias ou direitos sociais análogos, vale a *"reserva constitucional de direitos fundamentais"*, nos limites esboçados, o que significa que a reserva de lei[854], exigida nesta matéria, só ganha autonomia

esta seja atual e imediata, sobretudo em televisão, para que suscite o interesse do público, no fim de contas, o seu destinatário e a sua razão de ser. Mas como nem todos os acontecimentos geram notícias ou são suscetíveis de ter utilidade nessa perspetiva, para que um facto se converta em notícia ele deve ser atual e próximo, gerar curiosidade e despertar o conflito e ou comoção, ter protagonistas e ser suscetível de produzir consequências. (...) Relembra-se que rigor informativo significa uma descrição exata ou precisa da realidade. Ao retratar um acontecimento social o jornalista pode limitar-se a descrevê-lo ou simplesmente transmiti-lo tal qual ele se desenrola. Essa transmissão, muito comum em televisão, por vezes prescinde de declarações circunstanciais e outras vezes não. O que não quer dizer que mesmo nos casos em que não há intenção de as colher elas não acabem incorporadas na peça. Exemplo disso são os "No comment" da Euronews, que apesar de não expressarem qualquer posição particular do jornalista ou da Estação ainda assim são suscetíveis de conter opiniões ou ideias avulsas dos intervenientes nos factos transmitidos, que podem traduzir uma perspetiva parcial dos acontecimentos. (...) No caso vertente a falta de audição do Diretor da CDL ou de alguém ligado à mesma e a recolha de declarações de pessoas ligadas à CML não quebra o rigor informativo: a jornalista limitou-se a retratar a realidade que naquele momento lhe era oferecida. Se as opiniões expressas são de molde a por em causa o bom nome da CDL, se não correspondem inteiramente à realidade ou se são falsas, isso é algo que vai para além do crivo do jornalista, certamente incapaz de avaliar o grau de veracidade das declarações que recolhe; podem até justificar um juízo de ilicitude ou de censura jurídico-penal sobre os respetivos autores mas não legitimam que esse mesmo juízo seja projetado para a esfera pessoal do jornalista. É certo que no plano da idealidade a tais declarações deveriam ser contrapostos diferentes pontos de vista. Mas, insiste-se, isso não significa necessariamente que a falta dos mesmos seja equivalente à falta de rigor informativo. (...) Não se afigura, pois, que haja falta de rigor informativo na notícia em causa. Eventualmente poder-se-á aceitar que a mesma não é totalmente isenta. (...)".

853 Costa Pinto indica-nos um conjunto de acórdãos em que essa ponderação é feita. Por exemplo, no *Acórdão do Tribunal da Relação de Lisboa*, de 11-09-2012 (João Ramos de Sousa), considerou-se que *"a liberdade de imprensa implica a liberdade de apresentar os conteúdos da forma que o jornalista considerar mais adequada e a investigação jornalística não tem de ser exaustiva e rigorosa como uma atividade científica ou uma indagação judicial, mas deve respeitar padrões de boa-fé e de diligência profissional, sendo por isso incompatível com a divulgação consciente de notícias incompletas ou falsas ou cuja investigação não tenha respeitado as regras deontológicas da profissão."* – Pinto, Frederico de Lacerda Costa da (2014). "A atividade jornalística à luz da jurisprudência penal", *in Media, Direito e Democracia*, Almedina: Coimbra; p. 264.

854 Para além de todas as outras dimensões que, normalmente, são apontadas ao princípio da reserva da lei, em matéria de direitos, liberdades e garantias, sustentámos que ela pode (e deve), igualmente, ser entendida como uma fonte de deveres normativos para o legislador ordinário. Essa é, precisamente, a posição de Puente, que aproxima as noções de reserva e de mandatos ao legislador, no sentido em que aquela implica não só a titularidade exclusiva, em favor do poder legislativo, de uma competência normativa sobre determinadas matérias, mas também a sua irrenunciabilidade. Pelo menos, em relação às remissões normativas do legislador em favor do Executivo, Puente constata que essa foi a esta conclusão a que chegou o Tribunal Constitucional espanhol: Cfr. STC 58/1982, de 27 de julho (FJ 1º) quando refere que a reserva de lei é um mandato

dogmática perante aqueles aspetos que a Constituição quis remeter para as maiorias parlamentares, domínio vedado ao juiz[855], porquanto exclusivo da liberdade de conformação legislativa. O mesmo não acontece perante a reserva de Constituição[856], cuja interpretação e aplicação compete precisamente ao poder jurisdicional, pois o juiz é também um destinatário direto das normas consagradoras de direitos fundamentais, na omissão inconstitucional do legislador. Ou seja, atualmente, é a própria relevância dos direitos fundamentais que se constitui um elemento determinador do âmbito da reserva de

ao legislador, exprime a vontade constitucional de forçar o legislador a tomar posição sobre certos assuntos. Neste contexto, ainda que o legislador possa solicitar a colaboração do Executivo, esta colaboração normativa não pode envolver uma renúncia da própria competência esquecendo os limites e conteúdos mínimos que a reserva de lei exige; STC, 83/1984, de 24 de julho, nos termos da qual o princípio (da reserva de lei) não exclui certamente a possibilidade de as leis conterem remissões para normas regulamentares, mas tais remissões não podem tornar possível uma regulamentação independente e não claramente subordinada à lei, uma vez que tal implicaria a degradação da reserva formulada pela Constituição em favor do legislador. – PUENTE, M. Gómez, L (1997) *La Inactividad del Legislador: una realidad susceptible de control*, McGraw-Hill Interamericana de España; pp. 41 e segs. Assim, no entender do autor, a reserva de lei representa para o legislador, não apenas uma garantia, mas também uma exigência de exercício do poder legislativo e de o fazer com um determinado grau de concretização. PUENTE vai mais longe e questiona: *"se perante concretos mandatos constitucionais ou perante determinados aspetos nucleares ou essenciais, é possível reconhecer a irrenunciabilidade da competência normativa do legislador em favor do executivo, não seria possível afirmar a irrenunciabilidade, sem mais, da referida competência normativa por parte do legislador? Não seria possível concluir que em situações determinadas, a inércia legislativa implica uma omissão legislativa na medida em que infringe o mencionado princípio da irrenunciabilidade?"* – *Ibidem*, p. 43. Julgamos, contudo, que não é necessário fundamentar a omissão legislativa inconstitucional no princípio genérico da irrenunciabilidade da competência. Basta a demonstração de que o silêncio do legislador pôs em causa o exercício de um determinado direito fundamental, exigido pela Constituição. – CASTRO, Raquel Alexandra Brízida (2012) *As Omissões Normativas no Direito Constitucional Português*, Almedina: Coimbra; pp. 143 e 144.

[855] Como ensina Jorge MIRANDA, *"na reserva de Constituição, esta chama a si certa matéria, conferindo-lhe um tratamento a nível de normas que apenas podem ser alteradas através dos procedimentos de revisão e cuja garantia se insere de pleno na garantia da constitucionalidade. Na reserva de lei a Constituição impõe que tal tarefa caiba à lei vedando à administração e à jurisdição qualquer interferência ou, pelo menos, qualquer interferência a nível principal. Na reserva de Constituição, o órgão legislativo está sujeito a um princípio de heteronomia. Na reserva de lei, a um princípio de autonomia ou conformação"* – MIRANDA, Jorge (2010) *Manual de Direito Constitucional, Volume V*, Coimbra Editora: Coimbra; p. 214.

[856] Segundo Jorge MIRANDA, a reserva de Constituição pode consistir *"numa reserva de regulamentação, de tal jeito que são as normas constitucionais que fazem o travejamento da matéria e as recortam perante outras (eventualmente com a colaboração posterior de normas legais)"* Assim, para o autor, o conteúdo essencial dos direitos, liberdades e garantias é o que resulta dos preceitos constitucionais. – MIRANDA, Jorge (2010) *Manual de Direito Constitucional, Volume V*, Coimbra Editora: Coimbra; p.213.

lei[857]. Acrescentamos nós, no caso do Regulador dos *Media*, por expressa atribuição constitucional, também a Administração Reguladora.

A especial exigência de determinabilidade das leis restritivas, como vimos, reveste no presente âmbito normativo uma relevância específica, pela especial danosidade que pode ser gerada pelo seu incumprimento. Mas dela não depende a adequação funcional da intensidade do controlo judicial da atividade administrativa, atenta a vinculação da Administração Reguladora (no nosso caso, a vinculação é expressa) e do juiz aos direitos fundamentais. A reserva de lei visa proteger os direitos fundamentais, pelo que não faz sentido premiar o legislador inadimplente, fazendo depender, da sua ação ou omissão, essa mesma proteção ou o controlo da sua intervenção ou omissão normativa. Essa seria, de resto, uma forma expedita de o legislador conferir, propositadamente, espaços em branco de livre decisão à Administração, para controlar, indiretamente, o âmbito possível do controlo judicial da atividade administrativa, em detrimento da proteção dos direitos fundamentais. A admitir-se essa técnica, estar-se-ia a privar, de forma inconstitucional, o poder jurisdicional do escrutínio judicial de importantes domínios normativos, legitimando uma ingerência indireta inadmissível do legislador no âmbito de atuação do Poder Jurisdicional. Não obstante, é possível encontrar esse princípio da deferência judicial em relação aos Reguladores, nos ordenamentos jurídicos espanhol e norte-americano.

12.2. Na famosa sentença do Tribunal Supremo dos EUA – *Chevron USA, Inc. v. Natural Resources Defense Council 1984*[858], o Tribunal delimitou o controlo jurisdicional do poder das Agências administrativas norte-americanas[859],

[857] Gomes CANOTILHO refere *"uma notável mutação de sentido da reserva de lei no esquema relacional lei-direitos fundamentais"* – CANOTILHO, Gomes, *Direito Constitucional e Teoria da Constituição;* p. 677.

[858] Em 1977, nos EUA, uma lei veio estabelecer medidas limitativas das emissões de carbono, para atingir certos objetivos de qualidade do ar. A Agência *(Environmental Protection Agency)* interpretou que a lei permite considerar, como uma única fonte, todas as emissões procedentes de uma única fonte, embora proveniente de focos distintos. Esta interpretação permitiu ao titular do edifício uma certa flexibilidade na gestão das emissões, porque o importante eram as emissões globais da instalação. A singularidade do caso *Chevron* prende-se com a justificação usada pelo Supremo para apoiar a interpretação da Agência. A EPA é uma *executive agency,* não é uma agência independente, o seu administrador é nomeado, livremente, pelo Presidente dos EUA; a lei delega na Agência a *"law making authority", recomhecendo-lhe* uma significativa discricionariedade, na densificação do conceito de *"major stationary sources"*. Este silêncio da lei podia e devia ter sido preenchido pela Agência, através da emissão da disposição regulamentar correspondente.

[859] SUNSTEIN, Cass R. /MILES, Thomas J. (2007). *The Real World of Arbitrariness Review*, University of Chicago Law; p. 9.

especificando, em *ober dictum*, que nos casos em que a vontade do Congresso resulta clara e expressamente da lei, nem o tribunal nem a Agência Reguladora devem pretender sobrepor as suas interpretações à do legislador. Pelo contrário, se essa vontade é obscura, o Regulador poderá interpretar a lei com alguma liberdade, devendo o tribunal limitar-se a comprovar que a interpretação administrativa é possível *(permissible construction of the statute)*[860]. Este entendimento funda-se no pressuposto de que, no ato de criação da Agência pelo Congresso para interpretar e aplicar uma lei, é-lhe delegada, expressa ou implicitamente, a solução de todas as questões, eventualmente, suscitáveis. Os tribunais limitam-se a confirmar se a decisão regulatória cabe no âmbito da delegação, devendo, em caso positivo, deferência à decisão da Agência[861], podendo esta delegação fundar-se nos próprios Estatutos, ou em determinações específicas da lei, através de uma norma expressa atributiva de competência, ou quando, consciente ou inconscientemente, deixa por regular uma certa questão.

A decisão proferida no caso *Chevron* é, normalmente, invocada para sustentar que a ambiguidade da interpretação estatutária requer decisões políticas, para as quais a Administração é competente, ao invés dos juízes[862]. A tese inerente a esta sentença, desemboca no "textualismo jurídico", ou literalismo estrito na interpretação das leis, intimamente ligada ao *originalismo* ou *interpretação da Constituição e das suas Emendas de acordo com a intenção original dos constituintes*[863]. A doutrina norte-americana divide-se entre: *i)* aqueles que consideram que a passividade dos juízes funda-se na consideração pragmática de que os reguladores se encontram dotadas de mais conhecimento e experiência, na adoção de decisões e *ii)* aqueles que se baseiam num argumento mais substancial, atinente à separação de poderes, que é o de evitar que os tribunais interfiram nas funções que foram delegadas pelo Congresso a essas mesmas Agências[864].

[860] BETANCOR, Andrés (2010). *Regulación: Mito y Derecho*, Civitas: Pamplona; p. 505.

[861] Trata-se do *Principle of deference to administrative interpretations*, como o reconhece o próprio tribunal. – BETANCOR, Andrés (2010), *Regulación: Mito y Derecho*, Civitas: Pamplona; p. 506

[862] SUNSTEIN, Cass R./MILES, Thomas J. (2009). "Depoliticizing Administrative Law", *Duke Law Journal*, Vol. 58: 2193,p. 2196.

[863] GARCIA, Pablo/ MANZANO, Jimenéz de Andrade (2013). Los *Reglamentos de las Autoridades Administrativas Independentes*, Thomson Reuters: Pamplona; p. 80.

[864] GARCIA, Pablo/ MANZANO, Jimenéz de Andrade (2013). Los *Reglamentos de las Autoridades Administrativas Independentes*, Thomson Reuters: Pamplona; p. 80

Atente-se ainda nos casos *Motor Vehicles Manufacturers Ass'n v. State Farm Mutual Automobile Insurance Co.*, onde se especifica a forma de controlo jurisdicional das decisões regulatórias, consideradas *arbitrary or capricious,*[865] *de acordo com o Administrative Procedure Act (APA)*[866]. Em *State Farm,* o Supremo reclama a invalidação jurisdicional de uma norma ou decisão regulatória, perante a omissão da respetiva fundamentação, na ausência da procura de alternativas razoáveis. Este critério do *arbitrary and capricious* não se encontra densificado na lei, mas relaciona-se com o conceito de razoabilidade, sendo considerado suficiente um mínimo de correspondência entre um fim permitido e os meios escolhidos para a sua prossecução. O que leva a doutrina a concluir que, pelo menos, a ideia da existência de uma deferência judicial é plausível, mesmo pertinente[867].

Na descrição do juiz STEVENS[868], de acordo com *o principle of deference to administrative interpretations,* os tribunais devem deferência à interpretação de uma Agência Reguladora, independentemente da respetiva natureza executiva ou independente:

i) Quando é adequada ao alcance da delegação (expressa ou implícita) do Congresso e se traduza numa interpretação razoável da lei, que não seja *"arbitrary, capricious or contrary to the statute";*

ii) Quando a interpretação resolve um conflito de políticas ou de interesses que a lei não quis resolver, atenta a complexidade técnica envolvida;

iii) A deferência encontrar-se-ia justificada porque a interpretação da agência, ao contrário dos tribunais, procede de um poder *"more directly accountable to the people".* Adicionalmente, a procedência da interpretação de uma Agência Federal única garantiria a uniformidade das decisões, em oposição às diferentes possibilidades contraditórias dos tribunais[869].

[865] Segundo o Tribunal, na *supra* referida sentença, *"an agency rule would be arbitrary and capricious if the agency has relied on factors wich Congress has not intended to consider, entirely failed to consider an important aspect of the problem, offered an explanation for its decision that runs counter to the evidence before the agency, or is so implausible that it could not be ascribed to a difference in view or the product of the agency expertise"* – ALLEN, Bob (2009), *Rationalizing Hard Look Review After the Fact,* 122 Harv. L. Rev. 1913.

[866] SUNSTEIN, Cass R./MILES, Thomas J. (2009). "Depoliticizing Administrative Law", *Duke Law Journal,* Vol. 58: 2193,p. 2196.

[867] ALLEN, Bob (2009). *Rationalizing Hard Look Review After the Fact,* 122 Harv. L. Rev. p. 1911.

[868] BETANCOR, Andrés (2010). *Regulación: Mito y Derecho,* Civitas: Pamplona; p. 506.

[869] BETANCOR, Andrés (2010). *Regulación: Mito y Derecho,* Civitas: Pamplona; p. 508.

Numa fase posterior[870], após a expansão desta doutrina, o Supremo Tribunal acabou por recorrer à sua mitigação[871], restringindo o âmbito de aplicação do princípio às delegações normativas do congresso. Em jurisprudência mais recente, o Supremo Tribunal proferiu sentenças que obrigam as agências independentes[872] a fundamentarem, juridicamente, a falta de regulação de uma matéria, para cuja produção eram competentes[873].

As questões envolvidas nesta presunção em favor da livre margem de decisão administrativa dos Reguladores, ganham novos contornos nos EUA, onde a doutrina do *"New legal Realism"*[874] tem ganho adeptos. Esta conceção procura a compreensão das fontes das decisões judiciais, com base em dados estatísticos. O objetivo é o de definir tendências jurisprudenciais, fundadas, por exemplo, na relação que existe entre o controlo da discricionariedade administrativa pelos tribunais federais e a escolha política dos juízes. Esta tese tem produzido os seus efeitos no sistema de controlo da discricionariedade administrativa, em especial sobre a designada *"hard look*

[870] BETANCOR, Andrés (2010). *Regulación: Mito y Derecho*, Civitas: Pamplona; p. 509.

[871] Na sentença *United States v. Mead Corp.*, prolatada em 2001.

[872] Refira-se que, apesar de ser possível apurar algumas semelhanças entre as autoridades administrativas independentes das administrações públicas europeias e as agências norte-americanas, o paralelo não pode ser feito com rigor, em termos absolutos. Trata-se de comparar administrações do direito administrativo, pertencentes ao sistema de administração executiva, de tipo continental ou francês, com entidades pertencentes a um país inserido no sistema de administração judiciária, típica do direito anglo-saxónico. As semelhanças residem sobretudo na sua particular apetência para abordar casuisticamente os problemas. – DIAS, José Eduardo Figueiredo (2001). "Direito à informação, proteção da intimidade e autoridades administrativas independentes"*, in Estudos em Homenagem ao Prof. Doutor Rogério Soares, Coimbra Editora:* Coimbra; pp. 642 e 643. Sobre as diferentes naturezas dos Reguladores – MORAIS, Carlos Blanco de (2012). "O Estatuto Híbrido das Entidades Reguladoras da Economia", *in Estudos em Homenagem ao Prof. Doutor Jorge Miranda*, Vol. IV, Coimbra Editora: Coimbra; (2001). "As Autoridades Administrativas Independentes na Ordem Jurídica Portuguesa", *ROA-Ano 61-I-Janeiro;*

[873] *Clean Air Act*, Sentença do Supremo Tribunal de 3 de abril de 2007 – GARCIA, Pablo/ MANZANO, Jimenéz de Andrade (2013). Los *Reglamentos de las Autoridades Administrativas Independentes*, Thomson Reuters: Pamplona; p. 81.

[874] LLEWELLYN escreveu, em reação a uma visão formalista, que a lei, expressa em normas e precedentes, não determina os desfechos de muitos casos. A indeterminabilidade da lei, ou mesmo incoerência, significa que é preciso ter em conta a personalidade do juiz: o nosso governo *is not a government of Laws, but one of Laws through men.* O novo realismo legal tem registado progressos quanto à adoção de critérios consensuais para a medição de aspetos relevantes da personalidade do juiz. O que Llewellyn designou por personalidade, os adeptos do *"New legal Realism"* entendem por características pessoais dos juízes, tais como a filiação partidária, aspetos demográficos e experiencia profissional anterior. – MILES, Thomas J./SUNSTEIN, Cass R. (2008). The New Legal Realism; pp. 832 e segs.

doctrine"[875], desenvolvida durante os anos 60 e 70, pelos tribunais federais norte-americanos de recurso, a partir de decisões judiciais que exigiam às Agências administrativas que demonstrassem, exaustivamente, que tinham concretizado um *"hard look"* sobre questões de *"policy and fact"*[876]. O desiderato era o de exigir uma fundamentação especial e qualificada das decisões administrativas, quando a lei lhes conferia generosa discricionariedade. Porém, na prática, as preferências políticas da administração acabaram por ser substituídas pelas dos juízes, pese o objetivo oposto desta doutrina, no sentido de controlar eventuais arbitrariedades das decisões das Agências. Seguiu, todavia, um rumo controverso, não tendo contribuído para a melhoria das decisões das agências[877].

É por isso que a doutrina hesita entre um "*hard look*" e um "*soft look*": a tese designada por *"hard look doctrine"* pode servir como uma importante medida preventiva *ex ante* e corretiva *ex post* de decisões negligentes, inspiradas em pressões de grupos de interesses ou de compromissos políticos. Uma atenuação do controlo judicial, por sua vez, pode produzir maior e mais genuína arbitrariedade administrativa, reduzindo o peso das preferências políticas dos juízes na invalidação das decisões das Agências[878]. Certos autores referem-se à *"ossification"*[879] como o preço pago pela sociedade para a redução dos erros das Agências Reguladoras. O grau de exigência imposto pelos tribunais, implícito na *"hard look doctrine"*, impede que essas entidades administrativas adotem decisões pouco fundamentadas, mas gera, por seu turno, longos processos judiciais que acabam por as desencorajar de adotarem possíveis regulações benéficas, favorecendo *o status quo*.

12.3. O ordenamento jurídico espanhol, por sua vez, não assume o princípio da deferência, mas a questão não resiste a uma análise mais atenta da

[875] Sobre esta doutrina – ALLEN, Bob (2009). *Rationalizing Hard Look Review After the Fact*, 122 Harv. L. Rev. 1909; SUNSTEIN, Cass R./MILES, Thomas J. (2009). "Depoliticizing Administrative Law", *Duke Law Journal*, Vol. 58: 2193, pp. 2194 e segs.; (2008). "The New Legal Realism" *University of Chicago Law Review* 75: 81;(2007). "The Real World of Arbitrariness Review", *University of Chicago Law.*

[876] SUNSTEIN, Cass R./MILES, Thomas J. (2007). "The Real World of Arbitrariness Review", *University of Chicago Law*; p. 2.

[877] SUNSTEIN, Cass R./MILES, Thomas J. (2007). "The Real World of Arbitrariness Review", *University of Chicago Law*; p. 3.

[878] MILES, Thomas J./SUNSTEIN, Cass R. (2008). New Legal Realism" *University of Chicago Law Review* 75: 81; p. 850.

[879] Allen, Bob (2009). "Rationalizing Hard Look Review After the Fact", *122 Harv. L. Ver.; p. 1910.*

prática jurisprudencial, que o fundamenta sobretudo na complexidade técnica de certos assuntos. Neste caso, a complexidade e a dúvida beneficiam o Regulador: quanto mais difícil, maior a discricionariedade, circunscrevendo-se o controlo aos aspetos vinculados. No sistema espanhol, a coincidência politica, entre maioria no Parlamento, no Congresso dos deputados e no governo, torna possível, mais do que seria desejável, que as delegações legislativas alcancem intensidades superiores às da democracia norte-americana. Em acréscimo, o poder regulamentar do governo é originário, habilitado diretamente pela Constituição, cujo exercício não pode ser impedido ou condicionado pela lei. O legislador não proíbe a fiscalização de certas atividades, mas como pretende que os Reguladores desfrutem de uma importante discricionariedade, opta por enfraquecer o parâmetro legislativo, dificultando indiretamente o controlo judicial, não obstante a aplicabilidade dos princípios gerais de direito, tal como no ordenamento jurídico-administrativo português. Contudo, a importância do controlo através dos princípios é diretamente proporcional à margem de discricionariedade atribuída ao Regulador, sendo inversamente proporcional à redução da correlativa discricionariedade dos juízes[880]. Em suma, a doutrina espanhola não tem dúvidas em anunciar a renúncia dos juízes espanhois ao controlo da discricionariedade dos Reguladores.

12.4. Pela nossa parte, somos sensíveis às deficiências atribuídas à emotividade de certas teses garantísticas da discricionariedade administrativa[881], designadamente a excessiva concentração na procura de soluções no domínio do controlo jurisdicional da discricionariedade. Através da redução de tudo o que se refere à discricionariedade a uma tentativa de limitação do exercício não regulado, não só se desvaloriza a sua avaliação, a partir do apuramento objetivo das condições normativas que a suscitam, como é subalternizada a questão prévia da análise das normas em que se funda o seu exercício. Concordamos com o entendimento segundo o qual o apuramento objetivo das suas condições normativas implica um problema prévio que é constitucional e que não prescinde de uma análise constitucionalmente adequada. DUARTE alerta que só uma superação do garantismo permite uma compreensão normativa da discricionariedade, a qual permite constatar que a sua análise agrupa

[880] BETANCOR, Andrés (2010). *Regulación: Mito y Derecho*, Civitas: Pamplona; p. 551.

[881] DUARTE, David (2006). *A Norma de Legalidade Procedimental Administrativa*, Almedina: Coimbra; p. 459.

duas categorias de normas: *i)* as normas que a conferem, relativas às normas das quais resulta e que contêm a medida abstrata de autonomia; *ii)* as normas que a regulam, relativas às normas que definem as condições normativas do seu exercício e que por isso estabelecem os limites ao caso aplicáveis[882].

Por referência às normas constitucionais, regras ou princípios, o legislador beneficia da total liberdade de conformação da margem de livre apreciação administrativa? Atenta as estruturas das normas habilitadoras, elas constituem também um limite à atuação do poder jurisdicional? É verdade que a discricionariedade não existe para ser limitada, mas existe porque há normas que a conferem tão só. E podem essas normas de competência que a conferem conferi-la, com a amplitude pretendida[883]?

Muitos direitos, liberdades e garantias comunicativas, como vimos, envolvem ponderações que devem ser feitas pelo Regulador, atentas as especialidades e dificuldades técnicas. Nesses casos difíceis, há que realçar a necessidade de o legislador remeter para a Administração Reguladora a responsabilidade da realização de ponderações[884]. Daí o recurso a conceitos jurídicos indeterminados, que envolvem remissões expressas ou implícitas para juízos de prognose, prerrogativas de avaliação e ponderações de caso concreto. Desde logo, na remissão legal genérica, operada pelos Estatutos, para o poder regulamentar da ERC, encontramos alguns critérios que, no juízo do legislador, deverão presidir à emissão de regulamentos, entre os quais avulta o princípio da necessidade. Mas a tarefa de delimitação é problemática, atenta a extrema dificuldade de distinguir[885], de acordo com critérios objetivos, a diferença entre a incerteza da linguagem, decorrente da própria indefinição semântica que as palavras podem compreender, e as incertezas usadas como meio técnico de atribuição de discricionariedade[886].

882 DUARTE, David (2006). *A Norma de Legalidade Procedimental Administrativa*, Almedina: Coimbra; p. 463.

883 DUARTE, David (2006). *A Norma de Legalidade Procedimental Administrativa*, Almedina: Coimbra; p. 463.

884 NOVAIS, Jorge Reis (2003). *As Restrições aos Direitos Fundamentais Não Expressamente Autorizadas Pela Constituição*, Coimbra Editora: Coimbra; p. 845.

885 DUARTE, David (2006). *A Norma de Legalidade Procedimental Administrativa*, Almedina: Coimbra; p. 501.

886 Como ensina DUARTE, as incertezas de linguagem são essencialmente três: a polissemia, a vagueza e a textura aberta. A textura aberta é um caso de incerteza de linguagem que tem pouca potencialidade para ser usada como instrumento técnico de discricionariedade normativa. Compreende necessariamente alternativas, mas estas são de alguma forma as alternativas naturais que decorrem da dúvida sobre a aplicabilidade do conceito. A polissemia já é uma incerteza da

Note-se, porém, que mesmo em sede de direito penal clássico, no que concerne aos crimes que envolvem condutas expressivas, o legislador também sentiu a necessidade de recorrer a conceitos indeterminados, remetendo, expressa ou implicitamente, para o juiz a ponderação dos bens envolvidos com vista à identificação ou determinação, no caso concreto, de eventuais relações de prevalência condicionada do interesse público inerente ao direito à informação, em sede de apuramento de causas específicas de exclusão da ilicitude[887/888]. Parece-nos, não obstante, que a proliferação de conceitos indeterminados, em sede penal, não pode deixar de nos conduzir à reflexão sobre a necessidade de exigência de pena, para sancionar algumas condutas expressivas, não obstante as infrações envolverem bens jurídico-penais[889]. Neste conspecto, cabe-nos tecer as seguintes considerações:

linguagem usada como instrumento normativo de discricionariedade. – DUARTE, David (2006). *A Norma de Legalidade Procedimental Administrativa*, Almedina: Coimbra; pp. 503-505.

[887] Por exemplo, nos crimes contra a honra, quando a ofensa consista na imputação de um facto, o agente poderá recorrer à causa específica de exclusão da ilicitude, prevista no artigo 189º, nº 2, do Código Penal (CP). A conduta não será punível se: *a)* a imputação for feita para realizar interesses legítimos e *b)* o agente provar a verdade da mesma imputação ou tiver fundamento sério para, em boa-fé, a reputar verdadeira.
No que se refere à alínea *a)*, caberá ao juiz fazer a ponderação entre os bens envolvidos, um dos quais poderá ser o direito de informação. No caso da alínea *b)* os autores atribuem esta possibilidade excecional de justificar a imputação *de factos* não provados e até falsos, tendo em vista precisamente a função dos jornalistas. Atente-se que a boa-fé depende, nos termos do número 4 do cumprimento objetivo de deveres deontológicos. De acordo com o artigo 14º, nº1, alínea *e)*, do EJ, o jornalista deve procurar diversificar as suas fontes de informação e ouvir as partes com interesses atendíveis nos casos de que se ocupem".

[888] No direito espanhol, a doutrina propõe, no quadro de uma situação que considera irremediável, a positivação na lei penal dos critérios fundamentais consensuais e consolidados, emanados da Constituição, segundo os quais a liberdade de informação de informações lesivas da honra, verdadeiras e atinentes aos assuntos públicos, prevalece sobre o direito à honra. – SÁNCHEZ, Juan Antonio Lascuraín (2002). "Protección Penal y limites penales de las liberdades comunicativas", in *La Libertad de Información y de Expresión*, Atas de las VII Jornadas de la Asociación de Letrados del Tribunal Constitucional, Tribunal Constitucional, Centro de Estudios Políticos y Constitucionales, Marcial Pons: Madrid; pp. 45 e segs.

[889] Alexandra VILELA sustenta um direito contraordenacional que albergue dois tipos distintos de infrações: *"i) um primeiro, que contenha as que se traduzam num perigo para a ordem e tranquilidade públicas e as destinadas à satisfação direta e imediata das necessidades coletivas; ii) um segundo, onde se incluam aquelas infrações que, encerrando em si mesmas consideradas um juízo de desvalor ético-social, ainda assim, não devam ser perseguidas pelo direito penal, uma vez que, apesar de violarem bens jurídicos com dignidade penal, não são necessitadas de pena, mas tão-só de sanção contraordenacional."* – VILELA, Alexandra (2013). *O Direito de Mera Ordenação Social: Entre a Ideia de "Recorrência" e a de Erosão do Direito Penal Clássico*, Coimbra Editora: Coimbra; pp. 305- 307.

A) Nalguns casos, feita a triagem pela política criminal, impõe-se repensar a necessidade de tutela penal de certas condutas, uma vez que os tribunais nunca aplicam as penas previstas privativas da liberdade, optando sempre pela pena de multa, o que poderia legitimar uma descriminalização ou despenalização[890]. De resto, esse poderia ser mais um corolário do enfraquecimento de uma lógica de repartição de tarefas entre o Direito Administrativo preventivo e um Direito Penal repressivo, no que concerne à efetivação do bloco de normatividade;

B) A própria Constituição[891] permite, expressamente, que o legislador possa optar entre submeter as infrações às liberdades de expressão e informação aos princípios gerais de direito criminal ou do ilícito de mera ordenação social, sendo a sua apreciação, respetivamente, da competência dos tribunais judiciais ou de entidade administrativa independente. Essa liberdade não pode deixar de abranger, igualmente, as infrações cometidas através da liberdade da expressão e do direito à informação, mesmo cometidas através de meios de comunicação social;

C) A opção pela descriminalização, para além de reiterar a natureza excecional da intervenção penal, poderia não apenas contribuir para o descongestionamento dos tribunais, libertando-os de um conjunto de ilícitos que a jurisprudência penal tem *"despenalizado"* de facto, como seria consentânea com a natureza do Regulador a quem a Constituição confere, expressamente, a defesa dos direitos, liberdades e garantias comunicativas. Sancionando as condutas através de contraordenações, poder-se-ia contribuir para que estes litígios fossem dirimidos com maior celeridade, suprindo mesmo alguns dos inconvenientes da ausência de uma ação constitucional de defesa. Salvaguardando sempre, naturalmente, o respetivo direito de impugnação das deliberações do Regulador, nos termos gerais;

[890] A um movimento despenalizador, Miguel ROQUE contrapõe um movimento descriminalizador. Para o autor, a partir do momento em que há uma degradação da intensidade desvaliosa do ilícito, não faz sentido negar a ocorrência de uma verdadeira descriminalização, através da extinção da norma tipificadora de um crime. De acordo com o princípio da legalidade, a ausência de positivação do crime implica a cessação de quaisquer efeitos jurídico-penais das condutas. – ROQUE, Miguel Prata (2014) "Regulação Administrativa e Sanção – O poder sancionatório da ERC na encruzilhada entre o Direito Administrativo e o Direito Penal", *in Media, Direito e Democracia,* coord. Carlos Blanco de Morais, Maria Luísa Duarte e Raquel Alexandra Brízida Castro, Almedina. Coimbra; p. 137, nota 273.

[891] Cfr. Artigo 37º, nº 3, da CRP.

D) Não se diga que a relevância jurídica dos bens protegidos através das sanções penais não seria compatível com uma tal desgraduação sancionatória, pois muitas vezes uma ameaça de cariz financeiro, constante da previsão de coimas, pode ser mais eficaz, em termos preventivos, que um processo penal. Note-se que uma ameaça penal excessiva pode ter um impacto restritivo negativo sobre as liberdades comunicativas, comparável a uma restrição prévia, mesmo administrativa, o que na presente temática, deve ser tido em consideração.

12.5. Sem prejuízo de voltarmos a esta questão, no ponto atinente ao poder regulamentar da ERC, arriscamos antecipar alguns tópicos, no que se refere ao poder/dever de densificar conceitos indeterminados que tipificam ou visam tipificar condutas suscetíveis de procedimentos contraordenacionais. Com efeito, no elenco de sanções aplicáveis ao incumprimento das leis da comunicação, impera o direito de mera ordenação social[892], atenta a proteção de bens jurídicos supraindividuais[893], um direito com ligações mais estreitas ao direito penal secundário e não ao direito penal clássico ou de justiça[894]. Cumpre lembrar que a exigência constitucional de determinabilidade das leis restritivas

[892] Na descrição de Roque, o Conselho Regulador da ERC dispõe de amplos poderes integráveis no *"Direito Sancionatório Contraordenacional"*, que assumem uma natureza juridico-administrativa, no qual se pode distinguir:
i) "Poderes sancionatórios contraordenacionais genéricos", que decorrem expressamente dos próprios Estatutos da ERC (artigos 24º, nº 3, alíneas *b)* e *c)*, e 67º a 71º, dos Estatutos da ERC) aplicáveis às situações de não acatamento de decisões emanadas dos respetivos órgãos administrativos, no exercício das suas funções de regulação e de supervisão;
ii) "Poderes sancionatórios contraordenacionais específicos", que resultam de cada um dos diplomas legais sectoriais (Lei da Televisão, Lei da Rádio, Lei da Imprensa, etc.).Por outro lado, a ERC dispõe de poderes para determinar: *i)* a privação ou a suspensão do exercício de direitos subjetivos sujeitos a um regime de regulação administrativa;
iii) Revogação de licenças administrativas;
iv) Aplicação de sanções pecuniárias compulsórias.
– Roque, Miguel Prata (2014). "Regulação Administrativa e Sanção – O poder sancionatório da ERC na encruzilhada entre o Direito Administrativo e o Direito Penal", *in Media, Direito e Democracia*, coord. Carlos Blanco de Morais, Maria Luísa Duarte e Raquel Alexandra Brízida Castro, Almedina. Coimbra; pp. 133-136.

[893] Segundo Vilela, o direito de mera ordenação social, comungando com o direito penal secundário o fim da proteção de bens jurídicos de pendor supraindividual, situa-se na zona de fronteira do direito penal, não do de justiça, mas sim do direito penal secundário. – Vilela, Alexandra (2013). *O Direito de Mera Ordenação Social: Entre a Ideia de "Recorrência" e a de Erosão do Direito Penal Clássico*, Coimbra Editora: Coimbra; p. 304.

[894] Vilela, Alexandra (2013). *O Direito de Mera Ordenação Social: Entre a Ideia de "Recorrência" e a de Erosão do Direito Penal Clássico*, Coimbra Editora: Coimbra; p. 302.

das liberdades comunicativas é aplicável ao legislador, com especial intensidade na definição das condutas proibidas, para efeitos de sancionamento penal, fiscal ou contraordenacional. Uma premissa que encontra fundamento na excecionalidade destes direitos sancionatórios públicos, consensualmente reconhecida, aliada e agravada, no que concerne ao nosso domínio material, pelo efeito do *chilling effect*, não obstante a necessidade de, *supra* abordada, de o legislador remeter para o juiz ponderações *in casu*, mesmo em sede de direito penal clássico.

Pela nossa parte, quando o legislador remete, expressamente, para o poder regulamentar densificador, o Regulador não dispõe de liberdade de escolha, estando configurado um autêntico e próprio dever de regulamentar[895]. Atente-se no exemplo do artigo 27º, nº 9, da LTV, atinente aos limites à liberdade de programação, que determina que a ERC define e torna públicos os critérios seguidos para a avaliação do incumprimento nos números 3 e 4 do mesmo preceito legal, os quais proíbem a emissão televisiva de certos serviços de programas[896]. O incumprimento destas proibições é punível a título de contraordenações leves, graves e muito graves[897], podendo mesmo, no caso da prática de algumas destas condutas por serviços audiovisuais a pedido, dar lugar a suspensão do serviço ou do programa em que forem cometidas, consoante a gravidade do ilícito, por certo período[898]. Caso a ERC não proceda a essa densificação, é legítimo questionar se poderá mesmo assim determinar

[895] Refere-se, a este propósito, uma obrigação de regulamentação e uma *remissão externa* concomitantes. – Freitas, Dinamene de (2012). "Obrigações Legais de Regulamentação – Algumas Reflexões Quase Avulsas", *in Estudos em Homenagem ao Prof. Doutor Jorge Miranda, Volume IV*, Coimbra Editora: Coimbra; p. 267.

[896] Cfr. Artigo 27º:
3 – Não é permitida a emissão televisiva de programas suscetíveis de prejudicar manifesta, séria e gravemente a livre formação da personalidade de crianças e adolescentes, designadamente os que contenham pornografia, no serviço de programas de acesso não condicionado ou violência gratuita.
4 – A emissão televisiva de quaisquer outros programas suscetíveis de influírem de modo negativo na formação da personalidade de crianças e adolescentes deve ser acompanhada da difusão permanente de um identificativo visual apropriado e só pode ter lugar entre as 22 horas e 30 minutos e as 6 horas. (...);
9 – A Entidade Reguladora para a Comunicação Social define e torna públicos os critérios seguidos para a avaliação do incumprimento do disposto nos nºs 3 e 4, os quais devem ser objetivos, adequados, necessários e proporcionais às finalidades prosseguidas.

[897] Cfr. Artigos 76º, 76º e 77º da LTV.

[898] Cfr. Artigo 77º/A, nº 2, da LTV. Atente-se, porém, que nos termos do número 1 do mesmo preceito legal, quando as contraordenações referidas nos artigos 75º, 76º e 77º sejam praticadas através de serviços audiovisuais a pedido os limites mínimos e máximos das respetivas coimas são reduzidos para um quarto.

a abertura dos respetivos processos de contraordenação. O Tribunal da Concorrência absolveu um operador televisivo, fundamentando, parcialmente, a sua decisão no facto de a ERC só ter dado cumprimento ao artigo 27º, nº 9, da Lei da TV em 2011, ou seja, três anos após a prática dos factos[899].

No que se refere a uma eventual opção regulatória por uma densificação normativa, vinculativa ou meramente recomendatória, ou por uma simples deliberação[900], parece-nos que, no caso concreto do artigo 27º, nº 4, da LTV, a expressa exigência de publicidade desses critérios pressupõe um processo específico de publicação, apenas exigido aos regulamentos[901]. A emissão de uma diretiva, simples recomendação, não configura, a nosso ver, a concretização do dever de regulamentar pela ERC[902] e, por maioria de razão, uma deliberação. Uma exigência que se baseia no princípio da determinabilidade das leis restritivas de condutas expressivas, o qual, em nossa opinião, pelo menos nos casos descritos, fundamenta um dever de autovinculação normativa da administração regulatória, em sentido impróprio, determinativo de

[899] No Processo 3503/12.OTBOER, a ERC condenou a SIC ao pagamento de uma coima de 20.000 euros pela prática da contraordenação prevista no artigo 27º, nº 4, da LTV, pela exibição do Filme "Deuce Bigalow: um gigolo na Europa". Não se pode ignorar que se tratava de uma comédia, admitindo-se que a arguida não representasse a prática dos elementos típicos da infração.

[900] Já depois da emissão da Deliberação *supra* referida, no Processo 319, a TVI foi condenada ao pagamento de uma coima. Em causa estava a cobertura noticiosa relativa á detenção do alegado "Estripador de Lisboa", noticiada pelo Semanário "Sol". Na sua impugnação judicial, a TVI invocou o entendimento de que a ERC não definiu nem tornou público os critérios (objetivos, adequados, necessários e proporcionais) do que é um programa suscetível de influir negativamente na formação da personalidade de menores. Para a TVI, o sustentado na *Deliberação* 19/CONT-TV/2011 é apenas uma súmula das intervenções da ERC em torno do artigo 27º e não contém qualquer definição objetiva do que sejam os critérios necessários para cumprimento do referido artigo. Na sentença, o Tribunal da Concorrência, Regulação e Supervisão não se pronuncia expressamente sobre o nº 9 do artigo 27º da Lei da TV, limitando-se a referir que, "*face aos conteúdos emitidos (descrição de violência), bem entendeu a ERC que os mesmos eram suscetíveis de influenciar negativamente os públicos mais sensíveis, pelo que deveriam ter sido precedidos de advertência prévia*". – Processo nº 41/13.8YUSTR.

[901] Nos termos do artigo 62º, nº 2, dos Estatutos da ERC, estão sujeitos a um processo de consulta pública, devendo o Regulador, através da publicação no seu sítio eletrónico, divulgar previamente à sua aprovação ou alteração, quaisquer projetos de regulamentos, dispondo os interessados de um prazo de 30 dias para emissão de parecer não vinculativo. As Diretivas, nos termos do artigo 63º, contém diretrizes genéricas destinadas a incentivar padrões de boas práticas no setor da comunicação social e não têm caráter vinculativo. As deliberações do Conselho Regulador carecem apenas, nos termos do artigo 65º, nº 6, de publicação no *site* eletrónico da ERC.

[902] Foi, porém, esse o meio escolhido pelo Conselho Regulador da ERC, através da *Deliberação* 19/CONT-TV/2011, de 5 de junho, que estabelece as Linhas de orientação da ERC, nas suas intervenções em matéria de limites à liberdade de programação, no período entre 2006 e2010.

uma legítima preclusão da discricionariedade normativa[903], pretendida, aliás, expressamente, pelo legislador. Acrescem, no plano administrativo, para além das óbvias e evidentes vantagens de minorar a incerteza, imprevisibilidade e insegurança[904]:

i) O princípio da igualdade[905], que reclama tratamento jurídico equivalente entre situações essencialmente iguais, obrigando a que o decisor administrativo preencha a margem de livre decisão de forma a respeitar a igualdade de situações[906];

ii) O Princípio da boa-fé[907], na sua vertente da proteção da confiança, daí resultando injunções de coerência entre comportamentos presentes e futuros, protegendo expectativas dignas de tutela jurídica.

Efetivamente, sufragamos a tese de que apenas serão ilegítimas as normas autovinculativas que retirem ao Regulador, de forma irracional, a possibilidade de consideração das circunstâncias do caso concreto, sugerindo uma violação do princípio da imparcialidade[908], o qual reclama a consideração de todos os interesses em presença juridicamente irrelevantes[909]. No nosso caso, não se trata de preservar uma qualquer margem de livre decisão, a qual se encontra vedada na matéria em presença. A posição adotada não obsta ao reconhecimento, nos casos em que o legislador não especifique, de um poder de escolha do Regulador entre regulamentos com eficácia externa e um conjunto de diretivas genéricas, meramente recomendatórias, nos termos permitidos pelos Estatutos.

[903] DUARTE, David (1997). "Alguns problemas relativos à autovinculação administrativa", *in Cadernos de Justiça Administrativa,* nº 6; p. 10.

[904] SOUSA, Marcelo Rebelo de/MATOS, André Salgado de (2004). *Direito Administrativo Geral: Introdução e Princípios Fundamentais,* Tomo I, 2ª Edição, Dom Quixote; p. 196.

[905] OTERO, Paulo (2013). *Manual de Direito Administrativo, Volume I,* Almedina: Coimbra; pp. 369 e 370.

[906] DUARTE, David (1997). "Alguns problemas relativos à autovinculação administrativa", *in Cadernos de Justiça Administrativa, nº 6;* p. 8.

[907] Sobre o Princípio da Boa-fé, LOPES, Pedro Moniz (2011). *Princípio da Fé e Decisão Administrativa,* Almedina: Coimbra; OTERO, Paulo (2013). *Manual de Direito Administrativo, Volume I,* Almedina: Coimbra; p. 374.

[908] OTERO, Paulo (2013). *Manual de Direito Administrativo, Volume I,* Almedina: Coimbra; pp. 373 e 374.

[909] DUARTE, David (1996). *Procedimentalização, Participação e Fundamentação: Para uma concretização do princípio da imparcialidade administrativa como parâmetro decisório,* Almedina: Coimbra; MONIZ, Ana Raquel Gonçalves (2013). *Estudos Sobre os Regulamentos Administrativos,* Almedina: Coimbra; p. 36.

Por último, nas situações *sub judicio*, estabelecido o dever normativo de regulamentação e a preferência normativa, podem os interessados, nos termos prescritos pelo artigo 137º, nº 2, do novo Código do Procedimento Administrativo (CPA)[910] requerer a emissão do regulamento devido[911]. Independentemente, por agora, da reflexão sobre o poder regulamentar atribuído ao Regulador português dos *media*, que faremos adiante, refira-se que esta é uma das singularidades apontadas pela doutrina ao regime jurídico das autoridades administrativas independentes[912], a par da sua independência funcional e natureza dos critérios usados para o exercício da sua atividade regulatória.

Quando essa remissão é implícita, não obstante, cumpre refletir sobre se o Regulador dispõe da livre decisão administrativa de escolha da sua atuação, por via normativa ou por ato administrativo, atenta a remissão genérica da lei para ato regulamentar, nos casos em que a emissão do regulamento for necessário[913], nos termos estatutários. Cabe, desde logo, aquilatar a possibilidade de o Regulador emitir os regulamentos necessários à determinabilidade dos conceitos indeterminados, que especificam condutas suscetíveis de contraordenações. Sem prejuízo de voltarmos ao tema, podemos antecipar que, na ausência de remissão expressa da lei, revela-se problemática a admissibi-

[910] O novo Código de Procedimento Administrativo foi aprovado pelo Decreto-Lei nº 4/2015, de 7 de janeiro. Esta norma constava do artigo 134º, nº 1, do Projeto de Revisão. Note-se que, nos termos do número 1, do mesmo preceito legal, quando a adoção de um regulamento seja necessária para dar exequibilidade a ato legislativo carente de regulamentação, o prazo para a sua emissão, no silêncio da lei é de 90 dias.

[911] Sobre as omissões regulamentares, Viana (Castro). Raquel Alexandra Brízida (2000). "Contributo para o Estudo das Omissões Regulamentares Ilegais", *Relatório de Direito Administrativo, para o Curso de Mestrado em Ciências Jurídico-Políticas da Faculdade de Direito da Universidade de Lisboa, sob a regência do Prof. Doutor Paulo Otero,* (inédito), Lisboa; Lopes, Pedro Moniz (2014). "O Regime Substantivo dos Regulamentos no Projeto de Revisão do Código de Procedimento Administrativo: Algumas Considerações Estruturantes", *@pública, Revista Eletrónica de Direito Público,* nº 1; Matos, André Salgado de (2006). "Princípio da Legalidade e Omissão Regulamentar" *in Estudos em Homenagem ao Professor Doutor Marcello Caetano*, I, Coimbra; Freitas, Dinamene de (2012). "Obrigações Legais de Regulamentação – Algumas Reflexões" in *Estudos em Homenagem ao Professor Doutor Jorge Miranda,* IV – Direito Administrativo, Coimbra.

[912] Pastor, J. Afonso Santamaria (2013) in Prólogo de García, Pablo/Manzano, Jiménez de Andrade *Los Reglamentos de Las Administraciones Independentes*, Thomson Reuters; Pamplona; pp.25 e segs.

[913] De acordo com o artigo 62º, nº 1, dos Estatutos, os regulamentos da ERC devem observar os princípios da legalidade, da necessidade, da clareza, da participação e da publicidade. Por outro lado, o artigo 65º, nº 1 estipula que os regulamentos da ERC que contêm normas de eficácia externa são publicados na 2ª série do Diário da República, sem prejuízo da sua publicitação por outros meios considerados mais adequados à situação.

lidade constitucional destes regulamentos interpretativos, à luz do princípio da tipicidade da lei (112º, nº 5, da CRP) e das dúvidas suscitadas pelo artigo 135º do novo CPA[914]. A doutrina sustenta que estes regulamentos emitidos por Administrações Independentes constituem normas técnicas[915], integrativas da lei, dispõem de valor interpretativo, mas não vinculam o juiz[916], uma vez que podem comprimir, ainda que indiretamente, dimensões ou faculdades protegidas de um direito fundamental, sendo por isso inconstitucionais.

Por exemplo, sob pena de hipertrofia normativa e de incorrer em restrições excessivas e não exigíveis, para além da dificuldade técnica, a densificação de condutas que possam consubstanciar o resultado de uma ponderação entre o princípio da igualdade de tratamento jornalístico de candidaturas eleitorais e a liberdade editorial dos operadores televisivos através da previsão integral de todos os pressupostos *de facto*, revela-se uma tarefa de difícil concretização prática quer pelo legislador, quer pela Administração Reguladora. Tendo em consideração os diferentes protagonistas dos diferentes atos eleitorais, os diversos tipos de operadores televisivos e de grelhas de programas em causa, a diversidade de géneros jornalísticos envolvidos, a pretensão de densificação normativa de, pelo menos, os critérios fundamentais de solução de casos típicos, revela-se menos adequada à emissão de ato regulamentar. Acresce, neste caso, o facto de o Regulador dos *media*, a quem o Estado conferiu esse poder normativo genérico, ser o órgão funcionalmente mais habilitado a lidar com as especificidades técnicas envolvidas, o que, em tese, recomendaria a solução dos conflitos através da prática de atos administrativos, mesmo implicando intervenções (restritivas) pontuais, individuais e concretas.

Na ausência de dupla habilitação legal, estando em causa direito sancionatório público e a correspetiva aplicação de sanções contraordenacionais pelo incumprimento, há que considerar se a exigência de determinabilidade das normas restritivas envolve um poder/dever de autolimitação normativa do Regulador e se é possível, neste caso, fundamentar um dever de regulamentar no princípio da necessidade. O problema agrava-se naqueles casos, já

[914] LOPES, Pedro Moniz (2014). "O Regime Substantivo dos Regulamentos no Projeto de Revisão do Código de Procedimento Administrativo: Algumas Considerações Estruturantes", *@pública, Revista Eletrónica de Direito Público,* nº 1; pp. 15-17.

[915] Sobre a discricionariedade técnica enquanto discricionariedade imprópria – AYALA, Bernardo Diniz (1995). *O (Défice de) Controlo Judicial da Margem de Livre Decisão Administrativa,* Lex: Lisboa; p. 112.

[916] GARCIA DE ENTERRIA/Eduardo/FERNÁNDEZ, Tomás-Ramón (1999). *Curso de Derecho Administrativo,* Civitas: Madrid; Vol. I; p.207.

estudados, em que a indeterminação dos conceitos implica a indeterminação do tipo contraordenacional, sendo a efetiva aplicação de coimas a principal responsável pela litigiosidade no setor. A tentativa de solução dos problemas expostos implica o aprofundamento da reflexão sobre algumas dimensões essenciais da reserva de lei, no domínio normativo em estudo.

Secção VI
Reserva de Lei e Acesso à Atividade Televisiva

O acesso à atividade de televisão e a configuração da oferta televisiva consubstanciam dimensões essenciais da liberdade de comunicação social e de radiodifusão[917], pelos princípios que nela se entrecruzam e entram em conflito e pela dependência das liberdades de empresa, de iniciativa económica e do direito de propriedade privada dos *media* da existência de um título habilitador dessa atividade, atribuído pelo Regulador. Acresce, num contexto de liberalização do mercado das telecomunicações, a compressão de faculdades inerentes à liberdade de empresa de telecomunicações, implicada nas decisões de afetação do espectro radioelétrico para as emissões televisivas. Mesmo que fosse problemática a extensão do regime orgânico[918], *ope constitutione* (artigo 17º da CRP), enquanto direitos fundamentais de natureza análoga, note-se que a Constituição exige expressamente a reserva de lei nas disposições constitucionais atinentes ao nosso domínio normativo.

O que significa que o acesso à atividade de televisão e a configuração da oferta televisiva, a partir da afetação do espectro, integram aspetos essenciais

[917] No mesmo sentido, o Tribunal Constitucional alemão defendeu, numa decisão proferida em 1981, que a formação, pela radiodifusão, de uma opinião pública e individual livres exige a liberdade de radiodifusão frente ao domínio e influência estatais. Assim, a liberdade de radiodifusão tem, como os direitos de liberdade clássicos, um significado de resistência à intervenção do Estado. Porém, a simples liberdade em face do Estado ainda não significa que a formação de uma opinião livre e ampla pelo meio de radiodifusão seja possível – Anotações ao Acórdão BVerfGE 57, 295, in *Cinquenta Anos de Jurisprudência do Tribunal Constitucional Federal Alemão*, (2005) Coletânea Original: Jürgen SCHWABE, Org. e Introd. Leonardo MARTINS; Tradução: Beatriz Hennig, Leonardo Martins, Mariana Bigelli de Carvalho, Tereza Maria de Castro, Viviane Geraldes Ferreira; *Konrad-Adenauer-Stiftung E.V.*, Montevideo: Uruguay; p. 478.

[918] É consensual a aplicabilidade do regime material dos direitos, liberdades e garantias e, por identidade de razão, os limites materiais de revisão constitucional. – MIRANDA, Jorge (2012). *Manual de Direito Constitucional, Tomo IV*, Coimbra Editora: Coimbra; p. 180.

desses direitos e liberdades, cuja regulação não pode ser privada à lei. Daí a exigência constitucional, introduzida na revisão constitucional de 1989, de as regras de acesso à atividade televisiva, conducentes à atribuição de uma licença por concurso público, carecerem de lei[919], uma conclusão corroborada pelo recurso ao elemento histórico de interpretação da sobredita disposição constitucional[920], que não é infirmada por qualquer outro critério interpretativo.

13. Reserva de Lei e Reserva de Parlamento: Revisitação de Argumentos

13.1. A afirmação da reserva de lei implica o reconhecimento de que uma determinada matéria constitui um domínio material de legalidade necessária. No ordenamento jurídico-constitucional português, atentas as formas que a lei pode revestir, significa que se está perante uma matéria que pode ser regulada por lei ou decreto-lei autorizado, estando vedado o exercício dessa competência normativa por atos da função administrativa do Estado. Neste ponto, ainda que a doutrina reconheça a reserva de densificação total, caberia sempre, em termos genéricos, equacionar uma putativa repartição de tarefas entre o legislador e a administração, para aqueles que admitem a normação administrativa. A delimitação da reserva vertical de lei consubstancia o primeiro problema a enfrentar, tarefa iniciada aquando do tratamento dogmático da exigência de especial densidade ou determinabilidade normativa das leis restritivas dos direitos e liberdades da Comunicação, aliada à exigência constitucional de densificação total.

Por outro lado, o facto de nos situarmos no âmbito da reserva de lei, mais especificamente no contexto dos direitos, liberdades e garantias, dispensa-nos do aprofundamento da querela sobre a aceção de lei no ordenamento jurídico-constitucional português[921], sem prejuízo do contributo inspirador de alguns dos argumentos nela expendidos. É que a afirmação da reserva

[919] Na discussão travada na Comissão Eventual de Revisão Constitucional (CERC), a propósito do atual artigo 38º, nº 7, da CRP, fica claro que a intenção histórica do legislador constituinte foi a de, através do licenciamento, impedir que o Estado procedesse a autorizações mais ou menos discricionárias, exigindo-se um regime legal pré-definido do licenciamento da televisão e das rádios privadas. Nesse sentido, as intervenções dos deputados do PS, Almeida Santos e do CDS, Nogueira de Brito. – Rabaça, Clara Elete Gomes (2002). *O Regime Jurídico-administrativo da Concentração dos Meios de Comunicação Social em Portugal*, Almedina: Coimbra; p. 122, nota 254.

[920] O atual artigo 38º, nº 7, da CRP.

[921] Morais, Carlos Blanco (2012). *Curso de Direito Constitucional, Tomo I, 2ª Ed.*, Coimbra Editora: Coimbra; pp. 225 e segs; Miranda, Jorge (2004). *Manual de Direito Constitucional*, Vol. V, Coimbra Editora: Coimbra; pp. 137 e segs; Otero, Paulo (1995). *O Poder de Substituição em Direito Administrativo*, II; p. 628.

de lei não resolve a questão da repartição material entre os órgãos que, no ordenamento jurídico-constitucional português, exercem a atividade legislativa: reserva de ato legislativo ou reserva de Parlamento? Eis o problema seguinte.

Pela nossa parte, parece-nos que, no que concerne ao acesso à atividade da televisão, estamos perante mais um caso de feliz coincidência de reserva de lei e reserva de parlamento. Mesmo que se entenda restrito à reserva relativa, a analogia argumentativa[922] revela-se sugestiva[923]. Efetivamente, não pode deixar de surpreender a acentuada recente indiferença dos cultores do Direito Constitucional em relação ao Direito Constitucional dos *media*, até pelas questões geradas pelo novo Direito Constitucional do ciberespaço, em especial as ditadas pela revolução tecnológica e digital.

Numa abordagem um pouco mais especializada, cabe realçar que a delimitação dos aspectos envolvidos pela reserva de lei constitui uma garantia de que o espectro disponível para a emissão de serviços televisivos não é afetado ou totalmente absorvido, administrativamente, pelos novos negócios das telecomunicações. Pese a aparência estritamente técnica da questão, a mesma integra o cerne da Constituição política e abrange questões sensíveis, atinentes às liberdades e à essência do princípio democrático, pelos seus mais recentes desenvolvimentos tecnológicos. As questões fundamentais referentes à utilização do espectro reclamam reserva de lei, não apenas para permitir a criação de um quadro jurídico gerador de estabilidade e de previsibilidade, atento o novo dividendo digital, agendado inicialmente para 2016[924], mas também para delimitar a livre margem de decisão administrativa de que a Entidade Reguladora das Telecomunicações não dispõe nas deliberações que versam sobre a afetação de espectro. Convém realçar que o próximo dividendo digital só poderá ter um desfecho diferente do anterior[925], se o legislador assumir a sua

[922] Apesar de, na sua génese, estar a Lei do Orçamento do Estado que, no ordenamento jurídico-constitucional português, integra a reserva absoluta da competência legislativa da Assembleia da República e a reserva de iniciativa governamental, nos termos do artigo 161º, alínea *g)*, da CRP.

[923] Canotilho, Gomes (1979). "A Lei do Orçamento na teoria da Lei", *in Estudos em Homenagem ao Prof. J.J. Teixeira Ribeiro*, Vol. II, Universidade de Coimbra: BFD; pp. 543 e segs.

[924] O que poderá trazer profundas mudanças no panorama audiovisual português.

[925] Pode ler-se no texto que serviu de base à consulta pública, levada a cabo pela ANACOM, que *"o espectro radioelétrico é um recurso público escasso e a sua procura na sociedade moderna tem vindo a crescer, estando na base de qualquer tipo de serviço sem fios, das comunicações móveis, da radiodifusão sonora e televisiva, de comunicações por satélite, de comunicações de suporte à navegação marítima e aeronáutica, entre muitas outras"*. Para o Regulador, no plano da televisão terrestre, *"a eficiência da tecnologia digital face à analógica – na mesma quantidade de espectro difunde-se uma quantidade de informação muito superior –*

responsabilidade perante as questões essenciais, atinentes à atividade televisiva e à afetação do espectro radioelectrico. Atendendo à proximidade do dividendo digital II[926], não pode o legislador deixar de garantir direitos e o espaço afeto à emissão de serviços radiotelevisivos, cuja oponibilidade é salvaguardada, em termos genéricos, pela própria Lei das Comunicações Eletrónicas. Paralelamente, estão em curso diversas iniciativas na União Europeia com vista a uma implementação harmonizada do dividendo digital II[927]. Não é possível

proporcionará uma utilização do espectro muito mais eficaz; a migração da televisão analógica para a digital que, à semelhança do que está a ocorrer no resto da Europa, irá também iniciar-se brevemente em Portugal, proporcionará a abertura de novas perspetivas em termos de utilização do espectro, que poderão assumir um valor social e económico inestimável. É neste contexto que surge o conceito de dividendo digital, entendido como o espectro que, atualmente atribuído ao serviço de radiodifusão televisiva nas faixas de VHF e UHF, será libertado em resultado da conversão dos serviços de programas televisivos analógicos terrestres existentes, em formato digital." – Disponível em http://www.anacom.pt/streaming/doc_consulta_vfinal.pdf?contentId=886461&field=ATTACHED_FILE

[926] Pode ler-se no *site* da ANACOM: *"A Decisão nº 243/2012/UE do Parlamento Europeu e do Conselho, de 14 de março de 2012, estabelece o programa plurianual da política do espectro radioelétrico (Radio Spectrum Policy Programme - RSPP) para o planeamento estratégico e a harmonização da utilização do espectro na União Europeia. Este Programa apoia os objetivos e as ações-chave delineados na Comunicação da Comissão de 3 de março de 2010 sobre a Estratégia Europa 2020 e na Comunicação da Comissão de 26 de agosto de 2010 intitulada «Uma Agenda Digital para a Europa», nomeadamente considerando o enorme potencial dos serviços sem fios para promover uma economia baseada no conhecimento, desenvolver e apoiar os setores baseados nas tecnologias da informação e das comunicações e reduzir o fosso digital. O RSPP constitui uma medida crucial para a Agenda Digital para a Europa, que visa assegurar o acesso rápido à Internet em banda larga na futura economia baseada no conhecimento e nas redes, tendo como ambicioso objetivo garantir uma cobertura de banda larga universal, nomeadamente, a disponibilização de uma velocidade de pelo menos 30 Mbps para todos em 2020, com pelo menos metade dos lares da União Europeia com acesso a banda larga com uma velocidade de pelo menos 100 Mbps. Na prossecução deste objetivo, o RSPP estabelece, entre outros, que devem ser envidados todos os esforços para identificar até 2015 pelo menos 1 200 MHz (este valor inclui o espectro que já está a ser utilizado) de espectro, tendo em vista satisfazer nomeadamente, a crescente procura de tráfego de dados sem fios. Neste contexto é de realçar que na última conferência mundial de radiocomunicações, realizada de 23 de janeiro a 17 de fevereiro de 2012 (WRC-12), foi atribuído espectro adicional para o serviço móvel na faixa 694-790 MHz (designado também como "segundo dividendo digital", "dividendo digital 2" ou "faixa dos 700 MHz") na Região 1 (que inclui Europa, África e Médio Oriente) em modo coprimário com a radiodifusão e identificando-o para IMT (International Mobile Telecommunications), com vista a facilitar o desenvolvimento de aplicações de banda larga móvel terrestre. Contudo, esta atribuição na faixa dos 700 MHz apenas ficará efetiva após a conferência WRC-15, cuja realização está prevista para de 2 a 27 de novembro de 2015, ou seja, depois de estudados,*
(i) os requisitos de espectro da radiodifusão e do móvel,
(ii) a canalização a adotar para o móvel, e,
(iii) a validação do limiar inferior da faixa, bem como,
(iv) a compatibilidade com os serviços existentes e com as faixas adjacentes.

[927] O Comité de espectro Radioelétrico (*Radio Spectrum Committee - RSC*) da Comissão Europeia, encontra-se a finalizar um mandato à CEPT *(European Conference of Postal and Telecommunications*

dissociar quaisquer decisões atinentes à atual oferta televisiva, desse contexto estrutural e de longo prazo.

13.2. Seguindo o itinerário dogmático proposto, cabe, em primeiro lugar, trilhar o caminho da delimitação vertical da reserva de lei, não obstante – insista-se – a dispensabilidade dessa missão, no presente domínio material. Assim, cabe sumarizar o argumentário exibido pelas teses formalistas, substancialistas e estruturalistas:

A) Para as teses formalistas, a Constituição de 1976 define a função legislativa a partir do conceito de lei formal, encontrando-se primariamente distribuída entre a AR e o Governo[928]. Por conseguinte, a Constituição não estabelece a exigência de abstração e de generalidade quanto ao conteúdo do ato legislativo, nada impedindo a elaboração de leis de conteúdo concreto e individualizado. O que não impede a permanência de uma relevância parcelar do conceito de lei em sentido material, consensualmente reconhecida, bem como do primado legislativo do parlamento[929]. Acresce que a própria Constituição não con-

Administrations) para elaborar estudos técnicos (incluindo canalizações) e identificar as condições técnicas comuns e mínimas para a introdução de sistemas de banda larga sem fios, na faixa dos 694-790 MHz. Segundo a ANACOM, é oportuno e importante que sejam, desde já, devidamente equacionados cenários para uma futura decisão no âmbito do dividendo digital, uma vez que a antecipação, na medida do possível, dos resultados da discussão neste tema permitirá, no entender do Regulador, que a solução a adotar para o futuro da TDT seja "o mais estável e robusta possível".: disponível em http://www.anacom.pt/render.jsp?categoryId=348101#.ViUHTLdzPcs

[928] Sousa, Marcelo Rebelo (1979) *Direito Constitucional*, Braga; p. 255.

[929] Para Marcelo Rebelo de Sousa, a função de lei de conteúdo geral e abstrato foi acolhida, excecionalmente, no domínio das leis restritivas dos direitos, liberdades e garantias, um núcleo essencial da substância constitucional. A primazia legislativa do Parlamento é ainda identificável numa zona de reserva da competência legislativa da AR, na sujeição a ratificação ou apreciação parlamentar dos decretos-lei e no regime particular do veto presidencial. Por sua vez, a Função Administrativa reveste natureza dependente ou subordinada relativamente às funções política e legislativa. – Sousa, Marcelo Rebelo, (1979). *Direito Constitucional*, Braga; pp. 255 e 256; Canotilho adverte, porém, que a abertura material da lei não significa uma total insensibilidade constitucional ao conteúdo intrínseco dos atos legislativos, a ponto de se admitir que a lei pode transportar qualquer conteúdo, em especial perante os atos legislativos concretizadores dos direitos, liberdades e garantias. – Canotilho, Gomes (1997). *Direito Constitucional e Teoria da Constituição*, Coimbra Editora: Coimbra; pp. 527 e 528; Para Miranda se a Constituição não estatui direta e formalmente a generalidade quanto a todas as leis, não é porque a generalidade só se justifique a título excecional para as leis restritivas de direitos, liberdades e garantias e para as leis sancionatórias. Em causa está a "particularíssima delicadeza das matérias no plano dos valores constitucionais", que postula uma inequívoca explicitação do princípio. No entender do

têm nenhuma definição material de ato legislativo, nomeadamente a exigência de que o ato legislativo envolva necessariamente normas gerais e abstratas[930]. Fica um conceito puramente formal: ato legislativo é todo o ato vertido pela A.R. em forma de lei, pelo Governo em forma de decreto-lei e pelas assembleias das regiões autónomas em forma de decreto legislativo regional. Sustenta-se ainda, no que concerne à função legislativa, que tende hoje a admitir-se que o significado teorético-constitucional de lei se compadece com um conceito de lei tendencialmente vazio, no plano material, e apenas caracterizável pela forma, procedimento e força jurídica[931]. Nesta perspetiva, a lei não seria consequência de um conteúdo nem de qualquer intenção jurídica específica, mas uma forma e um procedimento de entidades, a quem é constitucionalmente reconhecida a competência legislativa, contendo uma regulamentação intrinsecamente aberta, estabelecida segundo os critérios jurídico-constitucionalmente prescritos. A fórmula iluminista[932], transplantada sem mais para os quadros do *post-liberalismo,* afastaria da esfera de decisão do legislador democrático o que hoje é essencial para a sociedade e para a comunidade política[933].

constitucionalista, cabe distinguir dois graus de generalidade – um mais exigente do que outro, um precetivo quanto a certas matérias, outro programático quanto às restantes. – MIRANDA, Jorge (2010). *Manual de Direito Constitucional, Tomo V,* Coimbra Editora: Coimbra; p. 160.

930 CANOTILHO, Gomes/MOREIRA, Vital (2010). *Constituição da República Portuguesa Anotada, Vol. II,* 4ª Edição Revista, Coimbra Editora: Coimbra; p. 55.

931 CANOTILHO, Gomes (1997). *Direito Constitucional e Teoria da Constituição,* Coimbra Editora: Coimbra; pp. 527. Como, sugestivamente, ensinou CANOTILHO, *"as relações entre forma e conteúdo da lei surgem, desta forma, invertidas: o conteúdo não procura a forma; é uma certa competência, exercida mediante uma certa forma e de acordo com um determinado procedimento, que procura um conteúdo constitucionalmente adequado".*

932 O conceito de lei teria subjacente um dilema entre a lei entendida como *ratio* e como *auctoritas* e *voluntas,* tendo essa tensão sido resolvida pelo iluminismo, no relato de COUTINHO, através da identificação entre vontade e racionalidade: *"Uma conceção formalista voltaria a separar o que o iluminismo conciliou".* – COUTINHO, Luís Pereira (2000). "As Duas Subtrações – Esboço de uma Reconstrução da Separação entre as Funções de Legislar e de Administrar" *in Revista da Faculdade de Direito da Universidade de Lisboa*; pp. 101 e 102.

933 COUTINHO critica esta conceção, aduzindo, numa dupla perspetiva, que *"parece decorrer do princípio do Estado de Direito um imperativo para o legislador no sentido de, por um lado, se restringir à emissão de normas gerais e abstratas, salvo quando seja estritamente necessário o contrário e, por outro lado, de não se substituir à administração no desenvolvimento de alguns dos momentos típicos da sua atividade e mesmo de não interferir irrazoavelmente na heterodeterminação dos mesmos".* Para o autor, *"a dupla perspetiva traduz-se na necessidade de pensar os dois termos, segundo os imperativos decorrentes do Estado de Direito: a legislação e a administração. Pensar a legislação, segundo o princípio do Estado de Direito, envolverá subtrair à administração;*

B) Para outras conceções, ditas substancialistas, é possível detetar um conceito material de lei, do qual é possível extrair a conclusão de que os regulamentos não podem ser leis em sentido material. Para MIRANDA, tradicionalmente, a lei é associada à norma e a norma é generalidade e abstração, reconduzindo-se a abstração à tipicidade ou hipoteticidade das situações ou dos factos por ela previstas ou reguladas[934]. O constitucionalista não recusa a lei individual, desde que *"por detrás desse comando aparentemente individual, possa encontrar-se uma prescrição ou um princípio geral. Tudo está em saber se a razão da medida concreta e individual transporta ou não uma intenção de generalidade, se corresponde a um sentido objetivo que justifique o alargamento do âmbito da lei"*[935].

C) Por último, uma aceção estrutural de lei sustenta que *"a positividade dos critérios constitucionais implícitos de definição de lei favorece as teses que a caracterizam em razão da sua forma, conteúdo político e força geral, em detrimento das teses formalistas e as substancialistas"*[936]. Na senda dos ensinamentos de MORAIS, a Constituição identifica a lei, taxativamente, na base de uma tipificação formal[937] e hierárquica[938], postulando a generalidade e abstração apenas quanto a um conjunto circunscrito de leis[939].

pensar a administração, enquanto subordinada ao Direito, implicará subtrair à legislação". – COUTINHO, Luís Pereira (2000) "As Duas Subtrações – Esboço de uma Reconstrução da Separação entre as Funções de Legislar e de Administrar, *in Revista da Faculdade de Direito da Universidade de Lisboa*; p. 112; Vejam-se as críticas a esta conceção que *"ousou relançar o debate"* – MORAIS, Carlos Blanco (2012) *Curso de Direito Constitucional, Tomo I, 2ª Ed.*, Coimbra Editora: Coimbra; pp. 228 e segs.

[934] MIRANDA, Jorge (2010) *Manual de Direito Constitucional*, Tomo V, Coimbra Editora: Coimbra; pp. 143 e segs; O constitucionalista reconhece, contudo, a existência de leis não abstratas – leis concretas e leis-medida, de natureza discutível, mas impostas pela realidade constitucional: *"A lei é, naturalmente mas não necessariamente, abstrata, e essencialmente geral. A generalidade envolve regra, não para uma pessoa, mas para uma categoria mais ou menos ampla de pessoas (ainda que só recortável sucessivamente no tempo). A abstração relaciona-se com a previsibilidade de* situações eventualmente verificáveis, o que implica permanência da regulamentação."

[935] MIRANDA, Jorge (2010) *Manual de Direito Constitucional*, Tomo V, Coimbra Editora: Coimbra; p. 148.

[936] MORAIS, Carlos Blanco (2012) *Curso de Direito Constitucional, Tomo I, 2ª Ed.*, Coimbra Editora: Coimbra; pp. 241 e segs.

[937] Cfr. Artigo 112º, nº 1, da CRP.

[938] Cfr. Artigo 112º, nº 5, da CRP.

[939] Designadamente, normas legais materialmente paramétricas de outras, e de disposições legais que regulam certas matérias – Crf. Artigo 18º, nº 3, da CRP.

No que se refere ao presente domínio normativo, cabe identificar critérios de solução, expressamente enunciados pela Constituição, alguns deles merecedores de consenso doutrinário. As leis restritivas de direitos, liberdades e garantias devem ser gerais e abstratas, nos termos do artigo 18º, número 3. Acresce a essa exigência, expressa e positiva, a especificidade dos argumentos favoráveis a uma reserva de lei expansiva, *supra* sustentada, delimitada por um domínio reservado, neste caso, à Administração independente[940], onde se integra, *de pleno,* o Regulador dos *media,* tal como a Constituição o configurou positivamente no artigo 39º[941]. Sem prejuízo do posterior aprofundamento deste conceito de reserva de administração independente, cumpre antecipar que estas entidades apenas se encontram sujeitas à Constituição e à lei, sendo imunes a quaisquer poderes de direção, orientação ou tutela, espartilhos aplicáveis às restantes Administrações[942]. No caso da Autoridade Administrativa Independente que tem a cargo a regulação dos *media,* a sua natureza de *Regulador constitucionalmente reforçado* torna[943], como veremos, menos fluida a delimitação da reserva vertical de lei e reitera a robustez dessa reserva de administração independente, modelada idealmente como uma proibição de total intromissão normativa governamental, administrativa ou legislativa[944].

Como veremos, porém, a necessidade de compatibilizar a reserva de densificação total, atinente ao regime de proteção dos direitos, liberdades e garantias, desaconselha a conceptualização de uma reserva de regulamento de Administração Independente. A reserva de administração independente, consagrada expressamente no artigo 39º da CRP, é, indubitavelmente no

[940] Morais, Carlos Blanco (2012). *Curso de Direito Constitucional, Tomo I, 2ª Ed.,* Coimbra Editora: Coimbra; p. 233, nota 384.

[941] Otero, por exemplo, afirma categoricamente que existe uma reserva de administração ou de função administrativa, sendo muito crítico da jurisprudência constitucional nesta matéria. Observa, sugestivamente, que *"a função administrativa não é uma dádiva da lei, nem o seu exercício um ato de graça do legislador, antes deparamos com uma função que encontra na Constituição o seu título legitimador, o alicerce de um espaço reservado de decisão e uma autoridade soberana paralela aos demais poderes do Estado"*.- Otero, Paulo (2013). Manual de Direito Administrativo, Volume I, Almedina: Coimbra; pp. 181 e 182.

[942] Morais, Carlos Blanco (2012). *Curso de Direito Constitucional, Tomo I, 2ª Ed.,* Coimbra Editora: Coimbra; p. 233, nota 384.

[943] Capítulo IV, Secção VII.

[944] Efetivamente, se é possível falar em rotunda inconstitucionalidade, se uma lei viesse classificar publicações jornalísticas, por identidade ou mesmo maioria de razão, em termos inversos, será inválido qualquer regulamento governamental que defina as condições de acesso à atividade televisiva.

mínimo, uma reserva de ato administrativo[945], um domínio capital da administração, uma esfera reservada ao poder administrativo, insuscetível de ocupação legislativa.. Questão distinta, já estudada, é a de saber se se encontram igualmente vedadas as leis, cujo grau de detalhe ou minúcia afastam qualquer margem de livre decisão administrativa[946]. Em suma – insista-se –, o legislador encontra-se limitado, *a montante,* pela exigência constitucional de determinabilidade das leis restritivas e pela reserva de lei e, *a jusante,* por uma reserva de administração independente e por espaços, condicionados por aspetos técnicos ou tecnológicos e imbricados com questões deontológicas ou atinentes à liberdade editorial, algumas deles reclamando, mesmo, total autonomia e liberdade.

13.3. No que concernente à separação de competências entre Parlamento e Governo, no quadro da subfunção legislativa do Estado, cabe consolidar argumentos no sentido do reconhecimento de uma exigência de reserva de Parlamento, a par da reserva de lei, em matéria de afetação do espectro, acesso à atividade televisiva e correspetiva configuração da oferta, nos termos sustentados. Evidencie-se a relevância de um aspeto adicional nesta etapa reflexiva, pois é evidente o desajustamento, pelo seu contexto histórico, de uma tese que acopla consequências em termos de repartição de tarefas entre Parlamento e Governo à discussão sobre o conceito de lei. No ordenamento juridico-constitucional português, Governo e Parlamento participam no exercício da função legislativa. Não obstante o enquadramento histórico da teoria *labandiana,* julgamos que o debate que a mesma convocou estimula, decisivamente, a valorização dos casos de coincidência, no nosso contexto constitucional, da reserva de lei e da reserva de parlamento, para além do elenco condensado no artigo 164º da CRP, referente à reserva absoluta da competência legislativa parlamentar. Segundo a teoria *labandiana* do duplo conceito de lei, haveria que distinguir a lei material – enquanto ato jurídico que estabelece regra de direito – e a lei formal – que conteria qualquer ato emanado da vontade do Estado, afirmado sob uma forma solene. Mais uma vez, ao contrário da conceção *rosseauniana,* em que a generalidade e a abstração seria o cerne essen-

[945] COUTINHO, Luís Pereira (2000). "As Duas Subtrações – Esboço de uma Reconstrução da Separação entre asFunções de Legislar e de Administrar" *in Revista da Faculdade de Direito da Universidade de Lisboa;* p. 127.

[946] COUTINHO, Luís Pereira (2000). "As Duas Subtrações – Esboço de uma Reconstrução da Separação entre asFunções de Legislar e de Administrar" *in Revista da Faculdade de Direito da Universidade de Lisboa;* p. 128.

cial do ato legislativo[947], enquanto expressão da vontade geral[948], a regra de direito para LABAND[949] não era, necessariamente, uma regra aplicável a um número indeterminado de casos semelhantes: a generalidade seria uma característica natural da lei mas não essencial. Referindo-se à aprovação da lei do Orçamento do Estado (OE), o autor considerava que a matéria nada tinha a ver com a legislação, pertencendo unicamente à Administração. Nesses termos, a intervenção parlamentar, através da emissão de uma lei em sentido formal, constituiria uma ingerência do Parlamento na esfera da administração, porquanto o OE não constituiria uma verdadeira lei, mas antes um mero plano de gestão, desprovido de regras jurídicas[950]. JELLINEK também insiste na caracterização do OE como um ato de administração e não como um ato de legislação material, no sentido do conceito de *rechtssatz*. O autor tenta modelar a ideia de regra de direito, através da consideração do fim: se a lei tiver como fim limitar a atividade livre das pessoas, contem regulamentação jurídica[951], é lei em sentido material; pelo contrário, o OE são números, destinando-se apenas a regulamentar a atividade económica do Estado.

[947] De acordo com a lição de CANOTILHO, o princípio segundo o qual as leis devem conter prescrições de conteúdo geral e abstrato foi elaborado pela tradição do pensamento filosófico, anterior ao Estado Moderno, ao nascimento do constitucionalismo e da formulação contemporânea das funções do Estado. Aristóteles e São Tomás de Aquino sustentavam que as leis gerais eram as mais adequadas à prossecução do bem comum: o que os preocupava era a definição do seu dever ser, *"a fronteira entre a lei justa – expressão da racionalidade e de garantia da liberdade, e a lei injusta, expressão do arbítrio e veículo da opressão."* – CANOTILHO, Gomes (1979). "A Lei do Orçamento na teoria da Lei", *in Estudos em Homenagem ao Prof. J.J. Teixeira Ribeiro*, Vol. II, Universidade de Coimbra: BFD; p. 548.

[948] MIRANDA, Jorge (2010). Manual de Direito Constitucional, Tomo V, Coimbra Editora: Coimbra; p. 135; CANOTILHO, Gomes (2003). *Direito Constitucional e Teoria da Constituição*, Coimbra Editora: Coimbra; p. 714.

[949] Segundo VAZ, a teoria *labandiana* distinguia dois tipos de normas: *i)* umas seriam identificáveis com regras de direito, uma vez que visam determinar a condição jurídica dos cidadãos, devendo produzir os seus efeitos nas respectivas esferas jurídicas subjetivas; outra não são regras de direito, porque não limitam os cidadãos nem criam para eles nenhum direito ou obrigação. – VAZ, Manuel Afonso (1997 e 1998). "O conceito de lei na Constituição Portuguesa – uma perspetiva de reflexão", *in Direito e Justiça, Volume de Homenagem ao Prof. Doutor Manuel Gonçalves Cavaleiro de Ferreira*, Vol. III; p. 183.

[950] CANOTILHO, Gomes (1979). "A Lei do Orçamento na teoria da Lei", *in Estudos em Homenagem ao Prof. J.J. Teixeira Ribeiro*, Vol. II, Universidade de Coimbra: BFD; p. 548.

[951] As leis que criam direito são designadas, pelo autor, como *Rechtsgesetze;* as outras não são regras de direito, não podem constituir lei em sentido material, ainda que tenham sido ditadas em forma de lei *(Verwaltungsgesetze)*. – VAZ, Manuel Afonso (1997 e 1998). "O conceito de lei na Constituição Portuguesa – uma perspetiva de reflexão", *in Direito e Justiça, Volume de Homenagem ao Prof. Doutor Manuel Gonçalves Cavaleiro de Ferreira*, Vol. III; pp. 183 e 184.

Recapitulando, em termos sumários, as críticas que têm sido feitas à doutrina do duplo conceito de lei, cabe recordar que era uma filha da sua época[952], fruto do positivismo estadual e do método jurídico-formal[953]. Através de contraposições lógicas, procurava-se resolver as questões fundamentais: o conteúdo e o alcance da noção de regra de direito, de um simples conceito, determinava o próprio conceito de lei, do poder legislativo e respetivo órgão competente. A teoria das funções materiais do Estado desembocava numa discussão teorético-conceitual sobre a noção de regra de direito; se o conceito de regra de direito conduzia ao conceito de lei em sentido material, este, por sua vez, coincidia com a função atribuída ao instituto da reserva de lei. O que quer dizer que a noção de reserva de lei passou a estar em estreita conexão com a reserva de regra de direito.

Parece-nos, atualmente, desajustado uma aceção da lei em sentido meramente formal, porquanto toda a deliberação emanada sob a forma legislativa do Parlamento constitui uma norma superior de direito. Os atos legislativos parlamentares têm força e valor de lei, levando todo o ato revestido da forma de lei, em si mesmo, um conteúdo jurídico[954] e político. A reserva de Parlamento não deve colocar-se apenas sob o estrito ponto de vista da garantia dos direitos e liberdades, devendo também ter em conta a direção política estadual, atribuindo-se ao Parlamento uma função de comparticipação no *indirizzo* político[955]. Daí a integração da subfunção legislativa na Função política, em sentido amplo, porque a lei já não é simples regra jurídica e é concebida no Estado

[952] Noutra perspetiva, VAZ considera que esta fórmula pretendia responder à preocupação política moderna de limitar a autoridade governamental e administrativa, fazendo depender essencialmente a regulamentação do direito individual da vontade das assembleias legislativas eleitas. Na sua opinião, os conceitos de lei material e formal deveriam ficar comprometidos ao seu conteúdo histórico-político. – VAZ, Manuel Afonso (1997 e 1998). "O conceito de lei na Constituição Portuguesa – uma perspetiva de reflexão", *in Direito e Justiça, Volume de Homenagem ao Prof. Doutor Manuel Gonçalves Cavaleiro de Ferreira,* Vol. III; p. 185; COUTINHO dá-nos conta que *"esta conceptualização resistiu à dissolução do seu quadro histórico de origem, sendo acolhida por aqueles que raciocinam à luz do monismo democrático herdado da Revolução"*. – "As Duas Subtrações – Esboço de uma Reconstrução da Separação entre as Funções de Legislar e de Administrar" *in Revista da Faculdade de Direito da Universidade de Lisboa;* p. 103.

[953] CANOTILHO, Gomes (1979). "A Lei do Orçamento na teoria da Lei", *in Estudos em Homenagem ao Prof. J.J. Teixeira Ribeiro,* Vol. II, Universidade de Coimbra: BFD; p. 551.

[954] JESCH, Dietrich (1978). *Ley e Administracion: Estudio de La Evolucion del Principio de Legalidad,* Instituto de Estudios Administrativos: Madrid; p. 221.

[955] CANOTILHO, Gomes (1979). "A Lei do Orçamento na teoria da Lei", *in Estudos em Homenagem ao Prof. J.J. Teixeira Ribeiro,* Vol. II, Universidade de Coimbra: BFD; pp. 573 e segs.

Social de Direito como um *"instrumento político por excelência"*[956]. Por conseguinte, o dualismo lei material-formal – lei formal não material não se reduz à presença ou ausência de generalidade (ou de qualquer outro elemento substancialístico), devendo ser equacionado no contexto das funções do Estado[957]. A lei tem de ser, forçosamente, um ato da função política, uma vez que, sem a opção política subjacente, sem a ponderação prospetiva do interesse geral, sem a visão ampla da comunidade política, não existe lei[958]. É por isso que os regulamentos não podem ser leis em sentido material e que as principais opções primárias sobre as questões mais relevantes para a sociedade não devem ser reguladas por normas administrativas. É certo que a reserva de Parlamento pode existir mesmo que o ato parlamentar não se exteriorize na forma de lei e que, ao contrário da Lei do OE[959], as questões que nos ocupam integram uma reserva formal de ato legislativo e uma reserva de parlamento. A intervenção do órgão representativo num ato de direção política essencial, como é a definição do acesso à atividade televisiva e configuração da oferta, a partir da afetação do espectro, o que pressupõe o estabelecimento das condições *supra* problematizadas, deve ser estritamente garantido[960].

[956] Apesar das fragilidades que podem ser imputadas a esta conceção tricotómica de MIRANDA das funções do Estado, esta parece ser uma das suas maiores virtudes: a consumpção na função política, em sentido amplo, das atividades que pressupõem a adoção de critérios políticos de decisão, que são a atividade legislativa e atividade política *stricto sensu*. – MORAIS, Carlos Blanco (2012). *Curso de Direito Constitucional, Tomo I, 2ª Ed.*, Coimbra Editora: Coimbra; pp. 29 e segs; MIRANDA, Jorge (2010). *Manual de Direito Constitucional*, Vol. V, Coimbra Editora: Coimbra; pp. 22 e segs.

[957] MIRANDA, Jorge (2010). *Manual de Direito Constitucional*, Tomo V, Coimbra Editora: Coimbra; p. 149.

[958] Efetivamente, não há lei sem a discricionariedade inerente à atividade política, sem a atividade criativa, a iniciativa livre que ela pressupõe. Em suma a lei *é o meio de ação essencial do poder sobre a vida social. – MIRANDA, Jorge (2010). Manual de Direito Constitucional*, Tomo V, Coimbra Editora: Coimbra; p. 149.

[959] No ordenamento jurídico-constitucional português, para além de ser da reserva absoluta da competência legislativa parlamentar, o OE integra o elenco das competências políticas e legislativas da Assembleia da República, como expressa a epígrafe do artigo 161º da CRP.

[960] Segundo o Tribunal Constitucional alemão, a forma legal exigida está submetida à reserva parlamentar (*BVerfGE* 47, 46, 78). As decisões necessárias, a adotar pelas instâncias políticas, são decisões essenciais porque, *abstraindo-se o significado objetivo da radiodifusão para a vida individual e pública contemporânea, elas surgem num âmbito relevante para os direitos fundamentais, sendo essenciais para sua concretização* (BVerfGE 47, 46, 79). Precisamente, encontram-se, neste ponto, diversas posições de direitos fundamentais que podem colidir entre si: por um lado, a pretensão jurídica, decorrente da liberdade de informação, à informação ampla e verídica; por outro lado, a liberdade de expressão do pensamento dos produtores ou participantes em programas. Sendo função do

Pelo exposto, parece-nos que, para além da reserva de lei, a regulação do acesso à atividade televisiva e a configuração da oferta exige reserva de Parlamento, no sentido do reforço da comparticipação necessária da representação popular, num estado democrático, numa questão tão sensível. Em última instância, vale aqui plenamente, em termos análogos ao OE, uma posição de primazia parlamentar, fundada na vocação, por excelência, do Parlamento, para mediar e harmonizar interesses pluralistas, na canalização da distribuição de recursos estatais. Quem melhor que o Parlamento pode efetuar essa ponderação, em nome da garantia da liberdade individual dos cidadãos, através da participação dos seus representantes na feitura das leis, entre o princípio constitucional do pluralismo e a liberdade económica e de empresa privada dos *media*? E a ponderação entre os direitos e liberdades da Constituição da Comunicação e a liberdade económica das empresas de telecomunicações? Pela nossa parte, o sentido da remissão constitucional para a lei[961] só pode ser o da exigência de lei parlamentar para a regulação do acesso à atividade de televisão. O entendimento contrário tornaria essa remissão supérflua, redundante e desnecessária, à luz do artigo 165º, alínea *b)*, e, no que concerne às leis restritivas, o regime orgânico de proteção dos direitos, liberdades e garantias.

13.4. Mesmo que optássemos por reserva de lei relativa, merece-nos as maiores reservas a opção do governo pela forma de resolução do Conselho de Ministros[962], quando determinou a reserva de capacidade no *Multiplexer* A, fundamental para a configuração do modelo da TDT, uma vez que as decisões contidas nesse ato regulamentar: *i)* envolvem decisões fundamentais em termos de oferta televisiva, pluralismo e liberdade económica privada das empresas de *media; ii)* constituem uma afetação desvantajosa de faculdades fundamentais da liberdade de iniciativa económica e da liberdade de empresa

legislador harmonizar tais colisões, o Tribunal sustenta que essa reserva legal é uma reserva parlamentar – estadual – (BVerfGE 47, 46, 79): *Somente o parlamento deve determinar o que é essencial para a garantia da liberdade de radiodifusão, não podendo deixar a decisão ao Executivo, p. ex. na forma de uma ampla competência geral que abranja a autorização para encargos, direta ou indiretamente, por normas, não suficientemente definidas. Tampouco a garantia da liberdade de radiodifusão deve ser confiada a uma disciplina contratual, ou baseada em Regulamento dos produtores.* – Anotações ao Acórdão *BVerfGE* 57, 295, in *Cinquenta Anos de Jurisprudência do Tribunal Constitucional Federal Alemão,* (2005) Coletânea Original: Jürgen Schwabe, Org. e Introd. Leonardo Martins; Tradução: Beatriz Hennig, Leonardo Martins, Mariana Bigelli de Carvalho, Tereza Maria de Castro, Viviane Geraldes Ferreira; *Konrad – Adenauer- Stiftung E.V.,* Montevideo: Uruguay; p. 478.

[961] *Ex vi* artigo 38º, nº 7, da CRP.

[962] Cfr. Resolução do Conselho de Ministros nº 12/2008, de 22 de janeiro de 2008.

de telecomunicações, subtraindo parte do espectro *hertziano* à sua afetação a outros serviços de comunicações eletrónicas.

Efetivamente, esta resolução, onde se verteram as decisões essenciais sobre o desenvolvimento do modelo da TDT, pode suscitar questões de inconstitucionalidade por violação da reserva de lei. Acresce que, ao invés do designado Quinto Canal, cuja abertura de concurso público é prescrita na mesma resolução, o Governo determina a reserva de capacidade para difusão, em modo não simultâneo, até ao fecho da televisão analógica, de emissões em alta definição de elementos fornecidos pelos vários serviços de programas, distribuídos no *Multiplexer* A, a que correspondia, de acordo com o preâmbulo, um serviço de programas televisivo em Alta Definição (HDTV), o designado "Canal Condomínio". Não podemos deixar de notar que se a exigência constitucional de licença, a atribuir por concurso público, para o exercício da atividade televisiva, é aplicável a cada serviço de programas televisivo, de acordo com o princípio da individualização das licenças, esta norma regulamentar configura uma habilitação administrativa, ainda que temporária, de emissão de um serviço de programas televisivo, violando a exigência constitucional de atribuição de licença por concurso público.

Refiram-se ainda, neste contexto, as exigências do direito da União Europeia, extraindo-se da jurisprudência do Tribunal de Justiça[963] que um regime de limitativo de licenças pode ser justificado por objetivos de interesse geral, desde que as restrições sejam adequadas e não ultrapassem o estritamente necessário[964]. Permite-se, expressamente, aos Estados-Membros: *i)* Aprovar ou manter, no respeito do direito comunitário, disposi-

[963] Cfr. Acórdão do Tribunal de Justiça (Quarta Secção), de 31 de janeiro de 2008, proferido no Processo C-380/05, disponível em http://eur-lex.europa.eu/legal-content/PT/ALL/?uri=CELEX:62005CJ0380&qid=1445347335368.

[964] O Acórdão do Tribunal de Justiça, de 31 de janeiro de 2008, foi motivado por um pedido de decisão prejudicial que tinha por objeto a interpretação, no domínio da radiodifusão televisiva por via hertziana a nível nacional, das disposições do Tratado CE sobre a livre prestação de serviços e a concorrência: da Diretiva 2002/21/CE do Parlamento Europeu e do Conselho, de 7 de março de 2002, relativa a um quadro-comum regulamentar para as redes e serviços de comunicações eletrónicas (diretiva-quadro), da Diretiva 2002/20/CE, do Parlamento Europeu e do Conselho, de 7 de março de 2002, relativa à autorização de redes e serviços de comunicações eletrónicas (diretiva-autorização), da Diretiva 2002/77/CE da Comissão, de 16 de setembro de 2002, relativa à concorrência nos mercados de redes e serviços de comunicações eletrónicas, bem como do artigo 10º da Convenção Europeia para a Proteção dos Direitos do Homem e das Liberdades Fundamentais, assinada em Roma, em 1950. O pedido foi apresentado no âmbito de um litígio que opunha a *Sociedade Centro Europa 7 Srl* ao Ministério das Comunicações italiano e à *Autorità per le garanzie nelle comunicazioni.*

ções que prossigam objetivos de interesse geral, nomeadamente atinentes à política audiovisual[965]; *ii)* Que os Estados-Membros procedam à atribuição de direitos de utilização das radiofrequências, numa base individual, com vista ao respeito do objetivo de uma utilização eficiente das radiofrequências[966]. Todavia, para ser justificado, esse regime derrogatório dos princípios gerais de liberalização das telecomunicações deve servir objetivos de interesse geral e basear-se em *critérios objetivos, transparentes, não discriminatórios e proporcionais.*

13.5. Acresce, em termos pragmáticos, a necessidade de harmonização legal dos fins comuns a dois Reguladores que atuam em mercados que exibem zonas de sobreposição, mais das vezes conflituantes: Entidade Reguladora para a Comunicação Social (ERC) e a Autoridade Nacional de Comunicações (ANACOM). Neste contexto, cabe-nos antecipar os seguintes comentários:

A) Seria, no mínimo, incongruente a preocupação constitucional de garantir, detalhadamente, as suas opções ou critérios ponderativos, bem como a definição de uma reserva material expressa de atribuições da ERC sobre os direitos, liberdades e garantias da comunicação e permitir que o Governo possa pôr em causa essas opções. Esse desfecho indesejável poderia ser obtido, eventualmente, pela atribuição de poder regulamentar ao Governo, ou através da concessão legal de uma generosa livre margem de decisão administrativa à ANACOM, limitando o Parlamento à emissão de meros princípios genéricos. As atribuições que a ERC[967] deve prosseguir[968] não podem ser questionadas nem esvaziadas pelo mesmo Estado Regulador, sob pena de flagrante e grave incoerência jurídica.

[965] Cfr. Artigo 1º, nº 3, da Diretiva-quadro – Diretiva 2002/21/CE do Parlamento Europeu e do Conselho, de 7 de março de 2002, relativa a um quadro-comum regulamentar para as redes e servições de comunicações eletrónicas.

[966] Cfr. Artigo 5º, nº 2, primeiro parágrafo, da Diretiva-autorização – Diretiva 2002/20/CE, do Parlamento Europeu e do Conselho, de 7 de março de 2002, relativa à autorização de redes e serviços de comunicações eletrónicas.

[967] Cfr. Artigo 39º, nº 1, da CRP.

[968] Através das competências definidas pela lei de valor reforçado, a que alude o nº 2 do Artigo 39º, cujo procedimento produtivo é agravado pela exigência de maioria especialmente qualificada, do Artigo 166º, nº 6, alínea *a)*.

Da análise da Lei das Comunicações Eletrónicas (LCE), facilmente se extrai a conclusão de que o seu âmbito de aplicação encontra-se condicionado por restrições específicas, relativas às emissões de rádio e de televisão e, consequentemente, em íntima ligação com os conteúdos. A Lei exclui, expressamente, do seu âmbito de aplicação os serviços que prestem ou exerçam controlo editorial sobre conteúdos, transmitidos através de redes e serviços de comunicações eletrónicas, incluindo os serviços de programas televisivos e de rádio[969]. Não obstante, reconhece, em termos genéricos, que se encontra vinculada pelas medidas comunitárias ou nacionais que visam objetivos de interesse geral, em especial relacionados com a regulamentação de conteúdos e a política audiovisual[970]. Cabe realçar que, precisamente pela importância jusfundamental do princípio constitucional do pluralismo dos *media*, a LCE estabelece, entre os objetivos de regulação das telecomunicações, a possibilidade de a Reguladora contribuir, no âmbito das suas atribuições, *para assegurar a implementação de políticas destinadas a promover a diversidade cultural e linguística e o pluralismo, nomeadamente dos meios de comunicação social*[971]. Trata-se, todavia, de uma mera possibilidade e não um dever, pese o impacto das suas deliberações em matéria de conteúdos[972]. De resto, a própria lei considera que, nos casos de transmissão ou locação de direitos de utilização de frequências, a ANACOM deve garantir que as restrições previstas

[969] Cfr. Artigo 2º, nº 1, alínea *b)*, da Lei nº 5/2004, de 10 de fevereiro, alterada pelo Decreto-Lei nº 176/2007, de 8 de maio, Decreto-Lei nº 123/2009, de 21 de maio, Decreto-Lei nº 258/2009, de 25 de setembro, Lei nº 35/2008 de 28 de julho; alterada e republicada pela Lei nº 51/2011, de 13 de setembro; objeto de aditamento pela Lei nº 10/2013, de 28 de janeiro (artigo 52º A – suspensão e extinção do serviço prestado a assinantes consumidores); objeto de alteração pela Lei nº 42/2013, de 3 de julho (artigos 45º e 113º); objeto de alteração pelo Decreto-Lei nº 35/2014, de 7 de março (revogação do artigo 124º – concessionária).

[970] Cfr. Artigo 2º, nº4.

[971] Cfr. Artigo 5º, nº 9.

[972] Os deveres da ANACOM, neste domínio normativo, são circunscritos a situações excecionais: *i)* Que um serviço de comunicações eletrónicas seja oferecido numa faixa de frequências específica, disponível para serviços de comunicações eletrónicas; *ii)* A oferta de um determinado serviço de comunicações eletrónicas numa faixa de frequências específica com exclusão de qualquer outro serviço; desde que, em ambos casos, haja a necessidade de, excecionalmente, satisfazer outros objetivos de interesse geral, como a promoção da diversidade cultural e linguística e do pluralismo dos meios de comunicação, designadamente através do fornecimento de serviços de programas televisivos ou de rádio (Cfr. Artigo 16-A, nº 4, alíneas *a)* e *b)* e nº 5 da LCE). O mesmo desígnio justifica a atribuição legal de poder discricionário à ANACOM de introdução de restrições proporcionais, não discriminatórias e justificadas quanto à tecnologia utilizada para os serviços de comunicações eletrónicas (Artigo 16-A, nº 2, da LCE).

na lei, em matéria de televisão e rádio, sejam salvaguardadas[973/974]. O que reforça, no mínimo, a essencialidade da reserva de lei, nas matérias atinentes ao espectro e ao acesso à atividade de televisão, para além de agravar a necessidade e urgência de refletir sobre a eficiência e coerência normativa de uma regulação bicéfala, atribuída a entidades administrativas próximas, mas distintas.

13.6. Pelo exposto, parece-nos seguro que uma das principais funções do artigo 38º, nº 7, da CRP é a de reforçar a exigência de reserva de lei formal, na regulação do acesso à atividade de radiotelevisão e correspetiva afetação do espectro, no quadro da imposição de uma reserva total de lei[975]. Mesmo que essa conclusão interpretativa fosse problemática à luz do regime do artigo 165º, nº1, alínea *b)*, ou, alegadamente, inadequada perante o teste da essencialidade[976], ela baseia-se, enquanto exigência mínima, numa interpretação literal do sobredito preceito constitucional. A regulação do exercício da atividade de radiotelevisão constitui uma dimensão essencial das liberdades comunicativas, até pela existência do serviço público de radiotelevisão, de resto, ele próprio, uma garantia institucional[977], com dignidade constitucional.

Mesmo uma conceção avessa ao monismo parlamentar sustenta que, para além dos casos evidentes, expressamente previstos na Constituição, a reserva de lei parlamentar impõe-se nos casos difíceis, *"sempre que os ganhos em publicidade, transparência, participação e pluralismo, associados ao processo legislativo parlamentar, superem as razões que exigem um procedimento normativo mais célere ou,*

[973] Cfr. Artigo 34º, nº 5, alínea *e)*.

[974] Sem prejuízo dos critérios e procedimentos específicos para a atribuição de direitos de utilização de frequências, aos operadores de televisão e de distribuição, e aos operadores de rádio, para alcançar objetivos de interesse geral, os direitos de utilização devem ser atribuídos através de procedimentos abertos, objetivos, transparentes, proporcionais, não discriminatórios. – Artigo 30º, nº 3.

[975] No contexto de reserva de parlamento, reserva de lei assume o valor de reserva total de lei. Como ensina VAZ, a técnica da reserva de lei só é entendível perante um sistema dualista, que aceitem a existência do poder legislativo repartido por dois órgãos. – VAZ, Manuel Afonso (1996). *Lei e Reserva de Lei – A Causa da Lei na Constituição Portuguesa de 1976*, Porto; pp. 389 e 390.

[976] SOUSA, Marcelo Rebelo de/MATOS, André Salgado de (2004). *Direito Administrativo Geral: Introdução e Princípios Fundamentais,* Tomo I, 2ª Edição, Dom Quixote; p. 169. – Cumpre-nos, porém, antecipar que não optamos pela teoria da essencialidade, uma vez que ela permite, ainda assim, a existência de setores de atuação administrativa, à margem de qualquer habilitação legal.

[977] MIRANDA, Jorge (2014). "Liberdade de comunicação social e serviço público de rádio e de televisão", in *Media, Direito e Democracia,* Almedina: Coimbra; p.26.

pluralisticamente, menos exigente"[978]. A reserva de Parlamento é não apenas uma reserva democrática ou de Plenário mas, simultaneamente, material e formal[979]. A publicidade que rodeia a discussão, o acompanhamento dos debates pela opinião pública e a sua difusão pelos *media*, a possibilidade de intervenção de todos os partidos representados, justificam que a Constituição reserve à lei formal parlamentar a disciplina de certas matérias[980].

Em conformidade, estamos convictos de que se há princípio que reclama estas características, exclusivas do processo parlamentar, é o princípio do pluralismo comunicativo ou mediático, um dos princípios claramente modeladores da Constituição da Comunicação, do acesso à atividade de televisão, em geral e, em especial, dos procedimentos configuradores da oferta da TDT. Acresce a relevância do procedimento para o exercício das liberdades de empresas de comunicação social e de telecomunicações. Qualquer argumentação em sentido inverso esbarra, aliás, com a exigência constitucional expressa de lei, no que concerne ao acesso à atividade de televisão. No nosso domínio normativo, mesmo não relevando uma necessidade de potencial expansão da reserva de lei para além do catálogo constitucional, nem por isso deixa de ser oportuna ou sugestiva uma referência ao teste pragmático da essencialidade, enquanto *"critério de medida, casuístico, que quer possibilitar uma posição defensável no caso concreto: quanto mais importante (hoc sensu) for uma disciplina normativa para o cidadão e para a comunidade, mais os respetivos comandos devem ser preenchidos por uma norma legislativa"*[981].

13.7. A Constituição remete, expressamente, para o legislador o desígnio de garantir uma ordem dual de televisão, privada e pública, devendo este ponderar, à luz de processos transparentes e pluralistas, o peso da respetiva oferta. Esta premissa tem sido sujeita a ostensiva degradação normativa, atenta a já referida tendência administrativizadora e consequente desgraduação, ou mera remissão normativa para o plano infralegislativo, da regulação de dimensões essenciais da gestão e afetação do espectro e da oferta televi-

[978] Novais, Jorge Reis (2003). *As Restrições aos Direitos Fundamentais Não Expressamente Autorizadas Pela Constituição*, Coimbra Editora: Coimbra; p. 840.

[979] É uma reserva formal, porque a Assembleia da República deve produzir normas sobre as matérias abrangidas na reserva de parlamento através da forma de lei; é, concomitantemente, uma reserva material porque se refere a certas matérias. – Canotilho, Gomes (2003). *Direito Constitucional e Teoria da Constituição*, 7ª Edição, Coimbra Editora: Coimbra; pp. 725 e 726.

[980] Canotilho, Gomes (2003). *Direito Constitucional e Teoria da Constituição*, 7ª Edição, Coimbra Editora: Coimbra; p. 725.

[981] Moncada, Luís S. Cabral de (2002). *Lei e Regulamento*, Coimbra Editora: Coimbra; pp. 175 e 176.

siva. Sujeita a reserva de lei e a reserva de densificação total[982], nos termos propostos[983], estamos perante casos consensuais de proibição de deslegalização[984] e de regulamentos delegados[985], em conformidade com o princípio da tipicidade da lei[986].

Por conseguinte, parece-nos questionável a conformidade com a Constituição dos preceitos legais que procedem a meras remissões para regulamento executivo governamental[987] da definição das ponderações a assumir pelos critérios legalmente enunciados, para efeitos de graduação das candidaturas a concurso público, para serviços de programas de acesso não condicionado livre e acesso não condicionado com assinatura, ambos eventuais utilizadores do espectro *hertziano* terrestre. A decisão sobre o peso a atribuir aos critérios legais, enunciados no artigo 15º, nº 4[988], constitui uma opção essencial

[982] Para Canotilho e Moreira, a reserva de lei, em matéria de direitos, liberdades e garantias, tem um duplo sentido: *"a) reserva de lei material, que significa que os direitos, liberdades ou garantias não podem ser restringidos (regulados) senão por via da lei e nunca por regulamento, não podendo a lei delegar em regulamento ou diferir para ele qualquer aspeto de seu regime; b) formal, o que significa que só podem ser regulados por lei parlamentar ou, nos termos do artigo 165º, alínea b), por decreto-lei governamental autorizado, garantindo-se que não ficam à disposição do poder regulamentar da Administração."* Veja-se, porém, que os constitucionalistas distinguem entre restrição do exercício de direitos fundamentais e delimitação do âmbito do direito fundamental, nos termos já estudados. – Canotilho, Gomes/Moreira, Vital (2007). *Constituição da República Portuguesa Anotada, Vol. I,* Anotações ao Artigo 18º, Coimbra Editora: Coimbra; pp. 388 e 395 e 396.

[983] No mínimo, pelo artigo 165º, alínea *b)*, ou pelo próprio artigo 38º, nº 7, da CRP.

[984] Cfr. Acórdão do Tribunal Constitucional nº 304/2008, de 18 de junho de 2008.

[985] *"As normas administrativas que, mediante habilitação ou autorização legal, derroguem, interpretem ou integrem atos legislativos não têm força de lei, não adquirem a vinculatividade própria das normas legais, não são interpretação autêntica e são proibidas pela Constituição".* – Miranda, Jorge/Medeiros, Rui (2006) *Constituição Portuguesa Anotada, Tomo II,* Coimbra Editora: Coimbra; p. 262; Morais, Carlos Blanco (2012) *Curso de Direito Constitucional, Tomo I, 2ª Ed.*, Coimbra Editora: Coimbra; p. 124.

[986] Cfr. Artigo 112.º, nº 5, da CRP.

[987] Contidas nos artigos 15º, nº 6, e 16º, nº 5, da LTV.

[988] Cfr. Artigo 15º, nº 4, LTV:

a) O contributo de cada um dos projetos para qualificar a oferta televisiva na área que se propõem cobrir, aferido em função das garantias de defesa do pluralismo e de independência face ao poder político e económico, do destaque concedido à informação e da salvaguarda dos direitos constitucionalmente reconhecidos aos jornalistas, da coerência das linhas gerais de programação apresentadas com o respetivo estatuto editorial e da adequação dos projetos à realidade sócio -cultural a que se destinam;

b) O contributo de cada um dos projetos para a diversificação da oferta televisiva na área que se propõem cobrir, aferido em função da sua originalidade, do investimento em inovação e criatividade e da garantia de direitos de acesso a minorias e tendências sub -representadas;

c) O contributo de cada um dos projetos para a difusão de obras criativas europeias, independentes e em língua originária portuguesa;

sobre o perfil do serviço de programas a emitir em acesso livre, implicando a sua remissão para regulamento executivo governamental o reenvio normativo de uma disciplina tendencialmente inovatória que, caso não fosse incluída na reserva, exigiria a forma de decreto regulamentar[989]. Está em causa, em nosso entendimento, uma ponderação que cabia rigorosamente ao legislador realizar, configurando um reenvio normativo constitucionalmente vedado, atenta a violação de um domínio material de legalidade necessário[990].

A não vingar a interpretação exposta, sempre haveria que questionar, no que se refere à definição dos critérios e opções fundamentais do concurso público, se estas mesmas regras não integrarão, necessariamente, a reserva de ato legislativo, sendo possível enunciar um princípio da tipicidade legal dos aspetos essenciais desse procedimento concursal, nos termos ditados pelo artigo 38º, nº 7, da CRP. Mesmo que, sem prescindir, fosse discutível a integração deste aspeto na reserva, não pode a lei limitar-se a definir as competências objetiva e subjetiva do regulamento a emitir, permitindo que o mesmo revista natureza inovatória, no que concerne às ponderações a atribuir aos critérios de graduação das candidaturas ao concurso público para atribuição de licenças de televisão em acesso livre[991/992].

Em acréscimo, ainda que assumindo, em ambos os casos, a parcela material desgraduada caráter inovatório e essencial, mesmo que se admitisse a legitimidade da mera remissão para regulamento, este deveria assumir a forma

d) O cumprimento das normas legais e compromissos assumidos no decurso de anterior exercício de uma atividade licenciada de televisão;
e) As linhas gerais da política de recursos humanos, nomeadamente quanto aos planos de recrutamento, formação e qualificação profissionais.

989 MORAIS, Carlos Blanco (2012). *Curso de Direito Constitucional, Tomo I, 2ª Ed.*, Coimbra Editora: Coimbra; p. 249.

990 Embora a lei enuncie um conjunto de critérios a ter em consideração no procedimento, os artigos 15º e 16º, número 4, remetem para portaria ministerial a ponderação essencial sobre os bens e valores que devem prevalecer nas respetivas escolhas.

991 MORAIS alerta para a "*tentação do legislador em prever a emissão de regulamentos independentes, desacompanhados da forma constitucionalmente devida, tendo em vista contornar a sujeição dos decretos regulamentares ao controlo de mérito do Presidente da República, traduzido na promulgação ou veto, nos termos do artigo 136º, nº 4.*" – MORAIS, Carlos Blanco (2012). *Curso de Direito Constitucional, Tomo I, 2ª Ed.*, Coimbra Editora: Coimbra; p. 124.

992 No caso previsto no artigo 16º da LTV, a questão adquire ainda maior relevância, uma vez que a lei apenas enuncia dois critérios legais, cuja graduação é fundamental para a configuração final da oferta televisiva, sob pena de esvaziamento da função constitucional do próprio concurso público: *i)* os custos económicos e financeiros associados aos projetos; *ii)* o contributo dos projetos para o desenvolvimento da sociedade da informação, para a qualificação da oferta televisiva, para a produção de obras europeias e para a difusão de obras criativas de produção originária em língua portuguesa.

de decreto-regulamentar, nos termos do artigo 112º, números 6 e 7. Contudo, em matérias de direitos, liberdades e garantias, como veremos, é discutível a admissibilidade de regulamentos, mesmo governamentais executivos, o que só reforça a tese de deslegalização constitucionalmente vedada.

14. Reenvios Normativos e Administrativização da Televisão Digital Terrestre

A pretexto da complexidade técnica inerente ao processo de transição da televisão analógica para a televisão digital, na União Europeia, tem-se assistido a uma generalizada e indesejável administrativização da matéria, através do recurso inconstitucional a reenvios normativos, cuja validade e consequências jurídicas começam agora a ser objeto de suscitação judicial.

14.1. O Caso Espanhol

14.1.1. Em Espanha, por exemplo, o recente encerramento de nove serviços de programas televisivos que emitiam na TDT[993], decidida pelo Supremo Tribunal Administrativo espanhol, foi, no mínimo, surpreendente. O processo foi desencadeado por uma empresa de telecomunicações[994], através do pedido de impugnação de uma resolução do Conselho de Ministros[995/996] que atribuiu, sem concurso, um *Multiplexer* digital de cobertura nacional, a cada uma das sociedades comerciais já detentoras de licenças na televisão digital terrestre.

A pretensão da empresa baseou-se em duas alegações substanciais: *i)* Que a *Ley General de la Comunicación Audiovisual* de 2010[997] exigia a realização de concurso público para a atribuição de licenças para a prestação de serviços de telecomunicações audiovisuais, mediante ondas *hertzianas,* o que teria determinado a revogação das previsões regulamentares de 2005 e 2010[998], em que se baseava a sobredita resolução do Conselho de Ministros; *ii)* A Diretiva 20/2002 do Parlamento Europeu e do Conselho, de 7 de março de 2002, relativa à utilização de redes e serviços de comunicações eletrónicas, refere, no seu artigo 5º, que a concessão de direitos de uso de frequências deverá efetuar-se

[993] Televisão Digital Terrestre.

[994] A sociedade de *Infraestruturas y Gestión 2.002, S.L.*, autora, aliás, de um conjunto de processos nos últimos anos por causa da TDT.

[995] Resolução datada de 16 de julho de 2010.

[996] Cfr. Sentença do Supremo Tribunal espanhol, *"Sala de Contencioso, Secção 3) de 27 de novembro de 2012 (ROJ STS 8036/2012).*

[997] Cfr. Lei 7/2010, de 31 de março,

[998] Cfr. Reais Decretos 944/2005 e 365/2010,

de acordo com procedimentos abertos, transparentes e não discriminatórios. O Advogado do Estado, por seu turno, veio defender:

i) Que a resolução governamental impugnada tinha fundamento normativo em previsões regulamentares que estabeleciam o processo de transição e o cenário após o fim das emissões analógicas[999];

ii) Que a exigência de concurso prevista na Lei de 2010 pode admitir exceções;

iii) Que esses atos regulamentares legitimavam uma ampliação das concessões vigentes, cujo início remonta a período anterior à vigência da lei de 2010, através da atribuição, pelo Conselho de Ministros, de um *Multiplexer* digital. Uma disposição transitória, inscrita na nova lei ressalva, expressamente, os direitos reconhecidos e outorgados, antes da sua entrada em vigor.

Surge incontestada, no aresto, a premissa de que a lei não poderia afetar direitos e expectativas consolidadas no direito anterior. Não obstante, o litígio residia na amplitude desses mesmos direitos, tendo o Supremo Tribunal Espanhol procedido à sua determinação, em sede de execução de sentença. O Tribunal especificou os canais, cujos títulos habilitadores do exercício da atividade não eram controvertidos, na medida em que configuravam direitos consolidados, no momento da entrada em vigor da Lei de 2010[1000]. Perante a acusação de que as cadeias de televisão teriam beneficiado de certos canais digitais adicionais, sem concurso, e que esses canais não beneficiariam de proteção jurídica, a argumentação da UTECA[1001] baseou-se no facto de a transição da televisão analógica para a digital permitir que o mesmo espectro radioelétrico, anteriormente necessário para emitir um canal analógico, possa ser comprimido de forma a suportar quatro canais digitais[1002]. Por con-

[999] Em causa, estão os Reais Decretos de 944/2005, de 29 de julho, e 365/2010, de 26 de março. Este último foi publicado em 3 de abril e entrou em vigor no dia seguinte. Por sua vez, a Lei Geral das Comunicações Audiovisuais, Lei 7/2010, de 31 de março, foi publicada em 1 de abril e entrou em vigor um mês depois, ou seja em 1 de maio.

[1000] Na sentença proferida em novembro de 2012, o Supremo Tribunal recusou declarar e especificar, em termos absolutos e gerais, o número de canais associados a cada licença, como também a nulidade de todos os atos e disposições que encontravam fundamento na resolução declarada nula, não obstando naturalmente que eles possam ser impugnados por si mesmos. Essa determinação só é feita, posteriormente, em sede de execução da sentença.

[1001] *Union de Televisiones Comerciales Associadas.*

[1002] Nesse seguimento, a UTECA pediu que o Supremo que ratificasse que a Telecinco, Antena 3 e Cuatro já tinham, à data da entrada em vigor da Lei de 2010, três canais concedidos e um

seguinte, aduziu a UTECA que se a limitação de espaço constituía o fundamento da exigência de concurso, não estando em causa a ocupação de mais espaço, essa exigência deixaria de fazer sentido após a introdução da tecnologia digital[1003], sendo apenas necessário modificar a licença ou concessão inicial[1004], em conformidade com o invocado *princípio da conservação do conteúdo das licenças ou concessões.*

O Supremo rejeitou, porém, esta tese, aduzindo os seguintes argumentos:

a) A Administração atribui canais e não espectro radioelétrico, através de concurso ou em execução de qualquer outra previsão legal, ainda que essas concessões impliquem, obrigatoriamente, a consequente atribuição de espaço[1005]. Tanto as antigas concessões como as atuais licenças outorgam canais e, para isso, atribuem o espaço necessário para as respetivas emissões, mais exíguo que o exigido pela tecnologia analógica;

b) As licenças conferidas, ao abrigo da lei, não seriam títulos genéricos que habilitassem, de forma indeterminada, a prestação de serviços de comunicação audiovisual, devendo, pelo contrário, especificar o número de canais conferidos pela licença, em conformidade com o princípio da individualização dos serviços de programas televisivos;

c) O Supremo espanhol concluiu que as expectativas relativamente à atribuição do *Multiplexer*, com quatro canais, fundadas nas sobreditas previsões regulamentares, não eram dignas de tutela jurídica. Efetivamente, a entrada em vigor da nova lei implicou a conversão dos títulos habilitantes para o exercício da atividade televisiva, tendo as concessões antigas sido transformadas em licenças, com base no reconhecimento legal dos direitos existentes à entrada em vigor da Lei, nos termos da disposição transitória segunda[1006]. Contudo, o Supremo

analógico. A substituição deste por outro digital e a atribuição aos 4 de um *Multiplexer* teria sido uma questão meramente técnica.

[1003] A inclusão, pelo Decreto de 2005, de um limite de quatro canais digitais por *Multiplexer*, a atribuir supostamente aos canais concessionados, visara salvaguardar a viabilidade das empresas e o bom funcionamento do mercado, não tendo por base razões técnicas ou de outra ordem.

[1004] Cfr. Rec.Ordinário (c/a) – 442/2010; p. 15.

[1005] Cfr. Rec.Ordinário (c/a) – 442/2010; p. 32.

[1006] Esta previsão pressupõe a conservação do conteúdo da concessão ou da licença para cada sociedade, em conformidade com a regulação anterior ao momento da entrada em vigor da lei. – Pablo, Marcos M. Fernando (2012). "Assignación de Canales – Televisión Digital Terrestre", *Reseñas de Jurisprudência*, Julio-Deciembre; p. 233.

destaca a ausência de disposição expressa semelhante[1007], aplicável às expectativas de direitos, baseadas nas previsões regulamentares anteriores, de atribuição direta, em certas condições mas sem concurso público, às antigas concessionárias de um *Multiplexer* digital com capacidade para quatro canais.

No que concerne ao argumento cronológico, os juízes consideraram que a lei procedeu à derrogação de todas as normas contrárias, de igual valor ou inferior. Acresce, no juízo do Supremo, a relevância assumida pela alteração legislativa no panorama audiovisual, através de uma *transição liberalizadora*, convertendo um sistema baseado em concessões num sistema de liberdade, de comunicações prévias administrativas. O novo regime sofre apenas as limitações técnicas, implicadas na utilização do espectro radioelétrico por ondas *hertzianas*, que justificam as restrições à liberdade de empresa, através da exigência de atribuição de títulos habilitantes para o exercício da atividade de televisão, mediante procedimento concursal público. Não vingou o argumento aduzido pela UTECA, segundo o qual[1008] a lei geral não dispõe de força derrogatória de normas de grau inferior que não façam parte do seu bloco normativo, o que seria o caso, na medida em que a transição da televisão analógica para a digital não foi regulada por lei, mas antes por normas infralegislativas[1009].

1007 Para Pablo, o artigo 22º, número 3, constitui uma exigência incontestável e incondicional de concurso, o que determina, em princípio, a derrogação de regulamentos contrários anteriores. Este princípio de sucessão normativa só poderia ser afetado pela previsão de uma norma transitória expressa que mantivesse a vigência das situações relativas aos direitos anteriores à mesma. – PABLO, Marcos M. Fernando (2012) "Assignación de Canales – Televisión Digital Terrestre", *Reseñas de Jurisprudência*, Julio-Deciembre; p. 233.

1008 Cfr. Rec.Ordinário (c/a) – 442/2010, p. 17.

1009 Visando a execução desta sentença de novembro de 2012, em março de 2013, o Conselho de Ministros aprovou uma resolução que dispunha: "Primero: *En ejecucion de la sentencia de la Sala de lo Contencioso-Administrativo del Tribunal Supremo de 27 de Noviembre de 2012, las sociedades licenciatarias del servicio de comunicación audiovisual televisiva de âmbito estatal, Antena 3 de Televisión, S.A., Mediaset España Comunicación S.A., Sociedad Gestora de Tlevisioón NET TV, S.A. y VEO TV, S.A., deben dejar de emitir los canales digitales de televisión afetados por la anulación del Acuerdo del Consejo de Ministros de 16 de julio de 2010;* Segundo: *Com el fin de salvaguardar los objetivos de interés general derivados de la liberacióndel dividendo digital, las sociedades Antena 3 de Televisión, S.A., Mediaset España Comunicación S.A., Sociedad Gestora de Televisión NET TV, S.A. y VEO TV, S.A, transitoriamente, podrán continuar emitiendo los canales afetados por la sentencia citada hasta que culmine el proceso de liberacióndel dividendo digital.*" Na ausência de determinação inicial judicial dos canais afetados pela declaração de nulidade da resolução governamental de 2010, operada pela sentença de novembro de 2012, a

14.2. Constituição Portuguesa e TDT: Algumas Perplexidades Regulatórias

14.2.1. Não são muitas, embora significativas, as Constituições que, tal como a portuguesa, contemplam expressamente a rádio e a televisão[1010]. Ao contrário da imprensa escrita, a Constituição portuguesa de 1976 prescreve um sistema de proibição sob reserva de autorização de acesso à atividade de radiodifusão[1011], mostrando-se o exercício da atividade dependente da legitimidade de acesso ao respetivo meio, acesso que pode ser vedado, condicionado ou livre[1012], carecendo de um ato administrativo [1013]. A doutrina considera que não é pos-

demandante insistiu na especificação, pelo tribunal, dos canais de televisão que deveriam cessar as suas emissões, pois entendia que apenas sete canais de televisão não teriam sido atribuídos à margem dos procedimentos jurídicos exigíveis. Para a *Infraestruturas y Gestión 2.002,* não seria possível defender-se a consolidação de direitos sobre nove canais temporários, previstos no Decreto de 2005, que caducou com o fim da televisão analógica. O Supremo analisou os títulos habilitantes para determinar os canais afetados pela execução da sentença, tendo concluído pelo encerramento de nove canais, atendendo a que a atribuição de um *Multiplexer* digital, a cada uma das sociedades licenciadas constituiu uma adjudicação, sem concurso público prévio, de nove canais: três à *Atresmedia,* dois à *Mediaset Telecinco,* dois à *VEO TV* e dois à *NET TV.*

Efetivamente, até poderia não existir nenhuma previsão, constitucional ou legal, anterior à sobredita Lei de 2010, que exigisse concurso público para a atribuição de licenças de televisão, ao contrário do que acontece no ordenamento jurídico português. Essa exigência, em tese, até poderia ter sido feita por ato regulamentar, atento o poder regulamentar originário atribuído pela Constituição ao Governo espanhol. Contudo, a Constituição espanhola prevê um regime específico de proteção dos direitos, liberdades e garantias e a correspetiva reserva de lei parlamentar. O que torna esta uma questão eminentemente constitucional. No que concerne ao ordenamento português, o problema agrava-se, a nosso ver, atento o tratamento minucioso que a Constituição confere aos direitos, liberdade e garantias da comunicação.

[1010] As Constituições alemã (artigo 5º, nº 1), grega (artigo 15º, nº 2), holandesa (artigo 7º, nº 2), brasileira (artigos 221º a 223º), cabo-verdiana (artigo 59º, nºs 7 e 9), polaca (artigo 54º, nº 2), suíça (artigo 17º), timorense (artigo 41º, nºs 5 e 6) e angolana (artigo 44º, nº3). – MIRANDA, Jorge (2014) "Liberdade de Comunicação Social e Serviço Público de Televisão", *in Media, Direito e Democracia,* coord. Carlos Blanco de Morais, Maria Luísa Duarte e Raquel Alexandra Brízida Castro, Almedina: Coimbra; p. 30, nota 4.

[1011] MACHADO, Jónatas E. M. (2002). *Liberdade de Expressão: Dimensões Constitucionais da Esfera Pública no Sistema Social,* Coimbra Editora: Coimbra; p. 927.

[1012] MIRANDA, Jorge (2010). Anotação ao Artigo 38º, *in Constituição Portuguesa Anotada, Tomo I,* MIRANDA/MEDEIROS, 2ª Ed., Coimbra Editora: Coimbra; p. 872.

[1013] No mesmo sentido, o sistema espanhol de meios de comunicação. Segundo MONTALVO, considera-se esta faculdade de criar meios de comunicação uma liberdade instrumental das liberdades de informação e de expressão. De acordo com o artigo 20º da Constituição Espanhola, existe apenas um direito de criação dos meios de comunicação radiotelevisivos jurídica e materialmente possíveis. Ao contrário da imprensa, onde o acesso é livre, tal como no ordenamento jurídico-constitucional português. -MONTALVO, Rafael Fernández (2002). "Las Libertades de información y expresión en el âmbito administrativo", in *La Libertad de Información y de Expresión,*

sível sustentar um direito subjetivo e originário ao exercício dessa atividade, que se consubstancie na permissão do exercício de um direito preexistente. A rádio e a televisão por via *hertziana*, à luz de um critério da disponibilidade de acesso, são identificadas doutrinariamente como meios de comunicação social de acesso relativamente vedado e de utilização condicionada[1014]. Contudo, a autorização ou licenciamento não deixam de ser vinculadas[1015], pois não se encontram imunes ao crivo dos testes constitucionais das restrições a direitos fundamentais.

O artigo 38º, número 7, da CRP exige que as estações emissoras de radiotelevisão só possam funcionar mediante licença, a conferir por concurso público, nos termos da lei. A formulação é ampla e, aparentemente, reveste a natureza de regra. Contudo, o seu alcance tem sido muito discutido pela doutrina e carece de interpretação. Note-se que o artigo 38º, nº 7, da CRP constitui uma das escassas referências constitucionais à figura do concurso público[1016], o qual, por sua vez, exibe um conjunto significativo de especificidades, no que concerne às condições de admissão e critérios de graduação das candidaturas, condicionadas pelas particulares exigências da atividade: a salvaguarda do pluralismo e um sério e rigoroso controlo do cumprimento da proporcionalidade na sua definição[1017]. No plano do ordenamento jurídico vigente, estão previstas duas modalidades de acesso à atividade de televisão[1018]: licen-

Atas de las VII Jornadas de la Asociación de Letrados del Tribunal Constitucional, Tribunal Constitucional, Centro de Estudios Políticos y Constitucionales, Marcial Pons: Madrid; pp. 138 e 139.

1014 Alexandrino, José Melo (2010). Anotação ao Artigo 37º, *Constituição Portuguesa Anotada, Tomo I*, Miranda/Medeiros, 2.ª Ed., Coimbra Editora: Coimbra; p. 846.

1015 Alexandrino, José Melo (2010). Anotação ao Artigo 37º, *Constituição Portuguesa Anotada, Tomo I*, Miranda/Medeiros, 2.ª Ed., Coimbra Editora: Coimbra; p. 846.

1016 Raimundo, Miguel Assis (2011). "Concursos para Atribuição de Licenças do Audiovisual", disponível em http://www.icjp.pt/sites/default/files/*media*/1025-2236.pdf.

1017 Raimundo, Miguel Assis (2011). "Concursos para Atribuição de Licenças do Audiovisual", disponível em http://www.icjp.pt/sites/default/files/media/1025-2236.pdf. – O autor sustenta a aplicação do regime pré-contratual do Código dos Contratos Públicos a título subsidiário: "*os beneficiários dos atos unilaterais de uma vantagem ficam colocados numa situação funcionalmente equivalente às de um cocontratante num contrato público (mormente, de um contrato público de feição aproximada da concessão)*". Raimundo destaca, entre outras, a relevância da aplicação qualificada dos princípios da transparência, igualdade e concorrência (artigo 1º, número 4).

1018 Cfr. Artigo 13º da Lei da Televisão e dos Serviços Audiovisuais a Pedido – Lei nº 27/2007, de 30 de julho, alterada pelas Leis nº 8/2011 de 11 de abril, nº 40/2014, de 9 de Julho e nº 78/2015, de 29 de Julho.

ciamento[1019] e autorização[1020/1021]. O acesso à atividade de televisão, exclusivamente através da *internet*, faz-se por simples registo[1023].

[1019] A atividade de televisão está sujeita a licenciamento, mediante concurso público, aberto por decisão do Governo: *i)* Quando consista na organização de serviços de programas televisivos de acesso não condicionado livre (operador de televisão) que utilizem o espectro *hertziano* terrestre; *ii)* Quando consista na seleção e agregação de serviços de programas televisivos de acesso condicionado ou não condicionado com assinatura (operador de distribuição), que utilizem o espectro *hertziano* terrestre. A atribuição da licença baseia-se na aceitação das obrigações impostas pelo direito aos operadores privados. Os canais que utilizam o espectro *hertziano* terrestre são a RTP1, RTP2 (Decreto-lei nº 40 341, de 18 de outubro de 1955, que permitiu ao Governo criar uma sociedade anónima para a prestação de um serviço público de televisão), SIC e TVI, cujas licenças foram atribuídas pela Resolução do Conselho de Ministros nº 6/92, 2ª série, de 22 de fevereiro, tendo os alvarás sido emitidos em 2 de outubro de 1992 (na sequência da abertura de concurso público para o licenciamento dos 3º e 4º canais de televisão com a publicação da RCM nº 49/90, de 31 de dezembro). Em 2006, a ERC renovou as licenças dos serviços de programas SIC e TVI – Deliberação 1-L/2006, de 20 de junho. O concurso público para o licenciamento do 5º canal foi aberto em 31 de outubro de 2008 – Portaria nº 1239/2008, mas as candidaturas foram excluídas por não reunirem os requisitos legais e regulamentares para admissão a concurso – Deliberação 1030/2009, de 23 de março).

[1020] A atividade de televisão está sujeita a autorização a requerimento dos interessados, quando consista na organização de serviços de programas televisivos que não utilizem o espectro *hertziano* terrestre e integrem a oferta de um operador de distribuição, licenciado para a atividade de televisão.

[1021] Para efeitos de instrução de um processo de autorização para o exercício da atividade de televisão são necessários os seguintes elementos (Portaria nº1199/2007, de 19 de setembro):

§ Memória justificativa do pedido;

§ Declaração comprovativa da conformidade da titularidade do requerente e do projeto às exigências legais e regulamentares, nomeadamente do cumprimento dos requisitos dos operadores, das restrições ao exercício da atividade de televisão e das regras sobre concorrência e concentração da titularidade dos meios de comunicação social;

§ Estudo económico e financeiro das condições de exploração do serviço de programas em questão, das suas fontes de financiamento e dos planos de amortização e demonstração da viabilidade económica do projeto;

§ Projeto técnico descritivo das instalações, equipamentos e sistemas a utilizar;

§ Descrição dos meios humanos afetos ao projeto, com indicação dos postos de trabalho e da qualificação profissional dos responsáveis pelos principais cargos de direção;

§ Descrição detalhada da atividade que pretende desenvolver, incluindo:

1) O estatuto editorial, onde se definem a orientação e os objetivos do canal, com o compromisso de respeitar os direitos dos espectadores, os princípios deontológicos dos jornalistas e a ética profissional, conforme disposto nos nºs 1 e 2 do artigo 36º da Lei da Televisão;

2) O horário de emissão e as linhas gerais da programação;

3) A designação a adotar para o referido serviço de programas;

§ Pacto social ou estatutos da entidade requerente e documentos comprovativos da inscrição no Registo Nacional Pessoas Coletivas;

§ Documento comprovativo de que o requerente dispõe de contabilidade organizada de acordo com o Plano Oficial de Contabilidade e adequada às análises requeridas para o projeto a desenvolver;

Para a doutrina maioritária, a escassez de um bem público, que é o espectro radioelétrico, constitui ainda o principal fundamento da exigência de licença a atribuir, por concurso público, demonstrativo da inexistência de um direito de acesso à atividade de televisão[1023]. Note-se que parte da salvaguarda do caráter escasso do espectro já é assegurada pela LCE, que prevê a atribuição de direitos de utilização de frequências, mediante prévio concurso público. Alguma doutrina elenca outros dois possíveis argumentos: a ausência de contrapartida financeira pelo serviço de programas televisivo, tendencialmente aplicável apenas no caso das emissões *free-to-air* e/ou a constatação da natureza particularmente exigente das obrigações que os operadores privados assumem, as quais, no entender do Estado, são incomportáveis no âmbito de um mercado não condicionado[1024].

Cumpre alertar que, no ordenamento jurídico português, não tendo a migração televisiva, até agora, alterado a realidade espectral, o argumento da escassez do espectro mantém-se. Não obstante, como veremos, o argumento perdura mesmo naqueles ordenamentos em que dificilmente se justificará a sua invocabilidade. O importante, para nós, é voltar a sublinhar que as alterações tecnológicas não podem legitimar uma leitura *desintegrada* ou *híperintegrada* da Constituição, nos termos já expostos. Estando o artigo *sub judicio* integrado na Constituição da Comunicação, na qual avulta a preocupação de defesa e de promoção do pluralismo, o mesmo deve ser conjugado com as liberdades económicas de iniciativa empresarial e de empresa privada, constitucionalmente protegidas, não obstante a sua especial dependência do Estado, neste domínio normativo. Essa dependência pode, todavia, ser

§ Declaração comprovativa da situação da regularização da situação fiscal do requerente e perante a segurança social;

§ Título comprovativo do acesso à rede a utilizar para distribuição do serviço de programas.

No âmbito da instrução dos processos de autorização, de acordo com o nº1 do artigo 17º da Lei da Televisão, a Entidade Reguladora para a Comunicação Social promove para o efeito a recolha do parecer da autoridade Reguladora nacional das comunicações (ANACOM), no que respeita às condições técnicas da candidatura. É devida taxa por emissão de títulos habilitadores, nos termos do disposto no artigo 9º, nºs 1 e 2, al. *b)*, do Decreto-Lei nº 103/2006, de 7 de junho, conforme alterado pelo Decreto-Lei nº 70/2009, de 31 de março, e retificado pela Declaração de Retificação nº 36/2009, de 28 de maio, no total de 281UC (Anexo IV do citado diploma), sendo o valor da UC de 102,00 euros.

[1022] Cfr. Artigo 13º, número 8, da Lei da Televisão e artigo 17º, número 3, da Lei da Rádio.

[1023] Embora em rigor, essa sujeição, não decorra com clareza do regime legal.

[1024] Coelho, Gonçalo (2010). "O licenciamento da Televisão Digital Terrestre à Luz do Artigo 38º, número 7 da Constituição", *in Estudos em Homenagem ao Prof. Doutor Sérvulo Correia*, Vol. II, Faculdade de Direito da Universidade de Lisboa; p. 371.

atenuada a partir da defesa de um direito à renovação ou prorrogação da licença, naqueles casos em que essa possibilidade é omissa no título habilitador do exercício da atividade, contribuindo para o enfraquecimento do exercício de um poder discricionário administrativo[1025]. Não deixa de ser relevante que, mesmo aqueles que suspeitam desse suposto direito à renovação, reconhecem a especificidade da atividade em causa, na medida em que a não renovação desse título habilitador afeta uma atividade empresarial, que constitui um instrumento de exercício de liberdades, garantidas e protegidas constitucionalmente[1026].

Não podemos deixar de ser sensíveis ao argumento de que o direito fundamental da liberdade de empresa e, por exemplo, o correspondente exercício do direito de explorar serviços de telecomunicações, não pode, como princípio geral, depender de valorações sujeitas a uma livre decisão administrativa[1027], pelo menos, na medida em que o uso desse espectro seja indispensável para prestar o serviço de televisão aberta e, em especial, como veremos, quando exista um título legítimo habilitador para o exercício da atividade. Uma afirmação que não preclude, contudo, a observação de que a utilização racional do espectro, enquanto recurso limitado e infungível, deve ser garantido pela Administração[1028].

14.2.2. O que se oferece, contudo, nebuloso é o sentido constitucional da exigência de concurso público para as estações emissoras funcionarem, uma formulação pouco clara que só reforça a promessa de nominalização deste

[1025] CHINCHILLA MARIN, Carmen, *El Regimen Jurídico de Las Emissoras Comerciales de Radio*, p. 15, disponível em: http://www.cac.cat/pfw_files/cma/recerca/quaderns_cac/Q4chinchilla.pdf

[1026] CHINCHILLA MARIN, Carmen, *El Regimen Jurídico de Las Emissoras Comerciales de Radio*, p. 15, disponível em: http://www.cac.cat/pfw_files/cma/recerca/quaderns_cac/Q4chinchilla.pdf

[1027] HERNANDEZ G., José Ignacio, *Breves Notas sobre La Renovación de La Concesión del Dominio Publico Radioelétrico, Comentarios Jurisprudenciais*, pp. 226 e 227, disponível em: http://www.ulpiano.org.ve/revistas/bases/artic/texto/RDPUB/110/rdpub_2007_110_222-227.pdf

[1028] HERNANDEZ sustenta que é, por isso, *"factible que, por razones tecnicas, no sea possible adjudicar determinada porción del espectro a un particular e incluso, podria la Administración modificar o revocar la previa asignación de determinada porción, assim como no renovar el lapso de concesión"*. Mas o autor recusa a aplicação da teoria geral das concessões administrativas à concessão do domínio público radioelétrico, na medida em que esse uso constitui um pressuposto do exercício do direito jusfundamental de liberdade económica – HERNANDEZ G., José Ignacio, *Breves Notas sobre La Renovación de La Concesión del Dominio Publico Radioelétrico, Comentarios Jurisprudenciais*, pp. 226 e 227, disponível em: http://www.ulpiano.org.ve/revistas/bases/artic/texto/RDPUB/110/rdpub_2007_110_222-227.pdf

preceito constitucional[1029], num cenário eventual de extinção das atuais restrições, estimulador do recurso pelos operadores a novos modelos de negócio, propiciados pela revolução tecnológica e digital, o que inclui o aprofundamento da dedicação aos conteúdos pelos operadores de telecomunicações. Estações de rádio/televisivas ou serviços de programas televisivos ou de rádio, a que se refere a sobredita exigência constitucional de licença, através de concurso público? E só é aplicável às estações emissoras de rádiodifusão ou também aos operadores de redes que se dediquem à atividade de radiotelevisão?

Na senda das opções em sede de interpretação constitucional, encontrando-se o programa normativo contido basicamente no texto da norma a concretizar, ele deve ser apreendido através da compreensão do dito texto, no que se refere ao seu significado vinculante para a solução do problema, relevando neste ponto os métodos de interpretação tradicionais. Não obstante, neste caso, a interpretação do texto e a consideração dos *topoi* do programa normativo não proporcionam uma concretização suficiente do mesmo, tornando incontornável o recurso aos dados do âmbito normativo (realidade da vida). Desse procedimento, resultará uma coordenação material entre os pontos de vista que resultam do texto e programa normativo e os que resultam dos dados reais e do domínio normativo, o qual deverá assumir um peso decisivo na concretização desta norma constitucional. Em acréscimo, perante o nosso problema concreto, o resultado interpretativo que se obtém não pode deixar de ser favorecido/modelado por uma interpretação constitucional tecnologicamente neutra, nos termos já defendidos, pelo que a consideração dos factos gerados pela evolução tecnológica, no contexto do domínio normativo, deverá concorrer para a proteção dos princípios e bens que a Constituição quer verdadeiramente garantir.

Os *topoi* fornecidos pelo programa normativo não respondem às questões implicadas na concretização desta norma constitucional, designadamente ao problema da identificação dos seus destinatários atuais e o tipo de atividade televisiva:

a) O elemento histórico de interpretação revela-nos que a exigência constitucional de licença, atribuída por concurso público, inicialmente aplicável apenas à atividade de radiodifusão, foi alargada pela Lei Constitucional de 1989 à atividade de radiotelevisão[1030]. Recorde-se que o

[1029] Cfr. Artigo 38º, nº 7, da CRP.

[1030] Miranda, Jorge (2014). "Liberdade de comunicação social e serviço público de rádio e de televisão", in *Media, Direito e Democracia*, Almedina: Coimbra; p.29.

fenómeno das televisões privadas só chegou à nossa ordem jurídica em 1992, na sequência da revisão constitucional que veio proceder à eliminação da proibição expressa do exercício da atividade de televisão por operadores privados, herdada da versão originária de 1976. Não nos responde, porém, se é aplicável a todos os operadores de televisão, pelo simples facto de serem privados, e a todos os serviços de programas televisivos, mesmo aos novos *media* ou emitidos através da *internet;*

b) Habituada ao Serviço Público, a única televisão disponível até então[1031], o *telos* da exigência constitucional de licença a atribuir por concurso público, fundava-se não apenas nas restrições de espectro[1032] e na necessidade de evitar interferências nocivas nas frequências, mas também na garantia de que os operadores privados ficariam sujeitos a um conjunto de obrigações, na presença de um mercado totalmente desconhecido da iniciativa privada;

c) Em termos sistemáticos, cabe notar que esta disposição constitucional encontra-se sedeada num preceito constitucional que acolhe, simultaneamente, direitos e liberdades e um conjunto de regras e princípios objetivos aplicáveis ao setor da Comunicação Social, um subsetor comunicativo na Lei Fundamental que fornece critérios expressos de interpretação das suas normas. Não obstante, esse subsetor não pode ser objeto de uma interpretação *desintegrada*, negligenciando outros subsetores da mesma Constituição, necessariamente convocados para a operação hermenêutica;

d) O elemento literal pode conduzir-nos a resultados obsoletos, realçando o risco de desligamento da norma constitucional da nova realidade tec-

[1031] Na revisão constitucional de 1989, foi formulada uma nova disposição (nº 5), dizendo que o Estado asseguraria a existência e o funcionamento do serviço público de rádio e de televisão. Na versão originária da Constituição, entre 1976 e 1982, para além de o artigo 38º, nº 7, remeter para a lei o regime dos meios de comunicação social, designadamente dos pertencentes ao Estado, o artigo 39º versava unicamente sobre os meios de comunicação social do Estado. Entre 1982 e 1989, a garantia institucional do setor público abrangia também uma parte da imprensa escrita, mas essa norma foi eliminada na segunda revisão constitucional.

[1032] Aliás, se atentarmos na intervenção de Rui Machete, o deputado do PSD justificou a existência de um serviço público de rádio e de televisão com base na constatação de que *o facto de os meios serem limitados obsta a que funcione o princípio do pluralismo, de uma maneira completa e ampla.* Contudo, na opinião do deputado, *tudo isto deve ser visto como um "minimal-state" e não numa ótica intervencionista, ampliativa e expansionista.* – Diário, V Legislatura, 1ª Sessão Legislativa, 2ª Série, Nº 13-RC; p. 381; Miranda, Jorge (2014). "Liberdade de comunicação social e serviço público de rádio e de televisão", in *Media, Direito e Democracia*, Almedina: Coimbra; p.27, nota 2.

nológica digital: Estações emissoras ou serviços de programas? Independemente da forma de transmissão e do tipo de atividade televisiva?

e) Note-se que é costume associar-se esta exigência de procedimento concursal à utilização do espectro *hertziano* terrestre, o que permite sustentar a sua inaplicabilidade às emissões por cabo, onde existem menos condicionalismos constrangedores[1033]. Por conseguinte, excluem-se os serviços de comunicações destinados a serem recebidos apenas mediante solicitação individual, a mera retransmissão e a transmissão pontual de eventos[1034] de um conceito normativo-funcionalmente adequado de televisão, pressuposto no preceito constitucional;

No contexto da Lei da Televisão[1035] e do direito da União Europeia, para o conceito de radiodifusão é irrelevante a plataforma utilizada para a transmissão dos serviços de programas televisivos destinados ao público é irrelevante para o conceito de radiodifusão, tendo como elemento característico principal a linearidade da transmissão, por contraponto aos serviços de comunicação social a pedido (não lineares). Não obstante, cumpre alertar que se este conceito de radiodifusão fosse transposto, *tout court*, para o âmbito do artigo 38º, número 7, da Constituição, a exigência de licenciamento[1036], precedida de concurso público, seria aplicável, independentemente do tipo de suporte usado para a radiodifusão (satélite, cabo ou espectro *hertziano* terrestre). Considera, porém, a doutrina maioritária que é pacífico que o regime da sobredita disposição constitucional é apenas aplicável às estações que usam o espectro hertziano terrestre, pois só aí existem razões, no atual contexto tecnológico, para a exigência de uma licença mediante prévio concurso público. Mas uma interpretação literal da disposição constitucional, a partir de do sentido con-

[1033] Alexandrino, José de Melo (1998). *O Regime Constitucional da Atividade de Televisão,* Coimbra; p. 217; Machado, Jónatas E. M. (2002) *Liberdade de Expressão: Dimensões Constitucionais da Esfera Pública no Sistema Social,* Coimbra Editora: Coimbra; pp. 600 e segs.

[1034] Segundo Miranda, constituem casos especialmente duvidosos o *vídeo on demand*, a *business* TV, o teletexto, a *internet* TV, a *mobile* TV. – Miranda, Jorge (2014). "Liberdade de comunicação social e serviço público de rádio e de televisão", in *Media, Direito e Democracia*, Almedina: Coimbra; p.30.

[1035] A Lei da Televisão foi revista em 2011 – Lei nº 8/2011 de 11 de abril – com vista à transposição para a ordem jurídica interna da Diretiva nº 89/552/CEE, do Conselho, de 3 de outubro, na redação que lhe foi dada pelas Diretivas 97/36/CEE, do Parlamento e do Conselho, de 30 de junho, e 2007/65/CE/, do Parlamento e do Conselho, de 11 de dezembro.

[1036] Coelho, Gonçalo (2010). "O licenciamento da Televisão Digital Terrestre à Luz do Artigo 38º, número 7 da Constituição", *in Estudos em Homenagem ao Prof. Doutor Sérvulo Correia,* Vol. II, Faculdade de Direito da Universidade de Lisboa.

ferido ao conceito pelo direito da União Europeia, e, por essa via, transposto para a lei ordinária, conduz-nos a conclusões diversas.

Prosseguindo na tentativa de compreensão da norma constitucional, integrando as condições básicas de concretização nos pontos de vista gerados pelo domínio normativo, cabe fazer a tradução dos factos e problemas concretos gerados pelas novas tecnologias, para o contexto normativo-constitucional, no limite da descodificação dos enunciados semânticos da disposição constitucional. Cumpre, em conformidade, proceder a uma incontornável interpretação atualista e evolutiva, caso uma interpretação constitucional tecnologicamente neutra evidencie que se mantêm os fundamentos da proteção que a norma constitucional visa proporcionar. Sem atendermos, para já, nos argumentos de direito comunitário a respeito da liberalização das telecomunicações, parece-nos que enquanto se mantiverem as restrições espectrais e, no caso português, por essa razão, um mercado muito restrito, o fundamento constitucional mantém-se. O desígnio constitucional parece continuar a ser o da proteção do uso do espectro *hertziano* terrestre, enquanto bem público escasso, fundando-se esta exigência de licença por concurso público: *i)* no interesse geral e na pretensão de garantir o pluralismo e *ii)* na constatação da natureza particularmente exigente das obrigações que os operadores privados assumem, as quais seriam incomportáveis no âmbito de um mercado não condicionado. Nesta última perspetiva, essa exigência funda-se também na proteção da liberdade económica de empresa privada.

Em suma, uma interpretação que vise assegurar a coerência jurídico-constitucional, refutadora de uma leitura *desintegrada* do subsetor da Constituição da Comunicação, não pode deixar de concluir que a exigência constitucional de atribuição de títulos habilitantes do exercício da atividade de televisão pretende conciliar interesses gerais como os do pluralismo, a garantia do cumprimento de um conjunto de obrigações legais pelos operadores e a proteção de interesses próximos da liberdade de iniciativa privada, como a estabilidade normalmente associada à atribuição de um título válido por um período largo de tempo.

14.2.3. A Constituição remete para a lei, mas o legislador ordinário encontra-se condicionado pelas regras e princípios constitucionais, não dispondo, neste ponto, de margem significativa de liberdade de conformação legislativa, nos termos já expostos. Da sua atuação, resultarão restrições no acesso ao espectro *hertziano* terrestre, comprimindo as liberdades de iniciativa económica, não só dos operadores audiovisuais como também dos operadores de telecomunicações, devendo essas restrições limitar-se ao necessário para garantir outros direitos ou bens constitucionalmente protegidos, como o princípio do pluralismo, as liberdades de expressão e de imprensa e o direito à informação. O legislador terá ainda de se conformar com a opção do legislador constituinte de exigência de concurso público no acesso à atividade de televisão. Mas a dúvida persiste: a Constituição exige uma licença, atribuída por concurso público, para o acesso à atividade de televisão/rádio ou para o acesso de cada serviço de programas televisivos ou de rádio ao espectro *hertziano* terrestre, como refere o nº 1 do artigo 13º da LTV? Se atentarmos nas opções do legislador ordinário, a Lei prescreve[1037]:

A) A atividade de televisão está sujeita a licenciamento, mediante concurso público, aberto por decisão do Governo, quando use o espectro *hertziano* terrestre e consista: *i)* na organização de serviços de programas televisivos de acesso não condicionado livre e *ii)* na seleção e agregação de serviços de programas televisivos de acesso condicionado ou não condicionado com assinatura;
B) O nº 2 do mesmo preceito legal acrescenta o princípio da individualização das licenças, de acordo com o número de serviços de programas televisivos a fornecer por cada operador de televisão. Um princípio, porém, inesperadamente excecionado no número seguinte, em termos dificilmente compatíveis com a Constituição. Com efeito, o nº 3 do artigo 13º da LTV permite, nos casos de serviços de programas televisivos de acesso condicionado ou não condicionado com assinatura, a atribuição, no mesmo concurso público, de dois títulos habilitantes: um que confere direitos de utilização de frequências e outro para a seleção e agregação de serviços de programas televisivos a fornecer por um operador de distribuição;
C) Os princípios gerais do concurso público encontram-se definidos no artigo 16º, o qual, no que a esta questão concerne, se limita a estipular os critérios de graduação das candidaturas, a ponderar conjuntamente pela ERC e ANACOM, de acordo com as respetivas competências: *i)* os custos económicos e financeiros associados aos projetos, e *ii)* o contributo dos projetos para o desenvolvimento da sociedade da informação, para a qualificação da oferta televisiva, para a produção de obras europeias e para a difusão de obras criativas de produção originária em língua portuguesa.

[1037] Cfr. O nº 1 do artigo 13º da LTV.

Do enquadramento exposto extraem-se resultados interpretativos jurídico-constitucionalmente problemáticos atinentes ao regime legal de acesso à atividade de radiotelevisão, uma vez que para a emissão em acesso não condicionado livre *(free-to-air)*, em frequências distintas do mesmo espectro *hertziano*:

i) A lei exige uma licença individualizada, por cada serviço de programas televisivo, atribuída por concurso público, a realizar de acordo com as regras estabelecidas pelo artigo 15º da LTV;
ii) A lei não exige licença, nem nenhum título habilitante para o exercício da atividade de televisão, sendo omissa para os serviços de programas televisivos que serão selecionados e agregados pelo operador de distribuição, nos termos do artigo 13º, nº 3;
iii) A lei isenta, expressamente, o serviço público de televisão de obtenção de um título habilitante[1038], conferindo ela própria esse título *ope legis*, especificando os serviços de programas televisivos que devem ser emitidos em acesso livre, nos termos do artigo 52º da LTV;
iv) Conclusão: apenas os operadores privados de televisão que pretendam emitir *free-to-air*, sem dependência dos operadores de distribuição, estão sujeitos a concurso público.

Pelo exposto, parecem-nos seguros os seguintes pontos:

1. O serviço público de televisão encontra-se isento do regime de acesso à atividade, mas é inconstitucional o reenvio dos pressupostos dessa decisão para o CC e a atribuição dessa competência ao concessionário, através do Contrato de Concessão (CC);
2. Por sua vez, o segmento normativo *supra* especificado do artigo 13º, nº 3, da LTV, interpretado no sentido da isenção dos serviços de programas televisivos de uma licença atribuída por concurso público ou de qualquer tipo de habilitação administrativa para o exercício da atividade, é clara e flagrantemente inconstitucional, por atentar contra a exigência constitucional de licença, atribuída por concurso público, para o acesso à atividade de televisão que utilize o espectro hertziano, nos termos do artigo 38º, nº 7, da CRP;
3. Aliás, a consolidar-se este regime, ele conduziria, a médio prazo, a um monopólio de um operador de distribuição, na seleção e agregação de

[1038] Artigo 13º, nº 6, da LTV.

serviços de programas televisivos, esvaziando a já referida exigência constitucional ou reduzindo a sua utilidade aos próprios operadores de distribuição, no acesso à atividade. O que atentaria contra a exigência constitucional de não concentração dos órgãos de comunicação social, de acordo com o artigo 38º, nº 4, sendo, paradoxal e inconstitucionalmente, a própria lei a incentivar essa situação:

i) Estando em causa o acesso ao mesmo espectro, a distinção entre os serviços de programas emitidos através desse operador de distribuição e os outros, que pretendem exercer exatamente a mesma atividade, constitui uma discriminação, sem qualquer fundamento razoável;

ii) Apesar de estar em causa a atribuição de uma licença para o exercício da atividade televisiva, ainda que referente à seleção e agregação de serviços de programas, note-se a quase total ausência da ERC no processo de seleção[1039], em violação da competência atribuída ao Conselho Regulador de atribuição dos títulos habilitantes para o exercício da atividade de televisão.

A única diferença suscetível de justificar essa flagrante discrepância de regimes é o facto da emissão, em acesso livre, pressupor a ausência de contrapartidas financeiras por parte dos destinatários. Efetivamente, como veremos, o concurso público a que se refere o artigo 13º, número 3, da LTV destinava-se a uma das componentes da oferta da TDT, que envolvia a afetação de três *multiplexers* digitais à *pay-tv*. Neste caso, os telespectadores já teriam de pagar – ainda que um montante bastante inferior ao que é cobrado no cabo, fora do espectro *hertziano* – para poder aceder aos serviços de programas de acesso

[1039] De acordo com a alínea *k)*, do nº 1, do artigo 9º, da Portaria nº 207-A/2008 de 25 de fevereiro, a única exigência em termos de conteúdos é a mera apresentação inicial da "Descrição das linhas gerais da composição da oferta televisiva, em função da área de cobertura e tipologia dos serviços de programas, reserva de capacidade de rede e de distribuição para serviços de programas televisivos regionais, assim como para a difusão de atividades de âmbito educativo e cultural, de acordo com o previsto no nº 6, do artigo 25º, da Lei nº 27/2007, de 30 de julho, e o seu contributo para a produção de obras europeias e paraa difusão de obras criativas de produção originária em língua portuguesa. O nº 3, do artigo 11º, atribui à ERC a indicação de um dos 3 nomes do júri do concurso, e o nº 5, do artigo 13º, estipula que um dos critérios de desempate é a oferta televisiva. O artigo 12º atribui à ANACOM competência para admissão ou de exclusão das candidaturas, mediante proposta fundamentada da comissão precedida de parecer prévio vinculativo da ERC quanto às condições que respeitem àsua competência. Segundo o artigo 17º, nº 2, o título habilitante relativo à qualidade de operador de distribuição será emitido pela ERC, sem que, contudo, possa ter tido um papel relevante no desfecho do concurso.

não condicionado, com assinatura e condicionado. Parece-nos, porém, que, havendo utilização do espectro, a prestação de uma contrapartida financeira pelos destinatários dessas emissões televisivas, não constitui um argumento razoável justificativo da distinção legal de regimes, nem pode constituir o *telos* da exigência constitucional de atribuição da licença por concurso público ou da negação da verificação dos seus pressupostos. Um entendimento diverso legitimaria a leitura do artigo 38º, nº 7, no sentido de *as estações emissoras de radiodifusão e de radiotelevisão só podem funcionar mediante licença, a conferir por concurso público, nos casos de ausência de contrapartida financeira pela emissão*[1040]. Rejeitando qualquer tentativa de leitura da Constituição à luz da lei ordinária, reiteramos que qualquer argumento só pode ser decisivo, uma vez deslindada a sua relevância constitucional.

Note-se que não decorre sequer da lei a exigência de um título habilitador para o exercício da atividade de televisão para cada um dos serviços de programas televisivos a fornecer por esse operador de distribuição licenciado, para além das especificações genéricas que o regulamento do concurso deve conter, por exigência legal, sobre essa oferta televisiva. Caberia, por conseguinte, para além do momento inicial do concurso em que a oferta se encontra sujeita a um mero controlo genérico, ao operador de distribuição, a plena liberdade de escolha dos serviços de programas a fornecer, no espectro *hertziano* terrestre, à margem de qualquer decisão estatal. A diferença de regimes legais aplicáveis à licença e à autorização administrativa, em função da emissão no espectro hertziano, pode ser considerada justificável, mas não é admissível a ausência de um título habilitante específico atribuído pelo Estado, sob pena de atividade ilegal de televisão[1041]. Por conseguinte, deve exigir-se licença, a atribuir por concurso público, para todos os serviços de programas que emitam no espectro *hertziano* terrestre, de acordo com o princípio da individualização das licenças. Os principais argumentos que podem ser aduzidos em favor desta tese são os princípios da igualdade e de livre concorrência.

[1040] Em última instância, como todos os cidadãos portugueses tiveram de adquirir certos descodificadores para poderem aceder à TDT, ainda que numa prestação única, a exigência constitucional em causa deixaria de ter aplicabilidade prática.

[1041] De acordo com o artigo 72º, nº 1, da LTV, quem exercer a atividade de televisão sem para tal estar legalmente habilitado é punido com prisão até 3 anos ou com multa até 320 dias e são declarados perdidos a favor do Estado os bens utilizados no exercício da atividade de televisão sem habilitação legal, sem prejuízo dos direitos de terceiros de boa-fé, nos termos do artigo 110º do Código Penal. O disposto no nº 1 é nomeadamente aplicável em caso de: *a)* Exercício da atividade por entidade diversa da que foi licenciada ou autorizada; *b)* Incumprimento da decisão de revogação da licença ou de interdição da retransmissão de serviço de programas.

Acresce que a eventual aplicação analógica, ou por interpretação extensiva, do regime da autorização administrativa, estando em causa a emissão no espectro *hertziano* terrestre, aos serviços de programas incluídos na oferta desse operador de distribuição, traria novos problemas. A impossibilidade jurídica de aplicação, pelas mesmas vias interpretativas e integrativas, das sanções previstas na LTV para o incumprimento dos deveres legais a que estão sujeitos os operadores televisivos implicaria que esses serviços de programas ficariam isentos de um conjunto de obrigações, não obstante coabitarem, no mesmo espectro, com os operadores generalistas FTA[1042], com licenças individualizadas, sujeitos a um conjunto de exigências rigorosas. Note-se que deveriam coexistir dois tipos de títulos habilitadores, com regime legais absolutamente distintos, no que se refere à respetiva atribuição. Enquanto a ERC só pode recusar uma autorização em circunstância quase excecionais[1043], a licença, pelo contrário, só pode ser atribuída através de um procedimento concursal público[1044]. Este regime legal, com a sobredita exclusão, foi vertido para os instrumentos normativos em que se basearam os recentes concursos públicos atinentes à designada componente paga da TDT portuguesa, os quais atribuíram direitos de utilização de frequências nos *Multiplexers*[1045] à PTC e uma licença de operador de distribuição, nos termos estudados, à mesma PTC[1046].

14.2.4. Pelo contrário, se concluíssemos, com base numa interpretação literal, que a Constituição apenas se limita a exigir licença atribuída por concurso público para o acesso, em termos genéricos, à atividade de televisão, essa premissa implicaria uma miríade de consequências jurídicas:

1042 Que emitem Free-to-Air, de acesso livre.

1043 A ERC só pode recusar a atribuição de uma autorização, quando estão em causa: *a)* a conformidade dos operadores e dos respetivos projetos com as obrigações legais aplicáveis; *b)* a regularização da situação fiscal do proponente e perante a segurança social; *c)* a qualidade técnica do projeto apresentado. – Cfr. Artigo 18º, nº 4, alíneas *a) b)* e *c)*, da LTV.

1044 Todavia, o nº 5, do artigo 22º, da LTV, estipula que a renovação das licenças ou autorizações apenas é concedida em caso de reconhecido cumprimento das obrigações e condições a que se encontram vinculados os respetivos operadores.

1045 *Multiplex*: o conjunto de canais (serviços de programas) distribuídos em TDT no espaço de um simples canal radioelétrico; *Multiplexer*: Equipamento que combina um determinado número de programas televisivos.

1046 Portaria nº 207-A/2008, de 25 de fevereiro. O regulamento dos referidos concursos consta de uma Portaria, por expressa remissão legal, ao invés do concurso referente ao *Mux* A, que foi regulado por uma Resolução, em conformidade com os requisitos exigidos pela Lei da Televisão. Uma diferença que, alegadamente, residiria no facto de o concurso referente à componente da *Pay-TV* da TDT atribuir uma licença e não apenas um direito de utilização de frequências.

i) A situação descrita no ponto anterior já seria conforme à Constituição;
ii) Os operadores de televisão já licenciados, detentores de títulos habilitadores do exercício da atividade de televisão, poderiam fornecer outros serviços de programas em *free-to-air* na TDT, sem terem de se sujeitar a novos concursos públicos.

Neste sentido, seria legítima a interpretação de que a Constituição apenas se preocupa em garantir que os operadores de televisão que pretendam exercer a atividade a título principal e de uma forma prolongada no tempo, e que tencionem oferecer um ou mais conteúdos ou serviços de programas, sejam escrutinados à luz das exigências que só um concurso público pode definir[1047]. Mas bastaria a sujeição a um concurso público para acederem à atividade de televisão. Uma licença, atribuída por concurso público, constituiria título bastante para que os operadores já licenciados pudessem fornecer novos conteúdos.

No caso presente, perante o atual enquadramento mediático televisivo português, essa conclusão seria reforçada pela interpretação das leis vigentes à data da atribuição das licenças[1048] dos únicos operadores, até este momento, titulares de licenças. Ao contrário da atual Lei da Televisão, o regime jurídico vigente à data da atribuição das licenças dos atuais operadores licenciados – juridicamente relevante não apenas para o desenho das condições do concurso público mas também para efeitos de tutela jurídica das expectativas legítimas dos operadores – não previa o princípio da individualização das licenças, de acordo com o número de serviços de programas televisivos a fornecer por cada operador de televisão, de acordo com o artigo 13º, número 2, da LTV. Acresce, em termos interpretativos, o artigo 95º da LTV que, no que concerne a alterações supervenientes, bloqueia possíveis efeitos jurídicos, decorrentes de eventuais modificações legislativas quanto às condições de exercício da atividade. Pelo exposto, seria possível sustentar a interpretação no sentido de o regime de acesso previsto no artigo 13º da Lei da Televisão não ser aplicável aos operadores já detentores de licenças, mas apenas a futuros eventuais operadores interessados em emitir em acesso não condicionado livre.

[1047] Coelho, Gonçalo (2010). "O licenciamento da Televisão Digital Terrestre à Luz do Artigo 38º, número 7 da Constituição", in *Estudos em Homenagem ao Prof. Doutor Sérvulo Correia, Vol.* II, Faculdade de Direito da Universidade de Lisboa; pp. 347 a 371.

[1048] Cfr. Lei nº 58/90, de 7 de setembro.

Note-se que essa é, aliás, uma interpretação compatível com o quadro jurídico vigente em matéria de renovação de títulos habilitadores, que favorece claramente a obtenção da primeira autorização administrativa[1049], não prevendo, designadamente, a abertura de um novo concurso que permita a apresentação de novas propostas, falando-se neste ponto numa expectativa legítima de renovação. Esta subtil distinção não é, aliás, estranha ao legislador que, nos casos de abertura de procedimento de concurso para a atribuição de direitos de utilização de frequências, prevê diferentes regimes[1050], consoante esteja em causa a atribuição de uma frequência pela primeira vez ou a sua consignação a outros serviços (cabendo neste caso ao Governo aprovar o regulamento do procedimento de atribuição) e os casos em que assim não suceda (a entidade competente é a ANACOM[1051]). Refira-se ainda a previsão, nos regulamentos dos diversos concursos que têm sido realizados neste setor, da possibilidade de revogação da decisão de atribuição de uma licença e sua nova atribuição a outro candidato (no mesmo concurso), por não cumprimento dos compromissos, nomeadamente da prestação de caução, por motivos imputáveis ao candidato[1052], devendo ser, obrigatoriamente, escolhida a candidatura que tenha sido ordenada depois da candidatura objeto de revogação (por oposição à atribuição de uma faculdade à autoridade competente) e a possibilidade desta nova adjudicação ocorrer tantas vezes quantas forem necessárias[1053]. Um procedimento que deverá sempre ser respeitado, independentemente da culpa do primeiro classificado.

Este alegado estatuto diferenciado dos operadores já licenciados decorre, de igual modo, dos normativos aplicáveis às obrigações da PTC de reserva de capacidade e de transporte[1054], no que se refere ao designado "Canal

1049 Machado, Jónatas E. M. (2002). *Liberdade de Expressão: Dimensões Constitucionais da Esfera Pública no Sistema Social*, Coimbra Editora: Coimbra; p. 962.

1050 Raimundo, Miguel Assis (2011). "Concursos para Atribuição de Licenças do Audiovisual", disponível em http://www.icjp.pt/sites/default/files/*media*/1025-2236.pdf.

1051 Artigo 35º, números 4 e 5, da Lei das Comunicações Eletrónicas.

1052 Artigo 18º, número 3, do Regulamento nº 95-A/2008, do ICP-ANACOM, e artigo 17º, número 4, da Portaria nº 207-A/2008.

1053 Raimundo, Miguel Assis (2011). "Concursos para Atribuição de Licenças do Audiovisual", disponível em http://www.icjp.pt/sites/default/files/media/1025-2236.pdf. – O autor defende, numa perspetiva *de jure condendo*, que poderia ser interessante, desde logo do ponto de vista da eficiência administrativa, que "*no caso – omisso – de revogação da licença por não cumprimento, pelo titular, da obrigação de iniciar a atividade licenciada num certo espaço de tempo após a decisão, que a concorrência havida no procedimento pré-contratual pudesse ser aproveitada, "repescando-se" o candidato classificado em lugar subsequente.*"

1054 Com efeito, segundo o Regulamento nº 95-A/2008, de 25 de fevereiro – o Regulamento do Concurso Público para a Atribuição de um Direito de Utilização de Frequências de Âmbito

Condomínio"[1055], sem pretendermos antecipar uma análise sobre a respetiva conformidade constitucional. Diremos apenas que, para quem sustente a validade da obrigação de reserva de capacidade da PTC para um Canal em alta definição[1056], composto por vários elementos de programas dos operadores licenciados e concessionados, apesar da referência ao momento temporal do *switch off* em 26 de abril de 2012, não pode, em coerência, sustentar a sua caducidade[1057], ao contrário da posição defendida pela ANACOM[1058]. O mesmo não acontecia, a nosso ver, com a obrigação de reserva do espaço

Nacional para o Serviço de Radiodifusão Televisiva Digital Terrestre:
Artigo 19º:
1 – O titular do direito de utilização fica obrigado, nos termos da lei, "a reservar capacidade, conforme especificado no caderno de encargos, para a transmissão dos serviços de programas televisivos difundidos em modo analógico por via hertziana terrestre detidos pelos operadores licenciados ou concessionados à data da entrada em vigor da Lei nº 27/2007, de 30 de julho, ou seja, a RTP1, a RTP2, a SIC e a TVI, bem como a RTP Açores e a RTP Madeira nas respetivas Regiões Autónomas";
2 – O titular do direito de utilização fica ainda obrigado, nos termos da Resolução do Conselho de Ministros nº 12/2008, de 22 de janeiro, a reservar capacidade, conforme especificado no caderno de encargos, para a transmissão de um serviço de programas televisivo de acesso não condicionado livre a licenciar ao abrigo da Lei nº 27/2007, de 30 de julho.
Artigo 20º,
1: O titular do direito de utilização fica também obrigado, nos termos da Resolução do Conselho de Ministros nº 12/2008, de 22 de janeiro, a reservar capacidade, conforme especificado no caderno de encargos, para a transmissão, em modo não simultâneo até ao fecho da radiodifusão televisiva analógica, em alta definição de elementos de programação dos serviços de programas televisivos referidos nos nºs 1 e 2 do artigo 19º, exceto nas Regiões Autónomas.

[1055] Cfr. Nº 3 da Resolução do Conselho de Ministros nº 12/2008, de 22 de janeiro; artigo 20º, nº 1, do Regulamento nº 95-A/2008, de 25 de fevereiro; e cláusula 15ª, do DUF nº 6/2008, atribuído à PTC.

[1056] Questão juridicamente distinta e com um enquadramento oposto, é o direito dos atuais operadores, licenciados e concessionados, de emitirem as respetivas emissões em HD, no atual *Multiplexer* A, uma vez que se trata de uma faculdade inerente à própria licença ou concessão.

[1057] Caso a legitimidade desta determinação prevaleça, atenta a sua anunciada provisoriedade, a verdade é que mantém-se essa obrigação de transporte, quanto a estes elementos de programação. Voltaremos a esta questão que consideramos ilustrativa das desvantagens de uma regulação "bicéfala" da comunicação social. A referência temporal pressupunha uma realidade espectral após o "apagão analógico", livre de alguns constrangimentos, a qual não tem correspondência com a realidade, pelo que se mantém a necessidade de um mercado condicionado.

[1058] Na mais recente consulta pública, concretizada pela ERC e pela ANACOM, com vista ao estudo das possibilidades de alargamento da oferta televisiva na TDT, a Autoridade Reguladora das Telecomunicações defendeu que, no que respeita ao canal partilhado em HD, os termos em que foi constituída está expressa a respetiva obrigação de reserva de capacidade, nomeadamente no DUF (Direito de Utilização de Frequências) ICP-ANACOM nº 6/2008, levam o ICP-ANACOM a concluir que a mesma caducou. A ERC, pelo contrário, sustentou no mesmo texto que se mantém a reserva de espaço no *Mux* A para emissões em alta definição.

afeto ao denominado "Quinto Canal", mesmo antes da homologação judicial da desistência da queixa judicial apresentada pela ZON[1059], uma vez que a realização do respetivo concurso público não culminou com a atribuição de uma licença, porquanto nenhuma das candidaturas apresentadas preencheu os requisitos legais. Não tendo sido constituído o título jurídico associado ao espectro reservado – licença -, que justificaria a manutenção da reserva para além da realização do concurso, parece-nos que essa obrigação caducou, revestindo a decisão do tribunal, caso tivesse satisfeito a pretensão em juízo, natureza constitutiva.

14.2.5. Na tentativa de evitar a ingerência parlamentar na função administrativa, os constitucionalistas consideram que "*seria desejável erigir a imposição genérica do paradigma de lei geral e abstrata a parâmetro de constitucionalidade dos atos legislativos*"[1060], a propósito da aceção de lei no ordenamento constitucional português. Esse anseio, legítimo, não pode obstar à necessidade premente de denunciar a tendência oposta já anunciada, no nosso domínio material, da tentação oposta de ingerência administrativa na esfera parlamentar, com a sua conivência. Suscita, efetivamente, alguma perplexidade a configuração, *sui generis*, de uma concessão *ope legis*, regulamentada através de um contrato de direito público, cuja função não é a de colaboração com os privados, mas sim "*uma inusitada forma de regulamentação de um regime legal, a aproximar-se perigosamente da inconstitucionalidade, dado o reenvio para um ato subordinado*"[1061], proibido pelo princípio constitucional da tipicidade da lei. A estranheza agrava-se no ambiente jurídico-constitucional especialmente protegido em que se move o Contrato de Concessão (CC) do serviço público de televisão, atentas as suas implicações nos direitos, liberdades e garantias

[1059] Na sequência da sentença de homologação da desistência do pedido formulado, resultou a extinção da ação administrativa especial, intentada pela Zon Multimédia – Serviços de Telecomunicações e Multimédia, SGPS, S.A. e ZON II – Serviços de Televisão, S.A., atualmente, ZON OPTIMUS, S.A., contra a Deliberação do Conselho Regulador, de 23 de março de 2009, na parte que decidiu excluir a sua candidatura do concurso público para o licenciamento de um serviço de programas de âmbito nacional, generalista, de acesso não condicionado livre, aberto pelo Governo pela Portaria nº 1239/2008, de 31 de outubro. Recorde-se que, por sentença homologatória de 4 de março de 2013, havia sido já extinta a ação intentada pela outra candidata ao concurso, TELECINCO, S.A., contra a referida *Deliberação* da ERC, através da qual foi também esta candidata excluída da admissão ao concurso referido.

[1060] Morais, Carlos Blanco de (2012). *Curso de Direito Constitucional, Tomo I, 2ª Ed.*, Coimbra Editora: Coimbra; p. 231.

[1061] Alexandrino, José (1998). *Estatuto Constitucional da Atividade de Televisão*, Coimbra Editora: Coimbra; p. 208, notas 504 e 505.

comunicativas, convocando as, já estudadas, exigências constitucionais de reserva de lei e de densificação total.

Cumpre-nos, portanto, a tarefa de alertar para o perigo de o Contrato de Concessão (CC) do Serviço Público de Rádio e de Televisão tentar apropriar-se de áreas de decisão, que são reservadas à atividade primária do legislador, invadindo um domínio material necessário de legalidade, protegido pela reserva de lei, nos termos já estudados. A qualificação do Serviço Público como garantia institucional[1062] não releva para a tese contrária, pois:

i) Se a Constituição não distingue expressamente e trata, no mesmo plano, direitos fundamentais e garantias institucionais, o regime jurídico aplicável não pode ser diverso, mesmo quanto aos órgãos competentes para a sua regulação legislativa[1063];
ii) Acresce que a definição dos serviços de programas que integram o serviço público tem implicações nas liberdades de iniciativa e de empresa privada dos *media*, as quais não podem deixar de ser acauteladas, em termos de igualdade e de livre concorrência;
iii) No ordenamento jurídico-constitucional português, a iniciativa económica pública tem limites, conforme tentaremos demonstrar.

Sem prejuízo de uma abordagem posterior da questão, cabe antecipar as nossas dúvidas jurídico-constitucionais perante a possibilidade de a Concessionária expandir, discricionariamente, os objetivos de serviço público que se propõe prosseguir, previstos no CC[1064], renunciando o legisla-

[1062] Miranda, Jorge (2012). *Manual de Direito Constitucional*, Tomo IV, 5ª Edição, Coimbra Editora: Coimbra; p. 88.

[1063] Miranda, Jorge (2012). *Manual de Direito Constitucional*, Tomo IV, 5ª Edição, Coimbra Editora: Coimbra; p. 91.

[1064] Nos termos da Cláusula 2ª, nº 1, da versão final do novo CC, *"o serviço público de rádio e televisão é prosseguido através dos serviços previstos no presente Contrato e dos que, satisfazendo as necessidades democráticas, sociais e culturais da sociedade, sejam criados, no respeito pelas regras da concorrência, com a finalidade de cumprir cabalmente os princípios, objetivos e obrigações a que está legal e contratualmente vinculado"*. Porém, acrescenta o número 4, que *"a criação de novos serviços de conteúdos sonoros e audiovisuais, incluindo serviços de programas de televisão e de rádio não consagrados no presente contrato, deve ser precedida do envio ao Conselho Geral Independente e ao Conselho de Opinião da projeção dos objetivos a atingir e de uma análise financeira de despesas, custos e benefícios que permitam verificar, através de parecer a emitir pelo Conselho Geral Independente, ouvido o Conselho de Opinião, se esses serviços satisfazem adequada e proporcionalmente as necessidades democráticas, sociais e culturais da sociedade, devendo, para o efeito, ter-se em conta, designadamente, o valor, em termos de interesse público, que o serviço em causa é suscetível de acrescentar à oferta existente"*.

dor à sua competência de definição de interesse público, ao qual o serviço público de televisão deve vincular estritamente a sua atuação, no respeito do princípio da complementaridade[1065]. Efetivamente, em última instância, esse conjunto de remissões normativas, expressas ou implícitas, através do Contrato de Concessão para a Concessionária pode inviabilizar, na prática, preocupações constitucionais consubstanciadas na exigência de um regime prévio legal de licenciamento que impeça que o acesso à atividade possa estar sujeito a uma decisão livre da Administração[1066]. Acresce, na situação presente, a gravidade da remissão para uma empresa, a concessionária de serviço público, da decisão sobre os serviços de programas a emitir.

Surpreendentemente, a nosso ver, o novo Contrato de Concessão do Serviço Público de Radiotelevisão prevê dois procedimentos distintos para o lançamento de serviços de programas de rádio e televisão[1067], claramente atentatórios do princípio constitucional da reserva de lei. Como vimos, a lei[1068] dispensa o serviço público de televisão dos requisitos de acesso à atividade de televisão aí explicitados, mas essa exclusão não pode ser interpretada no sentido de legitimar meros reenvios ou remissões normativas para o Contrato de Concessão e, por maioria de razão, que este subdelegue na Concessionária poderes discricionários sobre matérias de relevância constitucional, sob pena de inconstitucionalidade, por violação do princípio da tipicidade da lei. Tal retração da lei só é possível fora do domínio necessário da lei[1069] e a afirmação desse princípio é distinta da constatação de que a lei não prevê nenhum procedimento para o acesso dos serviços de programas de serviço público ao espectro *hertziano* terrestre, limitando-se a excluir o regime do artigo 13º. Parece-nos claro que a lei exercita a sua competência, atribuída pela Constituição, quando determina os serviços de programas do Serviço Público que devem ser de acesso livre, através do artigo 52º da LTV. Acrescem as dúvidas geradas pela interpretação dos enunciados normativos pertinentes da LTV, num sentido habilitante das disposições contratuais, para

1065 Este princípio chegou a estar previsto na cláusula 4ª, nº 1, de uma das versões do CC. Contudo, foi eliminado na versão final e substituído pelo princípio da diferenciação.

1066 Conforme já foi referido. – Rabaça, Clara Elete Gomes (2002). *O Regime Jurídico-administrativo da Concentração dos Meios de Comunicação Social em Portugal*, Almedina: Coimbra; p. 122, nota 254.

1067 Cfr. Cláusulas 2ª, nº 5 e 7ª, nº 3.

1068 Cfr. Artigo 13º, nº 6, da LTV.

1069 Canotilho, Gomes/Moreira, Vital (2010). *Constituição da República Portuguesa Anotada, Vol. II*, Anotação ao Artigo 112º, Coimbra Editora: Coimbra; p. 69.

a emissão imediata, na TDT, de certos serviços de programas do operador público, previstos no CC[1070/1071].

Pela nossa parte, parece-nos seguro que, de acordo com a LTV, mesmo após a sua mais recente alteração[1072], a concessão do serviço público inclui os serviços de programas e os conteúdos referidos no artigo 52º, nº3, integrando essa norma um elenco expresso dos canais e conteúdos que o legislador quis especificar que são necessariamente de acesso livre, nos termos do número 4. O que significa que, no que concerne aos serviços de programas do operador público, o título habilitador das respetivas emissões na TDT é *sui generis,* carecendo de atribuição *ope legis.* Todavia, o novo CC vai muito além da vontade normativa expressa pelo legislador[1073], alargando este leque a eventuais serviços de programas que, nos termos da lei, não integram necessariamente o serviço público e que não beneficiam da cláusula legal habilitadora para o exercício da atividade televisiva, previstas no artigo 52º, nº 4, da LTV. Por um lado, a lei é clara quando determina que existem pressupostos tecnológicos e financeiros que, atualmente, impõem que alguns dos serviços de programas, que integram o serviço público de televisão, sejam emitidos em

[1070] Cfr. Alíneas *e)* e *f),* da cláusula 7ª, nº 2.

[1071] É possível sustentar, em abstrato, uma interpretação enviesada do Contrato com esse desígnio, pese a eliminação, por exemplo, na cláusula 13ª, relativa à RTP Informação, dessa referência expressa na anterior versão do Contrato (anterior nº 6), pois:
i) Da interpretação da cláusula 23ª, número 3, decorre a sua aplicabilidade, por exclusão de partes, aos serviços de programas previstos na Cláusula 7ª, nº 2, alíneas *d) e)* e *f)* – RTP Informação e RTP Memória (e a todos os serviços de programas que, segundo o Contrato, venham a ser criados ao abrigo da cláusula 7ª, nº 4);
ii) Os serviços de programas previstos nas alíneas *e)* e *f),* da cláusula 7ª, nº 2, encontram-se isentos dos pretensos procedimentos específicos previstos, criados no contrato, para o lançamento de serviços de programas.

[1072] A Lei nº 40/2014, de 9 de julho, adicionou a alínea *e)* ao artigo 52º da LTV, acrescentando ao elenco de serviços de programas de serviço público determinados conteúdos que o legislador, nos termos do nº 4, pretende que sejam, obrigatoriamente, incluídos em algum dos serviços de programas de acesso não condicionado livre, de âmbito nacional. Estão em causa os seguintes conteúdos, previstos na alínea *e)*: Programas que valorizem a educação, a saúde, a ciência, a investigação, as artes, a inovação, o empreendedorismo, a interculturalidade, a promoção da igualdade de género, os temas económicos, a ação social, a divulgação de causas humanitárias, o desporto não profissional e o desporto escolar, as confissões religiosas, a produção independente de obras criativas, o cinema português, o ambiente, a defesa do consumidor e o experimentalismo audiovisual. Note-se que o legislador recorreu, desta vez, a técnica legislativa contraposta à usada nas restantes alíneas, atinentes a serviços de programas, enquanto a nova alínea *e)* é referente a conteúdos.

[1073] Cfr. Cláusula 7ª, nº 2, alíneas *e)* e *f),* do novo CC.

acesso não condicionado com assinatura e não em *free-to-air*[1074]. Desde logo, como já constatámos, ao contrário das previsões mais otimistas, o *switch off* analógico não libertou o espectro dos constrangimentos anteriores. Seguro é, para nós, que não pode o Contrato de Concessão[1075] pretender ser título habilitante para a emissão, livre e imediata, de serviços de programas, que a lei faz depender de certos pressupostos, cuja verificação não compete à Concessionária, mas sim ao legislador.

Em coerência com a tese que temos vindo a sufragar, poderá o legislador atribuir novos títulos habilitadores do serviço público de televisão, *ope legis*, através do alargamento da previsão do artigo 52º, nº 4, da LTV, no respeito pelos princípios do pluralismo, igualdade e proporcionalidade, dos direitos e legítimas expectativas dos restantes operadores televisivos e atentos os condicionalismos *de facto* e *de jure* do mercado. Em última instância, poderá o legislador condicionar o alargamento da oferta do serviço público, prevendo expressamente as condições em que novos serviços de programas, previstos expressamente da lei, poderão emitir em *free-to-air*. Esses pressupostos, de caráter técnico, teriam de estar expressamente previstos na lei, cabendo aos Reguladores do setor a sua verificação, no âmbito das respetivas competências. Insistimos, porém, que essa possibilidade de alargamento do serviço público teria de estar prevista numa lei que configurasse a oferta televisiva, ao invés de um regulamento, como aconteceu com a implementação da TDT. Conforme já vimos, atenta a exigência constitucional da reserva de lei, o CC não pode desempenhar uma função interpretativa da lei, nem a lei pode ser interpretada no sentido de lhe conferir, com eficácia externa, essa função, sob pena de violação do princípio da tipicidade da lei[1076].

1074 Alíneas *e)* e *f)* concernentes aos serviços de programas RTP informação e RTP Memória, emitidos atualmente em acesso condicionado – cabo.

1075 Ainda a respeito da interpretação do CC, acresce que, na cláusula 10ª, altera-se a natureza do segundo serviço de programas generalista (2º Canal), conferindo-lhe uma "forte componente cultural e formativa" e é-lhe, posteriormente, atribuído um conjunto de conteúdos obrigatórios, que poderão integrar "um outro serviço de programas oferecido em acesso livre", para reforçar o conteúdo cultural e formativo do 2º canal. Ora, a não ser que o objetivo seja o de preencher a programação do 1º canal com estes conteúdos, este preceito contratual visa, precisamente, a criação, *ex novo*, de um serviço de programas de acesso livre. Perante isto, não podemos deixar de reparar, com estranheza, que na mais recente alteração ao artigo 52º da LTV que prevê precisamente a emissão em acesso não condicionado livre destes conteúdos, não foi contemplada *ex professo* a criação de um serviço de programas de acesso livre, precisamente com estes conteúdos.

1076 Na nossa declaração de voto sobre a segunda versão do novo Contrato de Concessão, submetida ao parecer do Regulador em fevereiro de 2014, suscitavam-se ainda outras questões, a nosso ver, problemáticas:

"1 – No que concerne ao financiamento público, a cláusula 27º, nº 2 do CC define que a Contribuição para o Audiovisual passa a ser a única fonte de financiamento público da RTP, sendo a LTV omissa quanto a esta especificação em concreto. Integrando as taxas e das demais contribuições financeiras das entidades públicas o elenco da reserva relativa da competência da AR, nos termos do artigo 165º, alínea i), isso implica a sua sujeição, pelo menos no que concerne aos seus elementos essenciais, à reserva de lei. Perante isto, cumpre-nos questionar:
a) A conformidade constitucional de uma qualquer interpretação que sustente o entendimento de que o reenvio normativo operado, pelo artigo 57º, nº 3, 1ª parte, para o CC legitima a solução vertida na disposição contratual, atenta a reserva de lei apurada;
b) Como compatibilizar a preocupação da lei, expressa no artigo 57º, nº3, última parte, de garantia de reembolso do financiamento público, em caso de sobrecompensação financeira, com a previsão contratual precisamente oposta, na cláusula 27º, nºs 5 e 6;
Parece-nos que a possibilidade de manter, na concessionária, o montante da sobrecompensação financeira viola o princípio da não consignação, garantido no artigo 7º, nº 1 da Lei de Enquadramento Orçamental (LEO), não procedendo, a nosso ver, neste caso, a exceção prevista no artigo 7º, alínea f) – a possibilidade excecional de consignação das receitas que sejam, por razão especial, afetadas a determinadas despesas por expressa estatuição legal ou contratual. Por um lado, a própria lei da Televisão não prevê essa possibilidade, impondo-se, nesta matéria, os princípios da reserva de lei e da prevalência da lei. Por outro lado, nos termos do nº 3 do mesmo preceito legal da LEO, essa consignação tem necessariamente base normativa e reveste caráter excecional e temporário, o que não me parece ser enquadrável no contexto do contrato de concessão.
2 – Num outro plano, ainda quanto ao financiamento, cumpre-nos sublinhar a indefinição gerada por este Contrato de Concessão, para a Concessionária e para o mercado, uma vez que não só não define com exatidão quais são as missões de serviço público, como não é claro quanto aos instrumentos financeiros ao dispor da RTP, o que, a nosso ver, atenta, em última instância, contra as exigências de específicas da LTV atinentes ao seu conteúdo (artigo 52º, nº 6). Entre outras indefinições, destaco a contradição entre a previsão de um limite de publicidade para o Canal 1 no nº 1 da cláusula 23, quando, na prática, a Concessionária não será sancionada caso não respeite esse limite contratual, atenta a remissão operada pela cláusula 37ª, nº 3 para um limite diverso, o "legalmente previsto".
3 – Por último, tal como rejeitamos as observações expendidas pelo Regulador a propósito da cláusula 23º, nº 3, nomeadamente quanto às questões suscitadas sobre o peso do serviço público no atual espaço da TDT, não podemos concordar com a crítica que o parecer da ERC faz ao acolhimento do princípio da complementaridade, que saúdo, atenta a verdadeira natureza de um serviço público de rádio ou de televisão. Com efeito, é estranha a preocupação do Regulador dos media em querer garantir que a RTP faça concorrência aos operadores privados, esbatendo-se desta forma aquela que é a sua verdadeira missão: oferecer uma programação variada, de qualidade, alternativa e complementar aos restantes operadores. É essa a razão de interesse público que justifica que, em última instância, a RTP possa dispor de financiamento público, ao contrário dos outros operadores que apenas podem contar com as receitas comerciais." O princípio da complementariedade acabou por ser eliminado da versão final do CC, que entrou em vigor já em 2015.

CAPÍTULO IV
FUNDAMENTO CONSTITUCIONAL, PODERES E LIMITES REGULATÓRIOS

Capítulo IV
Fundamento Constitucional, Poderes e Limites Regulatórios

A Regulação da Comunicação Social assume relevância constitucional, não apenas pela importância jusfundamental dos bens implicados, mas também pela dignidade constitucional conferida ao órgão Regulador, confirmada por várias revisões constitucionais, o que denota uma especial preocupação em tornar efetivos os direitos fundamentais prescritos[1077]. Ao contrário das versões anteriores, porém, que constitucionalizaram o órgão Alta Autoridade para a Comunicação Social, o legislador da revisão constitucional de 2004 optou por uma definição material da competência da regulação da comunicação social. O legislador constituinte enunciou expressamente os objetivos da regulação e atribuiu-os a uma autoridade administrativa independente. Não obstante, o órgão, em si, foi desconstitucionalizado.

Em tese, é possível sustentar que as autoridades administrativas independentes revelam uma estrutura suscetível de colidir com os princípios da soberania nacional[1078] e da separação de poderes:

A) No que se refere à primeira acusação, ela encontraria fundamento na falta de legitimidade democrática remota dos seus titulares. A lógica,

[1077] Acresce a instituição de uma entidade, com atribuições e competências na área da comunicação social, quanto a órgãos públicos e privados, bem como a sua inserção no Título II. – PINHEIRO, Alexandre Sousa/FERNANDES, Mário João de Brito (1999) *Comentário à IV Revisão Constitucional*, AAFDL: Lisboa; p. 145.

[1078] CARDOSO, José Lucas (2002). *Autoridades Administrativas Independentes e Constituição;* Coimbra Editora: Coimbra; p. 455.

política, social, económica e técnica, determinante da estatuição de um regime de independência perante o Governo, implica que a Assembleia da República fique limitada no exercício do seu direito potestativo de chamar o órgão superior da Administração Pública a responder politicamente pelas decisões das autoridades administrativas independentes[1079]. A juspublicística europeia aponta vários caminhos para legitimar esta opção:

i) A posição concebida inicialmente pela doutrina alemã, que procura identificar valores constitucionalmente relevantes, tal como o princípio democrático, onde se possa fundamentar esta opção de retirar ao Governo as funções de regulação em domínios sensíveis;

ii) *A atitude gerada na prática política de Westminster, de permitir a responsabilidade direta das autoridades perante o Parlamento*[1080].

B) Podem ainda aduzir-se argumentos em favor da tese que sustenta que estas entidades são suscetíveis de violar o princípio da separação de poderes, dado que algumas competências dos órgãos de soberania são desviadas para novos centros de poder. Acresce a concentração de competências, relativas a diversas funções do Estado, nesse novo centro decisório, o que favorece o exercício do poder sem contrapoder, ao arrepio da tradição liberal do respeito pelo equilíbrio de poderes, como mecanismo adequado a promover a sua limitação recíproca[1081]. Desde logo, a atribuição de competências regulamentares e quase jurisdicionais a algumas Entidades Reguladoras, como à ERC[1082], pode suscitar dúvidas constitucionais. CARDOSO contrapõe que, encontrando-se estas organizações vinculadas ao princípio da especialidade, consubstanciam um fenómeno de separação orgânico-sectorial dos poderes[1083], em detrimento da tradicional separação orgânico-funcional, o que converte estas autoridades, elas próprias, em um mecanismo de con-

[1079] CARDOSO, José Lucas (2002). *Autoridades Administrativas Independentes e Constituição;* Coimbra Editora: Coimbra; p. 456.

[1080] CARDOSO, José Lucas (2002). *Autoridades Administrativas Independentes e Constituição;* Coimbra Editora: Coimbra; p. 459.

[1081] CARDOSO, José Lucas (2002). *Autoridades Administrativas Independentes e Constituição;* Coimbra Editora: Coimbra; p. 478.

[1082] À semelhança do que já acontecia com a Alta Autoridade para a Comunicação Social.

[1083] CARDOSO, José Lucas (2002). *Autoridades Administrativas Independentes e Constituição;* Coimbra Editora: Coimbra; p. 480.

trapoder ao fenómeno de preponderância, cada vez mais acentuada, do Governo[1084].

Não vamos dirigir a nossa investigação ao fundamento constitucional específico de outras autoridades Reguladoras, cabendo apenas realçar que, tal como a sua antecessora Alta Autoridade para a Comunicação Social (AACS), a ERC constitui um caso singular, em vários ordenamentos jurídicos, sendo a única autoridade administrativa independente, "destacada" da Administração estadual direta, por força do texto constitucional[1085]. Foi o próprio legislador constituinte a considerar que os bens constitucionais em causa seriam melhor garantidos por uma autoridade administrativa independente, por esta lhe oferecer maiores garantias de imparcialidade, na regulação do setor, *"encontrando-se numa posição equidistante de todos os meios de comunicação social, públicos e privados"*[1086].

Secção VII
Um Regulador Constitucionalmente Reforçado

A regulação da Comunicação Social foi atribuída, na revisão constitucional de 2004, a uma entidade administrativa independente. A ERC – Entidade Reguladora para a Comunicação Social – veio, então, substituir a Alta Autoridade para a Comunicação Social (AACS)[1087]. A Alta Autoridade tinha uma composição mista, na medida em que integrava membros eleitos pela Assembleia da República, membros designados pelo Governo e pelo Conselho Superior de Magistratura e quatro elementos representativos da opinião pública, da comunicação social e da

[1084] CARDOSO, José Lucas (2002). *Autoridades Administrativas Independentes e Constituição;* Coimbra Editora: Coimbra; p. 481.

[1085] CARDOSO, José Lucas (2002). *Autoridades Administrativas Independentes e Constituição;* Coimbra Editora: Coimbra; pp. 463 e 464.

[1086] CARDOSO, José Lucas (2002). *Autoridades Administrativas Independentes e Constituição;* Coimbra Editora: Coimbra; p. 464.

[1087] O ano de 2005 marcou uma remodelação do sistema institucional de regulação da Comunicação Social em Portugal. Com a criação da Entidade Reguladora da Comunicação (ERC), as atribuições e competências que estavam atribuídas ao Instituto da Comunicação Social (ICS) e à Alta Autoridade para a Comunicação Social (AACS) passaram, no essencial, a pertencer apenas à ERC. – SIMÕES, Tânia Cardoso (2009). "Regular os média numa época de transição do *leaning back* para o *leaning forward*", *inRegulação em Portugal: Novos tempos, novo Modelo?* Coord. Eduardo Paz Ferreira, Luís Silva Morais e Gonçalo Anastácio, Almedina: Coimbra; p. 591.

cultura, o que lhe conferia uma certa dimensão de corregulação[1088]. Pelo contrário, a ERC, mais especificamente o seu Conselho Regulador, integra quatro elementos eleitos pela Assembleia da República, cuja forma de designação mereceu dignidade constitucional[1089], aos quais compete cooptar um 5.º elemento. É costume apontar-se que a opção pela cooptação, neste campo, sugere uma vontade inequívoca do legislador constituinte de reforçar a autoridade técnica e científica[1090], na medida em que, pelo menos em princípio, o método de cooptação favorece escolhas baseadas no percurso profissional e académico, critérios "aptos a suscitar a confiança não só do Parlamento mas também dos indivíduos e pessoas coletivas sujeitos à sua regulação e supervisão"[1091]. Não obstante, caberá à prática atestar ou infirmar a bondade da presente opção legislativa.

15. Da Dupla Natureza de Regulação dos *Media*

15.1. Apesar de ser uma entidade integrante da Administração independente[1092], separada do Governo e não integrada na Administração Pública, a ERC não deixa de ser, em aparente contradição[1093], uma entidade administrativa, pelo que a sua atividade constitui atividade administrativa, estando sujeita aos princípios e regras da *"constituição administrativa"*[1094], o que inclui os meios de tutela judicial junto dos tribunais administrativos (ou judiciais quando for caso disso). Apesar disso, ela goza de uma natureza jurídico-constitucional singular, pela sua *"natureza ambivalente ou dual"*[1095]. A ERC é muito

[1088] Canotilho, J.J./Moreira, Vital (2007). *Constituição da República Portuguesa Anotada*, Anotação ao artigo 39º, Coimbra Editora: Coimbra; pp. 597 e 598.

[1089] Cfr. Artigo 163º, alínea *h)*, da CRP. Integra ainda um membro por estes cooptado.

[1090] Roque, Miguel Prata (2009). " Os poderes sancionatórios da ERC – Entidade Reguladora para a Comunicação Social", *in Direito Sancionatório das Autoridades Reguladoras*, Coord. Maria Fernanda Palma, Augusto Silva Dias e Paulo de Sousa Mendes, Coimbra; p. 369.

[1091] Roque, Miguel Prata (2009). " Os poderes sancionatórios da ERC – Entidade Reguladora para a Comunicação Social", *in Direito Sancionatório das Autoridades Reguladoras*, Coord. Maria Fernanda Palma, Augusto Silva Dias e Paulo de Sousa Mendes, Coimbra; p. 370.

[1092] Na Administração Independente, *"as estruturas administrativas exercem os seus poderes sem qualquer sujeição a mecanismos intra-administrativos de intervenção governamental, encontrando-se, exclusivamente, vinculadas à legalidade externa"* – Otero, Paulo (2013). *Manual de Direito Administrativo, Volume I*, Almedina: Coimbra; p. 209.

[1093] Dias, José Eduardo Figueiredo (2001). "Direito à informação, proteção da intimidade e autoridades administrativas independentes", *in Estudos em Homenagem ao Prof. Doutor Rogério Soares*, Coimbra Editora: Coimbra; p. 641.

[1094] Canotilho, J.J. Gomes/Moreira, Vital (2007). *Constituição da República Portuguesa Anotada*, Coimbra Editora: Coimbra; p. 600.

[1095] Roque, Miguel Prata (2009). " Os poderes sancionatórios da ERC – Entidade Reguladora para a Comunicação Social", *in Direito Sancionatório das Autoridades Reguladoras*, Coord. Maria Fernanda Palma, Augusto Silva Dias e Paulo de Sousa Mendes, Coimbra; pp. 387 e 388.

mais que uma mera entidade Reguladora de setores económicos[1096], tendo sido configurada como uma entidade de defesa de direitos fundamentais. Uma natureza distinta das restantes entidades Reguladoras, decorrente do seu desenho constitucional, que já foi reconhecida expressamente pelo Tribunal Constitucional, em vários acórdãos[1097] (em especial no respeito pelo princípio do pluralismo político e das liberdades de expressão, de informação e de imprensa)[1098]. É também a única entidade administrativa independente cujo Estatuto decorre diretamente da Constituição. Os seus poderes encontram-se densificados, por expresso reenvio constitucional, numa lei de valor reforçado em sentido próprio, isto é, que contempla um procedimento especial e agravado de produção normativa[1099]. O regime adotado pelos seus Estatutos *"revela-se assaz cauteloso e empenhado na garantia da independência, quer da pessoa coletiva pública, quer dos titulares dos seus órgãos"*[1100], essencialmente pelo seu modo de designação[1101]; regime inovador de impedimentos dos membros

[1096] SIMÕES, Tânia Cardoso (2009). "Regular os média numa época de transição do *leaning back* para o *leaning forward*", *inRegulação em Portugal: Novos tempos, novo Modelo?* Coord. Eduardo Paz Ferreira, Luís Silva Morais e Gonçalo Anastácio, Almedina: Coimbra; p. 578. Segundo a autora, ao invés do que sucede com outros setores, em que as principais razões justificativas da regulação são a criação de concorrência e a prestação de um serviço público, no caso da comunicação social *"a intervenção pública visa um conjunto intrincado de fins como a salvaguarda de princípios constitucionais"*.

[1097] Neste sentido, os Acórdãos do Tribunal Constitucional nºs 499/2012, Ac. nº 261/2009, Ac. nº 315/2009 e 361/2009, e Ac. nº 603/2008, que decidiram no sentido de isentar a ERC quanto a custas judiciais, por ser, *in casu*, aplicável a isenção prevista no artigo 4º, nº 1, alínea *g)*, do Regulamento de Custas Processuais (RGP). Segundo o Tribunal Constitucional, na sua configuração constitucional, a ERC, enquanto entidade administrativa independente, *"não se limita a integrar o leque de pessoas coletivas públicas dotadas de funções administrativas de mera regulação e supervisão de um determinado mercado económico, antes se configurando como uma entidade administrativa dotada de funções de defesa e de salvaguarda de direitos fundamentais"*. Nos termos do artigo 4º, nº 1, alínea *g)*, do RGP, estão isentos de custas, as entidades públicas quando atuem, exclusivamente, no âmbito das suas especiais atribuições para defesa de direitos fundamentais dos cidadãos ou de interesses difusos, que lhe estão especialmente conferidos pelo respetivo estatuto, e a quem a lei especialmente atribua legitimidade processual nestas matérias.

[1098] CANOTILHO, J.J. Gomes/MOREIRA, Vital (2007). *Constituição da República Portuguesa Anotada*, Coimbra Editora: Coimbra; pp. 598 e 599.

[1099] Cfr. Artigos 168º, nº6, alínea *a)* e 112º, nº 3, da CRP.

[1100] ROQUE, Miguel Prata (2009). " Os poderes sancionatórios da ERC – Entidade Reguladora para a Comunicação Social", *in Direito Sancionatório das Autoridades Reguladoras*, Coord. Maria Fernanda Palma, Augusto Silva Dias e Paulo de Sousa Mendes, Coimbra; pp. 381 e segs.

[1101] ROQUE, Miguel Prata (2009). "Os poderes sancionatórios da ERC – Entidade Reguladora para a Comunicação Social", *in Direito Sancionatório das Autoridades Reguladoras*, Coord. PALMA, Maria Fernanda, SILVA DIAS, Augusto; MENDES, Paulo de Sousa, Coimbra; p. 383. O método

do Conselho Regulador[1102]; regime de incompatibilidades[1103]; a duração do mandato não coincide com a duração do mandato do Parlamento[1104]; O estatuto de inamovibilidade dos titulares dos órgãos da ERC[1105].

O artigo 18º, nº 2, dos Estatutos da ERC estatui que os membros do Conselho Regulador são independentes no exercício das suas funções, não estando sujeitos a instruções ou orientações específicas. A independência funcional da ERC é reforçada no artigo 4º dos Estatutos, que estabelece, expressamente, a sua independência, na medida em que lhe compete definir, livremente, a orientação das suas atividades, sem sujeição a quaisquer diretrizes ou orientações por parte do poder político, em estrito respeito pela Constituição e pela lei. Face ao enquadramento constitucional exposto, não é admissível que este entendimento seja posto em causa pela remissão operada nos Estatutos para o regime dos institutos públicos[1106]. Em nosso entendimento, essa remissão só pode operar, mesmo a título subsidiário, em relação a tudo o que não seja incompatível com a independência que a Constituição e os Estatutos se esforçam por clarificar[1107], uma vez que a ERC, como vimos, não tem a natu-

misto assemelha-se ao modo de designação dos juízes do Tribunal Constitucional: eleição por 2/3 dos deputados presentes, desde que superior à maioria absoluta dos deputados em efetividade de funções, nos termos do artigo 163º, alínea *h)*, da CRP. Esta forma de designação reforça a sua independência e tenta evitar a sua partidarização.

1102 Ao contrário do que acontecia com AACS, que incorporava representantes corporativos dos interesses sujeitos a regulação, os presentes estatutos da ERC impedem que aqueles que tenham exercido funções executivas em empresas ou sindicatos, nos dois anos anteriores, possam ser eleitos para a ERC – Cfr. Artigo 18º, nº 4, dos Estatutos da ERC.

1103 O regime de incompatibilidades envolve a proibição de detenção de interesses financeiros ou de participações sociais nas empresas sob regulação, bem como a proibição do exercício de qualquer função pública ou atividade profissional, salvo funções de docência, no Ensino Superior, a título parcial – Cfr. Artigo 18º, nº 6, Estatutos da ERC.

1104 Cfr. Artigo 19º dos Estatutos da ERC.

1105 Cfr. Artigo 18º, nº 3, dos Estatutos da ERC.

1106 No artigo 3º, os Estatutos estabelecem que a ERC se rege pelos Estatutos, pelas disposições legais que lhe sejam especificamente aplicáveis e, subsidiariamente, pelo regime aplicável aos institutos públicos; no artigo 20º, quanto ao estatuto e deveres dos membros do Conselho Regulador, pode ler-se que estão sujeitos ao estatuto dos membros de órgãos diretivos dos institutos públicos, em tudo o que não resultar dos Estatutos.

1107 Tais remissões, em nossa opinião, não autorizam o entendimento segundo o qual a ERC se encontraria sujeita a tutela governamental ou que o ministro da tutela teria também poderes disciplinares e de superintendência sobre os membros do Conselho Regulador. Em sentido diverso – Simões, Tânia Cardoso (2009) "Regular os média numa época de transição do *leaning back* para o *leaning forward*", in *Regulação em Portugal: Novos tempos, novo Modelo?* Coord. Eduardo Paz Ferreira, Luís Silva Morais e Gonçalo Anastácio, Almedina: Coimbra; pp. 597 e 598

reza de um Instituto Público[1108], na medida em que integra a administração independente[1109] e não a administração indireta do Estado[1110], apesar de sofrer algumas limitações, na prática, tendo em conta a natureza das suas fontes de financiamento[1111]. Efetivamente, o atual desenho legal da independência financeira da ERC não pode deixar de gerar perplexidade, reclamando, em todas as suas vertentes, intervenção urgente do legislador, uma vez que não só não se encontra devidamente acautelada[1112], como em alguns aspetos essenciais ela poderá estar claramente em causa[1113]. Registe-se, porém, as alterações recen-

[1108] Ao contrário do que sustenta Tânia Simões. – Simões, Tânia Cardoso (2009). "Regular os média numa época de transição do *leaning back* para o *leaning forward*", *inRegulação em Portugal: Novos tempos, novo Modelo?* Coord. Eduardo Paz Ferreira, Luís Silva Morais e Gonçalo Anastácio, Almedina: Coimbra; p. 598, nota 59.

[1109] Cardoso, José Lucas (2009). *Autoridades Administrativas Independentes e Constituição*, Coimbra, 2002, pp. 423 a 425.

[1110] Cardoso, José Lucas (2002). *Autoridades Administrativas Independentes e Constituição*, Coimbra; pp. 425 a 427.

[1111] As fontes de financiamento da ERC são as seguintes:
a) Verbas provenientes do Orçamento do Estado através das transferências da Assembleia da República (artigo 48º, número 5, Estatutos da ERC)
b) As taxas a cobrar junto das entidades que prosseguem atividades no âmbito da Comunicação Social, regulamentadas pelo Decreto-lei nº 103/2006, de 7 de junho, que aprova do regime de taxas da ERC;
c) Participação nos resultados líquidos do ICP-ANACOM, cujo montante a transferir é fixado anualmente por portaria conjunta dos membros do Governo responsáveis pelas áreas das finanças, comunicações e da comunicação social (artigo 2º do Decreto-Lei *supra* referido)

[1112] *De jure condendo*, o legislador deveria definir, expressamente, não apenas as fontes de financiamento da ERC, como também o respetivo montante, de forma a impedir que as transferências financeiras possam, de alguma forma, depender de atos, cuja natureza permite uma grande margem de livre decisão. O atual regime não só põe em causa a independência financeira da ERC, como impede qualquer planeamento a médio prazo, uma vez que a maior fatia do respetivo orçamento depende de transferências que são definidas, anualmente, pela Assembleia da República e pelo Governo.

[1113] Veja-se o próprio estatuto remuneratório dos membros do Conselho Regulador da ERC: de acordo com o artigo 20º, número 1, dos Estatutos da ERC, aprovados pela Lei nº 53/2005, de 8 de novembro, "*os membros do conselho Regulador estão sujeitos ao estatuto dos membros de órgãos diretivos dos institutos públicos, em tudo o que não resultar dos presentesEstatutos*". Precisando o alcance desta disposição, a norma transitória do artigo 3º, da citada Lei 53/2005 veio, quanto à questão remuneratória, estabelecer que "*enquanto não for aprovado o diploma próprio que regule o estatuto remuneratório dos membros dos órgãos diretivos dos institutos públicos, a remuneração dos membros do conselho Regulador e do fiscal único é estabelecida por despacho conjunto do Ministro das Finanças e do ministro que tutela o setor empresarial do Estado no domínio da comunicação social*". E ao abrigo do assim estatuído, foi aprovado e publicado o Despacho Conjunto do Ministro das Finanças e do Ministro dos Assuntos Parlamentares, nº 185-A/2006, de 16 de fevereiro, publicado no *Diário da República, II série*, nº 34, com as determinações concretas relativas ao estatuto remuneratório dos membros do Conselho Regulador da ERC.

temente introduzidas por intervenção do legislador[1114], no sentido de estabelecer um sistema, *"mais consentâneo com o regime de independência administrativa e a dignidade constitucional da ERC"*[1115]. Do estatuto de entidade administrativa independente, bem como do estatuto material de independência que deve caracterizar a atividade da ERC, há que retirar as devidas consequências ao nível da sua gestão financeira, mesmo numa perspetiva *de jure condendo.*

15.2. O Regulador dos *Media* é, indubitavelmente, uma Entidade Reguladora de valor constitucionalmente reforçado[1116], o que poderá, eventualmente, justificar que a explicitação e desenvolvimento das suas atribuições constitucionais, *"as estendeu a algumas zonas, porventura, muito para além de um âmbito mais consentâneo com a liberdade dos operadores privados"*[1117]. No cumprimento das atribuições constitucionais que lhe são atribuídas – *"que exprimem as dimensões objetivas da ordem constitucional democrática da comunicação social assentes nos princípios constantes nos artigos 37º, 38º e 41º"*[1118] – a ERC dispõe dos poderes de emanação de princípios e de regras de regulação e de adoção dos procedimentos administrativos de injunção, para garantir a aplicação de tais normas, controlo do cumprimento dessas regras e dos procedimentos san-

[1114] Cfr. Artigo 71º do Decreto-Lei nº 36/2015, de 9 de março.

[1115] De acordo com a Informação elaborada pelo Departamento Jurídico da ERC – Informação NML-SD nº1/2015, pp. 11 e 12 – a propósito da referida alteração legislativa, o sistema anterior não era favorável à autonomia financeira da ERC: *i)* verificavam-se quase sempre atrasos temporais na realização das transferências, o que podia condicionar a atividade da ERC, sendo, de um ponto de vista de transparência e de garantia da imparcialidade da entidade, questionável esta dependência e submissão aos processos e momentos próprios da decisão (decisões) ministerial (ministeriais); *ii)* uma parte significativa do orçamento da ERC estava dependente de uma portaria que exigia a intervenção de dois ou mais ministros, e que o próprio montante a transferir não estava previamente definido, dificultando a elaboração do orçamento da ERC, a planificação das atividades a desenvolver e a sua gestão. Estas circunstâncias não são favoráveis à autonomia financeira da ERC. A recente alteração legislativa veio determinar que o montante a transferir para a ERC (de parte das receitas líquidas do ICP-ANACOM) seja fixado na Lei do Orçamento, conforme aconteceu no Orçamento para 2015. O que significa que aquele valor passa a ser estabelecido pelo Orçamento de Estado, aprovado por uma maioria parlamentar, o que parecer ser mais favorável à independência do Regulador.

[1116] CASTRO, Raquel Alexandra Brízida (2013b). "A Regulação da Comunicação Social numa Democracia Segura", *in* "Segurança Pública e Privada", *1º Congresso Internacional de Segurança Pública e Privada*, Faculdade de Direito de Lisboa e CJLP, Coimbra Editora: Coimbra.

[1117] MIRANDA, Jorge/MEDEIROS, Rui (2010). *Constituição Portuguesa Anotada*, Tomo I, Anotação ao artigo 39º, Coimbra Editora: Coimbra; p. 879.

[1118] CANOTILHO, J.J. Gomes/MOREIRA, Vital (2007). *Constituição da República Portuguesa Anotada*, Coimbra Editora: Coimbra; p. 598.

cionatórios, para a punição das infrações (imposição de coimas)[1119]. Na verdade, são reconhecidas, consensualmente, ao Conselho Regulador da ERC múltiplas competências, sendo mesmo controversa a natureza para-jurisdicional[1120] de alguns dos seus poderes sancionatórios, ou seja o poder de dirimir controvérsias relativas às matérias colocadas sob a sua alçada Reguladora[1121]. A doutrina realça que alguns dos poderes atribuídos à ERC não têm paralelo no Direito Administrativo da Regulação[1122], de acordo com uma lógica que escapa a uma usual contraposição maniqueísta entre a *"função administrativa"*

[1119] O artigo 37º, nº 3, da CRP foi alterado, na revisão constitucional de 1997, para permitir que uma entidade administrativa independente possa apreciar ilícitos de mera ordenação social. – PINHEIRO, Alexandre Sousa/FERNANDES, Mário João de Brito (1999). *Comentário à IV Revisão Constitucional,* AAFDL: Lisboa; p. 140.

[1120] Exemplo de um poder manifestamente *para-jurisdicional*: os estatutos da ERC preveem um mecanismo que lhe permite garantir a efetividade do direito de resposta, com dispensa de recurso aos tribunais judiciais, impondo um dever de colaboração do Órgão de Comunicação Social, que deve entregar em 3 dias, os documentos solicitados pela ERC, de acordo com o artigo 59º dos Estatutos ERC; ainda ilustrativa é a força executiva autónoma conferida à *Deliberação* da ERC que ordena publicação de resposta ou retificação de peça noticiosa – artigo 60º, nº2 – e que, no limite, em caso de incumprimento implica a prática de crime de desobediência qualificada – artigo 66º, nº 1, alínea *a)*. – ROQUE, Miguel Prata (2009) " Os poderes sancionatórios da ERC – Entidade Reguladora para a Comunicação Social", *in Direito Sancionatório das Autoridades Reguladoras,* Coord. Maria Fernanda Palma, Augusto Silva Dias e Paulo de Sousa Mendes, Coimbra; pp. 393 e segs.

[1121] ROQUE, Miguel Prata (2014). "Regulação Administrativa e Sanção – O poder sancionatório da ERC na encruzilhada entre o Direito Administrativo e o Direito Penal", *in Media, Direito e Democracia,* coord. Carlos Blanco de Morais, Maria Luísa Duarte e Raquel Alexandra Brízida Castro, Almedina. Coimbra; p. 126.

[1122] A Lei da Televisão conferia à ERC o poder de suspensão cautelar administrativa de emissão, em caso de fortes indícios de cometimento de contraordenações muito graves, desde que demonstrado o perigo de continuação da atividade ilícita – artigo 85º da LTV. Trata-se de uma medida cautelar administrativa, que não dependia de prévia intervenção jurisdicional, o que podia levantar a questão de eventual usurpação de poder, por exercício da função jurisdicional pela Administração Pública – ROQUE, Miguel Prata (2009) "Os poderes sancionatórios da ERC – Entidade Reguladora para a Comunicação Social", *in Direito Sancionatório das Autoridades Reguladoras,* Coord. Maria Fernanda Palma, Augusto Silva Dias e Paulo de Sousa Mendes, Coimbra; p. 416. Para além da questão de se tratar de uma medida de coação suscetível de lesar, de forma bastante intensa, direitos fundamentais, subtrai ao juiz de instrução o poder de decretação de medida cautelar, o que seria dificilmente compatibilizável com a regra de que "toda a instrução é da competência de um juiz" – Cfr. Artigo 32º, nº4, CRP. O autor afasta, contudo, a sua eventual inconstitucionalidade, recorrendo a uma interpretação conforme à Constituição. O artigo foi, entretanto, revogado pelo legislador. – ROQUE, Miguel Prata (2009) "Os poderes sancionatórios da ERC – Entidade Reguladora para a Comunicação Social", *in Direito Sancionatório das Autoridades Reguladoras,* Coord. Maria Fernanda Palma, Augusto Silva Dias e Paulo de Sousa Mendes, Coimbra; p. 419.

e a *"função jurisdicional"*[1123]. Com efeito, a ERC, enquanto autoridade administrativa independente, é completamente distinta da Administração tradicional, atentas as suas características da independência e da neutralidade[1124]. Não obstante, esses poderes para-jurisdicionais que lhe são conferidos não colidem com a reserva constitucional da função jurisdicional, uma vez que:

i) A Constituição admite que a atividade dirimente de conflitos seja exercida, em primeira instância, por uma entidade não jurisdicional, desde que ao tribunal continue reservada a competência para proferir a última e decisiva palavra sobre a questão[1125];

ii) As suas funções mais significativas integram-se no núcleo essencial da atividade administrativa, não integrando o elenco das categorias de tribunais, previsto na Constituição;

iii) Em acréscimo, note-se o seu poder de iniciativa em matéria de abertura de procedimentos administrativos destinados a averiguar eventuais violações de regras aplicáveis à comunicação social, poder que contribui para excluir a qualificação da sua atividade como jurisdicional, pela falta do requisito da imparcialidade do órgão decisor, uma vez que promove a apreciação da conduta[1126]. O que não impede que lhe sejam conferidos certos poderes importantes, atento o seu fundamento constitucional, bem como a relevância jusfundamental expressa conferida dos bens que visa proteger, desde que essa atribuição não viole o núcleo essencial das restantes atividades do Estado, mormente a jurisdicional.

Mas um dos poderes, atualmente atribuídos à generalidade das entidades reguladoras que revestem a natureza de autoridades administrativas independentes que continua a suscitar questões de maior complexidade dogmática é o poder regulamentar. Por conseguinte, concentremo-nos, de seguida, no poder dessas entidades de criarem normas administrativas.

[1123] ROQUE, Miguel Prata (2014). "Regulação Administrativa e Sanção – O poder sancionatório da ERC na encruzilhada entre o Direito Administrativo e o Direito Penal", *in Media, Direito e Democracia*, coord. Carlos Blanco de Morais, Maria Luísa Duarte e Raquel Alexandra Brízida Castro, Almedina: Coimbra; pp. 132 e segs.

[1124] MOREIRA, Vital/MAÇÃS/Fernanda (2003). *Autoridades Reguladoras Independentes: Estudo e Projeto de Lei-quadro*, Coimbra Editora: Coimbra; p. 25.

[1125] CARDOSO, José Lucas (2002). *Autoridades Administrativas Independentes e Constituição;* Coimbra Editora: Coimbra; p. 494.

[1126] Esta possibilidade foi introduzida pela Lei nº 43/98, referente à AACS. – CARDOSO, José Lucas (2002). *Autoridades Administrativas Independentes e Constituição;* Coimbra Editora: Coimbra; p. 272, nota 296.

16. Reserva Constitucional de Administração Independente e Poder Regulamentar

16.1. Em geral, nas relações que se podem estabelecer entre a lei e o regulamento[1127], é possível distinguir duas perspetivas de análise: *i)* O grau de dependência material do regulamento em relação à lei; *ii)* A distinção entre regulamentos "convenientes" e "necessários"[1128]. Em termos gerais, a relação que se estabelece entre o legislador e a Administração pode traduzir-se em dois tipos de instrumentos de regulamentação, consoante o seu grau de dependência em relação à lei, como sejam os regulamentos executivos e os regulamentos independentes.

No que se refere aos regulamentos executivos, cumpre reter que, de acordo com o artigo 199º, alínea *c)*, da Constituição, compete ao Governo, no exercício de funções administrativas, *"fazer os regulamentos necessários à boa execução das leis"*, podendo estes regulamentos[1129] cumprir, basicamente, as funções de estabelecer as regras orgânico-processuais para aplicação ou atuação dos preceitos legais, ou de explicitar, técnico-cientificamente, os pressupostos *de facto* previstos nas leis[1130]. Neste sentido, os regulamentos executivos revelam-se instrumentais ou adjetivos relativamente aos atos legislativos que regulamentam, sendo meios para a efetiva aplicação de uma determinada disciplina normativa[1131]. A solução jurídica, as regras de fundo ou substantivas, em suma, a disciplina estatuidora-sancionadora dos direitos e deveres já está estabelecida na lei[1132], emprestando-lhe o regulamento o instrumentário necessário à sua boa execução. Significa que eles contêm todo o indispensável, mas só o indispensável. São regulamentos *"necessários para as leis serem conveniente-*

1127 Morais, Carlos Blanco de (2012). *Curso de Direito Constitucional, Tomo I, 2ª Ed.*, Coimbra Editora: Coimbra: pp. 121 e segs.

1128 Esta é uma classificação proposta por João Caupers: Caupers, João (1997). "Um dever de regulamentar?", *in Legislação, Cadernos de Ciência da Legislação,* nº 18, (janeiro – março);p. 8.

1129 Abreu, Jorge M. Coutinho de (1987). *Sobre os Regulamentos Administrativos e o Princípio da Legalidade,* Almedina: Coimbra; pp. 51 e segs.

1130 Segundo o autor, essa explicitação é feita de modo técnico-científico:*"Podem estar em causa dois tipos de operações: constatação pura e simples, indubitável e exata, dos referidos pressupostos de facto; ou uma avaliação técnica, ancorada em critérios científicos conhecidos a priori, mas mais elásticos e que, por isso, podem conduzir a apreciações variáveis num ou noutro ponto, a resultados não inteiramente coincidentes para todos os especialistas"*. – Abreu, Jorge M. Coutinho de (1987). *Sobre os Regulamentos Administrativos e o Princípio da Legalidade,* Almedina: Coimbra; pp. 60 e 61.

1131 Abreu, Jorge M. Coutinho de (1987). *Sobre os Regulamentos Administrativos e o Princípio da Legalidade, Almedina:* Coimbra; p. 58.

1132 Abreu, Jorge M. Coutinho de (1987). *Sobre os Regulamentos Administrativos e o Princípio da Legalidade, Almedina:* Coimbra; p. 58.

mente executadas e que, nos termos gerais, a Administração deve editar por iniciativa própria"[1133]. O que distingue a norma regulamentar executiva da norma regulamentar independente é o *"nexo substancial que une a primeira à lei que executa"*, isto é, para que a norma regulamentar seja executiva, *"o seu conteúdo tem de ser, de algum modo, predeterminado pela norma ou pelo conjunto de normas executadas"*[1134], devendo *"inserir-se quer no campo material (objeto), quer no modo de disciplina da lei regulamentada"*[1135].

No que concerne aos regulamentos independentes, a revisão constitucional de 1982[1136] veio consagrar a possibilidade de o governo emitir regulamentos independentes e a necessidade de revestirem a forma de decreto regulamentar[1137], estabelecendo *"originariamente e com amplos poderes de conformação material, o regime, a disciplina de certas relações jurídicas"*[1138]. No entanto, carecem de legitimação por lei.

Não obstante, mesmo que se admita que a Administração exerce, pelo menos, uma função de complementaridade da lei na concretização do bem-estar, inclusive perante áreas de competência legislativa reservada à Assembleia da República[1139], existe sempre um limite que é o do grau mínimo imprescindível de densidade das normas legislativas sobre matérias da competência reservada[1140] onde, para estes efeitos, a reserva relativa de competência legislativa da Assembleia da República funciona, pois, como reserva absoluta de norma legislativa[1141]. Todavia, genericamente, a intervenção legislativa não

[1133] CANOTILHO, J.J. Gomes (2003). *Teoria da Constituição e Direito Constitucional*, 7ª Edição, Almedina: Coimbra; p. 777.

[1134] CORREIA, Sérvulo (1987). *Legalidade e Autonomia Contratual nos Contratos Administrativos*, Almedina: Coimbra; p. 253.

[1135] CORREIA, Sérvulo (1987). *Legalidade e Autonomia Contratual nos Contratos Administrativos*, Almedina: Coimbra; p. 253-255. O autor recorre à tipificação dos modos de execução regulamentar proposta por AMATO, que considera ser *"um apreciável auxílio de ordem metodológica"*: a regulamentação executiva pode ser Complementar ou Especificativa.

[1136] No artigo 115º, nº 6, (atual 112º, nº 6) da CRP.

[1137] De acordo com o artigo 112º, nº7, os regulamentos devem indicar expressamente as leis que visam regulamentar ou que definem a competência objetiva ou subjetiva para a sua emissão.

[1138] ABREU, Jorge M. Coutinho de (1987). *Sobre os Regulamentos Administrativos e o Princípio da Legalidade, Almedina:* Coimbra; *p. 78.*

[1139] OTERO, Paulo (1995). *O Poder de Substituição em Direito Administrativo. Enquadramento Dogmático-Constitucional,* Vol. II, Lisboa; p. 602.

[1140] CORREIA, Sérvulo (1987). *Legalidade e Autonomia Contratual nos Contratos Administrativos*, Almedina: Coimbra;p. 240.

[1141] CORREIA, Sérvulo (1987). *Legalidade e Autonomia Contratual nos Contratos Administrativos*, Almedina: Coimbra; p. 240. O autor admite regulamentos executivos das leis ou dos decretos-lei sobre matérias da reserva – relativa e absoluta – do Parlamento, pois: *a)* O artigo 199º, alínea

pode (nem deve) interferir no que constitui o *"mínimo essencial da competência administrativa de certas estruturas decisórias da Administração"*[1142], falando-se, a este propósito, de uma *"reserva relativa de execução"*[1143]. Afirma-se um fator crucial para a nossa investigação: *"a impossibilidade técnica e factual do legislador de tudo disciplinar, devendo a eficiência, a flexibilidade, a proximidade aos factos (regulados), levar o legislador a deixar para a Administração um espaço variável de execução das leis"*[1144], ou seja, no caso da Regulação da Comunicação, um espaço técnico de execução da lei[1145], indispensável[1146]. Não se trata de legitimar o uso de um poder regulatório discricionário, supostamente imune ao controlo jurisdi-

c), da CRP não discrimina as leis que o Governo pode regulamentar; *b)* A *"ratio"* da inclusão das matérias em causa nos preceitos citados não justificaria a exclusão dos regulamentos subordinados. Para o autor os objetivos da reserva material de lei não são afetados se os seus regimes iniciais forem estabelecidos *"com as garantias inerentes ao procedimento legislativo da Assembleia da República, ou a este e ao procedimento legislativo do Conselho de Ministros".* Acrescenta que o regulamento executivo *"não pode inovar no domínio das restrições à esfera individual, nem criar preceitos que se não liguem por um vínculo de pormenorização ou de procedimentalização às normas contidas na lei regulamentada. É secundário ou derivado relativamente ao regime estabelecido pelo legislador."* – CORREIA, Sérvulo (1987). *Legalidade e Autonomia Contratual nos Contratos Administrativos*, Almedina: Coimbra;p. 241, nota 402, 2ª parte.

1142 OTERO, Paulo (1995). *O Poder de Substituição em Direito Administrativo. Enquadramento Dogmático-Constitucional*, Vol. II, Lisboa, 1995; p. 602.

1143 OTERO, Paulo (1995). *O Poder de Substituição em Direito Administrativo. Enquadramento Dogmático-Constitucional*, Vol. II, Lisboa; pp. 602 e 603. No mesmo sentido, CANOTILHO e MOREIRA sustentam que há "domínios vedados à lei". Segundo os autores, *"para além do domínio reservado à autonomia privada (...) há os espaços reservados a outros tipos de atos normativos e que precludem a intervenção da lei: reserva de Constituição, reserva de regulamento local, reserva de regulamento das entidades da Administração Autónoma, reserva de contrato coletivo de trabalho. E dentro do domínio geral da lei, há reservas específicas de determinados tipos especiais de lei, estando vedadas portanto ao ato legislativo comum: reserva de estatuto regional, reserva de lei regional, reserva de decreto-lei, reserva de Orçamento"* – CANOTILHO, Gomes/ MOREIRA, Vital, (1993). *Constituição da República Portuguesa Anotada*, Coimbra; p. 502.

1144 OTERO, Paulo (1995). *O Poder de Substituição em Direito Administrativo. Enquadramento Dogmático-Constitucional*, Vol. II, Lisboa; p. 603.

1145 Alguma doutrina opta por uma distinção, impraticável no presente domínio normativo, entre normas técnicas ou *leges artis* (regras adotadas no âmbito de uma ciência, arte ou ofício, e formuladas com base em dados fornecidos, pela ciência. tecnologia e experiência, acerca do modo correto de proceder, para, com qualidade, produzir bens e prestar serviços) e normas jurídicas com linguagem técnica. Qual a fronteira entre uma escolha editorial ilegítima e um erro deontológico sancionado pela lei? – MONIZ, Ana Raquel Gonçalves (2013). *Estudos Sobre os Regulamentos Administrativos*, Almedina: Coimbra; p. 75, nota 113.

1146 *"A necessidade de repartição de tarefas entre a lei e o Regulador, atentos os critérios referidos, não ignora uma abordagem, numa perspetiva de política legislativa, que nos aponta para o perigo da dispersão do regime, gerada pela cisão entre a lei e os seus satélites regulamentares, por oposição à simplificação atingida pelo ato legislativo, pleno e exaustivo, associado a uma lógica de consolidação normativa."* – FREITAS, Dinamene de (2012). "Obrigações Legais de Regulamentação – Algumas Reflexões Quase Avulsas", *in Estudos*

cional[1147]. Mesmo assim, uma questão problemática em matéria de direitos, liberdades e garantias.

16.2. Após conferir, direta e expressamente, um elenco generoso de atribuições à autoridade administrativa reguladora da Comunicação Social, o artigo 39º, nº 2, da CRP remete para a lei a definição das suas competências. A lei conferiu ao Conselho Regulador da ERC competência para aprovar regulamentos, diretivas e decisões, bem como as demais deliberações que lhe são atribuídas pela lei e pelos seus Estatutos[1148], devendo os regulamentos observar os princípios da legalidade, da necessidade, da clareza, da participação e da publicidade[1149]. Os regulamentos da ERC que contêm normas de eficácia externa são ainda publicados na 2ª série do Diário da República, sem prejuízo da sua publicitação por outros meios considerados mais adequados à situação[1150]. Sendo pacífica a admissibilidade constitucional de a lei ordinária poder configurar, em geral, os poderes das autoridades administrativas independentes e, em especial, determinar o poder regulamentar[1151], não existindo taxatividade constitucional da definição das entidades com poder

em Homenagem ao Prof. Doutor Jorge Miranda, Volume IV, Direito Administrativo e Justiça Administrativa, Coimbra Editora: Coimbra; p. 273.

1147 No, já referido, Acórdão do Tribunal Central Administrativo do Sul, proferido no âmbito do processo nº 08345/11, em 20.02.2014, um dos argumentos aduzidos pela ERC para invocar a insindicabilidade da *Deliberação* impugnada, foi o de que a decisão do Conselho Regulador, no sentido da constatação da não observância de determinadas regras ético-jurídicas, constitui o exercício de poderes de regulação, *"por natureza discricionários, o que significa que o próprio conteúdo da Deliberação é insindicável"*. O argumento não mereceu acolhimento, a nosso ver bem, por parte do Tribunal, o qual não só analisou a questão de mérito sobre a alegada falta de rigor informativo, contrapondo a sua apreciação à da ERC, como reiterou a tese da sindicabilidade da *Deliberação* da ERC.

1148 Cfr. Artigo 24º, nº 2, alínea *c)*, dos Estatutos da ERC.

1149 Nos termos do artigo 62º, nº 2, dos Estatutos da ERC, quaisquer projetos de regulamentos devem ser publicados no sítio eletrónico do Regulador, previamente à sua aprovação ou alteração, dispondo os interessados de um prazo de 30 dias para emissão de parecer não vinculativo. Nos termos do nº 3, o relatório preambular dos regulamentos fundamenta as decisões tomadas, com necessária referência às críticas ou sugestões que tenham sido feitas ao projeto.

1150 Cfr. Artigo 65º, nº 1, dos Estatutos da ERC.

1151 No já referido Acórdão do TC nº 505/96, de 20 de março, proferido em fiscalização concreta, o Tribunal Constitucional concluiu que a norma que atribuía o poder, da então AACS, de emitir recomendações era conforme à Constituição. Perante a ausência de uma enumeração taxativa das atribuições e competências da AACS, a intervenção do legislador ordinário torna-se indispensável como vista ao estabelecimento das competências necessárias à prossecução das suas finalidades, havendo de interpretar-se nesse sentido o então artigo 39º, nº 5 da CRP, sob pena de não serem exequíveis tais finalidades, enunciadas com caráter de generalidade. O objeto deste processo era uma recomendação da AACS dirigida ao Público, exigindo maior rigor informativo, na sequência

regulamentar, cumpre-nos aquilatar o alcance possível deste poder regulamentar, no presente domínio normativo, designadamente no que se refere à possibilidade de emissão de regulamentos independentes.

Acreditamos que é possível defender uma reserva de administração/regulação independente, positivada expressamente na Constituição, no que concerne às matérias elencadas expressamente[1152], fundada no reconhecimento, tácito ou implícito, de que os meios de comunicação social são detentores de um poder informal, exercendo uma insubstituível função de responsabilização difusa do poder político formal[1153]. Acresce a natureza específica da ERC, enquanto entidade de defesa de direitos fundamentais, reconhecida pela jurisprudência constitucional[1154]. Mas é essa uma reserva de ato administrativo ou de regulamento administrativo? De acordo com o princípio constitucional da fixação de competências, as competências dos órgãos de soberania são as que estão fixadas na Constituição, não podendo a lei ordinária afeta-las nem condicioná-las[1155]. No que concerne à função legislativa do Estado, cumpre recordar que a matéria em estudo integra a reserva de lei e a reserva de parlamento, com a amplitude defendida, referente às matérias enunciadas. A Constituição atribui ao legislador a tarefa de definir o alcance e a natureza das competências do Regulador[1156], mas essa delegação legislativa não pode afetar, naturalmente, as competências de outros órgãos, em especial as dos órgãos de soberania, sob pena de inconstitucionalidade. No que se refere à função administrativa e às competências normativas da Administração, a Constituição confere ao Governo a competência para elaborar os regulamentos indispensáveis à boa execução das leis[1157].

A atribuição de poder regulamentar às autoridades administrativas independentes constitui uma das particularidades[1158] jurídicas mais destacadas,

de uma notícia sobre o Liceu Camões. O Acórdão versou sobre a compatibilidade do artigo 4º, alínea *a)*, da Lei que conferia o poder de emitir recomendações à AACS com a Constituição.

[1152] Cfr. Artigo 39º da CRP.

[1153] OTERO, Paulo (2010). *Direito Constitucional Português: A Organização do Poder Político*, Vol. II, Almedina: Coimbra; p. 151.

[1154] *Maxime*, dos direitos diretamente relacionados com o princípio do pluralismo político, com a liberdade de expressão e de informação e com a liberdade de imprensa. – Os já referidos Acórdãos do Tribunal Constitucional nº 499/2012, nº 261/2009, nº 315/2009 e 361/2009 e nº 603/2008.

[1155] Cfr. Artigo 110º, nº 2, da CRP.

[1156] Cfr. Artigo 39º, nº 2, da CRP.

[1157] Cfr. Artigo 199º, alínea *c)*, da CRP.

[1158] PASTOR, Juan Alfonso Santamaria (2013). *Prólogo in Los Reglamentos de las Autoridades Administrativas Independentes*, PABLO GARCIA MANZANO JIMÉNEZ DE ANDRADE, Thomson Reuters: Pamplona; p. 29.

relativamente aos poderes conferidos às restantes Administrações. Na prática, porém, essa atribuição, sendo comum no direito europeu[1159], e cada vez mais frequente no contexto constitucional norte-americano[1160], não suscita questões de natureza diversa daquelas que são convocadas pela própria existência destas entidades, fundando-se especialmente em razões de eficácia e especialização técnica[1161], no contexto da transição de um Estado-Previdência para um Estado-Estratega[1162]. Note-se que se trata de um poder normativo de um Regulador, sujeito a uma vinculação positiva, que se move no quadro e nos limites da lei, subordinado às limitações constitucionais. Na medida em que se mantiver nestes limites estreitos, não procede, a nosso ver, o argumento de que a atribuição deste poder atentaria contra a separação de poderes. Não obstante, refira-se que, atualmente, mais do que discutir a sua admissibilidade, a doutrina especializada preocupa-se, ao invés, em estudar o problema do poder regulamentar, que resulta de leis com habilitações em

[1159] No que concerne à atribuição de poderes normativos a estas autoridades Reguladoras independentes, a doutrina destaca que: *a)* No direito francês, as entidades dispõem de poder regulamentar, limitado ao campo de aplicação e aos efeitos, só podendo intervir nos espaços estreitos deixados pela lei ou decreto-lei, estando os regulamentos emitidos sujeitos a homologação ministerial; *b)* No direito espanhol, têm competência regulamentar de desenvolvimento e execução das normas legais aplicáveis; *c)* No direito italiano, dispõem de amplo poder autónomo, destacando-se a situação da *Autorità per le Garanzie nelle Comunicazioni*, que pode, inclusivamente, emitir regulamentos derrogatórios da lei, no âmbito particular da disciplina das condições de atribuição de novas concessões de televisão privada (art. 3º, §§2 e 3, da Lei nº 249, de 31 de julho de 1997) – Moreira, Vital/Maçãs, Fernanda (2003). *Autoridades Reguladoras Independentes: Estudo e Projeto de Lei-Quadro*, Coimbra Editora: Coimbra; p. 113.

[1160] Segundo Cuéllar, inicialmente, os tribunais norte-americanos entenderam que o *poder legislativo*, atribuído Congresso pela Constituição, não poderia ser delegado *(non-delegatio)*, segundo qualquer delegação de poder normativo inconstitucional. Atentas as necessidades práticas de as Agências Administrativas editarem normas para implementar políticas públicas, aos poucos o Poder Judicial foi admitindo essa delegação. A partir da decisão *United States v. Curtiss-Wright Export Co.*, de 1936, os tribunais permitiram a delegação de poder normativo, desde que o Congresso fixasse parâmetros com significado determinável (*meaningful standards* – teoria de *"intelligible principle"*). – Cuéllar, Leila (2004). " O Poder Normativo das Agências Reguladoras Norte-Americanas", *in Estudos de Regulação Pública* – I, org. Vital Moreira, Coimbra Editora: Coimbra; p. 606; Moniz, Ana Raquel Gonçalves (2013). *Estudos Sobre os Regulamentos Administrativos*, Almedina: Coimbra; p. 75, nota 113.

[1161] Garcia, Pablo/Andrade, Manzano Jiménez (2013). Los *Reglamentos de las Autoridades Administrativas Independentes*, Thomson Reuters: Pamplona; p. 100;

[1162] Roque, Miguel Prata (2014). "Regulação Administrativa e Sanção – O poder sancionatório da ERC na encruzilhada entre o Direito Administrativo e o Direito Penal", *in Media, Direito e Democracia*, coord. Carlos Blanco de Morais, Maria Luísa Duarte e Raquel Alexandra Brízida Castro, Almedina. Coimbra; pp. 124 e 125.

branco ou excessivamente vagas[1163]. Acresce que, apesar de se fundar especialmente numa exigência de neutralidade ou de técnica, partilha do caráter político de todo o poder regulamentar, uma vez que não é inerente à organização, carecendo de atribuição normativa[1164]. Não se tratando de um poder originário, os problemas jurídicos concentram-se nos requisitos de definição legal deste mesmo poder. Por exemplo, no ordenamento jurídico-constitucional espanhol, o estudo da questão encontra-se condicionado por dois pressupostos: *i)* O de que a atribuição direta de poder normativo a estas entidades administrativas independentes, prescindindo do escalão do Governo e dos seus membros, é dificilmente compatível com o artigo 97º da Constituição espanhola, o qual atribui um poder regulamentar originário ao Governo; *ii)* A escassa densificação das matérias em que estas disposições podem ser ditadas constitui um pressuposto de deslegalização de matérias reservadas à lei[1165].

No que concerne a esta última premissa, cumpre lembrar que, no ordenamento jurídico-constitucional português, não é pacífico o reconhecimento de um poder regulamentar do Governo, autónomo e originário, fundado diretamente na Constituição. Uma questão que não se coloca, não obstante, no presente domínio material, dado que a reserva de lei, aplicável aos direitos, liberdades e garantias, veda um poder regulamentar independente do Governo. Nos restantes casos, para quem sustente a admissibilidade de decretos regulamentares fundados diretamente na Constituição, a questão do poder regulamentar das administrações independentes tem de ser equacionado na perspetiva da não compressão desse campo de atuação originário do Governo[1166]. Fora das áreas da reserva de lei, pode entender-se que o legis-

[1163] Garcia, Pablo/ Andrade, Manzano Jiménez (2013). *Prólogo in Los Reglamentos de las Autoridades Administrativas Independentes,* Thomson Reuters: Pamplona; p. 55.

[1164] Garcia, Pablo/ Andrade, Manzano Jiménez (2013). *Prólogo in Los Reglamentos de las Autoridades Administrativas Independentes,* Thomson Reuters: Pamplona; p. 55.

[1165] Pastor, Juan Alfonso Santamaria (2013). *Prólogo in Los Reglamentos de las Autoridades Administrativas Independentes,* Pablo Garcia Manzano Jiménez de Andrade, Thomson Reuters: Pamplona; p. 29.

[1166] Sérvulo Correia baseia a sua tese numa determinada interpretação do, então, artigo 115º/6 (o atual 112º, nº 7), que estabelece, na sua parte final, que os regulamentos devem indicar, expressamente, as leis que definirem a competência objetiva e subjetiva para a sua emissão. A que tipo de norma se refere o artigo, quando usa a palavra "leis"? Para o autor, a norma atributiva da competência pode ser um preceito constitucional. Nesta senda, é esta mesma norma que confere competência subjetiva (a atribuição a um determinado órgão de um poder em abstrato) ao Governo para emitir regulamentos independentes. No que se refere à competência objetiva, o autor recorre igualmente a outra cláusula geral – o artigo 202º/g (o atual 199º/g) – segundo a qual, compete ao Governo, no exercício de funções administrativas, *"praticar todos os atos e tomar*

lador não é o destinatário exclusivo, ou pelo menos primordial, das imposições constitucionais[1167], isto é que *"a Constituição não configura a concretização do bem-estar como "reserva do legislador"*[1168], surgindo o direito proveniente da Administração como *"direito compensador dos défices da concretização legislativa da Constituição, funcionando como forma subsidiária* de implementação do Estado de bem-estar"[1169/1170]. Todavia, este poder normativo autónomo, *ab initio*[1171], só é reconhecido, por estas teses, ao Governo e a independência manifesta-se em a norma, supostamente, habilitante não disciplinar o seu conteúdo, mas apenas a possibilidade jurídica da sua emissão, não tendo de ser essa norma

as providências necessárias à promoção e desenvolvimento económico e social e à satisfação das necessidades coletivas". – Correia, Sérvulo (1987). *Legalidade e Autonomia Contratual nos Contratos Administrativos*, Almedina: Coimbra; pp. 205 e 206.

[1167] Para Canotilho, face à Constituição portuguesa, *"parece não haver dúvidas que o destinatário das imposições constitucionais não é apenas a Assembleia da República (...) mas também o Governo, titular normal de uma competência legiferante através de decretos-lei ou de decretos no uso de autorização legislativa"* – Canotilho, Gomes (2001). *Constituição Dirigente e Vinculação do Legislador, Coimbra Editora: Coimbra;* pp. 294 e 295. No entanto, tendo em conta que a Constituição nem sempre utiliza o termo "lei" ou "legislador", antes prefere o termo "Estado", o autor defende uma interpretação extensiva dos destinatários das imposições constitucionais, com um limite: *"é claro, porém, que quando as imposições constitucionais pressupõem uma concretização onde é ineliminável uma liberdade de conformação, reconhecida apenas aos órgãos legiferantes, então a resposta continuará a ser a de restringir o âmbito dos destinatários apenas ao legislador"* – Canotilho, Gomes (2001). *Constituição Dirigente e Vinculação do Legislador, Coimbra Editora: Coimbra;* p. 296.

[1168] Otero, Paulo (1995). *O Poder de Substituição em Direito Administrativo*, Vol. II, Lex: Lisboa; p. 615.

[1169] Otero, Paulo (1995). *O Poder de Substituição em Direito Administrativo*, Vol. II, Lex: Lisboa; p. 615.

[1170] O mesmo acontecerá, perante uma eventual ação supletiva a nível intra-administrativo, isto é, em espaços de normação reservados primariamente aos entes públicos autónomos, sempre que estes, perante uma reiterada omissão, não adotem as medidas necessárias à execução complementar da lei concretizadora das incumbências constitucionais de bem-estar. Com efeito, se a subsidiariedade "pressupõe também a possibilidade de o Estado suprir as omissões (dolosas ou negligentes) ou as deficiências dos entes intraestaduais na realização das funções que normal ou primariamente lhe competem", não nos parece que essa mesma subsidiariedade possa sustentar um eventual dever de substituição. Trata-se de uma faculdade, não de um imperativo ou de um dever. – Viana (Castro), Raquel Alexandra Brízida (2000). *Contributo para o estudo das Omissões Regulamentares Ilegais*, Relatório de Mestrado em Direito Administrativo (inédito); p. 19; Otero, Paulo (1995). *O Poder de Substituição em Direito Administrativo*, Vol. II, Lex: Lisboa; p. 625.

[1171] Segundo Otero, o exercício pela Administração de uma atividade *praeter legem*, diretamente fundada na Lei Fundamental, apenas poderá ter o Governo como destinatário. As entidades dotadas de autonomia regulamentar, constitucionalmente reconhecida, como as regiões autónomas, as autarquias locais e as universidades *"não podem exercer qualquer poder regulamentar diretamente fundado na Constituição, estando o mesmo sempre sujeito ao princípio da reserva de lei: a lei constitui o fundamento imediato dos respetivos poderes regulamentares, daí que, em grau variável tais regulamentos se traduzam na execução de uma lei concreta ou na "dinamização da ordem legislativa"* – Otero, Paulo (1995). *O Poder de Substituição em Direito Administrativo*, Vol. II, Lex: Lisboa; p. 612.

de habilitação uma *"norma jurídica material"*, mas sim apenas um *"princípio formal"*, princípio *"suscetível de ser observado, mas não de ser executado"*[1172].

No caso do Regulador português da Comunicação Social, a mera remissão genérica dos Estatutos para o seu poder regulamentar[1173] revela-se problemática, não por razões de difícil compatibilização com um alegado poder originário regulamentar do Governo, baseado na Constituição. Essa norma estatutária é, em nossa opinião, de constitucionalidade duvidosa, atenta a reserva de densificação total inerente à reserva de lei neste domínio normativo e apesar da configuração constitucional do Regulador. Esta não pode ser jurídico-constitucionalmente irrelevante para a fundamentação e delimitação do poder regulamentar do Regulador[1174], baseado no critério da especialidade[1175], ainda que não seja suficiente para fundar um poder independente, pressuposto nessa remissão genérica estatutária, atenta a opção por uma reserva de lei expansiva, nos termos sustentados. Neste contexto, a especialíssima configuração constitucional da entidade administrativa independente, a quem a lei atribui a missão de regulação dos *media*, veda, pelo menos, o exercício de poderes normativos do Governo nesta matéria.

16.3. Mas pode o Governo emitir regulamentos executivos sobre as matérias especificadas constitucionalmente, como atribuições do Regulador? Caso reste algum espaço normativo, para além de uma conceção expansiva da reserva de lei sustentada, como sejam aqueles que visam dar resposta às necessidades da prática, *para chegar ao detalhe dos botões do uniforme da Guarda Nacional (Moreau)*[1176]. A resposta, em nosso entendimento, terá de residir na

[1172] Correia, Sérvulo (1987). *Legalidade e Autonomia Contratual nos Contratos Administrativos*, Almedina: Coimbra; pp. 205 e 206.

[1173] No caso em estudo, não podemos concordar com a exigência, feita por alguma doutrina, de que, para que seja tomada a decisão deslegalizadora, o órgão tenha simultaneamente, competência legislativa e administrativa. – Freitas, Dinamene de (2012). "Obrigações Legais de Regulamentação – Algumas Reflexões Quase Avulsas", *in Estudos em Homenagem ao Prof. Doutor Jorge Miranda, Volume IV, Direito Administrativo e Justiça Administrativa*, Coimbra Editora: Coimbra; p. 277.

[1174] Ao contrário do que sustenta Ana Moniz, não é verdade que a única referência constitucional às entidades administrativas independentes conste do artigo 267º, nº 3, nem tal premissa, a ser verdadeira, poderia ser juridicamente relevante para efeitos de fundamentação da atribuição de um poder regulamentar independente ao Regulador, entidade administrativa independente, prevista expressamente no artigo 39º da CRP. – Moniz, Ana Raquel Gonçalves (2013). *Estudos Sobre os Regulamentos Administrativos*, Almedina: Coimbra; p. 75.

[1175] Moniz, Ana Raquel Gonçalves (2013). *Estudos Sobre os Regulamentos Administrativos*, Almedina: Coimbra; p. 79.

[1176] Garcia, Pablo/ Manzano, Jiménez de Andrade (2013). Los *Reglamentos de las Autoridades Administrativas Independentes*, Thomson Reuters: Pamplona; p. 54.

sobredita disposição constitucional, constituindo as matérias elencadas uma barreira constitucional insuperável, oponível às competências do Governo, legislativas e administrativas. Não se trata de uma reserva material de regulamento em favor do Regulador, mas sim uma reserva de administração independente, cabendo ao Regulador, no campo da sua intervenção concreta e pontual, assegurar o seu cumprimento, nos termos exigidos constitucionalmente. A reserva de administração independente, consagrada expressamente no artigo 39º da CRP, é, sem qualquer dúvida, pelo menos uma reserva de ato administrativo[1177], um domínio capital da administração, uma esfera reservada ao poder administrativo independente, insuscetível de ser ocupada pelo Governo e pelo legislador. É esse o sentido da especial e única exigência constitucional de um órgão com a natureza de autoridade administrativa independente, absolutamente separada e independente do Governo, liberta de qualquer vínculo de dependência funcional, cujo desenho foi (quase) na totalidade acolhido pelos respetivos Estatutos. Acresce, como defendemos em coerência, uma especial intensidade da exigência constitucional de determinabilidade da lei, aliada a uma conceção expansiva de reserva, em alguns casos, de reserva total de lei parlamentar, nos termos estudados. Note-se que, mesmo que no âmbito da reserva relativa da competência legislativa[1178], compete ao Parlamento, no ato de delegação legislativa, definir os requisitos essenciais do ato legislativo a autorizar, bem como o decreto-lei autorizado, eventualmente emitido, estará sujeito a uma especial fiscalização política parlamentar[1179], com vista à sua alteração, suspensão ou mesmo cessação de vigência. Não faria sentido, aliás, que a Constituição e a lei se preocupassem em garantir a independência do órgão Regulador, nos termos em que o fez, e que este ficasse depois dependente da atividade normativa do Governo, atenta a sua vinculação à normatividade[1180].

Pelo exposto, a conformidade constitucional da delegação genérica para o poder regulamentar do Regulador, operada pelos seus estatutos, de acordo com os princípios da legalidade, da necessidade, da clareza, da participação

[1177] Coutinho, Luís Pereira (2000). "As Duas Subtrações – Esboço de uma Reconstrução da Separação entre asFunções de Legislar e de Administrar" *in Revista da Faculdade de Direito da Universidade de Lisboa*, 2000; p. 127.

[1178] Hipótese absolutamente vedada, para nós, como vimos, mas matérias do artigo 38º, nº 7, da CRP.

[1179] No quadro do instituto da apreciação parlamentar, previsto no artigo 169º da CRP, atente-se nos poderes mais intensos de fiscalização polıca pela Assembleia da República dos atos legislativos emitidos pelo Governo, ao abrigo de uma Lei de Autorização Legislativa, de acordo com o número 2 do mesmo preceito constitucional.

[1180] Otero, Paulo (2013). *Manual de Direito Administrativo, Volume I*, Almedina: Coimbra; pp. 73 e segs.

e da publicidade, depende da sua interpretação no sentido da exigência dos princípios da dupla habilitação[1181], concretização e determinação das matérias a regular, não sendo, constitucionalmente, suficiente a mera referência a fins ou objetivos genéricos[1182], para que este poder seja acionado. Compete ao legislador parlamentar (titular exclusivo da reserva de lei), em cada intervenção regulatória, proceder expressamente a cada remissão normativa para o Regulador, em conformidade com as suas vinculações constitucionais. Em acréscimo, no nosso ordenamento jurídico-constitucional, atentas as diferenças estudadas, designadamente em relação ao ordenamento espanhol, o facto de o artigo 62º dos Estatutos da ERC não ser suficiente para habilitar a produção regulamentar independente do Regulador não legitima nenhuma intervenção normativa do governo, mesmo a título subsidiário, nas matérias que integram essa reserva constitucional de Administração Independente.

Em conformidade, cabe-nos formular as seguintes orientações:

I) Essa exigência é aplicável a todos os reenvios normativos da lei[1183] para um regulamento da ERC[1184], os quais terão de ser expressos; Nestes casos, o Regulador pode emitir regulamentos com eficácia externa e, *a fortiori*, diretivas, a não ser que o legislador forneça critérios objetivos sobre a forma a adotar;

[1181] Pinheiro e Fernandes sustentam, a meu ver bem, que deve considerar-se constitucionalmente inadmissível que as entidades administrativas independentes possam exercer o poder regulamentar com base em critérios legais puramente abertos, conceitos vagos e indeterminados, que possam levar a confundir normação regulamentar com normação legislativa. – Pinheiro, Alexandre Sousa/Fernandes, Mário João de Brito (1999). *Comentário à IV Revisão Constitucional*, AAFDL: Lisboa; p. 550.

[1182] Pastor, Juan Alfonso Santamaria (2013). *Prólogo in Los Reglamentos de las Autoridades Administrativas Independentes*, Garcia, Pablo/ Andrade, Manzano Jiménez, Thomson Reuters: Pamplona; p. 29. Garcia, Pablo/ Manzano, Jiménez de Andrade (2013). Los *Reglamentos de las Autoridades Administrativas Independentes*, Thomson Reuters: Pamplona; pp. 575 e segs.

[1183] Essa obrigação legal (expressa) de regulamentação caracteriza-se por ser:

a) Uma opção legislativa, uma estratégia de regulação, de repartição da disciplina normativa entre a lei e o regulamento;

b) Através de um preceito da lei, atribui-se o dever de, futuramente, proceder ao complemento de um aspeto dessa lei, por ato regulamentar;

c) Um dever jurídico imposto pelo legislador à Administração;

d) determinar, uma vez cumprida, uma relação intrínseca entre a lei (habilitante) e o regulamento de cuja manutenção dependerá, em princípio a subsistência deste último. – Freitas, Dinamene de (2012). "Obrigações Legais de Regulamentação – Algumas Reflexões Quase Avulsas", *in Estudos em Homenagem ao Prof. Doutor Jorge Miranda, Volume IV, Direito Administrativo e Justiça Administrativa*, Coimbra Editora: Coimbra; p. 269.

[1184] Exemplo: o Artigo 27º, nº 9, da LTV.

II) Nos outros casos, em coerência, a remissão estatutária genérica será inconstitucional, se a sua referência ao princípio da necessidade for interpretada no sentido de constituir uma credencial genérica para a emissão de regulamentos (com ou sem eficácia externa) pela ERC, por violação da reserva de lei e do princípio da tipicidade da lei, previsto no artigo 112º, nº 5, da CRP, independentemente da exequibilidade da lei[1185];

III) Cabe, não obstante, distinguir, para além da eficácia dos regulamentos a emitir, entre normas habilitantes vagas e indeterminadas, conformes ou descomformes com a Constituição:

A) Perante conceitos legais, vagos e indeterminados, em especial os integrantes do direito sancionatório público, inconstitucionais:

i) Terá de prevalecer o princípio da constitucionalidade, até porque a emissão de um regulamento densificador de uma norma legal inconstitucional só poderia, em abstrato, ser justificada pelo princípio da segurança jurídica, precisamente o mesmo que, aliado ao princípio da constitucionalidade, contribui para a rejeição dessa possibilidade. Note-se o risco de, através da emissão desse regulamento, o Regulador contornar a inconstitucionalidade da norma alegadamente habilitante, evitando ou adiando a sua impugnação judicial e posterior erradicação do ordenamento jurídico-constitucional pelo TC. Perante normas inconstitucionais, as especiais exigências de segurança jurídica, associadas às especificidades das liberdades comunicativas estudadas, reclamam a sua erradicação do ordenamento, salvo naqueles casos em que os mesmos princípios recomendem uma interpretação conforme à Constituição, com o intuito de salvar a norma da correspetiva invalidação;

ii) A posição sustentada, em conformidade com os mesmos princípios invocados, obsta, a nosso ver por identidade ou maioria de razão, regra geral, à emissão de uma diretiva, de natureza meramente recomendatória, sem eficácia externa, mesmo nos casos de direito sancionatório público, em que a indeterminação dos conceitos-tipo gera grande litigiosidade entre os *media*. A emis-

[1185] Matos sustenta, em termos gerais, que nos casos em que as leis não sejam, no todo ou em parte, autoexequíveis, nenhuma dúvida pode ocorrer quanto à questão de saber se existe alguma margem de livre decisão administrativa quanto à aprovação de regulamentos. – Matos, André Salgado de (2006). Princípio da Legalidade e Omissão Regulamentar in *Estudos em Homenagem ao Professor Doutor Marcello Caetano*, I, Coimbra; p 200.

são dessa diretiva, clarificadora do tipo, não só poderia afetar e comprimir faculdades compreendidas no direito fundamental, em violação da reserva, como também poderia impedir ou atrasar o desejável resultado da invalidação da norma supostamente habilitante, inconstitucional, mantendo-a em vida artificial;

iii) Questão de natureza distinta e especialmente complexa é a do sentido da atuação do Regulador nesses casos, atenta a indeterminação do tipo e perante condutas vagamente proibidas pelo legislador, tendo nós afastado a possibilidade de emissão de regulamentos interpretativos ou integrativos nestes casos. Deve ou não haver lugar à abertura do correspondente processo contraordenacional? Note-se que uma abstenção regulatória, propositada, nesta situação, impede que o ordenamento jurídico-constitucional convoque os seus meios de controlo jurisdicional da constitucionalidade. Deve o Regulador aplicar a norma legal, pretensamente definidora do tipo, tendo a plena convicção de que a norma é inconstitucional e que apenas pode habilitar a prática de atos administrativos, provavelmente desconformes com a Constituição? Cabe distinguir:

a) Pensamos que poderá recorrer à interpretação conforme à Constituição, nos casos em que a desaplicação ou a invalidação da norma possam gerar mais prejuízos do que benefícios, não obstante o reconhecimento dessa competência ponderativa seja problemático. – Veja-se o que escrevemos a propósito do *chilling effect;*

b) Nas situações restantes, julgamos que procedem os mesmo argumentos que postulam a não admissibilidade de regulamentos densificadores de normas legais inconstitucionais, resultado a que nos conduz a conjugação dos princípios da segurança jurídica e da constitucionalidade.

B) Noutros casos, porém, a indeterminação dos conceitos, mesmo os definidores do tipo de ilícito, ou das respetivas causas de exclusão da ilicitude, pode ser excecionalmente justificada, não sendo as normas legais habilitantes inconstitucionais, mesmo na ausência de dupla habilitação legal expressa:

i) Como vimos, a propósito da limitação a jusante do legislador, quando o problema remeta para questões relativas à designada discricionariedade técnica, exija especiais ajustamentos tecnológicos ou atinentes a critérios editoriais, desde que se contenha nesses precisos limites, a margem de livre apreciação não existe quando a sua utilização decorre dos limites impostos à função legislativa, pela impossibilidade ou inconveniência da definição exaustiva, antecipada, dos pressupostos normativos do exercício da competência[1186];

ii) Acresce, em alguns casos, o dever do Estado de assegurar uma correta transposição de diretivas comunitárias e de aplicação do direito comunitário. São situações em que alguma, doutrina reconhece, mesmo em sede de direito sancionatório público[1187,] a possibilidade de emissão de regulamentos executivos que possam: *i)* integrar os tipos infratores que remetam para regras de Direito da União Europeia, ou ainda *ii)*, por reflexo ou incorporação, em sentido lato, das regras ou critérios empregues por organismos internacionais, encarregues de fixar parâmetros sobre uma determinada matéria[1188/1189];

iii) Em todos os outros casos de justificada indeterminação dos conceitos[1190], nos termos sustentados, mesmo na ausência de dupla habilitação legal expressa, a ERC pode, regra geral, emitir diretivas[1191]. Trata-se, não obstante, de um poder ou faculdade e não de um dever jurídico.

[1186] Sousa, Marcelo Rebelo de/Matos, André Salgado de (2004). *Direito Administrativo Geral: Introdução e Princípios Fundamentais*, Tomo I, 2ª Edição, Dom Quixote; p. 190.

[1187] Na senda das observações expendidas, a propósito das normas penais e sancionatórias em branco, no contexto do estudo dos conceitos indeterminados.

[1188] Garcia, Pablo/ Manzano, Jiménez de Andrade (2013). Los *Reglamentos de las Autoridades Administrativas Independentes,* Thomson Reuters: Pamplona; p. 587.

[1189] Atente-se, por exemplo, na Diretiva emitida pela ERC, em 21 de maio de 2014, sobre o exercício do direito a extratos informativos e a utilização de imagens sujeitas a direitos exclusivos de transmissão televisiva, contendo recomendações genéricas, clarificadoras de alguns conceitos indeterminados, cujas condutas infratoras geraram a abertura de várias contraordenações. No setor, esta tem sido a questão responsável pela maior litigiosidade entre operadores de televisão, atento o elevado valor das coimas previstos na LTV. Como já vimos, esta matéria encontra-se regulada por uma na Diretiva 2010/13/EU do PE e do Conselho, relativa à coordenação de certas disposições legislativas, regulamentares e administrativas dos Estados Membros, respeitantes à oferta de serviços de comunicação social audiovisual.- Cfr. *Deliberação ERC/09/2013/820.*

[1190] No pressuposto rigoroso da conformidade constitucional desses conceitos vagos e indeterminados, contidos nas normas legais.

[1191] Essas Diretivas são regulamentos que contêm normas desprovidas de eficácia externa – artigos 62º, número 1, *in fine* e artigo 63º, números 1 e 3, dos Estatutos da ERC. Encontram-se, não obstante, sujeitos ao procedimento de publicitação, previsto no artigo 62º, nº 2.

Cabe realçar que esta nossa posição não legitima uma qualquer deferência judicial no controlo da atuação do Regulador, o que quer dizer que esses eventuais regulamentos, sem eficácia externa, não vinculam o juiz. São os designados regulamentos interpretativos ou integrativos das lacunas da lei[1192]. Essa autovinculação, em sentido próprio, só pode, todavia, lograr conciliação com os princípios da igualdade, da legalidade e da imparcialidade[1193], caso, como já vimos: *i) admita a revisibilidade dos critérios adotados, quando seja juridicamente necessário, oportuno ou conveniente (autodesvinvulação)* e; *ii) se o Regulador não dispensar de uma avaliação, in concreto, das circunstâncias, para averiguar se lhe é imposta uma ponderação dos interesses envolvidos e, eventualmente, uma diferente solução*[1194]. Note-se, a este propósito, que a norma definitória sobre regulamentos administrativos, constante do novo CPA, pretende, aparentemente, proceder a uma restrição conceptual do regulamento, circunscrevendo-o às normas regulamentares com eficácia externa, na senda da distinção clássica entre regulamentos internos e externos, baseada na eficácia das normas. Não obstante, mesno por maioria de razão, tal como resulta dos Estatutos da ERC, estas normas regulamentares deverão, pelos efeitos mediatamente externos que produzem, ser reconduzidas à norma definitória de regulamentos, e encontram-se sujeitas às dimensões de reserva e preferência de lei do princípio da legalidade e a todas as imposições[1195] do regime procedimental

[1192] A propósito dos Regulamentos do Governo, Queiró defendia que, *"a fim de permitir a execução das leis com exatidão e uniformidade, quando elas sejam obscuras ou danosas, elabora regulamentos interpretativos (de repetição por outras palavras da vontade do legislador) ou integrativos das lacunas legais (enunciando os pormenores ou minúcias do regime que o legislador involuntariamente omitiu")* – Queiró, Afonso (1980), "Teoria dos Regulamentos, 1ª parte", *in Revista de Direito e Estudos Sociais, (Jan- dezembro), 1980, Ano XXVII, nºs 1-2-3-4, pp. 8 e 9.*

[1193] Uma vez que, independentemente da situação material, cessaria a captação do material de ponderação, atentando contra o conteúdo mínimo da vertente positiva do princípio da imparcialidade. Segundo Duarte, a vertente positiva do princípio da imparcialidade tem uma projeção estática e outra dinâmica:
a) "Projeção estática – regula (como na vertente negativa) o momento da ponderação: "o decisor não deve deixar de incluir todos os interesses relevantes", sob pena de desconformidade com o princípio da imparcialidade, o que implica a invalidade da decisão;
b) Projeção dinâmica – para que o decisor possa incluir na ponderação os interesses relevantes, é necessário que estes sejam captados procedimentalmente."– Duarte, David (1996) *Procedimentalização, Participação e Fundamentação: Para uma concretização do princípio da imparcialidade administrativa como parâmetro decisório,* Almedina: Coimbra; p. 297.

[1194] Sousa, Marcelo Rebelo de/Matos, André Salgado de (2004). *Direito Administrativo Geral: Introdução e Princípios Fundamentais,* Tomo I, 2ª Edição, Dom Quixote; p. 196.

[1195] Em sentido diverso – Sousa, Marcelo Rebelo de/Matos, André Salgado de (2004) *Direito Administrativo Geral: Introdução e Princípios Fundamentais, Tomo I,* 2ª Edição, Dom Quixote; p. 197.

garantístico[1196], bem como a todas as garantias procedimentais associadas[1197]. Devem ainda respeito ao princípio da precedência total de lei, no sentido da exigência da precedência de uma norma democrático-representativamente legitimada e suficientemente densificada[1198] e à *supra* estudada reserva de densificação total, com o alcance delineado.

Mesmo antes da revisão constitucional de 1982, a doutrina recusava a hipótese de um regulamento interpretar autenticamente normas legislativas. Só que, enquanto uns afirmavam que os regulamentos interpretativos tinham apenas eficácia interna (obrigando apenas os funcionários dos serviços sob a dependência do autor daqueles regulamentos) outros legitimavam a sua eficácia externa, vinculativa, na medida da sua correção jurídica[1199]. Não obstante, será oportuno observar que a interpretação jurídica será sempre problematicamente intencionada, pois não deixa nunca de pressupor um problema ou controvérsia de prática determinação e concretização de uma validade normativo-jurídica, sendo portanto a interpretação jurisdicional vista como o paradigma da interpretação[1200]. O que significa que a afirmação de que o regulamento interpretativo vale como interpretação autêntica com eficácia externa, na medida da sua correção jurídica, não acrescenta rigorosamente nada ao problema. Quando se diz que os regulamentos interpretativos de leis vinculam externamente, apenas na medida em que interpretem corretamente, está a atribuir-se aos tribunais, no fim de contas, o julgamento sobre se essa interpretação é ou não correta, juridicamente. Esse regulamento teria apenas eficácia interna, *"no âmbito da administração em que foi editado"*, não sendo vinculante para os administrados nem para os tribunais[1201].

Os autores consideram duvidoso um eventual dever genérico administrativo de publicitação das instruções de autovinculação.

1196 Na *supra* referida Diretiva da ERC, pode ler-se: "ouvidos os operadores de televisão – notificados para se pronunciarem sobre o projeto da presente diretiva, adotado a 15 de janeiro de 2014 – e analisados todos os contributos nesta sede recebidos".

1197 Lopes, Pedro Moniz (2014). "O Regime Substantivo dos Regulamentos no Projeto de Revisão do Código de Procedimento Administrativo: Algumas Considerações Estruturantes", *@pública, Revista Eletrónica de Direito Público,* nº 1; p. 7.

1198 Sousa, Marcelo Rebelo de/Matos, André Salgado de (2004). *Direito Administrativo Geral: Introdução e Princípios Fundamentais, Tomo I,* 2ª Edição, Dom Quixote; p. 171.

1199 Queiró, Afonso (1976). *Lições de Direito Administrativo,* Vol. I, Coimbra; pp. 555 e 556. A versão do artigo 115º, nº 5 – hoje o 112º, nº 5 –, que resultou da primeira revisão constitucional não convenceu, no entanto, o autor que com base no então artigo 202, alínea *c),* defendeu uma interpretação restritiva do artigo 112º, nº 5. – Queiró, Afonso (1982). "Teoria dos Regulamentos" *1ª parte, in Revista de Direito e Estudos Sociais,* (Jan- dezembro), 1980, Ano XXVII, nºs 1-2-3-4; p. 11, nota 9.

1200 Neves, Castanheira (1985). "Interpretação Jurídica", *in Polis,* Vol. 3; pp. 662 e 663.

1201 Abreu, Jorge M. Coutinho de (1987) *Sobre os Regulamentos Administrativos e o Princípio da Legalidade,* Almedina: Coimbra; p. 55.

Pode acontecer que, na falta de regulamento, seja impossível a aplicação da lei: estaremos, então, na presença dos regulamentos indispensáveis. Em termos genéricos, a indispensabilidade do regulamento pode resultar da natureza das situações contempladas na lei, ou da intenção expressa do legislador[1202]. Ou seja, é possível sustentar-se que um regulamento será conveniente ou indispensável, consoante dele dependa ou não a exequibilidade da lei. Já vimos que, no caso do Regulador dos *Media*, essa indispensabilidade tem de basear-se na intenção expressa do legislador, não lhe cabendo, nessa situação, nenhuma liberdade de decisão administrativa quanto à possibilidade de emitir regulamentos. E em todos os outros casos em que sustentámos o poder da ERC emitir diretivas, estamos perante um poder suscetível de fundar um dever de regulamentar? A resposta não pode deixar de ser negativa, por todas as razões já expostas. O que não preclude a possibilidade de verificação de uma omissão regulamentar, nos casos em que o Regulador não torna exequível uma lei, através da emissão de um regulamento que o legislador, expressamente, considerou indispensável.

17. Dever de Regulamentar e Regulação

17.1. A Constituição de 1822 estipulava, no seu artigo 28º, que: "*A Constituição, uma vez feita pelas presentes Cortes Extraordinárias e Constituintes, somente poderá ser reformada ou alterada depois de haverem passado quatro anos, contados desde a sua publicação; e quanto aos artigos, cuja execução depende de leis regulamentares, contados desde a publicação dessas leis (...)*", isto é, na falta dessa regulamentação, estabelecia-se a sanção da imutabilidade dos preceitos constitucionais. Também a Constituição de 1933 demonstrava alguma preocupação com o dever de regulamentar[1203]. O seu artigo 109º, § 7, segundo a colocação dada pela Lei nº3/71, estipulava o prazo de seis meses para o Governo regulamentar as leis não exequíveis por si mesmas, salvo se a lei estipulasse prazo diferente. Mas não estabelecia qualquer consequência para o caso de incumprimento.

No entanto, as leis não exequíveis por si próprias não entram apenas em vigor quando sobrevenham os regulamentos, uma vez que tal equivaleria a conferir ao poder regulamentar uma faculdade de natureza legislativa – a de

1202 Caupers, João (1997). "Um dever de regulamentar?", *in Legislação, Cadernos de Ciência da Legislação*, nº 18, (janeiro – março); p. 8.

1203 Viana (Castro), Raquel Alexandra Brízida (2000). "Contributo para o Estudo das Omissões Regulamentares Ilegais", *Relatório de Direito Administrativo, para o Curso de Mestrado em Ciências Jurídico-Políticas da Faculdade de Direito da Universidade de Lisboa, sob a regência do Prof. Doutor Paulo Otero*, (inédito), Lisboa; p. 9.

determinar a vigência de normas legais – sendo certo que só no Governo se acumulam as duas competências. De resto, tal como nas normas constitucionais ainda não tornadas exequíveis, também as normas legais, em análogas condições, adquirem, desde logo, eficácia sistémica"[1204]. Não obstante, nem sempre se entendeu assim. Noutro contexto constitucional e doutrinário, pese embora o reconhecimento de que o alcance jurídico dos preceitos legislativos que remetiam a regulamentação da respetiva lei para o Governo era o de lhe impor o dever de regulamentar a lei, concluía-se que essa técnica implicava a suspensão necessária da vigência da lei até à publicação do respetivo regulamento, por ela, própria, julgado necessário à sua execução[1205]. A omissão regulamentar funcionaria, na prática, como uma espécie de "veto suspensivo" em relação a essas leis, em subversão do princípio da fixação da competência legislativa pela Constituição e, em última análise, do princípio da separação de poderes. Na prática, a omissão regulamentar administrativa poderá conduzir a uma alteração real do conteúdo normativo da lei, configurando uma verdadeira "fraude" à lei e, em última instância, à Constituição. A mesma situação pode ser equacionada perante uma lei que vem, por exemplo, tornar exequível uma norma constitucional, atributiva de um direito fundamental, mas que exige, por exemplo, a concretização de um aspeto técnico ou procedimental pelo Regulador.

O reconhecimento do conceito jurídico de omissão regulamentar ilegal mereceu, historicamente, grande resistência, tal como a natureza jurídica do próprio poder regulamentar e da correspetiva impugnabilidade[1206], por razões constitucionais, políticas e jurídico-normativas[1207]. A única sanção possível para a inércia regulamentar seria a censura política do Parlamento – e eventualmente do Presidente da República – ou/e as recomendações do órgão competente para apreciar a inconstitucionalidade por omissão no sentido de serem emitidos os regulamentos necessários à execução da lei[1208]. Em

[1204] MIRANDA, Jorge (1997). *Manual de Direito Constitucional, Tomo V,* Coimbra; p. 209.

[1205] VITAL, Fezas (1943). "Hierarquia das Fontes de Direito", *in ROA, nº 11 e 2, Ano 3; p. XI.* Segundo o autor, *"a eficácia jurídica dos regulamentos feitos a convite do legislador"* é a *"eficácia idêntica à dos regulamentos espontâneos".*

[1206] MORAIS, Carlos Blanco (2011). "A impugnação dos regulamentos no contencioso administrativo português", in *Temas e Problemas de Processo Administrativo,* 2ª Edição revista e atualizada, coord. Vasco Pereira da Silva, E-book ICJP, Faculdade de Direito de Lisboa: Lisboa; pp. 136 e segs.

[1207] MORAIS, Carlos Blanco (2011). "A impugnação dos regulamentos no contencioso administrativo português", in *Temas e Problemas de Processo Administrativo,* 2ª Edição revista e atualizada, coord. Vasco Pereira da Silva, E-book ICJP, Faculdade de Direito de Lisboa: Lisboa; p. 136.

[1208] OLIVEIRA, Mário Esteves de (1984). *Direito Administrativo,* (2ª reimpressão), Vol I, Coimbra.

princípio, não existiriam consequências jurídicas da omissão regulamentar, que seria, desta forma, remetida para o plano dos comportamentos políticos. Apenas a fiscalização da inconstitucionalidade por omissão que, no caso português, não é aplicável à omissão regulamentar. Não obstante, nem sequer a discussão sobre o caráter originário ou derivado do poder regulamentar autorizaria a exclusão do dever de regulamentar do âmbito próprio da atividade administrativa e da sua submissão à lei e ao controlo da legalidade. Em última análise, face à Constituição, poder-se-ia avaliar a legitimidade jurídica da omissão[1209].

A maioria dos autores franceses defendia que a liberdade de exercício do poder regulamentar é análoga à do poder legislativo, decidindo a Administração, discricionariamente, o seu exercício. Na doutrina portuguesa, na vigência da Constituição de 1933, a execução das leis era encarada como o exercício de um poder atribuído ao Governo, próprio e autónomo, que se traduzia na *"faculdade de as regulamentar, editando as normas necessárias ou convenientes à sua execução"*[1210]. Contudo, não só a discricionariedade não legitima uma liberdade absoluta, como esta tese revela-se desajustada perante ordenamentos em que o exercício do poder regulamentar se encontra ligado à execução das leis. Ou seja, o fundamento do poder regulamentar a ter em conta, *"é o fundamento jurídico do poder regulamentar e não a justificação política, material ou prática da atribuição de poderes normativos à administração"*[1211]. Além disso, *"é um poder constitucionalmente fundado e não criado por lei"*[1212].

17.2. O artigo 39º, nº 1, da CRP, como sustentámos, não configura nenhuma reserva de regulamento de Administração Independente, pelo que um eventual dever de regulamentar do Regulador não pode encontrar fundamento direto na sobredita disposição constitucional. O que não preclude a importância do número 2 para a liberdade conferida ao legislador para conformar as competências da ERC, nomeadamente o poder de emissão de diretivas, não vinculativas[1213], para assegurar, nos órgãos de comunicação social, os bens

[1209] PUENTE, Marcos Gómez (1997). *La inactividad de la Administración,* Aranzadi: Madrid; p. 253.

[1210] VITAL, Fezas (1943). "Hierarquia das Fontes de Direito", *in ROA,* nº1 1 e 2, Ano 3; p. XI.

[1211] CANOTILHO, Gomes (1998). *Direito Constitucional e Teoria da Constituição,* Coimbra Editora: Coimbra; pp. 773 e 774.

[1212] CANOTILHO, Gomes (1998). *Direito Constitucional e Teoria da Constituição,* Coimbra Editora: Coimbra; p. 774.

[1213] Em sentido diverso, não distinguindo, André MATOS não exclui a adoção de regulamentos administrativos governamentais, no quadro de uma irrestrita admissão de atuação administrativa, diretamente fundada nas normas constitucionais de direitos, liberdades e garantias. Uma posição

constitucionais, cuja garantia lhe é expressa e constitucionalmente exigida. Insistimos: a remissão para o legislador não exclui esse poder regulamentar, atribuindo a sua liberdade de conformação ao legislador, sem prejuízo das vinculações constitucionais já estudadas[1214]. Esta remissão constitucional para o legislador é relevante, não apenas para efeitos da delimitação estatutária, em abstrato, desse poder regulamentar, mas também para cada reenvio normativo expresso do legislador, no contexto do princípio da dupla habilitação. Sendo, como vimos, o ponto de partida o do princípio da precedência de lei, o dever de regulamentar terá de resultar expressamente da lei, e a sua violação por omissão gera uma ilegalidade. Nesta situação, estaríamos perante um regulamento necessário à execução da lei, sem dúvida, um regulamento indispensável. Na sua ausência, existe uma omissão regulamentar ilegal, sendo esta uma vinculação jurídica, não existindo liberdade de escolha entre executar e não executar a lei[1215]. A mesma ideia de necessidade impede o Regulador de exercer um poder, puramente, revogatório.

17.2.1. Os regulamentos, por sua vez, uma vez emitidos e entrados em vigor, terão eficácia por tempo indefinido, ou até à verificação da condição resolutiva ou do termo final, nos casos de autoderrogação. Nada obsta a que, antes de verificada esta condição ou este termo, a vigência do regulamento seja objeto de prorrogação. Mas a vigência de um regulamento pode ainda terminar, parcial ou globalmente, com a edição de uma nova lei ou de um outro regulamento que o modifique, suspenda ou revogue. Efetivamente, o dever de regulamentar pode fundar-se em alterações das circunstâncias *de facto* ou jurídicas.

A) No que concerne a alterações das circunstâncias jurídicas, cumpre observar:
   i) Se durante a sua vigência surgir uma nova lei, pode acontecer que o regulamento se torne ilegal. Essa ilegalidade superveniente

coerente com a tese da admissibilidade de regulamentos fundados diretamente na Constituição, nos termos defendidos por Sérvulo Correia. – Matos, André Salgado de (2004). *A Fiscalização Administrativa da Constitucionalidade,* Almedina: Coimbra editora: Coimbra; pp. 484 e 485; Correia, Sérvulo (1987). *Legalidade e Autonomia Contratual nos Contratos Administrativos,* Almedina: Coimbra; pp. 210. .

1214 O que distingue esta situação de outras, em que a Constituição atribui diretamente, esse poder regulamentar: por exemplo, a autonomia estatutária das Universidades.

1215 Otero, Paulo (1995). *O Poder de Substituição em Direito Administrativo. Enquadramento Dogmático-Constitucional,* Vol. II, Lisboa, 1995; p. 604.

decorre, naturalmente, do princípio da hierarquia normativa, cabendo ao juiz a eliminação do ordenamento desse ato normativo[1216], evento suscetível genericamente de gerar um dever jurídico de atuação normativa da Administração. Em princípio, a modificação, suspensão e revogação dos regulamentos constituem um direito do órgão competente, mas não um dever jurídico[1217];

ii) No contencioso administrativo português, a impugnação de normas não depende de prazo, podendo ser feita a todo o tempo[1218]. A declaração de ilegalidade com força obrigatória geral produz efeitos *ex tunc*, a partir da data da emissão da norma[1219], no caso de ilegalidade originária, e determina, em princípio, a repristinação das normas que o regulamento ilegal tenha revogado, salvo se, por outro motivo, tenham deixado de vigorar, *"partindo do princípio da necessidade da normação regulamentar e obviamente na condição da sua legalidade atual"*[1220]. Se a norma repristinada for ilegal face a eventual nova legislação, coloca-se a questão do dever de regulamentar, caso a lei o exija expressamente;

iii) O momento da exigibilidade do dever de regulamentar pode não se reportar, no entanto, à data de produção de efeitos da sentença, devendo esse momento ser apurado de acordo com a nova lei. Por exemplo, se a norma repristinada for legal, mas inadequada ou insuficiente, e a nova lei exigir regulamentação, coloca-se a ques-

[1216] Em rigor, a declaração de ilegalidade com força obrigatória geral não gera uma omissão regulamentar, mesmo quando não é possível o efeito repristinatório. Na verdade, a omissão regulamentar já existia, a partir do momento em que o regulamento se tornou ilegal pela superveniência de uma nova lei. O tribunal limitou-se a declarar a ilegalidade do regulamento. Pensamos que o mesmo acontece se, nesse momento, por alguma razão, o dever jurídico de regulamentar ainda não é exigível. Por exemplo, porque ainda não decorreu o prazo estabelecido pelo legislador para a regulamentação da nova lei. Nesse caso, o labor do juiz administrativo não provoca nenhuma omissão regulamentar pois ela, pura e simplesmente, (ainda) não existe.

[1217] Queiró, Afonso (1982). "Teoria dos Regulamentos" *1ª parte, in Revista de Direito e Estudos Sociais,* (Jan- dezembro), 1980, Ano XXVII, nºs 1-2-3-4; p. 24; (1976). *Lições de Direito Administrativo*, I, Coimbra; p. 481.

[1218] Era assim na LPTA – artigo 63º – e o mesmo acontece no novo CPTA – artigo 74º.

[1219] Cfr. Artigo 76º, nº 1, do novo CPTA. Pelo contrário, na anterior LPTA – artigo 11º – a declaração de ilegalidade com força obrigatória geral produzia, em princípio, efeitos *ex nunc,* isto é a partir do trânsito em julgado da sentença. Nos termos do artigo 76º, nº2, do novo Código, o tribunal só pode determinar esse tipo de efeitos quando "razões de segurança jurídica, de equidade ou de interesse público de excecional relevo, devidamente fundamentadas, o justifiquem."

[1220] Andrade, Vieira (1999). *A Justiça Administrativa (Lições)*, 2ª Ed., Coimbra; p. 127.

tão do dever de adaptação regulamentar, através da sua modificação ou revogação. Tendo, porém, consciência do limite imposto pelo artigo 146º, nº 2º, do novo CPA[1221], segundo o qual os regulamentos necessários à boa execução das leis em vigor não podem ser objeto de revogação global, sem que a matéria seja, simultaneamente, objeto de nova regulamentação.

B) No que concerne a alterações das circunstâncias *de facto*[1222], uma vez constatadas modificações importantes, podem os interessados pedir à Administração que altere ou adapte o regulamento à nova realidade. Todavia, nem todas as modificações *de facto* são relevantes para o juízo de invalidade, não bastando que a manutenção do regulamento se torne inoportuna, sendo absolutamente necessário que da alteração das circunstâncias, se deduza a ilegalidade do regulamento. Para alguma doutrina, não é, porém, sustentável que a Administração tenha essa obrigação – modificação, suspensão ou revogação de regulamentos -, se as circunstâncias *de facto* que lhe serviram de base sofrerem modificação, especialmente quando um interessado lho requeira[1223].

17.2.2. Por outro lado, parece-nos que não é possível sustentar uma proibição de não retrocesso, no que se refere a regulamentos da ERC que confiram exequibilidade a leis não exequíveis por si próprias, concretizadoras dos direitos e liberdades comunicativas[1224]. Essa cláusula, a existir, não é aplicável aos regulamentos, pelo menos nas suas relações com atos legislativos"[1225], se tivermos em consideração a força de lei e o princípio da preferência da lei, uma vez que tal proibição não pode impedir que um ato legislativo disponha em sentido contrário a um regulamento. Em acréscimo, nos casos estudados da faculdade do Regulador emitir diretivas, regulamentos não vinculativos, a

[1221] Esta disposição reproduz o conteúdo do anterior artigo 119º do mesmo CPA.

[1222] VIANA (CASTRO). Raquel Alexandra Brízida (2000) "Contributo para o Estudo das Omissões Regulamentares Ilegais", *Relatório de Direito Administrativo, para o Curso Mestrado em Ciências Jurídico-Políticas da Faculdade de Direito da Universidade de Lisboa, sob a regência do Prof. Doutor Paulo Otero,* (inédito), Lisboa; p. 36.

[1223] QUEIRÓ, Afonso (1976). *Lições de Direito Administrativo, I,* Coimbra; p. 481.

[1224] O que não quer dizer que o princípio não possa ser aplicado aos direitos, liberdades e garantias. Nesse sentido – OTERO, Paulo (1999). *Personalidade e Identidade Pessoal e Genética do Ser Humano: Um perfil constitucional da Bioética,* Coimbra; p. 59.

[1225] OTERO, Paulo (1995). *O Poder de Substituição em Direito Administrativo. Enquadramento Dogmático-Constitucional,* Vol. II, Lisboa, 1995;*p. 621.*

condição dessa *autovinculação* normativa consiste, precisamente, na possibilidade de *autodesvinculação* quando for juridicamente necessário, oportuno ou conveniente. O entendimento inverso implicaria a constitucionalização ou, neste caso, a legalização dos regulamentos da ERC, que passariam a assumir verdadeiro valor constitucional ou legal, só podendo ser revogados mediante lei de revisão constitucional[1226]. Cumpre lembrar que os regulamentos necessários à execução das leis não podem ser, pura e simplesmente, revogados (globalmente) por outros regulamentos, porque o artigo 146º, nº 2, do novo CPA o proíbe.

17.2.3. No plano do controlo jurisdicional, cabe refletir sobre a aplicabilidade da tese da prevalência dos direitos fundamentais sobre os princípios da preferência e proeminência da lei e da Constitucionalidade, fundada na relevância atribuída pelo ordenamento jurídico-constitucional, à respetiva garantia.. Ou seja, poderão regulamentos inválidos assegurar a exequibilidade das leis? Pela nossa parte, parece-nos seguro que:

i) O parâmetro decisivo que o juiz deve ter em conta é o da Constituição, uma vez que não pode aplicar normas inconstitucionais nos feitos submetidos a julgamento[1227]. Se o regulamento se encontra diretamente ferido de inconstitucionalidade – orgânica, formal ou material -, não deve nunca ser aplicado ou tomado em consideração pelo juiz;

ii) O mesmo acontecerá se o regulamento for materialmente conforme à lei, mas desconforme com regras de forma e de competência, exigidas pela Constituição. Se esse é o princípio aplicável às leis, por maioria de razão o será também em relação aos regulamentos. É que as exigências constitucionais – mesmo em matéria de divisão de competências legislativas – funcionam, também, como uma forma de garantia dos direitos dos cidadãos;

iii) Se o regulamento é conforme à lei, mas substancialmente desconforme com a Constituição, a inconstitucionalidade material do regulamento é consequência (no caso de regulamentos executivos) da inconstitucionalidade material dessa lei. Para que a Constituição prevaleça, será, neste caso, necessário que os tribunais declarem a inconstituciona-

[1226] Otero, Paulo (1995). *O Poder de Substituição em Direito Administrativo. Enquadramento Dogmático-Constitucional*, Vol. II, Lisboa, 1995;*p. 621.*

[1227] Cfr. Artigo 204º da CRP.

lidade material de ambos[1228], atenta a inconstitucionalidade consequente. Cabe, no caso vertente, realçar o ónus de especificação de ambas as normas[1229], hierarquicamente dependentes, sob pena de a sua inconstitucionalidade não poder ser declarada oficiosamente pelo Tribunal Constitucional, em conformidade com os estritos limites do princípio do pedido, em sede de processo constitucional[1230].

17.3. Mesmo beneficiando de um estatuto distinto das outras Administrações enquanto autoridade administrativa independente, o Regulador não pode deixar de cumprir o seu dever de regulamentar[1231], porque suspeita da invalidade da norma habilitante[1232/1233]. E pode desaplicar normas inconstitucionais? Sufragamos a posição mais prudente[1234]: órgãos e agentes administrativos não se encontram em plano homólogo ao dos tribunais e o princípio da estrita legalidade administrativa é um dos esteios básicos do Estado de Direito[1235]. Não se trata de sustentar a sobreposição do princípio da legalidade ao da constitucionalidade[1236], apenas a Constituição não prevê, para a Administração, uma norma semelhante à que existe para os tribunais, que

[1228] QUEIRÓ, Afonso (1976). *Lições de Direito Administrativo*, I, Coimbra; p. 510.

[1229] Cfr. Artigo 51º, nº 5, 1ª parte, do Lei do Tribunal Constitucional (LTC).

[1230] Sobre a questão das inconstitucionalidades consequentes, à luz do princípio processual do pedido na Justiça Constitucional – MORAIS, Carlos Blanco de (2011). *Justiça Constitucional, Tomo II*, Coimbra Editora: Coimbra; pp. 576 e segs.

[1231] Um dever de regulamentar constituído nos termos defendidos, ou seja, resultante de um mandato expresso do legislador.

[1232] Desde que, insista-se, o Regulador não pretenda, com a emissão desse ato normativo, contornar a inconstitucionalidade da norma supostamente habilitante. Haveria sempre o risco de, através da emissão desse regulamento, o Regulador contornar a inconstitucionalidade da norma alegadamente habilitante, evitando ou adiando a sua impugnação judicial e posterior erradicação do ordenamento jurídico-constitucional, o que seria indesejável.

[1233] OTERO, Paulo (1995). *O Poder de Substituição em Direito Administrativo. Enquadramento Dogmático-Constitucional*, Vol. II, Lisboa; pp. 535 e segs; MEDEIROS, Rui, *A Decisão de Inconstitucionalidade;* pp. 167 e segs.

[1234] Sob pena de reforço do conceito de Administração "não-oficial", que seria aquela que funcionaria num mundo paralelo à dimensão oficial. Esta Administração "não-oficial" traduz, na descrição de OTERO, *"a permeabilidade administrativa a processos factuais e informais que, debilitando e neutralizando a efetividade das normas escritas, pode gerar a sua subversão."* – OTERO, Paulo (2013). *Manual de Direito Administrativo, Volume I*, Almedina: Coimbra; p. 206 e nota 626.

[1235] MIRANDA, Jorge (1993). *Manual de Direito Constitucional*, Vol IV, Coimbra Editora: Coimbra; p. 282.

[1236] OTERO, Paulo (1995). *O Poder de Substituição em Direito Administrativo. Enquadramento Dogmático-Constitucional*, Vol. I, Lisboa, 1995;*pp. 535 e segs.*

lhes atribui competência para desaplicar normas inconstitucionais[1237]. Imperativas razões de certeza e segurança jurídicas determinam que sejam os tribunais a decidir[1238][1239]. O que não impede que, na ausência de regulamento ou norma legal que garanta a efetividade de um direito, não deva o Regulador aplicar diretamente a norma inconstitucional, suprindo uma lacuna legislativa inconstitucional[1240] ou lacuna constitucional inconstitucional[1241]. O Regulador deve, perante omissões legislativas ou regulamentares, poder atuar com fundamento direto nas normas constitucionais[1242], em especial nos casos em que a efetivação do direito de alguém só se pode fazer através do sacrifício do

[1237] MIRANDA, Jorge (1993). *Manual de Direito Constitucional,* Vol IV; Coimbra Editora: Coimbra; p. 283.

[1238] Não obstante, enquanto o Tribunal Constitucional não invalida a norma legislativa, podem colocar-se problemas verdadeiramente complexos. Imaginemos que surge uma lei que exige densificação regulamentar para a sua exequibilidade, mas que se encontra ferida de inconstitucionalidade formal. Verificando-se os pressupostos do dever de regulamentar, não tendo sido suscitada a questão de inconstitucionalidade, o tribunal declara e verifica a existência de uma omissão regulamentar ilegal. O regulamento é emitido e, mais tarde, a lei é declarada inconstitucional, com força obrigatória geral. Com ela, desaparece o regulamento, entretanto, emitido pela Administração. Em princípio, a sentença do Tribunal Constitucional tem eficácia *ex tunc* – artigo 282º, nº 1, da CRP – e ficam ressalvados os casos julgados, nos termos do número 3 do mesmo preceito constitucional. Ou seja, fica ressalvado o caso julgado do tribunal administrativo que afirmou o dever de regulamentar. A dificuldade pode agravar-se naquelas situações em que, perante um regulamento ilegal, a sentença do Tribunal administrativo tem eficácia *ex nunc.* Essa era aliás a regra da anterior LPTA, constituindo uma solução de duvidosa constitucionalidade uma vez que criava uma "legalidade regulamentar invertida". Apesar de todas as dúvidas, essa solução constava do Anteprojeto do CPTA mas acabou por não transitar para a versão definitiva do novo Contencioso Administrativo.

[1239] No sentido do dever de a Administração aplicar normas legais inconstitucionais, por determinação do princípio da segurança jurídica. – EGÍDIO, Mariana Melo (2012). "A Responsabilidade Civil Extracontratual do Estado por (des) aplicação de Leis Inconstitucionais", *in Estudos em Homenagem ao Prof. Doutor Jorge Miranda, Vol II,* Coimbra Editora: Coimbra; pp. 725-755.

[1240] VIANA (CASTRO), Raquel Alexandra Brízida (2000). "Contributo para o Estudo das Omissões Regulamentares Ilegais", *Relatório de Direito Administrativo, para o Curso Mestrado em Ciências Jurídico-Políticas da Faculdade de Direito da Universidade de Lisboa, sob a regência do Prof. Doutor Paulo Otero,* (inédito), Lisboa; p. 80.

[1241] CASTRO, Raquel Alexandra Brízida (2012). *As Omissões Normativas Inconstitucionais no Direito Constitucional Português,* Almedina: Coimbra, pp. 133 e segs.

[1242] Sobre as omissões normativas inconstitucionais – CASTRO, Raquel Alexandra Brízida ou VIANA, Raquel Alexandra Brízida (2012a) – *As Omissões Normativas Inconstitucionais no Direito Constitucional Português,* Almedina, 2012; (2012b) – "Por uma Fiscalização Concreta e Difusa das Omissões Legislativas Inconstitucionais que violam Direitos, Liberdades e Garantias", *inObra Coletiva de Homenagem ao Professor Doutor Jorge Miranda,* Volume III, Coimbra Editora: Coimbra; (2002). "Contributo para o Estudo das Omissões Normativas Inconstitucionais", *Tese de Mestrado em Direito, Ciências Jurídico-Políticas Faculdade de Direito da Universidade de Lisboa,* Inédita (Policopiada), Lisboa.

direito de outrem[1243], sob pena de acabar por resolver irracionalmente a colisão de direitos – a qual implica, por sua vez, uma colisão entre o princípio da reserva de lei e o princípio da aplicabilidade direta –, em favor daquele que, circunstancialmente, beneficie da sua inércia[1244].

Atente-se naquelas situações em que o legislador cria um regime atributivo de direitos, cujo reconhecimento, pela própria Administração, depende desses mesmos atos regulamentares. A falta de efetividade desses direitos legais, por ausência de concretização regulamentar, aliada à recusa do seu reconhecimento pela Administração, suscita um problema de *venire contra factum proprium*, uma vez que o Estado – respetivamente legislador e administrador/Regulador – invoca essa mesma omissão em proveito próprio (ou, pelo menos, em prejuízo do beneficiário)[1245]. No caso já referido, atinente aos limites à liberdade de programação, um dos argumentos aduzidos pelo operador televisivo, na impugnação judicial da Deliberação da ERC[1246], foi precisamente o do abuso de direito, pois não pode o Regulador omitir um comportamento que lhe está legalmente confiado[1247], que é o de densificar os critérios que servem para avaliar do incumprimento das obrigações prescritas e exigir, posteriormente, o respeito dos mesmos critérios que não definiu, não obstante dever legal.

17.4. Reiteramos o nosso entendimento[1248], de que quando o legislador remete a disciplina normativa para a Administração, não haverá, em princípio, lacuna: nem lacuna constitucional, nem lacuna legal. Não haverá lacuna constitucional porque, sob pena de inconstitucionalidade, a abertura da norma

1243 MATOS, André Salgado de (2004). *A Fiscalização Administrativa da Constitucionalidade*, Almedina: Coimbra editora: Coimbra; p. 481; NOVAIS, Jorge Reis (2003). *As Restrições aos Direitos Fundamentais Não Expressamente Autorizadas Pela Constituição*, Coimbra Editora: Coimbra; p. 867.

1244 MATOS, André Salgado de (2004). *A Fiscalização Administrativa da Constitucionalidade*, Almedina: Coimbra editora: Coimbra; p. 482. Note-se, contudo, que o pressuposto da sua tese resulta da desaplicação administrativa de uma norma legal inconstitucional.

1245 FREITAS, Dinamene de (2012). "Obrigações Legais de Regulamentação – Algumas Reflexões Quase Avulsas", *in Estudos em Homenagem ao Prof. Doutor Jorge Miranda, Volume IV, Direito Administrativo e Justiça Administrativa*, Coimbra Editora: Coimbra; p. 272.

1246 Trata-se da *Deliberação* da ERC 104/2013 (CONTJOR-TV-PC), adotada no âmbito do Processo nº ERC 104/2012/319.

1247 Cfr. Artigo 27º, nº 9, da LTV.

1248 VIANA (CASTRO), Raquel Alexandra Brízida (2000). "Contributo para o Estudo das Omissões Regulamentares Ilegais", *Relatório de Direito Administrativo, para o Curso Mestrado em Ciências Jurídico-Políticas da Faculdade de Direito da Universidade de Lisboa, sob a regência do Prof. Doutor Paulo Otero*, (inédito), Lisboa; p. 80.

constitucional que legitima a remissão operada pelo legislador é intencional, sendo a respetiva admissibilidade juridicamente limitada, nos termos já estudados. De igual forma, não haverá lacuna legal porque a abertura da norma legislativa é conforme ao plano regulativo da lei, situação igualmente excecional perante a conceção expansiva de reserva de lei sustentada. Mas tal como o legislador não tem a possibilidade de optar entre tornar ou não exequível uma norma constitucional, por maioria de razão, a Administração não goza da liberdade de optar entre conferir ou não exequibilidade a uma determinada lei, pelo menos nos casos em que a regulamentação exigida – por intenção expressa do legislador – seja necessária à efetividade de um direito fundamental. Nesse caso, estar-se-á perante uma omissão regulamentar.

Poderá haver, no entanto, uma sobreposição dos dois conceitos (omissão regulamentar e lacuna legislativa) nos casos em que a incompletude seja contrária ao plano legislativo, vinculado pela Constituição, e a liberdade de apreciação administrativa muito reduzida, perante o parâmetro constitucional: a omissão regulamentar converte-se, *in casu*, numa lacuna legislativa inconstitucional e numa omissão normativa inconstitucional, lesiva de direitos fundamentais. Perante uma lacuna, o juiz não pode invocar o falso pretexto de não dispor de norma aplicável[1249], sob pena de denegação de justiça, que o ordenamento jurídico proíbe e sanciona. Assim o tribunal não pode abster-se de julgar, invocando a falta ou a obscuridade da lei[1250], não podendo os magistrados abster-se de julgar com fundamento na falta, obscuridade ou ambiguidade da lei, ou em dúvida insanável sobre o caso em litígio, desde que este deva ser juridicamente regulado. A denegação de justiça envolve responsabilidade penal e responsabilidade civil[1251]. Perante uma lacuna, o juiz tem o dever de a integrar, *"mediante a criação de uma norma capaz de abranger a hipótese concreta carecida de tutela jurídica"*[1252], através das técnicas integrativas aplicáveis ao Direito Administrativo[1253].

[1249] VIANA (CASTRO), Raquel Alexandra Brízida (2000). "Contributo para o Estudo das Omissões Regulamentares Ilegais", *Relatório de Direito Administrativo, para o Curso Mestrado em Ciências Jurídico-Políticas da Faculdade de Direito da Universidade de Lisboa, sob a regência do Prof. Doutor Paulo Otero*, (inédito), Lisboa; p. 81.

[1250] Cfr. Artigo 8º, nº 1, do Código Civil.

[1251] TELLES, Inocêncio Galvão Telles (2001). *Introdução ao Estudo do Direito, Vol. I*, 11ª Ed., Coimbra; p. 262.

[1252] OLIVEIRA, Mário Esteves de (1984). *Direito Administrativo*, (2ª reimpressão), Vol. I, Coimbra; p. 166.

[1253] i) Recurso à analogia com normas administrativas que regulem situações semelhantes à omissa (artigo 10º/1 do Código Civil) – analogia *legis; ii)* Recurso aos princípios gerais de direito

17.4.1. Quanto à exigibilidade do dever de regulamentar, na remissão normativa operada pelo Legislador, cabe distinguir se foi ou não estabelecido um prazo ou termo:

A) Em caso positivo, o prazo reveste natureza imperativa, mas não essencial[1254], o que significa que o regulamento emitido extemporaneamente não deve ser nulo, por incompetência. O prazo não é essencial porque o seu fim é apenas o de acelerar a regulamentação, não tendo uma finalidade preclusiva da competência regulamentar. Antes pelo contrário, pois o seu propósito é o de reforçar o dever de a exercitar[1255]. A atribuição de caráter essencial ao prazo é incongruente com a sua finalidade, que é a de levar a Administração a cumprir o seu dever de regulamentar. Se a Administração emite o regulamento devido, ainda que extemporaneamente, encontra-se garantido o interesse que o prazo se destinava a prosseguir[1256], ou seja a regulamentação que confere exequibilidade às leis não exequíveis por si mesmas. Não obstante, a afirmação de que o prazo não tem, regra geral, caráter essencial não preclude a sua natureza imperativa. A partir do momento em que a norma que o estabelece é violada pela Administração, existe um claro indício de uma conduta ilegal. A Administração entra em mora e pode ser responsabilizada por esse atraso, desde que abusivo e irrazoável. Nesse caso, a sua passividade poderá converter-se em omissão ilegal e eventualmente ilícita, se dela resultarem prejuízos[1257]. A previsão legal de um prazo deverá ser entendida como uma presunção legal de uma conduta contrária ao ordenamento jurídico, que caberá à Admi-

administrativo – analogia *juris; iii)* Recurso à analogia com outras normas de outros ramos do direito, "começando naturalmente, por aqueles que manifestem situações ou conflitos que mais se assemelham à relação administrativa não regulada"; *iv)* Não tendo qualquer dos processos anteriores fornecido uma norma que o intérprete possa aplicar ao caso concreto, "deverá recorrer ao nº 3 do artigo 10º do Código Civil, preenchendo o caso omisso segundo a norma que o próprio intérprete criaria, se houvesse de legislar dentro do espírito do sistema". – OLIVEIRA, Mário Esteves de (1984) *Direito Administrativo,* (2ª reimpressão), Vol. I, Coimbra; p 167.

[1254] VIANA (CASTRO), Raquel Alexandra Brízida (2000). "Contributo para o Estudo das Omissões Regulamentares Ilegais", *Relatório de Direito Administrativo, para o Curso Mestrado em Ciências Jurídico-Políticas da Faculdade de Direito da Universidade de Lisboa, sob a regência do Prof. Doutor Paulo Otero,* (inédito), Lisboa; p. 99.

[1255] PUENTE, Marcos Gómez (1997). *La inactividad de la Administración,* Aranzadi: Madrid; p. 308.

[1256] OLIVEIRA, Mário Esteves de (1984). *Direito Administrativo,* (2ª reimpressão), Vol. I, Coimbra; p. 569.

[1257] PUENTE, Marcos Gómez (1997). *La inactividad de la Administración,* Aranzadi: Madrid. pp. 308 e 309.

nistração afastar[1258] se quiser provar a razoabilidade da sua conduta. Ou seja, *in casu*, o prazo revestirá natureza imperativa ou meramente indicativa, de acordo com um critério de "razoabilidade", suscetível de ser apreciado em sede jurisdicional;

B) Na ausência de prazo, pensamos que tudo depende de uma série de fatores que o juiz poderá tomar em consideração. Se o legislador remete expressamente para a atividade normativa do Regulador, conforme sustentámos, a Administração não dispõe de margem de livre decisão sobre se deve ou não regulamentar a lei[1259]. Nesse caso, o legislador está a impor um determinado resultado à atuação administrativa, como seja a emissão do regulamento, apenas se desconhecendo, *a priori*, o momento a partir do qual ele se torna exigível.

17.5. O anterior contencioso administrativo português não previa, *ex professo*, uma forma de controlo jurisdicional das omissões regulamentares[1260]. O legislador da reforma do contencioso administrativo acabou por importar um mecanismo análogo ao da fiscalização da inconstitucionalidade por omissão, permitindo que os tribunais administrativos, verificada a existência da

[1258] Segundo PUENTE, a mera infração de um prazo ou termo legal não permite afirmar uma omissão ilegal da Administração. Poderemos estar perante uma impossibilidade material do cumprimento da obrigação. Nesse caso, o dever já não é exigível. Para o autor, tudo depende da situação concreta que caberá ao juiz apreciar. – PUENTE, Marcos Gómez (1997). *La inactividad de la Administración*, Aranzadi: Madrid; p. 309.

[1259] Em sentido diferente, Puente admite que, nestes casos, a hipótese de o legislador ter tido o propósito de atribuir à Administração a margem de livre apreciação quanto ao momento oportuno de emissão do regulamento, ainda que esse reduto de liberdade deva ter uma eficácia temporal restrita. O autor apela para os limites que podem ser construídos através da conjugação do fim da lei com a necessidade de satisfação dos seus objetivos, bem como os princípios gerais de Direito que moldam o exercício da função administrativa e que podem constituir parâmetros internos do próprio controlo jurisdicional da discricionariedade. Para PUENTE, tratando-se do controlo de condutas omissivas, as técnicas mais adequadas parecem ser as do desvio de poder ou controlo pelo fim, para além, é claro, dos já mencionados princípios gerais de Direito. O poder regulamentar reveste natureza funcional, uma vez que é conferido com vista à prossecução de um dado fim: a execução da lei. Assim, a omissão pode revelar-se contrária ao fim legal que justifica a autorização do poder regulamentar. Quando, tendo em conta as circunstâncias fácticas, a omissão ou o atraso põe em perigo a satisfação dos objetivos materiais perseguidos pela lei, fazendo com que a execução regulamentar careça de sentido ou perca o seu objeto. Pode mesmo determinar a frustração definitiva e irreversível do objetivo legal. – PUENTE, Marcos Gómez (1997). *La inactividad de la Administración*, Aranzadi: Madrid; pp. 315 e segs.

[1260] O mesmo acontecia, na versão correspondente ao anteprojeto de Código de Processo nos Tribunais Administrativos (na altura da elaboração do nosso relatório de Direito Administrativo, encontrava-se em fase de discussão pública – 2000).

ilegalidade por omissão de normas regulamentares, dêm disso conhecimento ao órgão competente[1261]. No artigo 77º do novo CPTA[1262], prevê-se expressamente a ação de ilegalidade por omissão que se destina a apreciar e verificar a existência de situações de ilegalidade por omissão de normas, cuja adoção, ao abrigo de disposições de direito administrativo, seja necessária para dar exequibilidade a atos legislativos carecidos de regulamentação.

Esta ação tanto pode ser puramente objetivista, quando proposta pelo Ministério Público, como pode partir do ator popular[1263] ou ser desencadeada por quem invoque uma posição jurídica subjetiva[1264], referindo-se, atualmente já sem reservas, a um direito formal à emissão de normas regulamentares, indispensáveis à operatividade da lei e cuja ausência obste à realização de direitos subjetivos[1265]. Tendo colhido a sua inspiração na Constituição, o regime instituído vai todavia mais longe[1266]. Não se trata de uma ação meramente declarativa, dado que o tribunal pode fixar prazos[1267] para que a omis-

[1261] Conforme sustentava OTERO. – OTERO, Paulo (2000). "A Impugnação de normas no Anteprojeto do Código de Processo nos Tribunais Administrativos", *in Cadernos de Justiça Administrativa,* nº 22, Julho-Agosto; p. 48.

[1262] Código de Processo nos Tribunais Administrativos – Lei nº 15/2002, de 22 de fevereiro.

[1263] Cfr. nº 2, do artigo 9º, do CPTA – FREITAS, Dinamene de (2012). "Obrigações Legais de Regulamentação – Algumas Reflexões Quase Avulsas", *in Estudos em Homenagem ao Prof. Doutor Jorge Miranda, Volume IV, Direito Administrativo e Justiça Administrativa,* Coimbra Editora: Coimbra; p. 291.

[1264] Trata-se de ação particular, destinada à tutela de direitos subjetivos e interesses legalmente protegidos, sobretudo quando o seu exercício se encontre dependente da emissão da norma. Têm legitimidade ativa o Ministério Público, as pessoas e as entidades defensoras de interesses difusos e quem alegue um prejuízo diretamente resultante da situação da omissão. O que seja um prejuízo resultante diretamente da omissão deve ser averiguado em termos de causalidade hipotética: trata-se de um prejuízo que não existiria, acaso tivesse sido adotada a regulamentação omitida. – MATOS, André Salgado de (2006). Princípio da Legalidade e Omissão Regulamentar in *Estudos em Homenagem ao Professor Doutor Marcello Caetano,* I, Coimbra; p. 206; MONIZ, Ana Raquel Gonçalves (2013). *Estudos Sobre os Regulamentos Administrativos,* Almedina: Coimbra; p. 242. Em especial, sobre as posições jurídicas dos particulares face á Administração Pública – OTERO, Paulo (2013). *Manual de Direito Administrativo, Volume I,* Almedina: Coimbra; pp. 226-250.

[1265] MONIZ, Ana Raquel Gonçalves (2013). *Estudos Sobre os Regulamentos Administrativos,* Almedina: Coimbra; p. 242.

[1266] O tribunal administrativo não se limita a verificar a ilegalidade por omissão e a dar dela conhecimento à entidade competente (tal como sucede na CRP), dado que fixa um prazo não inferior a seis meses para que a omissão seja suprida. – MORAIS, Carlos Blanco (2011). "A impugnação dos regulamentos no contencioso administrativo português", in *Temas e Problemas de Processo Administrativo,* 2ª Edição revista e atualizada, coord. Vasco Pereira da Silva, E-book ICJP, Faculdade de Direito de Lisboa: Lisboa; p. 154.

[1267] Blanco de MORAIS nota que se trata de uma figura *"com maior proximidade em relação àquela que foi instituída no artigo 103º, última parte do parágrafo 2º, da Constituição brasileira de 1988 relativa às*

são seja resolvida[1268], o que se aproxima de uma injunção condenatória a favor daqueles que aleguem um prejuízo resultante da omissão[1269/1270], mas fica aquém de uma verdadeira e própria sentença condenatória[1271]. Poderá ainda haver lugar a responsabilidade civil pelos prejuízos resultantes da omissão, que poderá ser efetivada em ação de indemnização autónoma[1272] ou em cumulação com o pedido de declaração da ilegalidade por omissão[1273] que, em qualquer caso, corresponde a uma forma de responsabilidade pelo exercício da função administrativa[1274]. Ainda que o regime atual seja considerado um progresso[1275] assinalável[1276], tudo recomendava que se tivesse estabelecido a possibilidade de condenação da Administração na produção da norma regulamentar devida, nos casos em que existe um dever legal de regulamentar e com um determinado conteúdo[1277]. Mesmo assim, a doutrina sustenta a possibilidade *(de jure condito)* de *"ampliar a eficácia cominatória das sentenças ditas declarativas, através da fixação de uma sanção pecuniária compulsória"*[1278].

omissões regulamentares inconstitucionais, onde avulta uma sentença de conteúdo "mandamental" (com um prazo de 30 dias para a prática da norma em falta), do que ao regime do artigo 283º da nossa CRP, pautado por decisões de eficácia declarativa" – Morais, Carlos Blanco de (2011). *Justiça Constitucional, Tomo II*, Coimbra Editora: Coimbra; p. 552.

1268 Cfr. Artigo 77º, nº 2, *in fine*, do CPTA.

1269 Cfr. Artigos 9º e 77º, do CPTA

1270 Canotilho, Gomes/Moreira, Vital (2010). *Constituição da República Portuguesa Anotada*, Coimbra Editora: Coimbra; pp. 990 e 991.

1271 Silva, Vasco Pereira (2009). *O Contencioso Administrativo no Divâ da Psicanálise*, Almedina: Coimbra; pp. 432 e 433.

1272 Artigo 37º, nº 2, alínea *f)* do CPTA.

1273 Artigo 46º, nº 1, do CPTA.

1274 Cadilha, C. A. Fernandes (2008). Regime *da Responsabilidade Civil Extracontratual do Estado e das demais Entidades Públicas Anotado*, Coimbra Editora: Coimbra; p. 282.

1275 Silva, Vasco Pereira (2009). *O Contencioso Administrativo no Divâ da Psicanálise*, Almedina: Coimbra; p. 434;

1276 A expressão é de Blanco de Morais. O autor nota que as ilegalidades administrativas, por omissão regulamentar, recebem do ordenamento um regime "bem mais relevante" que o das omissões inconstitucionais, considerando que a lei confere alguma efetividade à declaração de ilegalidade, nos termos do artigo 17º do CPTA. – Morais, Carlos Blanco de (2011). *Justiça Constitucional, Tomo II*, Coimbra Editora: Coimbra; p. 551.

1277 Silva, Vasco Pereira (2009). *O Contencioso Administrativo no Divâ da Psicanálise*, Almedina: Coimbra; p. 433.

1278 Silva, Vasco Pereira (2009). *O Contencioso Administrativo no Divâ da Psicanálise*, Almedina: Coimbra; p. 434; Morais, Carlos Blanco (2011) "A impugnação dos regulamentos no contencioso administrativo português", in *Temas e Problemas de Processo Administrativo*, 2ª Edição revista e atualizada, coord. Vasco Pereira da Silva, E-book ICJP, Faculdade de Direito de Lisboa: Lisboa; p. 154.

No que concerne, porém, às omissões regulamentares parciais, cabe problematizar outras questões. Com base no anterior enquadramento juridico-administrativo, fizemos uma proposta que agora retomamos. Embora o juiz não esteja limitado pela causa de pedir invocada pelo recorrente, podendo decidir com fundamento na violação de normas diferentes das invocadas[1279], uma sentença de provimento que se limite a declarar a ilegalidade de uma norma acarreta uma consequência indesejável: a exequibilidade já alcançada seria eliminada. Assim, perante um regulamento que confira exequibilidade a uma lei não exequível por si própria, mas que estabelece diferenças qualitativas ou quantitativas, não permitidas pelo ordenamento jurídico, teoricamente, o que é pode o juiz administrativo pode fazer? Havendo um ato positivo de regulação, é normal que a questão seja suscitada em sede de ação:

i) Se as diferenciações efetuadas pela Administração têm um fundamento material que as justifique, o regulamento não é inválido;

ii) Se as discriminações não forem fundadas, o tribunal pode estender o regime mais favorável[1280] às situações que são excluídas do âmbito do

[1279] Cfr. Artigo 75º do novo CPTA – anterior artigo 65º, nº 1, da anterior LPTA.

[1280] Esta é uma das soluções a que o Tribunal Constitucional tem recorrido, designadamente nos Acórdãos 181/87 – Processo nº 205/85, D.R, nº 162, de 17/7/87, II Série, pp. 8846 a 8847- e 449/87 (que seguem aliás a jurisprudência fixada no Ac. 456 da Comissão Constitucional), nos quais o Tribunal julgou inconstitucional, por violação do princípio da igualdade, a norma (alínea *b*), do nº 1, da Base XIX da Lei 21/76, de 2 de agosto) que estabelecia pressupostos mais exigentes ou estritos para a atribuição da pensão ao viúvo do que os previstos na alínea *c)* para a atribuição da correspondente pensão à viúva, em caso de morte do respetivo cônjuge em acidente laboral. O Tribunal, consequentemente, estendeu o regime da viúva ao viúvo. No Acórdão 449/87, Processo nº 268/86, D. R., nº 41, de 19/2/1988, II Série, pp. 1499 a 1500 – o Tribunal manteve a orientação do anterior mas acrescentou uma nota à fundamentação: *"a uma violação do princípio da igualdade emergente do facto de se reconhecer a certa categoria de cidadãos o direito a prestações ou benefícios que não são reconhecidos a outra categoria deles, pode obviar-se, numa perspetiva puramente lógica ou fáctica, através do afastamento ou eliminação da regulamentação mais desfavorável, como da mais favorável"* – Albuquerque, Martim de (1993) *Da Igualdade, Introdução à Jurisprudência*, Coimbra; pp. 223 a 225. Conforme nota Nabais, em decisões deste tipo, o Tribunal Constitucional *"coloca-se numa posição privilegiada de dinamizador da ordem constituinte, apresentando-se como um legislador não estritamente negativo, pois que não se limita a anular a norma afetada de inconstitucionalidade, mas antes estabelece a norma que há de valer para a situação desfavorecida"*. Isto é, em sua opinião, *"o TC procede a uma concretização da Constituição (rectius, do direito social) que ultrapassa em larga medida a mera concretização interpretativa" uma vez que lança mão de uma solução que, embora fornecida pelo legislador, só por força da sua decisão cobre a situação menos favorecida"* – Nabais, José (1990) *Os Direitos Fundamentais na Jurisprudência do Tribunal Constitucional*, Coimbra; p. 43. Vitalino Canas, por sua vez, considera que *"a configuração atual das Constituições não permite qualquer veleidade aos TCs em atuarem de forma meramente negativa, antes lhes exige uma esforçada atividade que muitas vezes se pode confundir com um indirizzo político"* na efetivação

regulamento, nos casos em que a solução é facilmente determinável ou em que esteja em causa uma omissão regulamentar lesiva de um direito fundamental: o regulamento não é declarado inválido;

iii) Se a exclusão resultar de uma norma expressa, pode o seu juízo conduzir a uma invalidade parcial ou pode acontecer que o Tribunal considere que a solução contida no regulamento é "intrinsecamente justa" e que corresponde, em pleno, ao sentido exigido pela norma legislativa não exequível, embora apenas em termos parciais, não se justificando por essa razão, a declaração de invalidade. Neste caso, não estende às situações ou pessoas não abrangidas a regulamentação nela contida porque considera que, ao contrário da hipótese anterior, não dispõe de dados suficientes para o fazer sem que invada a livre margem de apreciação administrativa.

Com efeito, o tribunal administrativo pode estender o regime mais favorável às situações e/ou pessoas que são excluídas do âmbito do regulamento, nos casos em que a solução é facilmente determinável, ou na presença de uma omissão regulamentar lesiva de um direito fundamental. A solução sustentada de impedir a declaração de invalidade do regulamento que vem tornar parcialmente exequível uma lei não exequível por si mesma, não implica um enfraquecimento do princípio da igualdade, antes revela uma outra dimensão nesse princípio: a sua vertente positiva sai reforçada quando o princípio da igualdade é violado por omissão.

Retomamos a nossa proposta *de jure condendo*[1281], ajustada ao novo contencioso, para além do controlo abstrato da ilegalidade por omissão atualmente previsto, no sentido da previsão expressa de mecanismo processual de ligação entre o controlo concreto da ilegalidade por ação e um controlo abstrato da ilegalidade por omissão[1282]. Não obstante seja previsível que, havendo um ato positivo de regulamentação, a questão seja suscitada em sede de ilegalidade por ação, o problema não deve ser tratado exclusivamente nesse contexto. A solução adequada passaria, a nosso ver, por uma tentativa de articulação

concretização e desenvolvimento do programa constitucional. – CANAS, Vitalino (1994). *Introdução às Decisões de Provimento do Tribunal Constitucional*, Lisboa; pp. 96 e 97, nota 90.

1281 VIANA (CASTRO), Raquel Alexandra Brízida (2000). "Contributo para o Estudo das Omissões Regulamentares Ilegais", *Relatório de Direito Administrativo, para o Curso Mestrado em Ciências Jurídico-Políticas da Faculdade de Direito da Universidade de Lisboa, sob a regência do Prof. Doutor Paulo Otero*, (inédito), Lisboa; pp. 73 e segs.

1282 Análogo ao da Repetição do Julgado, previsto no artigo 82º da Lei do Tribunal Constitucional.

dos dois processos de controlo (ação e omissão), porquanto tudo está em não paralisar a concretização já conseguida da lei não exequível por si mesma, um efeito que seria destruído através da declaração de invalidade do regulamento, ainda que com eficácia *ex nunc*. O juiz teria em consideração os efeitos indesejáveis da sua declaração de invalidade, limitando-se à declaração da ilegalidade por omissão e consequente fixação de praxo[1283].

17.6. No enquadramento legislativo prévio ao novo contencioso administrativo, mesmo perante um poder vinculado[1284], não se podia obter a condenação da Administração à prática de um ato legalmente devido, nem sequer uma *"condenação envergonhada"*[1285]. Alguma doutrina, contudo, já sustentava a razoabilidade, quando a situação de facto e de direito o aconselhassem, de o tribunal, para além de se limitar a anular o ato, especificar imediatamente os atos que a Administração deveria praticar para a reintegração da legalidade, em vez de lhe reconhecer o que pode ser considerado de privilégio de execução prévia da sentença[1286]. Uma possibilidade considerada, *de jure condendo*, tendo em conta as suas vantagens precisamente perante atos negativos, desde que a situação fosse clara e a atuação administrativa vinculada, ou ainda noutros casos em função do pedido e do fundamento da sentença[1287].

1283 Cfr. Artigo 77º, nº2, do CPTA.

1284 VIANA (CASTRO), Raquel Alexandra Brízida (2000). "Contributo para o Estudo das Omissões Regulamentares Ilegais", *Relatório de Direito Administrativo, para o Curso Mestrado em Ciências Jurídico-Políticas da Faculdade de Direito da Universidade de Lisboa, sob a regência do Prof. Doutor Paulo Otero*, (inédito), Lisboa; pp. 130 e segs.

1285 Rui MEDEIROS considerava que a decisão do juiz produz efeitos ultraconstitutivos, na medida em que a Administração ficaria obrigada a retirar todas as consequências jurídicas dessa eliminação, executando a sentença com respeito pelo caso julgado. No entanto, justamente neste tipo de situações em que o recorrente impugna um ato negativo, num domínio em qu, supostamente, existe um poder vinculado, *"o mínimo que se pode afirmar, numa perspetiva substancialista, é que existe de facto uma "condenação envergonhada" da Administração"* – MEDEIROS, Rui (1997). "A confirmação de uma certeza: o reconhecimento dos efeitos ultraconstitutivos das sentenças de anulação – Anotação ao Acórdão do STA de 16/4/1998, P. 41.132" *in Cadernos de Justiça Administrativa*, nº 13, Janeiro-Fevereiro: pp., 40 e 41. No, entanto, vejam-se os argumentos em sentido contrário ao do reconhecimento de efeitos ultraconstitutivos na sentença de anulação em ALMEIDA, Mário Aroso de (1999) Tutela Declarativa e Executiva no contencioso administrativo português, *in Cadernos de Justiça Administrativa*, nº 16, Julho-Agosto; pp. 67 e 68, nota 3. No entender do autor, *"a constituição da Administração no dever de executar a sentença apenas pode ser reconduzido ao próprio efeito constitutivo da sentença de anulação"*, não incorporando a sentença esse efeito ultraconstitutivo, ou seja, um efeito condenatório.

1286 ANDRADE, J. C. Vieira de (1999). *A Justiça Administrativa (Lições)*, 2ª Ed., Coimbra; p. 282.

1287 ANDRADE, J. C. Vieira de (1999). *A Justiça Administrativa (Lições)*, 2ª Ed., Coimbra; *p. 282.*

Como observava sugestivamente Gomes, *"com a invenção do ato silente (...) o que o legislador fez foi ludibriar o particular. Ou seja, sob as vestes de uma benesse salvadora, o que o ato silente (negativo que é a regra – artigo 109º CPA) consegue é entreter o particular num longo recurso em que, no final, a máxima vitória que consegue alcançar (no caso de provimento) é como...a de Pirro!"*[1288].

Os adeptos dos efeitos ultraconstitutivos da sentença de anulação sugeriam então a propositura de uma ação para o reconhecimento de direitos ou interesses legítimos[1289], como o meio contencioso, por excelência, de reação dos administrados contra omissões de atos devidos por parte da Administração[1290]. Seria este remédio processual aplicável às omissões regulamentares? Perante a ausência no direito português de uma forma de controlo abstrato sucessivo da ilegalidade por omissão das normas regulamentares, sustentávamos a possibilidade de conceber um mecanismo de controlo concreto das omissões regulamentares, nos casos de omissões regulamentares lesivas de direitos fundamentais. Uma vez que o particular não tinha o direito à elaboração do regulamento, o mecanismo da provocação do ato prévio não era aplicável ao contencioso administrativo português[1291], o que significava que o recurso

[1288] Gomes, Carla Amado (1999). *Contributo para o Estudo das Operações Materiais da Administração Pública e do Seu Controlo Jurisdicional*, Coimbra; p. 353.

[1289] *Neste sentido* – Medeiros, Rui (1997). "A confirmação de uma certeza: o reconhecimento dos efeitos ultraconstitutivos das sentenças de anulação – Anotação ao Acórdão do STA de 16/4/1998, P. 41.132" *in Cadernos de Justiça Administrativa*, nº 13, Janeiro-Fevereiro; p. 41.

[1290] Medeiros, Rui (1997). "A confirmação de uma certeza: o reconhecimento dos efeitos ultraconstitutivos das sentenças de anulação – Anotação ao Acórdão do STA de 16/4/1998, P. 41.132" *in Cadernos de Justiça Administrativa*, nº 13, Janeiro-Fevereiro; p. 41.

[1291] O processo contencioso-administrativo francês exigia um requisito processual específico: a existência de um ato administrativo prévio, em sentido amplo, isto é toda a declaração administrativa de vontade destinada à produção de efeitos jurídicos. Sem ele, o ato, o contencioso fecha a porta. A elaboração do instituto do ato tácito veio suavizar o sistema. Em França, perante uma omissão regulamentar, o prejudicado pedia à Administração que emitisse o regulamento e perante uma eventual recusa, expressa ou tácita (a falta de resposta em quatro meses gera indeferimento tácito) consegue aceder ao recurso por excesso de poder. O juiz declarava a invalidade da recusa administrativa mas, de acordo com um entendimento radical do princípio da separação de poderes, não condenava a Administração a regulamentar, nem a condenava a atuar num determinado sentido ou com um determinado conteúdo. A afirmação da existência de um dever de regulamentar só poderia decorrer, implicitamente, da declaração da invalidade da recusa administrativa. Note-se que não existia, contudo, no contencioso administrativo francês uma ação para o reconhecimento de direitos ou de interesses legalmente protegidos, nem era reconhecido um direito fundamental à determinação da prática do ato legalmente devido. – Viana (Castro), Raquel Alexandra Brízida (2000). "Contributo para o Estudo das Omissões Regulamentares Ilegais", *Relatório de Direito Administrativo, para o Curso Mestrado em Ciências Jurídico-Políticas da Faculdade de Direito da Universidade de Lisboa, sob a regência do Prof. Doutor Paulo Otero,* (inédito), Lisboa; p.128.

contencioso de anulação não era o meio processual indicado para garantir o controlo jurídico das omissões regulamentares. Em certas situações, contudo, sustentámos a operatividade de uma eventual direito à decisão administrativa, no sentido da remoção do obstáculo que impede o exercício do direito fundamental, independentemente e em vez do regulamento. Assim, o particular poderia propor uma ação para o reconhecimento dos seus direitos[1292]:

i) Para a sua admissibilidade, bastar-nos-ia a "teoria do alcance mínimo", uma vez que não existia "em abstrato, no ordenamento processual outro meio à disposição do particular para obter uma tutela eficaz da sua posição jurídica"[1293], ou seja a tal "zona de certeza positiva";

ii) A sentença positiva ou de provimento da ação para o reconhecimento de um direito ou interesse legalmente protegido podia ter um dispositivo declarativo, condenatório, constitutivo. Poderia igualmente o juiz administrativo combinar quaisquer ou todos esses efeitos, conforme a pretensão do autor e as circunstâncias do caso concreto, podendo a ação de reconhecimento de um direito servir para a determinação (condenação[1294]) da prática do ato legalmente devido pelo Regulador[1295], "não havendo necessidade estrita da criação legal de um meio autónomo para obtenção desse efeito"[1296]. Os limites aos poderes do juiz seriam o respeito pelo núcleo da discricionariedade e pelo caso decidido[1297].

[1292] Nos termos dos artigos 69º e segs da LPTA e 268º, nº 4, da Constituição. No mesmo sentido, Medeiros afirmava que, nos casos em que a omissão de regulamento devido afeta o direito ou interesse do particular conferido pela norma legislativa, *"o particular tem, pois, a possibilidade de, decorrido o prazo legal para a emissão do regulamento, propor uma ação para o reconhecimento do direito ou interesse conferido por lei e perturbado pela omissão da Administração"* – Medeiros, Rui (1997). "A confirmação de uma certeza: o reconhecimento dos efeitos ultraconstitutivos das sentenças de anulação – Anotação ao Acórdão do STA de 16/4/1998, P. 41.132" *in Cadernos de Justiça Administrativa*, nº 13, Janeiro-Fevereiro; pp. 98 e 99.

[1293] Andrade, J. C. Vieira de (1999). *A Justiça Administrativa (Lições)*, 2ª Ed., Coimbra; p. 131.

[1294] Para Caupers, o uso do termo determinação *"parece decorrer de um excesso de pudor"* – Caupers, João, *Imposições à Administração Pública [II Seminário de Justiça Administrativa]*; p. 50.

[1295] *"A garantia conferida aos particulares do direito à determinação da prática do ato administrativo legalmente devido tem natureza análoga à dos direitos, liberdades e garantias e a falta de lei ordinária não pode impedir o seu exercício"* – Caupers, João, *Imposições à Administração Pública [II Seminário de Justiça Administrativa]*; p. 50.

[1296] Andrade, J. C. Vieira de (1999). *A Justiça Administrativa (Lições)*, 2ª Ed., Coimbra; p. 139.

[1297] Para Otero, a emissão de sentenças condenatórias implicava uma violação do princípio da separação de poderes, uma vez que privaria a Administração da essência do seu poder: a definição do direito das relações jurídicas administrativas – Otero, Paulo (1995) *O Poder de Substituição em*

18. Deontologia, Liberdade Editorial e AutoRegulação Regulada: Breve Excurso

18.1. Defendemos a possibilidade jurídico-constitucional de o Regulador, com a natureza de autoridade administrativa independente, emitir diretivas, mesmo na reserva de lei, ali onde o legislador não pode nem deve interferir em termos regulatórios. Um poder que, como já vimos também, se funda na exigência de especialização técnica destas autoridades, atinentes a complexidades tecnológicas e questões deontológicas ou editoriais, pressupostas no exercício das liberdades reguladas e protegidas constitucionalmente. São fatores específicos, com impacto considerável no setor sob investigação, adverso a intervenções prévias heterorregulatórias, reclamando, mais das vezes, a corregulação ou mesmo a autorregulação[1298]. Enfim, modelos alternativos de regulação, cujo estudo se encontra, muitas vezes, associado às designadas *self regulatory associations*, cuja autonomia normativa se baseia, sobretudo, em questões éticas e deontológicas.

Tradicionalmente, parte-se de uma relação dicotómica entre uma ideia de regulação normalmente associada ao Estado, implicando coação, obrigatoriedade e heteronomia, e outra de *autorregulação*, entendida em pleno auge do liberalismo como a capacidade de o mercado encontrar os seus próprios equilíbrios[1299], sem qualquer interferência dos poderes públicos. Através do recurso ao conceito de autorregulação, neste contexto, pretendia-se justificar

Direito Administrativo. Enquadramento Dogmático-Constitucional, Vol. II, Lisboa, 1995;pp. 654 e segs. Parecem-nos, contudo, certeiras as objeções colocadas, então, por Carla Gomes:

a) Serão poucos os casos em que o particular recorre logo ao tribunal, porque vai gastar tempo e muito dinheiro. De acordo com um argumento do senso comum, esses casos serão uma minoria e só surgirão perante uma convicção séria do particular – fundada no conhecimento de casos semelhantes – de que a Administração não dará resposta à sua pretensão;

b) Nos termos do artigo 70º/1º da LPTA, as ações seguem a tramitação dos recursos dos atos dos órgãos da Administração Local, o que significa que de acordo com os artigos 24º/a), 45º e 47º, até ao limite do prazo para a contestação, o órgão acionado terá sempre a possibilidade de cumprir o seu dever de atuar, antecipando-se à condenação judicial.

– Gomes, Carla Amado (1999). *Contributo para o Estudo das Operações Materiais da Administração Pública e do Seu Controlo Jurisdicional*, Coimbra; pp. 369 e 370.

1298 Gilmar Mendes lembra que a não regulação e a autorregulação também são opções regulatórias. – Mendes, Gilmar (2012). "O significado da liberdade de imprensa no estado democrático de Direito e seu desenvolvimento jurisprudencial pelas Cortes Constitucionais: breves considerações", *in Estudos em Homenagem ao Prof. Doutor José Joaquim Gomes Canotilho, Vol. III,* Coimbra Editora: Coimbra; p. 577.

1299 Neste marco ideológico, os fins, instrumentos e as funções do Estado e da Sociedade estavam claramente delimitados. Ou seja, dito de outra forma, "*à correlação existente entre as noções do Estado, regulação, polícia e direito administrativo, opõem-se as noções de sociedade, autorregulação, mercado*

a existência de uma racionalidade económica, própria do mercado, distinta da racionalidade jurídica que seria própria do Estado. Essa rivalidade poderia ser superada, em termos dogmáticos da Teoria do Estado, por LUHMANN e pela sua teoria dos sistemas, segundo a qual não existe diferença entre Estado e sociedade, mas apenas uma distinção funcional entre diversos subsistemas, que se comunicam entre si. No que concerne à nossa investigação, esta conceção inspira o ensaio de novas formas de regulação, valorizadoras da *autorregulação*, instrumentalizando-a ao serviço de interesses gerais, conduzindo-nos a conceitos, só aparentemente, contraditórios, como os de autorregulação com efeitos públicos ou de *autorregulação* – regulada. Os autores que mais aprofundaram estas teses defrontaram-se, sobretudo, com problemas de controlo de validade das normas, produzidas nesse contexto, pelas instituições tradicionais, *maxime* os tribunais[1300]. Daí o paradoxo, aparentemente, envolvido na questão de saber *como constitucionalizar a autorregulação?*

A doutrina sugere, então, uma nova inspiração no direito reflexivo, para uma correta perceção das questões constitucionais, suscitadas pelas associações de autorregulação – *self regulatory associations*[1301], uma questão já aflorada a propósito dos méritos das doutrinas que suspeitam da regulação estatal. Para BLACK, em termos genéricos, é possível identificar vários tipos possíveis de relações entre o Estado e a sociedade, em termos regulatórios[1302]. São

e direito privado". – GARDELLA/Mª Mercè Darnaculleta i (2005). *Autoregulación y Derecho Público: la Autoregulación regulada,* Marcial Pons: Madrid; p. 35.

[1300] BLACK, Julia, "Constitutionalising Self-Regulation", *in The Modern Law Review*; p. 24

[1301] Esse caminho deve ser feito de acordo com três pressupostos:
a) Um entendimento mais aprofundado da natureza da esfera pública, o que envolve, *inter alia*, o reconhecimento da mudança constante da natureza e estrutura do Estado, a forma como certos órgãos ou entidades, que não fazem parte das instituições tradicionais do Estado, participam no processo político e uma mais ampla consideração do seu papel na sociedade;
b) A necessidade de desenvolver um entendimento do papel da lei num contexto de uma sociedade funcionalmente diferenciada, com vista à integração das esferas social, políticas e económicas;
c) Os tribunais têm de basear-se neste entendimento do papel da lei e identificar quais os aspetos destas associações que requerem fiscalização judicial e desenvolverem respostas flexíveis e multifacetadas. – BLACK, Julia, "Constitutionalising Self-Regulation", *in The Modern Law Review*; p. 24.

[1302] I) *Mandated selfregulation* – o governo pede a um grupo coletivo, uma indústria ou profissão para formularem normas, de acordo com um determinado enquadramento definido pelo governo, geralmente em termos muitos gerais; II) *Sanctioned regulation* – um grupo toma a iniciativa de formular as normas e submete-as posteriormente depois ao governo; III) *Coerced self regulation* – a indústria formula e impõe regras, ameaçada pelo governo de caso não as faça, elas serão impostas estatutariamente; IV) *Voluntary self-regulation* – o estado não se envolve, direta ou indiretamente. – BLACK, Julia, "Constitutionalising Self-Regulation", *in The Modern Law Review*; p. 45.

ideias incluídas numa sugestão de regulação reflexiva, inspirada na teoria do direito reflexivo, que pode ser vista como o elemento reformista da *autopoiesis*. Ela foi desenvolvida no contexto do fracasso de programas regulatórios em atingir os seus fins, atenta a inaptidão de a lei mudar a sociedade, de uma forma puramente instrumental.

Para Black, a forma como Teubner abordou o problema é mais radical, uma vez que sustenta que a crise da regulação é causada pela incompatibilidade da lógica interna dos diferentes subsistemas. A solução não reside no mercado, mas antes no reconhecimento da impossibilidade de regular diretamente e na mudança da estratégia regulatória, de forma a regular indiretamente, induzindo as ações em vez de as comandar. O direito deve reconhecer o encerramento normativo do sistema autopoiético e usar a abertura do seu elemento cognitivo (os sistemas operacionalmente fechados mantêm-se abertos, cognitivamente, através da informação e da interferência, e é isto que torna a regulação social, através da lei, possível). Ele deve orientar o seu próprio desenvolvimento para o do sistema particular em questão, analisar como é que ele opera e intervir estrategicamente[1303]. A lei pode adotar vários tipos de estratégias regulatórias indiretas, entre as quais o uso e regulação de organizações[1304], as quais desempenham na *autopoiesis* um papel fundamental, fornecendo a base mediadora para relações intersistémicas, uma vantagem reconhecida pelos autores neo-corporativos. Na medida em que as organizações oferecem uma oportunidade estruturada para as relações entre os sistemas, a lei pode, através delas, ajustar a natureza destas relações. As *self regulatory associations* atuam como mediadoras, não apenas entre os políticos ou o resto dos indivíduos, mas entre os diferentes sistemas da sociedade. Um dos papéis do direito reflexivo seria precisamente o de garantir que as orga-

[1303] O autor usa a analogia com a teoria do rinoceronte: para fazer um rinoceronte andar por uma prancha, não se consegue através da persuasão ou empurrando, pois o animal não vai entender, nem as ameaças nem os elogios, e vai responder ao esforço físico, ficando imobilizado ou atacando. Pelo contrário, segurando um saco de palha em frente ao nariz, ao longo da prancha, consegue-se atingir o resultado desejado. – Black, Julia, "Constitutionalising Self-Regulation", *in The Modern Law Review*; p. 46.

[1304] Teubner, Gunther (2005). "*Unitas Multiplex*: A organização do grupo de empresas como exemplo", *in Revista Direito GV*, 2, Jun-Dez. pp. 77 – 110. Segundo Teubner, o futuro de uma estrutura compensatória ou de contrapeso parece residir numa combinação, bem sucedida, dos esforços regulatórios. A solução assenta numa mistura cuidadosamente calculada de elementos contratuais e organizacionais. Não residirá, questiona, a solução para um futuro direito dos grupos de empresas na formação de um centro nevrálgico de supervisão e legitimação do próprio grupo como um todo, dotado de um elenco aberto de competências e de atribuições e de mandato imperativo para o estabelecimento de acordos contratuais?

nizações desempenhem a sua função integrativa, o que pode ser alcançado através da regulação procedimental[1305].

O direito reflexivo, através de regulação procedimental, visa fornecer uma autonomia regulada dos diferentes subsistemas. Este aspeto normativo é expresso de forma mais clara na ideia de justificação e *do trilema regulatório*[1306]: na sua forma mais extrema, a juridificação (codificação) representa o uso da lei para impor modos de funcionamento, critérios de racionalidade, e formas de organização que não são apropriadas ao quotidiano e que, por isso, falham, ou só conseguem atingir os seus resultados à conta da destruição destas estruturas. A lei, ou é ignorada pelo sistema ou destrói as normas de comportamento tradicionais do sistema, ou desintegra-se, ela própria, por causa das pressões impostas pelos sistemas políticos e sociais. É este o trilema regulatório, as consequências disfuncionais da juridificação do sistema social, que o direito reflexivo visa problematizar.

Neste breve excurso, pretendemos realçar a relevância destas teses para sustentar a abertura do sistema regulatório a procedimentos de autorregulação regulados, integrados no ambiente jurídico-constitucional. Com efeito, a nossa Constituição "*rege uma ordem interna, caracterizada pela positividade, hierarquia normativa, legalidade democrática, tipicidade das formas de lei e reconhece, nela própria, a existência de ordens jurídicas independentes de caráter derivado cujos órgãos são titulares de poderes normativos*"[1307]. Trata-se de uma ordem interna, "*baseada numa abertura comunicativa de sistemas, fundada numa enorme variabilidade de inputs oriundos do sistema social*"[1308], que o Regulador não pode nem deve ignorar, até mesmo por dever estatutário, cabendo-lhe promover a corregulação e incentivar mecanismos de autorregulação[1309], podendo, inclusivamente, conferir a forma de diretiva ao conjunto de regras que resultem desses processos.

[1305] Black, Julia, "Constitutionalising Self-Regulation", *in The Modern Law Review*; p. 47.

[1306] Black, Julia, "Constitutionalising Self-Regulation", *in The Modern Law Review*; p. 47.

[1307] Morais, Carlos Blanco de (2012). *Curso de Direito Constitucional, Tomo I*, 2ª Edição, Coimbra Editora: Coimbra; pp. 195 e 196.

[1308] Morais, Carlos Blanco de (2012). *Curso de Direito Constitucional, Tomo I*, 2ª Edição, Coimbra Editora: Coimbra; p. 212.

[1309] Cfr. Artigo 9º dos Estatutos da ERC.

CAPÍTULO V
DIMENSÕES CONSTITUCIONAIS DO PLURALISMO MEDIÁTICO

Capítulo V
Dimensões Constitucionais do Pluralismo Mediático

Pelas razões expostas ao longo da presente reflexão, em conformidade com o ordenamento jurídico-constitucional português, assumimos como pressuposto a exclusão de um cenário de ausência total de regulação da propriedade dos meios de comunicação social, apenas equacionável num contexto de prevalência absoluta e incondicional da liberdade de iniciativa económica e de empresa privada, desconforme com a Constituição portuguesa. Cumpre aquilatar, porém, quais são os limites do princípio do pluralismo mediático.

Fora do contexto português, BETANCOR alerta, certeiramente, para a dificuldade de comparação entre as evoluções verificadas nos EUA e na Europa no dilema regulação *versus* liberdade, uma vez que os seus pontos de partida são distintos[1310]. No caso norte-americano, partiu-se da liberdade e abstenção do Estado até se chegar à regulação. Em contrapartida, na Europa, a liberdade foi-se afirmando timidamente, atenta a importância (ainda) conferida à prestação pública de certos serviços de interesse geral, em detrimento das liberdades económicas e de empresa. Na realidade europeia, o serviço público e a propriedade pública foram o ponto de partida, tendo evoluído posteriormente no sentido da liberalização, até à correspetiva extinção em alguns setores do serviço público (e da propriedade pública), na senda do reconhecimento efetivo da liberdade. Nos EUA, a evolução processou-se, entre avanços e recuos, entre a liberdade e a regulação[1311].

[1310] BETANCOR, Andrés (2010). *Regulación: Mito y Derecho*, Civitas: Pamplona; p. 139.

[1311] No caso específico norte-americano, mais do que a criação pelo Congresso, em 1887, do *Interstate Commerce Commission (ICC)*, a primeira agência federal, avulta, no plano regulatório, o *New Deal* e a substituição do *Common Law* pelo *Statute Law*, segundo a clássica divisão de BLACKSTONE, estabelecendo meios jurídicos de controlo das atividades económicas, novos e mais intensos, em consequência da crise económica e social de 1929.

O debate sobre as regras da propriedade dos *media* constitui um aspeto crucial da reflexão constitucional sobre o pluralismo mediático. Começou, naturalmente, nos EUA, onde os *media* são, sobretudo, privados[1312] e o tema era já oportuno nos anos 70. Nesse contexto, a defesa da aplicabilidade das regras da concorrência ao setor é identificado como uma forma de flexibilização do controlo, o qual foi sendo objeto de diferentes intensidades, ao longo da experiência constitucional norte-americana. Pelo contrário, na Europa, o debate é mais recente e coincide com o processo de desmantelamento do monopólio estatal do setor audiovisual, nos finais da mesma década. Daí que a tendência seja a inversa, ou que, pelo menos, inicialmente, a solução tenha começado por residir na extensão com ajustamentos das regras da concorrência às principais transações que envolvem empresas de *media*.

Secção VIII
Constituição, Pluralismo e Liberdades Económicas

Cumpre-nos aquilatar, em primeiro lugar, a adequação da substituição de regras específicas da propriedade dos *media* pelas regras gerais da concorrência, o que implica apurar:

i) Se as regras da concorrência aplicadas aos *media* são adequadas à obtenção do seu valor específico, que é a eficiência e prevenção de práticas anticompetitivas no mercado da comunicação social;
ii) Se, concomitantemente, essas regras constituem o instrumento adequado à prossecução de valores alheios ao seu enquadramento natural, como seja o pluralismo mediático, enquanto desígnio constitucional;

Veremos que os conceitos de pluralismo e concorrência não coincidem, dependendo cada relevo constitucional do respetivo ordenamento constitucional positivo e da forma como é configurado o interesse público, no setor dos *media*. Concluiremos que a adoção de um conceito formal de pluralismo, baseado na exigência de regras especiais quantitativas da propriedade dos *media*,

[1312] GANGEMI, Giovanni (2013). "Chapter 2: Exploring the Economic Aspects of *Media* Pluralism and *Media* Freedom in the European Union", in *European Union Competencies in Respect of Media Pluralism and Media Freedom*, CMFP, RSCAS Policy Paper 2013/1, Robert Schuman Centre for Advanced Studies; p. 24.

pode constituir uma garantia de maior concorrência económica, mas não conduz, necessariamente, a uma maior concorrência publicística, o que revela a inaptidão dessas regras restritivas para a prossecução do fim legítimo, eventualmente invocado pelo legislador. Veremos que a evolução do setor e, em especial, a sua nova realidade digital, força-nos a abandonar os critérios tradicionais de análise do pluralismo e da propriedade dos *media* em favor de um critério material de determinação dos verdadeiros consumos mediáticos, o qual reclama ponderações concretas e circunstanciais, atenta a dificuldade ou mesmo impossibilidade da sua codificação normativa ou, pelo menos, legislativa. Enfim, procuraremos refletir sobre o alcance constitucional do princípio do pluralismo e seus limites, em especial perante as liberdades de empresa e de iniciativa económica privada e a própria liberdade de informação e expressão, no novo mundo digital, ainda que este novo contexto suscite, no atual estado da arte, mais perguntas que respostas.

19. Concorrência e Pluralismo

19.1. Shelansky elucida-nos sobre a polémica, existente nos EUA, entre duas diferentes posições sobre o interesse público, no contexto do debate sobre a desregulação da propriedade dos *media*[1313]. Os defensores da desregulação vêm o interesse público inserido num modelo orientado para a eficiência do mercado, cujo objetivo é o de promover a concorrência, conduzindo a uma melhor satisfação das preferências dos consumidores pelos *media*. Os opositores à desregulação vêm, por sua vez, o interesse público através de um determinado modelo democrático, que deve ter por desígnio a garantia de acesso de diferentes pontos de vista aos *media*, condição de uma discussão pública informada sobre assuntos relevantes. Segundo o autor, da aplicação das regras da concorrência não só não resulta maior qualidade não económica e diversidade, como os objetivos de concorrência são atingidos de forma menos eficiente do que noutras indústrias, por razões jurídicas e económicas, nomeadamente relacionadas com a *Primeira Emenda*.

Nesta senda, a primeira interrogação a que urge atender refere-se à suscetibilidade de as regras da concorrência protegerem o mercado dos *media*, mesmo em termos de concorrência. É possível afirmar que a desregulação, direta e específica, da propriedade dos *media* pode gerar alguma concentração da propriedade, sendo frequente que as ordens jurídicas apenas reclamem a notificação às autoridades Reguladoras de determinadas operações socie-

1313 Shelanski, Howard A. (2006). "Antitrust Law as Mass *Media* Regulation: Can Merger Standards Protect the Public Interest?", *in California Law Review, Inc., Vol. 94*, nº 2; pp. 371 e 372.

tárias, quando envolvem montantes considerados significativos. Em 2003, a FCC,[1314] na sua revisão bianual da regulamentação dos *media*, flexibilizou regras antigas relativas à concentração e a participações cruzadas dos *media*[1315], o que conduziu, porém:

i) A um enfraquecimento das proibições *ex ante*, em vez do aumento de aprovações *ex ante* e, sobretudo, à resolução de questões relevantes através da extensão das regras da concorrência a aspetos, anteriormente, cobertos por específicas regras da propriedade dos *media;*

ii) Acresce que a análise de operações atinentes à estrutura da propriedade dos *media* acaba por resultar na aplicação de regras pelas autoridades da concorrência que, em rigor, envolvem decisões dotadas de maior discricionariedade do que as anteriores, aplicadas pelo Regulador específico dos *Media*, usando regras especialmente vocacionadas para o setor. O que denota que o abandono de regras especializadas acaba por ser compensado pela extensão de outras que, *ab initio*, não foram concebidas para aquele contexto, implicando um acréscimo da liberdade de decisão administrativa atribuída a Reguladores, em princípio, desprovidos da requerida especialização técnica;

iii) O que não legitima, a nosso ver, a inferência de que a única alternativa reside na previsão de regras específicas, restritivas e quantitativas, da propriedade dos *media*.

Por outro lado, a eficiência – enquanto resultado almejado pela defesa da concorrência – e o pluralismo não parecem ser conceitos incompatíveis, ainda que nem sempre coincidentes. A este propósito, ARINO aponta entendimentos diferentes de interesse público, perceções diversas sobre os níveis aceitáveis de concentração da propriedade e alerta para o facto das especificidades

[1314] SHELANSKI, Howard A. (2006). "Antitrust Law as Mass *Media* Regulation: Can Merger Standards Protect the Public Interest?", in *California Law Review, Inc., Vol. 94,* nº 2; pp. 371 a 421.

[1315] SHELANSKI, Howard A. (2006). "Antitrust Law as Mass *Media* Regulation: Can Merger Standards Protect the Public Interest?", in *California Law Review, Inc., Vol. 94,* nº 2; p. 380. As alterações introduzidas foram as seguintes:

a) Quanto ao limite nacional da propriedade da televisão nacional – aumentou o limite de audiência atingível de 35 para 45 por cento;

b) Permitiu-se que uma única empresa possa deter duas televisões locais, em mercados onde existam mais estações locais, desde que uma das estações envolvidas não seja as quatro maiores – NBC, ABC, CBS e FOX;

c) Quanto as participações cruzadas, foi eliminada a regra que proibia participações cruzadas em televisões e jornais.

económicas do mercado dos *media* poderem gerar contradição entre ambos[1316]. Defende, porém, que é desejável que as regras da concorrência tenham em consideração as preocupações de pluralismo dos *media*, devendo mesmo, nos casos mais difíceis, adotar a solução que o privilegia, desde que não invalide totalmente os níveis de eficiência. Uma solução que, para a autora, seria excecional, não produziria danos irreversíveis e fatais para a concorrência, para além de exibir a vantagem da preservação de critérios democráticos, mais valiosa para a sociedade[1317]. Em última instância, é uma escolha constitucional.

19.2. Na senda das opções que temos vindo a fazer ao longo da presente investigação, o peso que o pluralismo pode vir a assumir numa ordem jurídica terá de corresponder a uma determinada escolha constitucional positiva e a ela se adequará um modelo regulatório da comunicação social. Sem prescindir da questão substantiva, cabe observar que a tese da extensão das regras da concorrência ao controlo do pluralismo convoca alguns problemas metodológicos. A primeira dificuldade reside na definição de mercado relevante, conceito técnico primordial, numa análise jusconcorrencial, para se apurar o poder de mercado de uma determinada empresa, ou seja, a capacidade de uma empresa controlar o preço e a produção:

[1316] Segundo a autora, ambos visam salvaguardar o interesse público: mas enquanto o interesse público, para efeitos de concorrência, equivale à satisfação das preferências do consumidor; para efeitos de pluralismo, ele identifica-se com o benefício coletivo que resultará de um debate público informado sobre questões cívicas: é algo que está para além do que interessa ao público e engloba duas importantes funções dos *media*, como sejam a de informar e o de ser o *cão de guarda* do governo. Em segundo lugar, para a autora, é verdade que, geralmente, a concentração é tida como uma preocupação para efeitos de concorrência e de pluralismo. Contudo, para as regras da concorrência, certos níveis de concentração podem ser permitidos, nomeadamente a existência de empresas em posição dominante, desde que não haja abusos do mercado: será o caso de uma única, ou algumas poucas empresas, operarem de forma eficiente e se prove que serão mais eficientes do que uma multiplicidade de empresas, não eficientes; Neste caso, na perspetiva do pluralismo, a posição dominante de uma empresa sobre a opinião pública seria alarmante. Em terceiro lugar, o mercado dos *media* mostra uma tendência para a homogeneização, uma vez que existem situações em que, apesar de existir um largo número de competidores – ou precisamente por causa disso –, os operadores acabam por vender, precisamente, o mesmo produto. – ARINO, Mónica (2004). "Competition Law and Pluralism in European Digital Broadcasting: Adressing the gaps", in *Commnunications & Strategies*, nº 54; p. 104.

[1317] Para ARINO, os desperdícios em democracia são os mais óbvios, mas existem compensações que os superam e que acabam por garantir maior eficiência do que o absolutismo. ARINO está convicta de que a sociedade ganha em ter *media* plurais, ainda que menos eficientes, e que esses ganhos superam as perdas, quando comparados com uma hipotética eficiente *media* monopolista.

A) Um mercado relevante engloba toda a oferta alternativa que possa ser substituída e que compete para atrair clientes, num determinado mercado geográfico[1318]. O que pode ser substituível para o consumidor – tendo acesso às notícias através da *internet* ou do jornal –, não se aplica, provavelmente, aos anunciantes. Mesmo o conceito de consumidor, varia em função do meio em causa. Observa Arino que a própria ideia de substitutibilidade dos *media* suscita problemas, pois o que é valorizado é a diversidade de conteúdos e de fontes. Assim, dois produtos que não são equivalentes de um ponto de vista económico – rádios e jornais, televisão e publicações –, farão parte do mesmo mercado de ideias. Os motivos da existência ou ausência de substitutibilidade podem não ter a ver com o preço, mas com o formato, o horário ou a qualidade do produto. Em última instância, até se pode defender que, no mercado dos *media,* não existe essa noção de substitutibilidade[1319];

B) Essa inconsistência torna-se mais flagrante, se tivermos em consideração certas regras restritivas de propriedade dos *media* televisivos, que estabelecem limites de nível nacional, tendo como mercado relevante o mercado televisivo. A norma que proíbe, por exemplo, que uma empresa possa deter mais do que 35 por cento das audiências a nível nacional, parece pretender preservar a concorrência no mercado da televisão. Não obstante:

   i) A definição geográfica é demasiado ampla, uma vez que o recurso a um limite nacional para evitar que uma empresa que tem uma televisão local ou regional compre uma outra televisão local ou

[1318] Shelansky, Howard A. (2006). "Antitrust Law as Mass *Media* Regulation: Can Merger Standards Protect the Public Interest*?", in California Law Review, Inc., Vol. 94,* nº 2; p. 389. Ensina o autor que um mercado relevante é aquele em que um hipotético monopolista pode aumentar os preços, de uma forma proveitosa e sustentável. Por exemplo, se os consumidores mudam do *take-out pizza,* assim que o *take-out hamburgers* aumenta o preço, os *hamburgers,* sozinhos, não constituem um mercado relevante: *take-out fast food.* Da mesma forma, se os habitantes no bairro A estarão dispostos a ir ao bairro B para ir *ao take-out,* mas não mais do que isso, então a definição de mercado geográfico limitada a A é incompleta.

[1319] Arino adianta o exemplo do desporto: um telespectador que pretende assistir a um certo jogo de ténis, não se satisfaz com um campeonato de golfe ou mesmo com outro jogo de ténis, onde não jogue o seu jogador favorito. A imediaticidade e a dificuldade de substituição resulta numa curva de procura, pouco elástica, em relação a certos eventos que são valiosos para os operadores. Mesmo se nos referirmos ao mesmo conteúdo – notícias por exemplo –, e exatamente à mesma fonte – jornais –, há diferenças na forma como as notícias são selecionadas, apresentadas e interpretadas. Por fim, é mais perigoso perder um produto não substituível, do que impedir a fusão de dois substitutos próximos.

regional, em nada afetará os negócios da concorrência em ambos os mercados geográficos. O que quer dizer que a definição de mercado geográfico é, pois, demasiado ampla para proteger ou promover a satisfação das preferências dos consumidores, seja nos sítios onde a empresa adquirente já servia, seja na empresa objeto da aquisição;

ii) Problemática é, também, a identificação do produto relevante – neste caso a regra é demasiado restritiva, porque limitada a estações de televisão, uma vez que não considera, por exemplo, canais de cabo ou satélite, ou outros *media* que podem competir com as estações de televisão e atrair telespectadores[1320].Todos os substitutos devem ser incluídos na definição de mercado relevante, sob pena de as regras penalizarem uma concentração da propriedade, inofensiva para o consumidor, atentas as alternativas disponíveis;

C) Enfim, a definição de mercado, implícita nas regras da propriedade, é, simultaneamente, demasiado ampla e demasiado estreita, pelo que dificilmente facilita a concorrência, ou satisfaz os desejos dos telespectadores. Conforme diagnostica SHELANSKY, as definições restritivas de mercado são insuficientes para reconhecer os efeitos na concorrência da exclusão de fornecedores, assim como as definições demasiado amplas de mercado podem negligenciar prejuízos para a concorrência, que serão mascarados pela inclusão imprópria de não concorrentes;

D) Quanto às regras sobre participações cruzadas, aquelas que combinam jornais e televisão impedem todas as participações cruzadas, independentemente da diversidade de jornais ou televisões que existem no mercado relevante. Uma proibição assim tão ampla pode valorizar, indevidamente, danos inócuos para o pluralismo, caso se mantenham outros jornais e outras televisões em competição[1321];

E) Geralmente, a identificação do fornecedor de serviços não é importante para a análise da concorrência, desde que um número razoável de concorrentes concorra no mercado relevante. Essa identificação é, porém, relevante na perspetiva do pluralismo. Essas regras não ajudam, racionalmente, a maximizar a satisfação dos consumidores, mas

[1320] SHELANSKY, Howard A. (2006). "Antitrust Law as Mass *Media* Regulation: Can Merger Standards Protect the Public Interest?", *in California Law Review, Inc., Vol. 94,* nº 2; p. 392.

[1321] SHELANSKY, Howard A. (2006). "Antitrust Law as Mass *Media* Regulation: Can Merger Standards Protect the Public Interest?", *in California Law Review, Inc., Vol. 94,* nº 2; p. 390.

previnem que os mesmos operadores de televisão possam ser proprietários de estações televisivas, em todos os mercados locais;

F) Acresce o problema de medição do poder de mercado, no novo mundo digital. As abordagens tradicionais são insuficientes para a definição de uma posição dominante de influência sobre a opinião pública num mercado de ideias. Por outro lado, a concorrência apenas se preocupa com o abuso de poder. E o que é um abuso de opinião pública? Como pode uma autoridade Reguladora da concorrência decidir se uma restrição constitui um ato de censura, ou o exercício, justo e prudente, da independência editorial[1322]?

Na história da regulação norte-americana da concorrência, STUCKE encontra inúmeros argumentos favoráveis à inclusão de preocupações atinentes ao mercado de ideias. O debate, porém, a partir do caso *Associated Press* e dos seus reflexos em *Turner*, já excedeu essa questão[1323], concentrando-se agora no problema da prova ou da margem de aplicação de soluções ou remédios. STUCKE elenca as vantagens e desvantagens[1324] da solução, fazendo radicar, as mais impressivas, num critério democrático. Numa perspetiva puramente liberal, a análise da propriedade, à luz do mercado de ideias, pode ser apenas uma forma

[1322] ARINO, Mónica (2004). "Competition Law and Pluralism in European Digital Broadcasting: Adressing the gaps", in *Commnunications & Strategies*, nº 54; p. 118.

[1323] O autor identifica três importantes temas, nesse percurso histórico:

• As leis da concorrência devem ser aplicadas com o propósito de garantir o confronto de opiniões (*clash of opinions*) no mercado de ideias. O tribunal deixou claro, no caso *Associated Press* e outros posteriores, que a aplicação das leis da concorrência aos *media*, *"não é só consistente como também é exigido pelos valores da Primeira Emenda"*;

• Os tribunais viram a questão muito para além de definições microeconómicas de mercado e, em particular, do entendimento dos *media*, enquanto produto do mercado publicitário. Os tribunais tiveram em consideração, não apenas a dimensão dos meios, como o seu real impacto e audiência, bem como o impacto que certas restrições podem ter no mercado de ideias;

• Os tribunais não definiriam quaisquer parâmetros de aferição da concorrência no mercado de ideias. O *Juiz Hand* abordou a complexidade destas questões no caso *Associated Press*, mas decidiu, expressamente, não as resolver: *"Nós não precisamos de dizer quão importante é o controlo dos media que estiver em causa para lhe recomendarmos uma solução, basta que no caso a AP é uma enorme organização, a maior do género, recolhendo notícias de todo o mundo, a líder das fontes de informação dos jornais americanos para que se tenha de concordar que tem enorme consequências"*– STUCKE, Maurice E./GRUNES, Allen P. (2001). "Antitrust and the Marketplace of Ideas", in *Antitrust L.J.*, vol. 69, nº 1; p. 275.

[1324] STUCKE, Maurice E./GRUNES, Allen P. (2001). "Antitrust and the Marketplace of Ideas", in *Antitrust L.J.*, vol. 69, nº 1; p. 275.

de pressão governamental sobre os valores e a agenda política dos *media*[1325]. Mas qual é a intensidade, aceitável, de concentração no mercado de ideias? Mais elevada, em consonância com um alegado grau máximo de intromissão governamental, ou menos elevada, pela preocupação de que as restrições à liberdade de informação podem afetar a estabilidade da democracia?

A existência de restrições à propriedade dos *media* pode produzir efeitos perversos de penalização da diversidade e do pluralismo, perante o argumento de que um detentor de um monopólio, saudável em termos financeiros, se encontra em melhores condições para oferecer uma maior diversidade de programação. Num contexto de sinergias, poderão ser gastos mais recursos na cobertura de certos temas da atualidade, ou mesmo na cobertura de eventos ocorridos noutras regiões do mundo. Uma empresa economicamente mais sólida ou robusta poderá estar melhor posicionada para combater a censura e apoiar as liberdades da *Primeira Emenda*. STUCKE nota, contudo, que estas preocupações, ainda que significativas, não superam os principais problemas suscitados pela exclusão do mercado das ideias da análise da concorrência[1326]. Não só o preço é um barómetro inadequado no mercado de ideias, como se reconhece que as empresas concorrem noutras dimensões como a qualidade, o serviço e a inovação, em particular na *internet* e nas indústrias de televisão e rádio. Por isso o autor, reforçando o argumento da importância do mercado de ideias para a democracia, alerta que o medo da interferência governamental não deve impedir as entidades reguladoras da concorrência de avaliarem o impacto de certas operações, no mercado de ideias.

Já SHELANSKY advertia para o desajustamento dos critérios jusconcorrenciais para a concretização de um modelo democrático de interesse público, tendo em conta os obstáculos metodológicos, já referidos, e as exigências da *Primeira Emenda*[1327]. A *Primeira Emenda* limita mais do que expande o escrutínio dos *media*, exigido por essa mesma *Primeira Emenda*. A exigência constitucional de promoção do discurso coletivo não prevalece sobre a proibição constitucional de restrição estadual do discurso individual. Assim, *mesmo que a limitação da dimensão do megafone de um speaker permitisse que mais speakers fossem ouvidos*, o governo deve mostrar que esta restrição é neutral,

[1325] STUCKE, Maurice E./GRUNES, Allen P. (2001). "Antitrust and the Marketplace of Ideas", in *Antitrust L.J.*, vol. 69, nº 1; p. 276.

[1326] STUCKE, Maurice E./GRUNES, Allen P. (2001). "Antitrust and the Marketplace of Ideas", in *Antitrust L.J.*, vol. 69, nº 1; p. 279.

[1327] SHELANSKY, Howard A. (2006). "Antitrust Law as Mass *Media* Regulation: Can Merger Standards Protect the Public Interest?", *in California Law Review, Inc., Vol. 94,* nº 2; p. 413.

em termos de conteúdo, essencial a um objetivo legítimo e não mais que o estritamente necessário. Para cumprir este mandato, as autoridades da concorrência, que atuam no mercado dos *media*, devem ter em atenção os direitos de expressão das partes que se encontram em processo de fusão ou de concentração, independentemente dos benefícios, para o conteúdo ou para a expressão, de terceiros ou dos consumidores. O Supremo Tribunal norte-americano tem sustentado que a regulação económica da propriedade dos *media* deve ser sujeita a estrito escrutínio, à luz da *Primeira Emenda*, para verificar a neutralidade regulatória do ponto de vista do conteúdo e a ausência de propósito de restrição da livre expressão[1328].

20. A Dimensão Constitucional Garantística da Propriedade dos *Media* na Ordem Jurídica Portuguesa

20.1. No ordenamento jurídico-constitucional português vigente, a propriedade dos *media* está sujeita a critérios específicos de intervenção do Estado, em conformidade com uma dimensão garantística e publicística que excede a mera defesa da concorrência. Salvo no caso da imprensa escrita, a regulação constitucional da liberdade de iniciativa e do direito de propriedade é mais restritiva, como veremos mais à frente[1329]. Para além dos limites do Tratado de Funcionamento da União Europeia, (TFUE), quanto ao exercício de liberdades económicas, a intervenção do Estado, no setor, não pode deixar de exigir uma ponderação entre os valores inerentes à liberdade de expressão e os objetivos de livre circulação.

A Constituição da Comunicação fornece critérios expressos de interpretação, donde decorre a necessidade de compatibilizar a iniciativa privada com determinados valores e interesses, que alguma doutrina qualifica de superiores[1330], como os da liberdade de imprensa e do pluralismo. Efetivamente, no

[1328] Segundo SHELANSKY, os casos *Time Warner, Fox e Sinclair* sugerem que, mesmo quando uma autoridade tem especifica autorização do Congresso, em matéria de diversidade e concorrência, através de regras neutras de conteúdo, os tribunais exigem fortes provas de que as restrições na propriedade são necessárias, para prevenir danos genuínos. – SHELANSKY, Howard A. (2006). "Antitrust Law as *MassMedia* Regulation: Can Merger Standards Protect the Public Interest?", *in California Law Review, Inc., Vol. 94,* nº 2; p. 419

[1329] Sobre a evolução das restrições às liberdades económicas de iniciativa e de empresa privada de comunicação social, ao longo das sucessivas revisões constitucionais da atual CRP, após a revolução de 1974. – RABAÇA, Clara Elete Gomes (2002). *O Regime Jurídico-administrativo da Concentração dos Meios de Comunicação Social em Portugal,* Almedina: Coimbra; pp. 81-131.

[1330] MENDES, Evaristo Sousa (2010). *Anotação ao Artigo 61º, in Constituição Portuguesa Anotada, Tomo I,* 2ª Edição, MIRANDA/MEDEIROS, Coimbra Editora: Coimbra; p. 1194.

atual ordenamento jurídico-constitucional, a Constituição não veda à iniciativa privada qualquer setor da atividade económica, mas, nalguns casos, como os atinentes ao nosso domínio material normativo, essa iniciativa encontra-se qualificada por fins superiores, não económicos, o que implica formas de disciplina e controlo apropriados[1331]. É o caso, precisamente, das empresas de comunicação social, cruciais nas contemporâneas sociedades de informação, atento o risco de influências negativas ou mesmo de manipulação, inclusivamente políticas[1332].

Os princípios que poderão contender com a regulação constitucional da propriedade dos *media* são a liberdade de iniciativa económica privada, protegida *"nos quadros definidos pela Constituição e pela lei e tendo em conta o interesse geral"*[1333] e o direito de propriedade privada, nomeadamente a garantia da propriedade e da sua transmissão[1334]. Convém referir que a própria Constituição considera que a requisição e a expropriação por utilidade pública só podem ser feitas, com base na lei e mediante o pagamento de uma justa indemnização[1335]. Por outro lado, a Constituição consagra expressamente, como princípio fundamental da organização económica e social, o princípio da subordinação do poder económico ao poder político democrático[1336], sendo uma incumbência prioritária do Estado garantir o funcionamento eficiente dos mercados, de modo a garantir a equilibrada concorrência entre as empresas, devendo contrariar, nos termos constitucionais, *"as formas de organização monopolistas"* e reprimir *"os abusos de posição dominante e outras práticas lesivas do interesse geral"*[1337].

No que concerne, especificamente, à Constituição da Comunicação, avulta a consagração expressa dos princípios da transparência e do controlo de concentração económica[1338], restrições constitucionais expressas às liberdades

1331 MENDES, Evaristo Sousa (2010). *Anotação ao Artigo 61º, in Constituição Portuguesa Anotada, Tomo I*, 2ª Edição, MIRANDA/MEDEIROS, Coimbra Editora: Coimbra; p. 1210.

1332 MENDES, Evaristo Sousa (2010). *Anotação ao Artigo 61º, in Constituição Portuguesa Anotada, Tomo I*, 2ª Edição, MIRANDA/MEDEIROS, Coimbra Editora: Coimbra; p. 1210.

1333 Cfr. Artigo 61º, número 1, da CRP.

1334 Garantido no artigo 62º, número 1º, da CRP.

1335 Cfr. Artigo 62º, número 2, da CRP.

1336 Cfr. Artigo 80º, alínea *a)*, da CRP.

1337 Cfr. Artigo 81º, alínea *f)*, da CRP.

1338 Paulo OTERO salienta a importância destes princípios como *"formas da ordem jurídica de um Estado constitucional poder limitar, eliminar ou combater manifestações informais de um poder oculto, responsável pela debilitação da legitimidade democrática dos representantes do povo e protagonistas do poder político formal."* – OTERO, Paulo (2010). *Direito Constitucional Português: A Organização do Poder Político*, Vol II, Almedina: Coimbra; p. 152 e 154.

económicas de iniciativa, de empresa e propriedade privada, que revestem, consensualmente, a natureza de direitos fundamentais de natureza análoga, equiparáveis aos direitos, liberdades e garantias, sendo-lhes aplicável o correspetivo regime de proteção[1339].

Por conseguinte, uma das missões específicas constitucionais atribuídas ao Estado, reveladora de preocupações de natureza garantística, é a da exigência expressa de que a lei assegure, com caráter genérico, a divulgação da titularidade dos órgãos de comunicação social[1340]. A lei, por sua vez, pretendendo dar exequibilidade ao comando constitucional, exige que as empresas jornalísticas e noticiosas e os operadores de rádio e de televisão divulguem, publicamente, o seu capital social, bem como a relação discriminada dos seus titulares e dos seus órgãos sociais, sendo o Registo desses elementos feito pelo Regulador. Contudo, no contexto legal anterior, pese a omissão da lei nesse sentido, a ERC decidiu tornar públicas as restantes entidades que integram os grupos de comunicação social, bem como as eventuais relações entre os diferentes grupos, através do Portal da Transparência. Note-se, porém que a disponibilização desses elementos não era obrigatória, dispondo os órgãos de comunicação social de liberdade na respetiva divulgação[1341]. A concretização do princípio da transparência é considerada uma das formas mais eficazes de realizar a defesa do pluralismo, ajudando a impedir concentrações, no quadro da máxima de que se torna necessário limitar a liberdade para preservar a liberdade[1342]. Cumpre realçar, não obstante, que estas obrigações constituem

[1339] A liberdade de iniciativa privada corresponde a uma liberdade, *"reconhecida como valor fundamental pela Constituição, que só por esta e pela lei pode ser integrado e delimitado (porque de um direito fundamental se trata, lei aqui significa lei parlamentar, objeto e reserva relativa)."* – FRANCO/António Sousa/ MARTINS, Guilherme d'Oliveira (1993). *A Constituição Económica Portuguesa: Ensaio Interpretativo*, Almedina: Coimbra; p. 197; MIRANDA, Jorge (2012). *Manual de Direito Constitucional*, Tomo IV, Coimbra Editora: Coimbra; p. 178; RABAÇA, Clara Elete Gomes (2002). *O Regime Jurídico-administrativo da Concentração dos Meios de Comunicação Social em Portugal*, Almedina: Coimbra; p. 218.

[1340] Cfr. Artigo 38º, nº 3, da CRP.

[1341] Mesmo na ausência de previsão legal expressa, a ERC solicitava, anualmente, aos principais grupos de *media* os elementos relativos aos detentores do capital social e órgãos diretivos das várias empresas que integram os grupos. Esse pedido, não previsto na lei, era feito ao abrigo do nº 5 do artigo 53º dos Estatutos da ERC, que determina que as entidades que prosseguem atividades de comunicação social devem fornecer à ERC as informações e os documentos que este organismo solicite, no prazo máximo de 30 dias. Ainda recentemente a ERC fez um apelo público ao legislador para reforçar as obrigações de transparência de propriedade dos órgãos de comunicação social, pedido que correspondeu aos anseios e planos do legislador.

[1342] RABAÇA, Clara Elete Gomes (2002). *O Regime Jurídico-administrativo da Concentração dos Meios de Comunicação Social em Portugal*, Almedina: Coimbra; p. 291.

restrições à liberdade de empresa privada, pelo que não devem ser excessivas nem desproporcionadas[1343]. Em junho de 2015, a Assembleia da República aprovou o novo regime[1344] da transparência da titularidade, da gestão e dos meios de financiamento das entidades que prosseguem atividades de comunicação social.

A Constituição também atribui ao Estado, expressamente, a missão específica de impedir a concentração das empresas titulares dos órgãos de comunicação social, "designadamente através de participações múltiplas ou cruzadas", nos termos do artigo 38º, número 4, da CRP, com o objetivo de garantir a liberdade e a independência destas empresas, face ao poder político e económico[1345]. Independentemente das divergências ideológicas entre os

[1343] Submetido a parecer da ERC, o Projeto-lei nº 506/XII (3ª), do PS pretendia assegurar a transparência da propriedade da generalidade dos meios de comunicação social, através de «*um reforço ao nível das obrigações de publicitação da sua titularidade, bem como, a previsão de obrigações de informação específicas quanto à detenção de participações qualificadas*". Prevê-se também um reforço do quadro sancionatório, não se limitando à mera aplicação de coimas, mas implicando, também, com natureza cautelar, restrições à utilização do direito de voto nas sociedades participadas e na retenção dos valores inerentes à participação qualificada em causa. Não obstante o mérito do desiderato legislativo, consideramos, porém, que algumas das soluções propostas são de duvidosa constitucionalidade, por serem excessivas e atentatórias do princípio da proporcionalidade, *stricto sensu*. Com efeito, nos termos do artigo 13º, atinente ao incumprimento de deveres de transparência, estipula o número 1 que *"na ausência de comunicação, no caso de esta não identificar toda a cadeia de entidades a quem a participação qualificada deve ser imputada ou se, em qualquer caso, existirem fundadas dúvidas sobre a identidade daquelas entidades ou sobre o cumprimento cabal dos deveres de comunicação, a ERC notifica deste facto os interessados, os órgãos de administração e de fiscalização e o presidente da mesa da assembleia-geral da entidade que prossegue atividades de comunicação social, bem como os respetivos revisores oficiais de contas e auditores publicamente conhecidos"*. Nos termos do nº 2, *"até 10 dias úteis após a notificação, podem os interessados apresentar prova destinada a esclarecer os aspetos suscitados pela notificação da ERC, ou tomar medidas com vista a assegurar a transparência da titularidade das participações qualificadas"*. Atente-se porém, que, segundo o nº 3, *se os elementos apresentados ou as medidas tomadas* pelos interessados não puserem fim à situação, a ERC publicita a falta de transparência", ficando, nos termos do nº 4, a partir de qualquer uma das publicações referidas no número anterior, imediata e automaticamente suspenso o exercício do direito de voto e dos direitos de natureza patrimonial, inerentes à participação qualificada em causa, até que a ERC publique nova comunicação e notifique as entidades referidas no nº 1 de que a situação de falta de transparência da titularidade das participações qualificadas se encontra corrigida.

[1344] O novo regime foi aprovado pela Lei nº 78/2015, de 19 de julho, que coincide, na essência, com a iniciativa legislativa apresentada pelo PS, abordada na nota anterior.

[1345] A atual versão desta disposição constitucional resulta da segunda revisão constitucional, de 1989, que veio alterar o seguinte texto da Lei Constitucional de 1982:
Artigo 38º, nº 6. *Nenhum regime administrativo ou fiscal nem política de crédito ou de comércio externo podem afetar, direta ou indiretamente, a liberdade de imprensa e a independência dos órgãos de informação perante os poderes político e económico, devendo o Estado assegurar essa liberdade e independência, impedir*

partidos que fizeram a revisão constitucional de 1989, a verdade é que houve consenso no sentido de ficar garantido constitucionalmente o princípio da não concentração[1346]. O que quer dizer que, de acordo com o número 4, *in fine*, o princípio do pluralismo requer o controlo da concentração das empresas jornalísticas, exigindo-se, designadamente, "*a comunicação da transferência de ações, e interditando-se qualquer ato de transferência ou aquisição tendente a conseguir posições dominantes no mercado para uma empresa ou holding de empresas*"[1347], podendo, e devendo, a lei recorrer a outras garantias. CANOTILHO defende uma obrigação estadual de assegurar "níveis adequados de pluralismo mediático"[1348], face a uma tendência para a criação de grandes grupos mediáticos, pela concentração horizontal e integração vertical, isto é, das várias etapas do produto mediático e da integração diagonal, ou seja, concentração de diferentes setores mediáticos. MIRANDA alerta para uma omissão inconstitucional, por considerar que a função atribuída à Reguladora é insuficiente, a todos os títulos[1349].

Esta imposição constitucional reveste natureza diferente das limitações gerais à concentração de empresas por razões de defesa da concorrência económica, as quais visam impedir, preventivamente, a criação de situações de posição económica dominante no mercado. Por conseguinte, pode uma concentração ser tolerável sob o ponto de vista da concorrência e não o ser sob o ponto de vista do pluralismo informativo, bem como pode ocorrer o inverso, cabendo, no ordenamento jurídico português, aquela incumbência à Autoridade da Concorrência e esta à ERC[1350]. Apesar de serem controlos de natureza distinta, a sua concretização

a concentração de empresas jornalísticas, designadamente através de participações múltiplas ou cruzadas, e promover medidas de apoio não discriminatório à imprensa.

1346 RABAÇA, Clara Elete Gomes (2002). *O Regime Jurídico-administrativo da Concentração dos Meios de Comunicação Social em Portugal*, Almedina: Coimbra; p. 124, nota 256.

1347 CANOTILHO/Gomes/MOREIRA/Vital (2007). *Constituição da República Portuguesa Anotada, Vol. I*, Coimbra Editora: Coimbra; p.585.

1348 CANOTILHO/Gomes/MOREIRA/Vital (2007). *Constituição da República Portuguesa Anotada, Vol. I*, Coimbra Editora: Coimbra; p. 586.

1349 MIRANDA sustenta que existe uma omissão legislativa inconstitucional pois, ao fim de tantos anos, ainda não foi dada plena exequibilidade ao comando constitucional. Na sua leitura, trata-se de uma omissão agravada por um constante fenómeno de concentração, segundo móbeis puramente económicos. O constitucionalista considera que a função atribuída à ERC é insuficiente a todos os títulos. – MIRANDA, Jorge (2014). "Liberdade de comunicação social e serviço público de rádio e de televisão", in *Media, Direito e Democracia*, Almedina: Coimbra; p.28.

1350 Cabe à Entidade Reguladora para a Comunicação Social, com a natureza de autoridade administrativa independente, assegurar:
a) a não concentração da titularidade dos meios de comunicação social – artigo 39º, número 1, alínea *b)*;

carece de uma articulação de competências entre a Autoridade da Concorrência e o Regulador dos *Media*[1351]. O novo regime jurídico da Concorrência[1352] não prevê regimes especiais para o setor das empresas de comunicação social, remetendo aliás, nos seus vários capítulos, para formas de articulação com autoridades Reguladoras sectoriais, sempre que a operação notificada tenha incidência num mercado que seja objeto de regulação sectorial[1353].

20.2. No caso do mercado dos *media*, existem regras específicas dispersas pelas várias leis sectoriais.

20.2.1. No que se refere à Imprensa[1354], a Lei de Imprensa[1355] sujeita a notificação[1356] as aquisições, por empresas jornalísticas ou noticiosas, de quais-

b) a possibilidade de expressão e de confronto das diversas correntes de opinião – artigo 39º, número 1, alínea *f)*.

1351 Um dos objetivos de regulação da ERC, nos termos dos seus Estatutos, é o de *"promover e assegurar o pluralismo cultural e a diversidade de expressão das várias correntes do pensamento"*, nos termos do artigo 7º, alínea *a)*. Para tanto, são-lhe conferidas importantes atribuições da ERC nesta matéria, algumas das quais devem ser articuladas com a Autoridade da *Concorrência:*
a) Salvaguardar o pluralismo e a diversidade velando pela não concentração da titularidade das entidades que exerçam atividades de comunicação social, sem prejuízo das competências da AdC – artigo 8º, alínea *b)* Estatutos ERC;
b) Zelar pela independência das empresas face aos poderes político e económico, artigo 8º, alínea c);
c) Garantir a efetiva expressão e o confronto de diversas correntes de opinião, em respeito pelo princípio do pluralismo e pela linha editorial de cada órgão de comunicação social – artigo 8º, alínea *e)*;
d) Assegurar o funcionamento regular e eficaz dos mercados de imprensa escrita e audiovisual, em articulação com a AdC – artigo 8º, alínea *g)*;
Compete ao Conselho Regulador da ERC:
a) Participar, em articulação com a Autoridade da Concorrência, na determinação dos mercados economicamente relevantes no setor da comunicação social; – artigo 24º, número 3, alínea *o)*;
b) Pronunciar-se, nos termos da lei, sobre as aquisições de propriedade ou práticas de concertação das entidades que prosseguem atividades de comunicação social – artigo 24º, número 3, alínea *p)*;
c) Proceder à identificação dos poderes de influência sobre a opinião pública, na perspetiva da defesa do pluralismo e da diversidade, podendo adotar as medidas necessárias á sua salvaguarda – artigo 24º, número 3, alínea *q)* Estatutos da ERC.

1352 Aprovado pela Lei nº 19/2012, de 8 de maio.

1353 No caso do controlo de operações de concentração, veja-se o artigo 55º da Lei da Concorrência.

1354 Sobre os condicionamentos à liberdade de iniciativa económica das empresas privadas de televisão, à luz do enquadramento legal anterior – RABAÇA, Clara Elete Gomes (2002). *O Regime Jurídico-administrativo da Concentração dos Meios de Comunicação Social em Portugal*, Almedina: Coimbra; pp. 288-311.

1355 Cfr. Artigo 4º, da Lei nº 2/99, de 13 de janeiro.

1356 À ERC (AACS).

quer participações em entidades congéneres; sendo aplicável o regime geral da concorrência, nomeadamente no que diz respeito às práticas proibidas – em especial o abuso de posição dominante – e à concentração de empresas. A mesma lei[1357] estipula, por sua vez, que as decisões da Autoridade da Concorrência relativas a operações de concentração de empresas, em que participem entidades referidas no número anterior, estão sujeitas a parecer prévio da Entidade Reguladora para a Comunicação Social, o qual deverá ser negativo, quando estiver comprovadamente em causa a livre expressão e confronto das diversas correntes de opinião, sendo neste caso vinculativo para a Autoridade da Concorrência. Não obstante, note-se que:

i) A lei apenas exige notificação à ERC quando o adquirente é uma empresa jornalística ou noticiosa, o que exclui o dever, nos casos em que a operação envolve uma pessoa singular, ou uma pessoa coletiva que desempenhe qualquer outro tipo de atividade, mas que pretenda aceder ao mercado da comunicação social. Refira-se ainda que dessa notificação não resulta, contudo, o poder da ERC se pronunciar sobre a operação notificada. Acresce que, nos termos do regime jurídico da Concorrência, apenas está prevista a comunicação obrigatória à Autoridade da Concorrência, nos casos previstos no artigo 37º, número 1, alíneas *a)* a *c)*[1358], ou seja, quando o volume de negócios das empresas envolvidas seja superior a determinados montantes, significativos;

ii) Consideramos que se poderá questionar a atribuição de livre margem de decisão administrativa nesta matéria, atento o regimeconstitucional do direito de fundação de jornais e de quaisquer outras publicações que não pode depender de autorização administrativa, caução ou habilitação prévias[1359]. Contudo, a exigência de mera notificação da aquisição e das operações em causa parece-nos estar em conformidade

[1357] O número 4 do mesmo preceito legal, na redação introduzida pela Lei nº 19/2012.

[1358] *a)* Quando conduza à aquisição, criação ou reforço de uma quota igual ou superior a 50 por cento no mercado nacional de um determinado bem ou serviço numa parte substancial deste;
b) Em consequência da sua realização se adquira, crie ou reforce uma quota igual ou superior a 30 % e inferior a 50 % no mercado nacional de determinado bem ou serviço, ou numa parte substancial deste, desde que o volume de negócios realizado individualmente em Portugal por pelo menos duas das empresas que participam na operação de concentração seja superior a cinco milhões de euros;
c) O conjunto das empresas que participam na concentração tenha realizado em Portugal um volume de negócios superior a 100 milhões de euros, desde que o volume de negócios realizado individualmente em Portugal por pelo menos duas dessas empresas seja superior a cinco milhões de euros.

[1359] Cfr. Artigo 38º, nº 2, alínea *c)*.

com a Constituição. A possibilidade de a autoridade administrativa recusar a operação só poderá justificar-se em casos verdadeiramente patológicos de verificação de práticas anticompetitivas, cuja repressão constitua uma garantia da própria liberdade de iniciativa económica.

20.2.2. No que se refere à Rádio[1360], a Lei da Rádio[1361] prescreve limites quantitativos de licenças e serviços de programas [1362], tal como no que sucede quanto à atividade televisiva[1363], pela Lei da Televisão[1364], sendo que as operações de concentração entre operadores de televisão sujeitas a intervenção da autoridade Reguladora da concorrência são submetidas a parecer prévio da ERC, o qual só é vinculativo quando se verifique existir fundado risco para a livre expressão e confronto das diversas correntes de opinião[1365].

20.2.3. Uma competência crucial do Conselho Regulador, neste quadro de articulação com a Autoridade da Concorrência, consiste na participação na

[1360] Sobre os condicionamentos à liberdade de iniciativa económica das empresas privadas de televisão, à luz do enquadramento legal anterior – Rabaça, Clara Elete Gomes (2002). *O Regime Jurídico-administrativo da Concentração dos Meios de Comunicação Social em Portugal*, Almedina: Coimbra; pp. 324-345.

[1361] Cfr. Números 3, 4 e 5 do Artigo 4º, da Lei nº 54/2010, de 24 de dezembro.

[1362] Nenhuma pessoa singular ou coletiva, do setor privado ou cooperativo, pode deter, direta ou indiretamente, designadamente através de uma relação de domínio:
i) Um número de licenças de serviços de programas radiofónicos de âmbito local superior a 10 % do número total das licenças atribuídas no território nacional;
ii) Um número de serviços de programas de âmbito nacional em FM igual ou superior a 50 % dos serviços de programas habilitados para a mesma área de cobertura e para a mesma faixa de frequência;
iii) No mesmo distrito, na mesma área metropolitana, no mesmo município ou, nas regiões autónomas, na mesma ilha um número de licenças de serviços de programas radiofónicos de âmbito local superior a 50 % dos serviços de programas com o mesmo âmbito habilitados em cada uma das circunscrições territoriais.

[1363] O artigo 4º -B foi introduzido pela Lei nº 8/2011, de 11 de abril.

[1364] No que se refere à atividade televisiva, a Lei da Televisão prescreve que : *i)* Nenhuma pessoa singular ou coletiva pode deter, direta ou indiretamente, designadamente através de uma relação de domínio, um número de licenças de serviços de programas televisivos de acesso não condicionado livre de âmbito nacional igual ou superior a 50 % do número total das licenças atribuídas a serviços de programas congéneres na mesma área de cobertura – Cfr. Artigo 4º-B da Lei nº 27/2007, de 30 de julho; *ii)* As alterações de domínio dos operadores estão sujeitos a autorização da ERC, não podendo, nos termos do número 4 do mesmo preceito, ocorrer num período de três anos após a emissão original da licença, dois anos após a modificação do projeto aprovado e um ano após a última renovação.

[1365] Cfr. Artigo 4º-B, número 3, da Lei da Televisão.

determinação dos mercados economicamente relevantes no setor da comunicação social[1366]. Efetivamente, a definição de mercado relevante, apesar de ser um instrumento típico da concorrência, desempenha um papel fundamental na análise de uma operação à luz do pluralismo e diversidade[1367], ainda que suscite todas as questões já problematizadas. Como vimos, muitos dos argumentos contrários à aplicabilidade das regras da concorrência ao setor dos *media* passam precisamente pela dificuldade de definição de mercado relevante, ainda que a Autoridade da Concorrência se esforce por densificar o conceito[1368], não vinculando, porém, a ERC, para efeitos de análise do pluralismo.

20.3. Da análise dos processos em que as questões do pluralismo e da diversidade foram ponderadas, por solicitação da Autoridade da Concorrência, para além de alguns critérios isolados[1369], é possível extrair alguns pontos seguros. Em primeiro lugar, a falta de identidade conceptual quanto à configuração do mercado de produto relevante:

20.3.1. A antecessora da ERC (Alta Autoridade para a Comunicação Social) decidiu mesmo, num caso, "aperfeiçoar a identificação apresentada

[1366] Cfr. Artigo 24º, número 3, alínea *o)*, dos Estatutos da ERC.

[1367] Ainda que nem sempre a ERC proceda à sua configuração – Veja-se na *Deliberação* 4/PAR-ER/2008, Parecer sobre o Projeto de Operação de Concentração entre a *Ongoing Strategy Investments, SGPS, SA* e a *Económica, SGPS, SA*. No documento, depois de caracterizar as participações das empresas envolvidas na operação, a ERC limita-se a concluir que a *Ongoing* não só não detém o controlo sobre a Imprensa, como não opera no mesmo mercado relevante da Económica, sem que o tenha definido. Mesmo na conclusão, a ERC "não levanta problemas" quanto ao funcionamento plural e transparente dos universos da imprensa periódica e da distribuição por cabo, de serviços de programas televisivos.

[1368] No Ccent. Nº 41/2008, *Ongoing/Económica*, a AdC escreve que para a delimitação do mercado do produto, e para além do âmbito geográfico das publicações, há que ter em conta fatores como a periodicidade e o conteúdo editorial. Contudo, no processo em análise, a AdC aceitou, no ponto 30, a delimitação proposta pela Notificante *(Ongoing)*, considerando, como mercados relevantes autónomos, os mercados da imprensa nacional económico-financeira diária e não diária, *"tendo em conta que as conclusões da análise jus-concorrencial da presente operação não seriam distintas qualquer que fosse a delimitação de mercado adotada, uma vez que ela tem caráter conglomeral"*. Não obstante, a AdC considerou desnecessário pronunciar-se sobre todos os mercados relevantes, delimitados pela Notificante, uma vez que a obrigatoriedade de notificação prévia, decorre do preenchimento do limiar da quota de mercado de 30 por cento.

[1369] Ainda no processo *Ongoing/Económica*, a ERC valora, de forma inovatória, no seu parecer, no ponto 12, o facto de não serem conhecidas quaisquer práticas *"anteriormente desenvolvidas pela Ongoing, no setor da comunicação social, que indiciem o propósito, ou a simples eventualidade de esta empresa vir a impor restrições ao pluralismo e à diversidade de opiniões, por via da aquisição vertente"*.

pela notificante (AdC)" de mercado relevante. Estava em causa a aquisição pela Lusomundo *Media*, SGPS[1370] do controlo exclusivo da Ocasião – Edições Periódicas, Lda., e Anunciapress – Edições Periódicas e Anúncios, Sociedade Unipessoal, Lda.[1371]. Uma vez que o jornal Ocasião não possuía conteúdo editorial[1372], mas apenas anúncios classificados maioritariamente gratuitos e publicidade, a Autoridade da Concorrência configurou como mercado relevante o da divulgação de anúncios classificados. A AACS considerou que a delimitação de mercado relevante, para efeitos da salvaguarda do pluralismo e da liberdade de expressão e confronto de ideias, não poderia deixar de ter em conta o mercado das publicações periódicas, "sobretudo aquelas para as quais a obtenção de receitas através dos anúncios classificados se mostra existente e com expressão"[1373]. Assim, mercado relevante era o da divulgação, através da imprensa, de anúncios classificados[1374]. Seja como for, tal como a Alta Autoridade, o Conselho da Autoridade da Concorrência adotou uma decisão

[1370] A *Lusomundo Media, SGPS*, estava presente no mercado da divulgação de anúncios classificados, através das suas participações nas empresas jornalísticas proprietárias do *"Diário de Notícias"*, *"Jornal de Notícias"* e *"24 Horas"*. As restantes publicações, detidas por empresas participadas pela Lusomundo *Media*, designadamente os títulos *"Diário de Notícias do Funchal"*, *"Açoriano Oriental"* e *"Jornal do Fundão"*, atuavam de forma não significativa no mercado dos anúncios classificados.

[1371] Ccent. 03/2004 – *Lusomundo/Ocasião e Anunciapress*. O parecer da AACS consta da Deliberação, aprovada em reunião plenária, de 16 de março de 2004.

[1372] Conforme o parecer da AACS, uma vez que o *Ocasião* não possuía conteúdo editorial, só indiretamente poderia a operação analisada pôr em causa o pluralismo, dado que as receitas provenientes dos anúncios classificados assumem particular relevância para algumas publicações periódicas, *"cuja presença no mercado concorre decisivamente para garantir o pluralismo da comunicação social em Portugal"*.

[1373] Independentemente do sentido do parecer adotado, a diferença entre as duas configurações ficou evidente no parecer da AACS. No seu ponto 8, da análise das quotas dos principais intervenientes no mercado relevante – (entre 22/11/2003 e 30/11/2003) – constata-se que, antes de consumada a operação de concentração, a quota de mercado do conjunto das publicações do grupo *Lusomundo Media, S.G.P.S.*, atinge, em valor, 42 por cento, distribuída, desigualmente, por três periódicos *("Jornal de Notícias", "Diário de Notícias" e "24 Horas")*. Ora, a esse total, o *"Ocasião"*, dada a gratuitidade da maioria dos seus anúncios classificados, acrescenta apenas um por cento. Contudo, no ponto 11, ao restringir apenas a análise às publicações periódicas, intervenientes no mercado dos anúncios classificados, a AACS conclui que a operação vai permitir à *Lusomundo*, que até agora detinha 28,9 por cento do mercado, atingir uma quota de 62, 5 por cento.

[1374] A AACS considerou que a integração do jornal *"Ocasião"*, no Grupo Lusomundo, *"não aparenta, em si mesma, poder traduzir-se numa alteração da estrutura concorrencial do mercado de divulgação de anúncios classificados que, de forma comprovada, venha a lesar o pluralismo informativo, já que a notificante não detém nenhuma outra publicação de conteúdo exclusivamente publicitário e a quota de mercado dos anúncios classificados gratuitos do jornal Ocasião fica fora do mercado de venda de espaços considerado mais relevante para o efeito, de que fazem parte o DN, o JN e o 24 Horas, aliás com segmentos de leitores distintos"*. Mesmo assim, apesar do parecer positivo, a AACS alerta para *"a formulação do normativo que se está a aplicar, o*

de não oposição à operação de concentração em análise, sujeita, contudo, à imposição de condições e obrigações[1375].

20.3.2. Também nos processos Ccent. 32/2008 – Impresa/Edimpresa[1376] e Ccent. 41/2009 – Ongoing/Vertix/*Media* Capital, o Regulador dos *Media* sustentou, expressamente, que as definições de mercado de produto relevante, dadas pela Comissão Europeia e pela AdC, *"nem sempre coincidirão"* com o seu entendimento, uma vez que *"os objetivos prosseguidos pelas entidades em questão são diferentes"*, cabendo à AdC *"salvaguardar a eficiência económica e proteger os interesses dos consumidores"*, ao passo que o objetivo da ERC, pode ler-se no citado parecer, é o de "garantir o pluralismo". A diferença de perspetivas torna-se evidente, neste ponto, no processo *Ccent. 41/2009 – Ongoing/Vertix/Media Capital:*

a) As Notificantes identificam os seguintes mercados de produto relevantes na notificação à Autoridade da Concorrência: *i)* Publicidade em TV em sinal aberto; *ii)* Publicidade na Rádio e *iii)* Publicidade em Televisão por Subscrição de Acesso não Condicionado;
b) A ERC começou por identificar como relevante, para efeitos do parecer, as seguintes "áreas de atividade": *i)* Televisão em sinal aberto – *free-to-air*; *ii)* Televisão de acesso não condicionado por subscrição; *iii)*

qual, exigindo a comprovação prévia de lesão ao pluralismo como critério indispensável de um parecer negativo, condiciona fortemente qualquer parecer neste sentido".

1375 Nos termos da conclusão da Autoridade da Concorrência, a *Lusomundo* teve de comprometer-se, nos três anos seguintes, a não descontinuar a circulação do jornal *"Ocasião"*, *"enquanto a sua exploração económica for rentável e a não tomar quaisquer medidas de gestão que, de alguma forma, possam contribuir para desvirtuar o normal funcionamento do jornal, bem como a manter o acesso dos particulares à publicação gratuita de pequenos anúncios classificados."*

1376 O parecer da ERC consta da Deliberação *2/PAR- ER/2008* – Em causa, estava a operação de concentração que se consubstanciou na aquisição do controlo exclusivo da *Edimpresa Editora, Lda. pela Impresa – Sociedade Gestora de Participações Sociais, S. A.* A *Edimpresa* era controlada, em conjunto, pela *Edipresse Internacional, SARL e pela Impresa*, detendo cada uma das referidas empresas 50 por cento do capital social da *Edimpresa*. A *holding Impresa* detinha, no momento, na imprensa o *Expresso, Autosport, Blitz, Volante, Hype, Courier International e Surf Portugal*; na área da televisão, participações sociais *na SIC, Sociedade Independente de Comunicação, SA, e na VASP – Distribuidora de Publicações, Lda., e na Lusa – Agência de Notícias de Portugal, SA.* Por sua vez a *Edimpresa* possuía participações na *Hearst Edimpresa, Lda. (que edita a revista Cosmopolitan). Gesco, SA (dedicada à gestão dos arquivos das publicações na área da imprensa do Grupo Impresa), Edimpresa.Com.Lda (que explorava o site NETJOVENS), a N.P., Notícias de Portugal, CRL (que configura uma cooperativa de utentes de serviços de informação, acionista da agência Lusa), e a Comfutebol, Lda. (sociedade que foi dissolvida em 2008)*. Por último, a *Edimpresa* publicava as seguintes revistas: *Ativa, Arquitetura&Construção, Barbie, Caras Decoração, Casa Cláudia, Casa Cláudia Ideias, Cosmopolitan, Exame, Exame Informática, FHM, Princesas Disney's, Stuff, Telenovelas, Turbo, TV Mais, Visão, Visão Junior, Witch e Jornal de Letras.*

Rádio; *iv)* Imprensa; *v)* Produção de conteúdos televisivos e *vi)* Edição via *internet*; O Conselho quis ainda analisar os efeitos da operação no mercado de trabalho dos jornalistas.

c) Todavia, após uma primeira análise, concluiu existir sobreposição com riscos relevantes para o pluralismo, apenas nas áreas dos serviços de programas em sinal aberto, dos serviços de programas temáticos de acesso não condicionado por assinatura e da produção de conteúdos televisivos[1377].

20.3.3. Em segundo lugar, em dois dos pareceres sobre pluralismo emitidos pela ERC, o Regulador dos *media* afirma a sua competência de análise do pluralismo, na sua dupla dimensão, externa (entendida como a "pluralidade de suportes ou de operadores") e interna (que "exige uma apreciação qualitativa face à diversidade da informação difundida"). No que se refere à operação de aquisição exclusiva da *Edimpresa* pela *Impresa* e quanto à análise da operação propriamente dita:

a) A ERC concluiu que a operação não levantava problemas quanto ao funcionamento transparente e plural do mercado da imprensa, uma vez que não alteraria significativamente a estrutura desse mercado, tal como a aquisição exclusiva da Edimpresa pela Impresa "não afeta a sua posição nesse mercado"[1378];

b) Na opinião da ERC, o pluralismo externo será normalmente garantido assegurando-se a concorrência entre empresas de comunicação social, com vista ao confronto das informações e das diversas correntes de opinião, "sendo protegido essencialmente ainda que não exclusivamente" por dispositivos anticoncentração;

c) A análise da operação à questão do pluralismo interno também não levantou dúvidas, porque a Impresa "*manifesta a intenção de manter a*

1377 Em rigor, ainda teve em consideração o setor da edição, via *internet*, uma vez que havia, também, aqui sobreposição. Contudo, a ERC concluiu, no ponto 42 do seu parecer, que seriam pouco relevantes os riscos para o pluralismo e diversidade, tendo em conta "*a significativa mobilidade que caracteriza este domínio, favorecida, designadamente, por um contexto normativo que não impõe restrições à entrada de novos operadores nem coloca especiais entraves ao desenvolvimento da sua atividade*".

1378 Neste ponto, a ERC sustentou que, tal como no processo *Controlinveste/Lusomundo Media*, com a operação de concentração, não são alteradas as quotas de mercado da imprensa generalista, quotas que têm sofrido uma redução nos últimos anos, com os jornais Sexta e Sol. Quanto à imprensa especializada, segundo a AdC, "*tem-se verificado o surgimento de novos títulos o que indicia a inexistência de barreiras significativas à entrada e um forte potencial de crescimento*".

oferta de publicações de elevada qualidade permitindo uma vasta escolha aos consumidores/leitores", até porque permaneciam no mercado da imprensa outras empresas relevantes, com quotas significativas – *Cofina Media, Controlinveste, Transjornal e Público Comunicação*[1379]. Da operação resultava, no mercado da imprensa semanal, generalista e de circulação nacional (excluindo jornais gratuitos), que a Impresa passava de uma quota de 35,4 por cento para 63,9 por cento, sobretudo devido à compra da Visão, que representava 28,5 por cento daquele mercado. A AdC concluiu que o dinamismo do mercado, com a entrada de novos *players* nos anos anteriores e a possível pressão das edições de fim de semana dos jornais diários criava uma pressão concorrencial sobre a entidade resultante da concentração.

20.3.4. Quanto à Operação de Concentração analisada no processo *Ccent. 41/2010 – Ongoing/Vertix/Media Capital*[1380], a qual mereceu um dos dois únicos pareceres de oposição, emitidos pelo Regulador dos *media*, em toda a sua história:

a) A ERC considerou que a concretização da operação configuraria uma redução do pluralismo externo, dado que uma empresa, a *Ongoing*, passaria a deter, simultaneamente, poder de influência relevante em sociedades que controlam os únicos dois operadores privados de televisão em sinal aberto, em Portugal, e detentores de uma quota de audiências claramente maioritária e superior a 75 por cento do investimento publicitário em televisão, no ano de 2008[1381];

b) Na perspetiva do pluralismo interno, o risco seria agravado pelo facto de a *Media Capital* controlar a *Plural Entertainment*, uma empresa com uma presença muito significativa na produção de conteúdos, donde

[1379] A ERC sustentava, também, que, naquele momento, eram "inúmeras as publicações das empresas concorrentes *da Impresa*", como por exemplo, no mercado de jornais e revistas de conteúdo geral, *o Sol, a Sexta, a Focus e a Sábado*, e, no mercado de revistas de conteúdo especializado, *a Máxima Interiores, a Casa&Jardim, a Economia, a Automotor, a Bravo, a Mulher Moderna e a TV Guia*.

[1380] Estava em causa uma operação de concentração, notificada à Autoridade da Concorrência, nos termos da qual, a *Ongoing* propunha adquirir, à *Vertix*, ações representativas de até 35 por cento do capital da sociedade do grupo *Media Capital SGPS, SA*. A *Ongoing* é uma sociedade gestora de participações sociais, inserida no grupo *Ongoing*, grupo que já tinha participações em diversas empresas de comunicação social, nomeadamente a de 21, 77 por cento no capital social da *Impresa*. A *Vertix* era, à data da operação, uma sociedade gestora de participações integralmente detida pela *Prisa* que detinha 94,69 por cento do capital da *Media Capital*.

[1381] Com efeito, apesar de a participação da *Ongoing* na *Media Capital* ser, caso se concretizasse a operação, minoritária, os direitos que lhe eram atribuídos, pelo Acordo Parassocial, conferiam-lhe a capacidade para exercer uma influência dominante sobre a *Media Capital*.

poderia resultar maior uniformidade de conteúdos, caso se concretizasse a operação;

c) O Regulador dos *media* considerou ainda que a viabilização da operação "*resultaria num aumento significativo do risco de interferência na independência e autonomia dos jornalistas e restantes profissionais da comunicação social*", dada a capacidade exponencial de a *Ongoing* poder exercer pressões.

Em nome da salvaguarda do sistema mediático português e usando a natureza vinculativa do seu parecer negativo, a ERC manifestou a sua oposição, "*enquanto a Ongoing não efetivar a venda*" de ações da *Impresa*, de forma a tornar a sua participação social inferior a um por cento (a entidade com a qual, comprovadamente, não se encontre em qualquer tipo de relação jurídico-contratual) e desde que se obrigue a não aumentar esse valor, nem "*interfira, direta ou indiretamente, isolada ou conjuntamente, em quaisquer assuntos sociais, editoriais ou de qualquer outra natureza*" da *Impresa*, enquanto for acionista da *Media Capital*. Na sequência deste parecer, a AdC manifestou a sua oposição à operação, sendo que nunca a *Ongoing* preencheu as condições estabelecidas para a viabilização do negócio, o qual acabou por nunca se realizar. O segundo parecer de oposição, negativo mas condicionado, foi emitido na designada "Operação Triângulo". Regressaremos a este caso.

21. Rejeição de Um Conceito Constitucional Formal e Quantitativo de Pluralismo

21.1. O Tribunal Constitucional Federal alemão tem defendido que a liberdade de radiodifusão, prevista no artigo 5º, parágrafo 1, da Constituição alemã, ao mesmo tempo que pretende excluir eventuais ingerências governamentais nas rádios e televisões privadas, não só permite como reclama alguma regulação governamental[1382], no sentido da garantia de um conceito objetivo de diversidade de opiniões[1383]. O conceito de pluralismo acolhido no nosso ordenamento jurídico-constitucional não é muito diferente deste.

1382 FETZER, Thomas/YOO, Christopher S (2012) "The New Technologies and Constitutional Law", in *Faculty Scholarship*, Paper 545; p. 5.

1383 São relevantes dois fatores na determinação do tribunal:

i) a escassez do espectro e a necessidade de evitar que o governo controle um número significativo de canais televisivos;

ii) se os privados forem apenas motivados por considerações económicas, isso poderá levar à sobrevivência apenas daqueles programas mais escandalosos e sensacionalistas.

A regulação é necessária para proteger a diversidade através da imposição de algumas regras nos conteúdos das rádios e televisões privadas e para garantir que existe uma televisão pública independente, que não seja motivada pelo lucro e que possa emitir conteúdos sem valor comercial,

A comunicação social é o Quarto Poder, pela relação íntima que tem com a liberdade de expressão, pressuposto essencial da autenticidade do indivíduo. O controlo dos poderes públicos, que a comunicação social acaba por exercer, "*resulta de uma realidade fáctica que decorre de uma estruturação competitiva dos meios de comunicação que a ordem jurídica reconhece e utiliza*"[1384]. No fundo, a liberdade de expressão e de comunicação é um barómetro da saúde da democracia mas não se esgota nessa dimensão pública e objetiva, porque dessa forma seria fácil admitirmos todas as restrições à liberdade, em nome da democracia[1385]. A existência de pluralismo ideológico é, ainda hoje, o que distingue uma democracia de uma ditadura e ele implica multiplicidade e diversidade, variedade e diferença. Ele deve traduzir a liberdade de expressão e a liberdade de organização políticas, uma vez que só o conhecimento da diversidade ideológica permite aos cidadãos a participação livre e esclarecida no processo democrático. Esse pluralismo ideológico será, pelo menos aparentemente, mais facilmente obtido através de um pluralismo de meios ou canais de comunicação social, indispensável para uma ampla difusão e perceção da informação por um maior número possível de cidadãos. Ou, em princípio, através da garantia de que essa pluralidade de correntes e opiniões é garantida nos meios de comunicação social.

Se nos rendêssemos a uma leitura hiperbolizada do pluralismo constitucional, já refutada, as consequências a retirar do exposto seriam lineares. Não sufragamos, todavia, as posições daqueles[1386] que, em nome de um pluralismo forte, sustentam a impossibilidade de uma relação dual de convivência pacífica entre o pluralismo de valores e as indicações liberais[1387], imputando ao liberalismo um certo entendimento, segundo o qual tem de ser conferida primazia única a certos bens. Para estes autores, o pluralismo e o liber-

mas que são importantes para o debate politico. – Fetzer, Thomas/Yoo, Christopher S (2012). "The New Technologies and Constitutional Law", in *Faculty Scholarship*, Paper 545; p. 7.

1384 Machado, Jónatas E. M. (2002). *Liberdade de Expressão: Dimensões Constitucionais da Esfera Pública no Sistema Social*, Coimbra Editora: Coimbra; p. 267.

1385 Sobre as várias finalidades substantivas da Liberdade de Expressão, que integram uma conceção multifuncional e multissistémica das liberdades de comunicação – Machado, Jónatas E. M. (2002), *Liberdade de Expressão: Dimensões Constitucionais da Esfera Pública no Sistema Social*, Coimbra Editora: Coimbra; pp. 237 e segs.

1386 Gray, John (1998). "Onde os pluralistas e liberais se separam", *Análise Social, Vol XXXIII* (146-147); pp. 285 a 305.

1387 Para o autor, se for correta uma versão forte do pluralismo, o verdadeiro liberalismo é indefensável. – Gray, John (1998). "Onde os pluralistas e liberais se separam", *Análise Social, Vol XXXIII* (146-147), pp. 285 a 305.

alismo são doutrinas rivais, uma vez que um "pluralismo forte" rejeitaria a convicção fundamentalista da autoridade universal desta ou daquela forma de viver[1388], o que seria um pressuposto indesmentível do liberalismo. O nosso ordenamento jurídico-constitucional não se encontra capturado por um pluralismo forte ou arrogante.

21.2. Os Estatutos da ERC atribuem ao Conselho Regulador a competência para *"promover o pluralismo cultural e a diversidade de expressão das várias correntes de pensamento (...)"* e para garantir *"a efetiva expressão e o confronto das diversas correntes de opinião, em respeito pelo princípio do pluralismo e pela linha editorial de cada órgão de comunicação social"*[1389]. Esta é uma das mais importantes atribuições da ERC, a qual que não pode deixar de ser exercida tendo em consideração várias dimensões do problema, designadamente a necessidade de compatibilização do princípio constitucional do pluralismo, não apenas com as liberdades económicas e o direito de propriedade, mas também com a própria liberdade de informação e de criação editorial, protegidas constitucionalmente.

Com efeito, nenhuma entidade Reguladora pode ignorar que a sua ação pode ter, direta ou indiretamente, consequências dramáticas no mercado, introduzindo distorções desnecessárias que põem em causa a livre concorrência, pondo em causa a solidez financeira das empresas de comunicação social[1390]. Como já vimos, a existência de uma concorrência justa e leal é uma condição do pluralismo democrático, assumindo-se a proteção da liberdade de empresa também, neste domínio, uma garantia da liberdade de comunicação. Bavasso alerta mesmo para os efeitos que a fragmentação da propriedade[1391] pode surtir na independência financeira das empresas de *media*, tornando-as vulneráveis à agenda política ou dependentes de proprietários com interesses comerciais distintos dos relacionados com os *media*.

Mas qual é o conceito de pluralismo acolhido pelo nosso ordenamento jurídico? Um conceito formal ou material de Pluralismo? Interno e externo? Qual a medida da exigência constitucional de impedimento da concentra-

[1388] Gray, John (1998). "Onde os pluralistas e liberais se separam", *Análise Social, Vol XXXIII* (146-147); p. 305.

[1389] Artigos. 7º, al. *a)* e 8º, al. *e)*.

[1390] Sobre a ligação entre a liberdade de iniciativa económica e a atividade de televisão – Alexandrino, José de Melo (1998). *A Atividade Constitucional da Televisão*, Coimbra Editora: Coimbra; pp. 151 e segs.

[1391] Bavasso, Antonio (2012). "*Media* Plurality: Under the Skin of Control – Concept, Context and Reform", *in CPI Journal – Competition Policy International, Vol 8*, number 2; p. 80.

ção, enquanto forma de garantir o pluralismo? Conforme alerta MACHADO, a nosso ver, de forma pertinente, ainda que exista clareza do ponto de vista dos princípios – garantir o bom funcionamento do mercado de ideias, do rigor informativo, do pluralismo de expressão e a própria independência perante o poder político e económico – "*não existe uma unanimidade relativamente ao modo como este impedimento da concentração deva ser efetivado, sobretudo num contexto de internacionalização da comunicação e de permanentes lutas estratégicas de reposicionamento dos media*"[1392].

No contexto mediático norte-americano, há mesmo quem sustente que a FCC deveria admitir uma presunção geral em favor de fusões em pequenos mercados[1393], criticando a proibição de combinações de estações de televisão – quando uma empresa é detentora de duas estações de televisão ,– em pequenos mercados. Trata-se de uma regra que a FCC pretende que sirva o interesse público, identificado com a diversidade de radiodifusão, concorrência e localismo. SPIZER sustenta que, em geral, a existência de fusões em pequenos mercados televisivos é benéfico para as notícias locais e assuntos públicos. A FCC rende-se ao simplismo da inferência segundo a qual refletindo a perspetiva de uma estação de televisão a visão do seu proprietário, quantos mais proprietários, mais pontos de vista são assegurados e, por essa via, maior será o pluralismo e a diversidade.

Efetivamente, um conceito formal de pluralismo pressupõe a existência de regras formais restritivas da propriedade. Partindo da identidade entre proprietários dos *media* e os pontos de vista do órgão de comunicação social, este conceito exige o maior número possível de proprietários, como forma de obter o pluralismo ou a diversidade de pontos de vista disponíveis no mercado de ideias. A sua adoção implica uma presunção geral em desfavor de fenómenos de fusão ou de operações de concentração e é, geralmente, acompanhada da definição de quotas admissíveis de concentração no mercado, ou de limites absolutos no *share* do mercado informativo. Todavia, esta técnica regulatória baseada numa abordagem quantitativa encontra-se ultrapassada e suscita inúmeras dúvidas de constitucionalidade:

i) Insistimos na ideia de que o Pluralismo, formal e quantitativo, no sentido estrito de pluralidade, não é, em si, um valor constitucionalmente

[1392] MACHADO, Jónatas/BRITO, Iolanda Rodrigues (2013). *Curso de Direito da Comunicação Social*, Wolters Kluver Portugal; pp. 284 e segs.

[1393] SPIZER, Mathew L. (2010)."Television Mergers and Diversity in Small Markets", *Journal of Competition Law & Economics*, 6 (3); pp. 705 a 770.

protegido[1394]; pressupôs-se, no passado, que é o meio adequado à obtenção de um determinado resultado, como seja a autodeterminação de uma sociedade democrática; Não é, porém, o único bem valorizado pela Constituição;

ii) Essas regras, numéricas ou limites quantitativos, assumem a forma de quotas proibidas ou de transações comerciais vedadas, consubstanciando importantes restrições à iniciativa económica e liberdade contratual, sujeitas ao escrutínio constitucional, sendo materialmente inconstitucionais todas as normas restritivas que se revelem inaptas para servir o fim invocado pelo legislador – o pluralismo – e que atentem contra o princípio da proibição do excesso;

iii) Cabe apurar a compatibilidade dessa técnica com o direito protegido constitucionalmente de fundação de jornais e de quaisquer outras publicações, independentemente de autorização administrativa, caução ou habilitação prévias, no artigo 38º, nº 2, alínea *c)*[1395];

iv) Nos modernos mercados de capitais, não existe relação clara entre a titularidade do capital e as decisões editoriais – a propriedade é, regra geral, distinta do controlo efetivo editorial, existindo vários mecanismos na lei que garantem essa autonomia editorial[1396]; O inverso não é, porém, verdadeiro, atento o caráter *intuitu personae*, designadamente dos títulos habilitadores do exercício das atividades de rádio e de televisão[1397];

1394 No mesmo sentido, "Media Plurality", (2014) *Published by the Authority of the House of Lords;* p. 7.

1395 Hins, A.W. (2007). "Plurality of political opinions and the concentration of *Media*", *Amsterdam Law School Legal Studies Research Paper* nº 2012-36; p. 4 – O autor faz a mesma observação, a propósito da Constituição holandesa. O direito contido no artigo 7º reveste natureza negativa, uma vez que impede a interferência governamental, mesmo que baseada no desejo de proteger os consumidores, a cultura ou a democracia. O autor reconhece que as obrigações negativas, implicadas no artigo 7º, são o maior obstáculo à existência de regras específicas contra a concentração da imprensa. Se nenhuma licença pode ser exigida para a publicação de um jornal, seria estranho requerer-se licença para uma fusão de jornais. As objeções constitucionais tornam-se evidentes, quando o critério é o de saber qual o prejuízo para o pluralismo mediático. Esse teste implica estabelecer a utilidade de um jornal, para efeitos de violação do artigo 7º da Constituição: que jornais devem desaparecer ou devem sobreviver, deve ser decidido pelo mercado e não por uma autoridade administrativa. A mesma interpretação foi adotada pelo Tribunal de Indústria e Comércio em 2001 – a Autoridade Nacional da concorrência permitiu a transferência de um jornal para outra empresa, apenas após o compromisso de que o jornal manter-se-ia restrito a uma determinada área geográfica.

1396 Machado, Jónatas E. M. (2002). *Liberdade de Expressão: Dimensões Constitucionais da Esfera Pública no Sistema Social,* Coimbra Editora: Coimbra; p. 287.

1397 Não são admissíveis cláusulas contratuais através das quais a entidade requerente de uma autorização para o exercício da atividade de televisão adjudique a entidade distinta a gestão e a

v) Por vezes, não só (uma certa dose) concentração económica pode ser compatível com o pluralismo de conteúdos, como pode traduzir-se na sua condição essencial; um certo grau de concentração e de consolidação da propriedade pode promover uma melhor qualidade do conteúdo e favorecer a inovação e a integração multimédia;

vi) A existência de muitos proprietários não constitui nenhuma garantia da diversidade de conteúdos;

vii) O próprio OFCOM[1398] considera esta técnica desaconselhável[1399], pois embora a existência de uma quota proibida possa funcionar com a clareza de uma regra binária, não deixaria margem para a consideração adequada de questões comerciais de sustentabilidade e inovação. O Regulador britânico do audiovisual reconhece que a análise do pluralismo implica um julgamento subjetivo, o que torna irrealista a definição de níveis absolutos definitivos de pluralismo suficiente. Regressaremos a esta questão.

21.3. Por último, à luz da ordem jurídica portuguesa, acresce aos aspetos disfuncionais do atual enquadramento legislativo, a falta de razoabilidade do entendimento[1400], segundo o qual[1401], as regras que visam impedir a concentração da propriedade dos meios de comunicação previstas na LTV, nos termos previstos no artigo 4º B, número 3, não seriam aplicáveis ao serviço público de televisão. Efetivamente, não é possível defender uma alegada capacidade, potencialmente inesgotável, de expansão do serviço público, devendo a sua

responsabilidade pelos conteúdos emitidos no serviço de programas a autorizar.

1398 OFCOM, (2012) *Measuring media plurality: Ofcom's advice to the Secretary of State for Culture, Olympics, Media and Sport.*

1399 Mesmo aqueles que sustentam um controlo regulatório mais intenso da propriedade dos *media*, reconhecem que"*more is not the issue; enough is the question; listening/viewing is not the central concern; speech is the focal point*". – Cooper, Mark (2003). *Media Ownership and Democracy in the Digital Information Age*, Center for *Internet&Society*, Stanford Law School; O autor propõe a combinação de uma análiseestrutural do mercado dos *media* com uma análise qualitativa do seu desempenho.

1400 Conforme sustentámos, a propósito de um pedido da RTP nesse sentido.

1401 Pode ler-se, na proposta, que, quando os relatórios de ambas as análises coincidirem, será o OFCOM *board* responsável pela implementação dessa posição comum, no sentido de bloquear ou de permitir a operação. Em caso contrário, deverá valer o princípio de que o interesse do cidadão deve prevalecer sobre o interesse do consumidor e o uma sociedade democrática e bem informada deve pesar mais do que o custo da publicidade: "*where plurality is concerned, the citizen interest should have greater weight than at present in relation to the consumer interest, and a democratic and informed society should have greater importance than at present when weighed against the cost of advertising.*" – Media Plurality", (2014) *Published by the Authority of the House of Lords;* p. 61.

dimensão ser balizada pelas limitações espectrais e pelos direitos inerentes às licenças dos operadores privados. No contexto específico português, o princípio constitucional do pluralismo reclama que qualquer análise, para efeitos de concentração e de pluralismo, deve ter em consideração a RTP, enquanto empresa concessionária do serviço público de rádio e de televisão, tal como o OFCOM já sustentou a propósito da BBC, atento o seu peso no mercado da televisão, rádio e *online*[1402]. O receio de uma concentração da oferta de rádio e televisão, no serviço público, constitui, também, fundamento de preocupação para o Tribunal Constitucional Federal alemão, que, à semelhança da ordem dual de rádio televisão portuguesa, considera que é fundamental a existência de regulação[1403] para evitar que o Governo assuma o controlo de um número significativo de canais de televisão[1404], bem como para defender a exigência constitucional de o serviço público de televisão proteger a diversidade de opiniões na *internet*[1405].

À luz dos Tratados comunitários e da Constituição, e atendendo ao princípio geral da subsidiariedade do Estado, decorrente do todo da Constituição, o nosso ordenamento jurídico-constitucional não assume[1406] uma posição neutral no sentido da admissibilidade de uma iniciativa económica pública equiparável, nos seus fundamentos e limites, ao exercício do direito de iniciativa económica privada. Mesmo que não se adira à tese do caráter excecional e limitado da intervenção do Estado na gerência das atividades económicas privadas[1407], a questão dos limites à livre iniciativa económica pública reclama,

[1402] OFCOM, (2012) "Measuring *media* plurality: Ofcom's advice to the Secretary of State for Culture, Olympics, *Media* and Sport",

[1403] Atente-se, em plenos anos 80, nas especiais preocupações de garantia do pluralismo e da diversidade do Tribunal Constitucional alemão, designadamente no que se refere ao pluralismo interno no serviço público. O Tribunal reconhecia que as exigências feitas ao serviço público de televisão não deveriam ser as mesmas para a televisão privada.– Anotações ao Acórdão *BVerfGE* 73, 118 – *Cinquenta Anos de Jurisprudência do Tribunal Constitucional Federal Alemão,* (2005) Coletânea Original: Jürgen Schwabe, Org. e Introd. Leonardo Martins; Tradução: Beatriz Hennig, Leonardo Martins, Mariana Bigelli de Carvalho, Tereza Maria de Castro, Viviane Geraldes Ferreira; *Konrad – Adenauer- Stiftung* E.V., Montevideo: Uruguay; p. 485.

[1404] Fetzer, Thomas/Yoo, Christopher S (2012). "The New Technologies and Constitutional Law", in *Faculty Scholarship,* Paper 545; p. 7.

[1405] Fetzer, Thomas/Yoo, Christopher S (2012). "The New Technologies and Constitutional Law", in *Faculty Scholarship,* Paper 545; p. 10.

[1406] Amorim, João Pacheco de (2011). "A Constituição económica portuguesa: enquadramento dogmático e princípios fundamentais", *in Revista da FDUP* – A. 8; pp.31-106.

[1407] Miranda/Jorge/Medeiros, Rui *Constituição Portuguesa Anotada,* (2006) Tomo II, Coimbra Editora: Coimbra; p. 28.

pelo menos, uma resposta matizada, pois a eventual concentração pública da titularidade dos meios de comunicação social é igualmente problemática[1408].

Uma leitura constitucionalmente adequada conduz-nos à definição de limites constitucionais à iniciativa económica pública, os quais condicionam a criação de meios de produção pelo Estado ao princípio geral da competência, subordinado ao princípio da legalidade e funcionalizado à prossecução do interesse público[1409]. Ora, o fim só justifica os meios, quando a estes presida o princípio da proporcionalidade[1410], devendo envolver uma ponderação concreta entre as reais e previsíveis vantagens para o interesse público, decorrentes de uma tal forma de intervenção[1411]. Pese a ausência de uma reserva de empresa privada, valerá sempre o princípio de que a iniciativa económica pública, mesmo no mercado dos *media*, constitui, por regra, uma restrição a direitos de liberdade, designadamente da iniciativa económica privada ou da garantia constitucional de propriedade privada, tutelada pelo artigo 61º da CRP, enquanto direito, liberdade ou garantia de natureza análoga, como vimos[1412]. Mesmo num contexto concorrencial ou igualitário, trata-se de ocupar um espaço que a Constituição também destina à iniciativa privada, carecendo os poderes públicos de justificação da necessidade e adequação dessa afetação de recursos públicos, à luz do interesse público[1413].

1408 *"Independentemente da concentração pública ou privada da titularidade dos meios de comunicação social, por tais meios passa hoje um perigo acrescido de formação manipulada ou controlada da opinião pública: se a força da televisão como sujeito ativo da vida política, transformando a democracia representativa numa "vídeocracia" permite afirmar que o Homo sapiens cedeu lugar ao Homo videns, pode bem afirmar-se que a opinião púbica passa a querer aquilo que os meios de comunicação social pretendem que queira com a informação que fornecem."* – OTERO, Paulo (2010) *Direito Constitucional Português: A Organização do Poder Político*, Vol II, Almedina: Coimbra; p. 150.

1409 MIRANDA/Jorge/MEDEIROS, Rui *Constituição Portuguesa Anotada*, (2006). Tomo II, Coimbra Editora: Coimbra; p. 29.

1410 AMORIM, João Pacheco de (2011). "A Constituição económica portuguesa: enquadramento dogmático e princípios fundamentais", *in Revista da FDUP* – A. 8; p.64.

1411 OTERO, Paulo (1998). *Vinculação e liberdade de conformação juridica do setor empresarial do Estado*, Coimbra Editora: Coimbra; p. 205.

1412 MIRANDA/Jorge/MEDEIROS, Rui *Constituição Portuguesa Anotada*, (2006). Tomo II, Coimbra Editora: Coimbra; p. 30; AMORIM, João Pacheco de (2011). "A Constituição económica portuguesa: enquadramento dogmático e princípios fundamentais", *in Revista da FDUP* – A. 8; p.64.

1413 AMORIM, João Pacheco de (2011). "A Constituição económica portuguesa: enquadramento dogmático e princípios fundamentais", *in Revista da FDUP* – A. 8; p.65.

Secção IX
Constituição, Pluralismo e Liberdade Editorial

A análise das dimensões constitucionais do pluralismo não se esgota no pluralismo externo, atinente à questão da regulação da propriedade dos *media*, e na ponderação entre o principio pluralista, corolário do princípio democrático, e as liberdades de iniciativa económica privada. No contexto do pluralismo interno, cabe ponderar o mesmo princípio pluralista com a liberdade editorial, constitucionalmente prevista e protegida.

22. Da *(Un) Fairness*[1414] Doctrine: Velhos e Novos *Media*

22.1. A *fairness doctrine* constitui, ainda hoje, um dos temas mais polémicos do Direito Constitucional norte-americano da Comunicação[1415]. O exercício das atividades de rádio e televisão por operadores privados carece, desde sempre, de uma licença atribuída, administrativamente, pela FCC. Com base no argumento da ausência de frequências disponíveis para todos os que pretendem aceder à atividade e, quanto aos que o conseguem, o facto de poderem alegadamente controlar o conteúdo das respetivas emissões televisivas, o Congresso condicionou a atribuição de licenças à prossecução do interesse público[1416]. O direito do público à informação, entendido como o direito de ser destinatário de ideias diferentes provenientes de várias fontes informativas[1417], deveria prevalecer sobre o direito de transmissão de um particular indivíduo[1418]. No espírito de um mandato vago, conferido pelo Supremo Tribunal à FCC, o Regulador favoreceu, durante décadas, na atribuição ou renovação

[1414] Adotámos o título concebido por Gattuso, por o considerarmos sugestivo e ilustrativo da nossa posição. – Gattuso James (2007)."Back to Muzak? Congress and the *Un-Fairness doctrine*", *in Webmemo, Published by Heritage Foundation*, nº 1472.

[1415] Para alguns autores, o que estava em causa era a influência exercida pelos operadores privados sobre a inteligência política do país. – Barret, John C./ Frampton, Mary Louise (1970). "From The FCC's *Fairness doctrine* to the Red Lion's Fiduciary Principle", *5 Harv. C.R.-C.L. L. Rev.8.* Available at: http://scholarship.law.berkeley.edu/facpubs/1266; p. 89.

[1416] Ruane, Kathleen Ann (2011). "*Fairness doctrine*: History and Constitutional Issues", *Congressional Research Service;* p.1.

[1417] Heller, Maurice W. (1984). "Old Wine in New Bottles: Replacing the Fairness Doctrine with enforced competition in the Media", *Cardozo Arts & Entertainment,* Vol. 3; p. 129.

[1418] Heller, Maurice W. (1984). "Old Wine in New Bottles: Replacing the Fairness Doctrine with enforced competition in the Media", *Cardozo Arts & Entertainment,* Vol. 3; p. 131.

de licenças, aqueles serviços de programas que se preocupavam em garantir a diversidade de pontos de vista.

Em 1949, na sequência da formalização pelo *Communications Act* do poder da FCC de impor obrigações de interesse público aos operadores, o Regulador emitiu um controverso relatório[1419], no qual afirmava, expressamente, o dever dos operadores licenciados de garantir a cobertura de questões controversas de importância pública, "*in a fair and balanced manner*". A *fairness doctrine*[1420] traduzia-se em duas exigências básicas, qualificadas por alguma doutrina de "*sort of censorship in reverse*"[1421]: *i)* o dever de cada operador licenciado dedicar tempo razoável da sua emissão à discussão de assuntos controversos, de relevância pública; *ii)* nessa emissão, o operador deveria ser justo, facilitando a expressão de pontos de vista, diversos e contraditórios[1422/1423].

Em 1969, acusado de infringir a *fairness doctrine*[1424], o *Red Lion Broadcasting CO* impugnou a sua constitucionalidade, invocando a violação da *Primeira Emenda*, uma vez que permitia uma ingerência da FCC nos conteúdos das suas emissões de rádio. O Supremo Tribunal dos EUA rejeitou, porém, o recurso, com base no argumento da escassez de frequências de rádio[1425], o qual justi-

[1419] "*In the Matter of Editorializing by Broadcast Licensees*".

[1420] Para alguns autores, é possível atribuir ao *Federal Radio Act* de 1927 a inspiração da *fairness doctrine*. Para além da questão do espectro, o Congresso também estava preocupado com o acesso às emissões radiofónicas e por isso instruiu a *Federal Radio Commission*, antecessora da FCC, para regular o espectro, "*as public convenience, interest, or necessity requires*". A Comissão terá interpretado esta formulação como um mandato para sancionar as estações que não apresentassem uma diversidade de perspetivas sobre uma questão controversa. – Barret, John C./ Frampton, Mary Louise (1970). "From The FCC's *Fairness doctrine* to the Red Lion's Fiduciary Principle", 5 *Harv. C.R.-C.L. L. Rev.8;* p. 92.

[1421] Hall, Trevor L./Phillips, James C. (2011). "The Fairness Doctrine in Light of Hostile Media Perception", *in Commlaw Conspects,* Vol 19; pp. 395 e segs.

[1422] A regra *personal attack* determinava que, perante críticas pessoais dirigidas a indivíduos envolvidos no debate público, o operador tinha o dever, no prazo de uma semana, de notificar essa pessoa, fornecer-lhe uma cópia do programa e permitir-lhe uma oportunidade de resposta, através da emissão. A regra sobre política editorial exigia que, quando um operador se referisse a um candidato político, deveria dar aos outros candidatos ao mesmo cargo a oportunidade de reagir, através da sua emissão. – Ruane, Kathleen Ann (2011). "*Fairness doctrine*: History and Constitutional Issues", *Congressional Research Service;* p. 3.

[1423] Os desenvolvimentos do essencial desta doutrina acabaram por ser positivados na lei, tendo o Congresso revisto a Secção 315 do *Communications Act*, em 1959, no sentido de introduzir o que parecia ser uma aprovação tácita da atuação da FCC.

[1424] *Red Lion Broadcasting CO, Inc. v. Federal Communications Commission* (Red Lion).

[1425] "*Because of the scarcity of radio frequencies, the Government is permitted to put restraints on licensees in favor of others whose views should be expressed on this unique medium. But the people as a whole retain their interest in free speech by radio and their collective right to have the medium function consistently with*

ficaria a imposição de regulação estatal para garantir que os operadores de rádio e de televisão[1426], enquanto fiduciários[1427] ou *trustees*[1428], atuassem no sentido do interesse público[1429]. Os direitos, protegidos pela *Primeira Emenda*, ao pluralismo e diversidade de ideias dos cidadãos e a que os cidadãos sejam bem informados, mesmo contra a sua vontade, cuja verificação cabe à FCC[1430], deveriam ser, na perspetiva do Supremo, o parâmetro dos direitos e liberdades dos operadores de rádio e televisão, bem como dos seus jornalistas. Com esta decisão, os operadores viram as suas próprias liberdades de expressão e informação ameaçadas, não apenas pela severidade das sanções aplicáveis pelo incumprimento da *fairness doctrine*, mas também pela vagueza das obrigações a ela inerentes[1431] e o seu potencial para abusos administrativos discricionários[1432]. Em suma, estavam criadas as condições para o *chilling effect*[1433].

the ends and the purposes of the First Amendment. It is the rights of the viewers and listeners, not the right of the broadcasters, wich is paramount." – RUANE, Kathleen Ann (2011). "*Fairness doctrine*: History and Constitutional Issues", *Congressional Research Service;* p. 3.

1426 O Supremo baseia-se no argumento da escassez do espectro, inexistente na imprensa, para considerar inconstitucional a aplicação da *fairness doctrine* à imprensa escrita. – *Miami Herald Publishing Co. V. Tornillo*, 1974. Enquanto os operadores de rádio e televisão deveriam procurar um equilíbrio entre as suas escolhas jornalísticas e o interesse público, os jornais eram livres. Como escreveu o Chief Justice Berger: *"a responsible press is an undoubtedly desirable goal, but press responsibility is not mandated by the Constitution and like many other virtues it cannot be legislated."* – HELLER, Maurice W. (1984). "Old Wine in New Bottles: Replacing the Fairness Doctrine with enforced competition in the Media", *Cardozo Arts & Entertainment Law Journal*, Vol. 3; pp. 133 e segs.

1427 BEAUCHAMP, Tom L, "The FCC's *Fairness doctrine*", disponívelem http://www.stephenhicks.org/wp-content/uploads/2009/02/fcc.pdf

1428 KRATTENMAKER, Thomas G. /POWE Jr., L.A.(1985). "The *Fairness doctrine* today: A Constitutional Curiosity and a Impossible Dream", *Duke Law Journal, 151*; p. 152.

1429 Como notam FETZER e YOO, sendo escassos os canais televisivos, transforma-se a liberdade de expressão num jogo de vencedores e vencidos, no qual o facto de se permitir que alguém se possa expressar livremente conduz, inevitavelmente, ao silenciamento de outrem. Ao sugerir que a liberdade de expressão é limitada, impede-se o clássico argumento de que a solução para o "*low-value speech*" é mais expressão e não regulação governamental. – FETZER, Thomas/YOO, Christopher S (2012). "The New Technologies and Constitutional Law", *in Faculty Scholarship*, Paper 545; p. 3.

1430 Ou, como ironiza a doutrina, o direito do público de ver ou ouvir o que o regulador governamental determina que deve ser lido ou ouvido. – KRATTENMAKER, Thomas G./POWE Jr., L.A. (1985). "The *Fairness doctrine* today: A Constitutional Curiosity and a Impossible Dream", *Duke Law Journal, 151*; p. 154.

1431 O Tribunal considerou *espúrio* este argumento, tendo em conta os precedentes administrativos da FCC, que estabeleciam fronteiras, claras e razoáveis, para a aplicação da doutrina.

1432 BARRET, John C./ FRAMPTON, Mary Louise (1970). "From The FCC's *Fairness doctrine* to the Red Lion's Fiduciary Principle", *5 Harv. C.R.-C.L. L. Rev.8; p. 93.*

1433 HAZLETT, Thomas W./SOSA, David W. (1997). "Was the *Fairness doctrine* a "Chilling Effect"? Evidence from the Postderegulation Radio Market", *in The Journal of Legal Studies, Vol XXVI* (I), University of Chicago Law School; pp. 279-301.

22.2. Nos anos 80, porém, na senda de algumas vacilações jurisprudenciais[1434] e certas vicissitudes logísticas e práticas na sua execução[1435], a FCC começou a questionar a *fairness doctrine* e os seus propalados benefícios para a liberdade de expressão, uma vez que os operadores de rádio e televisão acabavam por decidir no sentido da não cobertura de acontecimentos importantes, para não terem de estar sujeitos às suas regras. A doutrina acabou por ser rejeitada em 1987[1436], no decurso de um processo que envolveu a *WTVH Syracuse, NY,* no qual, a FCC recusou aplicar sanções ao operador, por incumprimento da *fairness doctrine*, por a considerar atentatória da *Primeira Emenda* e prejudicial ao mercado de ideias[1437], ao permitir uma ingerência governamental inconstitucional nos critérios editoriais das televisões e rádios[1438]. Não se concretizou, pois, a profecia daqueles que, inspirados na decisão *Red Lion,*

[1434] Apenas cinco anos depois da decisão *Red Lion,* o Supremo Tribunal decidiu em sentido distinto, no caso *Miami Herald Publishing Co. V. Tornillo,* o que, para alguma doutrina, refletiu uma visão ortodoxa da liberdade de expressão. – MAGARIAN, Gregory (2008). "Substantive *Media* Regulations in Three Dimensions",*in The George Washington Law Review*, Vol. 76; p. 846.

[1435] Conforme relatam, impressivamente, HALL e PHILLIPS:*"One of the biggest issues was the amount of time required to deal with the massive amount of viewer complaints. Costs cannot be limited to the taxpayer alone, because stations and networks spent a great deal of capital and energy to protect themselves from potential regulatory action, in addition to the potential of losses of creativity and programming from concerns of falling afoul of the FCC. This concern was further exacerbated by the remarkably small number of cases in which the FCC actually overruled stations' editorial decisions. For example, in 1980, of the 10,301 Fairness Doctrine complaints the FCC received, only twenty-eight were found to have cause, and only six cases were decided against the station"*. – HALL, Trevor L./PHILLIPS, James C. (2011). "The Fairness Doctrine in Light of Hostile Media Perception", *in Comm'lawConspects,*Vol 19; p. 407.

[1436] Após a rejeição da *Fairness doctrine,* pela FCC, em 1987, os operadores – especialmente os de rádio –disponibilizaram-se para emitir maior diversidade de pontos de vista. O formato *Talk Radio,* até então raro, tornou-se o mais solicitado. Em 1990, era usado por 400 estações, mas em 2006, já eram mais de 1400 as estações de rádio que apostavam neste formato. – GATTUSO, James (2007), "Back to Muzak? Congress and the Un-*Fairness doctrine*", *in Webmemo, Published by Heritage Foundation,* nº 1472; p. 3.

[1437] A FCC sustentou que esta doutrina, baseando-se na afirmação do poder estatal ou governamental para aumentar o debate, constituía um paradoxo, pois a liberdade de expressão sempre implicou a ausência de controlo ou de supervisão governamental: *"Throughout most of our history, the principal function of First Amendment has been to protect the free marketplace of ideas by precluding government intrusion."*- RUANE, Kathleen Ann (2011). *"Fairness doctrine*: History and Constitutional Issues", *Congressional Research Service;* p. 7.

[1438] A doutrina considera esta tese incoerente e impraticável e sustenta o seu afastamento por via legislativa ou administrativa – KRATTENMAKER, Thomas G./POWE Jr., L.A. (1985). "The *Fairness doctrine* today: A Constitutional Curiosity and a Impossible Dream", *Duke Law Journal, 151;* pp. 151-176.

considerada uma *"constitucional curiosity"*[1439], escreviam que, se a FCC ignorasse o seu dever de aplicação implacável da sobredita doutrina, os tribunais encarregar-se-iam, eles próprios, de o fazer, *"and in perhaps a more vigorous manner than the broadcasting industry would like"*[1440].

22.3. A doutrina discute, atualmente, num plano estritamente jurídico-constitucional[1441], uma eventual pretensão de regresso da *fairness doctrine*, o que implicaria a revisão do caso *Red Lion* pelo Supremo Tribunal dos EUA, devendo os juízes ser confrontados com o nível de escrutínio constitucional aplicável e sua conformidade com o teste constitucional[1442]. Estando em causa uma interferência restritiva de conteúdos expressivos e informativos por parte de uma agência estatal/governamental (FCC), aplicar-se-ia, em princípio, o mais rigoroso e difícil nível de escrutínio constitucional *(strict scrutiny)*. Este nível de análise reclama, na sua fundamentação, a necessidade de invocação pelo Governo de um interesse fundamental e a demonstração de que a medida escolhida é a menos restritiva, entre as que sejam consideradas aptas à prossecução do fim invocado. Ou seja, não seria difícil antever que, atualmente, de acordo com um rigoroso nível de escrutínio, a norma seria considerada inconstitucional pelo Supremo Tribunal[1443]. Contudo, no caso *Red Lion,* o Supremo determinou que as restrições aos direitos, mesmo expressivos, dos operadores radiotelevisivos e dos seus critérios jornalísticos e editoriais, deveriam ser analisados em conformidade com um nível menos rigoroso de con-

[1439] Para KRATTENMAKER e K POWE Jr., o argumento usado pelo Supremo, de que existem mais indivíduos que querem exercer a atividade de televisão do que frequências para disponibilizar, é ridículo, trivial e irrelevante – RATTENMAKER, Thomas G./POWE Jr., L.A. (1985). "The *Fairness doctrine* today: A Constitutional Curiosity and a Impossible Dream", *Duke Law Journal, 151*; p. 154.

[1440] BARRET, John C./ FRAMPTON, Mary Louise(1970). "From The FCC's *Fairness doctrine* to the Red Lion's Fiduciary Principle", *5 Harv. C.R.-C.L. L. Rev.;* p. 103.

[1441] As divergências sobre a constitucionalidade da *Fairness doctrine* podem ser analisadas numa tripla dimensão: *i)* A primeira dimensão diz respeito aos interesses que a regulação substantiva serve: a vontade e os interesses da comunidade, por um lado, ou das elites governamentais e grupos poderosos; *ii)* a segunda dimensão prende-se com a determinação dos atores afetados: o excessivo poder dos *media* ou dos publicitários, ou a discricionariedade dos editores e dos repórteres; *iii)* a terceira é atinente aos objetivos da regulação: promover a discussão pública de assuntos importantes, ao mesmo tempo que se assegura uma diversidade de vozes e de pontos de vista nos *media,* ou o desígnio impossível de equilíbrio perfeito. – MAGARIAN, Gregory (2008). "Substantive *Media* Regulations in Three Dimensions", *the George Washington Law Review,* Vol. 76; p. 847.

[1442] RUANE, Kathleen Ann (2011). "*Fairness doctrine*: History and Constitutional Issues", *Congressional Research Service;* p. 8.

[1443] RUANE, Kathleen Ann (2011). "*Fairness doctrine*: History and Constitutional Issues", *Congressional Research Service,* p.8.

trolo de constitucionalidade, como é o "*intermediate scrutiny*". Neste patamar de controlo, basta que o Estado/Governo prove que a restrição é adequada e conforme ao interesse público, que seja dispensado da procura da alternativa menos restritiva. Por isso, o Supremo considerou, na sobredita decisão, que a escassez do espectro e a necessidade de garantir o acesso do público à diversidade de pontos de vista eram adequados a este escrutínio intermédio.

A FCC decidiu, em 1987, que o argumento da escassez do espectro já não era aplicável, uma vez que o número de operadores tinha aumentado, consideravelmente, desde o caso *Red Lion,* bem como as fontes de informação e o leque de perspetivas disponíveis ao público, através do cabo e canais de satélite e a facilitação da transmissão de ideias via *internet.* Em tese, é possível argumentar, pelo menos no contexto norte-americano, que os avanços tecnológicos tornaram o argumento da escassez do espectro obsoleto. Contudo, o Supremo tem reafirmado este argumento, com base na constatação do aumento da concentração da propriedade dos *media,* incluindo nas televisões, o qual seria responsável pela reversão do fenómeno do acréscimo de ideias, eventualmente gerado por outras fontes. A convicção na doutrina norte-americana é a de que, mesmo que o Supremo mantenha o mesmo nível de escrutínio constitucional, um eventual regresso da *fairness doctrine* seria inconstitucional, atentos os efeitos indesejáveis que produziu no mercado de ideias, em vez de, supostamente, tê-lo tornado mais robusto durante a sua vigência. Consensual é a tese da inaplicabilidade da *fairness doctrine* ao cabo ou satélite e à imprensa escrita, tendo o Supremo determinado o mais rigoroso nível de controlo constitucional *(strict scrutiny)* de tentativas restritivas dos seus conteúdos[1444].

22.4. Em tese, é possível afirmar-se que os princípios inerentes à *fairness doctrine* são, na prática, equivalentes a regras básicas do jornalismo[1445]. Cabe, todavia, observar que apesar de ser louvável o respeito pela ética jornalística, o ato de legislar para forçar esse comportamento é, no mínimo,

[1444] Em 2011, o Presidente da subcomissão parlamentar das Comunicações e Tecnologia enviou uma carta ao *chairman* da *FCC,* instando a Comissão a remover as regras do *Code of Federal Regulations,* atinentes à *Fairness doctrine,* consideradas letra morta.

[1445] Como nota MAGARIAN, *"critics of substantive regulation – especially current or former journalists – frequently endorsed the goal of presenting a range of perspetives on important issues, but they condemned regulators for not simply trusting journalists to achieve that goal"* – MAGARIAN, Gregory (2008). "Substantive *Media* Regulations in Three Dimensions", *the George Washington Law Review,* Vol. 76; p. 862.

fútil e sem significado e, no máximo, contraproducente e inconstitucional[1446]. Os objetivos da *fairness doctrine*, embora meritórios em abstrato no sentido de promover a *full and fair* cobertura dos assuntos controversos, podem ser atingidos através de outros meios, menos restritivos para o direito à informação e liberdade editorial. Alguns autores norte-americanos acusam mesmo os defensores da *fairness doctrine* de terem, consistentemente, errado na caracterização dos seus efeitos, ignorado os seus custos e menosprezado a possibilidade de a concorrência poder apresentar-se como alternativa[1447].

Como vimos, a eventual alternativa do pluralismo formal, aplicado à propriedade parte do falso pressuposto de que, através da regulação formal da propriedade dos *media*, seria possível proteger a liberdade e o pluralismo mediático, ao mesmo tempo que serviria melhor os interesses do consumidor[1448]. Entre outras questões já problematizadas, cumpre reiterar que, pelo menos no quadro mediático português, o ordenamento jurídico-constitucional preocupa-se em constituir garantias de independência dos *media* perante o poder económico. Sufragar essa tese como forma de garantir o direito do público à informação, implicaria, pela nossa parte, o reconhecimento do falhanço do sobredito comando constitucional. A ordem jurídica tem de garantir proteção dos critérios editoriais dos jornalistas, com uma regulação mais ou menos intensiva da propriedade [1449].

22.5. Como já aflorámos, os novos desafios do panorama mediáticos têm levado alguns autores a tentar reintroduzir a questão da *Fairness doctrine*[1450],

[1446] RATTENMAKER, Thomas G./POWE Jr., L.A. (1985). "The *Fairness doctrine* today: A Constitutional Curiosity and an Impossible Dream", *Duke Law Journal, 151*; p. 176.

[1447] RATTENMAKER, Thomas G./POWE Jr., L.A. (1985). "The *Fairness doctrine* today: A Constitutional Curiosity and an Impossible Dream", *Duke Law Journal, 151*; p. 159.

[1448] HELLER, Maurice W. (1984). "Old Wine in New Bottles: Replacing the Fairness Doctrine with enforced competition in the Media", *Cardozo Arts & Entertainment Law Journal*, Vol. 3; p. 144.

[1449] Para HELLER, o aspeto mais apelativo da concorrência é o de que permite que os jornalistas *"retain unlimited discretion as to what they will and will not publish"*. – HELLER, Maurice W. (1984) "Old Wine in New Bottles: Replacing the Fairness Doctrine with enforced competition in the Media", *Cardozo Arts & Entertainment Law Journal*, Vol. 3; p. 153.

[1450] Alguma doutrina considerava já, em 1993, particularmente ameaçador para a democracia a apropriação silenciosa dos *new media* pelos tradicionais gigantes de *media*: *RCA, Times Mirror, Westinghouse, Turner Broadcasting e BigThree*. Apesar de o número de fontes de informação nos EUA ser incomparável com outros países – 10.000 rádios e 1.400 estações de televisão –, a propriedade revela ser homogénea. – OKAMOTO, MickoJoan (1993). "A call to arms for the *fairness doctrine*", *in Helvidius*, Fall; p. 25.

através da reafirmação de um pleno direito de acesso aos *media*[1451], fundado diretamente na *Primeira Emenda*. Esta tese propugna que o mais amplo interesse do público na liberdade de expressão deveria prevalecer sempre sobre os argumentos em favor dos proprietários dos *media*[1452]. Para estes autores, as verdadeiras fontes de censura e de supressão das liberdades de informação e de expressão são os empresários dos *media*.

BARRON lidera os argumentos em favor deste direito de acesso, partindo da crítica a uma visão romântica da teoria constitucional da *Primeira Emenda*, segundo a qual o mercado de ideias é de livre acesso. Para o autor, mesmo que alguma vez isso tivesse sido verdade, já teria por certo deixado de o ser[1453]... Não obstante, parece-nos que os argumentos em favor deste direito de acesso são pouco persuasivos, conforme sugestivamente desconstrói LANGE[1454], em especial, os que se baseiam num particular aspeto do mito do mercado de ideias[1455]: a noção de que a *Primeira Emenda* pretendia criar um mercado de ideias e que isso só seria possível com meios de comunicação social que fossem um efetivo fórum de expressão de opiniões divergentes. A diversidade de posições não é, necessariamente, um objetivo da *Primeira Emenda*, porquanto essa diversidade não é em si valorizada. Apenas se pressupõe que as conclusões certas serão mais facilmente obtidas através dessa diversidade, do que através de uma seleção autoritária. O objetivo são as conclusões, não a diversidade em si. A *Primeira Emenda* constitui uma proteção contra a supressão de ideias, com a sua garantia o mercado poderá emergir, mas isso não quer dizer que o faça necessariamente, ou que o resultado seja *fair or balanced*[1456].

O principal argumento aduzido pela FCC para abandonar a doutrina foi o de que o crescimento explosivo na tecnologia dos *new media* debilitou a justi-

1451 BARRON foi o primeiro a propor um direito de acesso em – *Access to the Press – a New First Amendment Right.*

1452 LANGE, David L. (1973). "The role of the Access Doctrine in the Regulation of the Mass *Media*: A Critical Review and Assessment", *in North Carolina Law Review*, 52, 1: November; p. 9.

1453 BARRON, Jerome A. (1967). "Access to the Press: A new First Amendment Right", 80 *Harvard Law Review*. 2. 395; p. 1641.

1454 LANGE, David L. (1973). "The role of the Access Doctrine in the Regulation of the Mass *Media*: A Critical Review and Assessment", *in North Carolina Law Review*, 52, 1: November; p. 11.

1455 *"The federal government has created for itself a role in protecting the marketplace of ideas and the public right to know"*. – HELLER, Maurice W. (1984). "Old Wine in New Bottles: Replacing the Fairness Doctrine with enforced competition in the Media", *Cardozo Arts & Entertainment Law Journal*, Vol. 3; p. 125.

1456 LANGE, David L. (1973). "The role of the Access Doctrine in the Regulation of the Mass *Media*: A Critical Review and Assessment", *in North Carolina Law Review*, 52, 1: November; p. 11.

ficação da escassez do espectro[1457]. Contudo, mesmo perante os *novos media*, rapidamente se erguem os mesmos velhos argumentos:

i) Os *mass media* tornaram-se um meio fundamental de influência desconhecida e, por isso, demasiado importantes para que os seus proprietários possam determinar livremente os seus conteúdos;
ii) A emergência dos *mass media* trouxe novas ameaças à livre trocas de ideias, em virtude da concentração do poder económico, o que supostamente inibe o debate ideológico e ergue barreiras, constantes, perante aqueles que pretendem criar novos meios de comunicação[1458].

Magarian, por exemplo, inspirado na dualidade argumentativa elaborada pelo Supremo Tribunal dos EUA, para sustentar a inconstitucionalidade da aplicação da *fairness doctrine* à imprensa escrita, sugeriu um controlo substantivo da rádio e da televisão para compensar a *internet*, cuja regulação considera ser implausível e indesejável[1459]. Rejeitando propostas, como a de Sunstein, no sentido de propor um conjunto de controlos de conteúdos da *internet*, que forcem os indivíduos a serem confrontados com ideias impopulares e imprevistas *online*[1460], o autor defende que qualquer revivescência da fairness doctrine deve ter em conta os efeitos da *Internet* no discurso público e procurar oferecer, na *conventional mass media*[1461], o que a *internet* não

[1457] Como já escrevia Heller em 1984, "*in the near future, the existing electromagnetic spectrum may be rendered limitless by digital data compression, time division multiple access (TDMS) and dual polarization techniques*". Para o autor, em tese, a *fairness doctrine* apenas encontraria justificação no direito à informação. – Heller, Maurice W. (1984) "Old Wine in New Bottles: Replacing the Fairness Doctrine with enforced competition in the Media", *Cardozo Arts & Entertainment Law Journal*, Vol. 3; p. 136.

[1458] Lange, David L. (1973). "The role of the Access Doctrine in the Regulation of the Mass *Media*: A Critical Review and Assessment", *in North Carolina Law Review*, 52, 1: November; p. 15.

[1459] Magarian, Gregory (2008). "Substantive *Media* Regulations in Three Dimensions", *the George Washington Law Review*, Vol. 76; p. 890.

[1460] Sunstein está preocupado com o aumento do poder de controlo privado da *internet* e em que termos isso afeta a democracia. O autor considera que uma excessiva concentração das preocupações na censura governamental e estatal é hoje insuficiente. – Sunstein, Cass (2001) "Republic.com", *Princeton University Press;* p. 8.

[1461] O termo convencional *mass media* descreve o setor dos *media*, caracterizado por grandes empresas que procuram obter lucros, através de programas generalistas, o que inclui as coberturas jornalísticas, "*meet the mass audience's desire for a stratum of broad cultural confluence.* O que, para Magarian, inclui no mínimo, o sistema de cabo, a rádio e a televisão, revistas de notícias nacionais e jornais diários. O autor, contudo, restringe o eventual objeto de uma nova "*fairness doctrine*" à rádio e televisão. – Magarian, Gregory (2008). "Substantive *Media* Regulations in Three Dimensions", *the George Washington Law Review*, Vol. 76; p. 891.

pode providenciar[1462]. Uma tese, sem dúvida, fraca na designada *Postbroadcast Era*[1463], onde já não resta nada de especial da radiotelevisão e do cabo, no que concerne ao seu acesso ou audiência, que justifique uma tal distinção regulatória[1464]. A abundância de opções de *media*, seja em termos de conteúdos ou de plataformas, constitui um obstáculo quase intransponível ao apetite governamental de modelar o discurso público, através de uma regulação substantiva e intensiva[1465]. Como notam os autores, o discurso público é e será cada vez mais afetado por algoritmos dos motores de busca e pelas práticas de gestão do tráfego, do que pela ausência ou presença de diversidade nas notícias televisivas[1466].

22.6. Não é possível, no atual ordenamento jurídico-constitucional português, sustentar a existência de um *mandato constitucional* no sentido da implantação da *fairness doctrine*[1467], nem de um direito absoluto de acesso aos *media*, que goze de uma relação de prevalência incondicionada sobre a liberdade edi-

1462 No sentido da aplicação das exigências atinentes às regras da igualdade de oportunidades e da *fairness doctrine* – SWILLINGER, Daniel J. (1984) Candidates and the New Technologies: Should Political Broadcasting Rules Apply? *In Missouri Law Review*, Issue 1, Article 10;

1463 GOODMAN, Ellen P.(2008) *George Washington Law Review*, Vol. 76, nº 4; p. 904.

1464 Como observam, sugestivamente, HALL e PHILLIPS, a proliferação de opções mediáticas, transmitidas por satélite ou televisão por cabo, bem como pela *internet*, significa que cada vez menos pessoas estariam expostas ao impacto da *fairness doctrine*, uma vez que acabam por preterir a informação televisiva ou os outros programas que estivessem sob supervisão estatal ou governamental. Os autores notam que este fenómeno, "*would only leave news (and political) junkies who would be exposed to Fairness Doctrine-regulated media content, and these are the very people most susceptible to HMP. Furthermore, the increasingly polarized nature of the American populace, combined with the technological ease of communication, has the potential of creating a maelstrom of Fairness Doctrine complaints unlike anything the FCC has ever before experienced.*" – HALL, Trevor L./PHILLIPS, James C. (2011) "The Fairness Doctrine in Light of Hostile Media Perception", *in Commlaw Conspects*, Vol 19; p. 421.

1465 Atente-se, porém, no mais recente estudo encomendado pela FCC, designado "*Research Design for the Multi-Market Study of Critical Information Needs*". Para alguns jornais, trata-se de um estudo que visa preparar uma tentativa de aplicação da *fairness doctrine* aos *novos media*. – FRIEDERSDORF, Conor (2014). "The FCC's Dubious Study of American Media", *in The Atlantic*, disponível em: *http://www.theatlantic.com/politics/archive/2014/02/the-fccs-dubious-study-of-american-media/283993/*.

1466 GOODMAN, Ellen P.(2008) *George Washington Law Review*, Vol. 76, nº 4; p. 913.

1467 Alguma doutrina brasileira sustenta que é possível extrair esse mandato da Constituição brasileira, a partir de uma interpretação sistemática, à luz de uma noção de democracia deliberativa inerente ao moderno Estado democrático de Direito – BINENBOJM, Gustavo (2006) "Meios de Comunicação de massa, Pluralismo e Democracia Deliberativa: As Liberdades de Expressão e de Imprensa nos Estados Unidos e no Brasil", *in REDAE, Revista Eletrónica de Direito Administrativo Económico*, nº 5, Salvador Bahia: Brasil; p. 22.

torial[1468]. Note-se, aliás, que muitos dos enunciados da Constituição da Comunicação que persistem em perdurar foram editados ou alterados em contexto de comunicação estatizada, tendo sido objeto de profundas alterações, nas últimas décadas[1469]. No plano de uma análise material do pluralismo, desligada da propriedade, é consensual que a nossa Constituição apenas se preocupa com o pluralismo interno no serviço público de televisão[1470], exigindo a apresentação de uma "*programação ou conteúdo ideologicamente contrabalançado e expressivo das diferentes correntes de opinião*"[1471]. Ainda assim, sob pena de restrição excessiva e inadmissível da liberdade editorial[1472], esse pluralismo interno deve ter por referência um período de tempo que não seja curto ou de verificação concentrada. Ao especificar o serviço público, parece-nos evidente que, no restante, a Constituição privilegia o pluralismo externo, no sentido da diversidade de pontos de vista obtida através do todo e não por referência a cada uma das partes, constituídas por cada empresa de comunicação social e por todas as respetivas plataformas. Qualquer "*associação pejorativa entre opinião pública e a opinião que se publica deve ceder perante uma ampla garantia de possibilidades comunicativas*"[1473]. Esse pluralismo externo, à luz do

[1468] HEINS e FREEDMAM referem-se a uma tensão semântica entre valores e direitos da Primeira Emenda. – *HEINS, Marjorie/FREEDMAN, Eric (2007). "Foreword: ReclaimingtheFirstAmendment: Constitutional Theoriesof Media Reform,"* HofstraLawReview: Vol. 35: Iss. 3, Article 2. Available at: http://scholarlycommons.law.hofstra.edu/hlr/vol35/iss3/2

[1469] Como nota ALEXANDRINO, *"são realidades normativas, inteiramente distintas o direito de resposta, o direito de retificação, a liberdade interna da imprensa e, em geral, os direitos dos jornalistas, num quadro de comunicação social pública ou de comunicação dominante privada: no primeiro caso são ainda posições jurídicas subjetivas que se fazem valer perante entidades públicas, traduzindo ainda um espaço conquistado pela sociedade ao poder público; ao passo que no segundo caso ocorre praticamente o inverso, com a compressão da liberdade de imprensa e de meios e da liberdade de iniciativa, enquanto posições jusfundamentais protegidas."* – ALEXANDRINO, José Melo (2006). *A Estruturação do Sistema de Direitos, Liberdades e Garantias na Constituição Portuguesa. Raízes e Contexto*, Vol. I, Almedina: Coimbra; p. 653, nota 809.

[1470] Cfr. Artigo 38º, número 6, da CRP.

[1471] CANOTILHO/J. Gomes/MOREIRA/Vital (2007). *Constituição da República Portuguesa Anotada, Tomo I*, Coimbra Editora: Coimbra; p. 589.

[1472] *"More profoundly, it would be anomalous for us to hold, in the name of promoting the constitutional guarantees of free expression that the day-to-day editorial decisions of broadcast licensees are subject to the kind of restraints urged by respondents. To do so in the name of the First Amendment would be a contradiction. Journalistic discretion would in many ways be lost to the rigid limitations that the First Amendment imposes on Government. Application of such standards to broadcast licensees would be antithetical to the very ideal of vigorous, challenging debate on issues of public interest. Every licensee is already held accountable for the totality of its performance of public interest obligations". – Columbia Broadcasting v. Democratic Comm.,412 U.S. 94* (1973).

[1473] MACHADO, Jónatas E. M. (2002). *Liberdade de Expressão: Dimensões Constitucionais da Esfera Pública no Sistema Social*, Coimbra Editora: Coimbra; p. 278.

novo panorama mediático, não pode ser estático ou formal e pode ser afetado cada vez que exista um risco concreto, potencial, de concentração da propriedade. Perante uma ameaça concreta de concentração, deve o Regulador intervir para aferir o pluralismo externo e agir em conformidade com a sua incumbência constitucional.

As democracias consagram um estatuto protetor da atividade dos jornalistas: o direito de acesso às fontes de informação, o direito ao sigilo profissional, a "cláusula de consciência" e, em geral as garantias de independência dos jornalistas, o direito de elegerem conselhos de redação, entre outros. Em última instância, são formas de defesa dos jornalistas perante o poder económico, nos órgãos de comunicação social privados, e perante o poder político, no serviço público de rádio e de televisão. Apesar de ser possível sustentar que a exigência constitucional de pluralismo remete-nos, sobretudo, para a importância especial da existência de garantias eficazes no setor público[1474], esta afirmação não pode justificar, na nossa opinião, a aplicação de métodos de monitorização quantitativa do pluralismo[1475], a partir de valores de referência definidos, arbitrariamente, pelo Regulador[1476]. Insistimos, porém, que esta especial exigência constitucional de pluralismo interno no serviço público constitui também ela um princípio constitucional, sujeito a um mandato de otimização, apenas pode implicar a restrição, em concreto, da liberdade editorial dos jornalistas do Serviço Público, na medida do estritamente necessário. Pela nossa parte, essa ponderação deve resultar, em concreto, de uma aferição do pluralismo que considere o serviço público no seu conjunto e não por relação a uma situação concreta e temporalmente definida, tal como no que concerne à globalidade do sistema mediático.

[1474] Sobre a natureza jurídica do Serviço Público de Televisão – Alexandrino, José de Melo (1998). *A Atividade Constitucional da Televisão*, Coimbra Editora: Coimbra; pp. 194 e segs.

[1475] Como o que foi imposto à RTP, no mandato do primeiro Conselho Regulador da ERC, em que os minutos e os segundos dedicados a certos atores políticos pelos blocos informativos eram, rigorosamente, contabilizados e medidos e, posteriormente, avaliados subjetivamente à luz de valores de referência. Consideramos que o Regulador apenas pode pronunciar-se em situações extremas, em que a RTP, num período relativamente longo, tenha ignorado absolutamente um partido ou corrente política.

[1476] Em abril de 2012, o Conselho Regulador da Entidade Reguladora para a Comunicação Social aprovou alterações ao modelo de regulação do pluralismo na televisão em Portugal, no sentido da extensão do acompanhamento do respeito pelo princípio do pluralismo político aos serviços de programas generalistas SIC e TVI e do fim da consideração da existência de quaisquer valores de referência em função das diferentes posições relativas de cada força político-partidária, até então aplicáveis ao Serviço Público de Televisão. – Informação/PLUR/2012.

O que implica a nossa rejeição da tese do pluralismo interno[1477], em especial nos meios de comunicação privados, onde deve prevalecer o interesse jornalístico com eventual diminuição da expressão plural das opiniões. É, aliás, consensual que a opinião contrária atentaria contra a liberdade de orientação desses meios privados, pelo que as obrigações previstas na LTV terão de ser sujeitas a interpretação restritiva, num sentido conforme à Constituição[1478].

No que se refere, especificamente, ao serviço público, diz-se, efetivamente, que no setor público de comunicação social é constitucionalmente exigida a garantia da possibilidade de expressão e o confronto das diversas correntes de opinião[1479]. Entende-se que é *"proibido o silenciamento de qualquer corrente de opinião relevante na coletividade, existindo a obrigação de dar a cada uma um mínimo adequado de expressão bem como a proibição de dar expressão a cada uma de forma desproporcionadamente grande ou pequena"*[1480]. Para nós, o cumprimento dessa obrigação deve ser verificado em períodos relativamente longos, devendo ter por referência a globalidade das plataformas de *media* do serviço público e do panorama mediático, sob, em geral, sob pena de ingerência nas liberdades de informação e editorial, constitucionalmente protegidas.

23. Em Especial: Pluralismo, Propaganda Eleitoral e Liberdade Editorial

23.1. Pelo exposto, a forma como o legislador e a Administração eleitoral lidaram, no contexto do anterior enquadramento jurídico-legal, com o problema

[1477] MIRANDA, Jorge (2014). "Liberdade de comunicação social e serviço público de rádio e de televisão", in *Media, Direito e Democracia*, org. Carlos Blanco de Morais, Maria Luísa Duarte e Raquel Alexandra Brízida Castro, Almedina: Coimbra; p. 34.

[1478] A LTV prevê, expressamente, obrigações em matéria de pluralismo, também relativas aos operadores privados, embora menos intensas que as atinentes *ao Serviço Público. O princípio do pluralismo encontra-se expresso na LTV, que estabelece que "constituem fins da atividade de televisão, consoante a natureza, a temática e área de cobertura dos serviços televisivos disponibilizados, promover a cidadania e a participação democrática e respeitar o pluralismo político, social e cultural"*. No mesmo sentido, o art. 34º, nº 2, al. *b)*, do mesmo diploma estabelece, como uma das obrigações gerais dos operadores de televisão que explorem serviços de programas televisivos generalistas, o dever de *"assegurar a difusão de uma informação que respeite o pluralismo, o rigor e a isenção."* São obrigações que não podem deixar de ser lidas em conformidade com a Constituição.

[1479] O dever qualificado de respeito do pluralismo, por parte do Serviço Público de Televisão, é ainda consagrado no art. 51º, nº 2, al. *c)*, da Lei da Televisão e dos Serviços Audiovisuais a Pedido, que determina que *"à concessionária incumbe, designadamente, proporcionar uma informação isenta, rigorosa, plural (...)"*, assim como no Contrato de Concessão do Serviço Público de Televisão, celebrado no dia 25 de março de 2008 (cláusula 5ª, nºs 1 e 2, als. *e)* e *f)*).

[1480] CANOTILHO/J. Gomes/MOREIRA/Vital (2007). Constituição da República Portuguesa Anotada, Tomo I, Coimbra Editora: Coimbra; p. 589.

da cobertura jornalística dos eventos eleitorais não pode deixar de gerar perplexidade[1481]. Pressupõe uma relação de prevalência, absoluta e incondicionada, do princípio da igualdade e do princípio do pluralismo sobre os direitos e as liberdades comunicativas, desprovida de base constitucional. Uma conclusão que parte da premissa da identidade conceptual entre realidades antagónicas e constitucionalmente incompatíveis, como são o jornalismo e a propaganda. Para nós, no plano constitucional, o que torna estes dois conceitos especialmente valiosos em específico ambiente eleitoral reclama, precisamente, a sua autonomia recíproca, tornando ilegítima a aplicação extensiva do regime da propaganda à cobertura jornalística, na omissão ou indefinição do legislador.

Mesmo para aqueles que sustentam a invocabilidade do princípio da igualdade de oportunidades e de tratamento das diversas candidaturas[1482], neste contexto ponderativo, sempre estariam em causa bens de igual dignidade constitucional e beneficiários do regime de proteção dos direitos, liberdades e garantias. Do outro lado, relevaria a liberdade de informação e de imprensa, constituindo a garantia dos direitos dos jornalistas uma dimensão concretizadora do direito à liberdade de imprensa, elevados à dignidade de direitos formalmente constitucionais, o que reveste a maior importância. Note-se que uma das dimensões fundamentais da liberdade de radiodifusão consiste na liberdade de conformação da programação, sendo esta definida de acordo com *"as ideias de criatividade e de trabalho editorial ou redatorial"*[1483]. Por isso, a liberdade de programação deve ser entendida como direito de defesa contra o Estado e, através dele, *"sendo proibidas todas as interferências estaduais, diretas e indiretas, manifestas ou subtis, oficiais ou não oficiais, na seleção e conformação do conteúdo da programação ou de um programa particular"*[1484]. Trata-se, efetivamente, de uma situação jurídica complexa que inclui, entre outros aspetos, pretensões correlativas de uma imposição constitucional de uma adequada regulação do setor[1485].

[1481] Estes comentários foram elaborados antes da entrada em vigor da já referida Lei nº 72-A/2015, de 23 de julho, que estabelece o regime jurídico da cobertura jornalística em período eleitoral, regula a propaganda eleitoral através de meios de publicidade comercial e revoga o Decreto -Lei nº 85 -D/75, de 26 de fevereiro.

[1482] Cfr. Artigo 113º,número 3, alínea *a)*, da CRP.

[1483] Machado, Jónatas E. M. (2002). *Liberdade de Expressão: Dimensões Constitucionais da Esfera Pública no Sistema Social*, Coimbra Editora: Coimbra; p. 632.

[1484] Machado, Jónatas E. M. (2002). *Liberdade de Expressão: Dimensões Constitucionais da Esfera Pública no Sistema Social*, Coimbra Editora: Coimbra; p. 632.

[1485] *"A liberdade de conformação da programação (ou liberdade de programação) constitui o núcleo do que é considerado, habitualmente, o direito fundamental ou liberdade de radiodifusão. Trata-se de uma situação*

23.2. A Lei Eleitoral dos órgãos da Autarquias Locais (LEOAL)[1486] dedicava o seu Título IV, precisamente à Propaganda Eleitoral e logo proclamava, no artigo 40º, concretizando o *supra* referido comando constitucional, o direito dos candidatos, dos partidos políticos, coligações e grupos proponentes de efetuar livremente e nas melhores condições a sua propaganda eleitoral, devendo as entidades públicas e privadas proporcionar-lhes igual tratamento. Ainda no mesmo Título, mas já no capítulo especificamente dedicado à Campanha Eleitoral, o legislador enunciava, no artigo 49º, um dever genérico de tratamento jornalístico não discriminatório que deveria ser acatado pelos órgãos de comunicação social, que façam a cobertura da campanha eleitoral. Continuávamos, contudo, restritos à questão da propaganda, como seja aquela atividade que visa direta ou indiretamente promover candidaturas, nomeadamente a publicação de textos ou imagens que exprimam ou reproduzam o conteúdo dessa atividade, conforme definiu o legislador no artigo 39º. Da conjugação dos artigos 40º e 49º, era inevitável concluir que o genérico dever de tratamento jornalístico não discriminatório era circunscrito a ações de propaganda e apenas ao período oficial da campanha eleitoral.

Não obstante, mesmo que se sustentasse que o artigo 49º consubstanciava um dever concreto de atuação face a ações de propaganda eleitoral, não existia nenhuma norma legal em que, mormente, a CNE se pudesse basear para sancionar eventuais violações do dever de tratamento não discriminatório, por parte dos meios de comunicação audiovisuais, tal como, aliás, a própria CNE já tinha reconhecido. Efetivamente, o artigo 40º da LEOAL não era claro *"na imposição de um dever concreto de atuação dos órgãos de comunicação social"*[1487], pelo que, fora do período oficial de campanha eleitoral, não se descobria sanção aplicável. A sua previsão visa garantir que o direito de levar a cabo ações de propaganda seja, livremente, exercido sem entraves, o *que "não é o caso de um órgão de comunicação social, que não interfere, de forma alguma, em qualquer ação*

jurídica complexa, que inclui um direito de defesa contra intervenções ou interferências do Estado; um direito a proteção contra intervenções ou ofensas provindas de terceiros; o direito à conformação do conteúdo da programação e outras pretensões instrumentais, designadamente correlativas de uma imposição constitucional de uma adequada regulação do setor." – MIRANDA, Jorge (2014). "Liberdade de comunicação social e serviço público de rádio e de televisão", in *Media, Direito e Democracia*, org. Carlos Blanco de Morais, Maria Luísa Duarte e Raquel Alexandra Brízida Castro, Almedina: Coimbra; p. 31.

1486 Cfr. Lei Orgânica nº 1/2001, de 14 de agosto, Com as alterações introduzidas pelos seguintes diplomas: Declaração de Retificação 20-A/2001, 12 outubro; Lei Orgânica 5-A/2001, 26 novembro; Acórdão TC 243/2002, 25 junho; Lei Orgânica 3/2005, 29 de agosto.

1487 Cfr. Deliberação da CNE – Sessão de 13/02/96

de campanha de uma candidatura, mas apenas a ignora no seu espaço."[1488]. Como o próprio Supremo Tribunal de Justiça (STJ) reconheceu em decisão recente[1489], o artigo 40º refere-se a ações de propaganda eleitoral, em cujo âmbito de previsão da norma não cabe, por exemplo, um debate televisivo organizado por um órgão de comunicação social entre dois candidatos.

Adicionalmente, na mesma decisão, o STJ refutou o entendimento da CNE, segundo o qual, "*os princípios gerais relativos à cobertura jornalística da campanha eleitoral são aplicáveis no período designado por pré-campanha, ou seja desde a publicação do decreto que marque a data das eleições gerais e abrangem, não apenas a cobertura eleitoral propriamente dita, como a divulgação de mera "propaganda eleitoral"*". O Supremo rejeitou, a nosso ver bem, a interpretação da CNE, sustentando que essa extensão não pode ser feita e justifica a opção legislativa[1490]. Cumpre ainda observar que, no que se refere ao artigo 49º, não era possível encontrar-lhe correspondência no capítulo do ilícito, onde apenas se cominariam as "*empresas proprietárias de publicação informativa*", nos termos do artigo 212º da LEOAL, norma sancionatória igualmente inserida na Secção III, relativa às contraordenações relativas à Propaganda Eleitoral. Esta norma não tinha qualquer referência a cobertura jornalística e contentava-se com uma qualificação, indeterminada, do facto da violação de um dever de tratamento igualitário da propaganda eleitoral, como contraordenação, quando perpetrada por empresa proprietária das publicações informativas, ou seja, pela imprensa escrita. Cabia à CNE, nos termos do artigo 203º, número 1, desta lei, aplicar a coima correspondente a essa contraordenação.

Quanto à eleição de deputados para a Assembleia da República e para o Parlamento Europeu[1491], mantinha-se a mesma confusão conceptual entre

[1488] *Ibidem.*

[1489] Em decisão proferida pelo STJ, em outubro de 2013, no Proc: 92/12.OYFLSB.

[1490] Segundo o STJ, nos termos do artigo 20º, nº1 da LEOAL, "*uma vez que as listas de candidatos são apresentadas perante o juiz até ao 55º dia anterior à data do ato eleitoral, durante uma boa parte do período da pré-campanha não há ainda ou pode não haver candidaturas, podendo bem acontecer que algumas das anunciadas e que desenvolvam ações de propaganda eleitoral não venham a apresentar-se à eleição*". O STJ considera que, "*tem por isso sentido perspetivar, na fase de pré-campanha, o dever de tratamento igual por parte de entidades públicas e privadas apenas em relação às ações de propaganda eleitoral promovidas ou da iniciativa dos candidatos, partidos políticos, coligações ou grupos de proponentes. Nem será outra a razão pela qual o artigo 40º, que rege para este período, não fala de candidaturas, já o fazendo no art. 49º, número 1, que cobre um período – o da campanha eleitoral – em que, necessariamente, já há candidaturas*".

[1491] As eleições legislativas e a eleição de deputados ao Parlamento Europeu seguiam, quanto ao essencial, o mesmo regime, uma vez que a Lei nº 14/87 de 29 de abril remete genericamente, no seu artigo 1º, para as normas que regem a eleição de deputados à Assembleia da República – Lei nº 14/79, de 16 e de maio.

jornalismo e propaganda e a inexistência de um dever concreto de atuação, por parte dos órgãos de comunicação social, durante a pré-campanha[1492]. No que concerne à campanha eleitoral, em sentido próprio, e ainda inserido em termos sistemáticos no Capítulo II dedicado à Propaganda Eleitoral, o artigo 64º estabelecia um regime bastante detalhado, apenas para as "publicações de caráter jornalístico", com remissão expressa para o Decreto-Lei nº 85-D/75, de 26 de fevereiro, um ato legislativo emitido pelo Governo Provisório em fevereiro de 1975, em vésperas da eleição da Assembleia Constituinte, com base na Lei Constitucional nº3/74, de 14 de maio. Mais uma vez, a confirmar-se essa remissão normativa para o tipo de meios de comunicação social especificados, ela só poderia operar para a imprensa escrita.

23.3. Pelo exposto, não podemos deixar de concluir que compete indubitavelmente à CNE, enquanto órgão de administração eleitoral, garantir que todas as candidaturas tenham iguais oportunidades de se promoverem, através da propaganda eleitoral. Em todos as normas *supra* referidas, o legislador circunscreveu, porém, o possível âmbito de intervenção da CNE à propaganda eleitoral. Com efeito, um eventual entendimento diverso, no sentido de que o tratamento jornalístico deveria desempenhar um papel central nessa atividade de promoção de candidaturas, era inaceitável, face a todas as especiais cautelas que a Constituição assume para a defesa e garantia da liberdade de imprensa. Acresce que o poder sancionatório público, atribuído à CNE, circunscrevia-se ao período de campanha eleitoral autárquica e à imprensa, em sentido estrito, o que excluia os meios audiovisuais. Uma distinção no mínimo estranha, sendo frequente a interpretação contária, recaindo sempre mais obrigações sobre os meios audiovisuais do que sobre a imprensa escrita. Atenta a natureza excecional do poder sancionatório público e, na ausência de um fundamento racional e razoável para essa distinção, se tivermos em consideração os princípios constitucionais em matéria penal, igualmente aplicáveis ao direito contraordenacional[1493], entre os quais o comando de aplicação da lei mais favorável[1494], parece-nos que a anterior previsão de

[1492] Cfr. Artigo 56º, da Lei 14/79, de 29 de maio.

[1493] Cfr. Artigo 29º, número 1, da CRP.

[1494] É a própria Constituição que prevê a existência de um direito sancionatório público não penal, determinando expressamente que algumas das sanções públicas não penais beneficiem do regime jurídico aplicável ao direito penal, seja quando lhes aplica, *"cum granus solis"*, as regras relativas ao processo penal (artigo 32º, nº 10, CRP), seja quando lhe estende a aplicação da lei sancionatória mais favorável, no caso da declaração de inconstitucionalidade com força obrigatória geral, ressalvada

aplicação de uma sanção pública não penal às empresas de imprensa escrita podia suscitar dúvidas de constitucionalidade. Seja como for, as leis eleitorais versavam sobre matéria da liberdade de informação, em termos muito genéricos, restringindo a questão do tratamento jornalístico, objeto possível do poder sancionatório do Estado, ao âmbito da propaganda eleitoral, o que reduzia substancialmente o seu âmbito potencial de aplicação aos órgãos de comunicação social.

No que concerne aos meios audiovisuais, por seu turno, tal como já tinha reconhecido a própria CNE[1495], *"para os órgãos de comunicação social, visual e falada (televisões e rádios) não existe qualquer lei ou disposição que imponha condutas e regimes concretos que garantam o pluralismo e a igualdade de oportunidades nas eleições para a AR, para o Presidente da República, para as Assembleias Regionais ou para as Autarquias"*[1496]. Na verdade, como vimos, não existia nenhuma norma legal em que a CNE se pudesse basear para sancionar eventuais violações do dever de tratamento não discriminatório, por parte dos meios de comunicação audiovisuais. A Lei[1497] não acrescenta nada em matéria jornalística, uma vez que se limita a atribuir-lhe competência para assegurar a igualdade de oportunidades de ação e propaganda das candidaturas, durante as campanhas eleitorais, um direito das candidaturas de exercerem todas as atividades que visem, direta ou indiretamente, a sua promoção, algo totalmente alheio e mesmo oposto ao exercício da atividade jornalística.

Na ausência dessa norma expressa, havia que ter em consideração, em primeiro lugar, os princípios constitucionais básicos da aplicação da lei criminal, consagrados no artigo 29º, número 1, da CRP, na sua maioria, aplicáveis ao direito público sancionatório, como é o direito de mera ordenação social[1498]. Essa aplicação é direta[1499], ou por analogia[1500], encontrando-se as contraor-

por prévia existência do caso julgado. (artigo 282º, nº 3, da CRP). – ROQUE, Miguel Prata (2014). "Regulação Administrativa e Sanção – O poder sancionatório da ERC na encruzilhada entre o Direito Administrativo e o Direito Penal", *in Media, Direito e Democracia*, coord. Carlos Blanco de Morais, Maria Luísa Duarte e Raquel Alexandra Brízida Castro, Almedina. Coimbra; pp. 144 e 145.

1495 Deliberação de 13-02-1996, não publicada.

1496 Tal Deliberação encontra-se citada no Comentário à Lei Eleitoral para os Órgãos das Autarquias Locais, de Mª de Fátima Abrantes Mendes e Jorge Miguéis, edição da CNE de 2005, disponível em http://www.cne.pt/sites/default/files/dl/legisleoal2005anotada.pdf.

1497 Cfr. Artigo 5º, número 1, alínea *d)*, da Lei da CNE nº 71/78, de 27 de dezembro.

1498 Tal como sugere, aliás, o artigo 282º, número 3, da Constituição.

1499 CARVALHO, Américo Taipa (2010). *Constituição Portuguesa Anotada*, MIRANDA/Jorge/MEDEIROS, Rui, Anotação ao artigo 29º, Tomo I, p. 676, Coimbra Editora: Coimbra;

1500 CANOTILHO/J. Gomes/MOREIRA/Vital (2007). *Constituição da República Portuguesa Anotada, Tomo I*, Coimbra Editora: Coimbra, p. 498.

denações sujeitas ao princípio da legalidade, o qual traduz-se, relativamente ao direito criminal, no brocado latino *"nullum crimen sine lege e nulla poena sine lege praevia, certa et scripta"*. Mais especificamente, no direito de mera ordenação social, não é permitido o recurso à analogia para qualificar um facto como contraordenação ou para determinar uma coima. Em acréscimo, cabe realçar a aplicabilidade dos princípios da aplicação retroativa da lei mais favorável, da necessidade e da proporcionalidade das sanções[1501].Tratava-se de uma premissa valiosa para a análise da questão da imprensa escrita, sujeita pelos vários legisladores a diversas sanções, de variada natureza, situação que contrastava com a total ausência de sanção para os meios audiovisuais.

Em segundo lugar, como já vimos, a ausência de determinabilidade das normas que preveem essa obrigação podia ser materialmente inconstitucional, por violação do princípio da proibição do excesso[1502] em conjugação com os princípios da segurança jurídica e da proteção da confiança[1503]. O princípio da proibição do excesso ou princípio da proporcionalidade, em sentido lato, pressupõe que, ao lado da aptidão, indispensabilidade, proporcionalidade *stricto sensu* e razoabilidade, a exigência de determinabilidade das restrições e intervenções restritivas da liberdade. Uma exigência que, como já vimos, ganha maior relevo precisamente no plano das liberdades comunicativas. É verdade que o artigo 113º, número 3, alínea *b)*, da CRP determina que as campanhas eleitorais se regem pelo princípio de igualdade de oportunidades e de tratamento das diversas candidaturas. E que o artigo 39º, nº1, alínea *f)*, dispõe que uma entidade administrativa independente deve assegurar, nos meios de comunicação social, *"a possibilidade de expressão e confronto das diversas correntes de opinião"*. Contudo, se tal *"implica naturalmente que os meios de comunicação social a devem garantir"*, a verdade é que o legislador, constituinte e ordinário, não referia as obrigações específicas e concretas das condutas que esses meios devem adotar, de forma a preencher o almejado resultado. Em rigor, a nosso ver, essa especificação poderia constituir uma intromissão do legislador numa área dominada pela liberdade editorial ou na reserva de ato administrativo da administração independente, nos termos sustentados.

[1501] CANOTILHO/J. Gomes/MOREIRA/Vital (2007). *Constituição da República Portuguesa Anotada, Tomo I*, Coimbra Editora: Coimbra, p. 498.

[1502] Cfr. Artigo 18º, nº 2, da CRP.

[1503] Cfr. Artº 2º da CRP.

23.4. No que concerne à imprensa escrita, em eleições autárquicas, cabe destacar o anterior artigo 64º da Lei Eleitoral para a Assembleia da República que, no seu número 2, remetia para o controvertido Decreto-Lei nº 85-D/75, de 26 de fevereiro. Cumpria, desde logo, questionar se fazia sentido a aplicação, à imprensa escrita, de uma sanção contraordenacional[1504], no caso das eleições autárquicas, ou a criminalização da sua conduta infratora[1505], nos casos das eleições legislativas e europeias, por força da remissão operada para o já citado ato legislativo de 1975. Para além da disparidade de juízos que o legislador revelava fazer sobre a mesma conduta, parecia-nos que nenhuma das duas sanções previstas resistia ao teste do princípio constitucional da proibição do excesso[1506]. Tratando-se de uma afetação desvantajosa de uma liberdade fundamental, através de meios e fins constitucionalmente legítimos, a idoneidade do meio constitui um juízo prévio ao controlo de indispensabilidade, necessidade ou exigibilidade:

[1504] Artigo 212º da LEOAL: *Violação de deveres das publicações informativas: A empresa proprietária de publicação informativa que não proceder às comunicações relativas a campanha eleitoral previstas na presente lei ou que não der tratamento igualitário às diversas candidaturas é punida com coima de 200.000$00 a 2 000 000$00. (De € 997,60 a € 9.975,96 (por aplicação do DL nº 136/2002, de 16 de maio).*

[1505] Decreto-Lei nº 85-D/75, de 26 de fevereiro:

Art. 12º – 1. Os representantes das candidaturas que se considerem prejudicadas por alguma publicação haver violado as disposições deste diploma poderão reclamar para a Comissão Nacional das Eleições, em exposição devidamente fundamentada, entregue em duplicado.

2. Se a Comissão Nacional das Eleições, após ouvir os interessados e promover as mais diligências consideradas necessárias, concluir pela existência de elementos que possam indiciar a violação do disposto neste diploma, fará a competente participação ao agente do Ministério Público junto do tribunal da comarca em que tenha sede a publicação, remetendo-lhe os documentos que interessem ao processo, incluindo um exemplar da publicação visada e cópia da reclamação.

Art. 13º – 1. O diretor da publicação, ou quem o substituir, que violar os deveres impostos pela lei será punido com prisão de três dias a um mês e multa correspondente. Além disso, a empresa proprietária da publicação jornalística em que se verifique a infração será punida com multa de 1000$00 a 20000$00. A publicação será ainda obrigada a inserir gratuitamente cópia de toda ou parte da sentença, consoante o juiz decidir.

2. Ao diretor que for condenado três vezes, nos termos deste artigo, por infrações cometidas no decurso da campanha eleitoral será aplicada a pena de suspensão do exercício do cargo durante um período de três meses a um ano.

3. Provada pelo tribunal a existência dos elementos objetivos da infração, mas absolvido o réu por não se verificarem os requisitos subjetivos da mesma, deverá o juiz ordenar que a publicação em causa insira, com o devido relevo, cópia de toda ou parte da sentença. 4. A publicação não poderá fazer acompanhar de quaisquer comentários as inserções a que se refere este artigo.

[1506] Sobre o princípio constitucional de proibição do excesso – Novais, Jorge Reis (2004). *Os Princípios Constitucionais Estruturantes da República Portuguesa*, Coimbra Editora: Coimbra; pp. 161 e seguintes.

i) Nesta matéria, o valor quase simbólico das coimas sugeria que a opção do legislador pelo direito de mera ordenação social traduzia-se numa restrição inidónea e inapta para contribuir para alcançar o fim nela visado. Acresce a falta de procedência, neste caso, do argumento segundo o qual a inexistência de processos contra a imprensa escrita seria o resultado, precisamente, da respetiva eficácia punitiva. A verdade é que, compreensivelmente, são os meios audiovisuais que que consomem a maioria esmagadora dos alvos das queixas;

ii) Quanto à previsão do legislador de 1975 de aplicação da pena de prisão e de suspensão do exercício de funções de diretor de informação, tais normas restritivas da liberdade não só não constituíam a medida menos restritiva ao dispor dos poderes constituídos, como eram claramente desproporcionais, à luz dos critérios do princípio da proporcionalidade *stricto sensu*;

iii) Mesmo na presença de bens de igual dignidade constitucional, suscetíveis, *per se,* de fundarem restrições constitucionalmente legítimas, parecia-nos duvidoso defender a existência de tais sanções à luz do subprincípio constitucional da necessidade, um raciocínio agravado pela ausência de fundamento razoável para a distinção feita entre meios de comunicação escritos e audiovisuais;

iv) Com efeito, em termos genéricos, seria importante demonstrar se o recurso, pela ordem jurídica, a formas de punição menos severas e menos gravosas para a liberdade de imprensa determinaria uma perda de eficácia, que poderia justificar a manutenção das atuais normas sancionatórias;

v) Por muito valioso que seja o Direito Constitucional das candidaturas de terem iguais oportunidades na sua promoção, os direitos e as garantias constitucionais dos jornalistas de poderem exercer a sua atividade, livres de orientações e de instruções, são igualmente relevantes e devem ser tidos em conta em qualquer metódica de ponderação constitucionalmente adequada;

vi) Também as liberdades de imprensa e de expressão, quando exercidas dentro das suas balizas constitucionais, são relevantes para o mercado de ideias e para a existência de uma opinião pública livre e esclarecida, condição da realização de eleições livres e competitivas.

23.5. Quanto à remissão frequente para o Decreto-Lei nº 85-D/75, hoje expressamente revogado, cabe sustentar que este ato legislativo padecia de inconstitucionalidade superveniente, por força da entrada em vigor da Constituição de 1976, não resistindo a uma análise de conformidade material com o novo ordenamento jurídico-constitucional, conforme determina o artigo 296º da CRP, devendo mesmo considerar-se duplamente caducado[1507]. Os constitucionalistas não hesitavam, mesmo, em considerar *"chocante"* que a Administração Eleitoral ainda tivesse em consideração as restrições nele constantes, só pelo facto de as várias leis eleitorais (salvo a das Autarquias Locais e Parlamento Europeu) para ele continuarem a remeter[1508]. Considerava-se, igualmente, um absurdo que se pudessem ter ainda por justificadas restrições e imposições pensadas na década de setenta, do século XX, para a imprensa estatizada, dirigidas à generalidade dos órgãos de comunicação social privados, *"num contexto mediático totalmente modificado, e sem que seja tida em conta a correspondente mutação do domínio da realidade, regulado pela norma"*[1509]. Caso contrário, como qualificar um Decreto-Lei que prescrevia a obrigatoriedade de divulgação noticiosa dos comícios, sessões de esclarecimento e propaganda, ou equivalentes, promovidas pelas diversas candidaturas, bem como do essencial das bases programáticas dos partidos políticos, coligações ou frentes? Ainda que, de facto nunca tenham sido retirados os devidos corolários do seu artigo 1º, número 2, segundo o qual, às notícias ou reportagens de factos ou acontecimentos, de idêntica importância, deve corresponder um relevo jornalístico semelhante, quer ao nível de espaço, quer no que respeita ao aspeto e relevo gráfico. Pelo contrário, a CNE sempre retirou surpreendentes conclusões oposta, a partir de uma leitura igualitária e aritmética do princípio da igualdade, sem respaldo constitucional, impondo aos órgãos de comunicação social as suas próprias escolhas editoriais.

[1507] No mesmo sentido – ALEXANDRINO, José de Melo (2010). *Anotação ao Artigo 37º, Constituição Portuguesa Anotada,* Tomo I, 2ª Edição, MIRANDA/Jorge/MEDEIROS, Rui; p. 855. – Duplamente caducado: pela feição provisória que revestia e pela contrariedade aos princípios constitucionais. Blanco de MORAIS distingue entre as normas anteriores à entrada em vigor da Constituição de 1976 e a que a ela se mostram contrárias e o Direito ordinário anterior que colida com lei de revisão constitucional: *"no primeiro caso, o nº 2 do artigo 290º prescreve a caducidade, perante a ocorrência não só de normação nova, mas de um facto novo, traduzido numa nova ordem constitucional imposta por rutura revolucionária; no segundo caso, pode invocar-se a revogação, tendo, neste espectro, plena aplicação a dimensão operativa do princípio da hierarquia, a par da inconstitucionalidade superveniente."* – MORAIS, Carlos Blanco de (2006). *Justiça Constitucional, Tomo I,* 2ª Edição, Coimbra Editora: Coimbra; p. 167.

[1508] ALEXANDRINO, José de Melo (2010). *Anotação ao Artigo 37º, Constituição Portuguesa Anotada,* Tomo I, 2ª Edição, MIRANDA/Jorge/MEDEIROS, Rui; p. 855

[1509] ALEXANDRINO, José de Melo (2013). "O âmbito constitucionalmente protegido da Liberdade de Expressão", *in Media, Direito e Democracia,* coord. Carlos Blanco de Morais, Maria Luísa Duarte e Raquel Alexandra Brízida Castro; Almedina: Coimbra;

Refira-se que, ao contrário do que muitos sustentavam, não existia sequer um conflito positivo de competências entre a CNE e a ERC[1510]. As dúvidas eram aparentes e resolviam-se através da aplicação do critério cronológico[1511] ou do princípio da hierarquia: todas as normas eventualmente atributivas de competência à CNE em matéria de cobertura jornalística tinham sido objeto de revogação tácita substitutiva[1512], pela revisão constitucional de 2004[1513], a par da inconstitucionalidade superveniente, e, sobretudo, pelo legislador de 2005 que aprovou os Estatutos da ERC. A CNE mantém as suas competências em matéria de propaganda eleitoral e a ERC em matéria da cobertura jornalística.

Caso se sustente que não houve desconstitucionalização do órgão regulador, a revisão constitucional de 2004 conferiu expressamente à ERC a atri-

1510 O atual Presidente da CNE sustentava que, em períodos eleitorais, *"de um tratamento jornalístico plural, exigível a todo o tempo, passa-se para um tratamento jornalístico igualitário nos períodos especiais de eleições e de referendos. No primeiro caso, compete à ERC assegurar que os órgãos de comunicação social dão expressão à pluralidade de correntes de opinião e pensamento, designadamente através dos partidos políticos, como agentes centrais da vida política. Em períodos eleitorais ou referendários, isto é, a partir da publicação do decreto que proceda à marcação das eleições ou dos referendos, compete à CNE intervir e garantir o tratamento jornalístico igualitário dos candidatos, dos partidos políticos e dos grupos de cidadãos eleitores. Assim sendo, iniciado o período eleitoral ou referendário e em matéria de tratamento jornalístico político-eleitoral, afigura-se que a competência pertence em exclusivo à CNE e, em última instância, aos tribunais: Tribunal Constitucional, no caso de deliberações da CNE tomadas no decurso do processo eleitoral ou referendário, ao Supremo Tribunal de Justiça, no caso de aplicação, no caso de aplicação de coimas, ou aos tribunais comuns, no caso de ações criminais."* – SOARES, Fernando Costa (2014). "O Direito Eleitoral e a Comunicação Social", *in Media, Direito e Democracia*, coord. Carlos Blanco de Morais, Maria Luísa Duarte e Raquel Alexandra Brízida Castro, Almedina: Coimbra; pp. 206 e 207.

1511 Consciente do problema, o atual Presidente da CNE defendia que *"seria inteiramente consentâneo, dentro do ordenamento jurídico vigente, que ERC deliberasse no sentido de se excluir, «ab initio» e sem tergiversações – no sentido, entenda-se, de a factualidade denunciada poder ser, por vezes, simultaneamente perspetivada como pluralismo de correntes de pensamento e como igualdade de oportunidades das candidaturas – de tomar conhecimento, nos referenciados períodos, de quaisquer queixas ou participações sobre tratamento jornalístico discriminatório de candidaturas ou intervenientes, remetendo-as desde logo para CNE «in totum», sem segmentar aquelas perspetivas e apropriar-se da que, erroneamente, entende ser-lhe atribuída. Se se disser, não obstante, que a interpretação defendida não é sustentável, de todo em todo, pela letra da lei, retorquiremos que o problema deveria passar, então, do plano do «de jure constituto» para o de «de jure constituendo» em termos de aquela ficar legalmente consagrada".* – SOARES, Fernando Costa (2014). "O Direito Eleitoral e a Comunicação Social", *in Media, Direito e Democracia*, coord. Carlos Blanco de Morais, Maria Luísa Duarte e Raquel Alexandra Brízida Castro, Almedina: Coimbra; pp. 213 e 214.

1512 *A revogação tácita pode ser substitutiva ou meramente supressiva, consoante as duas normas tenham idêntica densidade ou se a lei constitucional for menos densa.* – MORAIS, Carlos Blanco de (2006). *Justiça Constitucional, Tomo I*, 2ª Edição, Coimbra Editora: Coimbra; p. 168.

1513 Para aqueles que, ao contrário de nós, sustentam que a revisão constitucional de 2004 não operou uma desconstitucionalização do órgão ERC.

buição de assegurar, nos meios de comunicação social, o direito à informação e a liberdade de imprensa, nos termos do artigo 39º, número 1, alínea *a)*, e a possibilidade de expressão e confronto das diversas correntes de opinião, nos termos da alínea *f)* do mesmo preceito constitucional;

i) Um comando que foi concretizado pelo legislador na Lei reforçada que aprovou os Estatutos da ERC[1514], em 2005. Essa Lei atribuiu ao regulador dos *media* competências e atribuições, de vasto alcance em matéria de pluralismo e rigor informativo, nos termos dos artigos 7º, alínea *a)* e 8º, alínea *e)*, dos Estatutos;

ii) A Lei nº 53/2005, de 8 de novembro, criou a Entidade Reguladora para a Comunicação Social (ERC), que exerce os necessários poderes de regulação e de supervisão de todas as entidades que, sob jurisdição do Estado Português, prossigam atividades de comunicação social em Portugal (artigo 6º dos Estatutos);

iii) São atribuições da ERC garantir a efetiva expressão e o confronto das diversas correntes de opinião, em respeito pelo princípio do pluralismo e pela linha editorial de cada órgão de comunicação social (artigo 8º, alíneas *d)* e *e)*, dos Estatutos);

iv) Constitui objetivo da regulação do setor da comunicação social, entre outros, promover e assegurar o pluralismo cultural e a diversidade de expressão das várias correntes de pensamento (alínea *a)*, do artigo 7º dos Estatutos).

Mesmo antes da entrada em vigor da nova Lei, em 2015, sustentámos, numa perspetiva de *jure condendo*, que era urgente que o legislador estabelecesse uma clara divisão de competências, em conformidade com um critério material constitucionalmente exigido. Nessa clarificação legislativa, impunha-se, a nosso ver, a devolução devida pela ERC à CNE de todas as competências relativas aos direitos de antena políticos e ao direito de réplica política, atinentes a matéria de propaganda. Trata-se de uma alteração legislativa com claro respaldo constitucional e conforme à exigência expressa no artigo 39º, nº1, alínea *g)*, da CRP, atenta a natureza de autoridade administrativa independente da CNE.

[1514] Estatutos da ERC: Lei nº 53/2005 de 8 de novembro publicado no Diário da República, I Série – A, nº 214 de 8 de novembro de 2005.

23.6. Por último, no que concerne à invocabilidade pelas candidaturas de um hipotético direito subjetivo à propaganda, junto dos meios de comunicação social, perante iniciativas jornalísticas, nomeadamente debates ou outro tipo de géneros jornalísticos, julgamos que não prescinde de uma análise mais pragmática, a somar às observações assumidas a propósito da defesa de um direito de acesso aos *media*. É que, em última instância, um entendimento aritmético da igualdade poderá precludir o rigor e isenção pressupostos nas decisões jornalísticas, enfraquecendo o princípio democrático. Com efeito, a afirmação de um dever jornalístico de tratamento de ações de propaganda é, por natureza, incompatível com a valorização constitucional de critérios editoriais e jornalísticos, respeitadores das regras éticas e deontológicas: o jornalista é que seleciona a notícia e não o Estado, o Regulador ou as próprias candidaturas. Parece-nos, aliás, que esta identidade conceptual forçada corresponde a uma conceção ultrapassada de exercício do jornalismo político, enquanto atividade amorfa e acrítica, preconizando, no fundo, a generalização, ilegítima e indesejável, de um jornalismo patológico.

A liberdade de informação e as escolhas editoriais, nela pressupostas, tal como o legislador constituinte a desenhou, não pode ser condicionada pelos agentes eleitorais em detrimento dos seus critérios específicos do rigor, isenção e imparcialidade, garantidos constitucionalmente e íntimos da identidade genética do nosso Estado de Direito Democrático. A sua funcionalização a uma certa visão do princípio democrático, ou a imposição de um certo entendimento aritmético deste dever de tratamento não discriminatório, não passa de uma visão parcial do ato eleitoral, distante do interesse público servido, em princípio, pela atividade jornalística, quando exercida de acordo com todas as regras. E é por isso que, a meu ver, qualquer entendimento ou interpretação jurídica que seja feita no sentido da inclusão de dimensões, juridicamente relevantes, do exercício da atividade jornalística no conceito de propaganda, é inconstitucional.

24. Constituição e Regulação Digital

24.1. A capacidade de dano da informação disponibilizada no ciberespaço é, apenas, equiparável a meios de comunicação de massas de grande projeção, como redes televisivas mundiais ou jornais distribuídos globalmente, devido ao elevado (e indefinido) número de destinatários[1515]. Mas a indefinição do

[1515] FARINHO, Domingos Soares (2006). *Intimidade da Vida Privada e Media no Ciberespaço*, Almedina: Coimbra; p. 70.

conceito de meios de comunicação social gera, por sua vez, ambiguidade, no que concerne à definição dos instrumentos regulatórios, eventualmente aplicáveis. A gravidade, extensão e dificuldade de determinação da origem do dano costumam ser os argumentos aduzidos para a urgência de uma reflexão sobre a utilidade e eficácia das atuais medidas regulatórias. Acresce que a comunicação de massas constitui um elemento essencial nos processos de mudança políticos[1516].

Efetivamente, o conceito de meios de comunicação social nesta nova realidade tecnológica está em crise, perante os novos meios de comunicação eletrónica. Mesmo no plano legislativo, a lei não comporta, em termos literais, as publicações periódicas divulgadas por meio eletrónico. Contudo, o Regulador dos *media* tem defendido uma interpretação atualista da norma[1517], de forma a incluir no conceito de imprensa as publicações divulgadas pela *internet*, com base na afirmação de que o próprio artigo 9º[1518]da Lei de Imprensa não as exclui[1519/1520]. Uma solução pacífica em relação à versão eletrónica de um jornal, publicado também em edição papel, mas já mais problemática perante conteúdos de informação veiculados eletronicamente por empresas que não são empresas de comunicação social[1521]. As fronteiras são difíceis, uma vez

[1516] Hoffmann-Rien lembra que as transformações nos países do leste da Europa foram, também, geradas pela força inovadora que parece brotar do conhecimento de projetos alternativos de vida. – Hoffmann-Rien, Wolfgang (2001) "Libertad de Comunicación y de Medios", *in Manual de Derecho Constitucional, Benda/Maihofer/Vogel/Hesse/Heyde,* 2ª Ed., Marcial Pons: Madrid; p. 150.

[1517] Já a antecessora da ERC, a AACS, tinha emitido deliberações, nas quais considerava que a Lei de Imprensa, enquanto matriz dos regimes dos órgãos de comunicação audiovisuais, era claramente aplicável, numa interpretação evolutiva e atualista, ainda que no plano da *mens legis* e não da *mens legislatoris,* á utilização da *internet* para proceder à divulgação de informações. – Rosa, Vítor Castro (2004), "O audiovisual e a *internet*", *in Sociedade de Informação,* Volume V, Coimbra Editora: Coimbra; p. 372.

[1518] O artigo 9º, nº1, da Lei nº 2/99, de 13 de janeiro, Lei de Imprensa estabelece que *«integram o conceito de imprensa, para efeito da presente lei, todas as reproduções impressas de texto ou imagens disponíveis ao público, quaisquer que sejam os processos de impressão e reprodução e o modo de distribuição utilizado».*

[1519] O artigo 11º, da mesma lei, esclarece que são periódicas *as publicações editadas em série contínua, sem limite definido de duração, sob o mesmo título e abrangendo períodos determinados de tempo.* No plano regulamentar, o artigo 13º do Decreto Regulamentar nº 2/2009, de 27 de janeiro, prevê ainda que as entidades proprietárias de publicações periódicas não possam iniciar a sua edição, mesmo que eletrónica, antes de efetuado o registo.

[1520] Como se conclui no ponto 26, da *Deliberação* 18/CONT-I/2009, *«é clara a intenção da lei de formular um conceito abrangente, que não exclui nenhuma forma de reprodução de textos ou imagens e do modo da sua distribuição do público».*

[1521] O artigo 6º, alínea *e),* dos Estatutos da ERC, aprovados pela Lei 53/2005, de 8 de novembro ajuda a delimitar o âmbito da regulação ao determinar que *«estão sujeitas à supervisão e intervenção*

que o conceito de *media* não deverá ser demasiado elástico, sob pena de alargamento excessivo[1522].

Atenta a complexidade dos conceitos envolvidos, a Recomendação CM/Rec (2011)7 do Comité de Ministros do Conselho da Europa[1523], emitida em 21 de setembro, de 2011, propõe um conjunto de critérios que pretendem diferenciar, em termos de políticas a ser aplicadas, um conjunto de atividades, serviços e atores que fazem parte do ecossistema mediático. Os critérios que constam da Recomendação referida são seis: 1) Intenção de atuar como *media*[1524]; *2) Propósitos e objetivos próprios dos media*[1525]; *3) Controlo Editorial1523*[1526];

do conselho regulador todas as entidades que, sob a jurisdição do Estado Português, prossigam atividades de comunicação social, designadamente: as pessoas singulares ou coletivas que disponibilizem regularmente ao público, através de redes de comunicação eletrónica, conteúdos submetidos a tratamento editorial e organizados como um todo coerente».

1522 Na *Deliberação* 1/DF-NET/2007, aprovada em 7 de novembro de 2007, o Conselho Regulador clarifica que «*as exigências de submissão dos conteúdos a tratamento editorial e a organização como um todo coerente pretendem excluir as comunicações eletrónicas de natureza privada e de conteúdo não comercial, visando salvaguardar o direito à liberdade de expressão (artigo 37º da Constituição da República Portuguesa)*». Na mesma Deliberação define-se tratamento editorial como «*o processo ou conjunto de atividades envolvidas na seleção, transformação e apresentação de uma matéria-prima informativa (normalmente, um acontecimento), com vista à sua divulgação pública através de um suporte mediático. A montante, o tratamento editorial pressupõe o planeamento da edição/programação de acordo com a linha e os critérios editoriais orientadores do produto informativo*».

1523 Desde cedo, começou a desenhar-se nos textos dos documentos do Conselho da Europa, a tendência para equiparar a *internet* a um novo meio de comunicação de massas *(mass media)*, generalizando a aplicação do regime da liberdade de expressão, bem como das respetivas limitações. Por exemplo, na Resolução (74) 26, de 2 de julho de 1974, sobre direito de resposta, a posição do indivíduo em relação à imprensa, fundamentada no artigo 10º da Convenção Europeia dos Direitos do Homem (CEDH), considerava o termo *media* como dizendo respeito a qualquer meio de comunicação, destinado à disseminação para o público de informação com uma certa periodicidade, tal como os jornais, a radiodifusão ou a televisão, devendo os mesmo princípios ser aplicados indistintamente, sem prejuízo das diferenças de regime, induzidas pela natureza do meio em causa. – Rosa, Vítor Castro (2004). "O audiovisual e a *internet*", *in Sociedade de Informação,* Volume V, Coimbra Editora: Coimbra; pp. 380 e 381.

1524 Formas de aferir a intenção de atuar como *media*: através de uma autoqualificação como *media,* numa declaração de princípios ou plano de negócios, com objetivos jornalísticos; através da adoção de uma política editorial ou de um compromisso com princípios éticos, típicos dos *media.*

1525 Outro critério proposto na Recomendação é o do desejo de influenciar a opinião pública, através da produção de conteúdos, com interesse para o debate público, bem como a existência de esforços para atingir uma vasta audiência. Pode ser, igualmente, relevante uma atualização periódica dos conteúdos.

1526 A liberdade editorial é um requisito essencial dos *media* e é uma consequência da liberdade de expressão, direito à opinião e do direito a receber e partilhar informação, garantido pelo artigo 10º da Convenção Europeia dos Direitos do Homem. A liberdade editorial implica o controlo e responsabilidade pelo conteúdo e decisões editoriais (ponto 29 da recomendação).

4) Padrões Profissionais[1527]; *5) Alcance e Disseminação*[1528]; *6) Expectativa do público*[1529].

Note-se que nem todos os critérios têm a mesma relevância, pois a ausência de propósitos e objetivos próprios dos *media*, controlo editorial ou alcance e disseminação implicam a respetiva desqualificação imediata de um serviço como *media*. Em contrapartida, a ausência ou dissimulação de outros critérios não exclui um determinado serviço desta noção de "*news media*", como sejam os da intenção de atuar como *media* ou expectativa do público, critérios que têm, contudo, um peso considerável, quando detetados. A generalidade dos *blogs* que se encontram hoje na *internet* não têm qualquer preocupação editorial, vontade de atuar como *media* ou intenção de agir de acordo com os padrões da profissão de jornalista, não sendo *media*.

A relevância jurídica dessa classificação traduz-se na correspetiva exigência de um conjunto de deveres tais como o pluralismo, contraditório, rigor, respeito pelas regras ético-legais que conformam o exercício do jornalismo. É preciso, porém, não ignorar que alguns *blogs* são utilizados com finalidades informativas, de acordo com critérios editoriais, reclamando uma avaliação casuística para se determinar a possibilidade de intervenção de uma entidade reguladora[1530]. O alargamento excessivo do conceito de meios de comunicação social parece descobrir um conflito, em última instância, entre a liberdade de expressão e a liberdade de imprensa, em sentido estrito. O que implica que há um ponto, a partir do qual, um entendimento demasiado expansivo (ou estrito) da liberdade de imprensa pode tornar-se, ele próprio, nocivo para a liberdade de expressão.

Num estudo feito pela ERC, com vista à redefinição do conceito de órgão de comunicação social, optou-se pela discussão do conteúdo material da atividade de *media*, o papel do produtor de conteúdo e do jornalista e as meto-

[1527] A expressa adesão à ética, deontologia e padrões profissionais, tais como a veracidade, responsabilidade, liberdade de expressão e de imprensa, igualdade, justiça e independência jornalística, constituem fortes indicadores da presença de atividade de *media*. Nos *«novos media»*, este critério pode ser menos evidente, mas pode ser encontrado na declaração de princípios, regulamento de pessoal ou nos termos e condições de uso. São ainda relevantes a existência de mecanismos de responsabilização dos *media*, tais como os conselhos de redação, provedores, procedimentos de queixa, direito de resposta, ou quaisquer outros procedimentos formais ou informais em relação aos conteúdos que são veiculados, constituem indícios de estarmos perante uma atividade de *media*.

[1528] Tendo em conta que um dos principais objetivos dos *media* é atingir uma vasta audiência, o real alcance e disseminação dos conteúdos veiculados constitui um critério importante.

[1529] Sem prejuízo das necessárias interrupções ou suspensão temporária, os serviços de *media* presumem-se contínuos e amplamente acessíveis.

[1530] Deliberação referente ao processo *ERC/01/2013/58*, relativo ao pedido de registo de um *blog*.

dologias que subjazem ao trabalho, por este produzido, enquanto conteúdo comunicativo, tendo sido proposto o princípio da adoção de uma regulação a dois níveis[1531], de acordo com os seguintes critérios de definição dos níveis de regulação: *i)* linear/impositivo/ não há opção do utilizador; *ii)* não linear/ opcional/ a pedido; *iii)* plataforma aberta; *iv)* plataforma fechada. A regulação *light* aplicar-se-ia apenas aos órgãos de comunicação social não lineares e em plataforma aberta, sendo estes critérios forçosamente cumulativos[1532] e poderia incluir, desde logo, a possibilidade de registo[1533], necessariamente facultativo, inexistindo sanção para o seu incumprimento[1534].

Cabe, todavia, alertar que o mero registo como órgão de comunicação social não permite, por exemplo, a equiparação automática de um *bloguer* a jornalista[1535]. Esta hipotética equiparação carece, aliás, de toda a prudência, atenta a questão da aplicabilidade dos direitos constitucionais dos jornalistas a profissio-

[1531] Clássica ou tradicional e regulação *light*.

[1532] Segundo o estudo da ERC, os conceitos de plataforma aberta e de plataforma fechada foram definidos pelo *Conseil Supérieur de l'Audiovisuel (CSA)*, da Bélgica:
i) Plataforma aberta – como um tipo de plataforma em que o editor pode difundir os seus conteúdos sem estar limitado à forma como é efetuada essa distribuição. Corresponderá, pois, à *Internet*;
ii) Plataforma fechada – a capacidade é limitada e gerida por um distribuidor. Para aceder, o editor tem de ter previamente um acordo com o distribuidor. Corresponderá ao cabo, satélite e difusão por via hertziana.
Nestes termos, os serviços não lineares deveriam estar sujeitos a uma regulação *light*, porque funcionam a pedido, sendo o público que seleciona os conteúdos que quer ver. No que concerne aos serviços que se efetuam através de plataformas abertas (caso da *Internet*) estariam também sujeitos a uma regulação ligeira devido à possibilidade ilimitada de oferta. Nestes casos, considera-se que o público pode usufruir dos conteúdos que procura, ou seja, o acesso resulta de uma intenção de aceder. No caso das plataformas fechadas, esse acesso resulta menos de um ato volitivo de pesquisa e escolha, uma vez que esta se torna mais limitada apenas aos conteúdos disponíveis numa determinada hora ou grelha. Daí a necessidade de proteção nas plataformas fechadas. – Estudo de um Grupo de Trabalho da ERC sobre Media Digitais: "New Media: Sobre a redefinição da noção de órgão de comunicação social"; março 2014; pp. 6 e 7.

[1533] O Decreto Regulamentar nº 2/2009, de 27 de janeiro, determina a obrigatoriedade de registo, junto da ERC, de órgãos de comunicação social, de acordo com uma tripla categorização: publicações periódicas/empresas jornalística e noticiosas; operadores de rádio/serviços de programas radiofónicos; e operadores de televisão/serviços de programas televisivos.

[1534] Estudo de um Grupo de Trabalho da ERC sobre Media Digitais: "*New Media:* Sobre a redefinição da noção de órgão de comunicação social"; março 2014; p. 9.

[1535] A questão já foi colocada, a propósito de *media* tradicionais, tendo a Comissão da Carteira Profissional do Jornalista (CCPJ), recusado a atribuição da carteira profissional de jornalista a profissionais da *"Dica da Semana"*, apesar dessa publicação se encontrar registada na ERC, como publicação periódica, de informação geral. Em contrapartida, outro caso a registar respeita a evolução do *site "tugaleaks"*, incialmente desenvolvido como um sítio eletrónico pessoal de denúncia de situações ilegais, requereu a sua inscrição, junto da ERC, como publicação periódica de informação

nais equiparados. Essa extensão só seria possível, pela menos na sua totalidade, caso fosse autorizada por uma interpretação constitucional tecnologicamente neutra, atento o facto de o estatuto dos jornalistas revestir dignidade formalmente constitucional. Perante o estado da arte, limitar-nos-emos, contudo, a formular interrogações. É o direito de proteção das fontes ou de acesso às fontes de informação aplicável a um *bloguer* e oponível mesmo ao poder jurisdicional? Parece-nos, tal como a doutrina maioritária, que na Constituição estão previstos direitos comuns a todos os cidadãos[1536], direitos dos jornalistas e dos colaboradores[1537] e direitos só dos jornalistas[1538]. A defesa da aplicabilidade de direitos, pelo menos estes últimos que referimos, atualmente reservados pela Constituição a jornalistas, a outros profissionais, implicaria uma alteração no conceito constitucional de jornalista, excedendo claramente a margem interpretativa de uma Constituição tecnologicamente neutra.

Em acréscimo, cabe questionar sobre as vantagens que um novo *media* poderia ter em ser reconhecido como órgão de comunicação social, se dessa qualificação decorrem, atualmente, apenas deveres regulatórios, sem que possa beneficiar da proteção conferida pelo ordenamento aos *media* e aos jornalistas. Refira-se que as normas aplicáveis, sem prejuízos de outros diplomas com menor relevância, constam essencialmente de quatro instrumentos legislativos: a LTV[1539], a LR[1540], a LI[1541] e o EJ[1542]. No que concerne à aplica-

geral diária. Após o registo, o seu proprietário e diretor pediu a sua equiparação a jornalista junto da CCPJ, o que, alegadamente, lhe terá sido concedido.

1536 Nos termos do artigo 38º, nºs 1 e 2, alínea *c)*, da CRP, *é garantida a Liberdade de Imprensa, designadamente o direito de fundação de jornais e de quaisquer outras publicações, independentemente de autorização administrativa, caução ou habilitação prévias.*

1537 Segundo o artigo 38º, nº 2, alínea *a)*, *a liberdade de imprensa implica a liberdade de expressão e criação dos jornalistas e colaboradores, bem como a intervenção dos primeiros na orientação editorial dos respetivos órgãos de comunicação social, salvo quando tiverem natureza doutrinária ou confessional.* Este artigo foi alterado pela revisão constitucional de 1997, para abandonar a limitação dos jornalistas intervirem na orientação editorial dos meios de comunicação social do Estado. Tornou-se, desta forma, idêntico em todos os meios, públicos ou privados, o regime da liberdade interna do jornalista. – Pinheiro, Alexandre Sousa/Fernandes, Mário João de Brito (1999). *Comentário à IV Revisão Constitucional*, AAFDL: Lisboa; p. 143.

1538 Para além da nota anterior, referente ao artigo 38º, nº 2, alínea *b)*, são direitos só dos jornalistas os que constam da alínea *b)* da mesma disposição constitucional: *O direito dos jornalistas, nos termos da lei, ao acesso às fontes de informação e à proteção da independência e do sigilo profissionais, bem como o direito de elegerem conselhos de redação.*

1539 Cfr. Lei nº 27/2007, de 30 de julho, alterada pela Lei nº 8/2011, de 11 de abril.

1540 Cfr. Lei nº 54/2010, de 24 de dezembro.

1541 Cfr. Lei nº 2/99, de 13 de janeiro.

1542 Cfr. Lei nº 1/99 de 13 de janeiro, alterada pela Lei nº 64/2007, de 6 de novembro.

bilidade dos três primeiros diplomas aos *novos media*, atentas as semelhanças apresentadas com os meios clássicos, é considerada menos problemática, baseando-se na perspetiva do serviço prestado[1543]. Contudo, na maioria dos casos, estão previstas sanções pelo incumprimento, que não podem ser aplicadas por analogia: é de refutar a possibilidade de aplicação de uma coima a *bloguer*, que recuse a publicação de direito de resposta.

No plano do direito constituído, pelo menos para além de um vasto conjunto de responsabilidades editoriais que se considera que os *new media* devem estar sujeitos, na proposta do Grupo de trabalho[1544] reconhece-se que existe um conjunto de direitos de que beneficiam apenas jornalistas, detentores de título profissional:

i) É inegável a existência de um regime especial a favor destes profissionais do direito de acesso, nomeadamente no que concerne ao acesso à notícia de eventos de interesse público, verificados em espaços de acesso condicionado;

ii) A lei consagra ainda o direito de acesso dos jornalistas a locais abertos ao público para fins de cobertura informativa, ou a locais que, embora não acessíveis ao público, sejam abertos à generalidade da comunicação social[1545]. Aos jornalistas, basta a exibição da carteira profissional para que se depreenda a existência de uma finalidade informativa no acesso;

[1543] São dados os seguintes exemplos: o de uma *Web TV*,com emissão linear, sujeita a regulação clássica, deveria observar os limites à liberdade de programação, constantes do artigo 27º da Lei da Televisão; outro exemplo pode ser o do exercício do direito de resposta, não é descabido defender que um *blog*, considerado em função do seu conteúdo, órgão de comunicação social, esteja obrigado, por analogia com os artigos 26º e seguintes da Lei de Imprensa, a permitir o exercício do direito de resposta. – Estudo de um Grupo de Trabalho da ERC sobre Media Digitais: "*New Media*: Sobre a redefinição da noção de órgão de comunicação social"; março 2014; p. 11.

[1544] Como por exemplo: independência, rigor e isenção; respeito pelos deveres ético-legais do jornalismo; respeito pelo estatuto editorial; demarcação notória entre informação, opinião, publicidade; respeito pelo direito à privacidade; respeito pelo direito ao bom nome; Observância dos direitos das crianças; Não discriminação em função da cor, raça, religião, nacionalidade ou sexo; Não acusar sem provas. Respeito pela presunção da inocência; Contraditório; Respeito os direitos de propriedade intelectual; Respeito pela proteção de dados pessoais; Garantia de direito resposta e de retificação; Recusa do discurso do ódio ou de promoção da discriminação e de estereótipos, ou quaisquer outras formas de incitamento à violência, sobretudo sobre minorias étnicas, religiosas, de cariz sexual, de género ou outras. – Estudo de um Grupo de Trabalho da ERC sobre Media Digitais: "*New Media*: Sobre a redefinição da noção de órgão de comunicação social"; março 2014; p. 12.

[1545] Cfr. Artigo 9º do Estatuto do Jornalista.

iii) O direito ao sigilo profissional encontra-se consagrado no artigo 11º do Estatuto do jornalista, sem prejuízo do disposto na lei processual penal. Mesmo numa perspetiva de *jure condendo*, cabe questionar se fará sentido a opção por um conceito amplo e material de jornalista, atento o perigo da perda de autonomia dogmática do conceito.

CAPÍTULO VI

DA RELEVÂNCIA CONSTITUCIONAL DE UM MODELO REGULATÓRIO INTEGRADO: CONTEÚDOS, COMUNICAÇÕES E CONCORRÊNCIA

Capítulo VI
Da Relevância Constitucional de um Modelo Regulatório Integrado: Conteúdos, Comunicações e Concorrência

A exigência de reserva de lei, na configuração problematizada, no que concerne ao acesso à atividade televisiva, configuração da oferta e correspetiva afetação do espectro, surge reforçada no nosso ordenamento jurídico, atenta uma regulação dispersa por três entidades, com naturezas próximas mas distintas, que prosseguem atribuições, em alguns casos, orientadas por interesses contraditórios: ERC, ANACOM e AdC. Os desafios do mundo tecnológico e digital vieram, em acréscimo, agravar essa separação obsoleta, realçando a necessidade e utilidade de uma interpretação constitucional que salve a identidade constitucional, garantindo o primado da Constituição, perante ameaças tecnológicas. Em termos metodológicos, essa constatação extrai-se de um diagnóstico pragmático do atual enquadramento jurídico regulatório, aliado às novas interrogações suscitadas por material normativo relevante, recentemente surgido.

Na primeira etapa reflexiva, pesa decisivamente a constatação de que uma separação regulatória fundada na distinção entre redes/plataformas ou conteúdos encontra-se, atualmente, absolutamente ultrapassada:

i) A separação é cada vez mais ténue, até porque os diversos formatos e atividades vão ganhando cada vez mais aspetos comuns[1546];
ii) A influência da regulação das telecomunicações nos conteúdos é cada vez mais determinante;
iii) A lei propicia uma desnecessária e incompreensível regulação bicéfala do audiovisual;

[1546] Raimundo, Miguel Assis, *Concursos para Atribuição de Licenças no Audiovisual*, disponível em http://www.icjp.pt/sites/default/files/media/1025-2236.pdf.

iv) A identificação de zonas de sobreposição reflete-se, frequentemente, em conflitos positivos de competências, que favorecem uma regulação incoerente, contraditória e ineficaz.

No caso da Concorrência, a falta de articulação exigível entre Reguladores para a garantia do pluralismo, constitucionalmente exigida, pode gerar desestabilização regulatória e nalguns casos conflitos negativos de competências, lesivos dos mandatos constitucionais.

Num plano mais prospetivo, cabe atender aos novos problemas gerados pelos novos meios de comunicação que reclamam uma refundação da delimitação do perímetro constitucional protetivo das condutas expressivas e comunicativas. A indefinição regulatória surge agravada pelas dúvidas sobre o próprio conceito de *media,* perante o nosso ordenamento juridico-constitucional positivo e, em especial, pela dificuldade de enunciação prévia e abstrata de critérios distintivos quanto à natureza da regulação aplicável.

25. Espectro e Conteúdos: Uma Separação Regulatória Obsoleta

25.1. A separação entre a regulação das redes e a regulação dos conteúdos era, até há pouco tempo, cómoda e tranquila[1547]. Segundo a lei, o espaço pelo qual podem propagar-se as ondas radioelétricas constitui domínio público do Estado[1548]. A noção legal não é a tecnicamente mais correta, pois as ondas radioelétricas não carecem de espaço para se propagarem, fazendo-o também no vazio. A gestão desse bem[1549], que integra o domínio público do Estado, cabe à Autoridade Nacional das Telecomunicações (ANACOM), a entidade Reguladora do setor. No plano internacional, compete à União Internacio-

[1547] Alves, Nuno Peres (2011). "Direito Administrativo das Telecomunicações", *in Tratado de Direito Administrativo Especial, Vol. V,* Almedina: Coimbra; p. 291.

[1548] Cfr. Artigo 14º da Lei das Comunicações Eletrónicas (/LCE) – Lei nº 5/2004, de 10 de fevereiro que tem por objeto, nos termos do seu artigo 1º, o regime jurídico aplicável às redes e serviços de comunicações eletrónicas e aos recursos e serviços conexos e define as competências da autoridade Reguladora nacional neste domínio, no âmbito do processo de transposição das Diretivas nºs 2002/19/CE, 2002/20/CE e 2002/21/CE, todas do Parlamento Europeu e do Conselho, de 7 de março, alteradas pela Diretiva nº 2009/140/CE, do Parlamento Europeu e do Conselho, de 25 de novembro, e das Diretivas nºs 2002/22/CE, do Parlamento Europeu e do Conselho, de 7 de março, alterada pela Diretiva nº 2009/136/CE, do Parlamento Europeu e do Conselho, de 25 de novembro, e 2002/77/CE, da Comissão Europeia, de 16 de setembro.

[1549] Nos termos dos artigos 21º e seguintes do Decreto-Lei nº 381-A/97, de 30 de dezembro, compete ao ICP-ANACOM a planificação, atribuição e supervisão dos recursos espectrais.

nal das Telecomunicações (UIT)[1550] a atribuição de faixas de frequências do espectro radioelétrico, a partilha das frequências radioelétricas e o registo das consignações de frequências e de qualquer posição orbital associada à órbita dos satélites geoestacionários[1551]. Os Estados mantêm, porém, um papel relevante nesta matéria, na medida em que lhes compete fazer uma utilização racional, eficaz e económica das frequências, que permita aos outros o acesso equitativo, no quadro de uma *"gestão internacional limitada e parcial do espectro"*, em conformidade com um imperativo de limitação do número de frequências e da extensão do espectro usado o mínimo possível[1552]. No plano europeu, a utilização e gestão do espectro cabem à Conferência Europeia das Administrações dos Correios e Telecomunicações (CEPT), assumindo estas questões uma enorme relevância comunitária, nomeadamente as orientações da Comunidade relativas à harmonização da atribuição de frequências e da implementação de uma política comunitária de radiofrequências, com vista ao estabelecimento de um quadro regulamentar comum para a política do espectro.

A discussão sobre a natureza jurídica do espectro[1553] e sua inclusão no conceito de domínio público do Estado, problema que não cabe neste trabalho aprofundar, tem, contudo, reflexos mais doutrinários que práticos[1554], sendo incontestável a necessidade de regulação do espectro, pese embora a liberalização do setor das telecomunicações. Por um lado, a realidade digital não descongestionou as limitações de espectro, uma vez que a atenuação da escassez pelo desenvolvimento tecnológico é anulada pelo desenvolvimento de novos serviços, estimulados por esse mesmo desenvolvimento, vindo esses serviços ocupar as bandas de frequências libertadas[1555]. Por outro lado, é imprescindí-

[1550] Cfr. Artigo 1º, número 2, alínea *a)*, da Constituição da União Internacional das Telecomunicações, de 22 de dezembro de 1992.

[1551] Moniz, Ana Raquel Gonçalves (2006). *O Domínio Público: O Critério e o Regime Jurídico da Dominialidade*, Almedina: Coimbra; pp. 204 e seguintes.

[1552] Moniz, Ana Raquel Gonçalves (2006). *O Domínio Público: O Critério e o Regime Jurídico da Dominialidade*, Almedina: Coimbra; pp. 204 e 205.

[1553] Labanca explica que o espectro não é o "meio" através do qual se transmitem as frequências, não é a classificação das frequências, não é o espaço aéreo, nem é o direito a emitir: é a energia radioelétrica. – Labanca, Jorge N., *LasTelecomunicaciones en los Derechos Civil y Administrativo"*, disponível em: http://webcache.googleusercontent.com/search?q=cache:QU3lMgtVos8J:www.estudiolabanca.com/las-telecomunicaciones-en-los-derechos-civil-y-administrativo/+&cd=2&hl=pt-PT&ct=clnk&gl=pt

[1554] Moniz, Ana Raquel Gonçalves (2006). *O Domínio Público: O Critério e o Regime Jurídico da Dominialidade*, Almedina: Coimbra; p. 215.

[1555] Moniz, Ana Raquel Gonçalves (2006). *O Domínio Público: O Critério e o Regime Jurídico da Dominialidade*, Almedina: Coimbra; p. 211, nota 270.

vel a regulação administrativa do espectro para evitar interferências e impedir que um particular adquira qualquer direito a uma emissão continuada em qualquer frequência, sem intervenção administrativa prévia[1556], atento o seu estatuto de dominialidade, através de um caso especial de concessão de utilização privativa do domínio público.

Do estatuto de dominialidade, a doutrina e jurisprudência portuguesas extraem os corolários jurídicos dos princípios da inalienabilidade, da imprescritibilidade e da impenhorabilidade dos bens dominiais, enformadores da ideia de que as coisas públicas devem ficar fora do comércio privado. Trata-se de um regime que não é uma qualidade intrínseca da própria coisa, mas que resulta da sua função, ao serviço de necessidades e interesse impreteríveis próprios, sentidos por uma determinada sociedade num dado momento. Rejeitando qualquer tipo de condicionante que não tenha sido acolhido formal e expressamente na Constituição ou limite jurídico ao poder constituinte originário, nos termos enunciados, o artigo 38º, número 7, da CRP pode constituir a sede do reconhecimento constitucional, indireto, do espectro *hertziano* como bem do domínio público, em sentido material. Como vimos, a exigência expressa de licença a atribuir por concurso público visa precisamente (não apenas) a proteção do espectro, enquanto bem escasso[1557], em especial na sua afetação para a atividade de televisão. O que afasta, em nossa opinião, a sua qualificação como um bem dominial por determinação legal, no contexto do artigo 84º, número 1, alínea *f)*, da CRP. A definição e o regime de bens do domínio público também integram a reserva relativa da competência legislativa da Assembleia da República, nos termos do artigo 165º, alínea *v)*. Estamos ainda perante uma restrição ao direito de propriedade privada[1558] ou da livre iniciativa económica privada, sujeita a reserva de densificação total e a todo o regime de proteção de direitos, liberdades e garantias, já estudado[1559].

1556 MONIZ, Ana Raquel Gonçalves (2006). *O Domínio Público: O Critério e o Regime Jurídico da Dominialidade*, Almedina: Coimbra; p. 215.

1557 COELHO, Gonçalo (2010). "O licenciamento da Televisão Digital Terrestre à Luz do Artigo 38º, número 7 da Constituição", in *Estudos em Homenagem ao Prof. Doutor Sérvulo Correia*, Vol. II, Faculdade de Direito da Universidade de Lisboa; pp. 347 a 371.

1558 Concordamos com a abordagem de MACHETE, Rui Chancerelle (2004). "O Domínio Público e a Rede Elétrica Nacional", *Estudos de Direito Público*, Coimbra Editora: Coimbra; p. 247.

1559 O ordenamento não é, porém, muito claro nesta matéria. Atente-se no Decreto-lei nº 151-A/2000, artigo 9º, nº 1, que, aludindo a um "*licenciamento da utilização do espectro* sugere que o próprio legislador confunde a utilização do espectro com a utilização de redes e de estações. Recorde-se ainda que uma interpretação literal do preceito constitucional, *supra* referido, aliada a uma conceção que faz residir a exigência de licença na necessidade de gestão do espectro, conduziria

25.2. Estando o setor das Telecomunicações em pleno processo de liberalização e perante os desenvolvimentos tecnológicos e digitais, cumpre questionar a razoabilidade das razões tradicionais da separação entre redes e conteúdos, para efeitos de regulação. O nosso sistema regulatório baseia-se nessa distinção mas, atualmente, a mesma rede ou infraestrutura pode ter diferentes finalidades, dado que o espectro, o cabo ou o satélite podem ser usados como meios de comunicação ou como meios de difusão de dados. É inquestionável que são cada vez mais intensas as relações entre as duas disciplinas, desde logo na medida em que a prestação de serviços de conteúdos pode implicar o interesse ou a necessidade de a mesma empresa ser titular de direitos de utilização de radiofrequências. Nessa medida, observa a doutrina, com prudência, que a regulação das comunicações eletrónicas – designadamente nos aspetos incluídos no seu âmbito, como os das redes e serviços de radiodifusão televisiva e sonora – é impregnada dos bens e valores prosseguidos pela regulação da comunicação social e não pode ser alheia à mesma[1560]:

A) A influência da regulação das telecomunicações nos conteúdos, mais precisamente na gestão do espaço liberto para afetação dos serviços de programas televisivos, pode ser decisiva. Atente-se, por exemplo, na afetação de espectro, inicialmente alocado às emissões de serviços televisivos, a serviços de comunicações de outra natureza[1561], pondo em causa a possibilidade de alargamento da oferta televisiva e, por essa via, o pluralismo e a diversidade. É preciso ter em consideração, igualmente, que o futuro das redes de comunicações eletrónicas passa também pela diversificação da sua utilidade como plataformas de difusão de conteúdos, em especial no que se refere à prestação de serviços de radiodifusão televisiva e serviços audiovisuais e afins. Note-se que a ordem jurídica prevê a colaboração da Reguladora dos conteúdos na definição das políticas e estratégias sectoriais que fundamentam a

à extensão deste regime em termos que podem ser considerados atentatórios do princípio da proporcionalidade *stricto sensu*. Todos os elementos descritos reforçam a necessidade de uma interpretação que confira unidade e coerência à regulação da comunicação social, nas suas várias dimensões.

1560 MONIZ, Ana Raquel Gonçalves (2006). *O Domínio Público: O Critério e o Regime Jurídico da Dominialidade*, Almedina: Coimbra; p. 292.

1561 GARCIA-GARCIA, José Marino/VALIÑO-CASTRO, Aurelia (2013). “Propuestas para La Evaluación de La Eficiencia de una Atribuición de espectro a un Servicio de Radiocomunicaciones”, *GCG Georgetown University*, Universia Mayo-Agosto, Vol.7, nº 2; p. 87.

planificação do espectro radioelétrico[1562]. Não obstante, é uma intervenção a título meramente consultivo[1563], também no âmbito europeu, para efeitos de definição das necessidades de espectro a longo prazo[1564]. As posições assumidas pelas duas Reguladoras nesta matéria têm sido completamente distintas, mais das vezes contraditórias e até mesmo incompatíveis;

B) Acresce uma, desnecessária e incompreensível, duplicação de intervenções nos concursos públicos para a atribuição de licenças audiovisuais. Os diferentes critérios integrantes das condições de admissão e dos critérios de seleção reclamam a participação de cada Regulador, em cada aspeto da análise da candidatura, o que torna os procedimentos complexos quanto à sua instrução e decisões finais[1565]. Com efeito, se tivermos em conta a repartição de competências entre a ERC e a

[1562] Cfr. Artigo 8º, alínea *h)*, dos Estatutos da ERC: São ainda objetivos da regulação do setor dos *media* a prosseguir pela ERC, nos termos do artigo 7º dos seus Estatutos:
a) Promover e assegurar o pluralismo cultural e a diversidade de expressão das várias correntes de pensamento, através das entidades que prosseguem atividades de comunicação social sujeitas à sua regulação;
b) Assegurar a livre difusão de conteúdos pelas entidades que prosseguem atividades de comunicação social e o livre acesso aos conteúdos por parte dos respetivos destinatários da respetiva oferta de conteúdos de comunicação social, de forma transparente e não discriminatória, de modo a evitar qualquer tipo de exclusão social ou económica e zelando pela eficiência na atribuição de recursos escassos.

[1563] A ERC tem alertado a ANACOM, nos últimos 3 ou 4 anos, para o facto de os constrangimentos verificados na prestação de serviço da PTC, no domínio da rede da TDT, em especial os problemas de receção das emissões porem em causa a regra da universalidade que preside à disponibilização dos serviços de programas televisivos de acesso não condicionado livre para todos os cidadãos, residentes em território nacional. Por outro lado, a ERC tem considerado "alarmante" a diminuição de espaço que vai sendo reservado para a atividade de radiodifusão, bem como o seu confinamento a faixas menos favoráveis do espectro radioelétrico, pondo em causa o pluralismo e a diversidade. – Parecer 3/PAR-ER/2010, de 17 de novembro de 2010, em resposta a um pedido de pronunciamento solicitado pelo ICP-ANACOM sobre um projeto de decisão "relativo à designação da sub-faixa 790-862 MHz para serviços de comunicações eletrónicas"; Ofício 809/ERC/2011, de 3 de fevereiro de 2011, respeitante ao sentido provável de um projeto de decisão do ICP-ANACOM "relativo à alteração dos canais de funcionamento da televisão digital terrestre" a que está associado o *Multiplexer* A; Ofício 2943/ERC/2011, de 28 de março de 2011, atinente ao sentido provável de um projeto de decisão do ICP-ANACOM, "relativo à substituição do canal 67 pelo canal 56 da televisão digital terrestre no território continental.

[1564] A ERC respondeu, em 2013, por solicitação da ANACOM, a um questionário do *RadioSpectrum Policy Group (RSPG)* sobre as necessidades de espectro a longo prazo na União Europeia.

[1565] Raimundo, Miguel Assis (2011). "Concursos para Atribuição de Licenças do Audiovisual", disponível *em http://www.icjp.pt/sites/default/files/media/1025-2236.pdf.*

ANACOM, nos procedimentos concursais em apreço, avulta uma subtil distinção na previsão da submissão a ambas as Reguladoras de decisão ou de parecer vinculativo, baseada numa incompreensível dualidade de natureza de critérios. RAIMUNDO aponta, a nosso ver certeiramente que da análise dos modelos concursais de atribuição de licenças de rádio e de televisão resulta que, na prática, são atribuídos a ambos os Reguladores poderes de decisão (ou pronúncia vinculativa) em relação ao preenchimento das condições e avaliação dos critérios de graduação das candidaturas[1566];

C) No que concerne à televisão, os processos de licenciamento de canais de acesso livre são instruídos pela ERC, que sujeita a parecer da ANACOM as condições técnicas das candidaturas[1567]. No que se refere à atividade de seleção e de agregação de serviços de programas televisivos de acesso condicionado ou não condicionado com assinatura[1568], a instrução já compete à ANACOM, devendo contudo esta entidade submeter à verificação da ERC o preenchimento das condições de admissão das candidaturas que respeitem à sua competência[1569]. Quanto à rádio, essa mesma distinção de tarefas é feita em função de um critério territorial, consoante se trate de rádios nacionais e regionais ou locais[1570].

26. Anorexia Constitucional e Autofagia Regulatória

26.1. O modelo exposto é suscetível de gerar decisões incongruentes e contraditórias no mesmo processo, o que gera não apenas ineficácia e desperdícios regulatórios, como sugere uma ostensiva autofagia regulatória, porquanto cada regulado pode optar pela decisão regulatória que lhe for mais conveniente acatar. O que gera a inefácia dos comandos constitucionais e consequente paralisia regulatória. Atentemos nas lições de dois casos que reputamos de paradigmáticos, elucidativos da realidade que pretendemos retratar.

26.1.1. Um exemplo, para nós, ilustrativo de uma dispersão regulatória nefasta foi o do processo que culminou com a atribuição à PTC – PT Comu-

[1566] RAIMUNDO, Miguel Assis (2011). "Concursos para Atribuição de Licenças do Audiovisual", disponível em *http://www.icjp.pt/sites/default/files/media/1025-2236.pdf.*

[1567] Cfr. Artigo 17º, número 1, da Lei da Televisão.

[1568] Modalidade de acesso à atividade de televisão, prevista no Artigo 13º, número 1, alínea *b)*, da LTV.

[1569] Cfr. Artigo 17º, números 2 e 3, da Lei da Televisão.

[1570] Cfr. Artigo 19º, números 7 e 8, e artigo 22º, números 1 e 2, da Lei da Rádio.

nicações, SA, pelos diferentes Reguladores no âmbito das respetivas competências, dos títulos habilitadores de operador de distribuição e dos direitos de utilização de frequências[1571], no Concurso Público da Televisão Digital Terrestre. Com efeito, competia ao (então) ICP – ANACOM a atribuição de direitos de utilização de frequências[1572], referentes à componente paga da TDT, e à ERC a atribuição de uma licença de operador de distribuição, nos termos da Lei da Televisão[1573]. Uma vez ganho o concurso público, também relativo a estes cinco direitos de utilização de frequências[1574], a PTC decidiu, contudo, requerer a revogação desses títulos referentes à componente paga da TDT[1575] e a restituição da caução, em ofícios dirigidos, em simultâneo, às

[1571] Atribuído no âmbito do concurso público aberto pela Portaria nº 207-A/2008, de 25 de fevereiro, (retificada pela Declaração de Retificação nº 8-A/2008, de 26 de fevereiro).

[1572] Associados aos *Multiplexers* B, C, D, E e F. Para além do *Multiplexer* A, afeto atualmente à plataforma da TDT, *free-to-air.*

[1573] Cfr. Artigos 18º, número 1 e 24º, número 3, da LTV.

[1574] Nos termos do Artigo 1º, da Portaria 207-A/2008, que aprova o *Regulamento do concurso público para a atribuição de direitos de utilização de frequências de âmbito nacional e parcial para o serviço de radiodifusão televisiva digital terrestre e de licenciamento de operador de distribuição*, o concurso público tinha por objeto:

a) A atribuição de cinco direitos de utilização de frequências, reservadas para o serviço de radiodifusão televisiva digital terrestre no Quadro Nacional de Atribuição de Frequências, correspondentes a duas coberturas de âmbito nacional, a que estarão associados os *Multiplexers B e C*, e a três coberturas de âmbito parcial do território continental, a que estarão associados os *Multiplexers D, E e F*, em todos os casos, tendo por base redes de frequência única (SFN), nas faixas de frequências identificadas no anexo i;

b) O licenciamento do operador de distribuição responsável pela atividade de televisão que consista na seleção e agregação de serviços de programas de acesso não condicionado com assinatura ou condicionado e pela sua disponibilização ao público, através do serviço de radiodifusão televisiva digital terrestre referido na alínea anterior.

2 – Os cinco direitos de utilização de frequências e a licença de operador de distribuição são atribuídos a uma única entidade.

3 – Os direitos de utilização de frequências que se encontram a concurso no presente regulamento podem ser atribuídos ao concorrente a quem seja atribuída a titularidade do direito de utilização de frequências posto a concurso público pelo Regulamento do ICP-ANACOM nº 95-A/2008, de 25 de fevereiro.

[1575] Pode ler-se, na Deliberação do Conselho Regulador da ERC 1/LIC-TV/2010, que a PTC invocou em apoio da sua pretensão de «*não dar continuidade ao projeto de prestação de serviços de radiodifusão televisiva digital terrestre, a que está associado o referido título habilitante* [de operador de distribuição]», o facto de «*parecer* (-lhe) *inegável ter ocorrido uma série de circunstâncias, alheias a qualquer das partes e não previstas ou contempladas na proposta que a PT Comunicações apresentou a concurso, que alteram ou condicionam drasticamente as condições então apresentadas, bem como o desenvolvimento do respetivo projeto, e que não podem por isso deixar de ser consideradas e atendidas*». Tais circunstâncias ou fundamentos seriam, na perspetiva da PTC, os seguintes:

duas entidades Reguladoras, tendo obtido respostas contraditórias: ao contrário da ANACOM, a ERC declarou improcedente a pretensão da PTC[1576], *"ciente da delicadeza da matéria em apreço e das consequências que resultem de uma eventual contradição de entendimentos entre os Reguladores dos setores da comunicação social e das comunicações eletrónicas"*[1577], mas afirmando a sua competência exclusiva de revogação dos títulos habilitadores correspondentes à sua área de intervenção sectorial, em conformidade com a interpretação que faz do interesse público. As sobreditas consequências jurídicas perduram, pois se a ANACOM declarou procedente a pretensão da PTC, no concernente aos títulos da sua competência, em contrapartida, a licença atribuída pela ERC ainda não foi objeto de qualquer ato revogatório. Note-se que as licenças apenas se extinguem pelo decurso do prazo[1578], ou por revogação, nos termos

i) A antecipação, pela PTC, dos investimentos e do cumprimento dos objetivos inscritos na licença do *Mux* A, a par de um alegado impedimento, durante um considerável período de tempo, de iniciar o desenvolvimento da rede relativa aos *Muxes B a F*, com perda de sinergias inerentes, atenta a «elevada probabilidade» de as respetivas licenças não poderem ser emitidas num futuro próximo, em virtude do contencioso judicial desencadeado pela *Airplus*, enquanto candidato preterido na atribuição das ditas licenças;
ii) Os desenvolvimentos, entretanto, ocorridos no mercado da televisão por subscrição e tidos por, decisivamente, comprometedores das possibilidades de sucesso e viabilidade comercial do projeto de TDT *Pay-TV*;
iii) A crise económica e financeira que deflagrou em momento posterior à apresentação da proposta da PTC e que, em boa medida, colocaria em causa muitos dos pressupostos em que tal proposta assentou;
iv) A maior capacidade de transmissão para emissões em alta definição, no *Mux A*, que o cancelamento do projeto de TDT por subscrição permitiria.

1576 Cfr. Deliberação da ERC 1/LIC-TV/2010 –A ERC sublinhou que o pedido de revogação apresentado pela PTC *"tem por objeto e significado o abandono de uma componente essencial da introdução da televisão digital terrestre em Portugal, enquanto projeto definido e apresentado como dotado de importância estratégica e decisiva para o interesse nacional."* Por outro lado, quanto aos motivos invocados pela PTC, a ERC não reconheceu às ocorrências ou circunstâncias entretanto verificadas (ou meramente alegadas), a aptidão para induzir modificações relevantes na configuração ou reinterpretação de tais objetivos de interesse público, em moldes que justifiquem a eliminação da sua componente paga. Foi ainda mais longe, e qualificou certas circunstâncias invocadas pela PTC como o resultado de condutas por esta, entretanto, adotadas e que consubstanciam um *venire contra factum proprium*.

1577 A ERC fez contudo questão de reafirmar *"a independência e capacidade de apreciação e de decisão que enquanto autoridade Reguladora do setor da comunicação social, está adstrita a assegurar, na prossecução das incumbências que lhe estão confiadas, e à luz da sua leitura do que entende ser o interesse público a salvaguardar neste contexto". – Ibidem, idem.*

1578 Nos termos do artigo 19º, da Portaria 207-A/2008,
1 – Os direitos de utilização de frequências atribuídos têm um prazo de duração de 15 anos, podendo ser renovados nos termos da Lei nº 5/2004, de 10 de fevereiro.

da lei[1579]: pelo que cabe concluir que nenhuma destas causas extintivas se verificou até agora.

A situação apresenta-se, deveras, caricata, uma vez que os direitos de utilização de frequências relativos aos *Muxes* B a F são condição *sine qua non* para o exercício da atividade do operador de distribuição, relativa à prestação de serviços de TDT, encontrando-se essas frequências afetas à prestação desses serviços (e não de quaisquer outros), apenas podendo ser usadas pelo titular da licença do operador de distribuição. Não obstante, os argumentos aduzidos pela ERC são juridicamente inatacáveis. Não é, efetivamente, possível sustentar uma qualquer relação de prejudicialidade ou de dependência jurídica dos títulos atribuídos pelas duas entidades, dado que o ato de atribuição pela ANACOM dos direitos de utilização de frequências, do concurso relativos aos *Muxes* B a F, não é lógica ou juridicamente prévio e necessário à concessão pela ERC da licença de operador de distribuição do mesmo concurso. Não só as regras aplicáveis não estabeleciam qualquer ordem de prioridades, nem tampouco é possível afirmar uma relação de influência ou de subordinação entre a ANACOM e a ERC, na avaliação e classificação das candidaturas. Segundo a ERC, existe uma *"clara e estreita interdependência entre as licenças"*, tendo em conta a *"impreterível necessidade da sua atribuição a uma mesma entidade"* e no facto de *"o objeto de cada uma só fazer sentido numa lógica de relacionamento recíproco"*, nos termos *supra* analisados.

O acolhimento isolado, pela ANACOM, da pretensão da PTC vem pois suscitar inúmeras questões jurídicas, algumas delas identificadas na Deliberação da ERC, atenta a estrutura do concurso público[1580] e a estreita interdependência das licenças nele atribuídas, não afastando a ERC a hipótese de a sua influência se estender inclusive à componente *free to air*, a única dimensão do projeto TDT tornada realidade. Com efeito, pode-se questionar a legitimidade da revogação dos direitos de utilização das frequências, em si, ou sem

2 – O título habilitante relativo à qualidade de operador de distribuição é emitido pelo prazo de 15 anos e renovável por iguais períodos, nos termos do artigo 22º da Lei nº 27/2007, de 30 de julho.

[1579] Cfr. Artigo 24º da Lei da Televisão.

[1580] Pode ler-se, na Exposição de Motivos da Portaria 207-A/2008, que *"a introdução da TDT assenta em dois modelos de negócio distintos, ou seja: uma operação que sinteticamente se designa Free to air (FTA), objeto do concurso público lançado nesta mesma data pelo ICP-ANACOM, com a qual se pretende, nomeadamente, e antes de mais, assegurar a migração analógico-digital da plataforma terrestre, proporcionando-se condições para a continuidade da oferta por parte dos respetivos operadores de televisão dos serviços de programas televisivos hoje disponibilizados por via analógica terrestre; e uma operação Pay TV, objeto do presente concurso público, com a qual se pretende propiciar aos utilizadores finais a existência de uma oferta comercial concorrencial às disponibilizadas por outras plataformas, ao nível de serviços de televisão por subscrição."*

que tenha havido idêntico ato revogatório da licença de operador de distribuição, ou os efeitos jurídicos sobre o titular da licença de operador de distribuição desse ato revogatório e, *vice-versa*, os efeitos jurídicos que a decisão da ERC de não revogação da licença de operador de distribuição pode ter sobre os direitos de utilização das frequências em apreço. Mas quem é atualmente o detentor de direitos sobre o espectro *hertziano* terrestre, afeto aos *Muxes* controvertidos? O Estado ou ainda o titular da licença de operador de distribuição? Pode o Estado reverter para o domínio público o espectro referente a esses *Muxes*, existindo uma licença afeta a esse espaço? Por último, cabe questionar se, no respeito do princípio da eficiência administrativa, não deveria a ANACOM ter atribuído os mesmos direitos ao classificado no lugar subsequente no concurso público. Pode o Estado voltar a submeter a concurso público os mesmos direitos, sem que tenha recorrido ao classificado em lugar subsequente? E nesse caso, como deveria proceder atualmente a ERC, no que concerne à licença do operador de distribuição?

26.1.2. O segundo exemplo extrai-se, sem dificuldade, da leitura das posições contraditórias assumidas pelos dois Reguladores, no mesmo texto que serviu de base à mais recente consulta pública conjunta sobre o alargamento da oferta da TDT, a propósito da crucial questão das obrigações de reserva e de capacidade, a cargo da PTC. A resposta a esta questão era determinante para a avaliação da capacidade alegadamente remanescente no *Multiplexer* A, para efeitos de afetação de espaço a um eventual alargamento da oferta televisiva na TDT. No mesmo texto, ERC e ANACOM assumiram as divergências, defendendo a ERC que se mantém a reserva de espaço no *Mux* A para emissões em alta definição[1581], enquanto a ANACOM assume precisamente

[1581] Pode ler-se no texto da consulta pública conjunta: *"A ERC, todavia, quanto a esta questão, admitindo que seja discutível se a obrigação de reserva de capacidade para emissões em alta definição terá caducado com o termo das emissões analógicas, defende que se pode, aliás, sustentar o entendimento precisamente oposto, a partir do introito da RCM 12/2008, justamente onde se preconiza que "[o]s constrangimentos de espectro manter-se-ão até ao fecho da radiodifusão televisiva hertziana analógica, havendo lugar, após esse momento, à possibilidade de emissão, em contínuo, em alta definição dos serviços de programas dos operadores licenciados e concessionados". Acresce, ainda, que da interpretação literal do nº 3 dessa resolução decorre que o que terminou com o fecho da radiodifusão televisiva analógica foi a obrigação de difusão das referidas emissões em alta definição em modo não simultâneo, permanecendo, pois, a obrigação de reserva de capacidade para emissões em alta definição, as quais poderão, a partir daquele momento, ser efetuadas em modo simultâneo ou não. O texto completo do nº 3 da Resolução do Conselho de Ministros é o seguinte: "Determinar a reserva de capacidade para difusão, em modo não simultâneo até ao fecho da radiodifusão televisiva analógica, de emissões em alta definição dos serviços de programas distribuídos no Multiplexer A, sempre que as condições técnicas o permitam". Pode,*

a posição contrária de caducidade da obrigação de reserva e de capacidade no *Mux* A, para essas emissões em HD[1582], pela PTC[1583], invocando ser tecni-

assim, concluir-se que o limite temporal "até ao fecho da radiodifusão televisiva analógica" se refere apenas à difusão "em modo não simultâneo" das emissões em alta definição, pelo que contínua de pé a obrigação de reserva de capacidade para tais emissões (obrigação que não caducou, portanto), as quais poderão, agora, ser ou não em modo simultâneo. Esta interpretação é também a que melhor se adequa à aludida previsão, constante do preâmbulo da Resolução, de que os constrangimentos de espectro desapareceriam com o Switch-off, momento a partir do qual as emissões em alta definição poderiam passar a ser em contínuo. Assim, é entendimento da ERC que se mantém a reserva de espaço no MUX A para emissões em alta definição."

1582 *High Definition.*

1583 Pelo contrário, sustenta a ANACOM que, *"no que respeita ao canal partilhado em HD, os termos em que foi constituída e está expressa a respetiva obrigação de reserva de capacidade, nomeadamente no DUF ICP-ANACOM nº 6/2008, levam o ICP-ANACOM a concluir que a mesma caducou, embora haja entendimentos diversos quanto a esta matéria. Na génese desta obrigação de reserva da PTC – nas condições fixadas no DUF ICP-ANACOM nº 6/2008 -, está a referida RCM 12/2008, nos termos da qual foi determinada «a reserva de capacidade para difusão, em modo não simultâneo, até ao fecho da radiodifusão televisiva analógica, de emissões em alta definição dos serviços de programas distribuídos no Multiplexer A, sempre que as condições técnicas o permitam". Recorde-se que, previamente à adoção desta Resolução, foi posta a consulta pública pelo Governo, em meados de 2007, a questão da ocupação da capacidade remanescente do Mux A, no termo da qual se concluiu que tal capacidade devia permitir a cada um dos "canais" existentes a emissão pontual de programas em HD (desde que não em simultâneo) e um canal SD adicional. Realça-se que seria – e é – tecnicamente impossível acomodar no Mux A (com as normas DVB-T e MPEG4) todos os canais beneficiários de must carry (RTP1, RTP2, SIC, TVI e o "5º canal") em HD. Consequentemente, a emissão em contínuo em HD dos referidos serviços de programas implicaria necessariamente a atribuição de mais espectro para (pelo menos) um novo Multiplexer (mais uma rede).*
Assim, quanto às emissões em HD em modo não simultâneo – aquelas a assegurar na capacidade remanescente do Mux A –, a RCM definiu como limite temporal para a respetiva reserva de capacidade a ocorrência do switch-off. A emissão em contínuo em HD seria por conseguinte tratada em momento ulterior, se e quando tecnicamente possível, em linha com o disposto no preâmbulo da RCM 12/2008, uma vez que essa emissão simultânea seria de execução impossível no Mux A. O limite temporal estabelecido compaginava-se inteiramente com a finalidade que se reconhecia nestas emissões pontuais de elementos de programação em HD. Com efeito, tratava-se de uma solução transitória (durante o simulcast) em relação ao HD em pleno e, como tal, constituía-se como um fator indutor da migração voluntária dos utilizadores finais do analógico para o digital. Em conformidade, no Regulamento do concurso público para atribuição de um direito de utilização de frequências de âmbito nacional para o serviço de radiodifusão televisiva digital terrestre, associado ao Mux A (Regulamento nº 95-A/2008, de 27 de fevereiro), o ICP-ANACOM concretizou o determinado na RCM 12/2008, ao estabelecer no artigo 20º («obrigações de reserva de capacidade e de transporte») que «o titular do direito de utilização fica também obrigado, nos termos da Resolução do Conselho de Ministros nº 12/2008, de 22 de janeiro, a reservar capacidade, conforme especificado no caderno de encargos, para a transmissão, em modo não simultâneo até ao fecho da radiodifusão televisiva analógica, em alta definição de elementos de programação dos serviços de programas televisivos [entenda-se, RTP1, RTP2, SIC, TVI e 5º canal]» (ora enfatizado). A PTC veio a apresentar na sua proposta uma solução de alocação de 5 Mbit/s (débito médio de vídeo) para as emissões dos elementos de programação em HD, o que permitia manter sem descontinuidade todas as emissões em SD dos serviços de programas beneficiários das obrigações de must carry no Mux A.Tendo o direito de utilização de frequências associado ao Mux A sido atribuído à PTC, o respetivo título [cláusula 15ª, nº 1, c) do DUF ICP-ANACOM nº

camente impossível acomodar nesse espaço todos os canais beneficiários de *must carry*[1584], em HD. Para o Regulador das Telecomunicações, a emissão em contínuo, em HD, dos referidos serviços de programas implicaria necessariamente a atribuição de mais espectro para (pelo menos) um novo *Multiplexer* (mais uma rede). No entendimento da ANACOM, a Resolução teria definido como limite temporal para a respetiva reserva de capacidade a ocorrência do *switch-off*, sendo a emissão em contínuo em HD uma questão ulterior, se e quando tecnicamente possível, *"uma mera "intenção programática expressa pelo Governo""*, nessa resolução. Esta divergência entre Reguladores torna-se juridicamente mais gravosa, se tivermos em conta que a ERC, no exercício das suas competências, reconheceu que os atuais títulos habilitadores do exercício da atividade de televisão, detidos pela RTP, SIC e TVI, constituem credencial adequada e suficiente para a emissão dos respetivos serviços de programas licenciados em HD no atual *Mux* A, atento o princípio da neutralidade tecnológica[1585], e, no caso da RTP, para a emissão de serviços de programas temáticos da RTP na oferta *free-to-air* da TDT[1586].

6/2008] dispõe que a empresa fica obrigada a reservar capacidade para a transmissão digital em alta definição, em todo o território nacional, até ao fecho da radiodifusão analógica, em modo não simultâneo – um serviço de programas a cada momento –, para acesso não condicionado livre, de elementos de programação dos serviços de programas televisivos. Realça-se que o DUF atribuído não prevê, nem podia prever, qualquer outra imposição de emissões em HD, pois, como já referido, o Mux A (com as normas DVB-T + MPEG4) não dispõe de capacidade suficiente para acomodar a emissão em contínuo em HD de todos os serviços de programas televisivos nele transportados. Como é sabido, em cumprimento da Resolução do Conselho de Ministros nº 26/2009, de 17 de março, e nos termos do Plano para o Switch-off (PSO) aprovado pelo ICP-ANACOM, o fecho da radiodifusão televisiva analógica ocorreu no dia 26 de abril de 2012. Como tal, e de acordo com as várias disposições vindas de expor e com os antecedentes que lhe deram origem, a obrigação de reserva de capacidade da PTC, nos termos impostos no respetivo título, para as emissões em alta definição – que correspondia a um débito de 5,384 Mbit/s – caducou com a ocorrência desse facto e, consequentemente, não existe também, no momento atual, qualquer obrigação de transporte quanto a estes elementos de programação. Esta conclusão não afasta, porém, a intenção programática expressa pelo Governo na RCM 12/2008 segundo a qual, após o fecho da radiodifusão televisiva hertziana analógica, haveria possibilidade de emissão em contínuo e em alta definição dos serviços dos operadores licenciados e concessionados, o que constitui também motivação da presente consulta."

[1584] Cfr. RTP1, RTP2, SIC, TVI e, na altura, ainda o "5º canal".

[1585] Segundo a ERC, *"sendo a legislação aplicável tecnologicamente neutra quanto a este aspeto, nada impede que qualquer operador televisivo que utilize o espectro hertziano terrestre (RTP1, RTP2, SIC e TVI, bem como RTP Açores e RTP Madeira nas respetivas Regiões Autónomas – para além do "5º canal" «se e quando vier a existir») possa eleger, alternativa ou cumulativamente, uma ou mais modalidades de transmissão simultânea da sua programação, contanto que os elementos da programação emitidos num ou noutro formato sejam absolutamente idênticos e exibidos na mesma sequência linear."* – Ofício da ERC de 31 de julho, de 2013, com Ref. 4533/ERC/2013 e ofício da ERC de 27 de setembro, de 2013, com Ref. 5369/ERC/2013.

[1586] A ERC reconheceu, com o nosso voto contra, pelas razões que já sustentámos, que a «*concessão do serviço público beneficia de um estatuto particular, resultante da circunstância de, em regra, aquela se realizar*

Pela nossa parte, estando conferida à ERC, precisamente, a competência exclusiva para a interpretação dos títulos habilitadores para o exercício da atividade de televisão[1587], os atuais operadores, licenciados e concessionados, detentores do direito de emitir os respetivos programas em alta definição, na atual TDT, podem fazer valer as suas pretensões, no atual espaço disponível no *Multiplexer* A, o qual teria de ser forçosamente alocado pela ANACOM para esse fim. Atente-se na recente jurisprudência do Tribunal de Justiça da União Europeia[1588], segundo a qual, o direito dos Tratados e o direito derivado da União Europeia aplicáveis nesta matéria devem ser interpretados no sentido de se oporem, em matéria de radiodifusão televisiva, a uma legislação nacional *"que permita que um operador, titular de uma concessão ou licença, fique impossibilitado de emitir, pelo facto de não lhe serem concedidas radiofrequências de emissão, com base em critérios objetivos, transparentes, não discriminatórios e proporcionais"*[1589].

por meio de serviços de programas televisivos de acesso não condicionado livre, só assim não sucedendo "quando por razões de natureza tecnológica ou financeira o imponham"» (Cfr. artigo 52º, nº 2, da Lei da Televisão e dos Serviços Audiovisuais a Pedido, e cláusula 2ª, nº 1, do Contrato de Concessão do Serviço Público de Televisão de 2008) e (ii) afirmou que «*quer mediante uma reafectação espectral relativamente ao Multiplexer A, em conformidade com os ditames regulamentares aplicáveis, quer através da utilização de um ou mais Multiplexers que o espectro hertziano ainda comporta, poderão as entidades competentes, designadamente o Governo, sem qualquer necessidade de alterar a Lei da Televisão, ponderadas as implicações na oferta televisiva, no mercado audiovisual e na gestão do espectro disponível, permitir a disponibilização, em regime de acesso livre, dos diversos serviços de programas temáticos da RTP, atualmente em regime de acesso não condicionado com assinatura".*

[1587] Cfr. Artigo 24º, nº 3, alínea *e), in fine* dos Estatutos da ERC.

[1588] O Acórdão do Tribunal de Justiça, de 31 de janeiro, de 2008, já citado, tem por objeto um pedido de decisão prejudicial, apresentado pelo *Consiglio di Stato italiano.*

[1589] O litígio, no processo principal, prende-se com a reparação do prejuízo que a *Centro Europa 7* considera ter sofrido, devido ao facto de não lhe terem sido atribuídas, pelos recorridos, no processo principal, radiofrequências de emissão para a radiodifusão televisiva por via hertziana, em modo analógico. Em 28 de julho de 1999, foi atribuída pelas autoridades italianas competentes à *Centro Europa 7,* em aplicação da Lei nº 249/1997, uma concessão para a radiodifusão televisiva, por via hertziana a nível nacional, que a autorizava a instalar e a explorar uma rede de radiodifusão televisiva, em técnica analógica. A concessão remetia, para a atribuição das radiofrequências, para o plano nacional de atribuição das radiofrequências, o qual foi adotado em 30 de outubro de 1998. Segundo o órgão jurisdicional de reenvio, o referido plano não foi, todavia, implementado, de modo que, apesar de dispor de uma concessão, a *Centro Europa 7* nunca esteve em condições de poder emitir, por não lhe terem sido atribuídas radiofrequências. A *Centro Europa 7* submeteu ao *Tribunale amministrativo regionale del Lazio* um pedido que visava, nomeadamente, o reconhecimento do seu direito de obter a atribuição de radiofrequências e a reparação do prejuízo sofrido. O referido tribunal julgou este pedido improcedente, por acórdão de 16 de setembro de 2004.

Cabe realçar que, ao contrário do caso concreto decidido que originou o Acórdão *sub judicio* Tribunal de Justiça, os atuais operadores privados portugueses, que emitem na TDT em acesso livre, são detentores de uma licença obtida através de concurso público, tendo a mesma sido objeto de reavaliações periódicas, nos termos da lei[1590]. No caso em apreço, para além de um problema de concentração[1591], alguns dos canais italianos que estavam a ocupar *de facto* as radiofrequências eram excedentários e não eram detentores de licença, embora tivessem sido autorizados a emitir através de vários regimes transitórios legais. Pelo contrário, a *Europa 7*, apesar de ser detentora de uma licença, não podia iniciar a sua atividade uma vez que não dispunha das frequências necessárias. Acresce que esse mesmo operador não podia, por sua vez, obter uma licença de radiodifusão televisiva digital, uma vez que não se encontrava ativo, condição legal para aceder a um título habilitador.

Pode ler-se nas conclusões do Advogado Geral que, no que se refere à atribuição de licenças de televisão de âmbito nacional a operadores privados, o direito comunitário exige, para além de processos de escolha transparentes e não discriminatórios, que seja assegurado pleno efeito ao resultado desses processos. O que significa que, na perspetiva do Advogado Geral, os tribunais nacionais não só têm o dever de garantir a aplicação efetiva do direito comunitário[1592], como também, *"nos casos em que as normas jurídicas internas não*

[1590] Por causa da transição da televisão analógica para a televisão digital terrestres, o artigo 94º da LTV estabeleceu a reserva de capacidade para a emissão dos operadores licenciados (SIC e TVI), na atribuição de direitos de utilização de frequências na nova TDT.

[1591] Num acórdão de 20 de novembro de 2002, a *Corte Constituzionale* declarou que os canais que excedessem o limite *antitrust* de 20% deveriam transferir as suas emissões televisivas em frequências terrestres para cabo ou satélite, até 31 de dezembro de 2003, independentemente do estado de desenvolvimento da televisão digital. Todavia, apesar deste acórdão, a possibilidade de os operadores existentes continuarem a utilizar as frequências terrestres, para canais que tivessem excedido o limite *antitrust* foi novamente prolongada pelo Decreto-Lei nº 352/2003, posteriormente convertido na Lei nº 43/2004 e pela *lei Gasparri*. Pode ler-se nas conclusões do Advogado Geral, Miguel Poiares Maduro, parágrafos 9 e 10, que a *lei Gasparri* permitiu, de facto, aos operadores existentes utilizar frequências para canais que excediam o limite *antitrust*, bloqueando deste modo a libertação dessas frequências para os novos operadores, como a *Europa 7*, até à implementação de um plano nacional de atribuição de frequências para a televisão digital. Acresce que, ao abrigo da *lei Gasparri*, apenas os operadores ativos poderiam requerer o direito a utilizar as frequências para a televisão digital. Por último, *a lei Gasparr*i redefiniu o limite de 20% que tinha sido introduzido pela *lei Maccanico*, em julho de 1997.

[1592] Conforme nota Carla Gomes, nos últimos anos, o Tribunal de Justiça tem vindo a prolatar um conjunto de decisões *"que distende o efeito direto num sentido objetivo, no que já foi identificado como uma tendência de construção de um efeito direto público. Perante a insuficiência ou mesmo contradição verificada no plano da legislação interna, a força normativa da lei comunitária é potenciada, não só pela desnecessidade*

preveem um meio de tutela eficaz, devem conceder eles mesmos essa tutela". Cabe-lhes evitar que a plena eficácia das normas comunitárias seja posta em causa e garantir que são adotadas as medidas adequadas para garantir que o exercício da atividade, para a qual um operador televisivo se encontra legitimamente licenciado, não seja uma ilusão[1593]. Um direito que, a nosso ver, é oponível ao Estado-Regulador, tendo este inviabilizado o seu exercício, seja através do prolongamento de autorizações administrativas de emissões ilícitas de televisão, seja através de uma gestão do espectro *hertziano* terrestre que não acautele, devidamente, o interesse público na afetação de espaço para o exercício legítimo da atividade de televisão por operadores de televisão.

26.2. Para além do exposto, a necessidade de cooperação entre os dois Reguladores e de uma regulação integrada, capaz de encontrar um equilíbrio entre mercados eventualmente colidentes, torna-se ainda mais evidente no instituto do *must carry*: compete à ERC proceder à especificação dos serviços de programas de rádio e de televisão, e de serviços destes complementares, que deverão constituir objeto de obrigações de transporte (*must carry*) e de entrega (*must deliver*, ou *must offer*), em redes de comunicações eletrónicas[1594]. A possibilidade de imposição de obrigações de *must carry* encontra-se prevista para a generalidade dos operadores de redes de comunicações eletró-

de invocação de uma lesão direta no processo de reenvio prejudicial – ou seja, o Tribunal basta-se com a constatação de um incumprimento objetivo –, como pela acentuação da responsabilidade pela sua concretização por todos os poderes do Estado, legislativo, executivo e judicial". – GOMES, Carla Amado (2011). "Estado Social de Direito e concretização de direitos fundamentais na era tecnológica: algumas verdades inconvenientes", *Textos Dispersos de Direito Constitucional*, AAFDL: Lisboa; pp. 75 e segs.

[1593] Pode ler-se, na conclusão do Advogado Geral, Poiares Maduro, que o artigo 49.º CE *"exige que a atribuição de um número limitado de licenças de radiodifusão televisiva de âmbito nacional a operadores privados seja feita em conformidade com processos de seleção transparentes e não discriminatórios e, além disso, que seja assegurado pleno efeito ao resultado desses processos. Por sua vez, os órgãos jurisdicionais nacionais devem examinar atentamente as razões apresentadas por um Estado-Membro para procurar atrasar a atribuição de frequências a um operador que obteve deste modo uma licença de radiodifusão televisiva de âmbito nacional e, se necessário, ordenar medidas adequadas para assegurar que o exercício dessa atividade não reste uma mera ilusão"*.

[1594] Esta incumbência encontra-se, genericamente, prevista nos Estatutos da ERC – (Cfr. artigo 24º, nº 3, al. *s)*, dos ditos Estatutos) – regulada nos seus aspetos essenciais na Lei das Comunicações Eletrónicas – (Lei nº 5/2004, de 10 de fevereiro – objeto de posteriores alterações pelo Decreto-Lei nº 176/2007, de 8 de maio, pela Lei nº 35/2008, de 28 de julho, pelo Decreto-Lei nº 123/2009, de 21 de maio, pelo Decreto-Lei nº 258/2009, de 25 de setembro, pela Lei nº 46/2011, de 24 de junho, e pela Lei nº 51/2011, de 13 de setembro.) – na LTV e na e na denominada Diretiva 'Serviço Universal' – (Diretiva 2002/22/CE do Parlamento Europeu e do Conselho de 7 de março de 2002 – entretanto alterada pela Diretiva 2009/136/CE do Parlamento Europeu e do Conselho de 25 de novembro de 2009 (Diretiva 'Direitos do Cidadão').

nicas, ou redes de comunicação públicas. A sua determinação deve ser feita, em concreto, pela ERC, quanto a específicos serviços de programas televisivos para efeitos da sua distribuição obrigatória por aqueles, competindo, por sua vez, à ANACOM, enquanto Regulador sectorial das infraestruturas técnicas de distribuição do sinal televisivo, o papel de garante das especificações realizadas pela ERC, devendo-as impor aos seus regulados: a ERC define as obrigações de transporte e a ANACOM impõe-nas no ato de licenciamento (ou de autorização).

Não obstante, tais obrigações apenas serão exigíveis aos operadores de redes de comunicações eletrónicas, *"quando um número significativo de utilizadores finais dessas redes as utilize como meio principal de receção de emissões de rádio e televisão, e quando, além disso, ou sobretudo, tal seja necessário para a realização de objetivos de interesse geral claramente definidos"*, devendo ainda tais obrigações, ou as limitações em que as mesmas se consubstanciam, *«ser razoáveis, proporcionadas, transparentes e sujeitas a uma revisão periódica»*[1595], podendo haver lugar à fixação de uma remuneração adequada, como contrapartida da imposição dessas obrigações de transporte[1596/1597]. São precisamente valores ou *"objetivos de interesse geral"*, como a liberdade de expressão ou o pluralismo, que são, normal ou tipicamente invocados pela generalidade dos Estados-membros como justificação consensualizada para a imposição de obrigações de *must carry*.

As primeiras regras *must carry* datam de 1990, altura em que o espectro era ainda mais limitado e a oferta televisiva analógica prometia florescer, através da introdução de operadores privados[1598]. Para assegurar a transmissão de canais de interesse geral que seriam, supostamente, diversos dos opera-

[1595] Cfr. Artigo 43º, nºs 1 e 2, da Lei das Comunicações Eletrónicas, e também do artigo 25º, nº 2, da LTV.

[1596] Cfr. Artigo 43º, nº 3, da Lei das Comunicações Eletrónicas; Cfr. Artigo 25º, nº 4, da LTV, e artigo 31º, nº 2, da Diretiva "Serviço Universal".

[1597] Cumpre destacar a determinação do nº 3, do artigo 1º, da denominada Diretiva-Quadro de 2002 – Diretiva 2002/21/CE, de 7 de março de 2002 – JOCE L 108, de 24.4.2002, pp. 33 ss. – Entretanto alterada pela Diretiva 'Legislar Melhor' (Diretiva 2009/140/CE, de 25 de novembro de 2009 – JOUE L 337, de 18.12.2009, pp. 37 ss.) segundo a qual *"o direito comunitário não afeta as medidas tomadas a nível comunitário ou nacional, no respeito do direito comunitário, com vista a prosseguir objetivos de interesse geral, em especial relacionados com a regulamentação de conteúdos e a política audiovisual»*. No seu considerando 6, pode ler-se ainda que *"a política audiovisual e a regulamentação dos conteúdos visam a prossecução de objetivos de interesse geral, tais como a liberdade de expressão, o pluralismo dos meios de comunicação, a imparcialidade, a diversidade cultural e linguística, a inclusão social, a proteção do consumidor e a proteção de menores"*.

[1598] Eijk, Nico Van/Sloot, Bart Van Der (2012). "*Must carry* Regulation – a Must or a Burden?", *in IRIS Plus*, European Audiovisual Observatory, Strasbourg: France; pp. 7 e segs.

dores privados, os Estados quiseram regular, diretamente, a disponibilidade do espaço[1599], pretendendo garantir o acesso ao serviço público de televisão. Tradicionalmente, o fundamento desta interferência governamental era o da escassez do espaço e consequente necessidade de distribuição do mesmo, mas, atualmente, baseia-se no receio de que os operadores privados de televisão e de distribuição privilegiem as maiorias comerciais, em detrimento das minorias.

Na atualidade, as regras must carry suscitam inúmeras interrogações:

i) Os canais públicos eram, inicialmente, os únicos disponíveis, o que implicava que o governo influenciava todo o enquadramento mediático. Perante a redução ou mesmo supressão deste poder governamental através da emergência dos operadores privados, estas regras *must carry* acabam por garantir a perpetuação dessa influência, sobretudo nos ordenamentos jurídicos em que a sua definição não está a cargo de autoridades administrativas independentes;

ii) Cabe somar as dúvidas geradas pelos desenvolvimentos tecnológicos, designadamente num mercado em que os telespectadores optam por usar apenas um operador para todos os seus serviços;

iii) Por último, cumpre questionar se estas regras não são discriminatórias, pois, habitualmente, concedem preferência ao serviço público:

   a. Os operadores privados estão, atualmente, sujeitos a um conjunto alargado de obrigações típicas de serviço público, pelo menos no caso português;
   b. Estas regras podem ainda ser consideradas excessivas, tendo em conta as inúmeras formas, através das quais se garante atualmente o pluralismo;
   c. Implicam um significativo encargo financeiro para os operadores de distribuição, em especial nos casos em que, ao invés do que se passa em Portugal, os serviços de programas que são objeto de *must carry* não representam uma quota significativa da audiência televisiva."

27. Concorrência, *Media* e a Tutela Constiucional do Pluralismo

27.1. Não obstante a configuração constitucional do princípio do pluralismo e a expressa exigência de controlo específico das operações de concentra-

[1599] Alguns países têm as designadas regras *must-offer*, que são complementares das regras *must carry*. Enquanto as regras *must carry* visam garantir o acesso a certos canais através dos distribuidores, as regras *must-offer* são um fenómeno que se funda na ideia de que os canais também precisam de disponibilizar os seus conteúdos, não apenas para conferir maior diversidade ao pacote básico, mas também para garantir a viabilidade económica de certos operadores de distribuição.

ção das empresas mediáticas, o atual enquadramento juridico é suscetivel de conduzir a alguma desestabilização regulatória. O mesmo ordenamento jurídico que se revela incisivo quando rejeita qualquer leitura das regras da concorrência à margem da tutela constitucional do pluralismo, preocupado com a superação de eventuais desarticulações entre Reguladores, faz brotar lacunas e conflitos negativos fatais para esssa relação[1600], que custam a inefetividade dos comandos constitucionais.

27.1.1. No segundo parecer de oposição, negativo mas condicionado, emitido até agora pelo Conselho Regulador da ERC[1601], *supra* aflorado, na designada "Operação Triângulo", a ERC reiterou a sua competência para analisar os efeitos da operação notificada nos mercados relevantes de comunicação social. No seu parecer final, manifestou que não se opunha ao projeto de operação de concentração notificado, condicionando, todavia, essa não oposição, à reformulação das cláusulas originais de não concorrência, constantes do Acordo Parassocial[1602]. Neste conspecto, o Parecer obstava à realização da operação projetada, enquanto esta reformulação do Acordo Parassocial não fosse considerada satisfatória pela ERC, tendo sido dado um prazo máximo de seis meses para a sua verificação. Não obstante, a operação acabou por não se concretizar. É, no presente contexto reflexivo, deveras significativo o facto de os requerentes se terem limitado a invocar a formação de ato tácito, para fundamentar a imputada nulidade aos atos praticados pela AdC[1603], no sentido de impedir a concretização da transação acionista.

1600 Identificadas no Capítulo V.

1601 O Parecer definitivo foi emitido em 29 de maio de 2014 e era referente ao projeto de operação de concentração, traduzido na aquisição de controlo conjunto da *SportTV Portugal, S.A.*, da *P.P. TV – Publicidade de Portugal e Televisão, S.A.*, e da *Sportinveste Multimédia, SGPS, S.A.*, pelas empresas *Controlinveste Media, SGPS, S.A., Zon Multimédia, Serviços de Telecomunicações e Multimédia, SGPS, S.A., e Portugal Telecom, SGPS, S.A.*

1602 No ponto 28, do sobredito Parecer, pode ler-se que, "*apesar de a operação notificada em si mesma ser inócua no que se refere ao pluralismo e diversidade de conteúdos, o mesmo já não se pode dizer quanto aos seus termos concretos e, em particular, quanto aos efeitos que decorrem para o mercado do acordo parassocial confidencial que foi subscrito.*"

1603 No Processo: 7/13.8YQST, do Tribunal da Concorrência, Regulação e Supervisão, que opôs a CONTROLINVESTE MEDIA, SGPS, S.A.; ZON OPTIMUS, SGPS, S.A. e PORTUGAL TELECOM, SGPS, S.A. e a Autoridade da Concorrência, era pedido ao Tribunal para: *i)* Ser declarada a nulidade da decisão de passagem a investigação aprofundada, proferida pelo Conselho da Autoridade da Concorrência, a 22 de agosto de 2013; *ii)* Caso assim se não considere, ser anulada, na sua integralidade, a decisão de passagem a investigação aprofundada, proferida pelo Conselho da Autoridade da Concorrência, a 22 de agosto de 2013; *iii)* Serem declarados nulos ou, pelo menos,

O sentido vinculativo do parecer da ERC, no contexto constitucional de defesa do pluralismo, ainda que unidirecional, reflete-se, significativamente, na interpretação de alguns preceitos da Lei da Concorrência, tendo esses efeitos sido testados, por exemplo, no processo impugnatório atinente ao último processo referido. Pela nossa parte, dir-se-á, sem titubear, que a imposição constitucional de garantia do pluralismo, no nosso domínio material normativo, há de projetar-se, assertivamente, nos procedimentos de articulação entre as duas entidades, para garantir um sentido útil a um eventual parecer negativo da ERC. Efetivamente, e não muito distante do entendimento sufragado pela jurisprudência, julgamos que:

1. É a *"vinculatividade potencial do parecer"* que *"confere o efeito suspensivo ao prazo de decisão da AdC, enquanto decorre o prazo atribuído ao Regulador Setorial,* pois *"a AdC não saberá se o parecer é negativo e, portanto, vinculativo, antes de o mesmo ser recebido"*[1604]; a suspensão inicia-se no primeiro dia útil seguinte ao do envio do pedido de parecer e termina no dia

anulados, na sua integralidade, quaisquer atos aos quais se reconheça o poder de revogar a decisão tácita de não oposição à concentração em apreço.
A AdC fixou um prazo inicial, de 25 dias, para a ERC se pronunciar sobre a operação notificada, tendo a ERC, porém, 2 dias depois do termo desse prazo, solicitado um prazo suplementar de 20 dias úteis, o qual foi aceite pela AdC. Em 22 de agosto de 2013, a AdC adotou uma decisão de passagem a investigação aprofundada. Ora, para as autoras, o primeiro prazo concedido à ERC determinou a suspensão do prazo de encerramento da instrução de que a AdC dispunha, nos termos do art. 55°/2 e 3 da Lei da Concorrência, mas o mesmo não se verificaria em relação ao segundo, uma vez que foi requerido e concedido depois do termo final do primeiro prazo.
Para além disso, decorrido o prazo concedido para a emissão do parecer, sem que ele tenha sido emitido, terminaria, irremediavelmente, a suspensão e extinguir-se-iam as obrigações de consulta resultantes da lei, sendo devolvida à AdC a competência decisória plena para concluir a instrução e decidir o procedimento. Para as autoras, em 28.05.2013 formou-se (por força dos arts. 49º, nº1 e 50º, nº4, da LdC, *ope legis*), a autorização tácita da operação notificada, com valor jurídico equivalente a um ato expresso, que decidisse pela não oposição simples à concentração de empresas. O que feriria, alegadamente, de nulidade a decisão de passagem a investigação aprofundada, por falta absoluta de elemento essencial – o objeto, que se traduz, em concreto, na existência do procedimento de controlo. Subsidiariamente, invocam a anulabilidade da referida decisão de passagem a investigação aprofundada, porquanto a mesma teria revogado uma decisão válida e favorável de não oposição à concentração. A AdC contrapôs que o segundo prazo, concedido à ERC, tem efeitos suspensivos e fundamento legal no mesmo art. 55º, n. 1, da LdC, e que o parecer mantém a sua natureza vinculativa, até ao seu efetivo recebimento, pela AdC.

[1604] Sentença do Tribunal da Concorrência, Supervisão e Regulação de 28.01.2015, proferida no Processo: 7/13.8YQSTR, em que as Autoras eram Autoras, CONTROLINVESTE MEDIA, SGPS, S.A.; anteriormente designada SPORTINVESTE, SGPS, S.A.; ZON OPTIMUS, SGPS, S.A. e a PORTUGAL TELECOM, SGPS, S.A. e a ré a Autoridade da Concorrência.

da sua receção pela AdC, ou findo o prazo definido pela AdC[1605]. Não tendo sido emitido parecer vinculativo, a AdC pode tomar uma decisão que ponha fim ao procedimento de instrução[1606];

2. A lei estabelece um critério de razoabilidade na gestão do prazo conferido à entidade reguladora sectorial competente, fórmula que afasta qualquer limite temporal específico, mesmo supletivo. Esse critério, vertido no artigo 55º, nº 1, da LdC, é aplicável na fixação inicial do prazo, respetiva modificação, eventualmente com efeitos retroativos (excluída que está, em concreto, a impossibilidade do ato e eventual fraude à lei)[1607], sendo relevante para a sua aferição em concreto a natureza do ato e os ónus de alegação e de prova associados[1608], bem como o tipo de processo em causa. Note-se, porém, que essa interpretação fragiliza ou, nalguns casos, pode mesmo impossibilitar a produção fictícia dos efeitos jurídicos, *ope legis*, cominados no artigo 50º, nº 4, da LdC. De acordo com este preceito, a ausência de decisão nesse sobredito prazo razoável vale como decisão de não oposição à concentração de empresas;
3. Pela nossa parte, não podemos deixar de sustentar a necessidade de flexibilização do conceito de prazo razoável para efeitos de emissão de parecer, atinente ao pluralismo, atenta a sua relevância constitucional e correspetiva vinculatividade, a complexidade da operação e os meios que o Regulador competente tem, efetivamente, ao seu dispor. Porém, sob pena de fraude ao Direito, perante eventuais condutas, comprovada e flagrantemente, dilatórias ou negligentes das entida-

[1605] Cfr. Artigo 55º, nº 3, da LdC.

[1606] Cfr. Artigo 55º, nº4, da LdC.

[1607] O Tribunal concluiu que a solução adotada, no caso *sub judicio*, pela AdC, também é de molde a incluir-se no quadro legal supra traçado, porquanto ainda que a extensão de prazo concedida à ERC tenha sido pedida e concedida após o termo do prazo inicial, a AdC fez coincidir o seu início com o fim do primeiro prazo, criando dessa forma um período temporal sem hiatos. Note-se que a ERC solicitou, dois dias após o termo do primeiro prazo, fixado pela AdC, um novo prazo suplementar. Para o Tribunal, a base legal de suporte de toda a atuação da AdC nesta matéria é a razoabilidade do prazo fixado, o que significa que a habilitação legal da AdC, para interferir no prazo a que alude o art. 55º, nº 1 e 2, da LdC, vai até onde essa razoabilidade permitir, acolhendo todas as extensões temporais que ainda possam ser reconduzidas ao conceito de prazo razoável. – Sentença do Tribunal da Concorrência, Supervisão e Regulação de 28.01.2015, proferida no Processo: 7/13.8YQSTR; p. 34.

[1608] O Tribunal concluiu, no processo em análise, que *"não se formou um ato de deferimento tácito da operação de concentração, único fundamento invocado pela arguida para sustentar a nulidade dos demais atos praticados"*.

des reguladoras envolvidas, exige-se particular acuidade no controlo e densificação do que seja ou não um prazo razoável. Nesse cenário aparentemente improvável, excecional e inadmissível, impõe-se, por conseguinte, a solução do ato tácito;

4. Sem prescindir, podemos, contudo, secundar o entendimento segundo o qual as normas dos artigos 55º, nº 1, 2, 3 e 4, em conjugação com o art. 50º, nº4, da LdC, violam a Constituição, quando interpretadas no sentido de permitirem que a AdC possa decidir um pedido de apreciação de uma operação de concentração de empresas, na área da comunicação social, sem que a ERC tenha emitido o respetivo parecer. Aliás, em última instância, no caso em análise, uma decisão de não oposição tácita a uma operação de concentração, a ser um ato administrativo tácito, sempre seria um ato inválido e revogável, por contrário ao parecer vinculativo da ERC[1609];
5. Cabe-nos, todavia, alertar para o perigo da formação de uma espécie de "presunção de inconstitucionalidade" das operações de concentração que envolvem meios de comunicação social, eventualmente imputável ao atual enquadramento constitucional e legal. Os procedimentos de controlo de concentrações e de supervisão do pluralismo, específicos deste domínio normativo, implicam restrições importantes de uma liberdade fundamental das empresas notificantes, designadamente a liberdade de iniciativa económica. Um conflito que reclama, por excelência, a maximização da efetividade de cada um desses princípios constitucionais, de igual dignidade constitucional, nos termos expostos.

27.1.2. Concentremo-nos, agora, na premissa de que será inconstitucional uma norma quando interpretada no sentido de que a AdC pode decidir um pedido de apreciação de uma operação de concentração de empresas de *media*, sem que a ERC emita o respetivo parecer. E se for a Comissão Europeia, em princípio, titular da competência exclusiva para a análise da operação, numa

[1609] Neste conspecto, *in casu*, a decisão da AdC de passagem para a fase de investigação aprofundada teria revogado o alegado ato de deferimento tácito, caso vingasse tal entendimento. Esta foi a argumentação defendida, no processo *sub judicio*, pela AdC: *"A vingar o entedimento de que a não oposição tácita prevista na LdC é um ato administrativo, (...) o mesmo se encontraria ferido de ilegalidade material, por violação da tutela constitucional do pluralismo, atendendo a que o parecer da ERC, sendo negativo e, como tal, tendo caráter vinculativo para a decisão final da AdC, obrigaria a uma decisão de proibição da AdC à operação de concentração tal como notificada."* – Sentença do TCRS de 28.01.2015.

perspetiva exclusivamente concorrencial? Questão mais problemática poderá decorrer, precisamente, do confronto das operações de concentração com dimensão comunitária e o princípio constitucional do pluralismo. Estando em causa uma operação sujeita às regras comunitárias[1610], a competência para a sua apreciação, numa lógica exclusivamente jusconcorrencial, pertence à Comissão[1611]. O Regulamento garante, não obstante, competência residual dos Estados Membros para *"tomar as medidas apropriadas para garantir a proteção de interesses legítimos"*, para além do interesse jusconcorrencial, incluindo nestes, expressamente, a pluralidade dos meios de comunicação social[1612].

Dir-se-ia que, mesmo assim, contrariamente ao que sucede noutros Estados, como por exemplo no Reino Unido, em Portugal, não existe nenhuma norma habilitante da intervenção do Estado português num procedimento de apreciação de concentrações, de competência da Comissão Europeia. Sendo uma operação de concentração de dimensão comunitária, não correndo o processo ao abrigo da Lei nº 19/2012, inexistiria a obrigatoriedade de parecer prévio do regulador[1613]. Mesmo sendo sustentável, em abstrato, que a tutela constitucional do pluralismo, através da aplicação da correspetivas normas constitucionais[1614], possa constituir credencial suficiente para fundar o dever de a AdC solicitar parecer ao Regulador encarregue da defesa do pluralismo,

[1610] Cfr. Regulamento (CE) nº 139/2004. O que exclui a intervenção da Lei nº 19/2012, de 8 de maio. Caso a operação não tenha dimensão comunitária, poderá ficar sujeita a notificação obrigatória caso: • Leve à aquisição, criação ou reforço de uma quota igual ou superior a 50% no mercado nacional de um determinado bem ou serviço ou numa parte substancial deste (art. 37º/1, al. *a)*);
• Leve à aquisição, criação ou reforço de uma quota igual ou superior a 30% e inferior a 50% no mercado nacional de um determinado bem ou serviço ou numa parte substancial deste, desde que o volume de negócios em Portugal de pelo menos duas das empresas envolvidas seja superior a cinco milhões de euros (art. 37º/1, al. *b)*);
• O conjunto das participantes tenha realizado em Portugal um volume global de negócios superior a 100 milhões de euros, desde que o volume individual de pelo menos duas das empresas seja superior a cinco milhões de euros (art. 37º/1, al. *b)*).

[1611] Trata-se da Regra do Balcão único, prevista no artigo 21º/2, do Regulamento (CE) nº 139/2004.

[1612] De acordo com o artigo 21º, nº 4, do Regulamento, designada *Cláusula Geral dos Interesses Legítimos*, os Estados-Membros *"podem tomar as medidas apropriadas para garantir a proteção de interesses legítimos para além dos contemplados no presente regulamento, desde que esses interesses sejam compatíveis com os princípios gerais e com as demais normas do direito comunitário. São considerados interesses legítimos na aceção do primeiro parágrafo, a segurança pública, a pluralidade dos meios de comunicação social e as regras prudenciais"*.

[1613] Cfr. Artigo 55º, número 1, da Lei nº 19/2012.

[1614] Reclamada expressamente pela Constituição, no artigo 38º, número 4, conferindo diretamente esse mandato a uma entidade administrativa independente, nos termos do artigo 39º, nº 1, alíneas *b)* e *f)*, da CRP.

sempre haveria o problema de conjugar, *a posteriori*, a sua pronúncia com a da Comissão Europeia, porquanto incidindo tal parecer sobre questões extra-concorrenciais, o mesmo não poderia ser tido em conta pela Comissão Europeia. Em nosso entendimento, essa questão é jurídico-constitucionalmente irrelevante, pois a análise do pluralismo deve integrar um parecer juridicamente autónomo, fundado, precisamente, numa análise substantiva distinta, o que afasta a possibilidade de decisões contraditórias.

Note-se que é o próprio Direito da União Europeia que admite, expressamente, controlos adicionais e paralelos, inseridos num contexto desviante da regra do Balcão Único, pois os desígnios e correspetivos enquadramentos jurídicos, aplicáveis â análise concorrencial e do pluralismo, são muito diferentes[1615] e devem/podem ser concretizados em separado. Nesta senda, afirma expressamente a Comissão Europeia que o controlo das operações de concentração, numa abordagem jusconcorrencial, concentra-se, exclusivamente, na possibilidade de a nova entidade poder beneficiar de um aumento de preços, nos mercados relevantes pré-definidos. Pelo contrário, uma análise do pluralismo mediático reflete o papel crucial que os *media* desempenham numa democracia, e preocupa-se, sobretudo, em *saber se o número, tipo ou variedade de sujeitos, que controlam as empresas mediáticas, serão suficientes*[1616], conforme resulta, aliás, de orientações elaboradas pelo OFCOM sobre o teste do interesse público a que, no ordenamento britânico[1617], devem ser sujeitas as fusões que envolvem empresas de *media*[1618].

[1615] Cfr. Decisão da Comissão Europeia, proferida no caso No COMP/M.5932 – NewsCorp/BSkyB.

[1616] *"Reflects the crucial role media plays in a democracy, and looks at wider concerns about whether the number, range and variety of persons with control of media enterprises will be sufficient"*.- No COMP/M.5932 – NewsCorp/BSkyB, p. 61.

[1617] Conforme é referido na própria Decisão da Comissão Europeia, no Reino Unido, o *Secretary of State for Business, Innovation and Skills (the "Secretary of State")* pode intervir em operações de concentração que envolvam empresas mediáticas, num contexto de interesse público, emitindo uma *"European intervention notice"*, propondo um controlo adicional de pluralismo, pelas Autoridades competentes britânicas, em conformidade com enquadramentos legais completamente separados – *Public Interest Cases*, Part 3, Chapter 2, Enterprise Act 2002; *Ofcom guidance for the public interest for media mergers*, Parágrafo 17; disponível *online* em http://stakeholders.ofcom.org.uk/binaries/broadcast/guidance/pi_test.pdf; Decisão Comissão Europeia Caso No COMP/M.5932 – NewsCorp/BSkyB.; pp. 60 e segs.

[1618] De acordo com as Orientações do OFCOM, *"the media plurality assessment undertaken with reference to "broadcasting and cross media public interest considerations" includes: i) the need for there to be a sufficient plurality of persons with control of the media enterprises, serving that audience in relation to every different audience in the UK, or a particular area/locality of the UK; ii) the need for the availability, throughout the UK, of a wide range of broadcasting, which (taken as a whole) is both of high quality and calculated to appeal to a wide variety of tastes and interests; iii) the need for persons, carrying on media enterprises and for those with*

Não é necessário, sequer, dissertar sobre o problema da sindicabilidade de normas de Regulamentos Europeus pelo Tribunal Constitucional ou, consequentemente, sobre a susceptibildade de a norma, *sub judicio,* ser ou não inconstitucional[1619], porquanto é possível concluirmos subsuntivamente no sentido da existência de uma relação de complementaridade entre o regime vertido no Regulamento e as regras concretizativas, no caso do ordenamento jurídico-constitucional português, do princípio constitucional do pluralismo. Cabe notar que o pluralismo dos meios de comunicação social é, indubitavelmente, um interesse público que, *ex professo*, o Regulamento tipifica, *a priori,* como interesse legítimo, suscetível de ser invocado pelos Estados Membros. Trata-se de uma fórmula que não se sobrepõe, e bem, às ponderações inerentes a cada ordenamento jurídico-constitucional. Pelo exposto, afigura-se-nos incontornável que, pelo menos enquanto se mantiver a atual configuração constitucional positiva do princípio do pluralismo mediático[1620], é possível defender um dever de a AdC solicitar ao regulador sectorial competente, na presença indiscutível de um valor constitucional como o pluralismo, posição que se insere plenamente numa perspetiva de *jure condito*[1621].

Cumpre notar que uma interpretação do artigo 21º, nº 4, do Regulamento Europeu em sentido divergente, torná-lo-ia flagrantemente inconstitu-

control of such enterprises, to have a genuine commitment, in relation to broadcasting, to the attainment of the standard objetives set out in Section 319 of the Communications Act 2003 (for example: due impartiality of news, taste and decency). – "Ofcom guidance for the public interest for media mergers" Parágrafo 17; disponível online em http://stakeholders.ofcom.org.uk/binaries/broadcast/guidance/pi_test.pdf

1619 MORAIS, Carlos Blanco de (2011). *Justiça Constitucional, Tomo II,* 2ª Edição, Coimbra Editora: Coimbra; pp. 635-697.

1620 Questão mais controversa é a de saber se o legislador de revisão constitucional pode, pura e simplesmente, eliminá-lo da Constituição, atenta a sua natureza de limite material expresso de revisão constitucional. Nesse contexto, a resposta reside na sua consideração ou não como integrante do núcleo material da Constituição, hipótese em que estaríamos perante um duplo processo de revisão, conducente a uma transição constitucional.

1621 Para além dos artigos 38º, nº 4 e 39º, nº 1, alíneas *b)* e *g)*, da CRP, cabe, por exemplo, propor uma interpretação conjugada da al. *h)*, do artigo 5º, (atribuições da AdC) dos Estatutos da AdC, aprovados pelo Decreto-Lei nº 125/2014, de 18.8, (segundo a qual compete a esta autoridade "exercer todas as competências que o direito da União Europeia confira às autoridades nacionais de concorrência no domínio das regras de concorrência aplicáveis às empresas") com o nº 2 do artigo 19º do Regulamento nº 139/2004. Uma vez que esta última norma permite às autoridades nacionais competentes que se pronunciem em todas as fases do processo, faria sentido que, sendo a notificação comunicada à AdC ao abrigo do nº 1, do artigo 19º, do Regulamento nº 139/2004, fosse esta entidade a solicitar o parecer ao abrigo dos deveres gerais de cooperação (artigo 9º/2 dos Estatutos da AdC e Lei-quadro das entidades reguladoras).

cional[1622], desde logo se sujeitássemos o pluralismo ao escrutínio reclamado pelos interesses públicos não tipificados no Regulamento, cenário que, insiste-se, não nos parece jurídico-constitucionalmente sustentável. Caso se entenda que o pluralismo mediático é um dos princípios fundamentais do Estado de Direito Democrático, referidos no artigo 8º, nº 4, da CRP, última parte, a que as normas de direito da União Europeia devem respeito, tal interpretação claudicaria perante as nossas exigências constitucionais. Acresce, num plano de *jure constituendo*, o peso da consideração do pluralismo mediático na garantia do pluralismo de expressão, cuja remoção por revisão constitucional atingiria significativamente a cláusula expressa de limites de revisão constitucional[1623].

Insista-se, porém, que é no plano do Direito Constitucional positivado e constituído que a questão deve ser abordada. Numa perspetiva de *jure condito* e atenta a relação de complementaridade que o próprio Regulamento Europeu assume perante as ponderações inerentes aos vários ordenamentos jurídico-constitucionais, uma operação de concentração no setor do *media* deverá ser sujeita análise dos seus eventuais efeitos para o pluralismo do setor, independentemente do escrutínio de acordo com interesses jusconcorrenciais, mesmo nos casos em que assuma dimensão comunitária para esse efeito. Cabe acrescentar que o próprio Regulamento apenas veda, literalmente, no seu artigo 21º, nº 3, a aplicação da legislação nacional sobre a concorrência. Ora, a análise do pluralismo beneficia de regras próprias no ordenamento jurídico-constitucional português, nos termos já estudados, as quais devem ser aplicáveis autonomamente, mesmo nos casos em que a análise concorrencial é feita pela CE e não pela AdC[1624]. Caso contrário, seriam as operações de concentração mais relevantes e, por isso, potencialmente mais lesivas do pluralismo, precisamente pela dimensão que lhes garante escrutínio concorrencial comunitário, que escapariam a esse controlo, em fraude à Constituição e à lei.

[1622] E, neste caso, nem é necessário discutir a formulação expressa desta norma constitucional, ou esmiuçar a sua interpretação, à luz das vicissitudes, constitucionais e europeias, que marcaram a revisão constitucional de 2004.

[1623] Nesse contexto, a gravidade das suas consequências jurídico-constitucionais depende da sua consideração ou não como integrante do núcleo material da Constituição, hipótese em que estaríamos perante um duplo processo de revisão, conducente a uma transição constitucional.

[1624] O que, incompreensivelmente, não sucedeu com a recente Operação de aquisição da PT pela ALTICE, já em meados de 2015, tendo sido concretizado o negócio, sem que a ERC tenha emitido o devido parecer, à revelia da tutela constitucional do pluralismo.

Sem prescindir, cabe, não obstante, antecipar a nossa convicção, de *jure constituendo,* de que o princípio constitucional do pluralismo mediático não é, em si, um valor constitucional a proteger, mas apenas na medida em que, na sua conceção e concretização jurídica, garanta eficazmente o pluralismo de expressão, esse sim um princípio fundamental do Estado de Direito Democrático[1625]. De que serve garantir uma pluralidade de meios de comunicação social, se dela não resultar efetivamente o pluralismo de expressão?

27.2. Os argumentos expostos, somados aos descritos no Capítulo V no sentido da rejeição de um conceito formal e quantitativo de pluralismo, reforçam a relevância constitucional de uma regulação integrada que garanta um controlo eficaz do pluralismo. Perante a emergência da *internet,* o mercado relevante alargou-se exponencialmente, funcionando como uma importante garantia de pluralismo a considerar em matéria de concentração[1626]. Nenhuma análise de pluralismo poderá lograr ser realista, se não atentar no crescente aumento de canais de comunicação e de acesso aos *media,* na definição de mercado relevante. O *High Level Group on Media Freedom and Pluralism*o[1627] alerta para os novos desenvolvimentos no acesso *online* à informação, nomeadamente para o risco de a posição dominante, detida por certos fornecedores de *Internet* ou de informação, restringir a liberdade de informação e o pluralismo. Na recomendação nº 8, defende um acesso aberto e não discriminatório à informação por parte de todos os cidadãos, na esfera *online,* se necessário recorrendo à defesa da concorrência ou ao reforço do *princípio da neutralidade da internet*[1628]. O que reitera a ideia de que uma análise do pluralismo em sentido formal, focada na propriedade, é claramente insuficiente, se o que se pretende é a obtenção de

[1625] Canotilho, JJ/Moreira, Vital (2007). *Constituição da República Portuguesa Anotada,* Anotação ao Artigo 8º, Vol. I, Coimbra Editora: Coimbra; p. 267; Morais, Carlos Blanco de (2011). *Justiça Constitucional, Tomo II,* 2ª Edição, Coimbra Editora: Coimbra; pp. 664 e 665.

[1626] Cooper alerta, porém, que essa não pode ser uma desculpa para permitir maiores níveis de concentração da propriedade dos meios audiovisuais. Aliás, o autor faz mesmo uma sugestão, para nós tecnicamente incompreensível, que, sendo assim, os atuais operadores deveriam ter um prazo para migrar para a *internet, "and give the spectrum back to the people, who own it".* – Cooper, Mark (2003) *Media Ownership and Democrcay in the Digital Information Age,* Center for *Internet*&Society, Stanford Law School; p. 224.

[1627] *A Free and Pluralistic Media to Sustain European Democracy,* Report of the High Level Group on *Media* Freedom and Pluralism, January 2013.

[1628] O HLG sustenta, no seu relatório, que é preciso considerar a concentração da propriedade, não apenas em relação às fontes específicas de *media* (como de informação), mas de todos os diferentes meios e em relação aos canais de distribuição, seja dos *media* tradicionais (quiosques de jornais) seja dos *novos media* (por exemplo conectividade em banda larga).

um mercado de ideias pluralista, em sentido material. Neste contexto, a análise do pluralismo parece pressupor uma reflexão qualitativa, que inclua não só o nível de regulação a que os *media* estão sujeitos, como também a existência de constrangimentos normativos em relação à oferta, bem como os padrões de consumo do lado da procura[1629]. Pela nossa parte, cabe reiterar a importância de um enquadramento que saiba conjugar segurança para o mercado e alguma flexibilidade para o Regulador encarregue dessa análise[1630], dispondo, no caso do ordenamento jurídico-constitucional português, a ERC de todos os instrumentos jurídicos necessários, nos termos já estudados.

A mais recente tendência parecer ser, efetivamente, a da conceptualização do Pluralismo, no quadro de uma regulação integrada de conteúdos e de propriedade dos *media*, independentemente da plataforma ou do meio de distribuição dos conteúdos. Note-se que o fundamento até agora aduzido para a existência de uma regulação mais intensiva de conteúdos, designadamente a escassez do espectro, está a ser substituído pelo apontado perigo acrescido de concentração da propriedade dos *media*. Advirta-se, porém, que da consciencialização da necessidade de uma regulação integrada, que abranja os novos *media* digitais, não resulta a necessidade, ou qualquer base jurídica, para uma intervenção regulatória intensiva nos conteúdos ou nas liberdades económicas de iniciativa empresarial e de propriedade dos *media*. Em termos análogos, tal como acontece nos mais recentes Relatórios do Pluralismo Político-Partidário elaborados anualmente pela ERC, com base nos principais jornais das televisões generalistas, que emitem *free-to-air*, é possível recorrer a uma mera descrição de dados, devendo eventuais considerações subjetivas ser reservadas a situações extremas ou de verdadeira necessidade.

Se atentarmos na mais recente proposta elaborada pela *House of Lords*[1631], no que concerne às garantias do pluralismo, ela baseia-se numa distinção entre controlos periódicos do pluralismo e controlos específicos das transações acionistas, implicando uma redistribuição de competências entre Governo, Parlamento, Regulador e Autoridade da Concorrência. Na perspetiva da *House of Lords*, cabe ao OFCOM proceder a uma análise periódica (4 a 5 anos) do mercado dos *media*[1632], focada na oferta, no consumo e no impacto

[1629] BAVASSO, Antonio (2012). "*Media* Plurality: Under the Skin of Control – Concept, Context and Reform", *in CPI Journal – Competition Policy International, Vol 8*, number 2; p. 65.

[1630] "Media Plurality", (2014). *Published by the Authority of the House of Lords*; p. 55.

[1631] "Media Plurality", (2014). *Published by the Authority of the House of Lords;*

[1632] Essa análise contemplaria:

a) Empresas de *media*, sedeadas no Reino Unido, ou aquelas que, embora não tenham sede do Reino Unido, possam contribuir de forma significativa para a audiência global, a ter em conta;

dos meios de comunicação social. O Parlamento deve estabelecer algumas linhas orientadoras desta análise[1633], mas o OFCOM deverá ter alguma flexibilidade para interpretar essas orientações parlamentares, designadamente na seleção dos respetivos critérios[1634], que devem ser adequados às circunstâncias do momento da avaliação e, ao mesmo tempo, coerentes com as suas implicações de médio e longo prazo. Esse relatório periódico deverá conter uma indicação clara sobre a localização das eventuais ameaças ao pluralismo, na qual se baseará o OFCOM, perante operações específicas que envolvam o capital das empresas de *media*. Na descrição sobre o grau de suficiência ou insuficiência de pluralismo, o OFCOM deverá respeitar orientações qualitativas e genéricas, nunca quantitativas ou estritas, as quais deverão ser positivadas.

No essencial, estas análises periódicas não deverão resultar em intervenções diretas no mercado. Apenas em circunstâncias extremas, são admissíveis intervenções em nome do pluralismo, no contexto de uma transação específica. Se, numa análise periódica, forem detetadas causas de intervenção imediata e urgente, decorrentes de uma alteração na composição social de uma empresa de *media*, o OFCOM deverá poder determinar a alienação de ativos dessa sociedade, desde que justifique que: *i)* Existe um problema real; *ii)* Essa é a única forma de resolver esse problema; *iii)* Essa medida resolverá efetiva-

b) Os meios locais e regionais, bem como as delegações dos *media* nacionais e as empresas de *media* digitais;
c) Apenas as atividades das empresas que se dedicam a notícias e à atualidade; não deve ser limitada ao serviço de *media, a*través do qual os conteúdos são primeiramente emitidos: imprensa escrita, televisão e conteúdos, distribuídos através da *internet,* podem ser todos relevantes, bem como a influência de intermediários digitais no consumo destes conteúdos;
d) Devem ser tidas em conta a oferta e os consumos de *media*;
e) Deve ser suficientemente flexível, para englobar a produção de notícias e de conteúdos de atualidade, *"wholesale and retail"*;
f) Deverá estabelecer a forma de determinar como atribuir conteúdos às empresas de *media*, que atuam em diferentes pontos da cadeia de produção;
g) Esta determinação deve exigir que seja localizado o controlo editorial, na cadeia de produção, em cada caso. – "Media Plurality", (2014) *Published by the Authority of the House of Lords;* pp. 54 e 55.

1633 Mesmo COOPER sustenta que as restrições à propriedade dos *media* devem apenas ser impostas quando existe um fundamento razoável para concluir que, sem esses limites, o discurso democrático sairá enfraquecido – Cooper, Mark (2003) *Media Ownership and Democrcay in the Digital Information Age*, Center for *Internet*&Society, Stanford Law School; p. 9.

1634 Os critérios a selecionar, pelo OFCOM, deverão permitir chegar a conclusões sobre: *i)* a suficiência da diversidade de pontos de vista, disponíveis e consumidos através das empresas de *media; ii)* a medida em que um proprietário de *media* ou corrente tenha demasiada influência sobre a opinião pública e sobre a agenda política. – "Media Plurality", (2014) *Published by the Authority of the House of Lords;* p. 56.

mente o problema. Através da publicação destes relatórios, o Regulador dá ao mercado sinais claros sobre as perspetivas de concentração da propriedade, antes de eventuais transações serem propostas.

Finalmente, no que concerne ao controlo das operações acionistas, a proposta é no sentido de o Governo rever o atual enquadramento legislativo, no sentido da clarificação das relações entre as análises da concorrência e as do pluralismo, em sentido próximo ao que já vigora na ordem jurídica portuguesa[1635], designadamente concedendo a última palavra ao Regulador dos *Media,* na sua análise do pluralismo, caso esteja ameaçado. Trata-se, porém, de um sistema aperfeiçoado, atenta a proposta da ausência de limites mínimos referentes ao volume de negócios envolvido, para que a autoridade da concorrência possa requerer a intervenção do Regulador dos *media.* Uma missão claramemte facilitada pela acumulação, no próprio OFCOM, de ambas as competências.

28. A Relevância Jurídica da Atividade Efetivamente Desenvolvida para a Garantia do Perímetro Protetivo da Constituição da Comunicação

28.1. É, efetivamente, problemática, no atual estado da arte, a elaboração genérica, prévia e abstrata, de critérios distintivos para a regulação da *internet*[1636],

[1635] Pode ler-se no documento: 230) *"the plurality assessment of a transaction should proceed on the basis of a judgement by Ofcom. Right at the outset, Ofcom will have to form a reasonable belief prima facie that a specific transaction may be expected to result in a material and unacceptable lessening of plurality, and that it therefore merits closer assessment.*
231. In reaching a decision about whether there may be a material and unacceptable lessening of plurality as a result of a transaction and therefore whether to proceed with a plurality assessment, Ofcom should draw on the most recent periodic plurality report, and consider the relevance of any readily observable changes to plurality in the UK since.
232. In most cases, it should be straightforward for Ofcom to decide not to investigate further. 233. In conducting a plurality assessment of a specific transaction, Ofcom should reach a decision about whether or not the transaction should go ahead based on an assessment of the likelihood of its leading to a material and unacceptable lessening of plurality as compared to a scenario in which the transaction does not go ahead, taking into account in both scenarios:
• the sufficiency of diversity of viewpoints available and consumed across and within media enterprises; and
• the extent to which any one media owner or voice may have too much influence over public opinion and the political agenda.
234. The final step in the transactional review should be the submission of the competition assessment and the plurality assessment to the Ofcom Board who should be responsible for reconciling the recommendations of the two reports and implementing them as a single Public Interest Decision. – Media Plurality", (2014) *Published by the Authority of the House of Lords;* p. 61.

[1636] A natureza, os valores e os abusos seriam os critérios distintivos da Internet para o *juiz Jackson*, que defendeu a elaboração de uma *"law of the internet unto itself"* – Tusnhet, Mark (2015).

ou a afirmação da relevância dos mesmos para a justificação da opção por uma ou outra resposta constitucional. Esta lição resulta também do debate sobre o *"internet exceptionalism"*, particularmente vivo no contexto constitucional norte-americano, sem prejuízo de a repartição constitucional de tarefas, entre o legislador e o juiz, não poder deixar de resultar de uma interpretação constitucional conforme a cada ordenamento e respetivas orientações jusfundamentais. Para TUSHNET, a verdadeira questão não se coloca na opção entre *"internet exceptionalism" ou Primeira Emenda com ajustamentos"*, mas antes entre *"internet exceptionalism" ou Primeira Emenda com ajustamentos"*por referência a um específico regime, aplicável a um problema específico....[1637].

Cumpre, naturalmente, sublinhar a salvaguarda da liberdade de conformação do legislador democrático, onde ela exista e, em conformidade, a necessidade de respeitar uma eventual escolha, pelo legislador, de um regime de *"internet excepcionalism"*. TUSHNET[1638] alerta para o facto de os académicos norte-americanos, focados quase exclusivamente no estudo da *internet* e da Primeira Emenda, tenderem a defender uma mais intensa atuação judicial perante intervenções restritivas do legislador. A esta tendência, o constitucionalista contrapropõe questões e dúvidas próprias, a seu ver, de quem costuma escrever sobre teoria da constituição e Direito Constitucional geral. O debate em torno do designado *"internet excepcionalism"* da Primeira Emenda[1639] incide sobre o problema de saber se as características tecnológicas da *internet* (mais genericamente, as tecnologias de informação do século XXI) justificam uma regulação da informação, divulgada através da *internet,* diferente da propugnada, durante os séculos XIX e XX, para os *media* tradicionais.

TUSHNET revela-nos duas estratégias de desenvolvimento de uma "*law of the internet unto itself*", controvertida nos EUA. Na primeira, permite-se um período inicial experimental do legislador, porquanto nem ele nem o tribunal dispõem de especiais conhecimentos sobre a resposta constitucional apro-

"Internet Exceptionalism: An Overview from General Constitutional Law", 56 *Wm. & Mary L. Rev.* 1637; p. 1646. – http://scholarship.law.wm.edu/wmlr/vol56/iss4/15 – - última visita em junho de 2015.

1637 TUSNHET, Mark (2015). "Internet Exceptionalism: An Overview from General Constitutional Law", 56 *Wm. & Mary L. Rev.* 1637; p. 1672. – http://scholarship.law.wm.edu/wmlr/vol56/iss4/15 .

1638 TUSNHET, Mark (2015). "Internet Exceptionalism: An Overview from General Constitutional Law", 56 *Wm. & Mary L. Rev.* 1637 (2015). -http://scholarship.law.wm.edu/wmlr/vol56/iss4/15

1639 WU, Tim (2010). "Is Internet Exceptionalism Dead?", in *The Next Digital Age – Essays on the Future of The Internet*; p. 179; Berin Szoka, Adam Marcus, eds., TechFreedom, Washington, D.C., 2010. Available at SSRN: http://ssrn.com/abstract=1752415 – última visita em junho de 2015

priada à mais recente inovação tecnológica. O que aconselha a opção por uma deferência judicial relativamente a processos decisórios democráticos, para permitir a acumulação de experiência. O tempo traz, todavia, o reconhecimento de que os juízes se encontram em melhor posição para implementar os valores constitucionais de forma mais esclarecida, criando-se as condições legitimadoras de uma doutrina judicial mais restritiva em relação à intervenção legislativa[1640]. Esta estratégia conduz a uma forma transitória de *internet excepcionalism*, pois à medida que a experiência se vai acumulando, os juízes passarão a estar numa posição de assimilar e ajustar a regulação dessas *não-tão-novas tecnologias* na doutrina geral da Primeira Emenda, para poder lidar com particularidades tecnológicas, verdadeiramente distintivas[1641]. Para a segunda estratégia, perante uma ameaça à liberdade de expressão gerada por uma tecnologia emergente, sustenta-se o respetivo escrutínio por princípios já elaborados, a partir da Primeira Emenda, fundados na experiência acumulada pela primeira estratégia. Ora, se o padrão comum acerca dos *media* tradicionais é o *supra* referido – deferência inicial dos juízes seguida da aplicação da doutrina da Primeira Emenda – e o resultado, mais do que provável, é sempre o mesmo, questiona-se a necessidade de a sociedade incorrer nos custos subjacentes a essa regulação que, um dia mais tarde, vai tornar-se inconstitucional.

Note-se que ambas as estratégias se baseiam na experiência: a primeira atende à experiência acumulada, relativamente a cada tecnologia – *"within technologies"; ii)* a segunda deduz inferências – *"across technologies"*. Contudo, no alerta de TUSHNET, essa escolha acaba por ser determinada pelas pré-compreensões do intérprete, porquanto os adeptos da Primeira Emenda vão procurar *"across technologies"*, enquanto os céticos – em relação a decisões judiciais agressivas de controlo dos legisladores democráticos competentes – vão

[1640] Inicialmente, o poder judicial considerava que os filmes eram meros espetáculos e, por essa razão, reguláveis à margem da Primeira Emenda. Décadas depois, o tribunal mudou de opinião. É possível identificar uma evolução semelhante quanto à rádio e televisão por cabo. Em 1996, já muito depois de o cabo se ter desenvolvido como forma de comunicação televisiva, o juiz *David Souter* observou que *"todas as características relevantes do cabo encontram-se presentemente num limbo tecnológico e regulatório"*. Para ele, isso justificaria evitar o recurso a análises definitivas e categóricas do problema. As questões referentes às tecnologias associadas à internet são, da mesma forma, novas para o tribunal.

[1641] TUSNHET, Mark (2015). "Internet Exceptionalism: An Overview from General Constitutional Law", 56 *Wm. & Mary L. Rev.* 1637; p. 1643. – http://scholarship.law.wm.edu/wmlr/vol56/iss4/15

procurar *"within technologies"*. Essa escolha, em seu entendimento, depende da regulação específica sobre o problema concreto que estiver em análise.

28.2. Pela nossa parte, insistimos na lição precoce de TRIBE[1642], segundo a qual apesar das novas tecnologias, os princípios constitucionais devem manter a sua efetividade e o Estado/Governo não deve interferir nos conteúdos, independentemente da classificação de velhos ou novos *media* ou do meio através do qual a informação é divulgada. O que significa que, pelo menos no ordenamento juridico-constitucional português, sem prejuízo da sua liberdade de conformação, na sua precisa medida constitucional, como vimos: *i)* o legislador encontra-se vinculado ao respeito dos direitos, liberdade e garantias e respetivo regime de proteção; *ii)* ao juiz compete julgar, desaplicar normas inconstitucionais[1643], resolver conflitos de direitos ou omissões lesivas de direitos, procedendo a ponderações e criar normas *"ad casum"*, constitucionalmente devidas, através de sentenças constitucionalmente obrigatórias. E esta repartição de tarefas, com respaldo constitucional, não pode acolher desvios em função de alegados estados de exceção tecnológicos, como veremos. De resto, num contexto de vinculação estreita do legislador, o recurso cuidado a um conjunto de regras categóricas ou a testes de ponderação pode conduzir-nos a resultados semelhantes: um elenco bem delimitado de regras categóricas permite-nos identificar um conjunto de características que correspondem aquelas que são, necessariamente, consideradas pela ponderação, às quais conferirá o devido peso, nos resultados que produzir[1644]. São, portanto, questões correntes de interpretação de uma determinada Constituição.

Pelo exposto, não deixa de ser falaciosa a defesa, *a priori* e em abstrato, de regras especiais para a *internet*, ou de um *"internet exceptionalism"*, comparativamente à regulação dos *media* tradicionais, uma distinção baseada, designadamente, na plataforma e modelo de negócio na *internet*, ou mesmo na natureza pública ou privada das restrições. Para efeitos de delimitação do perímetro protetivo dos direitos e liberdades, positivados constitucionalmente, estes fatores são jurídico-constitucionalmente irrelevantes. Neste conspecto, assumem relevância incontornável na elucidação das diferentes matizes do pro-

[1642] TRIBE, Lawrence H. (1991). The Constitution in Cyberspace: Law and Liberty beyond de Electronic Frontier, *The Humanist*, Set-Oct; p. 11 e p. 13.

[1643] Artigo 204º da CRP.

[1644] TUSNHET, Mark (2015). "Internet Exceptionalism: An Overview from General Constitutional Law", 56 *Wm. & Mary L. Rev.* 1637; p. 1641. – http://scholarship.law.wm.edu/wmlr/vol56/iss4/15 .

blema, o Acórdão do TJ de 13 de maio de 2014 [1645] e as *FCC's Open Internet rules*, adotadas em fevereiro de 2015 [1646].

28.3. No que concerne ao Acórdão do TJUE referido, sem prescindir da relevância conferida ao direito ao esquecimento, enquanto corolário da consolidação de um direito fundamental à autodeterminação informacional, estamos perante um direito de defesa, que se consubstancia na garantia do controlo da rastreabilidade, pelo seu titular, dos dados pessoais e respetiva pegada digital, bem como do inerente direito à reserva da vida privada. Acresce uma dimensão positiva que integra faculdades e poderes de natureza positiva, expressamente positivados pelo legislador constitucional português no artigo 35ºda CRP, entre os quais a adoção de medidas normativas com vista à eficácia plena da autodeterminação da pessoa perante o uso da informática[1647]. Esta decisão evidencia a impossibilidade de conceção de um direito absoluto ou incondicionado ao esquecimento, baseado na diretiva, mesmo interpretada de harmonia com a Carta de Direitos Fundamentais[1648], avultando a necessidade de ponderação entre vários direitos igualmente protegidos, como sejam, no caso concreto, o direito à proteção da vida privada e as liberdades de expressão e de informação. Em conformidade, não obstante a afirmação do princípio, o Tribunal ressalva aqueles casos em que a ingerência nos direitos fundamentais pode ser justificada "pelo interesse preponderante

[1645] http://curia.europa.eu/juris/document/document.jsf;jsessionid=9ea7d0f130d5d175fdbfddfd4cd89013bdda104ae9a3.e34KaxiLc3eQc40LaxqMbN4OaNmNe0?text=&docid=152065&pageIndex=0&doclang=PT&mode=req&dir=&occ=first&part=1&cid=401734 .

[1646] https://www.fcc.gov/openinternet – última visita em julho de 2015.
Segundo a FCC, estas regras *"are grounded in the strongest possible legal foundation by relying on multiple sources of authority, including: Title II of the Communications Act and Section 706 of the Telecommunications Act of 1996. As part of this decision, the Commission also refrains (or "forbears") from enforcing provisions of Title II that are not relevant to modern broadband service. Together Title II and Section 706 support clear rules of the road, providing the certainty needed for innovators and investors, and the competitive choices and freedom demanded by consumers."*

[1647] Neste contexto, fala-se mesmo num *Habeas Data*, enquanto garantia de uma liberdade de natureza fundamental dos tempos modernos. – Faria, Maria Paula Ribeiro de (2010), *in Constituição Portuguesa Anotada*, Miranda/Medeiros, Anotação ao artigo 35º; Coimbra Editora; p. 789.

[1648] De acordo com as conclusões propostas, *"os direitos ao apagamento e ao bloqueio dos dados, regulados no artigo 12.°, alínea b), e o direito de oposição, previsto no artigo 14.°, alínea a), da Diretiva 95/46/CE não conferem à pessoa em causa o direito de se dirigir diretamente aos motores de pesquisa para impedir a indexação de informações referente à sua pessoa, legalmente publicada em páginas web de terceiros, alegando não desejar que tais informações sejam conhecidas pelos utilizadores da Internet por considerar que as mesmas lhe podem ser prejudiciais ou pretender ser esquecida."* Uma proposta que não foi acolhida pelo Tribunal de Justiça no Acórdão *sub judice*.

do referido publico" em ter acesso a essa informação, em função, por exemplo, do papel desempenhado por essa pessoa na vida pública.

Mais relevante no contexto específico do nosso tema, no Acórdão *sub judicio,* tratava-se de saber se:

a) A Diretiva[1649] deve ser interpretada no sentido de que a atividade de um motor de busca, como fornecedor de conteúdos[1650], poder ser qualificada de *"tratamento de dados pessoais"*, para efeitos de aplicabilidade daquela mesma disposição quando essas informações contenham dados pessoais;

b) Em caso afirmativo, se o operador de um motor de busca deve ser considerado responsável pelo referido tratamento de dados pessoais, na aceção dessa mesma disposição.

O Tribunal não se mostrou convencido pela argumentação aduzida pela *Google Spain* e a *Google Inc.*, segundo a qual, *"limitam-se a tratar as informações acessíveis na Internet, no seu conjunto, sem fazer ums seleção entre dados pessoais e outras informações"*. Acabou por soçobrar vitória a tese de que a atividade de um motor de busca *"é suscetível de afetar, significativamente e por acréscimo à atividade dos editores de sítios web, os direitos fundamentais à vida privada e à proteção dos dados pessoais"*. Para o Tribunal, o operador desse motor, como pessoa que determina as finalidades e os meios dessa atividade, *"deve assegurar, no âmbito das suas responsabilidades, competências e possibilidades, que essa atividade satisfaça as exigências da Diretiva"*. Em suma, o que se pensava inicialmente ser uma atividade puramente instrumental, constitucionalmente inócua, pode, afinal, transformar-se num dragão de direitos e liberdades fundamentais.

28.4. Pelo contrário, a FCC adotou, recentemente, regras para uma *"open internet"*[1651], que advogam a sua neutralidade – *"net neutrality"*. A sua conformidade constitucional funda-se, na explicação do Regulador, precisamente no pressuposto inverso ao consolidado pelo Tribunal de Justiça: as regras não

[1649] Cfr. Artigo 2.°, alínea *b)*, da Diretiva 95/46.

[1650] " *(...) que consiste em encontrar informações publicadas ou inseridas na Internet por terceiros, indexa-las automaticamente, armazena-las temporariamente e, por ultimo, pô-las à disposição dos internautas por determinada ordem de preferência (...)"*.

[1651] Na descrição da FCC, são regras fortes que protegem os consumidores de Práticas passadas e futuras que amaçam uma *"open internet"*, tais como: i*) No blocking; No Throttling; No Paid Prioritization – Report and Order on Remand, Declaratory Ruling, and Order, In the Matter of Protecting and Promoting the Open Internet,* Relatório adotado pela FCC, em fevereiro 26, 2015; p. 11.

põem causa a liberdade de expressão dos fornecedores de *internet*, uma vez que não podem ser considerados *"speakers"*, mas apenas condutores da expressão dos outros[1652]: *"the manner in which broadband providers operate their networks does not rise to the level of speech protected by the First Amendment"*, uma vez que, enquanto operadores de telecomunicações, envolvem, por definição, *"a transmition of network users' speech without change in form or content"*.

Não obstante, o Regulador norte-americano não deixa de admitir a possibilidade inversa, de os fornecedores da *internet* serem considerados *"speakers"*, aduzindo a justificação de que as regras adotadas se ajustam a um importante interesse público – *"protecting and promoting the internet and the virtuous cycle of broadband development"* –, o qual é, em seu entendimento, suficiente para superar um *"intermediate scrutiny"* de constitucionalidade. As regras adotadas seriam *"content-neutral"* e não *"content-based"* porquanto, nesse escrutínio de constitucionalidade, a questão relevante é a de saber se o Estado pode regular conteúdos, em função da sua concordância ou discordância com a mensagem neles contida. Pelo contrário, aduz a FCC que *"are structured to operate in a such way that no speaker's message is either favored or disfavored, i.e., content neutral"*. Na verdade, o que estas regras pretendem garantir é, precisamente, a livre circulação dos conteúdos e que os fornecedores de *internet* não interfiram nos acessos aos conteúdos, através da criação propositada de obstáculos, com intuitos comerciais.

29. Ensaio Reflexivo

29.1. Antecipemos, sumariamente, algumas das nossas reflexões, focadas no nosso ordenamento juridico-constitucional. Existe sempre a possibilidade de um determinado modelo regulatório ser um método disfarçado de regulação de conteúdos. Dir-se-á que, em última instância, caberá sempre ao Tribunal: *i)* perguntar em cada caso específico se existe uma razão substancial para pensar que uma norma, que não seja explicada nesses termos, possa ser adotada com esse intento e se essa interferência pode, de facto, ocorrer; *ii)* ou assumir, profilaticamente, a proibição do recurso a essas abordagens regulatórias[1653].

Não obstante, cumpre realçar que a indefinição resultante da dificuldade, *supra* descrita, da escolha prévia de certos modelos regulatórios surge agravada

[1652] *Report and Order on Remand, Declaratory Ruling, and Order, In the Matter of Protecting and Promoting the Open Internet,* Relatório adotado pela FCC, em fevereiro 26, 2015; p. 268.

[1653] Tusnhet, Mark (2015). *"Internet Exceptionalism: An Overview from General Constitutional Law"*, 56 *Wm. & Mary L. Rev.* 1637; p. 1668. – http://scholarship.law.wm.edu/wmlr/vol56/iss4/15

pela cada vez mais promissora confusão digital entre redes e conteúdos e operadores de rede, intermediários ou fornecedores da *internet* e os produtores de conteúdos. Acresce a possibilidade de optar, casuísticamente, por modelos de negócio distintos e, indiretamente, pelos enquadramentos regulatórios eventualmente mais favoráveis ou menos onerosos. Mais especificamente, estando o mercado dos conteúdos e dos *media*, velhos e novos, sujeito a especiais exigências constitucionais, não pode deixar de merecer reflexão urgente a possibilidade, cada vez mais real, de outros operadores, com outros modelos de negócio, poderem querer atuar nesse perímetro protegido constitucionalmente, sem estarem sujeitos à correspetiva especial regulação. Reclama-se, por isso, a necessidade de uma opção fundamental por um modelo regulatório que se baseie no tipo de atividade efetivamente desenvolvida, ajustado à realidade digital e que saiba dar a resposta ajustada, na senda de TUSHNET, através de uma regulação específica sobre um problema específico, constitucionalmente adequada.

Daí que, no nosso ordenamento jurídico-constitucional, centrar a discussão de uma eventual fusão institucional de certas entidades reguladoras, com base no argumento do desajustamento da separação entre redes e conteúdos, é pobre e enganador. A verdadeira questão terá de ser equacionada pelo legislador, numa perspetiva substancial de regulação integrada de redes, conteúdos e propriedade, o que implica, reflexamente, uma visão especializada mas, ao mesmo tempo, compreensiva e transversal dos mercados relevantes e suas especificidades, para efeitos de defesa da concorrência e da garantia do pluralismo. Um modelo regulatório que garanta uma visão integrada das Comunicações, Conteúdos e Concorrência, independentemente, por ora, da opção pela respetiva solução institucional, necessariamente integrada na Administração Independente.

Seja qual for o modelo de negócio, desde que a atividade efetivamente desenvolvida convoque os princípios constitucionais que o legislador de revisão quiser eventualmente manter, de *jure constituendo*, ela deverá subsumir-se no respetivo enfoque regulatório. Se o legislador constituinte insistir na positivação das exigências expressas de não concentração dos operadores de *media*, como forma de garantir a liberdade de imprensa ou o pluralismo, então deve ser aplicado o modelo regulatório que, nos termos constitucionais, garanta a efetividade do seu programa normativo, independentemente do modelo de negócio desempenhado a título principal ou da incidência direta ou indireta da atividade desenvolvida sobre as liberdades *sub judicio*, deve ser aplicado o modelo regulatório que, nos termos constitucionais, garanta a efetividade do seu programa normativo. Ainda numa perspetiva de *jure condendo*, caso o legislador de revisão conclua que perante a nova realidade digital, tais exigências constitucionais, debilitadoras das liberdades de iniciativa económica e de propriedade privada, deixam de se justificar ou carecem de reformulação, então deve desconstitucionalizá-las. O que não pode é manter-se a atual dualidade hipócrita de regimes e pesos constitucionais, legitimadora de um modelo regulatório incoerente e desajustado.

Não é pelo facto de um operador de telecomunicações ou ISP exercer outras atividades, a título principal e/ou concorrencial, que pode justificar a não aplicabilidade das regras específicas, de base constitucional, aplicáveis aos conteúdos, se a atividade efetivamente desenvolvida for subsumível no conceito de *media*. Um entendimento diverso – a que pode conduzir o atual desatualizado enquadramento legal – implicaria:

a) Que uma atividade protegida e regulada diretamente pela Constituição ficaria dela arredada;

b) Que empresas que desenvolvem precisamente a mesma atividade – conteúdos – estão sujeitas a regras e Reguladores diferentes, sem razões substanciais que possam justificar essa discrepância, podendo suscitar questões complexas de igualdade e concorrência.

29.2. Dir-se-á que a introdução de uma regulação única do setor só pode ocorrer através de uma revisão constitucional, uma vez que o artigo 39º da CRP teria constitucionalizado, não só a regulação, como a própria ERC, à semelhança da sua antecessora AACS. Mesmo que assim fosse, em coerência com as opções anteriores, a interpretação da disposição constitucional não pode basear-se na prevalência absoluta do elemento histórico de interpretação. Parece-nos, ademais, que de uma simples interpretação literal do artigo 39º decorre que, desde a revisão constitucional de 2004, a disposição constitucional limita-se a conferir a um órgão não especificado a regulação de um conjunto especializado de matérias. O único critério estipulado, expressamente, na Constituição é o de esse órgão revestir a natureza de autoridade administrativa independente. Acresce que a opção do legislador de revisão constitucional foi, precisamente, a de desconstitucionalizar a instituição, ao arrepio, reconheça-se, da tradição constitucional.

Não obstante, não temos quaisquer dúvidas de que, atualmente, o Regulador que mais se aproxima dos requisitos constitucionais exigidos e é a ERC: uma entidade de defesa de direitos fundamentais, que não se limita a integrar o leque de pessoas coletivas públicas, dotadas de funções administrativas de mera regulação ou supervisão de um determinado mercado económico[1654]. Se atentarmos nos seus Estatutos, que consubstanciam uma lei de valor reforçado pelo procedimento[1655], para além de outras garantias que a doutrina mais exigente reclama das autoridades administrativas independentes, avulta uma clara independência funcional já estudada: os membros do Conselho Regulador estão sujeitos a uma forma de designação diferente de todos os outros Reguladores, carecendo de eleição por maioria de dois terços dos deputados presentes desde que superior à maioria absoluta dos deputados em efetividade de funções[1656].

Efetivamente, a ausência de densificação constitucional do conceito de autoridades administrativas independentes, no artigo 267º da CRP[1657], não legitima uma *"teoria aconstitucional"* da regulação[1658]. Nem sequer o facto de o legislador de revisão constitucional, a nosso ver erradamente, não ter acrescentado a criação destas entidades ao elenco das matérias da reserva absoluta, constitui uma autorização em branco ao Governo[1659]. Note-se que a mera qualificação legal de uma autoridade administrativa como independente é irrelevante, de um ponto de vista dogmático. Não só não existem Reguladores absolutamente independentes, uma vez que o poder, os recursos financeiros e o conhecimento de que carecem, são fatores que não podem ser por eles

1654 Neste sentido, os já referidos Acórdãos do Tribunal Constitucional nºs 499/2012, Ac. nº 261/2009, Ac. nº 315/2009 e 361/2009, e Ac. nº 603/2008.

1655 A Lei que regula a ERC carece de aprovação, em todas as votações, por maioria de dois terços dos deputados presentes, desde que superior à maioria absoluta dos deputados em efetividade de funções. – Artigo 168º, nº 6, alínea *a)*, da CRP.

1656 Cfr. Artigo 163º, alínea *h)*, da CRP.

1657 Antes da Revisão constitucional de 1997, a CRP não continha nenhuma cláusula habilitadora geral de criação de entidades independentes. Na sequência da introdução do nº 3, do artigo 267º, da CRP na revisão constitucional de 1997, alguma doutrina sustentou que a opção constitucional deveria ter sido amparada por um elenco, ao menos exemplificativo, dos casos em que é possível a criação destas entidades, pois *"um texto constitucional como o português, detalhado e amplamente normativo, não devia deixar este preceito entregue à lógica da concretização dos princípios"*. – PINHEIRO, Alexandre Sousa/FERNANDES, Mário João de Brito (1999) *Comentário à IV Revisão Constitucional*, AAFDL: Lisboa; p. 550.

1658 BETANCOR, Andrés (2010), *Regulación: Mito y Derecho*, Civitas: Pamplona; p. 116.

1659 Para evitar uma criação indiscriminada destas entidades independentes, sustenta-se a sua natureza excecional e restrita a setores bem identificados da Administração. Sob pena de favorecer um modelo estranho de separação funcional de poderes: a AR e o Governo exerceriam a função legislativa, enquanto as autoridades administrativas independentes, que não gozam de legitimidade democrática, seriam encarregues da função executiva. – PINHEIRO, Alexandre Sousa/FERNANDES, Mário João de Brito (1999) *Comentário à IV Revisão Constitucional*, AAFDL: Lisboa; p. 549.

produzidos autonomamente[1660], como o próprio conceito de independência não é unívoco, sendo possível identificar critérios conformadores de diversos níveis e tipos de independência. Ainda assim, atenta a distinção comum entre independência *de jure* e *de facto*[1661], a previsão detalhada de critérios formais de independência tende a aproximar a independência *de facto* da independência *de jure*. De entre os fatores de independência *de jure*, selecionados pelo *Centre on Regulation on Europe*, os mais importantes são o grau de inamovibilidade dos titulares e dos órgãos (limitação dos casos de dissolução ou demissão) e o regime de incompatibilidades, com relevo para as de ordem política e as limitações à renovação do mandato dos titulares[1662].

Uma condição estrutural para a independência fáctica de uma autoridade administrativa implica, a nosso ver, ou a intervenção de uma pluralidade de órgãos na designação dos membros dos seus conselhos de administração; e/ou a designação desses membros por maioria qualificada (2/3) de um órgão parlamentar; ou, *de jure constituendo*, em futura revisão constitucional, tendo em conta o sistema de governo semipresidencialista português, a sua designação pelo Presidente da República, mediante proposta do Governo. A recém-aprovada Lei-quadro das Entidades Reguladoras (LQER), aplicável à ANACOM, descuidou essa preocupação garantística, uma vez que os membros dos órgãos de administração dos Reguladores continuam a ser nomeados pelo Governo[1663]. O próprio estatuto de inamovibilidade dos titulares foi relativizado:

i) Prevê um poder de destituição extraordinário[1664] de acordo com critérios que podem fundar juízos de oportunidade política na destituição[1665];

ii) Prevê, nos termos do seu art. 20º, um mandato de 6 anos não renovável para os membros do Conselho de Administração, mas admite que os mesmos possam ser de novo providos, seis anos depois de cessado o mandato anterior.

[1660] INDIREG, Final Report (2011). *Indicators for independence and efficient functioning of audiovisual media services regulatory bodies for the purpose of enforcing the rules in the AVMS Directive*; p. 45.

[1661] AAVV CERRE Centre on Regulation in Europe *Independence, accountability and perceived quality of regulators* (2012), Chris Henretty, Pierre Larouche, Andresas Reindl- Brussels; p. 23.

[1662] MORAIS/Carlos Blanco de/CASTRO, Raquel Alexandra Brízida (2016). *Anotação ao artigo 3º da Lei-quadro das Entidades Reguladoras da Economia*, (no prelo); p. 1.

[1663] Cfr. Artigo 17º, números 2 e 3 , da LQER.

[1664] Os órgãos podem ser dissolvidos e os titulares destituídos pelo Conselho de Ministros, sempre que se verifique falta grave, responsabilidade individual ou coletiva apurada por inquérito instruído por entidade independente do Governo, audição do Conselho Consultivo do órgão e audição parlamentar.

[1665] Segundo o artigo 20º, nº 5, da LQER, é o caso do não cumprimento de obrigações de transparência e do incumprimento injustificado do plano de atividades ou do orçamento.

A norma do nº 1, do art. 45º, da LQER exclui a faculdade de o Governo exercer sobre o Regulador poderes de superintendência e tutela, ou de formular recomendações ou diretivas. Não obstante, de acordo com os números seguintes do mesmo preceito, os orçamentos, planos plurianuais, balanço e contas estão sujeitos a aprovação prévia de um Ministério responsável, em cuja lei orgânica a entidade se encontra inserida, o que representa uma tutela preventiva não apenas de legalidade, mas também de mérito financeiro, enfraquecendo a sua independência. Os poderes de decisão financeira estão igualmente sujeitos a aprovação prévia do Governo, bem como diversos atos respeitantes a autonomia patrimonial. Trata-se de uma opção compreensível, em tempo de crise financeira, sem prejuízo de se poder revelar como um *"quid minus"* no respetivo grau de independência[1666].

Pelo exposto, conclui-se que a natureza dos Reguladores, designadamente da ANACOM, é, materialmente, a de autoridades *"semi-independentes"*[1667], apesar da independência nominal proclamada no artigo 3º. A presente lei não mudou a natureza prévia dos Reguladores da economia, pois não alterou significativamente, nem o processo de designação integral dos administradores pelo Governo, nem o regime de impedimentos e incompatibilidades de uma parte deles, nem a autonomia administrativa, financeira e patrimonial de que usufruíam[1668]. Resta observar que, apesar de poder revestir um peso diverso dos critérios *supra* referidos, a forma assumida pelos estatutos especificadores das atribuições e competências do Regulador pode constituir um garante adicional de independência *(formal criteria)*, na medida em que obstaculize uma constante ameaça política de alteração legal dos objetivos regulatórios (*de facto* criteria), variando igualmente em função da respetiva proveniência, parlamentar ou governamental, e da sua natureza legislativa ou regulamentar[1669].

[1666] MORAIS/Carlos Blanco de/CASTRO, Raquel Alexandra Brízida (2016). *Anotação ao artigo 3º da Lei-quadro das Entidades Reguladoras da Economia,* (no prelo); p. 1.

[1667] No fundo, concebeu-se um *"quango"* reforçado ou avançado na sua autonomia e investido num maior grau de inamovibilidade relativa dos titulares, menor dependência do Governo no plano dos vínculos interorgânicos e maior autonomia administrativa, financeira e patrimonial. A intervenção do Parlamento e da Comissão de Recrutamento e seleção da administração na designação dos membros dos conselhos de administração aproxima-os também dos quangos britânicos, onde intervém "o *"Office of the Commissioner for Public Appointments"*. – MORAIS/Carlos Blanco de/CASTRO, Raquel Alexandra Brízida (2016). *Anotação ao artigo 3º da Lei-quadro das Entidades Reguladoras da Economia,* (no prelo); p. 8.

[1668] MORAIS/Carlos Blanco de/CASTRO, Raquel Alexandra Brízida (2016). *Anotação ao artigo 3º da Lei-quadro das Entidades Reguladoras da Economia,* (no prelo); pp. 7 e 8.

[1669] INDIREG, Final Report (2011), *Indicators for independence and efficient functioning of audiovisual media services regulatory bodies for the purpose of enforcing the rules in the AVMS Directive;* p. 51.

O que significa que a opção por decreto-lei,[1670] para a aprovação dos estatutos de cada uma das entidades, constitui mais um fator de enfraquecimento da já débil independência dos Reguladores, abrangidos por esta lei.

29.3. Não obstante, cumpre notar que a doutrina divide-se sobre algumas das vantagens e desvantagens da existência de conflitos positivos de competências entre os dois Reguladores, com competências no setor da comunicação social, o designado fenómeno da concorrência entre Reguladores ou descentralização da regulação[1671]. Por um lado, acentua-se a concorrência como fator que reforça a independência, na medida em que será pouco provável que vários Reguladores possam ser capturados, ao mesmo tempo e pelos mesmos interesses. Contudo, é possível sustentar que, antes pelo contrário, a centralização será uma alternativa mais efetiva para o combate à captura. BETANCOR observa que o preço a pagar pelas vantagens da descentralização pode ser excessivo: a rutura da unidade das normas Reguladoras[1672]. Será, sem dúvida, relevante um balanço da atuação do recém-criado super Regulador nacional espanhol, a *Comisión Nacional de los Mercados e la Competencia (CNMC)*, que é a entidade independente que garante a livre concorrência e regula todos os mercados e setores produtivos da economia espanhola para proteção dos consumidores[1673].

[1670] Para além de suscitarem inúmeras outras questões jurídico-constitucionais, pelo facto de a LQER não integrar a reserva parlamentar e, como tal, regular uma matéria da área concorrencial entre o Governo e o Parlamento. Assim sendo, os decretos-lei que aprovarem os estatutos específicos dos Reguladores, na medida em que não invoquem expressamente a Lei-quadro, em sede de autovinculação material (artigo 112º, nº 3, CRP), poderão vir a contrariar o seu regime comum, sem riscos de inconstitucionalidade ou ilegalidade. Está-se, assim, diante de uma lei reforçada de eficácia diminuída ou de uma "lei reforçada cartaz". – MORAIS/Carlos Blanco de/CASTRO, Raquel Alexandra Brízida (2016). *Anotação ao artigo 3º da Lei-quadro das Entidades Reguladoras da Economia* (no prelo); p. 9.

[1671] BETANCOR, Andrés (2010), *Regulación: Mito y Derecho*, Civitas: Pamplona; p. 316.

[1672] BETANCOR, Andrés (2010), *Regulación: Mito y Derecho*, Civitas: Pamplona; p. 316.

[1673] A CNMC entrou em funcionamento em outubro de 2013, é independente do Governo e encontra-se sujeita a controlo parlamentar. Regula a Concorrência, a Energia, as Telecomunicações, o Setor Audiovisual, Transportes e Correios. Na sua origem, encontra-se o Tribunal da Defesa da Concorrência espanhol, que se encontrava muito ligado ao Governo. Em 1992, garante maior independencia e adapta a sua estrutura às congéneres europeias. Em 1995, são criadas a *Comisión Nacional de Energía* e, em 1999, e *Comisión del Mercado de las Telecomunicaciones*. Em 2010, surgem três novas agências, referentes ao serviço postal, industria audiovisual e transporte ferroviário. É composta por um Presidente, um Vice-Presidente e um Conselho formado por oito membros eleitos pelo Parlamento. Os mandatos são de seis anos, não renováveis.

CAPÍTULO VII
TESES

Capítulo I

1. Uma teoria constitucional da regulação dos Media é distinta das abordagens económicas, politológicas ou sociológicas, devendo concentrar-se nas questões jurídicas implicadas na regulação da comunicação social e, entre estas, as que têm relevância constitucional. Sem prejuízo da abertura interdisciplinar postulada pelo peso das novas tecnologias, afirma-se a relevância científica do recurso ao método jurídico, o que reclama, em termos metodológicos, o aprofundamento do material estritamente jurídico, constitucionalmente relevante. Atenda-se igualmente à relevância de argumentos aduzidos em favor de uma contextualização juridico-constitucional abrangente dos limites regulatórios.

2. Não é possível uma opção, em termos puros, entre uma estratégia que privilegie o mercado na regulação dos *media* e outra baseada num modelo democrático, ligado a uma teoria da regulação fundada no interesse público. Não só o conceito de mercado não é unívoco, como as teses que lhe conferem maior preponderância acabam por reconhecer a necessidade da intervenção estatal, sendo a medida mínima de intervenção regulatória do Estado identificável com a aplicação das regras da concorrência. Por sua vez, a tese que confere preponderância ao modelo democrático liga-se, preferencialmente, a uma teoria da regulação baseada no interesse público que, isoladamente, propicia uma funcionalização da atuação dos *media* à consolidação da democracia.

3. As teses que conferem preponderância ao mercado partilham uma visão cínica e cética da Regulação, baseada na tradicional teoria pluralista. A teoria da relevância exclusiva do mercado desconfia das estruturas regulatórias e propõe o mercado como alternativa institucional. Não obstante, COASE

acaba por reconhecer a utilidade da intervenção governamental em certas áreas, protegidas pela *Primeira Emenda.*

4. Para a *Public Choice,* a intervenção do Estado, através de normas aprovadas pelo legislador democrático, será sempre contaminada por uma suposta relação, alegadamente viciada, entre grupos de interesses e o legislador, na qual o interesse público é apenas uma das motivações possíveis. Esta premissa acarreta consequências jurídicas relevantes no plano da interpretação jurídica e da atuação do poder jurisdicional: os juízes devem identificar certos indícios como eventuais alertas de disfunção legislativa ou administrativa.

5. Uma das qualidades da *Public Choice* é o facto de apontar, globalmente, no mesmo sentido de uma teoria da regulação baseada no direito reflexivo. Uma perspetiva hostil a uma regulação intensiva dos diferentes subsistemas sociais pelos sistemas político e jurídico, mas compatível com níveis elevados de autorregulação e corregulação, juntamente com funções de supervisão e de correção. Uma tese inspiradora de soluções de autorregulação regulada, face às especiais complexidades geradas pelo impacto das novas tecnologias e matérias editoriais e deontológicas.

6. Rejeitamos qualquer tipo de funcionalização dos direitos fundamentais a uma alegada ordem democrática que se afirmaria *a priori,* implicada em teses de inspiração paternalista, como as do interesse público e do serviço público. O padrão da correção das falhas de mercado encontra-se na realização dos valores e princípios de cada Constituição em concreto. O pluralismo democrático não é o único bem modelador da liberdade de comunicação social e do funcionamento do mercado, pelo menos no nosso ordenamento jurídico-constitucional; existem limites à iniciativa económica pública e não é possível sustentar a conformidade com a Constituição de medidas regulatórias que conduzam ao empobrecimento de uma ordem dual, pública e privada.

7. A escolha do modelo de governação das empresas prestadoras do serviço público de televisão e rádio deve ter como especial preocupação a previsão de garantias suficientes de independência face a todo o poder político, e não apenas perante o executivo governamental. A Constituição confere larga margem de liberdade de conformação ao legislador, quanto à opção por um modelo público ou privado da propriedade ou da gestão. Um serviço público de rádio e de televisão não constitui um necessário exclusivo do Estado, uma vez que a atividade de serviço público de radiodifusão não se afigura incompatível, à partida, com toda e qualquer forma de titularidade, controlo ou a gestão privada.

8. A teoria tradicional da interpretação foca-se sobretudo na descoberta da vontade da norma, objetiva ou subjetiva, conduzindo à subsunção do seu conteúdo em forma de conclusão logística, através do texto e contextos histórico, sistemático e teleológico. Este modelo interpretativo poderia conduzir-nos a resultados obsoletos e desajustados, mostrando-se absolutamente inservível para lidar com o impacto das novas tecnologias no programa normativo-constitucional. Importa apreender o sentido normativo que os enunciados linguísticos demonstram ter, no momento e contexto de aplicação.

9. A metódica estruturante, proposta por HESSE, constitui um modelo teórico hermenêutico que evidencia a existência de diferentes graus interpretativos, oscilantes entre a mera subsunção e a concretização, a que correspondem distintos níveis de complexidade, jurídica e fáctica. Nos casos difíceis, é suscetível de remeter a atividade concretizadora da norma para um campo de generosa criatividade jurídica, nem sempre tolerável.

10. Os excessos de interpretativismo podem resultar de uma exacerbação das condições de concretização, através da sobrevalorização de uma precompreensão do intérprete, dissociada da norma e dos seus enunciados linguísticos, ou do impacto dos dados reais e do problema concreto a resolver. O peso do domínio normativo na interpretação constitucional, por sua vez, revela-se incontornável, perante a voracidade dos factos da técnica e das novas tecnologias e os juízos editoriais e deontológicos, constitucionalmente protegidos. Poderá, em consequência, gerar desvios interpretativos se não for temperado por uma interpretação tecnologicamente neutra.

11. A principal virtude deste modelo surge evidenciada, não obstante, nos casos mais controvertidos de interpretação constitucional, nos quais os *topoi* que resultem do texto e programa normativo, apreendidos através dos métodos tradicionais, são insuficientes, reclamando um papel mais relevante do domínio normativo. A compreensão objetiva do conteúdo da norma e da vontade constituinte decorre da sua letra e contexto histórico, sistemático e teleológico. Não obstante, perante os factos e os problemas constitucionais específicos gerados pelas novas tecnologias e pelos juízos editoriais, o domínio normativo pode desempenhar um papel mais relevante. No caso das novas tecnologias, o resultado interpretativo deve ser orientado por uma interpretação tecnologicamente neutra: ao mesmo tempo que o mantem vinculado à norma e aos seus enunciados semânticos, garante a atualização do programa normativo-constitucional, através do processo de coordenação material entre os *topoi* que resultam do programa normativo e os que derivam do domínio normativo.

12. O principal risco das conceções suprapositivas do ordenamento jurídico reside na sobrevalorização da pré-compreensão do intérprete, no contexto de uma leitura *hiperintegrada* da Constituição, na qual o intérprete impõe um determinado valor, eleito pelo seu anteprojeto interpretativo, em detrimento dos demais. A Constituição é um estatuto jurídico, cuja interpretação deve basear-se nos paradigmas do método jurídico, cabendo admitir a juridicidade dos princípios constitucionais que incorporam valores éticos. Os enunciados semânticos das normas constituem um limite à descodificação de valores implícitos, devendo rejeitar-se qualquer relação de significado sem um mínimo de correspondência textual, não obstante a margem de liberdade do juiz na atualização da Constituição.

13. As conceções que conferem especial relevância à precompreensão do intérprete, em detrimento do direito positivo, partilham afinidades com as teses que realçam o peso dos problemas concretos, quanto ao risco de excessos de interpretativismo conducentes a normatividades apócrifas paralelas à Constituição oficial. Substituir o peso específico de certos problemas concretos, renunciando à tarefa de tradução dos valores constitucionais para o atual contexto tecnológico, pelos preconceitos filosóficos, políticos ou morais do intérprete conduz-nos exatamente ao mesmo indesejável resultado. Contudo, enquanto que na primeira situação, é um eventual ativismo do intérprete que é problemático, no caso de uma pressão intensa do domínio normativo é, pelo contrário, a eventual inércia que pode obstar ao restabelecimento da efetividade dos princípios constitucionais.

14. As teses hiperbolizadoras dos anteprojetos interpretativos do intérprete alimentam uma Constituição invisível, não oficial e não escrita, que vai gerando a sua própria normatividade informal, pese embora a sua insuscetibilidade de fundar novos parâmetros de validade. Sob pena de a formulação, hoje, de um juízo de inconstitucionalidade ter de atender a dois tipos de normatividade, potencialmente aplicáveis e, consequentemente, dois tipos de normatividade potencialmente inválidos: a uma *Invisible Living Constitution* teríamos de contrapor, em consequência, uma *Invisible Dead Constitution*, que conteria um aglomerado apócrifo de disposições constitucionais moribundas, produto da ação dessa ordem suprapositiva dotada de poderes supostamente invalidantes.

15. Uma teoria constitucional de regulação é incompatível com alegados dilemas constitucionais insuperáveis entre as cláusulas do Estado de Direito e do Estado Social. A relevância que a cláusula do Estado Direito desempenha nos ordenamentos jurídico-constitucionais não depende da

neutralização da cláusula do Estado Social. O Direito Constitucional e as Constituições contemporâneas conseguem acomodar valores conflituantes, como a liberdade de empresa e o princípio constitucional de pluralismo, na sua vertente expressiva específica, sem degradar nenhum enunciado constitucional.

16. Aderimos a dois dos impressivos axiomas formulados, precocemente, por TRIBE a propósito da Constituição no ciberespaço: apesar das novas tecnologias, o governo não pode controlar o conteúdo da informação e os princípios constitucionais mantêm-se. Não é admissível que as mudanças tecnológicas mudem a Constituição. O que a Constituição protegia deverá continuar a proteger, salvo se o fundamento da proteção já não fizer sentido. Esse deve ser o desiderato de uma interpretação tecnologicamente neutra, a qual deve garantir a tradução dos valores constitucionais positivados, explícita ou implicitamente, nas normas constitucionais, para a atual realidade tecnológica. Trata-se de salvar a identidade constitucional, apesar das mudanças tecnológicas, no limite interpretativo do texto constitucional.

17. A propósito da Regulação da *Internet* e dos Novos *Media*, cabe apreender os limites constitucionais em termos interpretativos, sob pena de se legitimar um ativismo judicial ou regulatório indesejado ou, em igual medida, um amorfismo regulatório, fundado em atitudes temerárias. No mínimo, os novos problemas requerem uma interpretação constitucional mais intensa, maior flexibilidade na interpretação textual ou literal, para que as novas questões possam ser traduzidas para o atual contexto tecnológico, em conformidade com os valores constitucionais que se pretende preservar. Uma interpretação tecnologicamente neutra, baseada nos *topoi* gerados pelo texto e programa normativo, através dos critérios tradicionais de interpretação, garante, a nosso ver, esse resultado mínimo. Caso não seja suficiente, ela poderá, excecionalmente, conduzir à legitimação de uma deferência judicial e regulatória, *in concreto*, pelo menos em ordenamentos jurídicos como o português em que seja possível detetar uma reserva constitucional de administração independente.

18. Os factos com impacto na interpretação constitucional podem produzir alterações quase impercetíveis no programa constitucional, traduzidas em mutações puras, ainda enquanto produto de uma genuína operação interpretativa. Pelo contrário, os factos gerados pela evolução da técnica e das tecnologias são muito rápidos, provocando um grau de erosão significativo no programa normativo e um sério e singular desfasamento temporal normativo na relação entre o legislador e a criação de normas.

19. A Justiça Constitucional assume, cada vez mais, um papel insubstituível no controlo jurídico da regulação das questões do ciberespaço, cabendo-lhe garantir que importantes e sensíveis "pedaços de normatividade" vigente e efetivamente aplicada não fiquem arredados do escrutínio da Justiça Constitucional. Perante um domínio normativo onde o ritmo de intervenção legislativa e correspetiva densidade são, particularmente, problemáticos, torna-se crucial garantir que o expetável incremento de ativismo judicial, designadamente através da criação de normas *"ad casum"*, possa ser sujeito ao controlo da Justiça Constitucional.

Capítulo II

20. O direito de informação e a liberdade de imprensa e de radiodifusão são um caso especial da liberdade de expressão, em sentido amplo, uma vez que se referem, necessariamente, à liberdade de comunicação social, em sentido amplo ou liberdade de expressão através da comunicação social, em sentido amplo, a qual engloba ainda a liberdade de expressão através da comunicação social, em sentido estrito. O contrário importaria a extensão acrítica da proteção constitucional inerente a estes direitos a outros meios de comunicação, que não são órgãos de comunicação social, o que deve ser rejeitado por uma interpretação constitucional tecnologicamente neutra. Questão diversa reside no problemático conceito de órgão de comunicação social.

21. As liberdades de imprensa e de informação, bem como quase todos os direitos e liberdades comunicativas, encontram-se inseridas no capítulo dos direitos, liberdades e garantias, devendo sujeitar-se ao respetivo regime de proteção constitucional. A reserva de lei é exigível a todas as intervenções do legislador, independentemente da natureza.

22. O *Tatbestand* de um direito é sempre, em primeiro lugar, um domínio potencial. A conversão em direito definitivo pode ser objeto de uma lei restritiva que, nos casos autorizados pela Constituição, constitui um primeiro instrumento de solução de conflitos. Mas o conflito também pode ocorrer entre direitos fundamentais alegadamente insuscetíveis de restrição.

23. O problema dos limites constitucionais não escritos ou limites imanentes e da necessidade da sua existência para a resolução de conflitos não se pode resolver através de critérios prévios, imunes à ponderação constitucional. Todas as afetações desvantajosas de um direito fundamental têm de ter fundamento constitucional e devem sujeitar-se aos testes constitucionais,

nos termos de uma cláusula geral de ponderação. A teoria ampla não pressupõe necessariamente o alargamento da proteção definitiva mas sim da proteção *prima facie*.

24. Os direitos, liberdades e garantias devem ser entendidos como princípios ou mandatos de otimização: consagram posições jurídicas *prima facie*, compatíveis com uma conceção alargada do *Tatbestand*, cujo resultado da ponderação, com outros direitos ou interesses constitucionalmente protegidos, há-de definir o seu efetivo âmbito de proteção. Sustentamos um conceito amplo de restrição, que inclua todos os casos de afetação desvantajosa ou de compressão do conteúdo de um direito, isto é de redução de faculdades ou âmbitos de proteção que, em abstrato, nele estariam compreendidos, devendo a proteção constitucional estender-se a todas as intervenções legislativas no domínio das restrições dos direitos, liberdades e garantias: restritivas, concretizadoras, ampliadoras ou regulamentadoras.

25. A principal virtude do modelo principiológico e do método ponderativo é o facto de apenas oferecer uma estrutura, através da qual se pode argumentar em favor de uma determinada dogmática. O modelo principialista não é compatível, *a priori*, com nenhuma das conceções de direitos fundamentais, porquanto não é possível estabelecer nenhuma relação de prevalência absoluta de um princípio ou de um direito fundamental. A ponderação implica que quem pondera reconheça todos os argumentos conflituantes como igualmente legítimos, em princípio, e que, na solução, não sobreponha os seus preconceitos filosóficos, políticos ou morais à consideração desses mesmos argumentos.

26. Os princípios são objeto de ponderação e, ao mesmo tempo, argumentos em favor de juízos normativos, mas só são suscetíveis de garantir a racionalidade e cientificidade do modelo se tiverem base constitucional. As normas de dever ser ideal aplicadas têm de ter existência no plano do ser, constituindo os respetivos enunciados semânticos o limite da descodificação dos valores implícitos nos princípios constitucionais. Os princípios partilham da mesma legitimidade constitucional onde, concomitantemente, se fundam positivamente os argumentos e *topoi* tidos em conta na busca de uma decisão. A correção da decisão é a fundamentação de uma decisão obtida através da ponderação de princípios localizados numa mesma Constituição, localizada no espaço e no tempo.

27. Não aderimos às teses que repescam a afirmação da soberania parlamentar e a redução do primado da Constituição perante as leis ordinárias, segundo as quais as normas constitucionais são um mero quadro dentro do qual o parlamento pode operar livremente. Mas também não sufragamos a

tese oposta que vê os direitos fundamentais como princípios que excluem a competência ponderadora do legislador, conducentes a *proibições principiais de ponderação* e a *exclusões principiais* de competência do legislador. No ordenamento jurídico-constitucional português, os direitos, liberdades e garantias encontram-se sujeitos a reserva de lei, sendo esta uma exigência reforçada pelo regime específico de proteção desses direitos, designadamente no que concerne às regras de natureza orgânica, sem prejuízo da competência atribuída aos Tribunais para a fiscalização da constitucionalidade.

28. A conceção ampla da previsão normativa dos direitos fundamentais, aliada à teoria dos princípios, não é insustentável nem inconveniente. A distinção metodológica entre os planos da delimitação normativa do direito fundamental e dos limites aos direitos fundamentais consiste num vício da conceção restritiva. Essa clarificação constitui um corolário necessário da conceção ampliativa: estando todas as faculdades incluídas, *prima facie,* na previsão normativa de um direito fundamental, só através das tentativas limitadoras do Estado é que é possível delimitar o âmbito de proteção desse mesmo direito, até mesmo pela impossibilidade prática ou jurídica de prever todos os conflitos possíveis, em abstrato ou em concreto.

29. As críticas ao alargamento dos requisitos formais e orgânicos a todos os atos restritivos *prima facie,* fundadas numa alegada paralisia, por falta de habilitação legal, de grande parte da atividade administrativa e na previsão de uma eventual inflação de potenciais ameaças ou violações de direitos fundamentais, pese embora a sua indiscutível relevância prática e pragmática, não são suficientes para atenuar as virtualidades da conceção ampliativa da previsão normativa do direito fundamental. A conceção ampliativa impõe-se e revela-se claramente preferível à conceção restritiva, sobretudo nos casos difíceis, na medida em que garante a transparência total dos procedimentos de ponderação que fundamentam o resultado final, obrigando a revelar os interesses que fundam a decisão e a justificar a sua prevalência no caso concreto. Essas vantagens revelam-se igualmente claras perante os direitos fundamentais, alegadamente, insuscetíveis de restrições.

30. A natureza infraconstitucional das restrições pressupõe, porém, como condição da respetiva legitimidade, a pré-existência de um limite constitucional correspondente e não limites imanentes ou intrínsecos, sem base constitucional, para legitimar intervenções restritivas. Esta é a principal dificuldade da conceção restritiva, mesmo numa formulação moderada. A conceção dita mitigada não só não mitiga os efeitos nocivos da conceção restritiva, como padece exatamente dos mesmos vícios que ela própria imputa à conceção

restritiva: remete para conceitos problemáticos como os de antijuridicidade material e *evidente e intolerável danosidade social,* suscetíveis de excluir certas faculdades legítimas de um direito fundamental.

31. Rejeitamos todas as teses que, de forma direta ou encapotada, conduzem à revivescência da doutrina dos limites imanentes, procurando encontrar soluções para justificar restrições para além do catálogo formal constitucional e sujeitando-as a critérios vagos e ambíguos como os que resultam do artigo 29º, nº 2, da DUDH. Cláusula de "limites aos limites" ou cláusula de "limites", a distinção doutrinária é irrelevante, porquanto bens que justificam proteções são bens que justificam restrições. Só um bem suscetível de fundamentar proteções é que pode justificar restrições ou limites dessas mesmas restrições. Caso fosse relevante a distinção, sempre seria profundamente contraditório que a interpretação das normas constitucionais não respeitasse o caráter exclusivamente ampliador da remissão contida no artigo 16º, nº 2, da CRP. Acresce a falta de utilidade de tal investimento dogmático-científico.

32. O artigo 18º, número 2, da CRP, deve ser lido no sentido de as leis só poderem restringir direitos fundamentais, nos casos expressamente previstos na Constituição, ou seja quando essas restrições possam ser motivadas por conflitos entre direitos, com fundamento expresso constitucional, formalmente constitucionais. Os direitos estão sujeitos a uma reserva geral de ponderação, atenta a remissão implícita para a sua compatibilização com outros direitos, através de ponderações de bens, formalmente constitucionais. Admitir restrições fundadas em bens que não são formalmente constitucionais seria colocar na disponibilidade do legislador e da Administração esses mesmos direitos fundamentais. O importante é que todos esses bens e direitos se encontrem positivados, implícita ou explicitamente, nas disposições constitucionais, no limite dos respetivos enunciados semânticos, configurando uma "reserva constitucional de bem".

33. Um dos aspetos fundamentais do regime das liberdades comunicativas e dos direitos nela implicados é o da sua aplicabilidade direta, sendo o juiz um destinatário principal deste comando constitucional, na omissão do legislador. O princípio da aplicabilidade direta dos direitos, liberdades e garantias, consagrado no artigo 18º da Constituição exibe a sua principal utilidade, perante normas constitucionais não exequíveis por si mesmas, ou seja, na falta ou insuficiência de lei. O juiz está obrigado a julgar e não pode declarar-se incompetente ou remeter os aspetos não previstos na lei para o legislador, devendo exercer a sua discricionariedade e criar direito para o caso concreto. Esta é uma faculdade diferente da conferida ao legislador, porquanto

a regra criada não tem efeitos *"erga omnes"*. Não procede o argumento do alegado défice democrático dos juízes ou o da sobrecarga da Constituição, uma vez que não se preconiza a substituição do legislador pelo juiz, nem sequer o legislador perde o seu poder de, no exercício dos seus poderes constitucionais, derrogar ou alterar regra que considere inaceitáveis.

34. O nosso conceito de omissão normativa inconstitucional pressupõe aquelas normas de direitos fundamentais que exibem uma estrutura de defesa, conjuntiva, traduzida no reconhecimento de que uma omissão inconstitucional do Estado tem um contrário definitivo que consiste na prática do ato constitucionalmente devido.

35. O direito fundamental dos jornalistas de acesso às fontes de informação tem limites e pode ser sujeito a restrições. O seu concreto âmbito de proteção constitucional há-de resultar de uma ponderação com outros bens constitucionalmente protegidos. Mesmo nos casos de intervenção legislativa, existem dimensões do conflito potencial impossíveis de solucionar em abstrato, *a priori*. Entre esses casos, no que concerne à presente investigação, avultam as ponderações em concreto entre o direito de acesso às fontes de informação e os designados *segredos oficiais* (segredo de Estado e segredo de Justiça). Pelo contrário, exemplo de uma restrição ao direito à informação que foi objeto de ponderação legislativa é a dos contratos celebrados para aquisição de direitos exclusivos sobre determinadas transmissões de interesse noticioso.

36. A Constituição ergue o Segredo de Justiça à qualidade de bem constitucional, conferindo-lhe a possibilidade de ser credencial suficiente para restringir outros bens constitucionalmente protegidos, tais como as investigações jornalísticas de crimes, a publicidade do processo ou o direito ao conhecimento do processo por parte dos interessados.

37. Somos sensíveis ao entendimento de que o princípio da publicidade só faz sentido numa fase final decisória, em que vigore o pleno contraditório, perante um tribunal independente, e não para fases preliminares de investigação. Já no julgamento, numa perspetiva de *jure constituendo*, defendemos a adoção de um sistema de autorização sob reserva de proibição judicial.

38. Tal como o segredo de justiça, também o segredo de estado tem dignidade formalmente constitucional e pode fundamentar afetações desvantajosas do direito à informação. Todavia, os documentos a considerar como secretos só poderão ser aqueles que possam, formal e expressamente, ser classificados como tais, devendo a imposição do segredo ser justificada, para cada categoria de documentos, em termos que permitam o controlo da razo-

abilidade de tal imposição e durante apenas o período de tempo estritamente necessário. A preferência pela doutrina e jurisprudência constitucionais por um conceito material de segredo de estado é consentânea com a relevância de uma ponderação em concreto e exclui as informações suscetíveis apenas de causar embaraços aos poderes públicos.

39. O legislador constituinte optou por se referir apenas, direta e expressamente, ao Segredo de Estado numa norma atributiva de competência legislativa. Em todos os outros casos, o seu relevo constitucional depende da prossecução de certos bens, esses sim protegidos constitucionalmente: segurança do Estado, segurança interna ou externa, independência e unidade do Estado. Ou seja, o segredo de Estado e as suas regras só poderão merecer apoio constitucional se servirem estes fins, sendo juridicamente irrelevante a mera classificação de uma matéria como Segredo de Estado.

40. Os contratos de exclusividade sobre direitos de transmissão audiovisual celebrados entre organizadores de certos eventos de relevante interesse informativo e empresas de comunicação social podem igualmente constituir fundamento de restrição ao direito à informação. A interpretação do regime legal que concretiza o direito de acesso a breves extratos informativos, fundado no direito à informação, deve ser feita em conformidade com a Constituição, orientada pelo princípio da neutralidade tecnológica.

Capítulo III

41. A problemática da densidade exigível na determinação prévia dos direitos e liberdades assume contornos específico neste domínio material. A lei não pode ser demasiado ampla nem demasiado vaga, porquanto, em ambos os casos, corre o risco de desenvolver efeitos inibitórios ou intimidatórios junto dos seus destinatários – *chilling effect*. Um risco, em tese, potenciado pelo recurso ao método ponderativo, aliado a conceções amplas do âmbito de proteção dos direitos e das suas restrições ou intervenções desvantajosas. Não obstante, o detalhe da Constituição da Comunicação garante um resultado ponderativo orientado por critérios seguros, sedeados nas normas constitucionais.

42. A principal vantagem da ponderação evidencia-se perante a renovação do debate sobre o conceito jurídico de censura, obrigando o intérprete e aplicador do direito a verificar a conformidade constitucional de todos os tipos de afetação expressiva, no quadro de um conceito amplo de restrição

adotado. O conceito de censura em sentido amplo revela importantes restrições à liberdade de expressão em sentido amplo, *"funcionalmente equivalentes"* à censura prévia tradicional.

43. Uma conceptualização juridico-constitucional abrangente dos limites regulatórios e corespectivo enquadramento numa dogmática constitucional de regulação dos *media* torna problemático o impacto significativo das decisões de autoridades administrativas sobre as liberdades de expressão e de imprensa. Não obstante o comodismo da qualificação jurídica dessas deliberações como juízos regulatórios meramente opinativos, para efeitos da sua pacificação constitucional, as consequências jurídicas seriam indesejáveis e nefastas. O problema reclama o seu enquadramento na reserva constitucional de administração independente. O inverso legitimaria a criação e consolidação de um amplo espaço jurídico-regulatório vigente, atestado de potencial lesividade, mas arredado do controlo judicial.

44. As inquietações elencadas agravam-se no mundo digital e na previsão de institutos funcionalmente equivalentes ao conceito tradicional de censura prévia. Nesta ponderação constitucional, com o desiderato de garantir uma interpretação tecnologicamente neutra, é determinante a consideração dos *topoi* fornecidos pelo domínio normativo, pois os critérios de interpretação tradicionais sugerem, neste caso, através de mera subsunção, que a resposta se encontra facilmente contida no texto, contido no programa normativo.

45. A adoção de um conceito amplo de censura, aliado a um conceito amplo de restrição e à conceção ampliativa da previsão normativa, é incoerente com a defesa de uma "forte presunção de inconstitucionalidade" de medidas de controlo preventivo da comunicação. Até ao desfecho do *iter* interpretativo, em sede de ponderação, reclama-se neutralidade e imparcialidade do intérprete e, consequentemente, qualquer afetação desvantajosa é, em abstrato e *prima facie*, inócua. A vantagem da adoção de um conceito amplo de censura seria anulada por esta presunção, uma vez que dificultaria a realização de ponderações *ex ante*, ao afirmar uma tendencial prevalência absoluta pela liberdade de expressão ou de informação sobre outros valores constitucionalmente protegidos.

46. A adoção de um conceito amplo de censura não preclude a eventual necessidade de intervenção prévia legislativa, nem infirma a legitimidade das intervenções prévias do poder judicial, porquanto a própria efetividade dos direitos e liberdades sob investigação pode, aliás, reclamar essa intervenção judicial prévia. A doutrina reconhece que muitas decisões condenatórias, *ex post facto*, podem ser funcionalmente equivalentes a uma intervenção prévia

cautelar judicial. Existem argumentos fortes, favoráveis e contrários, no que concerne à admissibilidade de intervenções prévias dos tribunais nos direitos e liberdades envolvidos na Constituição da Comunicação.

47. A ERC tem adotado uma prática regulatória ilegítima em relação ao direito de resposta, fundada numa relação de prevalência absoluta dos direitos que se pretendem proteger através desse instituto, e dos princípios da atualidade e da imediaticidade do direito de resposta, em detrimento do direito à informação e do princípio da proporcionalidade.

48. Um dos argumentos aduzidos no sentido da defesa de uma forte presunção de inconstitucionalidade de medidas de controlo preventivo dos direitos e liberdades comunicativos e expressivos, mesmo judiciais, funda-se na ausência, no nosso sistema de fiscalização da constitucionalidade, de controlo da constitucionalidade das sentenças judiciais e de atos administrativos lesivos de direitos fundamentais. Questionamos a utilidade dessa presunção, conducente ao alargamento do espectro potencial de condutas prévias lesivas, perante o desiderato de vedar a possibilidade de uma intervenção prévia do juiz. Num sistema de fiscalização difuso e misto da constitucionalidade, ao negar-se a possibilidade de intervenção judicial prévia e na ausência de recurso de amparo, não se estará, porventura, a afastar a única forma de tutela pela justiça constitucional? Precisamente por não existir uma ação direta de inconstitucionalidade é que se podem justificar medidas cautelares judiciais, para garantir que o exercício das liberdades de expressão e de informação, ou dos direitos com elas eventualmente conflituantes, não implique danos recíprocos, irreversíveis e significativos.

49. O legislador encontra-se limitado, *a montante*, pela exigência constitucional de determinabilidade das leis restritivas e pela reserva de lei e, *a jusante*, pela liberdade editorial e por questões deontológicas, ou por espaços onde as especificidades técnicas podem mesmo reclamar autonomia e liberdade.

50. Nas leis que regulam a comunicação social, multiplicam-se os conceitos indeterminados, remetendo, expressa ou tacitamente, para o Regulador a tarefa da sua densificação, para além dos casos em que o legislador remete uma determinada ponderação entre direitos e valores colidentes para o juiz. Salvo alguns casos patológicos de inconstitucionalidade, consideramos que esta técnica é consentânea não apenas com a forma como o legislador constitucional configurou o Regulador português dos *media*, atribuindo livre margem ao decisor legislativo ordinário para lhe conferir ou não competência regulamentar, mas também com o facto de a sua interpretação implicar aspetos

técnicos ou especializados atinentes a questões editoriais de acesso difícil, impossível, ou mesmo inconveniente para o poder legislativo.

51. A especial exigência de determinabilidade das leis restritivas reveste, no quadro das condutas expressivas e comunicativas, uma relevância específica, pela especial danosidade gerada pelo seu incumprimento. Mas dela não depende a adequação funcional da intensidade do controlo judicial da atividade administrativa, atenta a vinculação da Administração reguladora (no nosso caso expressa) e do juiz aos direitos fundamentais. É possível encontrar esse princípio da deferência dos tribunais relativamente a Entidades Reguladoras, nos ordenamentos jurídicos espanhol e norte-americano.

52. Quanto aos crimes que envolvem condutas expressivas, o legislador também sentiu a necessidade de remeter para o juiz a ponderação dos bens envolvidos, com vista à identificação ou determinação, no caso concreto, de eventuais relações de prevalência condicionada do interesse público inerente ao direito à informação, em sede de apuramento de causas específicas de exclusão da ilicitude. Cabe, porém, refletir sobre a necessidade de exigência de pena para sancionar algumas condutas expressivas, não obstante as infrações envolverem bens jurídico-penais. Não apenas os tribunais têm procedido a uma despenalização *de facto* destas condutas, como procedem argumentos favoráveis à despenalização ou descriminalização, atinentes à celeridade, excecionalidade da intervenção penal e eficácia de uma ameaça de sanção financeira. O próprio artigo 37º, nº 3, da CRP proporciona ao legislador a liberdade de opção entre submeter estas infrações aos princípios gerais de direito criminal ou do ilícito de mera ordenação social.

53. A exigência constitucional de determinabilidade das leis restritivas das liberdades comunicativas é aplicável ao legislador, com especial intensidade na definição das condutas proibidas, para efeitos de sancionamento penal, fiscal ou contraordenacional. Uma premissa que encontra fundamento na excecionalidade destes direitos sancionatórios públicos, consensualmente reconhecida, aliada ao efeito específico atrás estudado do *chilling effect*, característico dos direitos e liberdades comunicativas.

54. Quando o legislador remete expressamente para o poder regulamentar densificador, o Regulador não dispõe de liberdade de escolha, estando configurado um autêntico e próprio dever de regulamentar. Quando essa remissão é implícita, cumpre refletir sobre se o Regulador dispõe de livre decisão administrativa na opção entre uma atuação por via normativa ou por ato administrativo, atenta a remissão genérica dos Estatutos para ato regulamentar, nos casos em que a emissão do regulamento for necessário. Na ausência de

dupla habilitação legal, torna-se ainda mais problemática a admissibilidade constitucional destes regulamentos interpretativos.

55. O acesso à atividade de televisão e a configuração da oferta televisiva, a partir da correspetiva afetação do espectro radioelétrico, consubstanciam dimensões essenciais da liberdade de comunicação social e de radiodifusão, tendo em consideração os princípios que nela se entrecruzam e entram em conflito. As suas opções primárias encontram-se vedadas à função administrativa, representando mais um caso feliz de coincidência entre reserva de lei e reserva de parlamento.

56. A reserva de Parlamento não deve colocar-se apenas sob o estrito ponto de vista da garantia dos direitos e liberdades, mas deve também ter em conta a direção política estadual, sendo-lhe atribuída uma função de comparticipação no *indirizzo* político. O sentido da remissão para a lei, operada *ex vi* artigo 38º, nº 7, da CRP, é o da exigência de lei parlamentar para a regulação do acesso à atividade de televisão e da configuração da oferta televisiva no espectro hertziano terrestre. O entendimento contrário tornaria essa remissão supérflua e desnecessária, à luz do regime constitucional dos direitos, liberdades e garantias.

57. Mesmo uma conceção que rejeite o monismo parlamentar sustenta que, para além dos casos evidentes expressamente previstos na Constituição, a reserva de lei parlamentar ou reserva de Parlamento impõe-se sempre que os ganhos em publicidade, transparência, participação e pluralismo associados ao processo legislativo parlamentar superem as razões que exigem um procedimento normativo mais célere ou menos pluralisticamente exigente. Se há princípio que claramente reclama estas características exclusivas do processo parlamentar é o princípio do pluralismo comunicativo ou mediático, um dos princípios claramente modeladores da Constituição da Comunicação.

58. Uma das principais funções do artigo 38º, nº 7, é a de reforçar a reserva de lei formal na regulação do acesso à atividade de televisão, no quadro de uma exigência de uma reserva total de lei. Uma premissa que colide com a tendência administrativizadora e consequente desgraduação ou mero reenvio normativo para o plano infralegislativo da regulação de dimensões essenciais da gestão e afetação do espectro e da oferta televisiva, em colisão com o princípio da tipicidade da lei.

59. Ao contrário da imprensa escrita, a Constituição prescreve um sistema de proibição sob reserva de autorização de acesso à atividade de radiodifusão. O artigo 38º, nº 7, da CRP e a exigência de licença, atribuída por concurso público, carece de interpretação. O próprio concurso público exibe um con-

junto significativo de especificidades, condicionadas pelas particulares exigências da atividade, designadamente a salvaguarda do pluralismo e um sério e rigoroso controlo do cumprimento da proporcionalidade na sua definição.

60. A exigência constitucional de concurso público para as estações emissoras funcionarem exibe uma formulação pouco clara, a qual reforça a promessa de nominalização deste preceito constitucional, perante a expectável e, ainda, imprevisível, extinção das restrições espectrais. A interpretação do texto e a consideração dos *topoi* do programa normativo, através dos critérios interpretativos tradicionais, não proporcionam, neste caso, uma concretização suficiente, designadamente quanto à identificação dos destinatários atuais e o tipo de atividade televisiva abrangido pela exigência constitucional de concurso.

61. Através da integração das condições básicas de concretização nos pontos de vista gerados pelo domínio normativo, implicada na tradução dos factos e problemas concretos gerados pelas novas tecnologias para o contexto normativo-constitucional, no limite dos seus enunciados semânticos, uma interpretação constitucional tecnologicamente neutra evidencia que se mantêm os fundamentos da proteção que a norma constitucional visa proporcionar através dessa exigência concursal: no caso português, a migração para o digital não alterou a realidade espectral. O desígnio constitucional continua a ser o da proteção do uso do espectro *hertziano* terrestre, enquanto bem público escasso, fundando-se a exigência de licença na pretensão de conciliar o princípio constitucional do pluralismo com o princípio da liberdade económica de empresa privada, através dos requisitos supostamente garantidos através do recurso a procedimentos concursais públicos: transparência, igualdade e concorrência.

62. Suscita perplexidade a configuração *sui generis* de uma concessão *ope legis*, regulamentada através de um contrato de direito público – o Contrato de Concessão do Serviço Público de Rádio de Televisão – no ambiente jurídico-constitucional especialmente protegido em que se move, atentas as suas implicações nos direitos, liberdades e garantias comunicativas. A lei dispensa o serviço público de televisão dos requisitos de acesso à atividade de televisão, mas essa exclusão não pode ser interpretada no sentido de legitimar meros reenvios ou remissões normativas para o Contrato de Concessão e, por maioria de razão, que este subdelegue na Concessionária poderes discricionários sobre matérias de relevância constitucional, sob pena de inconstitucionalidade, por violação do princípio da tipicidade da lei. Poderá o legislador atribuir novos títulos habilitadores do serviço público de televisão, *ope legis*, desde que o faça expressamente e no respeito pelos princípios do pluralismo, igualdade

e proporcionalidade, dos direitos e legítimas expectativas dos restantes operadores televisivos e atentos os condicionalismos *de facto* e *de jure* do mercado.

Capítulo IV

63. A Regulação da Comunicação Social tem, no ordenamento jurídico português, relevo constitucional, pela força constitucional dos bens regulados e pela dignidade constitucional conferida ao órgão regulador, que deverá revestir natureza de autoridade administrativa independente. O Regulador dos *media* encontra-se "destacado " da Administração estadual direta, sendo configurado como um regulador constitucionalmente reforçado.

64. Não obstante a conceção expansiva de reserva de lei sustentada, registe-se a incontornável impossibilidade técnica e factual do legislador de tudo disciplinar, devendo a eficiência, a flexibilidade, a proximidade aos factos (regulados), levá-lo a deixar à *Administração,* um espaço variável de execução das leis. No caso da Regulação da Comunicação, impõe-se um espaço técnico de execução da lei, indispensável perante dimensões regulatórias de discricionariedade técnica, ajustamentos tecnológicos e critérios editorais, constitucionalmente protegidos.

65. É possível identificar uma reserva constitucional material de administração definida a partir das matérias elencadas constitucionalmente. Corresponde-lhe uma reserva de ato administrativo, cabendo ao Regulador nas suas intervenções concretas e pontuais o cumprimento do seu mandato constitucional. Essa reserva constitucional não é suficiente para fundar um poder regulamentar independente do Regulador, mas é relevante para a delimitação do seu poder normativo, fundado num critério de especialidade e, aliada à conceção expansiva de reserva de lei defendida, constitui uma barreira material insuperável perante atuações normativas do Governo.

66. A remissão genérica do artigo 62º dos Estatutos da ERC para o seu poder regulamentar revela-se problemática, mesmo de constitucionalidade duvidosa, atenta a reserva de densificação total, inerente à reserva de lei, neste domínio normativo e apesar da especialíssima configuração constitucional do Regulador, no artigo 39º. A sua conformidade constitucional depende da sua interpretação no sentido da exigência dos princípios da dupla habilitação, concretização e determinação das matérias a regular, não sendo constitucionalmente suficiente a referência a fins ou objetivos genéricos, para que este poder seja acionado.

67. Compete ao legislador, em cada intervenção regulatória, proceder expressamente a cada reenvio normativo para o Regulador, em conformidade com as suas vinculações constitucionais. Na ausência de dupla habilitação expressa, perante conceitos legais vagos e indeterminados, mesmo integrantes do direito sancionatório público, a delimitação da competência normativa regulatória depende da eficácia do regulamento a emitir e da conformidade constitucional dessas normas habilitantes. A solução do eventual conflito não pode deixar de ter em consideração os princípios da constitucionalidade e da segurança jurídica, obstando a atuações do Regulador que possam, em última instância, conduzir a um enfraquecimento dos mecanismos de controlo da constitucionalidade, contribuindo para a sua vida artificial, adiando a erradicação de normas inconstitucionais do ordenamento jurídico. Nalguns casos, a indeterminação dos conceitos determinadores do tipo de ilícito ou das respetivas causas de exclusão da ilicitude pode ser excecionalmente justificada, o que legitima uma *autovinculação* normativa do Regulador, através da emissão de regulamentos sem eficácia externa, desde que a correspetiva *autodesvinculação* seja uma possibilidade, quando for juridicamente oportuna, necessária ou conveniente.

68. O artigo 39º, nº 1, da CRP não configura nenhuma reserva de regulamento de Administração Independente, pelo que um eventual dever de regulamentar do Regulador não pode encontrar aí o seu fundamento direto, no respeito do princípio da dupla habilitação. O dever de regulamentar, no presente domínio material normativo, terá de resultar expressamente da lei e a sua violação por omissão gera uma ilegalidade. Na sua ausência, existe uma omissão regulamentar ilegal, sendo esta uma vinculação jurídica, inexistindo liberdade de escolha entre executar e não executar a lei.

69. Não pode o Regulador deixar de cumprir o seu dever de regulamentar, porque suspeita da invalidade da norma habilitante, bem como não pode desaplicar normas inconstitucionais. O que não impede que, na ausência de regulamento ou norma legal que garanta a efetividade de um direito, não deva o Regulador aplicar diretamente a norma constitucional, suprindo uma omissão normativa inconstitucional, lesiva de direitos fundamentais.

70. Tradicionalmente, parte-se de uma relação dicotómica entre a ideia de regulação normalmente associada ao Estado, implicando coação, obrigatoriedade e heteronomia, e a autorregulação entendida como a capacidade de o mercado encontrar os seus próprios equilíbrios, sem qualquer interferência dos poderes públicos. O direito reflexivo, através de regulação procedimental, visa fornecer uma autonomia regulada dos diferentes subsistemas.

Estas teses sustentam a abertura do sistema regulatório a procedimentos de autorregulação regulados.

Capítulo V

71. Os defensores da desregulação vêm o interesse público inserido num modelo orientado para a eficiência do mercado, cujo objetivo é o de promover a concorrência, conduzindo a uma melhor satisfação das preferências dos consumidores pelos *media*. Os opositores à desregulação vêm, tipicamente, o interesse público através de um determinado modelo democrático, que deve ter por desígnio a garantia de uma discussão pública informada sobre assuntos relevantes. Da aplicação das regras da concorrência, não só não resulta maior qualidade não económica e diversidade, como os próprios objetivos de concorrência são atingidos de forma menos eficiente do que noutras indústrias.

72. A flexibilização de regras antigas relativas à concentração e a participações cruzadas dos *media*, operada nos EUA, conduziu: *i)* a um enfraquecimento das proibições *ex ante,* em vez do aumento de aprovações *ex ante; ii)* a desregulação especializada acaba por ser compensada pela extensão de regras que, *ab initio,* não foram concebidas para a regulação do setor, envolvendo a concessão de uma maior liberdade de decisão administrativa, a reguladores não especializados, tecnicamente. O que não legitima, a nosso ver, a inferência de que a única alternativa a esse resultado reside na previsão de regras específicas restritivas, quantitativas, da propriedade dos *media.*

73. Os conceitos de pluralismo e de concorrência não são coincidentes. Ambos visam salvaguardar o interesse público, mas enquanto o interesse público, para efeitos de concorrência, equivale à satisfação das preferências do consumidor, para efeitos de pluralismo, ele identifica-se com o benefício coletivo que resultará de um debate público informado sobre questões cívicas. Ao invés do pluralismo, para as regras da concorrência, certos níveis de concentração podem ser permitidos, nomeadamente a existência de empresas em posição dominante, desde que não haja abusos do mercado. O mercado dos *media* mostra uma tendência para a homogeneização, uma vez que existem situações em que, apesar de existir um largo número de competidores – ou precisamente por causa disso –, os operadores acabam por vender, precisamente, o mesmo produto.

74. A tese da extensão das regras da concorrência ao controlo do pluralismo convoca problemas metodológicos. As principais dificuldades residem

na definição de mercado relevante, porquanto o próprio conceito de substitutibilidade é problemático no setor mediático. As definições restritivas de mercado são insuficientes para reconhecer os efeitos na concorrência da exclusão de fornecedores, assim como as definições demasiado amplas de mercado podem negligenciar prejuízos para a concorrência, que serão mascarados pela inclusão imprópria de não concorrentes.

75. No ordenamento jurídico-constitucional português vigente, a propriedade dos *media* está sujeita a critérios específicos de intervenção do Estado, em conformidade com uma dimensão garantística que supera a mera defesa concorrência. As missões específicas constitucionais atribuídas ao Estado, que também denotam preocupações de natureza garantística, são a da exigência expressa de transparência e de não concentração das empresas titulares dos órgãos de comunicação social.

76. Da análise dos cinco processos em que as questões do pluralismo e da diversidade foram ponderadas pela ERC e AdC, para além de alguns critérios isolados, é possível extrair alguns pontos seguros: *i)* Falta de identidade conceptual, entre os dois Reguladores, no que concerne à configuração do mercado de produto relevante; *ii)* A ERC analisa o pluralismo na sua dupla dimensão, externa (entendida como a "pluralidade de suportes ou de operadores") e interna (que "exige uma apreciação qualitativa face à diversidade da informação difundida"). Até agora, o Regulador dos *media* emitiu dois pareceres de oposição, fundados na redução do pluralismo, pareceres que, por serem negativos, revestem natureza vinculativa, obstando à concretização da operação de concentração.

77. O princípio constitucional do pluralismo deve ser compatibilizado com as liberdades económicas e o direito de propriedade e também com a própria liberdade de informação e de criação editorial, protegidas constitucionalmente.

78. Um conceito formal de pluralismo pressupõe a existência de regras formais restritivas da propriedade. Partindo da identidade entre proprietários dos *media* e os pontos de vista do órgão de comunicação social, este conceito exige o maior número possível de proprietários como forma de obter o pluralismo ou a diversidade de pontos de vista disponíveis no mercado de ideias. Esta técnica regulatória baseada numa abordagem quantitativa é, para nós, problemática e de duvidosa constitucionalidade. Perante a emergência da *internet*, o mercado relevante alargou-se exponencialmente, funcionando como uma importante garantia de pluralismo, a considerar em matéria de concentração.

79. No contexto específico português, o princípio constitucional do pluralismo reclama que qualquer análise para efeitos de concentração e de plu-

ralismo deve ter em consideração o peso do serviço público de rádio e de televisão. Os limites constitucionais à iniciativa económica pública reconduzem-se ao princípio geral da competência, subordinado ao princípio da legalidade e funcionalizado à prossecução do interesse público, nos termos do princípio da proporcionalidade.

80. Os novos desafios mediáticos têm levado alguns autores a reintroduzir a questão da *Fairness doctrine*. A suscetibilidade da sua aplicação à *internet*, no sentido de uma regulação intensiva de conteúdos, leva os autores a sugerirem que o Estado procure garantir nos *conventional mass media*, o que a *internet* não pode providenciar. Não obstante, o discurso público é e será cada vez mais afetado por algoritmos dos motores de busca e pelas práticas de gestão do tráfego, do que pela ausência ou presença de diversidade nas notícias televisivas.

81. Não existe, no atual ordenamento jurídico-constitucional português, um *mandato constitucional* no sentido da implantação da *fairness doctrine*, nem de um direito de acesso aos *media* absoluto, que goze de uma relação de prevalência incondicionada sobre a liberdade editorial. A Constituição apenas favorece o pluralismo interno no caso do serviço público de televisão. No restante, a Constituição privilegia o pluralismo externo, no sentido da diversidade dos pontos de vista obtidos através do todo mediático, e não por referência a cada uma das partes, de resto, atualmente, composta por variadas plataformas.

82. O conceito de meios de comunicação social, nesta nova realidade tecnológica digital, está em crise. O conceito de *media* não deverá, porém, ser demasiado elástico, sob pena de alargamento excessivo e de afetar, através de um entendimento fundamentalista da liberdade de imprensa, designadamente a liberdade de expressão. Acresce que, perante o atual enquadramento constitucional e legal, existem direitos constitucionalmente protegidos que são próprios dos jornalistas, cuja extensão a outros titulares é problemática e constitucionalmente intolerável.

Capítulo VI

83. A Regulação dos Media encontra-se dispersa por três entidades que prosseguem atribuições, em alguns casos, orientadas por interesses contraditórios. Os desafios do mundo tecnológico e digital vieram mostrar que uma separação regulatória fundada na distinção entre redes/plataformas ou conteúdos encontra-se obsoleta, pois não apenas os diversos formatos e atividades vão ganhando cada vez mais aspetos comuns, como a influência da regula-

ção das telecomunicações nos conteúdos é cada vez maior. Em acréscimo, o atual enquadramento jurídico promove uma desnecessária e incompreensível regulação bicéfala do audiovisual e gera conflitos positivos de competências, conducentes a uma regulação incoerente, contraditória e ineficaz.

84. No caso da Concorrência, a falta de articulação exigível entre Reguladores para a garantia do pluralismo gera desestabilização regulatória e conflitos negativos de competências, constitucionalmente nefastos. É inconstitucional a interpretação de normas atinentes ao Regime Jurídico da Concorrência, no sentido de permitir que a Autoridade da Concorrência possa decidir sobre um pedido de apreciação de uma operação de concentração, que envolva empresas mediáticas, sem que tenha sido emitido parecer do Regulador competente, relativamente ao controlo do pluralismo. As operações de concentração de empresas do setor da comunicação social, com dimensão comunitária, sujeitas à regra do Balcão único, em matéria de análise jusconcorrencial, devem ser escrutinadas pelo Regulador constitucionalmente competente, em matéria de análise do pluralismo.

85. Nenhuma análise de pluralismo poderá lograr ser realista, se não atentar no crescente aumento de canais de comunicação e de acesso aos *media*, na definição de mercado relevante. A mais recente tendência parecer ser a da conceptualização do Pluralismo, no quadro de uma regulação integrada de conteúdos e de propriedade dos *media*, independentemente da plataforma, focada na oferta, no comsumo e no impacto dos meios de comunicação no mercado de ideias.

86. Os factos gerados pelas Novas Tecnologias, com relevância juridico-constitucional, reclamam uma refundação da delimitação do perímetro constitucional protetivo das condutas expressivas e comunicativas. A dificuldade de enunciação prévia e abstrata de critérios distintivos, quanto à natureza da regulação aplicável, demonstrada pelo debate da doutrina constitucional norte-americana, postula um modelo regulatório integrado que atribua relevância à atividade efetivamente desenvolvida, independentemente do modelo de negócio ou de plataforma.

87. Um modelo regulatório integrado do setor da comunicação social – Conteúdos, Comunicações e Concorrência – não carece de alteração da Constituição, uma vez que o legislador de revisão constitucional desconstitucionalizou o órgão regulador, limitando-se a estabelecer conexões necessárias entre a reserva constitucional material que desenha no artigo 39º da CRP e uma reserva constitucional de administração independente.

BIBLIOGRAFIA

ABREU, Jorge M. Coutinho de
(1987) *Sobre os Regulamentos Administrativos e o Princípio da Legalidade,* Almedina: Coimbra.

ALBUQUERQUE, Martim de
(1993) *Da Igualdade, Introdução à Jurisprudência,* Coimbra.

ALEXANDRINO, José de Melo
(2014), "O âmbito constitucionalmente protegido da Liberdade de Expressão", *in Media, Direito e Democracia, in Media, Direito e Democracia,* coord. Carlos Blanco de Morais, Maria Luísa Duarte e Raquel Alexandra Brízida Castro, Almedina: Coimbra, (no prelo); pp. 41 e segs;
(2011a) "Como ler a Constituição: algumas coordenadas", *in Elementos de Direito Público Lusófono,* José Melo Alexandrino, Coimbra Editora, Coimbra; pp. 17-41; (2011b), "Hermenêutica dos Direitos Humanos", *Texto revisto da conferência proferida no Curso "tutela de Direitos Humanos e Fundamentais",* organizado pela FDL. Disponível em: http://www.fd.ulisboa.pt/wp-content/uploads/2014/12/Alexandrino-Jose-de-Melo-Hermeneutica--dos-Direitos-Humanos.pdf;
(2010), Anotação ao Artigo 37º, *Constituição Portuguesa Anotada, Tomo I,* MIRANDA/MEDEIROS, 2ª Edição, Coimbra Editora: Coimbra;
(2009), "Problemas Jusfundamentais Emergentes da Regulação da Rádio e da Televisão em Portugal", *Tópicos da Comunicação proferida Congresso Luso-Italiano de Direito Constitucional sob a Coordenação dos Professores Doutores Marcelo Rebelo de Sousa e Carlos Blanco de Morais;*
(2008) "A Lei da Televisão", *Lição proferida no Curso pós-graduado de Direito das Telecomunicações do ICJP;*
(2006) *A Estruturação do Sistema de Direitos, Liberdades e Garantias na Constituição Portuguesa. Raízes e Contexto,* Vol. I; *A Construção Dogmática,* Vol. II, Almedina: Coimbra;
(1998) *A Atividade Constitucional da Televisão,* Coimbra Editora: Coimbra.

ALEXY, Robert
(2011) "Sobre a estrutura de los derechos fundamentales de protección", *in La Teoria Principialista de los Derechos Fundamentales,* Marcial Pons: Madrid; pp. 119 – 135;
(2004), *Epílogo a la Teoria de Los Derechos Fundamentales,* Madrid;
(2003) *Tres escritos sobre los derechos fundamentales y la teoría de los principios.* Bogotá: Universidad Externado de Colombia;
(2001) *Teoria da Argumentação Jurídica – A Teoria do Discurso Racional como Teoria da Justificação Jurídica,* Tradução de Zilda Hutchinson Schild Silva, São Paulo;

(1998) "La institucionalización de Los Derechos Humanos en el Estado Constitucional Democrático", disponível em: http://e-archivo.uc3m.es/bitstream/handle/10016/1372/DyL-2000-V8-Alexy.pdf?sequence=1;

(1985) *Teoria de los Derechos Fundamentales*, Trad. Esp. Centro de Estudios Constitucionales: Madrid.

ALEGRIA, Antonio Magdaleno

(2006) *Los Limites de las Libertades de expresión e información en el Estado Social y Democrático de Derecho*, Congreso de Los Diputados: Madrid.

ALLEN, Bob

(2009), "Rationalizing *Hard Look* Review After the Fact", 122 *Harvard Law Review*, 1909.

ALMEIDA, Mário Aroso de

(1999) "Tutela Declarativa e Executiva no contencioso administrativo português"*in Cadernos de Justiça Administrativa*, nº 16, Julho-Agosto.

ALMEIDA, Mário Aroso/CADILHA, Carlos Alberto Fernandes

(2010)*Comentário ao Código de Processo nos Tribunais Administrativos,* 3.ª edição revista, Coimbra.

ALVES, Nuno Peres

(2011) "Direito Administrativo das Telecomunicações", *Tratado de Direito Administrativo Especial*, Vol. V, Coord: Paulo Otero e Pedro Gonçalves, Almedina: Coimbra; pp. 292 e ss.

AMARAL, Maria Lúcia

(2002) "A Responsabilidade do Estado por atos da Função Legislativa", *in Responsabilidade Civil Extracontratual do Estado, Trabalhos preparatórios da reforma*, Coimbra;

(2000) "Dever de Legislar e Dever de Indemnizar. A propósito do caso "Aquaparque do Restelo", *in Themis*, Ano I, nº 2;

(1998) *Responsabilidade do Estado e Dever de Indemnizar do Legislador*, Coimbra.

AMORIM, João Pacheco de

(2011) "A Constituição económica portuguesa: enquadramento dogmático e princípios fundamentais", *in Revista da FDUP – A. 8*;pp.31-106.

AMMORI, Marvin

(2009),"Beyond Content Neutrality: Understanding Content-Based Promotion of Democratic Speech", *Federal Communications Law Journal*, Vol. 61, Article 2.

ANDRADE, Manuel A. Domingues

(1987) *Ensaio sobre a Teoria da Interpretação das Leis*, Arménio Amado: Coimbra.

ANDRADE, Vieira de

(2014) *A Justiça Administrativa (Lições)*, 13ª Edição, Almedina: Coimbra;

(2009a) *Os Direitos Fundamentais na Constituição Portuguesa de 1976*, 4ª Ed., Almedina: Coimbra;

(2009b), "Publicidade e Segredo no Conselho de Estado", *in Revista de Direito Público e Regulação*, nº 1, Centro de Estudos de Direito Público e Regulação, Faculdade de Direito da Universidade de Coimbra: Coimbra;

(1999) *A Justiça Administrativa (Lições)*, 2ª Ed, Coimbra.

ARINO, Mónica

(2004), "Competition Law and Pluralism in European Digital Broadcasting: Adressing the gaps", in *Commnunications & Strategies*, n. º 54, pp. 97 e segs.

ASCENSÃO, José de Oliveira

(2005) *O Direito: Introdução e Teoria Geral*, 13ª Edição Refundida, Almedina: Coimbra.

ATIENZA, Manuel

(2002) *As Razões do Direito: Teorias da argumentação jurídica*, Landy Editora: São Paulo.

AYALA, Bernando Diniz

(1995) *O (Défice de) Controlo Judicial da Margem de Livre Decisão Administrativa*, Lex: Lisboa.

BAKER, Thomas E.
(2004) "Constitutional Theory in a Nutshell", *William & Mary Bill of Rights Journal*, Vol 13, Article 3, pp. 57 e segs.
BALDWIN, Robert/CAVE, Martin/LODGE, Martin
(2012), "Understanding Regulation: Theory, Strategy and Pratice", *Oxford University Press*, 2nd Edition;
BALKIN, Jack M.
(2012a) "Nine Perspetives on Living Originalism", *in University of Illinois Law Review*, Vol: 2012;
(2012b) "Roots of the Living Constitution", *in Boston University Law Review*, Vol 92:1129.
BARRET, John C./ FRAMPTON, Mary Louise
(1970) "From The FCC's Fairness Doctrine to the Red Lion's Fiduciary Principle", 5 *Harv. C.R.-C.L. L. Rev.8.*
Available at:http://scholarship.law.berkeley.edu/facpubs/1266
BARRON, Jerome A.
(1967) "Access to the Press—A New First Amendment Right" 80 *HARV. L. REV.* 2. 395 U.
BARROSO, Luís Roberto
(2007), "Neoconstitucionalismo e a Constitucionalização do Direito (o Triunfo tardio do Direito Constitucional no Brasil) ", *Rere*, nº 9, Salvador.
BARROSO, Luís Roberto/BARCELOS, Ana Paula de
(2003) "O Começo da História: A Nova Interpretação Constitucional e o Papel dos Princípios no Direito Brasileiro", *in Interpretação Constitucional*, org. Virgílio Afonso da Silva, Malheiro Editores: Brasil; pp. 271 e segs.
BAVASSO, Antonio
(2012), "Media Plurality: Under the Skin of Control – Concept, Context and Reform", in *CPI Journal – Competition Policy International*, Vol 8, number 2, p. 65.
BETANCOR, Andrés
(2010)*Regulación: Mito y Derecho*, Civitas: Pamplona.
(2009)*Mejorar la Regulación: Una guia de Razones e Medios*, Marcial Pons: Madrid.
BINENBOJM, Gustavo
(2006) "Meios de Comunicação de massa, Pluralismo e Democracia Deliberativa: As Liberdades de Expressão e de Imprensa nos Estados Unidos e no Brasil", *in REDAE, Revista Eletrónica de Direito Administrativo Económico*, nº 5, Salvador Bahia: Brasil.
BLACK, Julia
(1996)"Constitutionalizing Self-Regulation", in *The Modern Law Review*; pp. 24 e segs.
BOBBIO, Norberto
(2004), *A Era dos Direitos*, Tradução Carlos Nelson Coutinho, Rio de Janeiro: Elsevier.
(2001), *Teoria da Norma Jurídica*, Tradução Fernando Pavan Batista e Ariani Bueno Sudatti, S. Paulo: Edipro.
BÖCKENFÖRDE, Ernst- Wolfang
(2008) "Cómo se Interpretan en el Derecho Constitucional Alemán los DerechosFudamentales?", in *Dignidad de La Persona, Derechos Fundamentales, Justicia Constitucional*, Coord. Francisco Fernández Segado, Dykinson-Constitucional; pp. 416-435.
BOROVWSKI, Martin
(2011) "Derechos de defensa como princípios fundamentales", *in La Teoria Principialista de los Derechos Fundamentales*, Marcial Pons: Madrid; pp. 93-118.
BOTELHO, Catarina Santos
(2010) *A Tutela Direta dos Direitos Fundamentais: Avanços e Recuos na Dinâmica Garantística das Justiças Constitucional, Administrativa e Internacional*, Almedina: Coimbra.
BOYLE, James
(1997) "Foucault in Cyberspace: Surveillance, Sovereignity, and Hardwired

Censors", *in Corporate Law Symposium, University of Cincinnati Law Review*, Vol 66; pp. 176 e segs.

BRITO, Miguel Nogueira de
(2014) "Média e Democracia", *in Media, Direito e Democracia*, coord. Carlos Blanco de Morais, Maria Luísa Duarte e Raquel Alexandra Brízida Castro, Almedina: Coimbra, (no prelo); pp. 107 e segs.
(2000) *A Constituição Constituinte – Ensaio sobre o Poder de Revisão da Constituição*, Coimbra.

BUCHANAN, James M.
(2003), "Public Choice: Politics Without Romance", *Policy*, Vol 19, nº 3; pp. 13 e ss.
(1954), "Social Choice, Democracy and Free Markets", *Journal of Political Economy*, Vol. 62, nº 2, pp. 114 a 123.

CABRAL, José António Henriques Santos
(2013), "Tribunais e Comunicação Social", *in Comunicar a Justiça, Retórica e Argumentação*, Ebook CEJ, novembro 2013; pp. 13-37.

CADILHA, C. A. Fernandes
(2008) Regime *da Responsabilidade Civil Extracontratual do Estado e das demais Entidades Públicas Anotado*, Coimbra Editora: Coimbra.

CALVITO, Tatiana
(2011), "Pluralismo e Concorrenzanel-Settore Televisivo"; http://padis.uniroma1.it/bitstream/10805/1489/1/PLURALISMO%20E%20CONCORRENZA%20NEL%20SETTORE%20TELEVISIVO_TATIANA%20CALVITTO_TESI%20DOTTORATO.pdf

CANARIS, Claus-Wilhem
(2012), *Direitos Fundamentais e Direito Privado*, 3ª Reimpressão da Edição de julho 2003, Almedina: Coimbra.

CANAS, Vitalino
(1994) *Introdução às Decisões de Provimento do Tribunal Constitucional*, Lisboa.

CANDEUB, Adam
(2008) "Media Ownership Regulation, the First Amendment, ad Democrcay's Future", *University of California, Davis*, Vol. 41: 1547.

CANO, Roberto M. Jiménez
(2008) *Una Metateoria del Positivismo Jurídico*, Marcial Pons: Madrid.

CANOTILHO, J.J. Gomes
(2008a) *Brancosos" e Interconstitucionalidade: Itinerários dos Discursos sobre a Historicidade Constitucional*, Almedina: Coimbra;
(2008b) *Estudos Sobre Direitos Fundamentais*, Coimbra Editora: Coimbra;
(2003) *Teoria da Constituição e Direito Constitucional*, 7ª Edição, Almedina: Coimbra;
(2001a) *Constituição Dirigente e Vinculação do Legislador. Contributo para a Compreensão das Normas Programáticas*, Coimbra, 1982; 2ª Edição, Coimbra;
(2001b) "Omissões Normativas e Deveres de Proteção", *in Estudos em Homenagem a Cunha Rodrigues*, Vol II, Coimbra;
(2001c) *Responsabilidade do Estado Legislador: o caso Aquaparque e as "omissões legislativas ilícitas, Parecer, Coimbra;*
(1998) *Direito Constitucional e Teoria da Constituição, 3ª* Ed, Coimbra;
(1996a) "Jurisdição Constitucional e Intranquilidade Discursiva", *in Perspetivas Constitucionais*, Vol I, Coimbra;
(1996b) "Estilo e Norma Constitucional. A Propósito do "Direito Constitucional Técnico", *in Cadernos de Ciência de Legislação*, INA, nº16, Abril-Junho;
(1995a) "Direito à Emanação de Normas Legais Individuais?" *in Revista de Legislação e Jurisprudência*, Ano 127º, Coimbra;
(1995b) "Revisar La/o Romper con la Constitución Dirigente?Defesa de um constitucionalismo moralmente reflexivo", *in Revista Española de Derecho Constitucional*, nº 43;
(1993) *Direito Constitucional e Teoria da Constituição*, 6ª Ed, Coimbra;
(1993) "Tomemos a Sério o Silêncio dos Poderes Públicos – O Direito à Ema-

nação de Normas Jurídicas e a Proteção Judicial contra as Omissões Normativas", *in As Garantias do Cidadão na Justiça*, TEIXEIRA, *Sálvio de Figueiredo (coord.), São Paulo;*
(1986) "A Concretização da Constituição pelo Legislador e pelo Tribunal Constitucional", *in Nos Dez Anos da Constituição*, Lisboa;
(1979) "A Lei do Orçamento na Teoria da Lei", *in Estudos em Homenagem ao Prof Doutor J. J. Teixeira Ribeiro*, Coimbra;
"Tomemos a Sério os Direitos Económicos, Sociais e Culturais", *in Estudos em Homenagem ao Prof. António de Arruda Ferrer Correia.*

CANOTILHO/JGomes/MOREIRA/Vital
(2007), *Constituição da República Portuguesa Anotada, Tomo I*, Coimbra Editora: Coimbra.

CARDOSO, José Lucas
(2002) *Autoridades Administrativas Independentes e Constituição*; Coimbra Editora: Coimbra.

CARVALHO, A. Arons/CARDOSO, António Monteiro/FIGUEIREDO, João Pedro
(2012) *Direito da Comunicação Social*, Texto Editores: Alfragide.

CARVALHO, Américo Taipa
(2010), *Constituição Portuguesa Anotada*, MIRANDA/MEDEIROS, Anotação ao artigo 29º, Tomo I, p. 676, Coimbra Editora: Coimbra;

CASTRO, Raquel Alexandra Brízida ou VIANA, Raquel Alexandra Brízida
(2016a) Constituição e Ciberespaço: Argumentos para um "*Direito Constitucional do Inimigo*"?", in *Cyberlaw By* CIJIC, Revista do Centro de Investigação Jurídica do Ciberespaço da Faculdade de Direito da Universidade de Lisboa, nº 1, disponível online: http://www.cijic.org/publicacao/
(2016b) "Da Relevância Constitucional do Modelo Principiológico e do Método Ponderativo para a Delimitação do Perímetro Protetivo dos Direitos e Liberdades Comunicativas", *in Liber Amicorum Manuel Simas Santos*, Rei dos Livros: Lisboa; pp. 1101-1127;"
(2016c) Em coautoria com Professor Doutor Carlos Blanco de Morais: "Anotação ao artigo 3º" *in Lei-Quadro das Entidades Reguladoras Anotada*, coord. Professores Doutores Eduardo Paz Ferreira e Miguel Moura e Silva e Mestre João Pateira Ferreira; (no prelo);
(2015) "Normas Implícitas e Normas Constitucionalmente Devidas "Ad Casum" e a Pretensa Quadratura do Círculo Processual Constitucional: Recapitulação, Desmistificação e Tentativa de Reconstrução", *in Obra de Homenagem a Rui Machete*, Almedina: Coimbra; pp. 851-881;
(2014a) *Media, Direito e Democracia*, Coord. Carlos Blanco de Morais, Maria Luísa Duarte e Raquel Alexandra Brízida Castro, Almedina: Coimbra;
(2014b) "O Estatuto Constitucional dos *Media*: Exceções ao Princípio da Atuação dos Poderes Públicos", *in Media, Direito e Democracia*, coord. Carlos Blanco de Morais, Maria Luísa Duarte e Raquel Alexandra Brízida Castro, Almedina: Coimbra; pp. 67-91.
(2013a) "Justiça *versus* Comunicação Social ou *vice-versa?*", in *Comunicar a Justiça: Retórica e Argumentação*, E-book CEJ, novembro 2013;
(2013b) "A Regulação da Comunicação Social numa Democracia Segura", *in* "Segurança Pública e Privada", *1º Congresso Internacional de Segurança Pública e Privada*, Faculdade de Direito de Lisboa e CJLP, Coimbra Editora: Coimbra;
(2012a) – *As Omissões Normativas Inconstitucionais no Direito Constitucional Português*, Almedina, 2012;

(2012b) – "Por uma Fiscalização Concreta e Difusa das Omissões Legislativas Inconstitucionais que violam Direitos, Liberdades e Garantias", *inObra Coletiva de Homenagem ao Professor Doutor Jorge Miranda*, Volume III, Coimbra Editora: Coimbra;

(2002) *Contributo para o Estudo das Omissões Normativas Inconstitucionais,* Tese de Mestrado em Direito, Ciências Jurídico-Políticas, Faculdade de Direito da Universidade de Lisboa, Inédita (Policopiada), Lisboa;

(2000) *Contributo para o Estudo das Omissões Legislativas Inconstitucionais*, Relatório de Direito Constitucional, para o Curso Mestrado em Ciências Jurídico-Políticas da Faculdade de Direito da Universidade de Lisboa, sob a regência do Prof. Doutor Marcelo Rebelo de Sousa, (Inédito--Policopiado), Lisboa;

(2000) *Contributo para o Estudo das Omissões Regulamentares Ilegais,* Relatório de Direito Administrativo, para o Curso Mestrado em Ciências Jurídico-Políticas da Faculdade de Direito da Universidade de Lisboa, sob a regência do Prof. Doutor Paulo Otero, (inédito), Lisboa;

(2000) *A Liberdade de Dispor da Própria Vida: um Contributo para o Estudo da Eutanásia no Direito Constitucional Português,* Relatório de Direitos Fundamentais, para o Curso Mestrado em Ciências Jurídico-Políticas da Faculdade de Direito da Universidade de Lisboa, sob a regência do Prof. Doutor Paulo Otero, (inédito), Lisboa.

Caupers, João

(1997) "Um dever de regulamentar?" *in Legislação, Cadernos de Ciência da Legislação, nº 18, (Janeiro- março).*
Imposições à Administração Pública [II Seminário de Justiça Administrativa] – 16-49.

Castillo, Luis

(2003) "Principales Consecuencias de La Aplicación del Principio de La Doble Dimensión de los Derechos Fundamentales", *Anuario da Facultade de Dereito*; pp. 184-195.

Chaves, Priscila Cardoso

(2014), "O Neoconstitucionalismo e o Instituto da Mutação Constitucional: Uma Virada Metodológica na Hermenêutica Constitucional", *Revista do Instituto do Direito Brasileiro da Faculdade de Direito da Universidade de Lisboa* – RIDB, nº 30.

Chinchilla Marin, Carmen,

El regime Jurídico de las Emissoras Comerciales de Radio, disponível em: http://www.cac.cat/pfw_files/cma/recerca/quaderns_cac/Q4chinchilla.pdf

Coase, R. H.

(1974) "The Market for Goods and the Market for Ideas", in *American Economics Review*, Vol 64; pp. 384 e segs;

(1959) "The Federal Communications Commission", in *Journal of Law and Economics*, Vol. 2; pp. 1 e segs.

Colman, Jules C.

(1982) "Negative and Positive Positivism", *University of Arizona*; disponívelem: http://webcache.googleusercontent.com/search?q=cache:1pFNET1Q8ucJ:faculty.tcu.edu/rgalvin/readings/Jules%2520Coleman--Negative%2520and%2520Positive%2520Postivism.doc+&cd=23&hl=pt-PT&ct=clnk&gl=pt

Cooper, Mark

(2003), *Media Ownership and Democracy in the Digital Information Age: Promoting Diversity with First Amendment Principles and Market Structure Analysis,* Stanford Law School, Center for *Internet*& Society.

Correia, Sérvulo

(1987) *Legalidade e Autonomia Contratual nos Contratos Administrativos*, Almedina: Coimbra.

Coutinho, Francisco Pereira

(2014) "O Tribunal Europeu dos Direitos do Homem e a Liberdade de Imprensa:

os casos portugueses", *in Media, Direito e Democracia*, coord. Carlos Blanco de Morais, Maria Luísa Duarte e Raquel Alexandra Brízida Castro, Almedina: Coimbra (no prelo); pp. 321 e segs.

COUTINHO, Luís Pereira

(2014) "Formular e Prescrever: a Constituição do Tribunal Constitucional", *in O Tribunal Constitucional e a Crise*, Almedina: Coimbra.

(2010) "Sobre a Justificação das Restrições aos Direitos Fundamentais"; *in Estudos em Homenagem ao Professor Doutor Sérvulo Correia*, Coimbra Editora: Coimbra; pp. 557-575.

(2009) *A Autoridade Moral da Constituição: Da Fundamentação da Validade do Direito Constitucional*, Coimbra Editora: Coimbra;

(2001) "Regime Orgânico dos Direitos, Liberdades e Garantias e DeterminaçãoNormativa – Reserva de Parlamento e Reserva de Ato Legislativo"*in Revista Jurídica da Associação Académica da Faculdade de Direito da Universidade de Lisboa*, nº 24; p. 533-595;

(2000) "As Duas Subtrações – Esboço de uma Reconstrução da Separação entre asFunções de Legislar e de Administrar"*in Revista da Faculdade de Direito da Universidade de Lisboa*, 2000, p. 99-133.

CROLEY, Steven P.

(2000)"Public Interested Regulation", Fla. St. U. L. Rev. 28, no. 1: pp. 7-107.

(1998)"Theories of Regulation: Incorporating the Administrative Process", Columbia Law Review, 98, 1998;

CUÉLLAR, Leila

(2004) " O Poder Normativo das Agências Reguladoras Norte-Americanas", *in Estudos de Regulação Pública – I*, org. Vital Moreira, Coimbra Editora: Coimbra; p. 606.

CUNHA, Paulo Ferreira da

(2009) "Hermenêutica Constitucional. Entre Savigny e o Neoconstitucionalismo", *in Neoconstitucionalismo*. Ed. Gen – Forense. Rio de Janeiro: Regina Quaresma, Maria Lúcia de Paula Oliveira, Farlei Martins Riccio de Oliveira; pp. 615-630.

(2007) "Princípios-Tópicos de Hermenêutica Constitucional, *Revista Brasileira de Estudos Constitucionais – RBEC*, Belo Horizonte, Ano 1, nº 4, pp. 153-175, Out-Dez.

DENNINGER, Erardo

(2001), "Democracia Militante y Defensa de la Constitución", in *Manual de Derecho Constitucional*, BENDA/MAHIOFER, VOGEL, HESSE, HEYDE, Marcial Pons: Madrid; pp. 445 e segs.

DIAS, José Ediuardo Figueiredo

(2001) "Direito à informação, proteção da intimidade e autoridades administrativas independentes", *in Estudos em Homenagem ao Prof. Doutor Rogério Soares*, Coimbra Editora: Coimbra; pp. 615-653.

DORF, Michael

(2012) "The *Undead Constitution*", *in Harvard Law Review*, Vol 125:2011.

DUARTE, David

(2011) "A Constituição dos Princípios Fundamentais e dos Direitos, Liberdades e Garantias: Atualizar e Reduzir a Complexidade", *in A Constituição Revista, e-book da Fundação Francisco Manuel dos Santos;* pp. 15-21;

(2006) *A Norma de Legalidade Procedimental Administrativa: a Teoria da Norma e a Criação de Normas de Decisão na Discricionariedade Instrutória*; Almedina: Coimbra;

(1997) "Alguns problemas relativos à autovinculação administrativa", *in Cadernos de Justiça Administrativa*, nº 6; pp. 3 e segs;

(1996) *Procedimentalização, Participação e Fundamentação: Para uma concretização do princípio da imparcialidade administrativa como parâmetro decisório*, Almedina: Coimbra.

DWORKIN, Ronald
(1996) *Freedom's Law*, Oxford University Press;
(1985) *A Matter of Principle*, Harvard University Press, Cambridge: Massachusetts.
EASTERBROK, Frank H.
(1983) "Statutes' Domain", *in* TUSHNET, Mark. V/HEINZERLING, Lisa (2006), *The Regulatory and Administrative State*, Oxford University Press, New York; pp. 328 e ss.
EGÍDIO, Mariana Melo
(2012) "A Responsabilidade Civil Extracontratual do Estado por (des) aplicação de Leis Inconstitucionais", *in Estudos em Homenagem ao Prof. Doutor Jorge Miranda*, Vol II, Coimbra Editora: Coimbra; pp. 725-755.
ELY, John Hart
(1978a) "Toward a Representation-reinforcing Mode of Judicial Review", *Maryland Law Review*, Volume 37, Issue 3;
(1978b) "Constitutional Interpretativism: Its Allure and Impossibility", *Indiana Law Journal*, Vol 53, Issue 3.
EPSTEIN, Richard A.
(2013) "Tushnet's Lawless World", *The University of Chicago Law Review Dialogue*, 80:1, pp. 1 e segs.
ESKRIDGE Jr., William N.
(1988) "Politics without Romance: Implications of Public Choice Theory for Statutory Interpretation", in *Yale Law School Faculty Scholarship Series*, Paper 3824.
ESTEVES, Maria da Assunção
(1997), "A Jurisprudência do Tribunal Constitucional relativa ao Segredo de Justiça", *in O Processo Penal em Revisão: Comunicações*. UAL: Lisboa, p.124.
FARBER, Daniel
(1991), "Free Speech Without Romance: Public Choice and First Amendment", *in Harvard Law Review*, Vol 105, nº2; pp 554 e segs.
FARINHO, Domingos Soares
(2006), *Intimidade da Vida Privada e Media no Ciberespaço*, Almedina: Coimbra.
FERNANDEZ, Ricardo Cueva
(2011) *De los niveladores a Marbury vs. Madison: la génesis de la democracia constitucional*, Centro de Estudios Políticos y Constitucionales: Madrid.
FERRARA, Francesco
(1987) *Interpretação e Aplicação das Leis*, Arménio Amado: Coimbra.
FETZER, Thomas/YOO, Christopher S
(2012) "The New Technologies and Constitutional Law", in *Faculty Scholarship*, Paper 545.
FLEMING, James E.
(2012) "Living Originalism and Living Constitutionalism as Moral Readings of the American Constitution", *in Boston University Law Review*, Vol. 92:1171; pp. 1171 e segs.
FRANCO/António S./MARTINS, Guilherme d'Oliveira
(1993), *A Constituição Económica Portuguesa: Ensaio Interpretativo*, Almedina: Coimbra.
FREITAS, Dinamene de
(2012) "Obrigações Legais de Regulamentação – Algumas Reflexões Quase Avulsas", *in Estudos em Homenagem ao Prof. Doutor Jorge Miranda, Volume IV, Direito Administrativo e Justiça Administrativa*, Coimbra Editora: Coimbra.
GANGEMI. Giovanni
(2013), "Chapter 2: Exploring the Economic Aspects of Media Pluralism and Media Freedom in the European Union", in *European Union Competencies in Respect of Media Pluralism and Media Freedom*, CMFP, RSCAS Policy Paper 2013/1, Robert Schuman Centre for Advanced Studies, pp. 23 e segs.
GARCIA DE ENTERRIA, Eduardo
(1994), *La Constitucion como Norma y El Tribunal Constitucional*, Editorial Civitas: Madrid.

Garcia de Enterria/Eduardo/Fernández, Tomás-Ramón

(1999) *Curso de Derecho Administrativo*, Civitas: Madrid, Vol I.

Garcia-Garcia, José Marino/Valino Castro, Aurelia

(2013), "Propuestas para la evaluación de la eficiência de una atribución de espectro a uns servicio de radiocomunicaciones", *GCG Georgetown University , Universia Mayo-Agosto, Vol. 7, nº 2;* pp. 85 e ss.

García, Pablo/Manzano, Jiménez de Andrade

(2013) *Los Reglamentos de Las Administraciones Independentes*, Thonson Reuters; Pamplona; Prólogo de Juan Alfonso Santamaria Pastor.

Gardella, Mª Mercè Darnaculleta I

(2005), *Autorregulación y Derecho Público: La Autorregulación Regulada*, Marcial Pons: Madrid.

Gattuso, James

(2007) "Back to Muzak? Congress and the *Un-Fairness doctrine*", in *Webmemo, Published by Heritage Foundation*, nº 1472.

Gibbons, Thomas

(2011) "Sources of Media Influence on Regulation", *Medical Law Internacional*, Vol II, pp. 213-226;

(1998), "Aspiring to Pluralism: The Constraints of Public Broadcasting Values on The De-Regulation of British Media Ownership", *Cardozo Arts&Entertainment*, Vol. 16, pp. 475 e ss.

Gomes, Carla Amado

(2011), "Estado Social de Direito e concretização de direitos fundamentais na era tecnológica: algumas verdades inconvenientes", *Textos Dispersos de Direito Constitucional*, AAFDL: Lisboa; pp. 75 e segs.

(2003) "Pretexto, Contexto e Texto da Intimação para Proteção dos Direitos, liberdades e Garantias", *in Estudos em Homenagem ao Professor Doutor Inocêncio Galvão Telles*, Vol V, Almedina: Coimbra; pp. 543-577.

(1999) *Contributo para o Estudo das Operações Materiais da Administração Pública e do Seu Controlo Jurisdicional*, Coimbra.

Goodman, Ellen P.

(2008) George Washington Law Review, Vol. 76; nº 4.

Gouveia, Jorge Bacelar

(2009) *Manual de Direito Constitucional, Volume I*, 3ª Edição, Almedina: Coimbra;

(2009) *Manual de Direito Constitucional, Volume II*, 3ª Edição, Almedina: Coimbra;

(1996) "Segredo de Estado", in *Dicionário Jurídico da Administração Pública*, VII, Lisboa.

Gray, John

(1998) "Onde os pluralistas e liberais se separam", *Análise Social*, Vol XXXIII (146-147), pp. 285 a 305.

Grey, Thomas C. (1988) "The Uses of a Unwritten Constitution", *Chicago – Kent Law Review;* Vol 64; Issue 1, Article 11.

Häberle, Peter

(2008) "La sociedade aberta de los intérpretes constitucionales: una contribuición para la interpretación pluralista y "procesal" de la Constitución", *Academia*, Año 6, número 11, ISSN, 1667-4154;

(2002) *Pluralismo Y Constitution*, Madrid;

(2001) "O recurso de amparo no sistema germânico de justiça constitucional" *in Sub Judice*, nºs 20 e 21, janeiro/junho;

(2000) *Teoría de la Constitución como Ciencia de la Cultura*, (Trad. EmilioMikunda), Madrid.

Habermas, Jürgen

(2013) "Sobre a Legitimação Baseada nos Direitos Humanos", *Civilistica, nº1*.

(1998), *Facticidade e Validez: Sobre el Derecho y el Estado Democratico de Derechoen términos de teoria del discurso*, Trotta, Madrid.

Hall, Trevor L./Phillips, James C.

(2011) "The Fairness Doctrine in Light of Hostile Media Perception", *in CommlawConspects*, Vol 19; pp. 395 e segs.

HART, Herbert L.A.
(2007) *O Conceito de Direito*, 5ª Ed., Fundação Calouste Gulbenkian, Lisboa;
(1997) "*Post Scriptum* El Concepto de Derecho", *Estudios Públicos*, 65;
(1958), "Positivism and the Separation of Law and Morals", *Harvard Law Review, Vol. 71*, nº 4, pp. 593-629.
HAZLET, Thomas W.
(1990),"The Rationality of U.S. Regulation of the Broadcast Spectrum, *in Journal of Law &Economics*, Vol XXXIII, Nº 1;
(2008) "A law & Economics Approach to Spectrum Property Rigths: A Response to Weiser and Hatfield", 5 *George Mason Law Review* (2008), 975-1023.
HAZLETT, Thomas W./SOSA, David W.
(1997) "Was the Fairness Doctrine a "Chilling Effect"? Evidence from the Postderegulation Radio Market", *in The Journal of Legal Studies, Vol XXVI* (I), University og Chicago Law School; pp. 279-301.
HAZLET, Thomas W./LEO, Evan T.
(2010), "The Case for Liberal Spectrum Licenses: A Technical and Economic Perspetive", in *Berkeley Technology Law Journal*, Vol. 26, pp. 1307 e sgs.
HAZLET/Thomas W./MUÑOZ, Roberto E./AVANZINI, Diego B.
(2012), "What really matters in spectrum allocation design", in *Northwestern Journal of Technology and Intellectual Property*, Vol. 10; pp 93 e segs.
HEINS, Marjorie/FREEDMAN, Eric
(2007) "Foreword: Reclaiming the First Amendment: Constitutional Theories of Media Reform," *Hofstra Law Review*: Vol. 35: Iss. 3, Article 2. Available at: http://scholarlycommons.law.hofstra.edu/hlr/vol35/iss3/2
HELLER, Maurice W.
(1984) "Old Wine in New Bottles: Replacing the Fairness Doctrine with enforced competition in the Media", *Cardozo Arts & Entertainment Law Journal*, Vol. 3; pp. 125 e segs.
HERMOSO, Flor Generoso/BUSTOS, Maria Teresa Bernardo/SOBRINO, Esmeralda Gómez
(2000) *Prática del Recurso de Amparo Constitucional*, Dykinson: Madrid.
HERNANDEZ G., José Ignacio
(2007), "ComentariosJurusprudenciales: Breves Notas sobre la Renovácion de la Concesión del Dominio Público Radioelétrico": http://www.ulpiano.org.ve/revistas/bases/artic/texto/RDPUB/110/rdpub_2007_110_222-227.pdf
HESSE, Konrad
(2001) "Constitución y Derecho Constitucional", *in Manual de Derecho Constitucional – Benda, Maihofer, Vogel, Hesse, Heyde*, 2. ª Ed., Madrid;
(2001) "Significado de los Derechos Fundamentales", *in Manual de Derecho Constitucional – Benda, Maihofer, Vogel, Hesse, Heyde*, 2ª Ed., Madrid, 2001;
(1991) "Concepto y Cualidad de la Constitución", *Escritos de Derecho Constitucional*, Fundación Coloquio Juridico Europeo, Centro de Estudios Politicos y Constitucionales: Madrid; p. 54.
HINS, A.W.
(2007) "Plurality of political opinions and the concentration of Media", *Amsterdam Law School Legal Studies Research Paper* nº 2012-36.
HOFFMANN-RIEN, Wolgang
(2001) "Libertad de Comunicación y de Medios", *in Manual de Derecho Constitucional, Benda/Maihofer/Vogel/Hesse/Heyde*, 2ª Ed., Marcial Pons:Madrid; pp. 145-215.
JAKOBS, Günther/MELIÁ, Manuel Cancio
(2003) *Derecho penal del Enemigo*, Civitas, Madrid.
JAN-SIECKMANN, R.
(2011) "Los Derechos Fundamentales como Principios", in *La Teoria Principialista de*

los Derechos Fundamentales, Marcial Pons: Madrid; pp. 27-50.

JANSEN, Nils

(2011) "Los Fundamentos Normativos de la Ponderación Racional en el Derecho", in *La Teoria Principialista de los Derechos Fundamentales,* Marcial Pons: Madrid; pp. 51-70.

JELLINEK, Georg

(1906) "Constitutional Amendment and Constitutional Transformation", *in Weimar: a Jurisprudence of Crisis,* coord. Arthur Jacobson and Bernard Schlink, translated by Belinda Cooperwith Peter C. Caldwell, Stephen Cloyd, David Dyzenhaus, Stephan Hemetsberger, Arthur J. Jacobson, and Bernhard Schlink, University of California Press, (2000); pp. 54 e segs.

JIMÉNEZ CANO, Roberto M.

(2008), *Una metateoria del positivismo juridico,* Marcial Pons: Madrid.

KARPEN, Ulrich/MÖLLE, Nils/SCHWARZ, Simon

(2008), "Freedom of Expression and the Administration of Justice in Germany", in *Dignidad de La Persona, DerechosFundamentales, JusticiaConstitucional,* Coord. Francisco Fernández Segado, Dykinson--Constitucional; pp. 603-638.

KELSEN, Hans

(2001)*A Justiça e o Direito Natural* (Tradução e prefácio de João Batista Machado), Coimbra;

(2001b) "A garantia jurisdicional da Constituição" *in Sub Judice,* nºs 20 e 21, janeiro/junho;

(1979) *ThéorieGénéraledesNormes,* Trad. Francesa PressesUniversitaires de France: Paris;

(1960) *Teoria Pura do Direito,* 7ª Edição da Tradução Portuguesa, Almedina: Coimbra.

KORIOTH, Stefan

(2000) "Rudolf Smend" *in Weimar: a Jurisprudence of Crisis,* coord. Arthur Jacobson and Bernard Schlink, translated by Belinda Cooperwith Peter C. Caldwell, Stephen Cloyd, David Dyzenhaus, Stephan Hemetsberger, Arthur J. Jacobson, and Bernhard Schlink, University of California Press ;pp. 207 e segs.

KRATTENMAKER, Thomas G./POWE Jr., L.A.

(1985) "The Fairness Doctrine today: A Constitutional Curiosity and a Impossible Dream", *Duke Law Journal, 151*; pp. 151-176.

LABANCA, Jorge N: http://www.estudio-labanca.com/las-telecomunicaciones--en-los-derechos-civil-y-administrativo/

LABUNSKY, Richard

(1995) "A First Amendment Exception to the "Collateral Bar" Rule: Protecting Freedom of Expression and the Legitimacy of Courts", *in Pepperdine Law Review,* Vol. 22, Issue 2.

LANGE, David L.

(1973) "The role of the Acess Doctrine in the Regulation of the Mass Media: A Critical Review and Assessment", *in North Carolina Law Review,* 52, 1: November.

LARENZ, Karl

(1997) *Metodologia da Ciência do Direito,* Fundação Calouste Gulbenkian: Lisboa.

LESSIG, Lawrence,

(2000) "Cyberspace's Constitution, Draft 1.1.", *Lecture given at the American Academy,* Berlin: Germany;

(1998) *The Laws of Cyberspace: Draft 3;* pp. 2 e 3;

(1998) "What things Regulate Speech: CDA 2.0 vs Filtering", *in The Berkman Center for Internet& Society,* Harvard Law School, Research Publication nº 1998-01;

(1997) "The Constitution of Code", *in Common Law Conspectus,* Vol. 5; pp.181 e segs;

(1996) "Reading the Constitution in Cyberspace", *45 Emory,* L. J., number 3, *Cultura Livre,* Tradução brasileira por Fábio Emílio Costa.

Pereira, Alexandre Libório Dias
(2012), "Direito Ciberespacial: *"soft law" ou "hard law"*?, in *Estudos em Homenagem ao Professor Doutor José Joaquim Gomes Canotilho,* BFDC, Coimbra Editora: Coimbra, p. 695.
Lopes, Pedro Moniz
(2014) "O Regime Substantivo dos Regulamentos no Projeto de Revisão do Código de Procedimento Administrativo: Algumas Considerações Estruturantes", *@pública, Revista Eletrónica de Direito Público,* nº 1;
(2011), *Princípio da Boa-fé e Decisão Administrativa: Estrutura e Operatividade na Discricionariedade Conferida por Normas Habilitantes*; Almedina: Coimbra.
Loureiro, João
(2001) "Da Sociedade Técnica de Massas á Sociedade de Risco: Prevenção, Precaução e Tecnociência", *in Estudos em Homenagem ao Prof. Doutor Rogério Soares,* Coimbra Editora: Coimbra; pp. 797-891.
Machado, Jónatas/Brito, Iolanda Rodrigues
(2013), *Curso de Direito da Comunicação Social,Wolters Kluver*, Lisboa.
Machado, Jónatas
(2002), *Liberdade de Expressão: Dimensões Constitucionais da Esfera Pública Social,* Coimbra Editora: Coimbra.
Magarian, Gregory
(2008) "Substantive Media Regulations in Three Dimensions", *the George Washington Law Review,* Vol. 76.
Matos, André Salgado de
(2006) Princípio da Legalidade e Omissão Regulamentar in *Estudos em Homenagem ao Professor Doutor Marcello Caetano,* I, Coimbra;
(2004), *A Fiscalização Administrativa da Constitucionalidade,* Almedina: Coimbra editora: Coimbra.
Medeiros, Rui
(1999) *A Decisão de Inconstitucionalidade. Os Autores, o Conteúdo e o Efeito da Decisão de Inconstitucionalidade da Lei,* Lisboa;
*(1997)"*A confirmação de uma certeza: o reconhecimento dos efeitos ultraconstitutivos das sentenças de anulação – Anotação ao Acórdão *do STA de 16/4/1998, P. 41.132"* in Cadernos de Justiça Administrativa, *nº 13, Janeiro-Fevereiro.*
Mendes, Evaristo Sousa
(2010) Anotação ao Artigo 61º, *in Constituição Portuguesa Anotada, Tomo I,* 2ª Edição, Miranda/Medeiros, Coimbra Editora: Coimbra; p. 1210.
Mendes, Gilmar
(2012) "O significado da liberdade de imprensa no estado democrático de Direito e seu desenvolvimento jurisprudencial pelas Cortes Constitucionais: breves considerações", *in Estudos em Honenagem ao Prof. Doutor José Joaquim Gomes Canotilho,* Vol III, Coimbra Editora: Coimbra; pp. 545-577.
Machete, Rui Chancerelle
(2004), "O Domínio Público e a Rede Elécttrica Nacional", *Estudos de Direito Público,* Coimbra Editora: Coimbra; pp. 207 e ss;
Miranda, Jorge
(2014) "Liberdade de comunicação social e serviço público de rádio e de televisão", in *Media, Direito e Democracia,* org. Carlos Blanco de Morais, Maria Luísa Duarte e Raquel Alexandra Brízida Castro, Almedina: Coimbra (no prelo); pp. 25 e segs;
(2012), *Manual de Direito Constitucional,* Tomo IV, 5ª ed., Coimbra Editora: Coimbra;
(2010*) Manual de Direito Constitucional,* Tomo V, Coimbra Editora: Coimbra;
(2008) "Os Direitos Políticos dos Cidadãos na Constituição Portuguesa", *in Dignidad de La Persona, Derechos Fundamentales,*

Justicia Constitucional, Coord. Francisco Fernández Segado, Dykinson-Constitucional; pp. 703-727;
(2008) *Manual de Direito Constitucional, Tomo* VI, Coimbra, 3ª Ed.;
(2007a) *Manual de Direito Constitucional*, Tomo II, 3ª Ed, Coimbra, 4ª Ed., Coimbra, 2000; 6ª Ed.;
(2007b) *Manual de Direito Constitucional*, Tomo II, 6ª Edição, Coimbra Editora: Coimbra;
(2004) *Manual de Direito Constitucional*, Tomo III, 5ª Ed, Coimbra;
(2002) "A Responsabilidade do Estado por atos da Função Legislativa", *in A Responsabilidade Civil Extracontratual do Estado, Trabalhos preparatórios da Reforma*, Coimbra;
(2000a) *Manual de Direito Constitucional*, Tomo IV, 2º e 3ª Ed. Revista e atualizada, Coimbra;
(2000b) "Decisões Políticas: Aprovação, Abstenção e Rejeição no momento constituinte de 1976", *in 20 anos da Constituição de 1976*, Coimbra, 2000;
(1997) "Sobre a Reserva Constitucional da Função Legislativa", *in Perspetivas Constitucionais*, Vol II, Coimbra;
(1996 e 1997) *Jurisprudência Constitucional escolhida*, Vol I e III, Lisboa;
(1996) *Contributo para Uma Teoria da Inconstitucionalidade*, Coimbra;
(1995) "Nos dez anos de funcionamento do Tribunal Constitucional", *in Legitimidade e Legitimação da Justiça Constitucional*, Coimbra;
(1993), *Manual de Direito Constitucional*, Tomo IV, 2ª ed., Coimbra Editora: Coimbra.
(1986) "Sentido e Conteúdo da Lei como ato da Função Legislativa", *in Nos Dez Anos da Constituição*, Lisboa;
(1981/1986) "Sobre o Direito Constitucional Comparado", *in Direito e Justiça, Volume de Homenagem ao Prof. Doutor Manuel Gonçalves Cavaleiro de Ferreira*, Vol II.

MONCADA, Luís S. Cabral de
(2002) *Lei e Regulamento*, Coimbra Editora: Coimbra;

MORAIS, Carlos Blanco de
(2014a) *Curso de Direito Constitucional, Tomo II*, Coimbra Editora: Coimbra;
(2014b) "Decisão, Decisores e Deciosinismo", *in Carl Schmitt Revisitado*, Org. Carlos Blanco de Morais e Luís Pereira Coutinho, E-book Instituto de Ciências Jurídico-políticas da Faculdade de Direito da Universidade de Lisboa; Lisboa; p. 36;
(2013) "As Mutações Constitucionais implícitas e os seus limites jurídicos: autópsia de um Acórdão controverso", *Jurismat*;
(2012a) *Curso de Direito Constitucional, As Funções do Estado e o Poder Legislativo no Ordenamento Português, Tomo* I, 2ª Edição, Coimbra Editora: Coimbra;
(2012b), "O Estatuto Híbrido das Entidades Reguladoras da Economia", *in Estudos em Homenagem ao Prof. Doutor Jorge Miranda*, Vol. IV, Coimbra Editora: Coimbra;
(2011a) "A impugnação dos regulamentos no contencioso administrativo português", *in Temas e Problemas de Processo Administrativo*, 2ª Edição revista e atualizada, coord. Vasco Pereira da Silva, E-book ICJP, Faculdade de Direito de Lisboa: Lisboa; pp. 136 e segs;
(2011b) *Justiça Constitucional, O Direito do Contencioso Constitucional*, Tomo II, 2ª Edição, Coimbra Editora: Coimbra;
(2009) "As Sentenças com Efeitos Aditivos" *in As Sentenças Intermédias da Justiça Constitucional*, Estudos Luso-Brasileiros de Direito Público, Coordenação MORAIS, Carlos Blanco de, AAFDL: Lisboa;
(2006) *Justiça Constitucional, Garantia da Constituição e Controlo da Constitucionalidade*, Tomo I, 2ª Edição, Coimbra Editora: Coimbra;
(2001), "As Autoridades Administrativas Independentes na Ordem Jurídica Portuguesa", *ROA-Ano 61-I-Janeiro;*

(1998) *As Leis Reforçadas. As Leis Reforçadas pelo Procedimento no Âmbito dos Critérios Estruturantes das Relações entre Atos Legislativos*, Coimbra Editora: Coimbra.

MORAIS, Carlos Blanco de/CASTRO, Raquel Alexandra Brízida

(2014) *Anotação ao artigo 3º da Lei-quadro das Entidade Reguladoras Anotada*; (no prelo).

MONIZ, Ana Raquel Gonçalves

(2013) *Estudos Sobre os Regulamentos Administrativos*, Almedina: Coimbra;

(2006), *O Domínio Público: O Critério e o Regime Jurídico da Dominialidade;* Almedina: Coimbra.

MONTALVO, Rafael Fernández

(2002) "Las libertades de información y expresión en el âmbito administrativo", in *La Libertad de Información y de Expresión,Atas de las VII Jornadas de la Asociación de Letrados del Tribunal Constitucional*, Tribunal Constitucional, Centro de Estudios Políticos y Constitucionales, Marcial Pons: Madrid; pp. 121 e segs.

MOREIRA, Vital

(2001) "O Tribunal Constitucional português: a fiscalização concreta" *in Sub Judice*, nºs 20 e 21, janeiro/junho;

(2000) "Revisão e revisões: a Constituição ainda é a mesma?" *in 20 anos da Constituição de 1976, Coimbra;*

(1997) *Administração Autónoma e Associações Públicas*, Coimbra;

(1995) "Princípio da maioria e princípio da constitucionalidade: legitimidade e limites da justiça constitucional?" *in Legitimidade e Legitimação da Justiça Constituicional, Coimbra.*

NABAIS, José Casalta de

(1990) *Os Direitos Fundamentais na Jurisprudência do Tribunal Constitucional*, Coimbra.

NEVES, A. Castanheira

(1995) Digesta, Vol. I e II, Coimbra;

(1993) *Metodologia Jurídica, Problemas Fundamentais*, Coimbra;

(1991) "O Atual Problema Metodológico da Realização do Direito", *in Estudos em Homenagem ao Prof. Doutor Ferrer Correia*,Vol III, Coimbra;

(1976) "Fontes de Direito", *in Estudos em Homenagem aos Profs. M. Paulo Merêa e G. Braga da Cruz;*

(1976) *Curso de Introdução ao Estudo do Direito*, Coimbra.

NEVES, Marcelo

(2012) "Transconstitucionalismo: breves considerações com especial referência à experiência latino-americana", in Estudos em Honenagem ao Professor Doutor José Joaquim Gomes Canotilho, Vol III, Coimbra Editora: Coimbra; pp.615-652.

(2000) – *A constitucionalização simbólica, in 20 anos da Constituição de 1976, Coimbra:*

(1995), "Luhman, Habermas e o Estado de Direito",

NEVES, A. Castanheira

(1995) *Digesta, Vol. I e II*, Coimbra;

(1994) *O Problema da constitucionalidade dos Assentos. Comentário ao Acórdão nº 810/93 do Tribunal Constitucional*, Coimbra;

(1993) *Metodologia Jurídica, Problemas Fundamentais*, Coimbra;

(1991) "O atual Problema Metodológico da Realização do Direito", *in Estudos em Homenagem ao Prof. Doutor Ferrer Correia*, Vol. III, Coimbra;

"Fontes de Direito", *in Estudos em Homenagem aos Profs. M. Paulo Merêa e G. Braga da Cruz;*

(1976) *Curso de Introdução ao Estudo do Direito*, Coimbra.

NOVAIS, Jorge Reis

(2012) *Direitos Fundamentais e Justiça Constitucional em Estado de Direito Democrático*, Coimbra Editora: Coimbra;

(2006) *Direitos Fundamentais: Trunfos contra a Maioria*, Coimbra;

(2004), *Os Princípios Constitucionais Estruturantes da República Portuguesa*, Coimbra Editora, Coimbra;

(2003) *As Restrições aos Direitos Fundamentais Não Expressamente Autorizadas Pela Constituição,* Coimbra Editora: Coimbra;
(1997) *Separação de Poderes e Limites da Competência Legislativa da Assembleia da República,* Lisboa.
OFCOM
(2012) *"Measuring media plurality: Ofcom's advice to the Secretary of State for Culture, Olympics, Media and Sport.*
OLIVEIRA, Mário Esteves de
(1984) *Direito Administrativo,* (2ª reimpressão), Vol I, Coimbra.
OTERO, Paulo
(2013) *Manual de Direito Administrativo, Volume I,* Almedina: Coimbra;
(2010) *Direito Constitucional Português: A Organização do Poder Político,* Vol II, Almedina: Coimbra;
(2007) *Instituições Políticas e Constitucionais, Volume I,* Almedina: Coimbra;
(2001) "A crise na concretização jurisdicional da justiça" *in O Debate da Justiça – Estudos sobre a crise da justiça em Portugal,* Pedro Barbas Homem e Bacelar Gouveia (org.), Lisboa;
(2000) "A Impugnação de normas no Anteprojeto do Código de Processo nos Tribunais Administrativos", *in Cadernos de Justiça Administrativa,* nº 22, Julho-Agosto; pp. 45 e segs;
(1998 e 1999) *Lições de Introdução ao Estudo do Direito,* I Volume, 1º e 2º Tomos, Lisboa;
(1997) *O Desenvolvimento de Leis de Bases pelo Governo,* Lisboa;
(1996) "O Princípio da Supletividade do Direito do Estado na Constituição Portuguesa de 1976", in *Estado & Direito,* nº17/18;
(1995) *O Poder de Substituição em Direito Administrativo. Enquadramento Dogmático-Constitucional, Vol. I e II,* Lisboa;
(1993) *Ensaio Sobre o Caso Julgado Inconstitucional,* Lisboa;
(1992) "Desparlamentarização, Conteúdo do Orçamento e Problemas de Controlo Constitucional", *in Revista Fisco,* abril.
PABLO, Marcos M. Fernando,
(2014) *Administración y Gestióndel espectro Radioelectrico:*http://www.google.pt/url?sa=t&rct=j&q=&esrc=s&frm=1&source=web&cd=3&ved=0CD0QFjAC&url=http%3A%2F%2Fweb.usal.es%2F~macfer%2FgRUPO%2520dasoc_archivos%2FEspectroRadioelectricoAdministracion.doc&ei=6JNuUpHIBMSS7Ab0tYDgDw&usg=AFQjCNGOU8jTmk1lq4UIkKFmrnkIq9KWYg&sig2=6pVC9rOB5wp-PSYRxJtYOA&bvm=bv.55123115,d.Yms.
PALMA, Maria Fernanda
(2008) "Tutela da Vida Privada e Processo Penal. (Soluções para o Conflito de valores na Jurisprudência Penal", in (2008) *Dignidad de La Persona, Derechos Fundamentales, Justicia Constitucional,* Coord. Francisco Fernández Segado, Dykinson-Constitucional; pp. 727-748.
PASTOR, JesüsÁngel FUENTAJA
(2003), "Elementos Autorizatorios y Concessionalesen los Títulos Habilitantes, *Revista de Administrácion Pública,* nº 160, Enero-Abril; pp. 87 e ss.
PEREIRA, Alexandre Libório Dias
(2012) "Direito Ciberespacial: "*soft law*" ou "hard law"?, *in Estudos em Homenagem ao Professor Doutor José Joaquim Gomes Canotilho,* BFDC, Coimbra Editora: Coimbra.
PERRIT Jr., Henri H.
(2012) "The *Internet* at 20: Evolution of a Constitution for Cyberspace", *in William &Mary Bill of Rights Journal,* Vol. 20:000.
PETTYS, Todd E.
(2009) "The Myth of the Written Constitution", *Notre Dame Law Review,* Vol. 84; pp. 991 e segs.
PINHEIRO, Alexandre Sousa/FERNANDES, Mário João de Brito

(1999) *Comentário à IV Revisão Constitucional,* AAFDL: Lisboa.

Pinheiro, Guilherme Pereira

(2013) "Uma perspetiva neo-constitucional da Regulação do espectro", in *Revista Direitos Humanos e Democracia,* Unijuí, Ano 1º, nº 2, Jul-Dez.

Pinto, Frederico de Lacerda Costa

(2014) "A atividade jornalística à luz da jurisprudência penal", *in Media Direito e Democracia,* coordenação Carlos Blanco de Morais, Maria Luísa Duarte e Raquel Alexandra Brízida Castro, Almedina: Coimbra; pp. 259 e segs;

(2008), "Publicidade e Segredo na Última Revisão do Código de Processo Penal", *Separata da obra Estudos Comemorativos dos 10 Anos da Faculdade de Direito da Universidade Nova de Lisboa,* Volume II, Almedina; pp. 633 e segs.

Pinto, Luzia Marques da Silva Cabral

(1994) *Os Limites do Poder Constituinte e a Legitimidade Material da Constituição,* Coimbra.

Popper, Karl/Condry, John

(2007), *Televisão: Um perigo para a Democracia,* Trajetos: Lisboa.

Poscher, Ralf

(2011) "Aciertos, Erros y Falso Autoconcepto de la Teoria de los Princípios", *in La Teoria Principialista de los Derechos Fundamentales,* Marcial Pons: Madrid; pp. 71-92.

Posner, Richard A.

(2005) "The Supreme Court, 2004 Term – Foreword: A Political Court", *in Harvard Law Review,* Vol. 119; p. 81.

Pozolo, Susanna/Duarte, Écio Oto Ramos

(2006)*Neoconstitucionalismo e Positivismo Jurídico,* São Paulo: Landy Editora.

Puente, Marcos Gómez

(1997) *La inactividad de la Administración,* Aranzadi: Madrid.

Queiró, Afonso

(1982a) "Teoria dos Regulamentos" *1ª parte, in Revista de Direito e Estudos Sociais,* (Jan-dezembro), 1980, Ano XXVII, nºs 1-2-3-4;

(1982b) "A hierarquia das normas de Direito Administrativo Português", in *Estudos em Homenagem aos Profs Doutores M. Paulo Merêa e G. Braga da Cruz,* II, Coimbra;

(1976) *Lições de Direito Administrativo,* I, Coimbra.

Rabaça, Clara Elete Gomes

(2002) *O Regime Jurídico-administrativo da Concentração dos Meios de Comunicação Social em Portugal,* Almedina: Coimbra.

Raimundo, Miguel Assis

Concursos para Atribuição de Licenças no Audiovisual, disponível em http://www.icjp.pt/sites/default/files/media/1025-2236.pdf

Raz, Joseph

(1980) *The Concept of a Legal System,* second edition, Oxford University Press Inc.: New York.

Rodrigues, José Narciso Cunha

(1997), *O Processo Penal em Revisão – Comunicações,* UAL: Lisboa.

Roque, Miguel Prata

(2014) "Regulação Administrativa e Sanção – O poder sancionatório da ERC na encruzilhada entre o Direito Administrativo e o Direito Penal", *in Media, Direito e Democracia,* coord. Carlos Blanco de Morais, Maria Luísa Duarte e Raquel Alexandra Brízida Castro, Almedina. Coimbra (no prelo); pp. 123 e segs;

(2009) "Os poderes sancionatórios da ERC – Entidade Reguladora para a Comunicação Social", *in Direito Sancionatório das Autoridades Reguladoras,* Coord. Maria Fernanda Palma, Augusto Silva Dias e Paulo de Sousa Mendes, Coimbra; pp. 393 e segs;

(2005) *Reflexões sobre a Reforma da Tutela Cautelar Administrativa,* Almedina: Coimbra.

Rosa, Vítor Castro
(2004), "O audiovisual e a *internet*", *in Sociedade de Informação,* Volume V, Coimbra Editora: Coimbra.
Ross, Alf
(1958) *Sobre El Derecho y La Justicia*, Editorial Universitaria de Buenos Aires.
Ruane, Kathleen Ann
(2011) "Fairness Doctrine: History and Constitutional Issues", *Congressional Research Service.*
Sampaio, Jorge Silva
(2013) "Os novos ventos do Constitucionalismo: o Neoconstitucionalismo", *in Revista Direito&Política,* nº 4, Julho-Outubro; pp. 28-64.
Sanchis, Luis Prieto
(2001), "Neoconstitucionalismo e Ponderación Judicial", *AFDUAM,* 5; pp. 201-228;
(2000) "Tribunal Constitucional y Positivismo Juridico", *Doxa.* N. 23, Universidad de Alicante; pp. 161-195.
Sánchez, Juan Antonio Lascuraín
(2002) "Protección Penal y limites penales de las liberdades comunicativas", in *La Libertad de Información y de Expresión,* Atas de las VII Jornadas de la Asociación de Letrados del Tribunal Constitucional, Tribunal Constitucional, Centro de Estudios Políticos y Constitucionales, Marcial Pons: Madrid; pp. 45 e segs.
Santos/António Carlos/Gonçalves, Maria Eduarda/Marques, Maria Manuel Leitão
(1995), *Direito Económico,* 2.^Ed., Almedina: Coimbra.
Sampaio, Jorge Silva
(2013) "Neoconstitucionalismo?", *Direito & Política,* Julho-Outubro.
Sarmento, Daniel
(2007), "Liberdade de Expressão, Pluralismo e o Papel Promocional do Estado", in nº 16, Salvador: Bahia; Brasil;
(2003), "A Normatividade da Constituição e a Constitucionalização do Direito Privado", *Revista da EMERJ,* v. 6, º 23, pp. 272 e ss;
"O Neoconstitucionalismo no Brasil: riscos e possibilidades".
Schlink, Bernhard
(1990), "Por qué Carl Schmitt?", Universidad Icesi, disponível em http://www.icesi.edu.co/precedente/ediciones/2005/02_Hh_Bernhard_Schlink.pdf;
Schmitt, Carl,
(1982) 2011, *Teoria de la Constitution,* Alianza Editorial.
El Concepto de lo Político, traduzido de la edicion de 1963 por Dénes Martos.
Segado, Francisco Fernández
(1997) "La Inconstitucionalidad por omisión: Cauce de Tutela de Los Derechos de Naturaleza SocioEconómica?" *in Inconstitucionalidad Por Omisión,* Victor Bazán, Coordinador, Santa Fe de Bogotá, Colombia.
Segall, Eric. J.
(2009) "Lost in Space: Lawrence Tribe's Invisible Constitution", *Northwestern University Law Review,* Vol. 103, pp. 434 e segs.
Segura-Serrano, Antonio
(2006) "*Internet* Regulation and the role of International Law", *in Max Planck UNYB,* 10.
Serrano, Martim Bouza
(2014) "A discrepância no tratamento jurídico do "meio" na agravação prevista pelo artigo 183º do Código Penal, para o crime de difamação", *in Media, Direito e Democracia,* coord. Carlos Blanco de Morais, Maria Luísa Duarte e Raquel Alexandra Brízida Castro, Almedina: Coimbra, (no prelo); pp. 363 e segs.
Simões, Tânia Cardoso
(2009) "Regular os média numa época de transição do *leaning back* para o *leaning*

forward", *in* "Regulação em Portugal: Novos tempos, novo Modelo?", Coord. PAZ FERREIRA, Eduardo/MORAIS, Luís Silva/ANASTÁCIO, Gonçalo; Almedina, 2009.

SHAVIRO, Daniel

(1990), "Beyond Public Choice a Public Interest: a study of the Legislative Process as Illustrated by Tax Legislation in the 1980s", in TUSHNET, Mark. V/ HEINZERLING, Lisa(2006), *The Regulatory and Administrative State,* Oxford University Press, New York; pp. 684 e segs.

SHELANSKI, Howard A.

(2006), "Antitrust Law as Mass Media Regulation: Can Merger Standards Protect the Publica Interest?", in *California Law Review*, Inc., Vol. 94, nº 2, pp. 371 e segs.

SILVA, Germano Marques

(2008), *Curso de Processo Penal,* II, Editorial Verbo: Lisboa.

SILVA, Manuel Magalhães e

(2014) "Os Jornalistas e o Segredo de Justiça", n *Media, Direito e Democracia,* org. Carlos Blanco de Morais, Maria Luísa Duarte e Raquel Alexandra Brízida Castro, Almedina: Coimbra (no prelo); pp. 93 e segs.

SMEND, Rudolf

(1928) "Constitution and Constitutional Law", *in Weimar: a Jurisprudence of Crisis,* coord. Arthur Jacobson and Bernard Schlink, translated by Belinda Cooperwith Peter C. Caldwell, Stephen Cloyd, David Dyzenhaus, Stephan Hemetsberger, Arthur J. Jacobson, and Bernhard Schlink, University of California Press, (2000); pp. 213 e segs.

SOARES, Fernando Costa

(2014) "O Direito Eleitoral e a Comunicação Social", *in Media, Direito e Democracia,* coord. Carlos Blanco de Morais, Maria Luísa Duarte e Raquel Alexandra Brízida Castro, Almedina: Coimbra (no prelo); pp. 182 e segs.

SOUSA, Marcelo Rebelo de

(1988) *O Valor Jurídico do Ato Inconstitucional,* Lisboa;

(1986) "10 Questões Sobre a Constituição, o Orçamento e o Plano"*in Nos Dez Anos da Constituição,* Lisboa;

(1979) *Direito Constitucional. Introdução à Teoria da Constituição,* Braga.

SOUSA, Marcelo Rebelo/MATOS, André Salgado

(2009) *Direito Administrativo Geral, Tomo II,* D. Quixote;

(2004) *Direito Administrativo Geral, Tomo I,* D. Quixote.

SPIZER, Mathew L.

(2010) "Television Mergers and Diversity in Small Markets", *in Journal of Competition Law & Economics,* 6 (3), pp. 705 a 770.

STARCK, Christian

(2008) "Los Fundamentos Filosóficos de Los Derechos Humanos", in *Dignidad de La Persona, Derechos Fundamentales, Justicia Constitucional,* Coord. Francisco Fernández Segado, Dykinson-Constitucional.

STERN, Klaus

(2008) "El Constitucionalismo. Génesis, Evolución y Universalidad", in *Dignidad de La Persona, Derechos Fundamentales, Justicia Constitucional,* Coord. Francisco Fernández Segado, Dykinson-Constitucional; pp. 55-71.

(2008 "Desarrollo Constitucional Universal y Nuevas Constituciones", in *Dignidad de La Persona, Derechos Fundamentales, Justicia Constitucional,* Coord. Francisco Fernández Segado, Dykinson-Constitucional; pp. 71-81.

STRAUSS, David

(2010) "The Living Constitution", *in Oxford University Press.*

STRECK, Lenio Luiz

(2012) "Contra o Neoconstitucionalismo", *Constituição, Economia e Desenvolvimento,* Curitiba;

(2010a) "O (Pós) Positivismo e os Propalados Modelos de Juíz (Hércules, Júpiter e Hermes) – Dois Decálogos Necessários", Revista de Direitos e Garantias Fundamentais, Vitória, nº 7, p. 15-35, Jan-Jun;
(2010b) "O direito de Obter Respostas Constitucionalmente Adequadas em Tempos de Crise do Direito: A necessária Concretização de Direitos Humanos"; Hendu 1 (1): julho;
(2008) "Hermenêutica e Posibilidades Críticas do Direito: Ensaio sobre a Cegueira Positivista"; *Revista da Faculdade de Direito* UFMG, Belo Horizonte, nº 52; pp. 122-162;
(2005)" Da Interpretação de Textos à Concretização de Direitos: A Incindibilidade entre Interpretar e Aplicar – Contributo a Partir da Hermenêutica Filosófica", *Revista da Faculdade de Direito da Universidade de Lisboa,* Vol. XLVI; p. 911-955; Coimbra Editora: Coimbra;
"Hermenêutica, Neoconstitucionalismo e o "Problema da Discricionariedade dos Juízes"; disponível em http://www.animaopet.com.br/primeira_edicao/artigo_Lenio_Luiz_Streck_hermeneutica.pdf
(1999) *Hermenêutica Jurídica e(m) Crise: Uma exploração Hermenêutica da construção do direito*; Livraria do Advogado: Porto Alegre.
STUCKE, Maurice E.; GRUNES, Allen P.
(2001), "Antitrust and the Marketplace of Ideas", in *Antitrust L.J.,* vol. 69, nº 1, pp. 249.
SUNSTEIN, CASS
(1997) "Paradoxes of The Regulatory State", in TUSHNET, Mark. V/HEINZERLING, Lisa(2006), *The Regulatory and Administrative State,* Oxford University Press, New York; pp. 470 e segs;
(2001) "Republic.com", *Princetown University Press;*
(2000) "Television and Public Interest", *California Law Review,* Vol, 88, Issue 2;
(2005) "Justice Breyer's Democratic Pragmatism", *Public Law and Legal Theory* Working Paper nº 111.
SUNSTEIN, Cass R./MILES, Thomas J.
(2009), "Depoliticizing Administrative Law", *Duke Law Journal,* Vol 58: 2193, pp. 2194 e segs;
(2008) "The New Legal Realism" *University of Chicago Law Review* 75: 81;
(2007) "The Real World of Arbitrariness Review", *University of Chicago Law.*
SWILLINGER, Daniel J.
(1984) "Candidates and the New Technologies: Should Political Broadcasting Rules Apply?" *In Missouri Law Review,* Issue 1, Article 10.
TEUBNER, Gunther
(2005) "Unitas Multiplex: A organização do grupo de empresas como exemplo", *in Revista Direito GV,* 2, Jun-Dez; pp. 77-110;
(1997) "Global Bukowina: Legal Pluralism in the World Society", *Gunther Teubner (ed.) Global Law without a State,* Brookfield: Dartmouth, pp. 3-28.
TOLLER, Fernando M
(2011) *El Formalismo en La Libertad de Expresión: Crítica de La distinción absoluta entre restricciones previas y responsabilidades ulteriores,* Marcial Pons: Madrid.
TRACHTMAN, Joel
(1998) "Cyberspace, Sovereignity, Jurisdiction and Modernism", in Indiana Journal of Global Legal Studies: Vol. 5, Issue 2, Article 10; pp. 561 e segs.
TRIBE, Lawrence H.
(1986) "On Reading the Constitution", *The Tanner Lectures on Human Values, Delivered at the Univesity of Utah,* November 17 and 18;
(1991), "The Constitution in Cyberespace: Law and Liberty Beyond TheEletronic Frontier", *in The Humanist,* Set-Oct.
TRIBE/Lawrence H./DORF/ Michael C.
(1991) *On Reading The Constitution,* Harvard University Press;

(1990) "Levels of Generality in the Definition of Rights", *Cornell Law Publications,* pp. 1057 e segs.

Tribe/Lawrence H./ Landry/Thomas K.
"Reflections on Constitution-Making" *Am. U.J. Int'l L. and Pol'y: American University Journal of International Law and Policy, Vol. 8:627, pp. 627 e seg.*

Tushnet, Mark. V/Heinzerling, Lisa
(2013) "Epstein's Best of All Possible Worlds: The Rule of Law", *The University of Chicago Law Review,* 80:487, pp. 487 e segs;
(2006), *The Regulatory and Administrative State,* Oxford University Press, New York.

Ulen, Thomas S.
(2001), "Democracy and The *Internet*", *Law and Economics Working Papers Series,* Paper nº 00-30.

Waldron, Jeremy
(2014) "Never Mind the Constitution", *Book Review, Hardvard Law Review,* Vol. 1271147, pp.1147 e segs.

Waluchow, Wilfrid J.
(2009) *Una Teoria del Control Judicial de Constitucionalidad basada en el Common Law,* Marcial Pons: Madrid.

Woan, Sunny
(2007), "The Blogosphere: Past, Present, and Future, Preserving The Unfettered Development of Alternative Journalism", *Santa Clara Universituy School of Law.*

Würtenberger, Thomas
(2008) "La Transformatióm del Derecho en la Sociedade de la Información", *in Dignidad de La Persona, Derechos Fundamentales, Justicia Constitucional,* Coord. Francisco Fernández Segado, Dykinson-Constitucional; pp. 1041-1065.

Valdívia, Diego Zegarra,
(2005) "La Utilización de Recursos EscasosenTelecomunicaiones: El Caso del espectro Radioelétrico y La Numeración", *in Revista Derecho PUCP,* nº 58; pp. 485 e segs.

Van Eijik, Nico/ Sloot, Bart van der,
(2013). "Must-Carry Regulation: A Must or a Burden?, *IRIS-plus 2012-5; Amsterdam Law School* Research Paper No. 2013-02; Institute for Information Law Research Paper No. 2013-01. Available at SSRN: http://ssrn.com/abstract=2200796 or http://dx.doi.org/10.2139/ssrn.2200796

Vaz, Manuel Afonso
(1997 e 1998) "O conceito de lei na Constituição Portuguesa – uma perspetiva de reflexão", *in Direito e Justiça, Volume de Homenagem ao Prof. Doutor Manuel Gonçalves Cavaleiro de Ferreira,* Vol III;
(1995) *A Responsabilidade Civil do Estado – Considerações breves sobre o seu estatuto constitucional,* Porto, 1995;
(1996) *Lei e Reserva de Lei – A Causa da Lei na Constituição Portuguesa de 1976,* Porto.

Vilela, Alexandra
(2013) *O Direito de Mera Ordenação Social: Entre a Ideia de "Recorrência" e a de Erosão do Direito Penal Clássico,* Coimbra Editora: Coimbra.

Vital, Fezas,
(1943) "Hierarquia das Fontes de Direito", *in ROA,* nº1 e 2, Ano 3.

Zagrebelsky, Gustavo
(2008) "Jueces Constitucionais", *in Dignidad de La Persona, Derechos Fundamentales, Justicia Constitucional,* Coord. Francisco Fernández Segado, Dykinson-Constitucional; pp. 748-761.

AUTORES VÁRIOS

— CERRE Centre on Regulation in Europe *Independence, accountability and perceived quality of regulators* (2012), Chris Hanretty, Pierre Larouche, Andresas Reindl-Brussels; p. 23;

— *Cinquenta Anos de Jurisprudência do Tribunal Constitucional Federal Alemão,* (2005) Coletânea Original: Jürgen Schwabe, Org. e Introd. Leonardo Martins; Tradução: Beatriz Hennig, Leonardo Martins, Mariana Bigelli de Carvalho, Tereza Maria de Castro, Viviane Geraldes Ferreira; *Konrad- Adenauer- Stiftung E.V.*, Montevideo: Uruguay;

— *Constituição Portuguesa Anotada*, MIRANDA/MEDEIROS,

(2010) Tomo I, 2ª Edição, Coimbra Editora: Coimbra;

(2006) Tomo II, Coimbra Editora: Coimbra;

(2007) Tomo III, Coimbra Editora: Coimbra;

— *Constituição da República Portuguesa*, CANOTILHO/J.J./MOREIRA/Vital

(2007) Tomo I, 4ª Edição, Coimbra Editora: Coimbra;

(2010) Volume II, 2º Edição, Coimbra Editora: Coimbra;

(1993) 3ª Edição, Coimbra Editora: Coimbra.

(2008) *Dignidad de La Persona, Derechos Fundamentales, Justicia Constitucional*, Coord. Francisco Fernández Segado, Dykinson-Constitucional.

INDIREG, Final Report *(2011), Indicators for independence and efficient functioning of audioviosual media services regulatory bodies for the purpose of enforcing the rules in the AVMS Directive;*

PINHEIRO, Alexandre/LOMBA, Pedro (2008) *Comentário à Constituição Portuguesa, III Vol, Tomo 1º*, Coord. Paulo Otero, Almedina: Coimbra;

SOUSA, Marcelo Rebelo e ALEXANDRINO, José de Melo (2000) – Constituição da República Portuguesa Comentada, Lisboa;

— *Derecho de La Regulación Económica, V. Audiovisual* (2012), Diretor: Santiago Münoz Machado; Coordinator: Mario Rodriguez Valderas, Iustel: Madrid;

— *Introdução á Filosofia do Direito e à Teoria do Direito Contemporâneas (2002)*, Org. A. Kaufmann e W. Hassemer; Fundação Calouste Gulbenkian: Lisboa;

— *John Rawls: Collected Papers*, Edited by Samuel Freeman, Harvard University Press;

— *Las Técnicas de Regulación para La Competência: Una Visión Horizontal de Los Setores Regulados* (2011), Diretor: Juan A. Santamaria Pastor; Coordinator: Rafael Caballero Sánchez, Iustel: Madrid;

— *Media, Direito e Democracia* (2014), coord. Carlos Blanco de Morais, Maria Luísa Duarte, Raquel Alexandra Brízida Castro; Almedina: Coimbra;

— "Media Plurality", (2014) *Published by the Authority of the House of Lords;*

— *Media Regulators in Europe: A Cross-Country Comparative Analysis*, Edited By Helena Sousa, Wolfgang Trützschler, JoaquimFidalgo& Mariana Lameiras; CECS – Communication and Society Research Centre, University of Minho, Braga: Portugal.

— *Carl Schmitt Revisitado* (2014), Org. Carlos Blanco de Morais e Luís Pereira Coutinho, Ebook Instituto de Ciências Juridico-Políticas da Faculdade de Direito da Universidade de Lisboa; Lisboa;

— *The Oxford Handbook of Regulation*, Edited by Robert Baldwin, Martin Cave and Martin Lodge, Oxford University Press;

(2013) *Research Design for the Multi-Market Study of Critical Information Needs: Final Research Design*, prepared by SSI, Inc. for FCC; pp. 2 e 3.

(2000) *Weimar: a Jurisprudence of Crisis*, coord. Arthur Jacobson and Bernard Schlink, translated by Belinda Cooper-with Peter C. Caldwell, Stephen Cloyd, David Dyzenhaus, Stephan Hemetsberger, Arthur J. Jacobson, University of California Press./

ÍNDICE